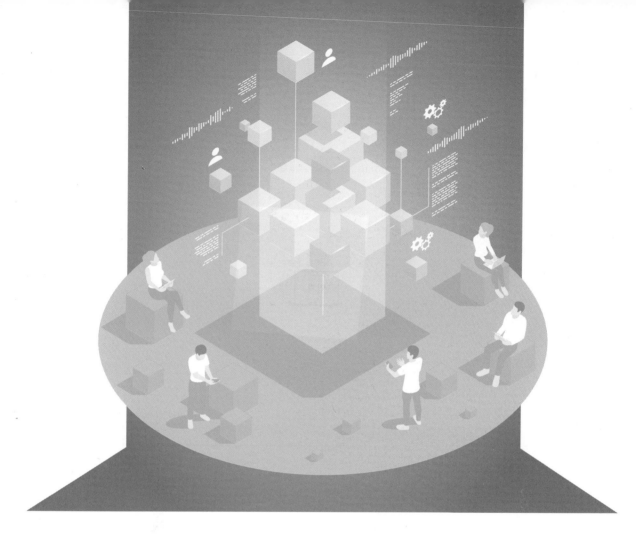

초연결 메타버스, 사물 인터넷이 펼치는 무궁무진한 미래 세상

메타버스 시대의   개정판
사물 인터넷(IoT)
Internet of Things

양순옥 · 김성석 지음

생능출판

메타버스 시대의 **사물 인터넷(IoT)**

초판발행 2018년 2월 28일
제2판2쇄 2024년 2월 5일

지은이 양순옥, 김성석
펴낸이 김승기
펴낸곳 (주)생능출판사 / **주소** 경기도 파주시 광인사길 143
출판사 등록일 2005년 1월 21일 / **신고번호** 제406-2005-000002호
대표전화 (031)955-0761 / **팩스** (031)955-0768
홈페이지 www.booksr.co.kr

책임편집 이종무 / **편집** 신성민, 최동진 / **디자인** 유준범, 노유안
마케팅 최복락, 김민수, 심수경, 차종필, 백수정, 송성환, 최태웅, 명하나, 김민정
인쇄 · 제본 교보피앤비

ISBN 979-11-92932-02-6 93000
정가 28,000원

이 책은 과학기술정보통신부 SW중심대학 사업의 지원으로 가천대학교 SW중심대학 2022년 사업에서 개발되었습니다.

머리말

시간이 참 빠르다. 책을 출판한 지 거의 5년의 시간이 흘렀다. 그동안 기술도 많이 발전했고, 세상도 많이 바뀌었다. 4차 산업 혁명이라는 말에 우왕좌왕하는 듯한 모습도 사라지고, 이제는 그 변화에 적응하느라 분주한 모습들이 많이 보인다. 변화를 거부하고 부정하기보다는 어떠한 변화인지, 무엇을 준비해야 하는지 고민하는 사람들이 늘었고, 각 분야에서 앞서가는 사람들도 많아졌다.

개정판을 준비하며 크게 4가지 방향을 잡고 업그레이드하였으며, 나머지 분야에서도 최신 기술 동향을 반영하려고 노력하였다.

첫째, **4차 산업 혁명의 진행 상황**을 폭넓게 파악하여 반영하였다. 초기에 사물 인터넷은 4차 산업 혁명을 견인하는 다이버전스 역할을 했지만, 이제는 각 산업의 기반 기술이자 핵심 기술로 자리 잡았다. 인공 지능, 빅 데이터, 클라우드, 이동통신, 양자 컴퓨터, 확장 현실 등 ICT 기술뿐만 아니라 지능형 반도체, 최첨단 소재, 로봇 등 ICT 이외의 기술 발전도 함께 이루어지고 있다. 다양한 기술이 각 산업 분야에 융합되어 적용되며 급속한 변화를 가져오고, 경제 환경의 변화와 맞물려 그 파급 효과가 커지고 있다. 플랫폼 경제, 프로토콜 경제, 암호화 화폐 등 정보 기술에서 유래한 경제 용어가 자연스럽게 통용되고 비즈니스 패러다임도 빠르게 변화하고 있다. 이러한 경제적인 변화까지 기술 관점에서 이해할 수 있도록 구성하였다.

둘째, **지능형 및 자율형 사물 인터넷**의 개념과 향후 발전 방향을 파악할 수 있도록 하였다. 초기에 센서와 구동기 중심의 연결형 사물 인터넷에서 최근에는 지능형을 거쳐 자율형 사물 인터넷으로 진화하며, 고성능 플랫폼 및 다양한 서비스를 지원하도록 발전하고 있다. 모든 사물뿐만 아니라 공간까지 연결되고, 빅 데이터 분석과 인공 지능에 의해 예측이 가능한 지능형 시스템이 일반화되고 있다. 인공 지능 반도체가 개발되어 활용될 정도로 인공 지능 기술은 소프트웨어 및 하드웨어 분야에 모두 적용되며 폭넓게 이용되고 있다. 이외에도 이동통신, 클라우드 및 엣지 컴퓨팅 등의 중요한 역할을 하는 기반 기술과 자율형 사물 인터넷의 발전 방향을 이해할 수 있도록 하였다.

셋째, 현실 세계와 메타버스가 어떻게 연결되고 확장되어 **초연결 메타버스**가 가능한지 이해할 수 있도록 구성하였다. mp3 음악 파일, mp4 동영상 파일이 일반화된 것처럼, mp5는 가상 세계의 사물(객체)과 실제 세계의 사물을 연결 및 제어하는 기술로 연구ㆍ개발되고 있다. 초실감형 서비스를 지원하기 위해 시각, 청각, 후각은 물론 촉각까지도 활발하게 연구ㆍ개발되고 있다. 손으로 만지는 느낌이나 힘의 세기에 따라 동작을 달리하는 촉각, 햅틱 관련 기술 개발에도 많은 투자가 이루어지고 있다.

홀로그램을 전송하는 홀로포테이션 기술과 실시간 홀로그램 렌더링 기술이 발전하고 6세대 이동통신(6G)이 초실감형 서비스나 홀로그램 전송을 지원하게 되면, 실시간 홀로그램 통화도 가능할 것으로 보인다. 이러한 초연결 메타버스가 어떻게 구현되는지 사물 인터넷과 확장 현실 기술을 통해 이해할 수 있도록 하였다.

넷째, **2030년 이후, 6G와 사물 인터넷의 발전 방향**을 살펴볼 수 있도록 구성하였다. 2030년 6G가 상용화되면, 바닷속이나 우주까지도 통신이 가능하여 사실상 통신 사각지대가 없어지게 된다. 네트워크 자체적으로 양자 컴퓨팅과 인공 지능 기술이 내재화되어 초고신뢰ㆍ초저지연 서비스를 1Tbps급 전송 속도로 지원하게 된다. 네트워크상에서 더욱 정밀한 제어가 필요한 촉각 인터넷 기술이 가능하여 실시간 원격 수술이나 완전 자율주행차 등 고도화된 융합 서비스의 대중화가 가능하다. 이 책을 통해 6G 네트워크에서 자율형 사물 인터넷을 어떻게 지원할 수 있는지 의료 분야의 사례를 통해 구체적으로 무엇이 가능한지 살펴볼 수 있다.

다양한 기술의 발달로 언제, 어디서, 어떠한 새로운 세상이 펼쳐지더라도 놀랍지 않은 시대가 되었다. 이는 삶에 대한 새로운 방식을 모색해야 한다는 의미가 되기도 한다. 하나의 기술에 의해 어느 한 분야에서만 변화가 일어나는 것이 아니라 변화를 예측하기 힘들어지고 있다. 하지만 위기를 기회로 만들며 살아온 우리 민족의 강점을 살릴 수 있는 환경으로 재편되는 상황이라는 생각도 든다.

새로운 시대의 도래는 새로운 인재 양성 방식을 요구한다. 리더(leader)를 모델로 삼고 리더를 따라 하는 교육이 아닌, 누구나 리더가 될 수 있는 교육이 절실한 상황이다. 시간이 오래 걸리고 실패를 거듭하더라도 포기하지 않고 시도해 볼 수 있는 훈련 과정이 많아졌으면 한다. 더 멀리 보고, 더 깊게 생각하며, 다양한 각도에서 문제를 살펴볼 수 있는 능력을 키웠으면 한다. 호기심을 가지고 새로운 분야를 개척하고 이를 지원하고 격려하는 사회 분위기가 조성되었으면 한다. 힘들어도, 그래도 해볼 만하다고 마음먹고 도약하는 사람이 많아졌으면 하는 바람이다.

지금은 국가적으로나 개인적으로 한 차원 도약을 할 수도, 주저 앉을 수도 있는 중요한 시기라 생각한다. 학문을 경시하는 풍조가 조금씩 고개를 드는 것을 사회 곳곳에서 느낄 수 있다. 모두가 공부를 할 필요는 없지만, 이러한 사고가 퍼지는 것은 위험하다고 생각한다. 지금까지 우리 모두 잘 해왔는데 긍정적인 생각을 가지고 조금 더 견디며 앞으로 나아갔으면 한다. 지금 전 세계에 K-pop, K-contents, K-beauty, K-culture 등의 열풍이 불고 있는 것처럼 앞으로는 K-Industry, K-ICT 등 모든 분야에서 그 열풍이 불었으면 하는 바람이다.

마지막으로 저자를 대표해서 이 글을 쓰게 되어 영광이며, 책을 공동 집필한 김성석 교수님께 감사의 말씀을 드린다. 또한, 책을 쓰는 동안 세심한 배려와 열정적으로 신경 써주신 ㈜생능출판사 관계자 여러분께 감사의 말씀을 드린다. 그리고 언제나 따뜻한 사랑과 믿음으로 격려를 보내준 가족들에게 감사드리며, 존경과 사랑을 담아 엄마에게 이 책을 바친다.

2023년 1월
저자 대표 양순옥

이 책의 핵심 빨리 보기

이 책은 사물 인터넷이 왜 4차 산업 혁명의 핵심 기술인지, 어떻게 초연결 메타버스로 확대될 수 있는지, 또 다른 주요 기술은 무엇인지, 그리고 그 파급 효과를 스마트자동차와 스마트공장을 통해 이해할 수 있도록 구성한 기본서이다. 사물 인터넷과 밀접하게 연관되어 있는 메타버스가 향후 어떻게 사람들에게 영향을 미칠지 가늠하기 어려운 상황에서 그 변화의 방향을 설명해 줄 수 있는 책이 거의 없는 실정이다. 이러한 필요성을 인식하여 4차 산업 혁명 및 초연결 메타버스에 영향을 주는 주요 기술과 변화의 방향을 전반적으로 이해할 수 있도록 체계적으로 구성하였다.

1부. 사물 인터넷 기반으로 변화하는 경쟁 환경(1~3장)

사물 인터넷을 기반으로 변화하는 경쟁 환경에서 4차 산업 혁명의 정의 및 특징, 주요 기술과 기업의 적용 동향, 그리고 제4차 산업 혁명의 진행 상황을 살펴본다. 플랫폼 경제나 프로토콜 경제를 포함한 비즈니스 패러다임의 축의 변화에 대해 살펴보고, 사물 인터넷 시대의 사업 분야 및 도입 효과에 대해서도 알아본다.

2부. 사물 인터넷의 개념 및 주요 기술 그리고 발전 방향(4~6장)

사물 인터넷의 개념 및 특징과 주요 기술인 디바이스, 네트워크 인프라 기술, 빅 데이터 및 인공 지능 기술을 활용하는 플랫폼, 주요 서비스 분야에 대해 살펴본다. 이러한 세부 기술을 고려한 사물 인터넷 아키텍처와 구체적인 서비스를 통해 동작 원리를 살펴보고, 보안과 관련된 기술적인 이슈도 함께 살펴본다. 그리고 인터넷 패러다임 전개 방향이나 초연결, 초융합, 초지능 사회로의 발전 방향을 살펴보고, 연결형, 지능형, 자율형 사물 인터넷으로 진화하는 방향도 살펴본다.

3부. 사물 인터넷과 확장 현실로 가능한 초연결 메타버스(7~8장)

메타버스에 대한 개념과 특징 및 유형을 살펴보고, 초연결 메타버스 환경으로의 전환과 메타버스 미디어 플랫폼을 통해 초연결 메타버스를 구현하는 기술에 대해 알아본다. 그리고 메타버스 플랫폼의 근간이 되는 확장 현실 기술의 개념을 가상성의 연속성 개념을 통해 살펴보고, 이러한 관련 기술 및 적용 분야와 혼합 현실 관련 중요 국제 표준화에 대해 살펴본다.

4부. 인공 지능 및 로봇과의 연계 그리고 부품 및 소재의 혁신(9~11장)

사물 인터넷 이외에 인공 지능, 로봇과의 연계나 부품 및 소재의 혁신도 주요 산업의 변화에 기여하는 바가 크다. 따라서 인공 지능의 개념, 주요 기술 및 적용 분야에 대해 알아보고, IT와의 결합으로 진화하는 로봇 및 사례를 살펴본다. 그리고 인공 지능 반도체 등 사물 인터넷에 활용되는 부품 및 소재에 대해 살펴본다.

5부. 스마트자동차(12~14장)

사물 인터넷 기술이 자동차에 적용되는 스마트자동차의 개념, 특징 및 이슈를 살펴보고, 스마트자동차의 주요 기술인 안전, 편의, 자율주행 기술, 인포테인먼트 플랫폼에 대해 알아본다. 그리고 국내·외 주요 스마트자동차 및 서비스 사례로 구글의 자율주행차, BMW, 현대·기아차에 대해 살펴본다.

6부. 스마트공장(15~17장)

4차 산업 혁명의 시작점이자 경제 시스템 전반에 영향을 미치는 스마트공장의 개념, 특징 및 이슈에 대해 살펴보고, 스마트공장의 주요 IT 기술인 산업용 사물 인터넷(IIoT), 사이버 물리 시스템(CPS), 보안, 빅 데이터, 인공 지능 기술의 역할에 대해 알아본다. 그리고 국내·외 주요 스마트공장 업체 사례로 독일의 지멘스 암베르크 공장과 포스코의 광양제철소에 대해 살펴본다.

7부. 2030년 이후, 사물 인터넷에 대한 고찰(18장)

2030년 이후 고도화된 융합 서비스 제공이 가능한 6G 네트워크 인프라를 활용하는 자율형 사물 인터넷에 대해 살펴본다. 5G와 6G 시나리오를 비교하여 6G의 주요 특징을 살펴보고, 자율형 사물 인터넷을 지원하는 주요 기술인 엣지 컴퓨팅, 양자 컴퓨팅, 촉각 인터넷에 대해 살펴본다. 그리고 자율형 사물 인터넷의 새로운 응용에 대해 살펴본다.

강의 계획표

강의 일정은 7개 부(Part)를 전부 학습하도록 구성하였으며, 예습과 복습이 필요하다. 정보 통신, 경제, 공장, 자동차 등 다양한 분야에서 사용되는 익숙하지 않은 용어가 많이 등장하기 때문에 예습을 통해 용어를 숙지하면 강의를 이해하는 데 도움이 된다. 각 장에서 기본 개념 및 특징을 중심으로 수업을 진행하고, 각 산업에 어떤 방식으로 영향을 미치는지 충분히 이해한 후, 그 결과로 발생하는 현상을 예측할 수 있도록 한다. 다음 강의 계획표에서 주요 기술에 의해 산업 전반의 변화를 이해하기 쉽도록 강의 순서를 정했으나, 2030년 이후 발전 상황까지 이해하고 싶다면 18장을 6주 차에 메타버스와 함께 살펴보는 것도 좋은 방법이다.

주	해당 장	주제
1	1장	제4차 산업 혁명이라는 신세계
2	2, 3장	비즈니스 패러다임의 변화, 사물 인터넷에 의한 산업의 변화
3	4장	사물 인터넷의 개념 및 특징
4	5장	사물 인터넷의 주요 기술
5	6장	사물 인터넷의 발전 방향
6	7장	메타버스
7	8장	확장 현실의 활용
8		중간고사
9	9, 10장	인공 지능을 활용한 혁신, 로봇의 진화
10	11, 12장	부품 및 소재의 혁신, 스마트자동차의 개념 및 특징
11	13장	스마트자동차의 주요 기술 및 서비스
12	14장	국내 · 외 주요 스마트자동차 및 서비스
13	15장	스마트공장의 개념 및 특징
14	16, 17장	스마트공장의 주요 기술, 국내 · 외 주요 업체 사례
15	18장	6G 네트워크에서 자율형 사물 인터넷
16		기말고사

차례

PART 02   **사물 인터넷의 개념 및 주요 기술 그리고 발전 방향**

사물 인터넷 기반으로
변화하는 경쟁 환경

contents

들어가며

정보 통신 기술(Information & Communication Technologies, ICT)을 기반으로 실세계(Physical World)와 가상 세계(Virtual World)의 다양한 사물들을 연결하여 진보된 서비스를 제공하기 위한 기술적인 기반이 **사물 인터넷(Internet of Things, IoT)**이다. 유비쿼터스 공간을 구현하기 위한 인프라 컴퓨팅 기기들이 환경과 사물에 심겨 환경이나 사물 그 자체가 지능화될 수 있다. 또한 사람과 사물, 사물과 사물 간에 지능 통신을 할 수 있는 **사물 통신(Machine to Machine, M2M)**의 개념을 인터넷으로 확장하여 사물은 물론, 현실과 가상 세계의 모든 정보와 상호 작용하는 개념으로 진화하였다. 인터넷에 연결되어 단순한 제어와 연동하는 수준부터 고도화된 센서 기술, 정보 분석 및 **인공 지능(Artificial Intelligence, AI)** 기술 등이 접목되고 있다. 이에 따라 단순한 디바이스 차원의 경쟁이 아니라 산업 경쟁 구도를 변화시키는 동력으로 작용하고 있다. 사물 인터넷이 기존 산업 내 경쟁의 핵심을 바꾸어 놓고 사업의 패러다임을 변화시키고 있다. 제조업에서는 소비자의 다양한 필요(needs)에 유연하게 대응하는 맞춤형 적량·대량 생산 체제가 가능해졌다.

냉장고 속 식재료에 대한 정보가 수집되고 관리될 수 있다면, 대형마트 같은 유통 기업은 소비자의 구매 이력을 분석해 필요한 식품을 주문 없이 알아서 적시에 배송하는 것이 가능하다. 이러한 기업들은 고객에게 냉장고를 공짜로 제공할 수도 있다. 냉장고를 판매하는 것보다 최대 5배의 이익을 거둘 수 있다고 한다. 이렇게 되면 냉장고를 제조하던 기존 가전 기업들은 이마트, 아마존, 월마트와 같은 유통 기업을 상대로 새로운 경쟁을 해야 한다.

이처럼 사물 인터넷은 기업들의 기존 사업 방식과 경쟁의 핵심축을 변화시키며 전혀 새로운 방법으로 산업을 혁신시키고 있다. 이런 경쟁의 변화는 크게 세 가지 관점으로 볼 수 있다.

첫째, 산업별 기업들의 경쟁 방식이 변화하고 있다. 사물 인터넷 기술을 적시에 활용한 기업은 고객이 핵심적으로 필요한 것을 해결하며, 기존과 다른 방식으로 해결함으로써 경쟁의 축을 변화시키고 있다. 롤스로이스의 경우, 항공기 엔진을 제조하여 판매하던 방식에서 센서와 정보 분석 기술을 활용하여 항공기 대여 및 서비스 제공 방식으로 변화한 것이 좋은 사례이다.

둘째, 경쟁의 강도가 심화되고 빠르게 진행되고 있다. 다양한 기업들이 사물 인터넷 기술을 활용해서 자신들만의 독창적인 방법으로 제품과 서비스를 시장에 출시하고 있다. 이러한 움직임은 자신들의 아이디어를 빠른 의사 결정을 통해 구현해 내는 신생 기업(Start-up)들을 중심으로 일어나고 있다. 이들은 각 산업 내 기존 기업들과 직접적으로 경쟁하기도 하지만, 기존 기업들과 제휴, 인수 합병 등으로 연합하며 다른 진영의 기업들과의 경쟁을 심화시키며, 경쟁의 양상을 빠르게 변화시키고 있다.

셋째, 경쟁의 범위가 급격히 확대되고 있다. 산업 내 새로운 경쟁자들의 진입이 많아질 뿐 아니라 다른 분야의 기업들과도 경쟁해야 하는 상황에 직면하게 되었다. 아마존, 월마트 같은 유통 기업이 냉장고를 제조하는 가전업체와 협업을 통해 새로운 형태의 유통 사업으로 수익을 창출하거나, 구글/애플과 같은 **정보 기술**(Information Technology, IT) 기업이 무인 자동차 기술을 개발하여 자동차 산업으로 진출하였다. 기존의 가전 및 자동차 제조사들은 유통, IT 산업이라는 새로운 영역의 기업들과도 경쟁하고 있다.

제4차 산업 혁명이라는 신세계

1.1 제4차 산업 혁명의 정의 / 1.2 제4차 산업 혁명의 특징
1.3 4차 산업 혁명 시대의 주요 기술과 기업의 적용 동향
1.4 사례를 통한 4차 산업 혁명의 진행 상황

2016년 다보스포럼에서 클라우스 슈밥(Klaus Schwab)이 4차 산업 혁명을 주창하였다. 4차 산업 혁명은 정보 통신 기술(ICT)이 여러 산업 영역의 기반 기술과 융합되면서 이루어내는 변화를 의미한다. 과거 인터넷과 같은 디지털 기술에 의한 혁신을 살펴보면, 여느 기술들과 유사하게 초기에는 기술로 인한 생활의 변화가 낯설지만, 시나브로 일상생활 깊숙이 파고들면서 이제는 없어서는 안 될 기술이 되었다. 이처럼 지금까지 기술의 진보는 세상을 더욱 편리하게 만들었다. 4차 산업 혁명도 이와 유사한 발전 과정을 보이고 있다.

4차 산업 혁명은 [그림 1-1]과 같이 사물 인터넷, 클라우드(Cloud), 디지털 트윈(Digital

[그림 1-1] 산업 혁명 역사 속에서 제조 시스템의 진화 과정

Twin), 즉 사이버 물리 시스템(Cyber-Physical System, CPS), 빅 데이터(Big Data), 인공 지능(Artificial Intelligence, AI), 확장 현실(eXtended Reality, XR), 블록체인(Blockchain), 양자 컴퓨터, 3D 프린팅, 로보틱스 등 다양한 기반 기술들이 개별적으로 발전하며 융복합화되고, 여러 산업 분야에 적용되며 구체화되고 있다.

이는 정보 통신 기술이 다른 산업의 기반 기술이나 제품, 서비스 등에 큰 영향을 미치고, 더 나아가 인류의 생활 방식, 산업 구조, 생태계를 변화시킬 수 있는 혁신적 기술, 즉 다이버전스(Divergence) 기술이 되고 있음을 의미한다. 또한, 제품의 기획, 설계, 제조, 생산, 물류, 유통, 판매 등의 제조 시스템에 발전된 ICT가 적용되며 경제 시스템의 전반적인 변화를 가져오고 있다. ICT가 다양한 분야에 적용되면서 관련 기술이나 제품, 서비스 등이 크게 개선되는 것이 4차 산업 혁명이 가져올 주요 특징 중 하나이다.

1.1 제4차 산업 혁명의 정의

산업 혁명이란 무엇인가? 과학 기술의 혁신이 기존 산업 구조의 변화 및 생산성의 증대를 일으키는 것을 말한다. 즉, 신기술의 등장과 적용에 따른 경제 체제와 사회 구조의 급진적 변화를 뜻한다. 역사적으로 산업 혁명은 크게 1차, 2차, 3차로 구분된다. 그때마다 인류는 급격한 생산성 향상, 새로운 산업의 부상, 새로운 사회 계층의 등장, 새로운 사회 문화적 현상을 경험하였다.

18세기 최초의 산업 혁명은 인간의 육체노동을 기계로 대체하는 증기 기관의 발명으로 촉발되어 생산성의 혁신을 가져왔다. 20세기 초반의 제2차 산업 혁명은 발전기 등 전기 에너지의 보급으로 산업 시스템의 혁신과 인류의 생활을 크게 향상시켰다. 20세기 중반 이후에는 컴퓨터와 인터넷의 범용화에 힘입은 제3차 산업 혁명으로 인해, 인류는 지구 차원으로 정보와 지식을 공유함으로써 인간의 두뇌 노동을 대체, 증강하여 왔다.

21세기에 와서는 사물 인터넷, 디지털 트윈, 클라우드, 빅 데이터, 인공 지능 등 정보 기술의 지수 함수적 변혁으로 초소형 컴퓨터가 모든 사물과 공간에 탑재되어 만물초지능 통신 혁명이라는 또 한 차례 미증유의 문명사적 대변혁이 진행되고 있다.

만물초지능 통신 혁명은 모든 것이 인터넷으로 초연결됨으로써 인간과 사물, 주변 공간의 상황 데이터를 수집, 축적하여 활용하는 차세대 정보 기술 패러다임이다. 이를 기반으로 산업 프로세스가 파괴적으로 혁신되고, 인류의 생활 방식이 근원적으로 달라지는 거대변혁의 총체가 **4차 산업 혁명**이다. 제조업과 정보 통신 기술을 융합한 차세대 산업 혁명을 의미하는 것이다. 산업의 역사 관점에서 모든 사물의 데이터를 전 인류의 지식과 연결하고, 다시 최적으로 제어하는 만물초지능 통신 혁명이 제4차 산업 혁명으로 진행되고 있다([표 1-1] 참고).

[표 1-1] 산업의 역사 관점에서 조망하는 만물초지능 통신 혁명 = 제4차 산업 혁명

제1차 산업 혁명	제2차 산업 혁명	제3차 산업 혁명	제4차 산업 혁명
18세기	19~20세기	20세기 후반	2010년~
증기 기관 기반의 기계화 혁명(가내 수공업 → 공장에서 기계를 이용한 생산 방식) → 손발 기능 확장	전기 에너지 기반의 대량 생산 혁명(컨베이어 벨트 조립 라인과 분업화된 생산 방식 → 대량 생산과 또 한 번 생산성 급증) → 근육 기능 확장	컴퓨터와 인터넷 기반의 지식정보 혁명(물리재(Physical Goods)보다 정보재(Information Goods)가 더 높은 가치를 가지기 시작) → 뇌 기능 확장	사물 인터넷/디지털 트윈/클라우드/빅 데이터/인공 지능 기반의 만물초지능 혁명(물질계, 가상계, 생명계 사이의 경계가 낮아지는 사회 전반의 변혁) → 오감과 뇌의 연계 기능 확장
증기 기관을 활용하여 영국의 섬유 공업이 거대 산업화 → 동양에서 서양으로 패권 이동	공장에 전력 공급으로 대량 생산 체제 보급 → 영국에서 미국으로 패권 이동	인터넷과 스마트혁명으로 미국 주도의 글로벌 IT 기업 부상 → 패권의 다원화·연계화	사람, 사물, 공간을 초연결·초지능화하여 산업 구조, 사회 시스템 혁신 → 대담하게 '도전하고 전략적으로 리더십을 발휘하는 나라'가 제4차 산업 혁명 선도국가로 도약

출처: 정보 통신기술진흥센터, 하원규

반면, 슈밥 및 니콜라스(Schwab and Nicholas) 등은 4차 산업 혁명을 "3차 산업 혁명(디지털 혁명)의 기반 위에 다양한 기술 융합의 결과로 물질계(界), 가상계(界), 생명계(界) 사이의 경계가 낮아지는 (인류) 사회 전반의 변혁"으로 정의하였다. 인간과 사물, 공간들이 초연결되

고, 물리적 공간과 디지털 공간이 합쳐지며, 각종 빅 데이터를 분석하는 지능화된 기계가 인간을 대신해 의사 결정하여 생산성을 극단적으로 높이는 초연결(Hyper-Connectivity), 초지능화(Super Intelligence)되는 사회를 말한다. 이로 인해 저급 및 중급 기술자들은 생산성 높은 인공 지능과 로봇으로 대체되고, 디지털 공간에서 물리적 세상이 제어되며, 서비스와 재화가 고객의 요구에 낭비 없이 실시간으로 제공되는 등의 변화가 일어난다.

이처럼, 4차 산업 혁명은 단순하게 3차 산업 혁명의 연장선이 아니라 다양한 기술 영역과 산업 영역이 서로 밀접하게 관련되어 융합되면서 사회·경제적으로 큰 변화가 일어나는 것이다.

1.2 제4차 산업 혁명의 특징

산업 사회 변혁에 대한 논의는 관점에 따라 달라질 수 있는데, 정보 통신 관점에서 보면 사물 인터넷, 디지털 트윈, 클라우드, 빅 데이터, 인공 지능, 확장 현실, 블록체인, 양자 컴퓨팅 등의 시너지가 촉발하는 힘이 제4차 산업 혁명을 견인하는 기술력이 된다. 하지만 전통적인 정보 통신 기술로서의 ICT가 아니라 **혁신촉매형 ICT**(Innovation & Catalyst Technology)로 그 본질이 바뀌고 있으며, 그 방향성은 다음과 같이 3가지로 요약할 수 있다.

- 사람-사물-공간의 상호 관계의 기축이 아날로그에서 디지털로 전환이 촉진되며, 실시간으로 데이터를 수집, 분석, 활용할 수 있는 **만물 인터넷**(Internet of Everything, IoE) 생태계가 성숙되고 있다.
- 초연결된 사람-사물-공간에서 획득된 빅 데이터를 발전된 인공 지능 기술이 분석하여 효율적인 의사 결정 과정에 활용하고, 또한 이를 현실 세계로 피드백하여 제어하는 디지털 트윈이 경제 사회를 지원하는 중추 시스템이 되고 있다.
- 초연결된 만물 인터넷 생태계는 생물적 아날로그 지능(Analog Intelligence)과 인공적 디지털 지능(Digital Intelligence) 간의 선순환 가치를 발휘하는 **만물초지능 통신** 기반으로 성숙되고 있다.

1980년대는 전화를 매개로 사람과 사람을 연결하는 전기 통신의 시대였고, 2000년대는 인터넷을 기반으로 PC와 모바일 기기를 이용하여 사람과 정보의 연결에 비중이 옮겨오는 정보 통신의 시대라고 할 수 있다([표 1-2] 참조). 2010년대는 사물 인터넷과 사이버 물리 시스템, 클라우드 등의 새로운 ICT 생태계를 기반으로 만물지능 통신으로 발전하는 이행기로 보고, 2020년대는 **사람과 사물이 초연결되고 다시 빅 데이터와 인공 지능 등의 기술 융합으로 정보 통신은 혁신촉매 기술로 그 본질이 전환되고 있다**. 이 과정을 통해 산업 프로세스와 경제, 사회 시스템이 지능 기반으로 재편되면서 지구 차원의 총체적 혁신이 수반되는 제4차 산업 혁명이 시작되었다.

[표 1-2] 혁신촉매 기술로서의 만물초지능 통신

1980년대	2000년대	2010년대	2020년대
전기 통신	정보 통신	사물(만물) 통신	만물초지능 통신
− 사람과 사람을 연결 − 단말과 단말을 필요할 때만 연결	− 사람과 정보를 연결 − 유무선 광대역 기반 정보처리 생태계	− 사람과 사물 간 정보를 연결 − 사물 인터넷, 사이버 물리 시스템, 클라우드, 빅 데이터, 인공 지능의 선형적 발전	− 사람 인터넷(Internet of People), 사물 인터넷, 공간 인터넷(Internet of Space)이 지능적인 복합 시스템을 형성 − 만물 인터넷, 디지털 트윈, 클라우드, 빅 데이터, 인공 지능 등이 지수 함수적으로 발전

출처: 정보 통신기술진흥센터, 하원규

1.3 4차 산업 혁명 시대의 주요 기술과 기업의 적용 동향

4차 산업 혁명은 **4세대 이동통신**(4th Generation Mobile Communication, 4G)/**LTE**(Long Term Evolution)/**5세대 이동통신**(5th Generation Mobile Communication, 5G, IMT−2020), 사물 인터넷, 디지털 트윈, 클라우드, 블록체인, 양자 컴퓨팅, 빅 데이터, 인공 지능, 확장 현실 등 ICT 핵심 기술의 기반으로 실현되고 있다. 각 산업 분야 내에서의 변혁뿐만 아니라 산업 간 융합 서비스도 다양하게 등장하고 있다. 예를 들어, 자율주행 자동차, 지능형 교통 시스템,

스마트의료, 스마트공장, 스마트유통/물류, 메타버스(Metaverse), 플랫폼/프로토콜 경제 등과 같은 디지털 융합 서비스가 등장하였다.

사회 · 경제적으로 큰 변화가 일어나는 4차 산업 혁명 시대의 핵심 기술은 관점에 따라 다양하게 분류할 수 있다. ICT 기술과 ICT 이외의 기술을 중심으로 기술 범주와 세부 기술을 분류하면 [표 1-3]과 같다.

[표 1-3] 4차 산업 시대의 주요 기술 분류

기술 구분	기술 범주	세부 기술	개요 및 응용 사례
ICT 기술	확장되는 디지털 기술	사물 인터넷	– 물리 세계와 가상 세계를 연계하는 4차 산업 혁명의 핵심 기술로 원격 모니터링/제어/관리 등이 가능 – 자율주행 자동차, 지능형 교통 시스템, 스마트공장 등
		블록체인	– 디지털 인증, 디지털 화폐, 디지털 공급망 관리, 문서 위변조 방지 가능 – 가상 화폐, 대체 불가능 토큰(Non–Fungible Token, NFT), 중앙은행 디지털 화폐(Central Back Digital Currency, CBDC) 등
		양자 컴퓨팅	– 컴퓨터 계산력 향상으로 기계의 지능화 촉진 – 양자 암호화, 양자 정보 통신 등
	메타버스 관련 기술	확장 현실	– 증강/가상/혼합 현실을 모두 포함하는 개념인 확장 현실 기술은 가상의 경계를 허무는 실감형 콘텐츠 구현 가능 – 수술/국방/비행 등의 시뮬레이션, 게임, 영화, 교육 · 훈련, 제조 등
		디지털 트윈	실제 물리 세계와 거의 동일한 사이버 모델을 구축한 후, 물리 세계와 긴밀한 상호 작용으로 동기화하며 활용하는 실시간 자율제어 시스템의 사이버 모델
ICT 이외의 기술	물리 세계를 변화시키는 기술	빅 데이터/인공 지능	– 문자/음성/영상 인식 및 식별 가능한 인공 지능 플랫폼을 개발하여 적용 – 로봇, 자동차, 스피커 등을 음성 명령으로 제어 – 콘텐츠 추천, 사기 탐지, 챗봇 등
		로봇	– 생산용 로봇, 물류 로봇, 생활형 로봇까지 일상생활에서 다양하게 사용 – 주식 투자를 조언하는 로보어드바이저(Robo–Advisor)처럼 인간을 지원하는 수준으로 발전
		첨단 소재	– 다양한 사회 요구를 충족하기 위해 전혀 다른 새로운 소재가 필요 – 탄소 섬유, 2차 전지 소재, 화학 소재, 탄소 소재, 티타늄 등 경량화 소재
		다차원 프린팅 및 적층 제조	– 재료의 낭비가 적고, 소비자 별로 1:1 맞춤 디자인 제품 생산이 용이 – 자동차나 항공기의 부품, 자동차 프레임, 단독 주택, 피규어(Figure), 악기, 음식 등

ICT 이외의 기술	인간을 변형시키는 기술	생명 공학 기술	– 생물체가 가지는 기능과 정보를 이용하여 인류에게 필요한 물질과 서비스를 가공·생산하는 기술로 디지털 기술과 결합하여 인슐린 등의 의료, 품질 개량, 식량 생산 등의 농업, 화학 식품, 화학 섬유 등의 바이오 소재 등을 통해 사회를 변화시킴 – 스마트의료, 유전체 지도, 스마트농장, 생체 소재와 맞춤형 인공 장기 제조, 인간 신체 보완, 인공 연골, 외골격 로봇 등
		뇌신경 기술	– 인간의 신경계 질환들에 대한 치료제 및 해결책 제시, 뇌의 활동 조작으로 뇌기능 향상 유도 – 뇌지도(Connetome), 신경 교육학(Neuroeducation), 뉴로 마케팅(Neuromarketing) 등
	환경 통합 기술	에너지 포집/저장/전송 기술	– 생산된 에너지를 수요자에게 손실 없이 전달하고, 잉여 에너지를 저장하는 기술로 전기, 수소, 원자력, 생물 연료, 신재생 에너지 등 다양한 에너지 원천이 연구·개발되고 있음 – 에너지 저장 장치(Energy Storage System, ESS), 전기차 배터리, 태양광 발전, 풍력 발전, 스마트그리드 등
		지구 공학	– 이산화탄소 저감 및 포집, 인공 강우, 인공 태양광 생산 등을 통해 기후 변화에 대응하여 자연 시스템을 보전하는 기술
		우주 기술	– 위성체, 발사체, 위성 이용 및 우주 과학 분야로 나누어지며, 통신과 방송, 국가 안보, 공공 안전 등 공공 서비스와 관련된 기술로 다른 산업의 성장에 기반이 되는 기술이며, 소형 위성, 고고도 무인기 등을 이용하여 광대역 및 저비용 통신 인프라 구축 가능 – 인공위성, 우주 발사체, 위성 항법 시스템, 드론 등

이 절에서는 확장되는 디지털 기술, 메타버스 관련 기술, 물리 세계를 변화시키는 기술 중심으로 관련 기업의 적용 동향을 살펴보고자 한다.

1.3.1 확장되는 디지털 기술

물리 세계와 가상 세계의 구분 없이 **확장되는 디지털 기술**(Extending Digital Technologies)은 사물 인터넷, 블록체인과 분산원장 기술, 양자 컴퓨팅 기술이 포함된다.

① 사물 인터넷

사물 인터넷은 4차 산업 혁명의 핵심 기술이다. **사물 인터넷**은 기기 및 사물에 통신 모듈을 탑재하여 유무선 네트워크로 연결함으로써 사람과 사물, 사물과 사물 간 정보 교환 및 상호 소통을 가능케 하는 지능형 인프라를 의미한다. 실세계(Physical World)와 가상 세계(Virtual World)의 다양한 사물들을 연결하여 진보된 서비스를 제공하기 위한 서비스 기반 기술이다. 사물 인터넷은 센서, 통신, 빅 데이터, 인공 지능 등 다양한 기술이 융·복합되어 새로운 가치를 창출할 수 있다.

사물 인터넷의 발전 방향이나 성숙도 모델에 대해 다양한 관점이 존재한다. [그림 1-2]와 같이 사물 인터넷의 발전 단계를 디바이스 연결 단계(IoT 1.0), 인프라 구축 단계(IoT 2.0), 산업별 혁신 솔루션 개발 단계(IoT 3.0)로 구분한 IBM의 관점이 대표적이다.

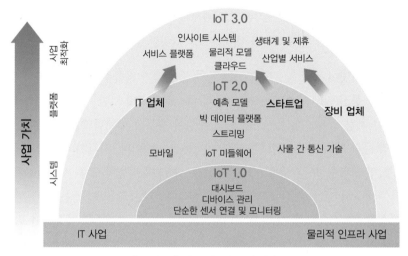

[그림 1-2] 사물 인터넷 발전 단계

사물 인터넷 기술은 연결성(Connectivity)과 관리 중심의 1.0에서 초연결성(Hyper-connectivity), 지능 중심의 2.0을 거쳐 종합 솔루션을 제공하는 서비스 플랫폼 중심의 3.0 시대가 되었다. 즉, 사물의 등록, 탐색, 연결을 통해 모든 것이 인터넷에 연결되는 IoT 1.0 에서 사물에 지능을 부여하여 현장의 문제에 즉각적으로 대응하여 해결 가능한 2.0 시대로 발전되었고, 이후, 클라우드를 활용하여 각 산업 분야별 최적화 솔루션인 서비스 플랫폼 을 제공하는 3.0 시대가 되었다. 사물 인터넷을 활용하면 자동차 타이어에 센서가 부착되 어 타이어 손상 여부를 파악할 수 있고, 공장이나 병원의 각 장비에 센서를 부착하여 각 장 비의 이상 작동 유무를 파악하고 나아가 사전에 오류를 예측하고 예방하여 생산성을 높이 는 기술까지 다양하다. 사물 인터넷은 다양한 분야에 적용되면서 그 응용에 적합하게 기술 적인 범위를 넓히고 있다. 자율주행차, 지능형 교통 제어 시스템, 스마트의료, 스마트도시, 스마트농장, 스마트유통/물류 등도 모두 사물 인터넷 영역이다.

아마존은 천장의 카메라와 선반 아래에 설치된 무게 센서를 이용하여 고객이 어떤 물건을 집어드는지를 파악하고 고객이 가게 문을 나서면 바로 결제되는 계산대 없는(Cashier-less)

대형 아마존 고(Amazon Go) 매장을 개장하였다. 한화 테크윈(Hanwha Techwin)은 **폐쇄 회로 텔레비전(CCTV)** 영상을 인공 지능 **엣지 컴퓨팅**(Edge Computing)을 이용하여 자체적으로 처리, 분석하고 학습하여 평소와 다른 상황이면 경찰에 연락하는 서비스도 선보였다.

구글의 자율주행차 자회사인 웨이모(Waymo)는 미국 샌프란시스코에서 자율주행 택시(로보 택시) 시범 서비스를 시작하였다. 택시 승객이 스마트폰을 통해 차량을 호출하면, 자율주행차는 각종 센서 정보를 모아 스스로 운전해 택시 승차장을 찾아간다. 운전석에 사람이 앉아 있지만, 사람은 자율주행차 오작동을 대비해 모니터링할 뿐이다.

이처럼 사물 인터넷이 적극 활용되고 있는 분야 중 하나가 자율주행차이며, 특히 쌍방향 통신 **차량 · 사물 통신**(Vehicle to Everything Communication, V2X) 기반 자율주행차가 활발히 개발되고 있다. 차량 · 사물 통신은 운행 중인 차량이 유무선 네트워크를 통해 다른 차량 및 도로 인프라 등과 지속적으로 정보를 교환하는 통신 기술이다. SKT가 서울 시내 차량 · 보행자 · 교통 인프라 등 모든 것을 5G로 연결하는 차세대 지능형 교통 시스템(Cooperative-Intelligent Transport Systems, C-ITS) 상용화를 시작하였다. LG유플러스는 자율주행 솔루션 업체 에이스랩(ACE Lab)과 함께 빅 데이터와 인공 지능으로 자율주행 차량의 소프트웨어와 하드웨어의 이상 여부를 진단하는 차세대 기술을 개발하고 있다. 현대차는 수소전기 차량에 자율주행 기술을 업그레이드하며 다양한 방법으로 복잡한 도심 구간에서 실증 테스트를 하고, 레벨 4 수준의 자율주행차 상용화를 추진하고 있다.

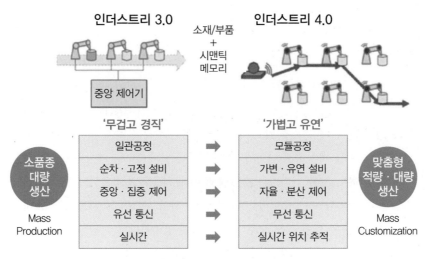

[그림 1-3] 인더스트리 3.0 vs 인더스트리 4.0

사물 인터넷 환경에서 빅 데이터와 인공 지능 분석을 통해 제어되는 스마트공장(지능형 공장)도 확대되고 있다. 공장 내 모든 시스템과 장비들이 사물 인터넷 통신으로 연결되어 제조 공정의 효율성을 극대화하는 기술이다. 이전 공장의 소품종 대량 생산(Mass Production) 체제에서 다품종 맞춤형 적량·대량 생산(Mass Customization) 체제로 전환되고 있다([그림 1-3] 참조). 이를 위해 공장의 특성에 적합한 센서 장비, 산업용 이더넷 네트워킹, 보안, 디지털 트윈, 데이터 처리 등의 기술이 개발되어 활용되고 있다.

Mobile World Congress(MWC) 2022에서 선보인 스마트공장의 특징은 사람이 존재하지 않고 로봇만 존재하는 무인 공장이 등장하였다. 로봇이 또 다른 로봇을 감시하고, 사람은 이런 로봇들을 메타버스 기술로 원격 제어하는 방식이다.

스페인 통신사 텔레포니카가 선보인 무인 물류 공장에서 운반 로봇은 창고에서 상자의 무게와 부피, 크기를 측정하여 컨베이어 벨트까지 옮긴다. 로봇 팔이 이 상자를 컨베이어 벨트 위에 올리고 배송지에 따라 분류한다. 소형 드론이 창고 내부를 날아다니며 로봇들의 작업을 실시간으로 감시한다. 로봇 움직임에서 이상이 감지되면 공장 밖에서 근무 중인 직원이 메타버스 기기를 착용하고 소프트웨어 업데이트 등 원격 수리를 한다. 소형 드론은 배터리 충전이 필요하면 스스로 충전소로 날아가 충전한다.

반면, 에릭슨의 2030년 미래 자전거 공장은 로봇만 일하기 때문에 조명과 난방을 끄고 에너지를 절약한다. 주문이 접수되면 로봇들은 고객의 신체 정보, 거주 지역, 생활 방식 등의 데이터를 분석하여 일사불란하게 움직이게 된다. 운반 로봇이 필요한 부품들을 꺼내오면 로봇 팔이 이를 조립하고 품질 검사를 한다. 이렇게 세상에서 유일한 자전거가 완성되면 공중에서 대기 중인 드론이 픽업하여 고객에게 전달한다([그림 1-4] 참조). 철저히 데이터를 바탕으로 생산하기 때문에 불량·반품·재고가 발생하지 않는다.

출처: 매일경제
[그림 1-4] 미래 자전거 공장에서 품질 검사 중인 로봇

② 블록체인

블록체인과 분산원장 기술은 특히 4차 산업 혁명 시대에 주목받고 있다. **블록체인과 분산원장 기술**(Blockchain and Distributed Ledger Technologies)이란 거래 시간과 내역 등을 순차적으로 연결된 블록(Block)에 기록한 후, 이 동일한 블록의 연결을 온라인 네트워크 참여자들이 중앙 기관 없이 나누어 관리하는 P2P(Peer to Peer) 분산 장부 기술이다. 블록체인 기술을 도입하면 거래 당사자 간의 거래가 투명해지고, 일단 일어난 거래 기록은 추후에 변경할 수 없도록 시스템이 공증하는 제3자의 역할을 함으로, 그만큼 비용을 절감할 수 있다. 이를 탈중개화(Disintermediation)라고 한다.

따라서 블록체인은 증권 거래, 청산 결제, 송금 등 금융 분야에서 크게 주목을 받고 있다. 비자(Visa) 등은 블록체인 기반의 저렴한 해외 송금 서비스(Visa B2B Connect)를 준비하였다. 소비자가 국제 송금을 위해 전통적인 스위프트(SWIFT) 망을 이용하면 소액을 송금하더라도 다수의 이해 관계자들에게 환전 수수료, 중개 은행 수수료, 수취 은행 수수료 등을 지불해야 하므로 수수료가 비싸고 2~3일 정도 시간이 걸린다. 반면 비자의 서비스는 블록체인을 적용해 이해 관계자들을 최소한으로 줄여 수수료를 낮추고 송금 시간도 1~2일 이내로 줄어든다. 중국 최대 쇼핑몰을 운영하는 알리바바(Alibaba)는 제품의 생산부터 유통까지 제품의 고유번호를 비롯한 각종 정보를 블록체인에 기록해 공유해 나감으로 소비자가 가짜 상품을 적발하기 쉽게 만들었다.

국내 기업들도 블록체인 기술을 개발하여 서비스를 제공하고 있다. 삼성SDS는 '해운 물류 블록체인 컨소시엄'을 발족해, 수출 물품의 배송 상태를 수출업체, 선사, 운송사, 터미널, 금융사, 관세청 등이 실시간으로 공유하게 하고, 물류 주체 간 정보 불일치로 때마다 생기는 각종 지연 문제를 해결하고 있다. 삼성SDS가 블록체인 기술로 문서 위변조 문제를 해결해 주는 페이퍼리스(paperless) 서비스를 출시하면서 클라우드 기반의 서비스형 블록체인(Blockchain-as-a-Service, BaaS) 사업을 확대하고 있다. 페이퍼리스는 계약서, 동의서, 증명서 등 위변조가 우려되는 각종 문서를 블록체인 기술을 활용해 안전하게 관리해주는 서비스로, 각종 증빙이 필요한 업무 또는 투표 등 다양한 분야에서 활용 가능하다. 삼성SDS는 별도의 서버에 대용량 문서 또는 민감한 개인 정보 등의 데이터를 암호화하여 저장하고, 해당 문서나 데이터에 대한 해시값(Hash Value)[1]만 블록체인에 기록하는 오프체인(Off-Chain) 기술을 페이퍼리스에 적용하였다.

---

1) 해시값: 복사된 데이터의 동일성을 입증하기 위해 파일 특성을 축약해 놓은 암호화된 수치

LG CNS의 블록체인 기반 플랫폼인 모나체인(Monachain)은 금융, 공공, 통신, 제조 등 다양한 상업 영역에 적용이 가능하다. 분산 신원 확인을 위해 국제 표준인 **분산 식별자**(Decentralized Identifiers, DID) 기술이 적용되어 다른 시스템과 연계가 쉽다. 디지털 인증, 디지털 커뮤니티 화폐, 디지털 공급망 관리 등 3대 디지털 서비스를 제공하고 있다.

카카오는 카카오페이 인증에 블록체인을 적용하고, 네이버 자회사 라인(Line)은 일본 가상 화폐 시장에 진출하였다. 또한 2021년 7월 카카오 계열 블록체인 전문 기업인 그라운드X는 **중앙은행 디지털 화폐**(Central Back Digital Currency, CBDC)의 모의 실험자로 선정되었다. CBDC가 현금 화폐를 대체하기 위해 CBDC 발행 요청, 은행 예금과의 전환, 전자 지갑 전송 및 보관 등의 기능이 필요하다. 한국은행은 CBDC의 발행, 유통, 환수, 폐기 등 생애 주기별 업무와 송금·결제 서비스 등을 실험하고 있다([그림 1-5] 참조).

이외에도 다수의 신생 기업들이 블록체인 구축, 거래소, 해외 송금 등의 서비스를 제공하고 있다.

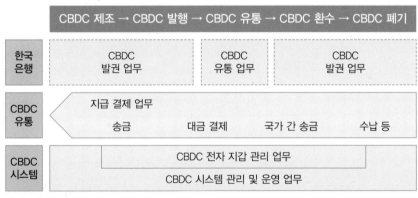

출처: 한국은행

[그림 1-5] CBDC 모의 시스템상 생애 주기별 처리 업무(예시)

③ 양자 컴퓨팅

4차 산업 혁명 시대에는 새로운 고성능 컴퓨팅 기술이 필요하다. 예를 들어 0과 1만의 2진법 형태로 계산하는 기존 컴퓨팅이, 0과 1이 중첩되어 존재할 수 있는 양자 비트, 즉 **퀀텀 비트**(Quantum Bits, Qbit 혹은 **큐비트**)로 운영되는 양자 컴퓨팅으로 대체되면, 슈퍼컴퓨터로 오랜 시간 걸리는 계산이 하루 안에 끝날 정도로 연산 속도가 빨라질 수 있다. 이러한 계산 능력은 기계의 지능화를 촉진하고, 여러 산업의 기반 기술 발전을 이끌 수 있다. 즉, 2030

년에 상용화될 것으로 예상되는 양자 컴퓨터는 신물질이나 신약 개발, 천체, 항공·우주 등에서 그동안 풀지 못한 과제를 해결할 수 있는 기술로 주목받고 있다.

현재 구글, IBM, 마이크로소프트(Microsoft, MS), 인텔(Intel) 등 미국의 글로벌 IT 기업들과 중국, 유럽, 일본의 주요 기업들이 양자 컴퓨터를 개발하고 있다. 구글은 2009년 양자 컴퓨터 연구를 시작하여 2019년 양자 컴퓨터 '시커모어(Sycamore)'를 공개했다. 시커모어는 기존 슈퍼컴퓨터가 1만 년에 걸쳐 수행해야 했던 작업을 200초 안에 수행할 수 있었다. IBM은 연례 행사 'IBM 퀀텀 서밋 2021'에서 큐비트 수를 127개로 늘린 정보처리 장치 '이글(Eagle)'을 공개했다([그림 1-6] 참조).

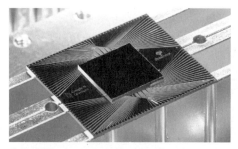

출처: 구글

(a) 구글의 시커모어 칩

출처: IBM

(b) IBM의 이글

[그림 1-6] 양자 컴퓨터 칩과 장치

국내에서는 삼성전자가 IBM의 양자 컴퓨터 개발 프로젝트에 공동 참여하였다. SK텔레콤이 스위스 기업 IDQ(ID Quantique)를 인수하여 개발한 양자 암호 기술은 2021년 유럽전기통신표준화기구(ETSI)에서 산업 표준으로 채택되었다. 이는 5G 환경에서 전 세계 430억 개 사물이 연결되는 초연결 서비스 과정에서 네트워크 간 안전한 통신을 제공할 전망이다.

1.3.2 메타버스 관련 기술

현실 세계와 가상 세계의 경계를 허무는 **메타버스 관련 기술**(Metaverse-related Technology)은 확장 현실 기술과 디지털 트윈 기술이 포함된다.

① 확장 현실

4차 산업 혁명 시대에는 메타버스를 구현하는 확장 현실도 중요한 기술이 된다. 확장 현실은 **증강 현실**(Augmented Reality, AR), **가상 현실**(Virtual Reality, VR) 및 **혼합 현실**(Mixed Reality, MR)의 포괄적 용어이다. 증강 현실은 실제 환경에서 개별 물체를 식별하고 관련 정보를 화면에 표시하는 기술이다. 예를 들어, 가구점에서 스마트폰이나 스마트안경을 의자로 향하면 의자의 길이, 무게, 가격 등 필요한 정보가 표시된다. 가상 현실은 사람들이 현실에 존재하지 않는 가상의 환경에 들어가 활동할 수 있도록 하는 기술이다. 이처럼 증강/가상 현실 기술은 인간과 기계가 함께 연결되어 움직이게 함으로써 생산성을 높이는 기술이다. 혼합 현실은 가상 현실과 증강 현실 간에 전환할 수 있는 기술이다. 현실에 컴퓨터 그래픽(CG)을 입힌 거나 3D 홀로그램이 표시되므로, PC나 스마트폰과 같은 화면을 사용하는 환경에서 벗어나게 된다.

증강 현실 산업과 관련하여 유명한 사례는 미국 나이언틱(Niantic)이 만든 포켓몬 고(Pokemon Go) 게임이다. 수많은 사람이 여러 장소를 돌아다니며 스마트폰을 비추면 포켓몬이 나타나고 이를 잡는 게임이다.

증강 현실은 산업용으로도 빠르게 확산되고 있다. 구글, 마이크로소프트 등은 반투명 디스플레이 위에서 정보를 투여해주는 안경 형식의 증강 현실 기기나 HMD(Head Mounted Display) 기기를 출시하여 판매하고 있다. GE(General Electric Company)의 기술자들은 풍력 발전소용 터빈을 조립할 때, 스마트안경을 끼고 안내서를 살펴본다. 보잉의 기술자들은 증강 현실 기기의 투명창의 정보를 참고하여 비행기 내 전기 부품을 연결하는 작업을 한다. 싱가포르의 물류업체인 ST로지스틱스(Supply Chain Logistics)는 스마트안경에 창고 직원들이 찾는 물품 번호와 위치, 그리고 내비게이션을 표시하여 원하는 제품을 신속하게 찾도록 하고, 물건을 이동하면 바코드로 스캔하여 실시간으로 시스템에 갱신한다.

마케팅 등에서도 증강 현실 기술이 적용되고 있는데, BMW는 소비자가 BMW 차량을 스마트폰으로 비출 때, 자동차 판매장을 방문하지 않고도 자동차에 대한 설명을 들을 수 있도록 한다. 가구 판매점 이케아는 소비자들이 스마트폰에 자신의 집 공간을 비추고 이케아 가구를 배치해보는 증강 현실 앱을 제공한다.

중국의 TCL(Telephone Communication Limited)은 '레니아오(Leiniao) AR'을 공개했다([그림 1-7(a)] 참조). 이 증강 현실 안경을 쓰고 손으로 안경테를 터치하면 날씨·뉴스 등 인터넷 정보가 풀(full) HD급(1,080p) 화질로 화면에 뜬다. 또한 문자·동영상 메시지를 확인할 수 있고, 사진 촬영, 문서 공유, 가전제품 제어, 자동차 시동 걸기 등 일상의 다양한 활동을 편리하게 할 수 있다. 대만 HTC는 기존 고글 형태와 차별화한 가상 현실 안경인 '바이브 플로우(VIVE Flow)'를 선보였다([그림 1-7(b)] 참조). 게임 등 특수 용도였던 기존 가상 현실 기기와 달리 바이브 플로우는 가상 현실 회의 · 요가 · 명상 · 콘텐츠 관람 등 일상생활에 적합하다.

출처: 매일경제

(a) TCL 레니아오 AR을 착용한 모습

(b) HTC의 바이브 플로우

[그림 1-7] 증강 현실 안경과 가상 현실 안경

가상 현실 산업과 관련해서, 마이크로소프트, 메타 자회사인 오큘러스(Oculus), 구글, HTC 등 세계적인 기업들은 머리에 쓰고 가상 현실을 경험할 수 있는 HMD 가상 현실 장비와 관련 소프트웨어를 출시하고 있다. 이들 HMD 가상 현실 장비들은 컴퓨터나 게임기 등과 연결되어 소비자들이 가상 환경에서 전투나 마법을 쓰는 게임을 즐기거나, 가상 환경에서 다른 사용자들과 만남을 가질 수도 있으며, 가상의 장소를 여행하는 체험의 기회를 가질 수도 있다.

또한 제조, 호텔/여행, 금융 등 다양한 산업의 기업들이 가상 현실을 사업에 접목하고 있다. 포드, 볼보 등의 자동차 제조사의 엔지니어들은 설계한 자동차를 실제 물리적으로 만들어 보지 않고 가상 환경에서 외관과 작동 방식을 확인하고 충돌 테스트도 할 수 있어 시간과 비용을 절감할 수 있다. 볼보는 구글의 가상 현실 장비를 착용하고 자동차를 운전하는 마케팅을 하고 있다. 메리어트 호텔은 투숙객들이 칠레나 르완다 등에 가상 여행을 떠나는 서비스를 제공하고, 토머스 쿡(Thomas Cook) 여행사는 소비자들이 주요 대리점에서 뉴욕 빌딩 사이를 횡단하는 헬리콥터 여행을 가상으로 경험하게 하며, 신규 여행객들을 모으기도 한다. 현대중공업 등은 추락, 화재와 같은 안전사고 교육을 하기 위해 가상 현실 장비를 도입하고, 롯데월드 등은 가상 현실 테마파크를 운영하고 있다.

프랑스 통신사 오렌지는 5G와 클라우드가 대량의 이미지 데이터를 처리하며, 대성당의 스테인드글라스 창들과 특유의 성스러운 분위기를 그대로 구현하였다. 에릭슨은 아바타 회의 보다 한발 더 나아가 홀로그램 기술로 현실의 나와 똑같은 3D 이미지를 구현하여 화상 회의가 가능한 메타버스를 만들었다.

② 디지털 트윈

디지털 트윈(Digital Twin)은 사이버상에서 물리적 환경 정보(데이터)를 분석하고, 이 결과를 가상의 환경에 적용하면 자동으로 현실의 시스템이 제어되는 시스템으로, **사이버 물리 시스템**(Cyber-Physical Systems, CPS)이라고도 한다. 사물 인터넷이 통신 기술에 기초하여 수많은 사물을 연동하는 기술이라면, 사이버 물리 시스템은 가상 공간의 컴퓨터가 네트워크를 통해 유기적으로 융합됨으로써 사물들이 서로 소통하며 자동적, 지능적으로 제어되는 시스템이다. 실제 물리 세계와 거의 동일한 사이버 모델을 구축한 후, 물리 세계와 긴밀한 상호 작용으로 동기화하면서 활용하는 실시간 자율제어 시스템의 사이버 모델이 구축되어 활용된다([그림 1-8] 참조).

[그림 1-8] 사이버 물리 시스템 개념도

물리 세계의 다양한 센서를 통해 감지된 데이터가 사이버 세계를 관리하는 컴퓨터에 전달되고 분석·처리된 후, 다시 물리 시스템을 제어하여 새로운 기능과 특성을 가능하게 한다. 디지털 트윈은 인간이 물리 세계의 사물들과 소통하는 방식을 근본적으로 혁신시키고 있다.

사이버 물리 시스템이 적용된 스마트공장에서는 공장 내부 기기들이 생산, 제어, 안전 기능 등을 스스로 관리하며, 접속된 기기끼리 자율적으로 동작하여 자동화를 촉진하고 있다. 이를 위해 사이버 물리 시스템 플랫폼을 중심으로 모든 사물과 서비스, 작업자들이 소통하면서 동작한다([그림 1-9] 참조).

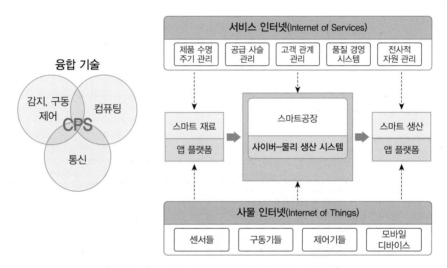

[그림 1-9] 스마트공장 구축을 위한 사이버 물리 시스템

효율적인 공장 운영을 지원하고, 각종 센서를 이용하여 공정 이상, 설비 고장 등의 상황 변화를 감지하고 판단한 후 적절한 대응을 수행한다. 다양한 프로세스 및 정보들을 가상으로 연결하여 작업자, IT 시스템, 제조 프로세스와 제품 간 양방향의 정보 교환을 자유롭게 지원한다. 또한, 사이버 물리 시스템에서 수집된 대용량 데이터는 분석 작업을 거쳐 실제 제조 공정이나 의사 결정 과정에 활용되어 유연한 제조 공정을 구현하는 데 중요한 역할을 한다.

독일의 지멘스(Siemens)는 마인드스피어(MindSphere)라는 소프트웨어를 개발하고 자동화된 생산 설비에 각종 센서를 부착해 각종 데이터를 취합한 후, 이를 가상 공간에서 분석함으로써 물리적 환경에서 발생하는 품질 불량 문제를 찾아내고, 곧바로 자동화된 기기 세팅을 바꿔 불량률을 낮출 수 있었다. 높은 품질 수준을 유지하며, 공장의 가동률을 최대치로 높이고 있다.

최근에는 제조뿐만 아니라 교통 시스템, 전력망, 의료 시스템, 빌딩 관리 시스템, 국방, 공공 기초시설, 금융, 통신, 에너지, 유통 등 복잡한 핵심 인프라에도 디지털 트윈이 활용되고 있다. 의료 및 헬스케어 분야에서는 여러 공간에 설치된 다양한 센서가 사람들(특히 고령자들)이 넘어질 수 있는 물체들의 정보를 파악하여 미리 사고를 방지하는 데 사용되기도 한다.

지능형 교통 시스템은 다수의 센서로부터 수집한 차량 및 교통 관련 정보들을 디지털 환경에서 분석하고 시뮬레이션 해봄으로써 가장 원활한 차량 흐름을 유도하기도 한다. 전력 시장에서는 전력망을 디지털 환경으로 옮긴 다음, 날씨, 시간대별 전력 공급 및 수요의 변화 등을 종합적으로 분석하여 소비자에게 더 저렴한 가격으로 전기를 제공할 수 있도록 제어한다.

1.3.3 물리 세계를 변화시키는 기술

물리 세계를 변화시키는 기술(Reforming the Physical World Technologies)의 범주에는 빅 데이터, 인공 지능, 로봇, 첨단 소재(Advanced Materials), 적층 제조 및 다차원 프린팅(Addictive Manufacturing and Multidimensional Printing) 기술이 포함된다.

① 빅 데이터와 인공 지능

빅 데이터는 4차 산업 혁명을 주도하는 기술 중 하나이다. 여러 응용에서 생성되는 대용량 빅 데이터를 수집, 분석하고, 적절한 판단과 자율제어를 수행함으로써 초지능적인 생산 활동이나 서비스를 제공할 수 있게 한다([그림 1-10] 참조).

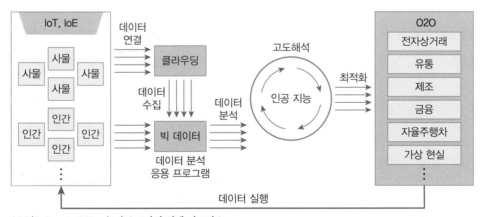

O2O(Online to Offline): 온오프라인 연계 비즈니스

[그림 1-10] 4차 산업 혁명에서 데이터 처리 과정

빅 데이터(Big Data)란 생성 주기가 짧은 문자, 소리, 영상과 같은 다양한 형식의 데이터를 의미하며, 더 나아가 이러한 데이터를 분석하여 가치를 추출하는 기술을 의미한다. 즉, 생성된 지식을 바탕으로 능동적으로 대응하거나 변화를 예측하기 위한 정보화 기술의 총칭이다. 초기에는 데이터 규모와 기술적인 측면에서 출발했지만, 빅 데이터의 가치와 활용 효과 측면으로 의미가 확대되는 추세이다. 분석 대상은 정형 데이터(Structured Data)뿐만 아니라 기존의 관리 방법이나 분석 체계로 처리하기 어려운 비정형 데이터(Unstructured Data) 집합이 된다.

저장할 데이터의 종류나 저장 방식을 결정하는 단계부터 시작하여 얻어진 데이터에서 의미 있는 정보를 추출하는 전 과정에서 다양한 지원 소프트웨어와 분석 방법들이 지속적으로 개발되어 적용되고 있다.

대용량 데이터를 저장하고 처리할 수 있는 아파치 하둡(Apache Hadoop)이나 클러스터 컴퓨팅 프레임워크인 아파치 스파크(Apache Spark), 하이브(Hive), 개발 환경인 R, 저장 소프트웨어인 NoSQL 등 핵심 기술 중 상당수가 오픈 소프트웨어로 제공되고 있어 그 활용 범위가 다양해지고 있다.

오픈 소스 기반의 플랫폼 기술의 성장으로 전통적인 클라우드 기업뿐만 아니라 수요자 중심의 맞춤형 소프트웨어를 제공하는 중소벤처기업들도 시장에서 성장할 수 있는 경쟁력을 갖추어 가고 있다. 또한 인공 지능 기술과의 접목을 통한 성능 향상도 기대된다. 행정, 의료, 재난, 환경, 교육 등의 서비스 제공에 필요한 정형·비정형 데이터를 통합 관리할 수 있는 통합 플랫폼 개발 및 맞춤형 서비스 구현도 활발하게 진행되고 있다.

인공 지능(Artificial Intelligence, AI)은 인간의 지적 능력을 모방하여 인공적으로 구현하는 기술이다. 대표적인 기술 중 하나인 기계 학습은, 기계(컴퓨터)가 대용량 학습 데이터를 이용하여 스스로 학습하면서 지식을 축적하여 의미 있는 정보를 도출한다. 즉, 기계가 인간 수준의 인식, 이해, 추론, 학습 등의 사고 능력을 모방할 수 있도록 고안된 것이다. 따라서 인공 지능 기술은 컴퓨터 과학의 여러 세부 영역과 연계되어 있다.

인공 지능은 인간과 동일하게 범용 분야에서 자율적 사고와 활동이 가능한 강(強) 인공 지능 분야와 기계 학습, 딥 러닝(Deep Learning), 빅 데이터 등에 기초하여 특정 문제 해결이나 추론을 하는 데 중점을 둔 약(弱) 인공 지능 분야로 구분된다.

현재의 인공 지능 기술은 주로 약 인공 지능으로서 특정 영역의 여러 기능을 구현하는 데 활용되고 있지만, 궁극적으로 인공 지능 연구는 사람과 같은 감정이나 심리 상태를 지닌 지능형 로봇을 구현하는 강 인공 지능을 목표로 진행하고 있다. 즉, 컴퓨터가 인간의 감성을 이해하고 교감할 수 있는 인공 지능을 추구한다. **인간모방**(Mimicry), **인간지원**(Support), **인간이해**(Understanding)의 인간 중심 방향으로 기술이 진화하고 있다([그림 1-11] 참조).

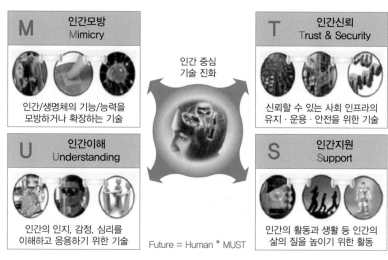

[그림 1-11] 인간 중심의 기술 전망

인간모방은 인간이나 생명체의 기능 및 능력을 모방 또는 확장하는 기술 분야이다. 사물 인터넷을 비롯한 착용형 기술이 주로 여기에 활용된다. 기술적 진보가 뒷받침되면, 착용형 기기는 인간의 활동과 생활에서 부족한 부분을 능동적으로 보조해 주는 **인간지원** 기술로 그 영역이 넓어질 수 있다. **인간이해** 기술은 인간의 감정 및 심리 등을 이해하여 이를 응용하는 분야이며, 뇌-컴퓨터 연결 기술이 필수적이다. 인간의 뇌와 같이 능동적인 학습 및 추론이 목표인 딥 러닝 기술과 뇌-컴퓨터 연결 기술의 접목을 통하여 컴퓨터가 인간을 이해하고, 인간이 명령을 내리기도 전에 그 의도를 파악하여 도와주는 능동 사물 인터넷, 착용형 디바이스 기술 개발의 방향성이 되고 있다.

인공 지능은 놀라운 속도로 발전하고 있고, 전 산업에 걸쳐 영향력을 확대하고 있다. 향후 인공 지능의 주요 이슈는 자동화이다. 단순 데이터 분석 수준이 아닌 프로그램 운용의 자동 수행이 필수가 될 전망이다. 강(强) 인공 지능의 실현까지 아직 해결하지 못한 난제들이 많이 있지만, 인간이 통제 가능한 방법으로 발전해 나갈 것으로 예상된다.

4차 산업 혁명 시대는 빅 데이터와 인공 지능이 물리적 세상을 변화시킬 핵심 기술 중 하나가 된다. 인공 지능은 유해 콘텐츠 식별, 사기 거래 탐지, 콘텐츠 추천 등 다양한 산업의 기반 기술로 자리 잡아가고 있다. 인공 지능이 자율주행 자동차에 적용됨으로써, 자동차를 단순한 운송 수단이 아니라 사람들이 휴식을 취하거나 다른 업무를 수행할 수 있는 공간으로 변화시키고 있다.

아마존은 음성 인식 인공 지능 플랫폼 알렉사(Alexa)를 적용한 각종 디지털 기기들을 출시하고 있다([그림 1-12] 참조). 사람이 음성으로 명령하면 뉴스나 날씨도 말해주고 음식 주문이나 쇼핑도 해준다. 사물 인터넷 기능 실현은 기본이고, '다시 물어보기 기능'으로 자연스러운 대화 능력도 갖추고 있다. 사용자가 음성 비서의 말을 이해하지 못했을 때, 대화를 종료하는 대신 대화를 자연스럽게 이어갈 수 있다.

출처: 아마존

[그림 1-12] 아마존의 알렉사

네이버는 인공 지능 플랫폼을 개발하여 휴대폰이나 인공 지능 스피커, 챗봇 등에 적용하고 있다. 특히, AiCall은 클로바 스피치, 보이스와 대화 제어 시스템을 결합한 솔루션으로 사용자의 요청에 따라 인공 지능이 자연스럽게 응대할 수 있다.

LG전자는 TV, 청소기, 에어컨, 세탁기 등에 인공 지능 기술을 적용하고 있다. 딥 러닝 기술이 적용된 TV는 음질과 화질을 최적으로 제공한다. 에어컨은 3D 센서로 사용자의 위치와 활동량을 확인해서 온도와 풍향을 조정한다. 세탁기는 인공 지능 센서로 세탁물의 무게와 오염도를 분석해서 세탁한다.

최근 인공 지능 면접으로 신입 사원을 뽑는 곳이 기업에서 군부대와 학교 같은 곳으로 확산하고 있다. 지원자가 약 1시간 동안 컴퓨터 화면에 뜨는 인공 지능 면접관의 질문에 대답하면, 인공 지능이 합격 여부를 판단하는 것이다. 지원자는 안면, 음성으로 사용자 등록을 하고, 기본 면접, 질문(기본, 상황, 탐색), 인지 게임, 심층 면접을 한다.

면접 프로그램은 지원자의 움직임, 표정 변화, 감정, 음성 스펙트럼을 분석하고, **음성 문자 변환**(Speech to Text, STT)/**자연어 처리**(Natural Language Processing, NLP) 기술로 음성을 문자로 변환하여 핵심 단어, 감정 어휘, 미사여구, 접속사 등을 분석한다. 모든 분석이 끝나면 지원자의 면접 영상과 질문 목록, 종합 점수, 직군 적합도, 응답 신뢰 가능성, 종합 설명, 세부 역량 등으로 구성된 보고서가 제공된다.

기업 측면에서 인공 지능 면접 프로그램을 이용하면 면접관을 섭외하고 면접장을 잡는 등의 과정에 들였던 비용을 절감할 수 있고, 지원자도 온라인으로 면접을 진행함으로써, 불필요한 출장이나 외출을 줄일 수 있는 장점이 있다([그림 1-13] 참조).

AI 면접 진행 과정
(소요 시간 약 1시간)

화면 및 마이크 테스트
(얼굴 이미지와 목소리를 입력)

▼

기초 질문
(60초가 주어진 뒤 90초 답변 진행)

▼

성향 체크
(기존 인 · 적성 검사와 유사)

▼

전략 게임
(도형 위치 기억하기 등 간단한 퀴즈 수행)

▼

심층 질문
(복잡한 상황을 가정한 질문 및 답변)

출처: 동아일보

[그림 1-13] 인공 지능 면접 진행 과정

② 로봇

로봇(Robot) 역시 노동자를 대체하는 생산용 로봇이나 물류 로봇에서부터 생활형 로봇까지 일상을 파고들고 있다. 로봇청소기 등 무인 가전, 호텔에서 음료나 음식을 배달하는 로봇, 주식투자에 조언하는 **로보어드바이저**(Robo-Advisor) 등 다양한 형태로 발전하고 있다.

최근에 나온 로봇청소기는 인공 지능 솔루션과 라이다(LiDAR) 센서, 3D 센서 등을 적용하여 가전과 가구를 인식해 TV나 소파 주변 등 지정된 장소를 골라서 청소할 수 있고, 바닥 장애물도 스스로 인지해 회피한다. 음성 인식 기능으로 "냉장고 주변 청소"와 같은 음성 명령으로 수행하는 것도 가능하다.

로보어드바이저(Robo-Advisor)는 로봇(Robot)과 어드바이저(Advisor)의 합성어로 알고리즘, 빅 데이터 분석 등의 기술을 활용하여 개인의 투자 성향에 따라 자동으로 포트폴리오를 구성하고 재구성(Rebalancing)하며 운용해주는, 온라인 자산 관리 서비스이다([그림 1-14] 참조). 은행의 상품 추천형 로보어드바이저가 높은 시장 점유율을 기록하고 있으며, 투자자문·일임형 로보어드바이저는 2020년 중반부터 약진하고 있다.

	전통적 자문	어음 할인 중개	온라인 투자 플랫폼	로보어드바이저
채널	 대면	 전화	 PC	 PC, 모바일
서비스 제공	전용 상담자	전용 상담자	휴먼 어드바이저 채널 제한	완전한 디지털화 (요구 시)
	포괄적 자문	포트폴리오 관리+자문	전통적 투자 관리 +최소 자문	투자 관리+자동 재분배
대상 고객	최고액 순자산 보유자, 고액 자산가	고액 자산가, 대중 부유층	제한 없음	대중 부유층 등
거래 수수료	HIGH	MEDIUM	LOW	LOW

출처: A. T. Kerney, Insights from the A. T. Kearney 2015 Robo-Advisory Services Study, 2015.6

[그림 1-14] 자산 관리 서비스 모델의 진화 과정

배송 로봇은 지능형 로봇 분야에 속하는 기술로, 소매 창고나 음식점에서 고객의 문 앞까지 배달 음식, 식료품 또는 택배 물건을 배달하는 데 사용되는 자율주행 차량 또는 자율이동 로봇을 의미한다. 배달의 민족, 뉴빌리티, 로보티즈 등 신생 기업을 비롯해 LG전자, KT, SKT 등 대기업까지 자율주행 배달 로봇 상용화를 추진하고 있다([그림 1-15] 참조). 한정된 실내 공간에서 서비스하는 로봇은 이미 음식점이나 공항 등에서 쉽게 볼 수 있다. 시장조사 업체 럭스리서치는 2030년 배달 로봇의 전체 배송 물량 처리 비중이 20%를 차지하며, 시장 규모는 50조 원에 이를 것으로 전망하였다.

출처: 뉴빌리티, 우아한형제들

[그림 1-15] 배달 로봇 뉴비(Neubie)와 딜리타워(Dilly Tower)

물류 로봇은 지능형 로봇 분야에 속하는 기술로, 실외 환경뿐만 아니라 실내에서도 상품의 공급, 분류, 취급 및 포장을 관리하는 데 사용되며, 자율주행 차량 및 이동 로봇 플랫폼으로 구성된다. 실내·외 물류 부문의 경우 창고, 공항, 우편 물류 센터, 병원, 공공건물, 항구, 환적 센터에 사용되는 자율주행 차량을 포함한다. 공장 물류 부문의 경우 자동차, 전기 및 전자, 금속, 식음료, 화학, 종이, 섬유, 고무나 플라스틱 등 각종 산업 전반의 제조업체에서 사용되는 자율주행 차량을 포함한다.

아마존은 2012년 키바 시스템즈(Kiva Systems)를 인수하고, 로봇청소기처럼 생긴 **키바(Kiva)** 운송 로봇 45,000대를 미국 내 물류 창고 20곳에서 배치하였다([그림 1-16(a)] 참조). 축구장 14개 크기의 물류 센터 바닥을 움직이며 물건이 담긴 선반을 자동으로 실어 나르며, 배송 작업을 하는 직원들에게 물건을 전달한다. 또한 거대한 팔 모양의 로봇 **로보-스토(Robo-Stow)**가 3층 높이의 컨베이어벨트로 1,000kg이 넘는 물건을 들어 올린다([그림 1-16(b)] 참조). 아마존은 물류 창고에 이 같은 로봇 시스템을 전면 도입한 후, 물류 창고의 효율성을 이전보다 5배 이상 개선하였다. 또한 배송용 드론 상용화 기술도 상당히 진전되고 있다. 2020년 미국 라스베이거스에서 열린 인공 지능 컨퍼런스에서 선보인 배달용 드론은 전기 충전 방식으로 자율주행 기능을 탑재하여 반경 24km 이내에 있는 소비자에게 2.3kg 이내의 상품을 30분 안에 배송할 수 있다.

출처: 아마존

(a) 키바   (b) 로보-스토

[그림 1-16] 아마존 물류창고 로봇 키바와 로보-스토

1.4 사례를 통한 4차 산업 혁명의 진행 상황

4차 산업 혁명은 신기술 개발뿐만 아니라 경제적, 사회적, 문화적으로 변곡점을 만들며 새로운 시장을 형성해 가고 있다. 새로운 제조 방식의 등장, 비즈니스 모델의 변화, 사회·문화적 변화와 함께 관련된 새로운 시장이 형성되고 있다. 4차 산업 혁명의 현재 진행 상황에 대해, 1.3절에서 정리한 사물 인터넷, 디지털 트윈, 빅 데이터, 인공 지능 등의 기반 기술이 적용되는 자율주행차 분야와 차세대 지능형 교통 시스템 분야를 살펴보고자 한다.

1.4.1 자율주행 자동차

자율주행 자동차(Autonomous Vehicles)란 운전자 도움 없이 스스로 주변 상황을 인지하면서 목적지까지 주행이 가능한 자동차를 의미한다. 다양한 기반 기술들이 발전함에 따라 자율주행 자동차의 연구개발이 활발하게 진행되고 있다. 차량이 스스로 움직이기 위해서는 주변 정보를 수집할 수 있는 센서 및 디바이스, 이들 간의 통신을 지원할 수 있는 네트워크, 수집된 데이터 분석, 제어 시스템 등이 필요하다. 그 외에도 운전자 맞춤형 서비스 제공 기술도 요구된다.

우선 차량·사물 통신(V2X)이나 빅 데이터 분석 기술에 의해 외부 데이터의 수집 및 분석이 가능해졌다. 인공 지능 기술을 활용하여 수집, 분석한 데이터로부터 적절한 의사 결정을 수행함으로써 자동차 스스로 운행할 수 있다. 인공 지능은 주로 '인지 기능'을 담당하고 있으며, 센싱/측위/제어 영역으로 확대되고 있다. 또한, 자율주행 자동차의 핵심 역할인 고가의 라이다 기능이 딥 러닝 기반의 실시간 깊이 추정 기술로 대체되고 있다([그림 1-17] 참조).

[그림 1-17] 자율주행 자동차의 4가지 기술 요소

이외에도 클라우드 서비스, 운전자 상호 작용, 차세대 텔레매틱스 등의 서비스 이용도 가능하게 되었다. 자율주행 자동차 레벨(Level) 표준은 크게 6단계로 정의한다([그림 1-18], [표 1-4] 참조).

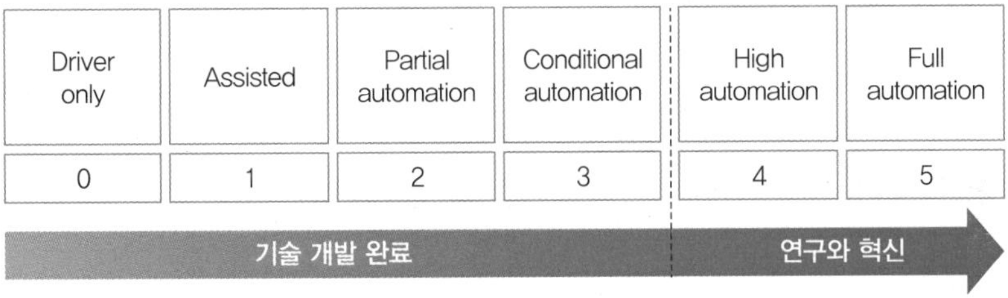

Driver only	Assisted	Partial automation	Conditional automation	High automation	Full automation
0	1	2	3	4	5

기술 개발 완료   연구와 혁신 →

출처: EpoSS 재구성

[그림 1-18] 자율주행차의 표준 단계별 구분

2020년에 레벨 3 자율주행 기술을 장착한 차량 양산 시스템이 구축되었다. 시장조사업체 IHS(Information Handling Services) 마킷(Markit)에 따르면, 자율주행 시장은 세계적으로 연평균 40% 이상의 성장세를 보이며, 2030년 레벨 4 이상 자율주행차 시장 규모는 400만 대로 예상된다. 국내 시장 규모는 2035년 레벨 4 이상 완전 자율주행의 경우 11조 4,000억 원으로 예상된다.

[표 1-4] 자율주행차의 표준 단계별 주요 기능

단계	주요 기능
레벨 0 (운전 자동화 없음)	어떠한 자율주행 기술도 적용되지 않은 상태
레벨 1 (운전자 보조)	특정 기능은 자동화되어 있지만, 운전자가 항상 차의 속도나 방향을 항상 통제해야 함. 차선 이탈 경고, 크루즈 컨트롤
레벨 2 (부분 운전 자동화)	고속도로와 같은 정해진 조건에서 차선과 간격 유지 등이 가능해진 자동화 단계. 레벨 1에 비해 방향 제어뿐만 아니라 가속/감속도 제어할 수 있음. 다만 운전자는 계속 주변 상황을 주시하면서 주행에 관여함
레벨 3 (조건부 운전 자동화)	기상 악화와 같이 운전자의 개입이 필요한 경우에만 간헐적으로 개입하여 부분적으로 자율 제어. 자동차가 스스로 장애물을 회피하고, 정체를 인지하고 최적의 경로를 찾아 운행하기도 함
레벨 4 (고도 운전 자동화)	완전 자율주행에 가까운 단계로, 대부분의 도로에서 자율주행이 가능. 주행의 제어와 책임이 모두 자동차 시스템에 있음
레벨 5 (완전 운전 자동화)	인간 운전자 도움 없이 완전 운행이 가능한 수준

1.4.2 차세대 지능형 교통 시스템

지능형 교통 시스템(Intelligent Transport Systems, ITS)은 교통수단이나 교통시설에 정보 통신, 전자 제어 등 첨단 기술을 도입해 교통 체계 운영의 효율성과 안전성을 높인 기술이다. 도로 전광판을 통해 차량의 정체 상황을 알리거나, 버스 정류장에서 도착 정보를 확인하는 것, 고속도로 하이패스 단말기를 통해 통행료를 지불하는 것 등도 모두 포함된다. **차세대 지능형 교통 시스템**(Cooperative-Intelligent Transport Systems, C-ITS)은 단순히 도로 구간 정보를 제공하는 데 그치지 않고, 도로 · 자동차 · 보행자가 차량 내외부에 부착된 센서를 통해 서로 정보를 주고받음으로써 사고를 예방하고 교통 효율성을 높이는 협력형 시스템이다([그림 1-19] 참조). 차량 간 통신(Vehicle to Vehicle communication, V2V)과 차량과 도로시설 간 통신(Vehicle to Infrastructure communication, V2I)으로 상징되는 사물 인터넷 기술이 핵심이다.

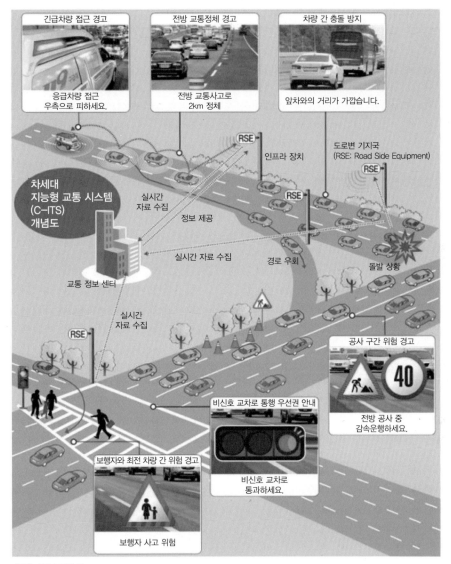

[그림 1-19] 차세대 지능형 교통 시스템

특히 C-ITS는 차량 간 통신(V2V)을 통해 다른 차량에 대한 정보를 빠르고 정확하게 수신하여 상황에 적절하게 대처할 수 있도록 지원한다. C-ITS와 자동 제동 장치(AEBS), 차선이탈 방지 장치(LDWS) 등을 연동하면 졸음운전 등으로 인한 위급 상황에서 차량의 자동 제어도 가능하다. C-ITS는 자율주행차 시대를 완성할 핵심 기술이며, 우리나라의 경우, [표 1-5]와 같이 2030년까지 전국 도로의 30%에 시스템을 도입할 계획이다.

[표 1-5] 차세대 지능 교통 시스템 추진 계획

2014~2016년	대전~세종 고속도로 등 87.8km 대상 시범 사업 실시
2017~2020년	전국 고속도로에 전면 설치, '스마트 하이웨이' 달성
2021~2025년	대도시권 12,000km에 도입
2025~2030년	중소도시권 10,000km에 도입, 전체 도로 30%에 설치

출처: 국토교통부

1.4.3 4차 산업 혁명의 진행 상황

현재는 언제, 어디서나, 어떤 종류의 단말을 가지고, 어느 네트워크를 통해서나, 어떤 콘텐츠든 이용할 수 있는 유비쿼터스(Ubiquitous) 시대이다. 진보된 기술의 사회적·경제적 파급 효과가 커지면서 이러한 현상을 기술적인 관점으로 보면 유비쿼터스 혁명이 되고, 사회적·경제적 관점으로 보면 4차 산업 혁명이 된다. 어떤 관점에서든 사회 전반에 커다란 변화를 가져오고 있다는 점에서 그 파급력을 가늠하기는 쉽지 않다. 이를 위해 각 산업 분야와 함께 사회 인프라의 구축 측면을 동시에 살펴보아야 한다.

4G/LTE(Long Term Evolution), 5G, **6세대 이동통신**(6th Generation Mobile Communication, 6G) 기술과 **와이파이**(Wireless-Fidelity, Wi-Fi), **블루투스**(Bluetooth), **지그비**(ZigBee) 등 무선 네트워크 기술의 지속적인 발전으로 **초연결성**(Hyperconnectivity)이 가능한 인프라가 구축되고 있다. 빅 데이터와 인공 지능 기술의 성숙으로 초연결 상황에서 생성되는 방대한 데이터 분석 및 예측이 가능해지면서 초지능화가 가능해졌다. 이와 함께 사물 인터넷 기술 역시 활용 범위가 넓어지고 있다. 인프라 구축으로 초연결성이 실현되고 고기능에 대한 요구가 반영되며, 주요 산업 분야에 '스마트(Smart)'라는 접두어를 붙여 활용하였다. 스마트공장, 스마트자동차, 스마트홈 등이 대표적이다. 최근에는 인공 지능 기술이 폭넓게 사용되면서 '지능형(Intelligent)/자율형(Autonomous)'이라는 접두어를 붙여 활용하는 사례가 늘고 있다.

또한 다양한 분야에서 현실과 동일한 사이버 세계에서 제어하고자 하는 요구가 증가하면서 디지털 트윈이, 사람처럼 인지하고 판단하고자 하는 요구가 증가하면서 인공 지능 관련 연구가 활발히 진행되고 있다. 확장 현실 기술의 발전으로 메타버스 상에서 실감형 3D 영상이 구현되고 있다. 기술 간 융합을 넘어 산업 간 융합이 발생하며 초융합화도 이루어지고 있다. 즉, 사회, 경제, 산업 전반의 초연결화, 초지능화, 초융합화가 진행되고 있다.

또한 양자 컴퓨팅, 블록체인, 로봇, 메타버스 관련 플랫폼, 첨단 소재, 적층 제조 기술, 생명 기술, 에너지 기술, 지구 공학, 우주 기술 등에 대한 연구개발 활동이 적극적으로 추진되면서 4차 산업 혁명을 촉진하고 있다.

이러한 다양한 기술이 [표 1-6]과 같이 공공 안전, 경제 산업, 생활 복지 등의 분야에 광범위하게 적용되고 있다.

[표 1-6] 4차 산업 혁명의 진행 분야

분야	부문	분야	부문	분야	부문
공공 안전	재난 · 재해관리	경제 산업	물류/유통	생활 복지	생활
	구조물 관리		비즈니스/상거래		관광/레저
	국방		금융		환경
	사회 안전		생산/제조/에너지/농축수산		헬스케어
	행정 서비스		자동차/교통/운수/항공/선박		의료/복지

제조업의 경우, IT를 결합하여 생산성 향상을 꾀하는 디지털 트윈의 도입으로 높은 품질 수준을 유지하고 공장의 가동률을 최대치로 높이고 있다. 제조뿐만 아니라 교통, 전력, 헬스케어, 금융, 통신, 에너지, 유통 등 다양한 산업에서 디지털 트윈이 확대되고 있다. 제조업의 서비스화(Servitization)는 제조 기업들이 제품의 일회성 판매라는 기존의 비즈니스 관행을 깨고 서비스를 제공하는 방향으로 비즈니스 모델을 변화시켜 새로운 수익을 창출하고 있다.

또한 대량 생산-대량 공급이 아니라 수요자의 주문에 맞춰 필요한 제품을 서비스처럼 제공하는 주문형 경제로 전환되고 있다. 인력 시장의 경우, 인력에 대한 수요자와 공급자가 플랫폼을 통하여 연결된 후, 기업이 필요에 따라 단기에 인력을 충원하고 그 대가를 지불하는 긱 경제(Gig Economy)가 빠르게 자리 잡아 가고 있다. 인공 지능이나 로봇이 사람의 노동력을 대체하고 있어 사람들은 자발적이든 비자발적이든 여가가 많아지는 상황이 되고 있다. 이처럼 다양한 산업에서 기술과 융합하며 새로운 비즈니스 모델의 등장과 새로운 경제 시스템이 빠르게 대중화되고 있다.

시장조사기관 가트너는 5~10년 내에 레벨 3 자율주행 자동차가 시장의 주류로 성장하고 2030년 이후에는 레벨 4, 5 자율주행 자동차가 대중화되는 완전자율주행 시대의 도래를 전망했다. 이처럼 경제적 파급 효과가 큰 주요 산업 분야에서 안정성, 효율성, 신뢰성, 보안성에 혁신적인 변화를 가져와 새로운 부가 가치를 창출하며 변화를 선도하고 있다, 점차 전 산업 분야로 변화가 확대되며 2030년경에는 6G 상용화와 함께 4차 산업 혁명은 성숙기에 접어들 전망이다.

4차 산업 혁명은 계속 진행형이다. 관심을 두고 꾸준히 모니터링을 해야 변화의 흐름을 파악할 수 있다. 큰 변화에는 기회의 요인과 위협의 요인이 같이 존재하는 속성을 가진다. 4차 산업 혁명은 두려워할 위협 요인이 아닌, 무엇인가 할 수 있는 새로운 기회의 요인으로 인식할 수 있도록 꾸준히 대비할 필요가 있다.

| 용어 해설 |

- **4세대 이동통신(4th Generation Mobile Communication, 4G)**: 3세대 이동통신 IMT2000의 뒤를 잇는 이동통신 시스템으로 국제전기 통신연합(ITU)의 국제표준화기구에서는 SBI2K(Systems Beyond IMT-2000)라는 용어를 사용한다. 휴대용 단말기를 이용해 전화를 비롯한 위성 망 연결, 무선 랜 접속, 인터넷 간의 끊김 없는(Seamless) 이동 서비스가 가능하다. IMT2000보다 전송 속도가 수십 배 이상 개선된 빠른 통신 속도를 바탕으로 동영상 전송, 인터넷 방송 등의 다양한 멀티미디어 서비스를 지원한다. 수십~수백 Mbps의 전송 속도로 대용량 데이터를 송수신할 수도 있다. 4세대 이동통신 서비스는 이동 중 100Mbps, 정지 중 1Gbps 전송 속도를 제공하는 무선 통신 기술이다.

- **5세대 이동통신(5th Generation Mobile Communication, 5G, IMT-2020)**: 28GHz의 초고대역 주파수를 사용하는 이동통신 기술. 최고 전송 속도가 초당 1기가비트(Gbps) 수준이다. 초고화질 영상이나 3D 입체 영상, 360도 동영상, 홀로그램 등 대용량 데이터 전송에 필수적이다. '5G 이동통신(5G, IMT-2020)'에서는 전달 속도(Latency, 지연)도 빨라진다. 예를 들어, 전달 속도가 빨라지면 이동통신망을 사용하는 자율주행 자동차의 안전성이 강화된다. 데이터를 주고받는 시간이 짧아져 자동차가 장애물이나 다른 차량을 피하도록 하는 제어 속도가 빨라지는 셈이다. 멀리 떨어진 곳에서도 실제 현장에 있는 것처럼 상황을 판단할 수 있고, 아무런 지연 없이 장비나 로봇 등을 조작할 수도 있다.

- **LTE(Long Term Evolution)**: 3GPP 진영에서 추진한 3세대 이동통신(3G) 방식인 광대역 부호 분할 다중 접속(W-CDMA)의 진화 기술. 광대역 부호 분할 다중 접속(W-CDMA)과 CDMA2000이 주도하는 3G와 4G의 중간 단계라 하여 3.9세대 이동통신(3.9G)이라 부른다.

- **P2P(Peer-to-Peer)**: 기존의 서버-클라이언트 모델이나 공급자-소비자 모델 개념에서 벗어나 개인 컴퓨터나 소형 단말끼리 직접 연결하고 검색함으로써 모든 참여자가 공급자인 동시에 수요자가 되는 형태의 네트워크를 의미한다.

- **대체 불가능 토큰(Non-Fungible Token, NFT)**: 그림, 동영상, 음악, 게임, 부동산 등 디지털 자산의 진위 판별 및 디지털 소유권 증명이 가능한 블록체인 기반 디지털 증서이다.

- **딥 러닝(Deep Learning)**: 컴퓨터가 마치 사람처럼 여러 데이터를 이용하여 스스로 학습할 수 있도록 인공 신경망(Artificial Neural Network, ANN)을 기반으로 하는 기계 학습 기술. 컴퓨터가 특정 업무를 수행할 때 정형화된 데이터를 입력받지 않고 스스로 필요한 데이터를 수집·분석하여 고속으로 처리할 수 있도록 한다.

- **로보어드바이저(Robo-Advisor)**: 로봇(robot)과 자문가(advisor)의 합성어로 사람이 아닌 인공 지능 시스템이 개인의 자산 운용을 자문 및 관리하는 온라인 금융 서비스이다. 로

보어드바이저는 인공 지능 알고리즘과 빅 데이터 솔루션 등을 기반으로 금융 시장 현황과 고객의 재정 상황, 투자 성향 등의 정보를 수집하고 분석하여 고객에게 맞는 자산 운용 방법 등을 자문해 준다. 로보어드바이저는 미국에서 2014년 처음 도입되었다.

- **만물 인터넷(Internet of Everything, IoE)**: 사물 인터넷이 진화하여 만물이 인터넷에 연결되는 미래의 인터넷. 서로 소통하며 새로운 가치와 경험을 창출해내는 미래 인터넷으로, 존재하는 모든 사람과 사물, 프로세스, 데이터까지 서로 결합된 인터넷을 말한다.

- **분산 식별자(Decentralized Identifiers, DID)**: 분산원장 기술 또는 그 밖의 다른 분산 네트워크 기술을 활용하여 분산된 저장소에 등록함으로써 중앙집중화된(centralized) 서버와 같은 등록기관이 필요하지 않은 전역 고유 식별자이다. 신원(身元, identity)은 어떤 도메인에서 하나의 실체를 구별해 주는 여러 속성의 집합이고, 식별자(identifier, id)는 그 신원을 고유하게 지칭하는 일련의 숫자, 문자 또는 기호 등으로 이루어진 표식을 말한다. 블록체인과 같은 분산 네트워크 기술을 사용하면 사용자 개인이 자신의 신원 정보를 관리할 수 있다. 이런 시스템을 분산 신원 관리 시스템이라고 한다.

- **블록체인(BlockChain)**: 온라인 금융 거래 정보를 블록으로 연결하여 P2P(Peer to Peer) 네트워크 분산 환경에서 중앙 관리 서버가 아닌 참여자(Peer)들의 개인 디지털 장비에 분산·저장시켜 공동으로 관리하는 방식. 블록체인의 기본 구조는 블록(Block)을 잇달아 연결한(Chain) 모음의 형태이며, P2P 방식을 기반으로 한다. 일정 시간 동안 반 수 이상의 사용자가 거래 내역을 서로 교환해 확인하고 승인하는 과정을 거쳐, 디지털 서명으로 동의한 금융 거래 내역만 하나의 블록으로 만든다. 새로 만들어진 블록을 이전 블록체인에 연결하고, 그 사본을 만들어 각 사용자 컴퓨터에 분산시켜 저장한다. 분산 처리로 해킹이 어려워 금융 거래의 안전성도 향상된다. 블록체인의 대표적인 예가 가상 화폐인 비트코인(Bitcoin)이다.

- **블루투스(Bluetooth)**: IEEE 802.15.1에서 표준화된 무선 통신 기기 간에 가까운 거리에서 낮은 전력으로 무선 통신을 하기 위한 표준. 10m 이내의 거리에서 3Mbps 정도의 데이터를 전송하는 기술로 복잡한 설정 없이도 블루투스 호환 기기라면 곧바로 인식해 움직인다. 블루투스의 적용 범위는 휴대 전화나 노트북, MP3를 비롯한 휴대용 IT 기기에서 자동차나 TV, 냉장고, 운동 기구, 의료 기기 등으로도 확대되고 있다.

- **사이버 물리 시스템(Cyber-Physical Systems, CPS)**: 물리적 실제 시스템과 사이버 공간의 소프트웨어 및 주변 환경을 실시간으로 통합하는 시스템으로써, 임베디드 시스템의 미래 지향적이고 발전적인 형태. CPS 개념을 제조 분야에 접목한 시스템은 사이버-물리 생산 시스템(CPPS, Cyber-Physical Production System)이라 한다.

- **스위프트(Society for Worldwide Interbank Financial Telecommunication, SWIFT)**: 비슷한 말은 국제 은행 간 통신 협회로, 각국의 주요 은행 상호 간의 지급과 송금 업무 따위를 데이터 통신을 통하여 행함을 목적으로 하는 비영리 법인. 유럽과 북아메리카의 주요 은행이 가맹하고 있다. 1973년 벨기에에서 발족하였다.

- **엣지 컴퓨팅(Edge Computing)**: '엣지(Edge)'는 데이터 소스와 더 가까운 물리적인 위치를 지칭하는 말로, 클라우드 서버로 대량의 데이터가 집중될 때 발생하는 문제를 해결하기 위해, 서버와 데이터 발생 지점 사이에 엣지 노드를 추가하여 데이터를 분산 저장하고 처리하는 분산 컴퓨팅 시스템 구조. 엣지 센서, 제어장치, 게이트웨이, 인프라 기계, 사내 기기와 서버 랙, 클라우드 등 다양한 수준에서 실시간 분석과 응용 프로그램 로직이 구현된다.

- **와이파이(Wireless-Fidelity, Wi-Fi)**: 2.4GHz대를 사용하는 무선랜(WLAN) 규격(IEEE 802.11b)에서 정한 제반 규정에 적합한 제품에 주어진 인증 마크이다. 이 규격에 따라 제작된 제품 중에서 무선 네트워크 관련 기업이 만든 업계 단체인 WECA(Wireless Ethernet Compatibility Alliance)가 자체 시험을 통해 상호 접속성 등을 확인한 후 인정을 취득한 제품에 한해 이 마크를 붙일 수 있다.

- **음성 문자 변환(Speech-to-Text, STT)**: 사람이 말하는 음성 언어를 컴퓨터가 해석하여 그 내용을 문자 데이터로 전환 처리하는 방법을 말한다. 키보드 대신 문자를 입력하는 방식으로 주목을 받고 있다. 로봇, 텔레매틱스 등 음성으로 기기 제어, 정보 검색이 필요한 경우에 응용된다.

- **인더스트리 4.0(Industry 4.0)**: 독일 정부 정책으로 제조업에 사이버 물리 시스템(Cyber Physical Systems) 기술을 융합하여 제조업의 경쟁력을 강화하기 위한 정책. 제조업에 사이버 물리 시스템, 사물 인터넷, 클라우드 컴퓨팅을 적용하여 지능형 공장(Smart Factory)을 구축하는 것을 목표로 한다. Industry 4.0은 2012년 독일 정부의 핵심 미래 프로젝트로 도입되었으며, 핵심 분야는 센서, 로봇 산업, 혁신 제조 공정, 물류 및 정보 통신 기술(ICT) 분야이다.

- **자연어 처리(Natural Language Processing, NLP)**: 사람이 사용하는 언어를 컴퓨터가 인식하여 이를 처리할 수 있도록 하는 인공 지능 기술

- **정보 기술(Information Technology, IT)**: 정보의 생산과 획득, 가공 처리 및 응용에 관련된 모든 기술. 초고속 인터넷, 이동 통신, 광통신, 홈 네트워크 등 통신 기술과 컴퓨터, 소프트웨어, 데이터베이스, 멀티미디어 등 정보 기술의 융합에 따른 정보 통신 기술이 핵심이다.

- **정보 통신 기술(Information and Communication Technologies, ICT)**: 보통 ICT라고 부르며, 컴퓨터와 네트워크 하드웨어, 통신 미들웨어뿐만 아니라 필요한 소프트웨어를 포함하여 정보처리 및 통신을 지원하는 데 사용되는 모든 기술 수단으로 구성된다. 정보 통신 기술은 정보 기술(IT)뿐만 아니라, 전화 통신, 전파(방송) 매체, 모든 유형의 오디오와 비디오 처리, 전송 그리고 네트워크 기반 제어 및 모니터링 기능으로 구성된다.

- **지그비(ZigBee)**: 저속, 저비용, 저전력의 무선망을 위한 기술. 주로 양방향 무선 개인 영역 통신망(WPAN) 기반의 홈 네트워크 및 무선 센서망에서 사용되는 기술로 지그비 협

회(Zigbee Alliance)에서 IEEE 802.15.4 물리 계층(PHY, MAC) 표준 기술을 기반으로 상위 프로토콜 및 응용 프로파일을 표준화하였다. 버튼 하나의 동작으로 집안 어느 곳에서나 전등 제어나 홈 보안 시스템 등을 제어·관리할 수 있고, 인터넷을 통한 전화 접속으로 가정 자동화를 편리하게 달성하려는 것에서 출발한 기술이다.

- **차량·사물 통신(Vehicle to Everything communication, V2X)**: 차량을 중심으로 유무선망을 통해 정보를 제공하는 기술. V2X는 차량과 차량 사이의 무선 통신(Vehicle to Vehicle communication, V2V), 차량과 인프라 간 무선 통신(Vehicle to Infrastructure communication, V2I), 차량 내 유무선 네트워킹(In-Vehicle Networking, IVN), 차량과 이동 단말 간 통신(Vehicle to Pedestrian communication, V2P) 등을 총칭한다. V2X를 이용하여 차량과 도로의 정보 환경, 안정성, 편리성 등을 향상시킬 수 있다.

- **초연결성(Hyperconnectivity)**: 디지털 기술에 의해 사람과 사람, 사람과 사물, 사물과 사물, 온라인과 오프라인이 1:1, 1:다, 다:다로 긴밀하게 연결되는 것을 의미한다. 이에 초연결 사회는 이전 하나의 컴퓨터(PC)·인터넷·모바일 중심의 정보화 사회에서 진화하여 온·오프라인 경계가 없어지고 세상의 모든 것이 연결되는 사회를 의미한다. 초연결 기술은 컴퓨터가 사람·사물·환경 속에 내재되고 지능화됨과 동시에 네트워크로 연결되어 상황에 맞춰 적합한 서비스를 상시 제공할 수 있게 한다.

- **페이퍼리스(paperless)**: 기록 매체를 종이 문서에서 마이크로필름이나 자기 매체로 변환하여 종이가 없는 사무실을 지향하는 현상

- **폐쇄 회로 텔레비전(Closed Circuit Television, CCTV)**: 특정한 수신자에게만 서비스하는 것을 목적으로 하는 텔레비전 전송 시스템. 카메라, 모니터, 디지털 비디오 녹화기(Digital Video Recorder, DVR), 네트워크로 구성된다. 산업, 교육, 의료 및 지역 정보 서비스 등 산업 분야 전반에 이용되고 있지만, 영상 보안 시스템용으로 시장이 확대되고 있다. DVR는 촬영에서 전송까지 모두 디지털로 처리하는 네트워크 비디오 녹화기(Network Video Recorder, NVR)로 발전하고 있다.

비즈니스 패러다임의 변화

지금까지 다양한 사물들에 센싱, 통신 기능을 탑재한 사물 인터넷 디바이스들이 출시되었다. 그 영역은 IT 산업을 벗어나 다양한 영역으로 확대되고 있다. 스마트시계, 스마트밴드(Smart Band) 등에서 시작된 사물 인터넷 디바이스들은 이제 실생활과 밀접한 다양한 산업 분야에서 나타나고 있다. '스마트홈(Smart Home)'의 경우 전등, 플러그, 스위치와 같은 가정 내 다양한 사물들이 인터넷에 연결되어 구동되고 있다. 도시, 교통, 농업 등 분야에서도 센서를 탑재한 디바이스의 활용이 확대되고 있다. 도로에 센서를 장착한 디바이스를 배치하여 교통량을 파악하고 교통 신호를 제어한다. 온실 내의 온도, 습도, 일조량 등을 측정하여 농작물 관리 및 수확에 활용할 수 있다. 이러한 사례들은 각 산업 내 중요한 비중을 차지하며 활용되고 있다([그림 2-1] 참조).

초기의 사물 인터넷 디바이스들은 대부분 센서와 네트워크 기능을 활용하여 모니터링한 데이터를 전송하고 단순 제어하는 목적으로 구현되었다. 스마트홈의 경우 도어락 열림 감지 센서 등을 통해 침입을 감지하거나, 전등/스위치 등의 전원을 제어하는 방식이었다. 센서를 통해 상황을 모니터링해서 특정 속성 조건을 검사한 후 이상 여부를 판단하여 사용자에게 알람을 주거나 사물 인터넷 디바이스를 원격으로 제어하는 수준이었다. 이렇게 구현된 사물 인터넷 디바이스들은 모니터링한 대상에 대한 상황 판단 및 명령은 사람의 몫으로 남겼다.

하지만 관련 기술들이 발전함에 따라 사물 인터넷을 더욱 지능화된 형태로 활용하는 기업들이 증가하고 있다. 이러한 기업들은 사물 인터넷을 통해 기존 전략과 다른 방식으로 가치를 구현하여 새로운 형태로 경쟁하고자 한다. 사물 인터넷이 핵심 경쟁 환경을 변화시킬 경

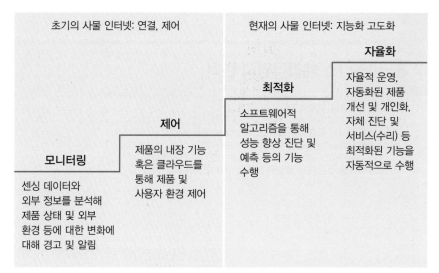

[그림 2-1] 사물 인터넷의 진화 단계

우, 기존 기업들은 결국 새로운 기업에 그 자리를 내주어야 하는 등 산업 내 경쟁의 패러다임이 바뀌고 있다. [표 2-1]에서 언급된 경쟁 환경의 변화는 다음 소절에서 각각 설명한다.

[표 2-1] 산업별 경쟁 환경 변화

구분	기존 경쟁	신규 경쟁
가전 제조	• 제조사 간 경쟁 - 용량, 소비 전력, 성능 등 하드웨어 요소 중심 경쟁 - 제품 판매로 인한 매출 수익	• 유통 기업과 제조사 간 경쟁 - 데이터 수집 및 분석에 기반한 유통 서비스와 경쟁 - 신선 식품 판매 등 2차 서비스를 통한 지속적 매출
의료 서비 스	• 사후 치료 방식(의료 기관 중심) - 의학적 지식 및 경험에 기반한 전문의 진단 및 처방 경쟁 - 발병 후 사후 치료, 재활 중심	• 사전 건강 관리 방식(예방 중심) - 헬스케어 디바이스, 지능형 시스템을 활용한 상시적 건강 관리 - 질병의 사전 예방 중심
물류 산업	• 규모의 경제 확보 및 효율화를 통한 가격 경쟁 중심 - 거점별 물류 센터 운영 및 차량 배차, 운행 경로 사전 최적화를 통한 비용 절감 중심	• 소비자 맞춤형 배송 경쟁 - 소비자가 원하는 시간과 장소에 배송 - 실시간 물류량, 교통량, 차량 정보 등 통합적 정보 분석을 통한 물류 배송의 소비자 맞춤형 최적화

여가 산업	• 단순 휴식을 위한 사업 – 정해진 시간과 장소에서 여가 활동 – 수동적인 문화 콘텐츠 소비 활동이나 전통적인 교육 방식	• 시간 활용 중심의 사업 – 언제 어디서나 원할 때 여가 활동 – 능동적인 문화 콘텐츠 소비 활동이나 새로운 재교육 기관 필요 – 디지털 기술과 결합한 비즈니스 모델
제조 산업	• 대량 생산(Mass Production) 중심 – 소품종 대량 생산의 효율성 확보 경쟁 – 생산 설비, 시스템 도입을 통한 제조 자동화 – 생산성 증대(시간, 비용 등) 및 수율 개선 중심	• 맞춤형 적량 · 대량 생산(Mass Customization) 중심 – 다품종 제조 공정 자동화 – 제조 경쟁력을 확보(비용, 시간 등)하면서 다품종 제품을 유연하게 제조
	• 제조/판매 사업 – 고성능/고효율, 안전성 등 정교한 설계에 기반한 제조 경쟁 – 1회성 판매, 매출 수익	• 서비스(대여형 과금, 관리) 사업 – 데이터 분석에 기반한 사용 시간 및 상태 모니터링 – 사용 시간에 따른 과금, 사후 정비/관리 등을 수익화 – 데이터 분석을 통한 제품 성능 향상
경제 분야	• 독점적 지배력을 가진 플랫폼 경제 – 공급자와 수요자가 거래하는 경제 활동이나 사회 활동이 플랫폼에서 이루어짐 – 플랫폼 기업이 정한 규칙을 따름 – 플랫폼 기업의 독과점화, 참여자에 대한 보상 이슈, 초단기 근로자 양산 등의 단점 발생	• 공정한 분배와 상생의 프로토콜 경제 – 탈중앙화와 공정한 분배를 추구하는 플랫폼 생태계 – 참여자들이 자발적으로 정한 규칙에 따라 플랫폼 경제 성장의 과실 공유 – 블록체인 기술을 이용하여 정보를 분산하고 중개 비용을 최소화함

2.1 냉장고를 무료로 제공하는 유통 기업

냉장고를 생산하는 가전 기업들은 그동안 식품을 신선하게 보관하려는 소비자들의 요구 (Needs)를 충족시키기 위해 경쟁해 왔다. 이를 위해 냉장고의 용량을 키우고, 냉기 순환을 최적화하고, 전력 소비를 최소화하는 등 하드웨어 요소를 중심으로 기술 개발을 진행하였다.

만약 요리할 때 필요한 신선한 재료가 즉시 배송된다면, '신선 식품 소비'라는 소비자의 기본 요구 조건은 소형의 냉장고로도 충족될 수 있다. 사물 인터넷 기술을 활용하여 냉장고 속 식품이 언제 구매되었고, 얼마나 소비되었으며, 언제쯤 새로 구매가 필요할지를 정확하게 분석할 수 있다면 이것은 가능하다. 물론 센서만을 통해 냉장고 속 음식물의 상태를 정확히 판단하는 것까지는 어렵지만, 소비자의 평소 구매 이력, 선호도 등의 정보가 종합적으로 분석되면 가능하다.

시장 조사 기관인 가트너(Gartner)의 짐 툴리(Jim Tully) 부사장은 '사물 인터넷 시대 하드웨어 업체들의 생존 전략'이라는 주제 발표에서 하드웨어 업체들이 살아남기 위해 냉장고를 공짜로 팔아야 하는 시대가 온다고 예측하였다. 이는 냉장고 문을 여닫는 시간/횟수, 사용자의 식료품 구매 이력 등과 같은 정보를 효율적으로 활용할 수 있다면, 단순히 냉장고를 판매하는 것보다 최대 5배의 이익을 거둘 수 있다고 한다([그림 2-2] 참조).

출처: 여성경제신문

[그림 2-2] 사물 인터넷 냉장고

지금까지 주요 국내·외 유통 기업들은 소비자의 구매 이력 데이터를 축적하고 이를 분석해 다양한 방법으로 활용해 왔다. 이 기업들이 여러 종류의 센서를 부착한 냉장고를 소비자에게 제공한다면 더욱 정교하고 고도화된 방법으로 소비자의 정보를 수집하고 활용하는 것이 가능하다. 즉, 소비자의 사용 방식이나 특정 식품을 어디에 놓는지 등의 정보 수집이 가능하다면, 이들 기업은 냉장고를 공짜로 소비자에게 제공하여 주기적으로 소비되는 식료품을 선제적으로 판매하여 이익을 낼 수 있다. 아마존은 신선식품 배송과 관련한 '아마존 프레쉬(Amazon Fresh)' 사업을 하고 있다. 사용자가 버튼 한 번만 누르면 주문이 바로 가능한 '아마존 버튼(Dash Button)'을 구현해 판매하고 있다([그림 2-3(a)] 참조). 또한 바코드를 읽거나 상품을 말하면 주문되는 '아마존 대쉬(Amazon Dash)'도 판매하고 있다([그림 2-3(b)] 참조). 사물 인터넷 기술의 활용은 이와 같은 모습으로 구체화되고 있다.

이 경우 냉장고 제조 산업의 경쟁은 기존 제조사 간의 경쟁이 아닌 제조사와 사물 인터넷 기술을 활용한 유통 기업 간의 경쟁으로 변화할 수 있다. 제조사들은 기존의 용량, 디자인과 같은 하드웨어 중심의 경쟁에서 신선식품을 배송하는 유통 서비스 기업과 새로운 축에서 경쟁해야 한다.

출처: 아마존

(a) 아마존 버튼

(b) 아마존 대쉬

[그림 2-3] 아마존 버튼과 아마존 대쉬

2.2 사후 치료에서 사전 예방 중심의 의료 산업

의료 산업은 그동안 환자가 병이 나면 병원을 찾아가 진단과 치료를 받는 사후적 질병 치료 중심으로 이루어져 왔다. 질병을 조기에 발견하지 못하면, 치료를 위해 환자가 지불하게 되는 시간이나 비용 등이 커지는 경우가 많았다.

이러한 문제를 근본적으로 해결하기 위해 상시적 건강 관리를 위한 다양한 시도가 이루어 졌지만, 기존 방식을 대체하기에는 한계가 많았다. 최근 시계, 밴드와 같은 다양한 착용형 헬스케어 디바이스들은 사용자들의 운동량, 심박수, 혈당 수치 등을 측정하지만, 대부분 단순 모니터링에 그칠 뿐 고부가 의료 서비스로 연계되지 못하고 있다. 즉, 이들 디바이스를 통해 일상생활에서 사용자들의 각종 건강 관련 정보를 모니터링은 할 수 있지만, 이상 징후를 조기에 발견할 수 있는 의학적 진단이나 치료를 위한 처방을 내리지 못하기 때문에 의료 관련 사물 인터넷 디바이스들이 보편적으로 확산되는 데에는 한계가 있다. 이처럼 의료 산업은 아직도 의료 기관을 통한 사후 진단 및 치료 방식이 중심이 되고 있다.

의료 기관 중심의 이러한 산업 구도 속에서 IT 기업인 IBM은 사물 인터넷 기술에 인공 지능 시스템을 접목해 산업 내 경쟁 구도를 바꾸고 있다. IBM은 자사가 개발한 인공 지능 시스템인 왓슨(Watson)을 의료 전문 서비스로 개발하였다([그림 2-4] 참조).

출처: IBM

[그림 2-4] 왓슨 이미지

예를 들어, 컴퓨터 단층촬영(CT), 자기공명화상(MRI) 장비 등 영상 이미지를 판독해 특정 질병의 발병 여부를 판단하거나, 환자의 혈당, 혈압, 심박수 등 다양한 생체 정보를 종합적으로 분석해 병을 진단한다. IBM은 2012년 미국 메모리얼 슬로건 캐터링 암 센터(Memorial Sloan Kettering Cancer Center)와 제휴를 통해 약 60만 건 이상의 진단서, 200만 페이지의 의료 전문 서적, 150만 건의 환자 기록을 확보하여 왓슨에게 의학 관련 전문 지식을 학습시켰다.

다양한 헬스케어 디바이스들이 왓슨과 같은 지능형 의료 플랫폼을 활용한다면 단순한 건강 정보의 수집 및 모니터링뿐만 아니라 질병의 진단과 처방에 이르는 의료 서비스가 구현될 수 있다. 현장검사진단(Point of Care, POC), 'genineMD' 등과 같은 헬스케어 기업들이 참여하여 왓슨을 활용한 의료 서비스를 출시하고 있다([그림 2-5] 참조).

사물 인터넷을 기반으로 의료 기관 자체를 지원하는 서비스도 나오고 있다. 환자 데이터, 각종 치료 기록, 최신 의학 정보 등을 기초로 의료 기관이나 의사들이 환자에게 최적의 치료를 할 수 있도록 조언하는 서비스가 일본에서도 추진되고 있다. 엑스미디오(exMedio)는 전문의와 일반의 사이의 진료 지도를 지원하는 D2D(Doctor to Doctor) 플랫폼 서비스를 시행하고 있다. 이 회사의 중개 플랫폼은 의사들이 피부, 눈의 화상 데이터, 문진표를 보내면 24시간 이내에 전문의의 조언을 전달받을 수 있다.

따라서 의료 산업은 기존 의료 기관이 중심이 된 사후 질병 치료 중심에서 다양한 사물 인터넷 디바이스를 통해 일상생활에서 건강 상태를 모니터링하고 의료용 인공 지능 서비스가 이상 징후를 즉각적으로 발견하여 병을 예방하는 사전적 건강 관리 중심으로 변화하고 있다.

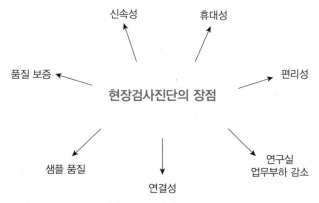

출처: http://www.woodleyequipment.com/clinical-trials/point-of-care-testing-for-clinical-trials-7.html

[그림 2-5] 현장검사진단의 장점

2.3 가격에서 맞춤 배송 경쟁으로 변화하는 물류 산업

물류 산업 내 경쟁은 규모의 경제를 달성한 대형 물류 기업들의 가격 경쟁 중심으로 진행되어 왔다. 이러한 기업들은 거점 지역에 대규모 물류 창고를 운영하며, 지역별 수송 물류량을 극대화하는 방법으로 비용 효율을 달성해 왔다. 기업은 일정 규모 이상의 배송 물량을 한 번에 배송함으로써 물류비용을 낮추었지만, 정작 물류 서비스를 이용하는 온라인 상점이나 일반 소비자들은 물류업체의 상황에 따라 배송이 지연되거나 원하는 시간에 배송 받지 못하는 등의 불편을 겪기도 한다. 물류 기업들의 기존 시스템으로 개별 소비자의 일정을 일일이 반영할 수 없고, 일단 배차가 확정되면 교통 상황 등과 같은 실시간으로 변화하는 가변적 요소들에 유연하게 대응하는 데 한계가 있기 때문이다.

사물 인터넷 기술은 물류 산업 내 이러한 문제들을 혁신적으로 해결하는 데 도움을 줄 수 있다. 첫째, 다양한 센서를 통해 수집된 정보를 활용해 배송 물품의 정보, 배송 차량의 현재 위치, 주변 지역의 교통 상황 등을 실시간으로 분석해 매 순간 최적의 배송 경로를 찾아 배송 시간을 단축한다. 또한 배송 차량 간의 자율적인 정보 교환을 통해 유기적으로 배송 일정을 조정함으로써 소비자의 상황을 반영해 배송 일정, 장소를 실시간으로 조율하는 것이 가능하다. 또한 물류 센터 내 설치된 수많은 센서를 통해 실시간으로 재고를 관리하고 이를 지역별, 시즌별 소비자들의 소비 패턴 정보와 종합적으로 비교·분석해 가까운 시일 내에 소비될 제품을 미리 확보하여 배송 지연을 최소화하거나 즉각적 배송이 가능하게 한다.

아마존의 경우, 소비 예측을 통해 지역별 물류 센터에 재고를 미리 확보하여 배송 지연을 방지한다. 빠른 배송을 원하는 소비자에게 1시간 이내 원하는 물품을 배송하는 서비스까지 제공한다. 게다가 기업들은 드론, 자율주행 자동차와 같은 사물 인터넷 기술의 집합체인 신개념의 배송 수단을 적극적으로 고려하고 있다([그림 2-6] 참조).

출처: Small Business Trends

[그림 2-6] 피자를 배달하는 드론

이를 통해 배송 시간을 단축하고, 지리적으로 배송이 곤란한 지역에도 배송할 수 있게 함으로써 소비자는 언제, 어디서나 일정 시간 내에 물건을 배송받을 수 있다. 즉, 물류 산업은 사물 인터넷 기술을 활용하여 기존 가격 위주의 경쟁에서 소비자가 원하는 시간과 장소에 맞춰 물건을 배송하는 맞춤형 배송으로 경쟁의 핵심이 변화하고 있다([표 2-2] 참조).

[표 2-2] 물류 영역에 활용 중인 아마존의 사물 인터넷 기술 및 서비스

프라임 나우 (Prime Now)	– 센서를 통한 물류 센터의 재고 관리 및 소비 패턴 분석을 통한 소비 예측 기반의 즉시 배송 서비스 – 소비자가 주문 후, 1시간 이내 물품 배송. 생활용품으로 시작해서 식품, 주류 등으로 서비스 상품 확대 중
프라임 에어 (Prime Air)	– 드론을 통한 무인 항공 배송 서비스 – 지리적 여건으로 인해 차량 배송이 어려운 지역의 배송 가능 혹은 배송 시간의 단축

물류 센터 내의 사물 인터넷 기술 적용 확대	– 물류 센터 내 로봇을 통한 물품 관리, 이동 자동화. 약 45,000대의 로봇(Kiva) 운영 – 물류 센터 내 작업자들이 활용 가능한 스마트안경 발표(SmartPick). 물품별 정보 및 작업 안내 – 재고 관리 및 수요 예측을 통한 예상 포장/선적 서비스(Anticipatory Package Shipping)

2.4 휴식에서 시간 활용 중심으로 변하는 여가 산업

여가 산업은 문화, 스포츠, 관광, 오락, 휴양 등 관련 서비스 업종을 비롯하여 여가 활동에 필요한 장비와 도구를 공급하는 업종까지 여가 활동과 관련된 경제 활동을 묶은 것으로, 그 중심은 여가 활동에 있다. 현실적으로 인공 지능이나 로봇이 사람의 노동력을 대체하면 사람들은 비자발적이든 자발적이든 그만큼 여가를 많이 가질 수밖에 없다. 또한 사람들은 기계를 활용할 때 더 많은 여유 시간을 가질 수 있다. 로봇청소기, 자동화된 가전, 자율주행 자동차 등은 사람들을 노동에서 멀어지게 만든다. 영국의 Think Tank인 NEF(New Economic Foundation)는 한 주 21시간 노동의 시대가 올 수 있다고 예측하기도 한다.

탈(脫)노동으로 불리는 여가 혁명이 진행됨에 따라 여가를 보다 효과적이고 의미 있게 보내기를 원하는 사람들이 증가하고 있다. 여가 시간을 단순한 휴식이 아니라 자신의 역량을 추가로 개발하거나 창조적 일에 몰두하며 보낼 가능성이 커진 것이다. 이로 인해 과학, 예술, 문화 등의 융ㆍ복합 산업들도 발달할 가능성도 커졌다.

여가가 늘어나는 시대에는 어릴 때 학교에서 교육을 받고 남은 삶 동안 생산 활동을 하는 기존의 교육 방식은 통하지 않게 된다. 언제 어디서든 원할 때 재교육 및 직업 교육을 받을 수 있는 평생교육기관과 인터넷 교육 등의 필요성이 증가하게 된다. 또한 남은 여가를 알차게 보낼 문화 콘텐츠 소비 활동이나 여행 등에 대한 소비도 증가하게 된다.

최근에 디지털 기술과 결합한 새로운 비즈니스 모델이 전통적인 교육 또는 문화 콘텐츠 소비 활동을 대체하고 있다. 디지털 기술로 소비자가 원하는 것을 빠르고 정확하게 학습할 수 있도록 돕는 EduTech(교육+기술)가 전통적인 교실 강의를 대체하고 있다. 국내 뤼이드(Riiid)의 인공 지능 기반 토익(TOEIC) 교육 앱의 경우, 짧고 간단한 테스트만으로도 수험생들이 취약한 부분을 찾아 그 분야를 반복 학습하여 정형화된 교육보다 짧은 기간 동안 시험 점수를 향상시킬 수 있다. 단지 노트북이나 태블릿을 이용한 교육이 아니라 다양한 디지털 기술이 접목되어 소비자가 원하는 목표를 이루도록 하는 교육이 확대되고 있다.

또한 문화 콘텐츠도 신기술과 융복합되면서 새로운 사업 영역으로 확대되고 있다. 전 세계 소비자들은 유명 가수의 해외 콘서트장이나 뮤지컬 극장을 직접 방문하지 않고 집에서 가상 현실 장비를 착용하거나 가까운 홀로그램 전용 극장을 방문하면 유사하게 즐길 수 있다. 최근에는 그 단계를 넘어 메타버스 상에서 직접 참여하고 공유하며 즐기는 시대가 되었다.

2.5 정보 통신 기술(ICT) 융합에 의해 선진화되는 제조업

2008년 금융위기를 겪은 이후 유독 제조업이 강한 국가들이 빠른 속도의 경기 회복세를 보이면서 제조업의 중요성이 다시 부각되었다. 선진기업들은 개도국으로 이전했던 제조 공장을 다시 본국으로 **회귀**(Reshoring)시켰다. 예전에는 인건비가 비싸서 공장을 개도국으로 이전했지만, 이제는 공장 자동화로 인해 필요한 노동자의 수가 감소하면서 인건비보다는 운송비나 신기술 보호와 같은 기타 요소들이 중요해졌다.

이러한 제조업의 선진화 방향은 크게 제조의 **서비스화**(Servitization/Servicization), 제조 과정의 **지능화**(Intelligence)라고 할 수 있다.

제조의 **서비스화**라는 것은 제품에 다양한 서비스를 결합하여 차별화 포인트를 부각하는 것을 의미한다. 최근 제품의 일반화(평준화 또는 동일화)가 가속화되면서 제품 자체만으로는 타사 제품과 차별화가 어려워짐에 따라 제조업의 가치 사슬에서 서비스의 역할을 높여 제품을 고부가 가치화하고자 한다. 애플의 아이폰, 나이키+, 필립스의 헬스시계, 캐터필러(Caterpillar)의 굴착기 등 많은 예가 있다. 이는 기존 제조업이 서비스 분야로 사업 영역을 확대하고자 하는 예들이다.

제조 과정의 **지능화**는 ICT 기술을 제조와 융합하여 그 과정을 자동화, 지능화하는 것을 의미한다. 사물 인터넷, 유무선 네트워크 인프라, 빅 데이터, 클라우드 컴퓨팅 등 첨단 ICT 기술을 전통 제조 기술에 융합하여 자율적이고 지능화된 생산체계를 갖추고 생산성을 극대화하려는 노력이다.

미국 테슬라 모터스(Tesla Motors) 사의 전기 자동차를 만드는 프레몬트(Fremont) 공장은 세계 최고의 첨단 기술이 적용된 공장으로 자동차뿐만 아니라 무엇이든 만들 수 있는 유연 생산체계를 갖추고 있다. 기존의 공장을 최첨단으로 선진화시킨 공장이라고 할 수 있다([그림 2-7(a)] 참조). 반면, 미국 애리조나(Arizona)주 챈들러(Chandler)에 있는 로컬 모터스(Local Motors) 사의 공장은 완전히 새로운 개념으로 운영되는 오픈 소스 자동차 공장으로, 웹으로 자동차를 만들겠다는 의지를 갖고 출발한 새로운 개념의 맞춤형 제조 공장이다([그림 2-7(b)] 참조).

(a) 테슬라 모터스사 공장

(b) 로컬 모터스사 공장

[그림 2-7] 지능화된 공장의 예

또 다른 주목할 점은 3D 프린터나 지능형 로봇 등을 이용한 **맞춤 제조** 또는 **개인화 제조**를 통한 제조 혁신이다. 대량 생산을 기반으로 하는 전통적인 제조 방식에서 개인의 아이디어 또는 개인화 제품을 시장 제품으로 출시하기는 현실적으로 쉽지 않다. 하지만 생산 설비를 공유하는 소형 공작소 수준의 공간이 여러 사람의 아이디어 공유와 창작을 할 수 있는 공간으로 확대되고 있다. 이러한 움직임은 3D 프린터와 같은 첨단 디지털 제조 도구와 결합하면서 신개념의 소형 공장으로 발전할 개연성이 아주 높다. 즉, 전통적 제조의 장벽을 허물고, 누구나 제품을 만들 수 있는 제조의 민주화가 가시화되고 있다. 인터넷과 전자상거래를 통한 긴 꼬리(Long Tail) 소비 부각, 소득 증가로 인한 개인화 상품에 대한 욕구 증가가 창의적 아이디어가 적용된 개인화 상품의 시장을 현실화하고 있으며, 제조 민주화를 주목받게 하고 있다.

2.5.1 맞춤 생산과 서비스 판매로 변화하는 제조업

① '대량 생산'에서 '맞춤형 적량 · 대량 생산'으로 변화

제조 현장에서는 그동안 제조 공정 최적화, 정상 품질 제품 이율 관리(Yield Management), 재고, 자재 관리 등 다양한 분야에 IT 기술을 접목해 왔다. 제조 공정의 정보화는 자동차, 전자 산업을 시작으로 소품종 제품 **대량 생산**에 최적화된 제조 공정을 구축함으로써 비용 절감과 효율을 극대화시키며 크게 확대되어 왔다. 하지만 이러한 소품종 대량 생산에 맞춰 구축된 제조 설비는 다품종 제품을 효율적으로 생산하지 못하는 한계가 있었다. 매번 달라지는 제품에 대한 공정 관리, 부품 및 자재 관리의 복잡성 증가, 제품 품질 및 작업자 역량 관리 등의 어려움으로 인해 다품종 제품을 생산해 내는 데 필요한 시간과 비용이 급격하게 증가하게 된다.

그러나 사물 인터넷 기술이 제조 현장에 적용되면서 이러한 한계가 극복되고 있다. 제조 설비에 탑재된 다양한 센서로부터 제조 공정 전반의 정보가 수집되어 분석되고, 사람의 개입 없이 제조 설비들은 서로 정보를 주고받으며 자율적으로 상황을 판단하고 작업을 수행한다. 즉, 생산 라인에 매번 다른 작업 과정이 필요할지라도 설비들이 자동적으로 상황에 맞게 작업을 수행할 수 있게 되었다. 사물 인터넷 기술 적용은 단순한 제조 공정 최적화에만 국한되지 않고 제조 라인의 예측 장비, 자재, 재고 관리, 물류 최적화 등 제조 시설 전반에 걸쳐 활용되며 제조 산업을 혁신하고 있다. 즉, 가격 경쟁력을 확보한 다품종 제품을 사물 인터넷을 통해 다양한 소비자의 필요에 유연하게 대응하며, 생산할 수 있는 제조 설비와 시스템을 구현할 수 있다. 이와 같은 사물 인터넷 기술을 적용한 제조 산업의 혁신은 인더스트리 4.0 또는 산업 인터넷이라 불리며, 지멘스, 보쉬 등의 기업들을 중심으로 급속히 확산하고 있다.

이와 같은 사물 인터넷 기술을 통한 제조 공정의 혁신은 단순히 생산 비용 절감 및 품질 향상과 같은 수준을 넘어 기존 대량 생산 중심의 제조 산업을 **맞춤형 적량 · 대량 생산**으로 제조업의 패러다임을 바꾸어 놓고 있다([그림 2-8] 참조).

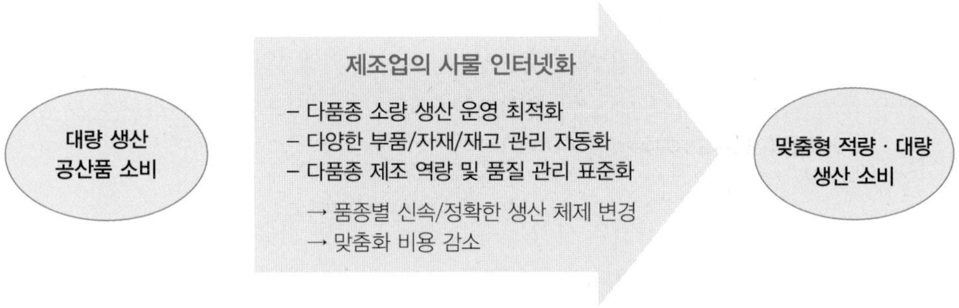

출처: LG Business Insight

[그림 2-8] 고객 맞춤형 적량 · 대량 생산으로의 제조업 혁신

② 제품에서 서비스 판매로 사업 모델 변화

제조업의 서비스화(Servitization)는 제조 기업들이 '제품'의 일회성 판매라는 기존의 비즈니스 관행을 깨고 '서비스'를 제공하는 방향으로 비즈니스 모델을 변화시켜 새로운 수익을 창출하는 방식이다. 기존 제조업체가 판매하던 제품으로 추가 수익을 올리기 위해서는 기존 상품과 호환되는 부가 상품이나 액세서리 등을 만드는 방법밖에 없었다. 그러나 IT 기술을 발전시키고 인공 지능, 빅 데이터 등을 융합한 제조업체들은 서비스화가 가능하게 되었다. 기존에 판매했던 제품에서 각종 데이터를 취합하고 분석하면서 소비자에게 새로운 서비스를 제안하고 추가적인 수익을 창출하고 있다. 제조업은 일시적 제품 판매가 아니라 제품 관련 각종 데이터를 취합 · 분석하여 서비스를 제공하는 사업으로 영역을 확대하고 있다.

GE, 롤스로이스(Rolls-Royce) 같은 항공기 엔진 제조사들은 정교한 설계에 기반해 안정성 높은 고출력, 고효율의 엔진을 제조하기 위한 경쟁을 과거 수십 년에 걸쳐 진행해 왔다. 이들 기업 간 경쟁으로 항공기 엔진 산업은 빠르게 발전하였지만, 그만큼 엔진 제조 원가 또한 가파르게 상승하였다. 항공기 제조에 있어 엔진의 원가 비중은 최소 25% 이상을 차지한다는 점에서 엔진 제조 비용 상승은 보잉(Boeing)이나 에어버스(Airbus SE)와 같은 항공기 제조사들에 부담 요소로 작용하기 시작하였다.

롤스로이스도 사업 모델을 기존 '판매' 방식에서 '대여 및 서비스' 방식으로 전환하였다. 즉 엔진을 구매하는 항공기 제조사는 수백억에서 수천억에 달하는 엔진 비용을 구매할 때 지급하는 것이 아니라, 항공기가 운항하여 엔진이 가동되는 시간에 따라 사용료를 내는 것이다. 롤스로이스는 이를 위해 항공기 엔진에 다양한 센서를 부착해 온도, 공기압, 속도, 진동 등 항공기 운항과 관련된 각종 정보를 실시간으로 수집하고 분석한다. 이러한 정보는 단순히 요금을 부과하기 위해 사용하는 데 그치지 않고, 엔진의 상태를 진단해 사전 정비를 하거나 연료 절감을 위한 엔진 제어 등 다양한 목적을 위해 분석되어 활용된다. 이는 엔진 정비, 사후 관리와 관련된 사업 기회로 연결되어 추가적인 수익 창출 수단으로 쓰이고 있다.

즉, 롤스로이스는 엔진 제조 산업의 사업 모델을 사물 인터넷 기술을 적용해 혁신적으로 변화시켰다. 이러한 변화로 인해 항공기 구매 시 항공사가 지급해야 했던 초기 비용 부담을 획기적으로 낮추게 되었고 항공기 엔진 정비 및 사전 점검에 냈던 비용도 크게 줄어들게 되었다. 이는 소비자 측의 명확한 효용 가치 인식으로 2002년부터 민간 항공기 엔진 시장에 새로운 사업 모델이 되었다.

2.5.2 맞춤형 및 개인화 제조 혁신

① 긴 꼬리 제조의 부각

2004년 와이어드 편집상인 크리스 앤더슨(Chris Anderson)은 인터넷과 전자상거래가 바꾸어 놓은 긴 꼬리(Long Tail) 경제를 소개하였다. 지금까지의 경제가 수백만 개씩 팔릴 제품을 개발하는 기업들, 즉 20%의 짧은 머리(Short Head) 중심이었다면, 이제는 사소한 것으로 간주하던 나머지 80%의 긴 꼬리가 점점 더 중요해졌다. 과거에 제품 구매를 위해 소비자가 마트의 전시 공간에 가던 것이 이제는 인터넷 검색으로 바뀌었고, 이로 인해 기존에 소량으로 판매되던 제품이 장기간에 걸쳐 지속적으로 매출을 발생시켜, 결과적으로 큰 시장을 형성하게 되었다. 나아가 크리스 앤더슨이 발간한 'Makers'에서 콘텐츠와 소프트웨어와 같은 비트(Bit) 세상에 집중되던 긴 꼬리 제품이 물리(Atom) 세상으로 전파되고 있으며, 개방형 혁신(Open Innovation)으로 무장한 공통의 관심사를 가진 공동체가 이러한 움직임의 강한 추진력으로 동작하고 있다고 역설하였다.

이러한 개념은 전통적인 제조 과정에 변화를 가져왔다. 즉, 음반이 MP3로, 책이 e-Book으로, 필름 사진이 디지털 사진으로 바뀌면서 '디지털 제품'으로의 혁신이 있었듯이, 공장에서 생산되는 '물리적 제품'의 제조 방식이 ICT에 의해 혁신되고 있다.

이러한 변화의 전제는 웹, 사물 인터넷, 소셜 네트워크, 클라우드 등의 ICT 기술을 기반으로 한 **맞춤형 제조** 또는 **개인화 제조**이다. 대량 생산이 필요한 곳에서는 여전히 지금과 같은 형태의 제조 방식이 유지되지만, 획일화된 제품이 아닌 창의적 아이디어가 융합된 개인화된 제품의 제조를 담당하는 개인화 생산 공장이 도입되고 있다. [그림 2-9]는 이러한 긴 꼬리 제조의 특성을 보여준다.

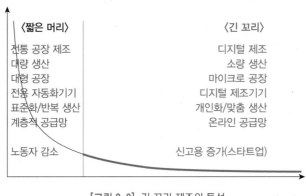

[그림 2-9] 긴 꼬리 제조의 특성

② 맞춤형 개인화 제조 공간

2001년 MIT 미디어랩 닐 거셴펠드(Neil Gershenfeld) 교수가 설립한 팹랩(Fab Lab.)을 시작으로 현재 전 세계 수천여 개의 소형 공작소가 운영 중이다. 이 공간에서는 개인화 제조의 주요 장비인 3D 프린터, 컴퓨터 수치 제어(Computerized Numerical Control, CNC) 기계, 레이저 커터, 3D 스캐너 등을 구비하고, 제품 활용에 대한 교육과 훈련, 개인 참여 개발 및 제조를 지원해주고 있다.

주로 교육기관, 지역 공동체 센터, 문화시설, 비영리기관, 비정부기구(NGO) 등이 운영하고 있으며, 이 작은 공간들은 미래형 공장에 적지 않은 영향을 줄 것으로 예상된다.

3D 프린터와 지능형 로봇 등 첨단 디지털 제조 도구와 공장 자동화 및 지능화를 위한 ICT 기술, 즉 스마트디바이스, 유무선 네트워크 인프라, 웹 기반의 아이디어/부품/제품 유통, 생산, 빅 데이터 분석, 지능형 제조 운영/관리 등이 융합할 경우, 새로운 제조 패러다임을 이끌어갈 공장으로 재탄생하게 된다.

이러한 개인화 생산 공장은 대량 생산 위주의 전통 제조 시장과 DIY(Do it yourself) 수준의 소량 제조 시장의 간극을 극복할 수단이 되며, 새로운 신생 기업을 장려하는 구조로써 새로운 형태의 고용 창출이 가능하다.

2.5.3 주문형(On-Demand) 경제

제품의 주문과 사용 측면을 강조한 용어로 **온디맨드 경제**(On-Demand Economy)라고도 부르며, 대량 생산-대량 공급이 아니라 수요자의 주문에 맞춰 필요한 제품을 서비스처럼 제공하는 경제를 의미한다. 사람들은 소유냐 이용이냐를 고민하게 된다. 자동차 없이도 자동차를 이용하고, 영화관에 가지 않아도 영화를 볼 수 있으며, 컴퓨터를 사지 않아도 클라우드를 이용해 대규모 IT 인프라를 구축할 수 있다.

주문형 경제로 유명한 기업인 우버(Uber)는 IT 기반 플랫폼으로 차량 수요자와 차량 공급자를 매칭한다. 우버는 공급자와 수요자를 매칭하는 기술을 확장하여 음식을 원하는 소비자와 레스토랑, 배달자를 매칭하는 음식 배달 서비스도 시작하였다. 동남 아시아권에서는 그랩(Grab), 중국에서는 디디추싱(Didi Chuxing)이 유사한 서비스를 제공하고 있다. 국내 콜버스랩(CallbusLab)은 정해진 노선 없이 다수의 사람이 원하는 노선으로 사람을 나르는 버스 서비스까지 시도하였다. 아마존은 인공 지능과 빅 데이터를 분석하여 고객이 주문하기도 전에 물건을 예측하여 배송하는 예측 배송 시스템의 특허를 내기도 했다.

최근에 고객의 정기 주문을 받은 후 배송하는 구독형 수익 모델(Subscription Revenue Model) 서비스도 점차 확대되고 있다. 인스타카트(Instacart)는 연회비를 내고 가입하면 기업이 소비자를 대신하여 장을 봐서 집까지 배달해주는 서비스를 제공한다. 소비자는 시간, 차비, 수고를 덜 수 있어서 환영하는 분위기이다.

P&G, 유니레버(Unilever) 등은 면도날을, 월마트 및 세포라 등은 화장품 샘플 박스 등을 정기 배송한다. 최근에는 옷, 신발, 속옷, 비디오 게임 등 다양한 분야에서도 주문형 생산 방식이 확산되고 있다. 국내도 배달의 민족 등 음식 배달 서비스가 일반화되었고, 가전, 식품, 유아용품, 반려동물의 사료 등 다양한 품목에서 주문형 제품 시장이 빠르게 확대되고 있다.

2.6 플랫폼 경제에서 공정한 분배로 변하는 프로토콜 경제

최근에 인터넷과 같은 디지털 네트워크 기반으로 구축된 플랫폼을 중심으로 각 경제 주체 간에 다양한 생산과 소비가 이루어지고 있다. 이처럼 디지털 네트워크 기반으로 상품 및 서비스의 공급자와 수요자가 거래하는 경제 활동이나 사회 활동이 플랫폼에 의해 이루어지는 경제를 **플랫폼 경제**(Platform Economy)라 한다.

플랫폼 경제에는 상품의 거래가 일어나는 **전자상거래**(Electronic Commerce), 남는 물건을 공유하면서 거래가 발생하는 **공유 경제**(Sharing Economy), 오프라인 상점의 제품을 온라인상에서 거래하도록 중개하는 **O2O**(Online to Offline) 거래 같은 온라인 거래가 포함된다. 분야별로 주도하는 플랫폼 업체들 중심으로 플랫폼 경제가 형성된다. 또 다른 형태의 플랫폼 중심 경제는 **소프트웨어 프레임워크**(Software Framework)에서 나타난다. 스마트폰 운영 체제를 중심으로 핸드폰 개발자, 사용자, 응용 프로그램 개발자들이 모여서 경제적 활동이 이루어지기 때문에 플랫폼 경제가 형성된다. 운영 체제, 웹 브라우저, 클라우드 컴퓨팅 등 소프트웨어 프레임워크 플랫폼이 동작하는 분야는 다양하다. 대표적으로 스마트폰 운영 체제 플랫폼은 애플의 iOS와 구글의 안드로이드(Android)가 독점적 지배력을 가지고 있으며, 클라우드 플랫폼은 아마존 웹 서비스(Amazon Web Services, AWS)가 지배력을 가지고 있다.

반면 '인력'에 대한 수요자와 공급자가 플랫폼을 통하여 연결되는 **긱 경제**(Gig Economy)는 기업이 필요에 따라 단기에 '인력'을 충원하고 그 대가를 지급하는 경제만을 의미한다([그림 2-10] 참조). 인력의 공급과 채용 측면에서의 큰 변화를 의미한다. 긱 경제의 노동자들은 비정규직과 유사할 수도 있지만, 동시에 여러 명의 고용주와 복수의 계약을 맺을 수도 있어 **독립형 일자리**로 불리기도 한다.

플랫폼 경제는 전 세계적으로 대세 경제 모델로 자리 잡았으나 빠르게 성장한 만큼 폐해도 나타나고 있다. 플랫폼 기업의 독과점화, 참여자에 대한 보상 이슈, 초단기 근로자 양산 등의 단점이 발생하고 있다. 이를 해결하기 위한 노력 중 하나로 블록체인 기술을 기반으로 공정한 분배와 상생을 달성하려는 **프로토콜 경제**(Protocol Economy)가 등장하였다([그림 2-11] 참조).

플랫폼 기업이 정한 규칙을 따르는 것이 아니라, 참여자들이 자발적으로 정한 규칙에 따라 플랫폼 경제 성장의 과실을 공유하게 된다. 여기서 공정한 분배를 위한 핵심 기술로 **블록체인**이 필요하다.

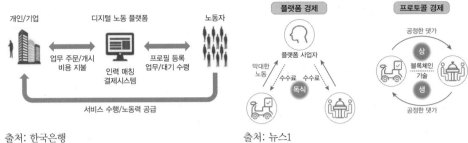

출처: 한국은행

[그림 2-10] 디지털 노동 플랫폼과 긱 경제

출처: 뉴스1

[그림 2-11] 플랫폼 경제와 프로토콜 경제

2.6.1 프로토콜 경제

프로토콜 경제(Protocol Economy)란 개인 간 자발적으로 프로토콜(약속)을 정해 거래하는 형태로, 탈중앙화와 탈독점화를 통해 거래 비용을 절감하고 공정한 분배를 실현하는 플랫폼 생태계를 의미한다([그림 2-12] 참조). **프로토콜**(Protocol)이란 사전적 의미로 인터넷에서 활용되는 통신 규약을 뜻하나, 프로토콜 경제에서는 플랫폼 경제의 시장 참여자들이 자유롭게 만들고 지키는 규약을 의미한다. 프로토콜 경제는 이런 약속을 토대로 탈중앙화와 공정한 분배를 추구하는 플랫폼 생태계이다([그림 2-13] 참조).

플랫폼 경제를 부정하거나 대체하기보다는 현재 드러난 단점을 극복하고 더 나은 플랫폼 경제를 구현하는 차원에서 블록체인 기술을 활용해 상생과 공정한 분배를 추진하고 있다. 프로토콜 경제에서 블록체인 기술은 정보의 공개와 분배 과정에서 필수적이며, 기존 기업의 사회적 기여와 본질적으로 차이가 있다. 프로토콜 경제는 플랫폼 기업의 정보 독점, 이익 독점 문제를 해결하기 위해 정보를 분산하고 중개 비용을 최소화하며, 공정한 분배를 실현하는 것을 목표로 한다.

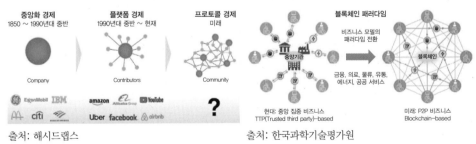

출처: 해시드랩스

[그림 2-12] 프로토콜 경제로의 전환

출처: 한국과학기술평가원

[그림 2-13] 블록체인 패러다임의 변화

① 원칙과 선도 모델

프로토콜 경제를 구현하기 위해서는 다양한 선결 과제가 있으나 **정보 분산, 중개 비용 최소화, 합의된 규칙**을 3대 원칙으로 삼아 **4대 선도 모델**을 도출할 수 있다([표 2-3] 참조).

- **정보 분산**은 탈중앙화, 분권화된 정보로 궁극적으로 누구나 평등하게 접근하고 이용할 수 있는 정보의 공개를 의미한다. 플랫폼 경제에서는 정보가 수익의 원천이고 권력이므로 중앙에 집중된 정보를 분산하여 개인 간 데이터를 주고받고 분산 저장하는 기술이 필요하다.
- **중개 비용 최소화**는 플랫폼 기업이 부과하는 수수료를 최소화하고 절감한 거래 비용을 공급자와 수요자에게 분배하도록 한다. 플랫폼 경제에서는 거래 플랫폼을 제공하는 사업자가 정하는 일정 비율의 중개 수수료가 부과되며, 수수료율이 높아지거나 거래가 증가할수록 플랫폼 사업자의 이윤이 증가하게 된다.
- **합의된 규칙**은 네트워크 참여자의 상호 신뢰가 가능한 규칙을 만들기 위해 거래 내역을 검증하고 승인하는 기술인 합의 알고리즘이 필요하다. 거래 계약의 체결과 거래 내역의 검증을 중개 기관 없이 네트워크 참여자가 직접 확인할 수 있어야 하며, 이때 데이터 중복과 해킹 위험을 방지하기 위해 블록체인 기술이 필요하다.
- **4대 선도 모델**은 프로토콜 경제의 원칙을 바탕으로 새롭게 개선될 플랫폼 경제 모델로 '플랫폼 노동자와의 상생 모델', '전통 산업과의 상생 모델', '공유 경제 활성화 모델', '블록체인 기반 기술 관련 모델'의 4가지가 될 것으로 예상된다.

[표 2-3] 프로토콜 경제의 4대 선도 모델

〈플랫폼 노동자와의 상생 모델〉	〈전통 산업과의 상생 모델〉
노동에 대한 정당한 보상 지급을 전제로 운송 노동자 등 긱 **노동자와 상생**하는 모델	음식점, 숙박업 등 전통 산업과 소비자를 최소의 수수료로 **연결**하는 모델
〈공유 경제 활성화 모델〉	〈블록체인 기반 기술 관련 모델〉
사람과 사람 간의 시설, 물품 공유에 대해 **중개 수수료를 없애거나 최소화**하는 모델	블록체인 합의, 데이터 관리 등과 관련된 **신기술을 개발**하는 모델

출처: 중소기업벤처부

② 기반 기술

프로토콜 경제에서는 함께 성장하는 생태계를 구축하는 것을 궁극적 목표로, 이를 실현하는 핵심 기술 중 하나가 블록체인이다. **블록체인(Blockchain)**이란 데이터를 저장하는 단위인 블록(block)을 체인(chain) 형태로 연결하여 수많은 컴퓨터에 동시에 복제하고 저장하는 분산형 데이터 저장 기술을 말한다. 개방형 네트워크와 규칙의 투명성을 증명하기 위해서는 블록체인 기술이 필요하다.

중개자가 없거나 역할을 많이 축소하려면 P2P 네트워크, 스마트계약 기술이 요구된다. 정보의 탈집중화로 모든 참여자가 자유롭게 정보에 접근할 수 있어야 하며, 투명한 정보 공개를 위해서도 분산 원장 시스템, **디앱**(Decentralized Application, DApp) 등이 필요하다.

공정한 분배를 위해 기존 플랫폼 기업이 화폐나 주식을 주는 방식에서 벗어나 블록체인을 기반으로 한 토큰(Token)으로 보상하는 방식을 추구한다. 누구나 정보에 접근할 수 있는 시스템을 기반으로 투명한 분배와 플랫폼 성장에 따른 이익 공유가 동시에 가능해지려면 보상은 유틸리티 토큰 형태가 적합하다. '기여에 대한 공정한 보상'뿐만 아니라 플랫폼이 성장하면서 토큰의 수요가 증가하여 가치가 오르면, '플랫폼 성장에 따른 보상'까지 얻을 수 있는 선순환 구조를 지향한다.

③ 적용 사례

프로토콜 경제는 초기 단계로 참여자를 증가시키고 플랫폼을 확장하는 방안으로 보상을 활용하는 시도가 계속되고 있다. 이스라엘에서 개발된 커뮤니티 소유의 분산형 교통 플랫폼인 라주즈(La'zooz)는 프로토콜 경제가 적용된 사례이다. **이더리움**(Ethereum) 기반 가상자산 기술을 활용하여 개발자, 사용자, 후원자를 위한 공정한 공유 보상 메커니즘을 적용한다 ([그림 2-14] 참조).

차량을 이용하는 방식은 우버(Uber)와 동일하나 플랫폼 소유자가 회사가 아닌 플랫폼 참여자이고, 디앱을 이용하기 때문에 카드 대신 가상자산으로 결제하며, 결제 수수료는 0원이된다. 기존 플랫폼에서는 운전에 대한 대가만 받을 뿐 해당 기업의 성장과는 무관하지만, 라주즈는 참여자에 대한 보상이 이더리움 기반 가상자산인 '주즈(Zooz)' 토큰으로 제공됨에 따라 주즈의 가치 상승에 따른 추가 보상을 기대할 수 있다. 이용자 역시 낮은 결제 수수료의 혜택을 얻게 되며, 운전자와 마찬가지로 보유한 토큰의 가치 상승에 따른 추가 보상을 기대할 수 있다.

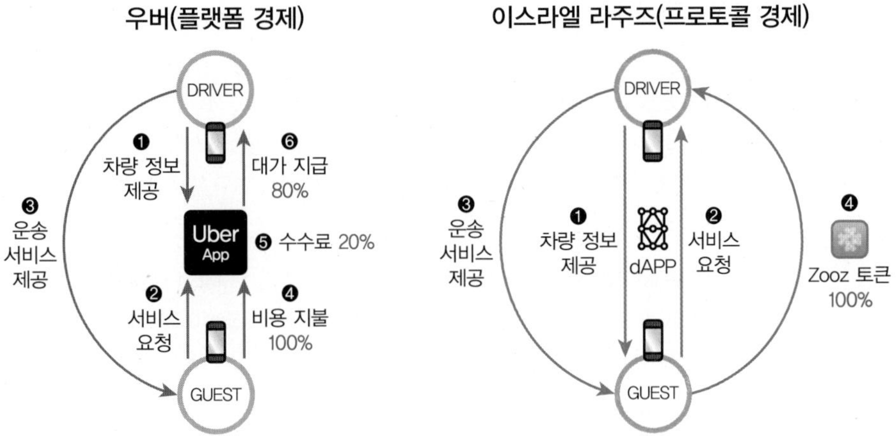

우버(플랫폼 경제)

DRIVER

❶ 차량 정보 제공

❻ 대가 지급 80%

❸ 운송 서비스 제공

Uber App

❺ 수수료 20%

❷ 서비스 요청

❹ 비용 지불 100%

GUEST

이스라엘 라주즈(프로토콜 경제)

DRIVER

❸ 운송 서비스 제공

❶ 차량 정보 제공

dAPP

❷ 서비스 요청

❹ Zooz 토큰 100%

GUEST

출처: 중소기업연구원

[그림 2-14] 프로토콜 경제가 적용된 사례인 라주즈(La'zooz)

| 용어 해설 |

- **D2D(Doctor to Doctor)**: 원격 진단 협의로 병원 외부 또는 부서 외부에 산재한 의료 전문성을 하나로 모으는데 이용된다. X-레이, 컴퓨터 단층촬영(CT), 자기공명화상(MRI) 장비, 핵의학 치료와 초음파 진단 등에 의한 의료 이미지 판독 시 이미징(Imaging) 시스템을 활용하여 의사들 간의 협의 진단에 도움을 준다.

- **긱 경제(Gig Economy)**: 산업 현장에서 정규직이 아닌, 계약직·임시직·일용직 등을 필요에 따라 고용하는 경제 형태. 1920년대 미국 재즈 공연장 주변에서 단시간에 연주자를 구해 공연한 데서 비롯된 말이다.

- **디앱(Decentralized Application, DApp)**: 또는 댑이라 부르며, 이더리움, 큐텀, 이오스 같은 플랫폼 코인 위에서 작동하는 탈중앙화 분산 애플리케이션을 말한다. 간략히 분산 앱이라고도 한다. 플랫폼 위에서 작동하는 디앱의 암호화폐는 코인(coin)이라고 하지 않고 토큰(token)이라고 구별하여 부르기도 한다.

- **DIY(Do it yourself)**: 전문 업자나 업체에 맡기지 않고 스스로 직접 생활공간을 보다 쾌적하게 만들고 수리하는 개념을 말한다. "디 아이 와이"라고 읽으며, '너 자신이 직접 만들어라'라는 뜻이다.

- **공장 자동화(Factory Automation, FA)**: 공장에서 컴퓨터를 이용하여 생산 작업을 자동화하는 일

- **긴 꼬리(Long Tail)**: 롱테일이라고도 한다. 파레토 법칙을 그래프에 나타냈을 때 꼬리처럼 긴 부분을 형성하는 80%의 부분을 일컫는다. 파레토 법칙에 의한 80:20의 집중 현상을 나타내는 그래프에서는 발생 확률 혹은 발생량이 상대적으로 적은 부분이 무시되는 경향이 있었다. 그러나 인터넷과 새로운 물류 기술의 발달로 인해 이 부분도 경제적으로 의미가 있게 되었는데 이를 롱테일이라고 한다.

- **비정부기구(Non-Governmental Organization, NGO)**: 어떠한 종류의 정부도 간섭하지 않고, 시민 개개인 또는 민간에 의해 조직되는 단체를 의미한다. 비정부단체, 비정부조직이라고도 불린다.

- **이더리움(Ethereum)**: 블록체인 기술을 기반으로 스마트계약 기능을 구현하기 위한 분산 컴퓨팅 플랫폼이자 플랫폼의 자체 통화명이다. 이더리움이 제공하는 이더(Ether)는 비트코인과 마찬가지로 암호화폐의 일종으로 거래된다. 이더리움의 화폐 단위는 ETH로 표시한다. 비트코인 이후에 등장한 알트코인 중 시가 총액이 가장 높은 대표적인 알트코인이다.

- **회귀(Reshoring)**: 해외에 나가 있는 자국 기업들을 각종 세제 혜택과 규제 완화 등을 통해 자국으로 불러들이는 정책을 말한다. 싼 인건비나 판매 시장을 찾아 해외로 생산 기지를 옮기는 '오프쇼어링(Offshoring)'의 반대 개념이다.

사물 인터넷에 의한 산업의 변화

3.1 사물 인터넷 시대의 사업 분야 / 3.2 사물 인터넷 도입 효과

우리는 이미 사물 인터넷 시대에 살고 있다. 사물 혹은 인간이 내장된(Embedded) 통신 시스템을 통해 긴밀하게 상호 작용할 수 있도록 네트워크로 연결된 사물 인터넷은 사물과 사물 간 연결을 일컫는 '사물 통신(Machine to Machine)'에서 확장된 개념이다. ICT의 발전에 따라 '만물 인터넷'으로 확장되면서, 모든 종류의 네트워크를 통해 긴밀하게 연결된 초연결 시대로 발전하였다([그림 3-1] 참조). 사물 인터넷 기술이 산업의 생산 분야에 도입되면서 공장의 생산 공정과 공급 사슬의 흐름을 시각적으로 확인할 수 있고, 공장이나 기업 등의 물리적인 경계를 초월한 통합적인 관리를 통해 효율성을 증가시킬 수 있어 4차 산업 혁명의 기폭제 역할을 하였으며, 여전히 이 시대의 핵심 기술이다.

출처: Ericsson white paper

[그림 3-1] 사물 인터넷 발전 3단계

사물 인터넷 기술이 제조업에 도입되면서 비용 절감과 생산 효율화를 달성하고 있다. 4차 산업 혁명은 인간의 일자리에도 큰 변화를 가져오고, 타 산업과 융합되면서 새로운 사업 기회와 부가 가치를 창출하고 있다. 사물 인터넷, 클라우드와 빅 데이터로 인해 기존에 없던 혁신적인 기업이 등장하고 있다. 사물 인터넷 혁명은 에너지, 의료, 제조업 등 다방면에 영향을 미치고 인간과 기계의 상호 작용에 근본적인 변화를 가져오고 있다.

보건·의료 분야에 적용되면서 착용형 컴퓨터와 원격 진료가 가능해졌고, 전력 분야의 스마트그리드(Smart Grid), 교통 분야의 자율주행 자동차 및 지능형 교통 시스템(Intelligent Transportation System, ITS)으로 발전하고 있다. 특히, 제조업의 생산 공정에 도입되어 스마트공장(Smart Factory), 즉 첨단 생산 관리 시스템으로 구축되고 있다. 농수산식품 산업에도 ICT가 적용되어 식물공장이나 스마트푸드(Smart Food) 시스템 등 고부가 가치의 새로운 사업 영역을 창출하고 있다.

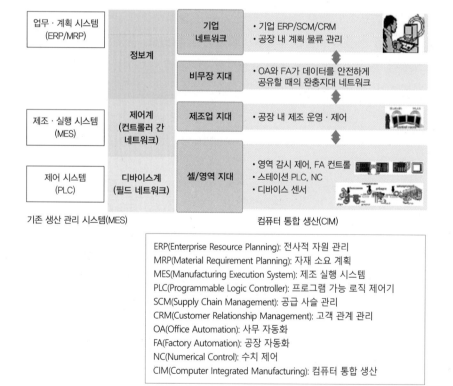

ERP(Enterprise Resource Planning): 전사적 자원 관리
MRP(Material Requirement Planning): 자재 소요 계획
MES(Manufacturing Execution System): 제조 실행 시스템
PLC(Programmable Logic Controller): 프로그램 가능 로직 제어기
SCM(Supply Chain Management): 공급 사슬 관리
CRM(Customer Relationship Management): 고객 관계 관리
OA(Office Automation): 사무 자동화
FA(Factory Automation): 공장 자동화
NC(Numerical Control): 수치 제어
CIM(Computer Integrated Manufacturing): 컴퓨터 통합 생산

출처: KIET 산업경제

[그림 3-2] 생산 관리 시스템(MES, CIM)의 계층 구조

[그림 3-2]는 사물 인터넷 기술이 생산 공정에 도입되어 나타난 공정 혁신을 표시한 것이다. 예전에 생산 공정은 업무 · 계획 관리 시스템, 제조 · 실행 시스템, 제어 시스템 등이 독립적으로 운용되었다. 하지만, 컴퓨터 네트워크와 데이터베이스, 클라우드, 빅 데이터, 인공 지능, 실시간 모니터링 시스템의 발전으로 인해 점차 생산 활동을 총괄적으로 제어 · 관리하는 **컴퓨터 통합 생산**(Computer Integrated Manufacturing, CIM) 시스템으로 진화하고 있다. 즉, 관리자는 원격으로 생산 현장을 모니터링하며 실시간 데이터를 취합 · 분석하여 최적의 의사 결정을 내릴 수 있게 되었으며, 이러한 의사 결정은 즉각적으로 공장에 전달된다.

4차 산업 혁명은 일자리에도 큰 변화를 가져오고 있다. 단순 노동직과 컴퓨터의 연산 능력을 충분히 발휘할 수 있는 분야의 직업은 점차 사라지고 있다. 프레이(Frey et al.)의 연구는 702개의 세부 직종 중에서 컴퓨터가 대체 가능한 직업을 분석하여 사라질 가능성을 제시하고 있다. 이 연구에 따르면, 미국에 있는 일자리 중 약 47%가 위협받을 수 있다. 향후 사라질 가능성이 높은 직업으로는 텔레마케터, 화물 · 수송업 종사자, 소매상인, 모델, 은행 등의 출납원, 회계사, 부동산 중개업자 등이 있다. 이러한 직종들 외에 의료계와 법조계의 전문직 종사자들의 업무도 상당 부분 ICT에 의해 대체될 것으로 전망된다.

3.1 사물 인터넷 시대의 사업 분야

사물 인터넷 혁명은 에너지, 의료, 제조업 등 다방면에 영향을 미치고, 인간과 기계의 상호작용에 근본적인 변화를 가져오고 있다. 새로운 기반 기술로 인해 기존 시스템이나 제품을 향상시켜 생산성과 고객의 부가 가치를 높일 수 있는 새로운 사업을 개척하거나, 기존에 없던 혁신적인 사업 기회가 창출되고 있다. 또한 소품종 · 대량 생산에서 다품종 · 소량 생산의 수직적인 공급 가치 사슬 체계로 빠르게 전환되고 있다. 즉, 소비자의 취향에 따라 맞춤형 제품과 서비스를 공급할 수 있도록 진화하고 있다. 따라서 기업들은 창조적인 아이디어를 통해 다양한 제품을 소량 생산할 수 있는 체계의 필요성이 증가하고 있다. 3D 프린터를 이용해 누구나 손쉽게 아이디어를 실제적인 프로토타입으로 제작하기 쉬워진 것도 맞춤형 제품 생산을 지원하는 요인 중 하나이다. 이러한 예로 인벤터블즈(Inventables)는 간단한 컴퓨터로 작동이 가능한 '3차원 조각 기계(3D Carving Machine)'를 만들었다.

그뿐만 아니라, 기업들은 기존에 자신들이 보유한 역량과 사물 인터넷 기술을 접목하여 새로운 서비스를 제공하고 있다. 스포츠용품 전문 기업 나이키의 퓨얼밴드(Fuel Band)는 이러한 경향을 반영한 좋은 사례이다([그림 3-3] 참조). 퓨얼밴드는 손목에 차기만 해도 가속 센서를 이용해 걸음 수, 소진한 열량과 활동량을 확인할 수 있다. 하루 생활에 필요한 열량과 하루 동안 소비한 에너지양을 알 수 있는 퓨얼(fuel) 포인트 수치를 제공한다.

기업들의 사업 모델에 또 하나의 주목할 만한 변화는 기존과 전혀 다른 기업 간에 혁신적인 파트너십을 형성하는 것이다. 새로운 수요를 창출할 혁신적인 제품을 생산하고 시장을 선점하기 위해 거대 기업들은 소규모 혹은 신생기업들의 인수·합병에 주력하게 된다. 구글의 스마트 온도조절장치 제조업체 네스트(Nest) 인수, 메타의 가상 현실을 적용한 헤드셋 개발업체 오큘러스(Oculus) 인수 사례처럼, 앞으로도 이러한 전략적인 인수·합병은 더욱 늘어날 전망이다([그림 3-4], [그림 3-5] 참조).

출처: 마인드와칭

[그림 3-3] 퓨얼밴드

출처: YouTube

[그림 3-4] 네스트

출처: YouTube

[그림 3-5] 오큘러스 헤드셋을 통한 가상 현실 체험

ICT와 사물 인터넷 기술이 도입되면서 공급자 위주의 제품 중심에서 수요자 위주의 서비스 중심으로 변화하고 있다. 이러한 추세에 따라 소프트웨어의 중요성은 커지고, 이를 바탕으로 고객 각각의 수요에 부응하기 위한 다양한 서비스 산업은 성장하게 된다.

제조업의 대표격인 자동차 산업에서도 이러한 변화가 일어나고 있다. 자동차의 가치는 물리적 시스템의 성능 못지않게 점차 정확한 소프트웨어 플랫폼이나 응용 프로그램의 우수성에 따라 결정되고 있다([그림 3-6] 참조). 30개 이상의 자동차 기업들은 구글과 함께 차량용 안드로이드 운영 체제를 개발하고 있다(Open Automotive Alliance). 사물 인터넷 산업은 제조업이라기보다는 서비스업에 가깝다. 사물 인터넷 기기로 수집된 방대한 데이터를 통해 지금까지 없었던 다양한 형태의 서비스 제공이 가능해지는 새로운 사업 모델이 될 수 있기 때문이다.

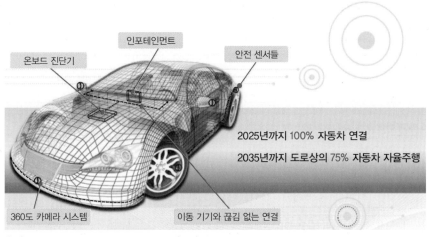

온보드 진단기

인포테인먼트

안전 센서들

2025년까지 100% 자동차 연결

2035년까지 도로상의 75% 자동차 자율주행

360도 카메라 시스템

이동 기기와 끊김 없는 연결

출처: GSMA 2013 Navigant Research 재구성

[그림 3-6] 2025 커넥티드 카

또한, 여러 산업에서 고객과 기업, 혹은 기업과 기업 간을 연결하는 각종 플랫폼이 만들어 지면서 이전에는 예상하지 못한 각종 서비스가 개발되고 있다. 예를 들면, 숙박 공유 서비 스인 에어비앤비(Airbnb)나 모바일 앱을 활용한 우버 택시(Uber Taxi)와 같이 기존 업계를 혁 신하는 사업이 다양한 형태의 사업으로 확대될 수 있다.

사물 인터넷의 응용 분야는 다양하며, 주요 응용 분야는 [표 3-1]과 같다.

[표 3-1] 사물 인터넷의 주요 응용 분야

응용 분야	설명
에너지 분야	전력 생산량과 소비량을 지속적으로 측정하여 배전 회사와 소비자에게 유용한 정보를 제공하는 동시에 적절히 수요와 공급의 균형을 맞추도록 하는 분산 지능형 통합 시스템
교통 · 운송 분야	사용자가 안전하고 편리하게 이용할 수 있도록 서로 다른 형태의 운송 및 교통 체계를 관리하는 혁신적인 서비스 제공 기술
제조업 분야	전 생산 공정에서 적절한 정보를 필요한 시점에 유용한 형태로 가공하여 취합할 수 있는 실시간 통합 처리 시스템
의료 분야	진보된 응용 기기(모바일/스마트디바이스, 센서, 구동기 등)를 통해 환자와 의료진에게 의료 서비스에 대한 접근성이 향상된 공공 및 개인 의료 체계 구축
공공 분야	시민의 안전과 관련된 정보를 제공하고 한 차원 높은 공공 서비스를 제공할 수 있도록 실시간 정보 체계 구축
고객 서비스	구매에서 엔터테인먼트에 이르기까지 기술과 개인의 삶이 상호 작용할 수 있는 개인 맞 춤형 응용 서비스 제공

건축/주거 분야	스마트폰이나 모바일 디바이스를 통해 원격으로 건물에 전등, 난방, 가전 기기 등을 조정할 수 있는 응용 시스템
금융 분야	은행, 보험, 부동산, 대출 등 다양한 금융 시장에 적용할 수 있는 지능형 통합 시스템

출처: European Commission

3.2 사물 인터넷 도입 효과

3.2.1 거래 및 제조 비용 절감

단순히 재화와 서비스가 연결되는 사물 인터넷만으로는 큰 부가 가치를 창출하기가 어렵다. 기업들은 비용보다 부가 가치를 높이는 노력과 함께 사물 인터넷의 도입에 의한 비용절감 방안을 중요하게 고려한다([그림 3-7] 참조).

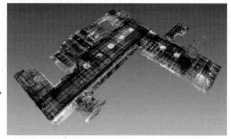

공장의 모든 정보를 그대로 컴퓨터에서 재현

데이터 분석, 모의 실험을 통해 생산공정 효율화로 불량 억제, 비용 절감

- 롤스로이스는 굿우드 공장에서 제조에 관한 모든 정보(부품, 기계, 로봇, 공구, 비품 등)를 디지털화하여 공장과 생산 라인을 그대로 컴퓨터 3차원 가상 공간에 재현하고, 모의 실험을 통해 제조 라인의 각종 문제점을 사전에 해결하여 원활한 생산 흐름을 보장하는 최적의 제조 라인 레이아웃을 설계
- 롤스로이스는 장인들의 수작업으로 생산하기 때문에 장인들의 작업 공간 효율화, 동작의 낭비 억제라는 관점에서 개선

출처: Rolls-Royce

[그림 3-7] 롤스로이스의 굿우드(Goodwood) 3차원 디지털 공장

공장에서 사물 인터넷을 도입할 경우, 공장 내에서 다양한 종류의 데이터를 활용할 수 있게 됨에 따라 가공의 정확도는 높이고 재료의 낭비는 줄이며 생산 속도를 향상시킬 수 있다. 이를 위해 공장 건설의 기획 단계에서 설비 설치 및 노동자들의 작업을 최적화할 수 있는

모의실험이 모색되고 있다. 또한 기계의 보수 관리를 위해 기계 가동 중단 시간을 최소화하여 근무 시간 중 생산 차질이 없도록 하는 최적의 기계 보수 체계의 구축도 가능하다.

생산자들은 시간을 허비하면서 돌아다니지 않아도 여러 공장에 있는 기계 설비들을 실시간으로 모니터링할 수 있어 의사 결정 시간을 줄이면서 신속히 조치할 수 있다. 공장 안에 기계 장치와 시스템이 연결되어 다양한 정보가 제공되고, 이러한 정보를 바탕으로 인간의 간섭 없이 생산 시스템 자동화가 가능하다. 따라서 제조에서 판매까지 전체 공급 사슬에 대한 정보를 실시간으로 제공하여 체계적인 관리가 쉬워진다. 센서와 무선 통신망을 통해 예기치 않은 생산 시스템의 오류에도 사전에 대응할 수 있다. 이외에도 공장의 에너지 사용을 최적화하여 큰 운영 비용을 차지하는 에너지 비용과 제품 개발 시간을 단축할 수 있다.

이처럼 사물 인터넷이 여러 산업에 활용되었을 때, 공급 사슬의 효율화, 부품 및 소재 공장과 조립 공장의 일체화, 효율적 재고 관리 등이 가능해진다. 각종 부품이나 모듈 등이 공장의 기계 장비들과 가상 공간에서 연결됨으로써 품질 수준의 사전 파악이 쉽고 제품 개발 시간과 비용 절감 효과가 나타나는 측면도 중요하다.

매켄지 앤 컴퍼니(McKinsey & Company)의 보고서에 따르면, 사물 인터넷 응용 기술을 생산 공정에 도입함으로써 10~20%의 에너지를 절감할 수 있고, 20~25%의 노동 효율성 증가를 가져올 수 있다([그림 3-8] 참조).

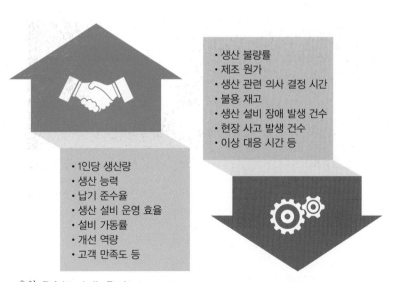

출처: Deloitte Anjin Review

[그림 3-8] 생산에 사물 인터넷 기술 도입 시 효과

사회적 차원의 연결 효과로 기타 산업이나 인프라와의 연계성이 강화되는 효과가 있다. 예를 들면, 전력의 사물 인터넷화로 전력의 수요와 공급이 실시간으로 연결되는 스마트그리드가 효과적으로 활용되면, 발전 용량 관리가 효율적으로 이루어져 발전소를 줄일 수 있다. 또한 수송 및 물류 차량의 흐름이 원활해지는 효과, 산업 간 연계를 통해 관련 서비스의 신속성과 비용을 절감하는 효과, 행정 조직의 실태 파악 등이 쉬워진다. 공장에서 생산이 완료되기 전에 차량 흐름을 고려한 수송 및 물류 계획을 최적화하는 것도 가능하다. 기업 내부의 의사 결정 메커니즘의 비효율성을 제거하는 것도 가능하다. 회계 데이터와 각종 기업 활동, 종업원 모니터링 등을 통해 경영 패턴을 분석하고 기업 내 비리나 비효율성, 정보 유출 및 보안 이슈에 관한 사전 및 사후 추적, 투자 위험 등에 관한 조기 경보 시스템을 강화할 수 있다. 경영 효율화와 함께 정부 규제 등 행정적 측면에서 낭비의 파악이 쉽고, 경제 및 사회적 측면에서 효율성을 높일 수 있다.

3.2.2 제품 개발 과정의 혁신을 통한 성능 향상

사물 인터넷을 활용하면 제품의 불량률 감소, 부가 서비스 결합, 고객 요구 사항 신속 반영 등 부가 가치의 제고가 가능한 점도 기업이 주목하는 이유 중 하나이다.

제품 개발 과정을 가상 공간에서 재현하면 제품의 생산 과정에 따른 각종 불량품이 발생하는 요소를 파악하기 쉽다. 통상적으로 제품 개발 과정은 개념을 잡고 설계하고 시제품을 만들고 실험 과정을 거쳐 그 결과를 반영하여 최종 설계를 완성한다. 이러한 통상적인 과정은 시제품 제작에 따른 소요 시간 및 비용 증가가 동반되기 때문에 성능 실험에 제약을 받을 수 있다. 그러나 이러한 제품 개발 과정을 가상 공간에서 미리 수행해 본다면 앞서 언급한 비용이나 시간을 단축할 수 있다. 소재, 부품, 제품의 사용 환경을 포함한 정보를 가상 공간에 자세히 재현하여 온갖 고장 요인을 검토할 수 있다. 컴퓨터 모의실험을 통해 극단적인 기후 조건, 소비자의 난폭한 사용 등을 시험하여 가상 공간에서 고장의 위험 요소를 검증한 후, 이를 개선해 나간다면 제품의 고장 요소가 제거되고 품질이 향상된다.

예를 들면, 독일 보쉬의 터보 엔진(Turbo Engine)을 만드는 자회사인 BMTS(BOSH Mahle Turbo Systems)의 경우, 가상 제품 개발 방식을 채용하여 가상 공간에 초기 개발 제품 모델을 재현하면서 제품 성능을 개선하는 시스템을 갖추고 있다. 즉, 가상 공간에서 터보 엔진 제품의 내구성과 관련된 메커니즘을 분석하기 위해 내구성을 중심으로 각 부품과 부품 간의 상호 영향에 관한 시뮬레이션 모델을 개발하였다. 현실적으로 매우 가혹한 환경 인자를 제품에 적용함으로써 터보 엔진이 고장 나는 상황을 관찰하여 치명적인 약점을 찾아내고 개선하는 과정이다. 이를 통해 현실의 시제품 개발 과정에서 개발 공정 및 기간, 비용을 절감하고 있다.

제품과 서비스를 결합하는 것도 사물 인터넷의 이점으로 인식되고 있다. 제품이나 부품이 판매된 이후에도 고객이 클라우드 등을 통해 자사 네트워크와 지속적으로 연계하여 품질을 개선할 수 있다. 이러한 사물 인터넷을 통한 고객과의 접점을 활용해 기업은 고객에게 지속적인 서비스를 제공할 수 있다. 제품의 유지 보수, 소프트웨어 갱신 등이 가능하며, 공조기나 전력장치도 타사 제품을 포함한 통합 제어 서비스를 제공할 수 있다. 지멘스는 발전 회사에 발전기를 판매하던 사업에서 발전 서비스를 판매하는 사업으로 전환하며 경쟁사의 발전기도 함께 관리하는 서비스로 강화하고 있다.

고객이 필요로 하는 것을 효과적으로 반영하는 데도 사물 인터넷이 효과적이다. 사물 인터넷으로 고객과의 실시간 정보 교류가 가능한 네트워크 기반의 생산 시스템은 고객의 주문에 신속한 대응이 가능하게 한다. 지멘스의 경우, 고객의 주문에 따라 생산하는 자동차 생산 라인을 개발하였다. 사물 인터넷을 활용해서 고객의 요구, 사용 습관, 사회 상황을 추정해 제품 개발에 활용하며, 이 과정에서 시제품을 대중에게 공개하여 소비자의 생각을 반영하며 제품을 완성해 나갈 수 있다.

3.2.3 사물 인터넷을 활용한 시장의 확대

사물 인터넷을 활용하여 시장을 확대하려는 다양한 시도들이 진행되고 있다. 사물 인터넷을 활용하여 기존의 사업을 진화시키려는 제조 혁신 지원 사업이 스마트공장과 함께 부상하고 있다. 일본의 화낙(Fanuc) 등 기존의 산업용 로봇 제조 기업이 사물 인터넷을 활용하여 새로운 사업을 확대하였다. 이러한 진화형 사업은 기존의 공작 기계 업체가 신흥 IT 기업들에 시장을 잠식당할 수 있어 세계 사물 인터넷 환경의 변화를 예의 주시하고 있다.

사물 인터넷을 활용한 벤처 기업에 의해 새로운 사업이 시도되고 있다. 스마트폰을 이용하여 실시간으로 빈 주차 공간이나 회의 공간에 대한 정보를 제공하는 공유 서비스(Sharing Service) 사업이 한 예가 될 수 있다.

에너지 솔루션, 차세대 교통 시스템, 헬스케어, 차세대 농업, O2O(Online to Offline) 서비스 등에서 사물 인터넷을 보다 적극적으로 활용하고 있다([그림 3-9] 참조). 센서, 빅 데이터, 인공 지능 등의 능력이 제고되는 한편 비용은 떨어지기 때문에 각 분야에서 인간과 기계, 기계와 기계 간의 밀접한 통신 기능은 고객에게 세밀한 서비스를 가능하게 한다. 이에 따라 거의 모든 분야에서 고객의 가치를 높이려는 새로운 시도와 경쟁이 치열해지면서 새로운 사업으로 확대되고 있다.

제조 혁신 지원 사업	• 사물 인터넷을 뒷받침하는 센서, 클라우드, 산업별 플랫폼, 솔루션, 인공 지능 • 차세대 로봇, 3D 프린터, 공장 전체의 서비스화	헬스케어	• 사람과 기계의 인터넷 연계를 통한 의료비 절감, 맞춤형 의료 • 의료 기관 업무 효율화, 스마트폰 등을 활용한 원격 의료
신에너지 솔루션	• 전력의 스마트화로 DR, VPP, 주파수 조정 서비스, 예비 설비량 보장 등 신서비스 • HEMS, BEMS 관련 시장	차세대 농업	• 센서, 데이터 기반 고효율 농작업, 수송 물류 효율화 및 안심 제고 • 드론, 식물공장, 농업용 로봇 등으로 생산 효율화
차세대 교통	• 자동차와 도로의 네트워크화, 정체 없는 교통, 무인 자동차 기반 무사고 수송 인프라 • 자동차, 해운, 항공 등 연계 수송의 IT 연계	O2O 서비스	• 주문형 유통 시스템, M2M을 통한 자동 주문 • 각종 서비스의 온라인 · 오프라인 융합화

> HEMS(Home Energy Management Solution): 가정 에너지 관리 솔루션
> BEMS(Building Energy Management Solution): 건물 에너지 관리 솔루션
> DR(Demand Response): 수요 반응
> VPP(Virtual Power Plant): 가상 발전소
> O2O(Online to Offline): 온·오프라인 연결
> M2M(Machine to Machine): 사물 통신

출처: LG 경제연구원

[그림 3-9] 사물 인터넷을 활용한 사업의 확대

글로벌 경쟁이 격화되면서 세계 공통으로 근로자의 임금 상승세가 둔화하고 중산층의 어려움이 가중되고 있어 사물 인터넷을 활용한 시간제 노동이나 우버, 에어비엔비 등과 같이 생활 자금을 확보하려는 일반인들의 새로운 사업도 활발해지고 있다. 사물 인터넷의 확산으로 1인 기업이 다양한 형태로 자신의 아이디어나 능력을 소비자나 기업에 공급할 수 있는 인프라가 강화되고, 이를 활용한 사업이 확대되고 있다.

사물 인터넷은 기업의 이익 극대화를 위한 다양한 노력으로 발전하고, 그와 함께 여러 사회 문제의 해결에도 기여하고 있다. 지구 환경 문제의 경우, 사물 인터넷을 활용한 에너지 절약, 제조 과정의 자원 낭비 감소, 자동차 공유 등을 통한 경제적 재화의 활용, 오염 및 폐기물 감시 효율화 등을 통해 환경 개선에 기여하고 있다.

또한 일본에서는 심각한 인력 부족 문제를 해결하는 데 도움이 될 수 있다. 일본에서는 일반인들을 음식점의 임시 택배원으로 활용하는 사업이 확대되고 있다. 일반인들이 스마트폰 앱을 통해서 집 근처의 음식점에서 음식을 수령하고 자전거로 소비자 집까지 배달하여 수

익을 공유한다.

미국의 컨설팅업체인 매켄지 앤 컴퍼니는 고용의 증가세 둔화로 세계 경제 성장률이 하락할 것이라는 보고서를 낸 바 있다. 그만큼 인구의 감소 및 고령화가 심해지고 있는 국가는 인력 부족으로 인한 문제가 심각하다. 그러나 사물 인터넷과 로봇을 적절히 활용하면, 인력 부족 문제를 해결할 수 있을 뿐만 아니라 생산성 향상에도 도움이 된다.

사물 인터넷 기반의 확충은 에너지 혁명 촉진, 헬스케어 사업의 활성화 등의 효과를 극대화하며, 산업 전반을 활성화하는 동력으로 작용하고 있다. 경영컨설팅 그룹 엑센추어(Accenture)는 사물 인터넷을 통해 2030년 주요 20개국 기준의 세계 GDP가 추가 조치가 있을 경우, 10조 달러에서 14.2조 달러에 달할 것으로 전망하고 있다([그림 3-10] 참조).

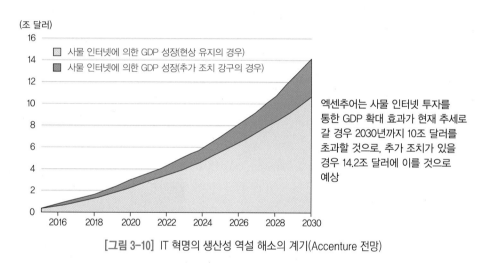

[그림 3-10] IT 혁명의 생산성 역설 해소의 계기(Accenture 전망)

과거 1980년대에서 1990년대 중반까지는 정보화 투자에도 생산성과 GDP의 확대 효과가 나타나지 않는 생산성 역설(Paradox)이 지적된 바 있으며, 금융위기 이후의 미국 경제 및 세계적인 생산성 부진으로 인해 생산성 역설 문제가 다시 부각되고 있다. 하지만, 사물 인터넷은 IT 산업뿐만 아니라 기존 제조업, 에너지, 서비스 분야까지 혁신의 동력으로 작동하며 생산성을 높여나가고 있다.

| 용어 해설 |

- **고객 관계 관리(Customer Relationship Management, CRM)**: 소비자들을 자신의 고객으로 만들고, 이를 장기간 유지하고자 하는 경영 방식을 말한다.

- **공급 사슬 관리(Supply Chain Management, SCM)**: 고객이 원하는 제품을 필요할 때 필요한 수량만큼 공급함으로써 고객에게 가치를 제공하는 관리 기법. 공급 사슬 관리(SCM)는 제품 계획, 원재료 구매, 제조, 배달 등 공급망에 관련된 구성 요소를 유기적으로 통합하고, 그 결과로 생성된 가치를 고객에게 전달한다.

- **네트워크 컴퓨터(Network Computer, NC)**: 정보 처리 기능의 대부분을 인터넷/인트라넷에 의존하는 단순한 접속 전용 컴퓨터 또는 네트워크 단말. 개인용 컴퓨터(Personal Computer, PC)의 기능과 규격을 축소하여 가격은 크게 낮추고 망 접속 기능은 대폭 보강한 새로운 개념의 PC를 말한다. 방대한 양의 정보와 응용 프로그램을 저장하고 있는 서버에 연결해서 필요한 정보나 소프트웨어를 가져와 처리한다. 정보의 저장과 검색 등의 작업은 서버에서 이루어지므로 PC 기능의 축소와 그에 따른 가격의 인하가 가능하다.

- **비무장 지대(Demilitarized Zone, DMZ)**: 인터넷에 연결된 공개 서버에 부정 접속을 방지하기 위한 침입 차단(Firewall) 기능. 인터넷 측과 사내 통신망 측 사이에 비무장 지대(DMZ)를 설치 후 불법 침입 시도를 여과 처리함으로써 공개 서버에 부정 접속을 방지할 수 있다.

- **사무 자동화(Office Automation, OA)**: 문서의 작성이나 보관 및 전달, 정보의 교환·저장 등의 작업을 개인용 컴퓨터와 같은 기기를 활용하여 자동화하는 일

- **수요 반응(Demand Response, DR)**: 인프라의 신뢰성과 최적화를 위하여 부하(Load)를 전체적인 수요 변동에 따라 제어하는 기술. 예를 들어, AMI(Advanced Metering Infrastructure) 시스템 등에서는 부하가 집중되는 피크 시간대의 요금을 높게 책정하여 에너지 사용을 줄이는 방향으로 수요 반응(DR)이 동작한다.

- **온오프라인 연결 비즈니스(Online-to-Offline business, O2O)**: 온라인(인터넷과 스마트폰 등)에서 오프라인(매장)으로 고객을 유치하는 마케팅 방법. 스마트폰과 소셜 미디어의 보급, 무선 랜(Wireless Local Area Network, LAN)을 활용한 지역 서비스 제공 기업 확대와 근접 무선 통신(Near Field Communication, NFC) 단말 보급 등을 기반으로 하며, 오프라인 매장이나 이벤트 장소의 실시간 현장과 고객을 소셜 네트워킹 서비스(Social Network Service, SNS)를 통하여 연결하는 방법으로 프로모션(Promotion)을 진행한다.

- **인포테인먼트(Infotainment)**: 정보를 의미하는 인포메이션(Information)과 오락적인 요소를 말하는 엔터테인먼트(Entertainment)의 합성어로 정보와 재미를 같이 제공하는 것으로 차량용 인포테인먼트(IN-Vehicle Infotainment, IVI)는 차 안에 설치된 장비들이 차량

상태와 길 안내 등 운행과 관련된 정보는 물론이고, 사용자를 위한 재미적인 요소를 함께 제공하는 서비스를 말한다. 예를 들어, 인포테인먼트 시스템이 적용된 차량은 내비게이션을 통해 도로 정보를 안내해줄 뿐 아니라 운행 중인 지역 인근의 최근 맛집 정보를 공유하고 식당을 예약하는 등 IT 기술이 접목된 서비스 제공이 가능하다.

- **자재 소요 계획(Material Requirement Planning, MRP)**: 최종 제품의 생산에 소요되는 필요한 부품의 양을 종합적으로 관리하기 위한 계획. 완제품의 생산 수량 및 일정을 토대로 그 제품 생산에 필요한 원자재, 부분품, 공정품, 조립품 등의 소요량 및 소요 시기를 계산하여 자제조달계획을 수립하며, 일정 관리를 겸하여 효율적인 재고 관리를 모색할 수 있는 시스템 또는 방법이다.

- **전사적 자원 관리(Enterprise Resource Planning, ERP)**: 기업의 경영 및 관리 업무를 위한 소프트웨어. 인사 · 재무 · 생산 등 기업의 전 부문에 걸쳐 독립적으로 운영되던 각종 관리 시스템의 경영 자원을 '시스템 통합(System Integration, SI)'으로 재구축함으로써 생산성을 극대화하려는 경영혁신기법을 기반으로 하고 있다.

- **제조 실행 시스템(Manufacturing Execution System, MES)**: 작업 현장에서 작업 일정, 작업 지시, 품질 관리, 작업 실적 집계 등 제반 활동을 지원하기 위한 관리 시스템. 생산 계획과 실행의 차이를 줄이기 위한 시스템으로 현장 상태의 실시간 정보 제공을 통하여 관리자와 작업자의 의사 결정을 지원하는 기능을 수행한다.

- **컴퓨터 통합 생산(Computer Integrated Manufacturing, CIM)**: 컴퓨터를 이용하여 기술 개발 · 설계 · 생산 · 판매에 이르기까지 하나의 통합된 체제를 구축하는 것이다.

- **프로그램 가능 로직 제어기(Programmable Logic Controller, PLC)**: 각종 릴레이, 타이머(Timer), 카운터(Counter) 따위의 기능을 마이크로프로세서(Microprocessor)를 이용한 프로그램으로 제어할 수 있게 통합시킨 장치. 사용자의 요구에 따라 제어 논리를 변경할 수 있도록 하였다. PLC는 입력을 프로그램에 의해 순차적으로 논리 처리하고 그 출력 결과를 이용해 연결된 외부장치를 제어한다. 순차제어(Sequential Control)에 사용되는 대표적 장치로 산업현장에서 기계제어 등에 많이 사용한다.

연습문제

01 (   )이란 무엇인가? 과학 기술의 혁신이 기존 산업 구조의 변화 및 생산성의 증대를 일으키는 것을 말한다. 즉, 신기술의 등장과 적용에 따른 경제 체제와 사회 구조의 급진적 변화를 뜻한다. 역사적으로 (   )은 크게 1차, 2차, 3차로 구분된다. 그때마다 인류는 급격한 생산성 향상, 새로운 산업의 부상, 새로운 사회 계층의 등장, 새로운 사회 문화적 현상을 경험하였다.

02 만물초지능 통신 혁명은 모든 것이 인터넷으로 초연결됨으로써 인간과 사물, 주변 공간의 상황 데이터를 수집, 축적하여 활용하는 차세대 정보 기술 패러다임이다. 이를 기반으로 산업 프로세스(Process)가 파괴적으로 혁신되고, 인류의 생활 방식이 근원적으로 달라지는 거대 변혁의 총체가 (   )이다.

03 전통적인 정보 통신 기술(Information and Communication Technology, ICT)로서의 ICT가 아니라 (   )로 그 본질이 바뀌고 있다.

04 (   )이란 독일 정부 정책으로 제조업에 사이버 물리 시스템(Cyber Physical Systems) 기술을 융합하여 제조업의 경쟁력을 강화하기 위한 정책이다. 제조업에 사이버 물리 시스템, 사물 인터넷, 클라우드 컴퓨팅을 적용하여 지능형 공장(Smart Factory)을 구축하는 것을 목표로 한다. Industry 4.0은 2012년 독일 정부의 핵심 미래 프로젝트로 도입되었으며, 핵심 분야는 센서, 로봇 산업, 혁신 제조 공정, 물류 및 정보 통신 기술(ICT) 분야이다.

05 사물 인터넷 환경에서 빅 데이터와 인공 지능 분석을 통해 제어되는 스마트공장(지능형 공장)도 확대되고 있다. 공장 내 모든 시스템과 장비들이 사물 인터넷 통신으로 연결되어 제조 공정의 효율성을 극대화하는 기술이다. 이전 공장의 소품종 대량생산(Mass Production) 체제에서 다품종 (   ) 체제로 전환되고 있다.

06 지금까지의 경제가 수백만 개씩 팔릴 제품을 개발하는 기업들, 즉 20%의 짧은 머리(Short Head) 중심이었다면, 사소한 것으로 간주하던 나머지 80%의 (   )가 점점 더 중요해졌다.

07 전통적인 제조 과정에 변화를 가져왔다. 즉, 음반이 MP3로, 책이 e-Book으로, 필름 사진이 디지털 사진으로 바뀌면서 '디지털 제품'으로 혁신이 있었듯이, 공장에서 생산되는 '물리적 제품'의 제조 방식이 ICT에 의해 혁신되고 있다. 이러한 변화의 전제는 웹, 사물 인터넷, 소셜 네트워크, 클라우드 등의 ICT 기술을 기반으로 한 (   )이다.

08 사물 혹은 인간이 내장된(Embedded) 통신 시스템을 통해 긴밀하게 상호 작용할 수 있도록 네트워크로 연결된 사물 인터넷은 사물과 사물 간 연결을 일컫는 (   )에서 확장된 개념이다.

09 2021년 7월 카카오 계열 블록체인 전문기업인 그라운드X는 (   )의 모의 실험자로 선정되었다. (   )가 현금 화폐를 대체하기 위해 (   ) 발행 요청, 은행 예금과의 전환, 전자 지갑 전송 및 보관 등의 기능이 필요하다. 한국은행은 (   )의 발행, 유통, 환수, 폐기 등 생애 주기별 업무와 송금·결제 서비스 등을 실험하고 있다.

10 4차 산업 혁명 시대에는 새로운 고성능 컴퓨팅 기술이 필요하다. 예를 들어, 0과 1만의 2진법 형태로 계산하는 기존 컴퓨팅이, 0과 1이 중첩되어 존재할 수 있는 양자 비트, 즉 (   )로 운영되는 양자 컴퓨팅으로 대체되면, 슈퍼컴퓨터(supercomputer)로 오랜 시간 걸리는 계산이 하루 안에 끝날 정도로 연산 속도가 빨라질 수 있다.

11 최근에 인터넷과 같은 디지털 네트워크 기반으로 구축된 플랫폼을 중심으로 각 경제 주체 간에 다양한 생산과 소비가 이루어지고 있다. 이처럼 디지털 네트워크 기반으로 상품 및 서비스의 공급자와 수요자가 거래하는 경제 활동이나 사회 활동이 플랫폼에 의해 이루어지는 경제를 (   )라 한다.

12 플랫폼 기업의 독과점화, 참여자에 대한 보상 이슈, 초단기 근로자 양산 등의 단점이 발생하고 있다. 이를 해결하기 위한 노력 중 하나로 블록체인 기술을 기반으로 공정한 분배와 상생을 달성하려는 (   )가 등장하였다.

01 기존 산업 내 경쟁의 핵심을 바꾸어 놓고 있으며, 사업의 패러다임을 변화시키고 있는 기술은 무엇인가?

① 사물 인터넷　　　　　　　　② 인공 지능
③ 사물 통신　　　　　　　　　④ 빅 데이터

02 제2차 산업 혁명은 무엇의 보급으로 산업 시스템의 혁신과 인류의 생활을 크게 향상시켰는가?

① 정보 기술　　　　　　　　　② 육체 노동력
③ 증기 기관　　　　　　　　　④ 전기 에너지의 보급

03 21세기에 와서 정보 기술의 지수 함수적 변혁으로 만물초지능 통신 혁명이라는 문명사적 대변혁이 진행되고 있다. 이러한 변혁을 이끄는 주요 기술이 아닌 것은?

① 사이버 물리 시스템　　　　　② 사물 인터넷
③ 인공 지능　　　　　　　　　④ 컴퓨터

04 사물 인터넷, 사이버 물리 시스템, 인공 지능 기반의 만물초지능 혁명은 무엇인가?

① 제1차 산업 혁명　　　　　　② 제2차 산업 혁명
③ 제3차 산업 혁명　　　　　　④ 제4차 산업 혁명

05 사람 인터넷(Internet of People), 사물 인터넷, 공간 인터넷(Internet of Space)이 지능적인 복합 시스템을 형성한 시대는?

① 1980년대　　　　　　　　　② 2000년대
③ 2010년대　　　　　　　　　④ 2020년대

06 ICT 기술 중 확장되는 디지털 기술에 해당하지 않는 것은?

① 사물 인터넷　　　　　　　　② 디지털 트윈
③ 블록체인　　　　　　　　　④ 양자 컴퓨팅

07 ICT 기술 중 물리 세계를 변화시키는 기술이 아닌 것은?

① 빅 데이터 및 인공 지능　　　② 로봇
③ 생명 공학 기술　　　　　　　④ 다차원 프린팅 및 적층 제조

08 사이버 상에서 물리적 환경 정보(데이터)를 분석하고, 이 결과를 가상의 환경에 적용하면 자동으로 현실의 시스템이 제어되는 시스템으로 사이버 물리 시스템(Cyber-Physical Systems, CPS)이라고도 한다. 이것은 무엇을 설명한 것인가?

① 메타버스　　　　　　　　　② 디지털 트윈(Digital Twin)
③ 확장 현실　　　　　　　　　④ 가상 현실

09 초기의 사물 인터넷은 연결과 제어 중심이었다. 향후 사물 인터넷의 진화 방향은?

① 모니터링·제어　　　　　　　② 모니터링·최적화
③ 지능화·고도화　　　　　　　④ 서비스화·자율화

10 산업별 사물 인터넷으로 인한 경쟁 환경 변화가 아닌 것은?

① 의료 기관 중심의 사후 치료 방식　　② 유통 기업과 제조사 간 경쟁
③ 소비자 맞춤형 배송 경쟁　　　　　　④ 맞춤형 적량·대량 생산 중심

11 기술 간 융합을 넘어 산업 간 융합이 발생하고 있다. 즉 사회, 경제, 산업 전반에서 진행되는 변화가 아닌 것은?

① 초연결화　　　　　　　　　② 초지능화
③ 초융합화　　　　　　　　　④ 디지털화

| 서술형 |

01 사물 인터넷은 기업들의 기존 사업 방식과 경쟁의 핵심축을 변화시키고 있다. 이런 경쟁의 변화를 크게 세 가지 관점으로 설명하시오.

02 제4차 산업 혁명에 대해서 설명하시오.

03 제2차 산업 혁명과 제4차 산업 혁명의 차이점을 비교하여 설명하시오.

04 제4차 산업 혁명은 혁신촉매형 ICT로 그 본질이 바뀌고 있다. 그 방향성에 대해 설명하시오.

05 확장 현실에 대해 간략히 설명하시오.

06 빅 데이터, 인공 지능, 딥 러닝에 대해서 간략히 설명하시오.

07 로보어드바이저(Robo-Advisor)에 대해 간단히 설명하시오.

08 각 산업 분야와 함께 사회 인프라의 구축 측면을 동시에 고려하여 4차 산업 혁명의 진행 상황을 설명하시오.

09 산업 분야에서 사물 인터넷 도입 효과를 설명하시오.

사물 인터넷의 개념 및 주요 기술 그리고 발전 방향

contents

들어가며

추억의 만화 영화 〈미녀와 야수〉를 보면, 찻잔과 주전자가 대화하고, 촛대와 꽃병, 시계 등 집안의 많은 물건이 협력하여 주인공을 돕는다([그림 1] 참조). 이런 상상 속의 장면을 현실화시켜주는 기술은 1999년부터 회자되기 시작해 점진적으로 기술 개발이 이루어졌고 현재 여러 분야에서 널리 활용되고 있다.

기존의 통신은 네트워크를 통하여 사람과 사람을 연결하는 것이었지만, 이제는 사람과 사람, 사람과 사물, 사물과 사물끼리도 통신을 가능하게 한다. 다양한 정보 통신 기술의 발달로 언제, 어디서, 어떠한 장치를 사용하더라도 인터넷을 빠르고 효율적으로 지원한다. 사물 인터넷은 사람과 사람 간의 연결보다 복잡하고 훨씬 더 많은 수의 사물 간의 연결을 만들어 내고, 사물과 공간까지 연결하는 **만물 인터넷**으로 그 영역을 확장하고 있다.

전 세계 사물 인터넷 장치는 2030년에 254억 개로 증가할 것으로 예측된다. 그중 **저전력 광역 통신망**(Low-Power Wide-Area Network, LPWAN) 접속기기도 상당수에 이를 것으로 예상된다. 이는 스마트폰, 태블릿PC와 비교하여 빠른 성장세라 할 수 있다. 2000년대 중반 이후 급격히 보급된 스마트폰과 태블릿의 모바일 단말은 서비스의 급성장과 인터넷이 가능한 사물들의 증가에도 결정적으로 이바지하였다. 이러한 성장세로 인해 주변의 모든 사물이 네트워크를 통해 연결되는 **초연결 사회**(Hyper-Connected Society)로 진입하였다.

출처: Naver

[그림 1] 영화 〈미녀와 야수〉의 대화하는 물건들

사물 인터넷에는 PC, 노트북 컴퓨터, 태블릿, 스마트폰 등의 **개인용 장치**, 스마트안경, 스마트밴드, 스마트시계, 스마트의류 등의 **착용형 장치**, 스마트홈, 스마트오피스, 스마트공장에 설치된 **내장형 장치** 등이 연결되어 다양한 목적으로 활용된다.

예를 들어, 공공 분야에서 넓은 지역에 대한 재난, 재해, 기상, 질병 등의 상황 정보를 감지하고 분석할 필요성이 증가함에 따라 사회 간접 자본이나 인프라 시스템을 유기적으로 연결하고 통합 모니터링하기 위해 사물 인터넷을 활용하고 있다.

사물 인터넷 초기에는 핵심 기술인 센서 장치, 네트워크 인프라, 보안, 플랫폼 등의 개발에 관심이 많았다. 이후 사물 인터넷에 연결되는 사물들이 증가하고 생성된 데이터양이 방대해지면서 이를 수집, 관리, 분석하기 위한 기술의 필요성도 증가하였다. 여러 산업 분야에서 이러한 빅 데이터에 기반한 다양한 서비스 개발이 활발히 이루어지며, 기업 간(B2B) 서비스뿐만 아니라 일반 소비자형(B2C) 서비스도 발전하고 있다.

2부에서는 사물 인터넷에 대한 개념 및 특징, 그리고 사물 인터넷의 주요 기술인 디바이스, 네트워크, 플랫폼, 서비스에 대해서 살펴본다. 또한 이러한 세부 기술을 모두 고려한 사물 인터넷 아키텍처를 살펴보고, 구체적인 서비스를 통해 동작 원리를 살펴본다. 최근 그 중요성이 커지고 있는 보안과 관련된 기술적인 이슈도 함께 살펴보고, 현재와 향후 사물 인터넷 시장을 전망하고자 한다.

사물 인터넷의 개념 및 특징

4.1 사물 인터넷의 개념 / 4.2 사물 인터넷을 가능하게 하는 기술
4.3 사물 인터넷의 특징

정보 통신 기술이 발전하고 스마트폰이 대중화되면서 일상생활에서 언제 어디서나 여러 종류의 사물들과 통신하면서 다양한 서비스를 활용하는 것이 가능해졌다([그림 4-1], [그림 4-2] 참조).

(a) 주차(샌프란시스코)

(b) 파이어캐스트2.0(시카고)

(c) 스마트 신호등(코펜하겐)

(d) 스마트크린(LG)

(e) 스마트가로등(바로셀로나)

(f) 사물 인터넷 실증단지(경기도)

출처: https://www.ftickr.com/, https://cleantechnica.com/, http://www.citylab.com/,
http://urbanomnibus.net/, http://gyinews.co.kr/

[그림 4-1] 사물 인터넷 활용 사례

다양한 종류의 기기 및 사물에 근거리 또는 원거리 통신 모듈이 탑재되고 사물이 소형화 및 지능화되면서, 사물과 사람 간 또는 사물과 사물 간의 데이터를 주고받을 수 있게 되었다.

여기서 사물이란 TV, 냉장고와 같은 가전제품, 자동차, 교량, 건물과 같이 주변에서 흔히 보이는 대상, 특정한 기능을 가진 센서들, 스마트폰을 포함한 모바일 장비, 착용형 컴퓨터 등 거의 모든 종류의 기기들을 의미한다.

사물 인터넷은 정보를 수집하는 센싱, 사물 간 네트워킹, 정보 처리 등의 동작을 인간의 개입 없이 수행하면서 지능적인 서비스를 제공할 수 있다. 센서와 이를 이용하는 디지털 기기 등이 널리 보급되고 활용되면서 실생활에서 방대한 양의 정보와 데이터를 수집하고, 수집

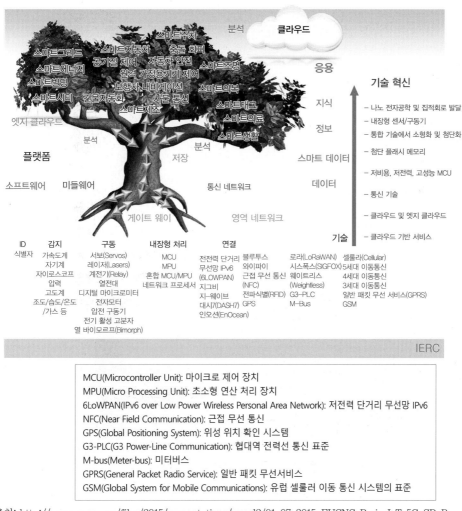

MCU(Microcontroller Unit): 마이크로 제어 장치
MPU(Micro Processing Unit): 초소형 연산 처리 장치
6LoWPAN(IPv6 over Low Power Wireless Personal Area Network): 저전력 단거리 무선망 IPv6
NFC(Near Field Communication): 근접 무선 통신
GPS(Global Positioning System): 위성 위치 확인 시스템
G3-PLC(G3 Power-Line Communication): 협대역 전력선 통신 표준
M-bus(Meter-bus): 미터버스
GPRS(General Packet Radio Service): 일반 패킷 무선서비스
GSM(Global System for Mobile Communications): 유럽 셀룰러 이동 통신 시스템의 표준

출처: http://www.eucnc.eu/files/2015/presentations/panel2/01_07_2015_EUCNC_Paris_IoT_5G_SD_Panel_O.Vermesan_SINTEF_Final.pdf

[그림 4-2] 사물 인터넷의 큰 그림

된 데이터의 관리 및 활용을 위해 데이터 분석 기술의 필요성도 증가하였다.

사물 인터넷은 주변의 모든 사물의 연결을 통해 정보를 공유하고 보다 지능적/자율적으로 동작하게 한다. 자동화를 통해 인간의 개입을 최소화하고, 사물 간의 정보 교류 및 가공을 통해 인간에게 좋은 서비스를 제공한다.

4.1 사물 인터넷의 개념

사물 인터넷의 개념은 1999년 케빈 애쉬톤(Kevin Ashton)이 최초로 제안하였다. 그는 유무선 네트워크의 단말 장치는 물론 인간과 주변 환경을 구성하는 물리적 사물 등이 모두 사물 인터넷의 구성 요소에 포함된다고 설명하였다([그림 4-3] 참조).

사물 인터넷(Internet of Things, IoT)의 보다 일반적인 정의는 인간, 사물, 서비스 세 가지 환경 요소에 대해 인간의 개입 없이 상호 협력적으로 센싱, 네트워킹, 정보 처리 등 지능적인 관계를 형성하는 사물 공간 연결망을 의미한다. 즉, 수변 사물들이 유무선 네트워크로 연결되어 수집한 정보를 공유하며 상호 작용하는 지능형/자율형 네트워킹 기술 및 환경을 의미한다. 나아가 정보 통신 기술을 기반으로 실세계와 가상 세계의 다양한 사물들을 연결하여 진보된 서비스를 제공하기 위한 기반 기술이다.

누가 사물 인터넷을 발명하였는가?

제가 1999년 P&G에서 브랜드 매니저로 일할 때 '사물 인터넷'이란 말을 만들었습니다.

당시 모든 사람들이 인터넷(Internet)에 대해 얘기했습니다. 저는 센서에 관심이 많았습니다.

또 컴퓨팅 기능이 없는 사물(things)에 컴퓨팅 기능을 탑재하는 것에도 관심이 있었습니다.

그래서 전 두 단어를 연결시켜 '사물 인터넷'이란 말을 만든 겁니다.

Kevin Ashton/General Manager of Belkin's cleantech division

출처: https://www.slideshare.net/ChoHyunghun/iot-39152087 재구성

[그림 4-3] 사물 인터넷의 최초 제안자

유비쿼터스 공간을 구현하기 위한 컴퓨팅 장치들이 주변 사물에 이식되어 환경이나 사물 그 자체가 지능화되는 것부터, 사물 통신의 개념을 인터넷으로 확장하여 사물은 물론, 현실과 가상 세계의 모든 정보가 언제 어디서나 상호 작용하는 개념으로 진화하였다([그림 4-4] 참조). 광의적으로는 통신과 IT 기술력을 결합하여 원격지의 사물, 시스템, 차량, 사람의 상태 및 위치 정보 등을 확인하고 제어할 수 있는 솔루션을 의미한다.

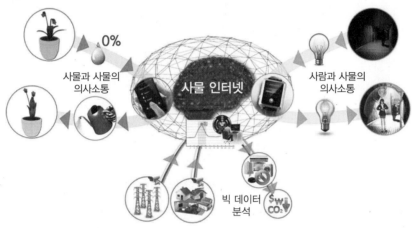

출처: 소프트웨어정책연구소의 네이버 지식백과 '사물 인터넷' 재구성

[그림 4-4] 사물 인터넷의 개념

사물 통신의 개념이 사물 인터넷에 흡수되어 지능 통신으로 발전하고 있다. 이러한 사물 인터넷의 기본 개념과 개념적 변화 과정은 [그림 4-5]와 같다.

[사물 인터넷의 기본 개념]　　　　　[사물 인터넷의 개념적 변화 과정]

[그림 4-5] 사물 인터넷의 기본 개념과 개념적 변화 과정

사물 인터넷의 발전 방향이나 성숙도 모델에 대해서는 다양한 관점이 존재한다. IBM에서는 [그림 4-6]과 같이 사물 인터넷의 발전 단계를 **디바이스 연결 단계**(사물 인터넷 1.0), **인프라 구축 단계**(사물 인터넷 2.0), **산업별 혁신 솔루션 개발 단계**(사물 인터넷 3.0)의 3단계로 구분하였다.

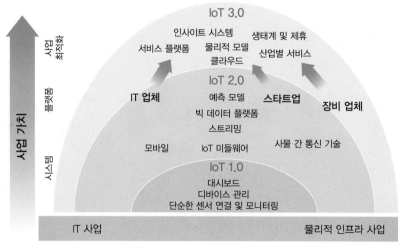

출처: IBM

[그림 4-6] 사물 인터넷 발전 단계

■ 사물 인터넷 1.0: 디바이스 연결 단계

사물 인터넷의 초기 단계로 사물을 인터넷에 연결하는 기술이 중심이 되는 시기이다. 네트워크에 연결된 사물의 기능이나 수집한 정보가 제한적이어서, 실시간으로 데이터를 조회하는 수준의 단계이다. 케빈 애쉬튼이 "RFID와 센서가 일상생활의 다양한 사물에 탑재되어 사물 인터넷이 구축될 것"이라고 언급하였듯이, RFID 기술은 사물 인터넷을 위한 기반 기술로 간주한다. RFID 태그를 통해 **스마트미터**(Smart Meter)나 냉장고, TV 등 일상생활의 다양한 사물이 인터넷에 연결되며, 태그에서 인식된 식별 정보와 위치 정보는 중앙 서버로 전송되어 가공되고 분석된다. 네트워크에 연결된 사물의 기능이나 사물로부터 제공되는 정보가 제한적이므로 응용 서비스는 주로 원격 모니터링, 위치 추적 등 수집된 데이터를 사용자가 대시보드를 통해 실시간으로 조회할 수 있는 수준의 기능을 지원한다. 즉, 센서를 통해 수집된 개별 정보가 중앙 서버에 저장되고, 개별 데이터에 대한 분석을 통해 의사 결정을 지원한다. 단말기에 센서와 통신 모듈을 부착하는 등 하드웨어 차원의 발전이 주로 이루어진다.

■ 사물 인터넷 2.0: 인프라 구축 단계

사물 인터넷의 중간 단계로 사물이 주변 환경을 센싱하는 능력뿐만 아니라 다른 사물과 연결이 가능한 시기이다. 센서와 통신 모듈의 가격 하락, 통신 기술 발전 등으로 인터넷에 연결된 기기 수가 급격히 증가하고, 대량의 데이터 수집, 분석을 위한 빅 데이터 플랫폼, 예측 분석, 사물 인터넷 미들웨어 등 다양한 인프라 기술이 개발되는 단계이다. 센서를 이용하여 반복적인 업무를 자동화하여 사람의 개입이 필요했던 프로세스를 부분적으로 줄일 수 있다. 디바이스 간의 간단한 소통이 가능해져 센서가 직접 센싱한 데이터나 이벤트를 구동기에 보내고, 구동기는 전달된 신호에 따라 기계를 작동시키거나 조명을 제어하는 것과 같은 간단한 동작을 할 수 있다. 인터넷에 직접 연결된 집안의 자동 온도 조절 장치는 스마트폰이나 웹 서비스를 통해 원격으로 제어되고, 사용자가 집 근처에 왔을 때 냉난방기가 자동으로 가동되는 것처럼 사용자의 위치를 인식하여 스스로 조절할 수 있다. 또한, RFID의 기술적 성숙으로 다양한 분야에 RFID 도입이 확산되어가는 시기이다.

수많은 센서와 장치들에서 다양한 종류의 대용량 데이터가 빠르게 생성됨에 따라, 사물 데이터의 실시간 수집 및 분석에 대한 요구가 증가한다. 개별적으로 흩어져 있는 사물 인터넷 데이터를 통합하여 서비스를 제공하는 단계이며, 데이터들을 묶어 줄 수 있는 역할을 하는 데이터 플랫폼이 서비스의 가치를 결정하게 된다.

■ 사물 인터넷 3.0: 산업별 혁신 솔루션 개발 단계

사물 인터넷의 마지막 단계로 사물의 자동 수행 능력과 상호 연결성을 이용하여 산업 혁신을 위한 솔루션을 개발하는 시기이다. 즉, 자동차, 교통, 스마트홈, 에너지, 유틸리티, 보안, 금융, 헬스케어, 제조업 등 광범위한 분야에서 서비스가 구현되는 단계이다. 현실 세계의 물리적 원인과 그에 따른 물리적 결과의 복잡한 현상을 사물을 통해 관측되는 데이터를 기반으로 추상화하고 사업 문제 해결을 위해 프로그램화한 사업 솔루션은 행동 가능한 통찰력을 제공한다.

사물은 더욱 지능화되어 주변 환경을 센싱하는 것뿐만 아니라, 다른 사물이나 센서, 서비스 등과 상호 작용하면서 스스로 정보를 수집하고 공유한다. 기업은 자체 인프라 구축보다는 저비용, 구축 신속성, 고가용성, 고확장성 등의 이유로 클라우드 기반 서비스를 점차 선호하게 된다. 즉 독자적으로 시스템을 구현하기보다는 센서, 네트워크 제공자, 플랫폼 제공자, 응용 프로그램 및 서비스 제공자 등 가치 사슬 내의 연계 강화와 생태계 형성을 통해 새로운 가치를 창출한다.

사물 인터넷은 단순 디바이스 연결이 중심이던 사물 인터넷 1.0으로 시작하여, 환경 정보를 수집하고 다른 기기를 구동시킬 수 있는 인프라를 구축하여 데이터 간 융합을 통해 신규 서비스를 창출하는 사물 인터넷 2.0을 거쳐, 산업을 변화시키는 솔루션 중심이 되는 사물 인터넷 3.0으로 발전하였다. 사물 인터넷 3.0 단계는 기반 인프라와 서비스의 통합을 통해 신개념의 사업 최적화가 가능한 환경을 의미한다. 현재는 클라우드 및 엣지 컴퓨팅을 활용하여 각 산업 분야별 최적화 솔루션인 서비스 플랫폼을 제공하는 사물 인터넷 3.0 시대이다. 자율주행 자동차, 지능형 교통 제어 시스템, 스마트의료, 스마트시티, 스마트농장, 스마트유통/물류 등은 모두 사물 인터넷의 영역이 된다. 사물 인터넷이 다양한 분야에 적용되며, 그 응용에 적합하게 기술적 범위를 계속 넓혀가고 있다.

4.1.1 사물 인터넷과 유사한 개념

사물 인터넷과 유사한 용어로 **사물 통신**(Machine-to-Machine, M2M), **무선 센서 네트워크**(Wireless Sensor Network, WSN)/**유비쿼터스 센서 네트워크**(Ubiquitous Sensor Network, USN), **만물 인터넷**(Internet of Everything, IoE), **사물 웹**(Web of Things, WoT) 등 다양한 표현들이 있다. 개념적으로 사물에 부착된 통신 장치를 통해 네트워크에 연결되거나 사물 간에 통신 네트워크를 구성하여 정보를 공유한다는 점은 유사하지만, 개념마다 차이점을 가진다.

■ 사물 통신(M2M)

사물 통신(Machine-to-Machine, M2M) 기술은 2000년대 초반 RFID 기술로부터 발전하였다. 전기전자기술자협회(IEEE) 및 유럽통신표준협회(ETSI)는 사물 통신을 "사람이 개입하지 않는, 혹은 최소한의 개입 상태에서 기기 및 사물 간에 일어나는 통신"이라고 정의하였다. 최초의 통신은 사람 간 의사소통이 주목적이었으나, 기술의 발달과 함께 사람의 직접적인 제어 또는 개입 없이 기계 혹은 디바이스가 사람을 대신하여 통신하는 것을 사물 통신이라 한다. 이때 사람의 개입 없이 디바이스가 스스로 통신하기 위해 장치마다 그 역할에 따른 지능화가 필요하게 된다. 기계, 센서, 컴퓨터 등 다양한 디바이스가 유무선 통신 기술을 이용하여 서로 정보를 교환함으로써 개별 디바이스의 기능이나 성능을 개선하고 개별 디바이스가 제공하지 못하던 새로운 지능형 서비스를 제공할 수 있게 한다.

사물 통신의 활용 분야는 매우 다양하다. 예를 들면, 전기, 가스 등 원격 검침, 신용카드 조회, 위치 추적, 시설물 관리, 버스 운행 시스템 등의 분야에 주로 사용된다. 사물과 사물 사이로 한정한 사물 통신의 개념을 일반 사물이나 사람은 물론 공간, 프로세스 등 세상에 존재하는 다양한 객체로 확장한 것이 사물 인터넷이다.

■ 무선 센서 네트워크(WSN)/유비쿼터스 센서 네트워크(USN)

무선 센서 네트워크(Wireless Sensor Network, WSN)는 센싱, 컴퓨팅, 무선 통신이 가능한 수많은 센서 노드로 구성된 무선 네트워크를 의미한다. 장소에 제약받지 않고 언제 어디서나 컴퓨팅 환경에 접속할 수 있는 유비쿼터스 패러다임이 확대되면서 연구가 활발하게 진행되었다. 무선 센서 네트워크 기술은 사물에 내장된 무선 네트워크 기술로서 기본적으로 RFID 등과 같은 내용을 포함하고 있다. **유비쿼터스 센서 네트워크**(Ubiquitous Sensor Network, USN)는 다양한 위치에 설치된 태그와 센서 노드를 통해 주변 환경이나 사물의 상태 정보를 인식하고 수집하여 언제 어디서나 이용할 수 있도록 구성된 정보 네트워크를 의미한다. RFID 칩을 통한 사물 인식 능력을 갖춘 무선 센서 네트워크보다는 광의의 개념으로 사용되고 있다. 유비쿼터스 센서 네트워크의 주요 특징은 의사소통 수단으로 활용되던 기존 네트워크와 달리 초소형 센서 노드를 통해 실시간으로 각종 정보를 수집하고, 각종 무선 네트워킹 기술을 이용하여 상호 작용할 수 있다. 유비쿼터스 센서 네트워크는 환경과 상황에 대한 자동 인지를 통해 정보를 수집하고, 사물 간의 수집된 정보를 교환하고 처리하여 인간에게 최적의 기능을 제공하는 과정에서 핵심적인 역할을 수행하는 인프라 개념이다. 초기에는 ID 인식, 이력 관리 서비스가 중심이었지만, 점차 환경 정보 센싱, 태그 간 통신, 태그 제어 기술 등 세부 기술의 발전으로 그 응용 대상이 확대되고 있다.

■ 만물 인터넷(IoE)

만물 인터넷(Internet of Everything, IoE)은 기존 사물 통신 및 사물 인터넷에서 진화된 개념으로, 사물뿐만 아니라 사람, 공간, 업무 및 데이터까지 모든 것이 네트워크상에 연결되는 인터넷을 말한다. 즉, 네트워크들의 네트워크라는 개념으로 전화망이나 컴퓨터망 같은 모든 네트워크를 연결한다는 의미가 있다. 서로 다른 네트워크상에 있는 프로세스를 중심으로 연결된 수많은 사람, 사물, 공간 그리고 데이터가 다시 프로세스 간의 연계를 통해 수십억 또는 수조 개가 연결될 수 있는 네트워크이며, 프로세스와 데이터가 강조되었다는 점에서 사물 인터넷과 차이가 있다([그림 4-7] 참조).

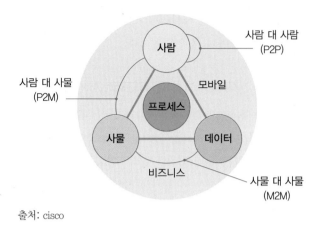

출처: cisco

[그림 4-7] 만물 인터넷의 개념

따라서 만물 인터넷은 사물 인터넷의 진화된 단계로서, 사물 통신과 사물 인터넷을 포함하는 포괄적인 개념으로 설명할 수 있다([그림 4-8] 참조).

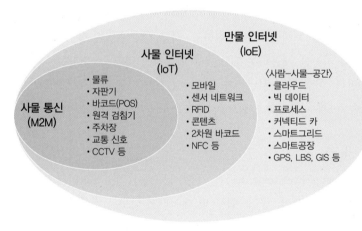

출처: 산업연구원

[그림 4-8] 사물 통신, 사물 인터넷, 만물 인터넷의 포괄적 개념

■ 사물 웹(WoT)

대부분의 센서나 장치에는 프로세서가 내장되어 있어서 일부 동작에 대하여 내부 처리가 가능하다. 이에 따라 이들 사물 간의 통신을 위한 프로토콜로 웹 기술을 이용하려는 시도가 **사물 웹**(Web of Things, WoT)이다. 사물이 웹에 통합되고, 웹상의 각 사물은 접근 가능한 하나의 서비스로 보이게 하는 개념이다. 즉, 모든 사물이 인터넷으로 연결되는 사물 인터넷

에서 유래한 용어로 **스마트사회**(Smart Society)를 만드는 핵심 기술이다([그림 4-9] 참조). **인터넷 주소**(Uniform Resource Locator, URL)를 입력하여 특정 서버의 특정 페이지에 접속할 수 있는 것과 같이, **인터넷 식별자**(Uniform Resource Identifier, URI), HTTP(Hypertext Transfer Protocol), REST(Representational State Transfer), RSS(Rich Site Summary) 등과 같은 웹 기술을 이용하여 각 장치나 서비스에 접근할 수 있다. 또한 각각의 서비스를 이용하여 새로운 매시업(Mashup) 서비스도 가능하다. 한마디로 사물 웹은 "웹 기술을 통해 사물 인터넷 위에서 구동할 수 있는 응용 프로그램과 그 서비스 기술"이라고 정의할 수 있다.

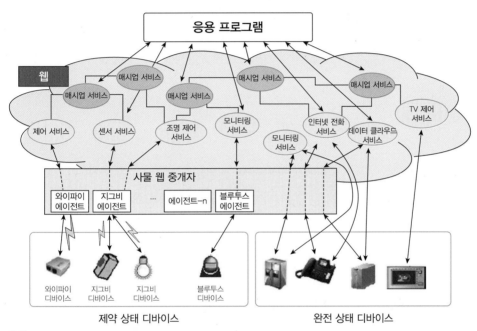

출처: ITU

[그림 4-9] 사물 웹 개념 모델

4.1.2 사물 인터넷에서 사물의 의미

사물 인터넷이란 각종 사물에 통신 모듈을 내장하여 인터넷에 연결할 수 있음을 의미하며, 이는 모든 종류의 사물들이 서로 연결되어 통신할 수 있음을 의미한다. 초기의 **사물**(Objects)은 네트워크에 연결된 사용자 단말이나 임의의 프로세서를 장착한 일종의 내장형 시스템이었다. 최근 지능형 사물 인터넷이 등장하면서 초기의 물리적 사물뿐만 아니라, 디지털 사물 그리고 생물학적 존재를 총칭하는 의미로 확대되고 있다.

예를 들면, 스마트폰이나 태블릿과 같은 모바일 기기, 안경이나 시계 같은 착용형 기기, 자동차, TV, 냉장고와 같은 가전제품, CCTV, 드론 등 거의 모든 물체가 사물이 될 수 있다. 이 사물에 부착되는 **장치**(Device)는 주변 상황을 인지하고 필요한 데이터를 수집할 수 있는 센서, 수집한 데이터를 처리하거나 저장할 수 있는 **프로세서**(Processor) 및 **저장 공간**, 인터넷망과 연결하여 데이터를 주고받을 수 있는 **통신 모듈**, 그리고 자체 **전원**으로 구성된다. 무엇보다도 이 사물은 사람이 제어하지 않더라도 스스로 자율적으로 동작하며, 필요한 정보를 공유할 수 있다.

사물 인터넷은 사물(센서), 네트워크, 데이터, 플랫폼, 서비스의 융합이다. 사물에 설치된 센서를 이용하여 데이터를 수집하고, 네트워크를 통해 수집한 데이터를 전송하며, 이렇게 수집한 데이터를 플랫폼에서 가공하여 서비스를 가능하게 한다.

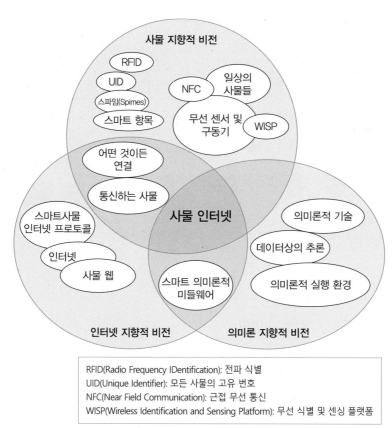

RFID(Radio Frequency IDentification): 전파 식별
UID(Unique Identifier): 모든 사물의 고유 번호
NFC(Near Field Communication): 근접 무선 통신
WISP(Wireless Identification and Sensing Platform): 무선 식별 및 센싱 플랫폼

출처: "The Internet of Things: A Survey" in Int'l Journal of Computer and Telecommunications Networking, vol. 54, Issue 15, 2010.)

[그림 4-10] 여러 기술에 대한 비전들이 융합된 결과로 탄생한 사물 인터넷

최근 초소형 센서를 갖춘 사물들이 인터넷에 연결되는 초연결 디지털 혁명이 진행됨에 따라 2030년에 약 254억 개의 사물들이 사물 인터넷에서 동작할 것으로 예측된다. 이에 따라 유럽연합(EU)과 미국을 비롯한 여러 기술 선진국은 사물 인터넷을 국가 핵심 기반 기술로 인식하여 기술 개발에 큰 노력을 기울이고 있다.

사물 인터넷은 다양한 기술적인 비전들(Visions)이 융합되어 탄생한 개념이다. [그림 4-10]에서 주요 개념이나 기술, 표준들을 적절하게 구분하였을 때 사물 인터넷의 위치를 보여준다. 사물의 구동이나 인식을 담당하는 디바이스 기술, 인터넷 관련 기술, 정보와 자원 사이의 관계-의미를 나타내는 시맨틱(Semantic) 기술들이 서로 융합되어 사물 인터넷이 가능해짐을 알 수 있다.

4.2 사물 인터넷을 가능하게 하는 기술

4.2.1 사물 인터넷의 기반 기술

사물 인터넷을 가능하게 하는 요소 기술은 사물, 네트워킹, 이들을 이용한 응용 프로그램 또는 서비스로 구분할 수 있다. 보다 구체적으로, 사물과 주위 환경에서 정보를 얻기 위한 **센싱** 기술, 인간-사물-서비스를 연결하는 데 필요한 **유무선 통신 및 네트워크 인프라** 기술, 그리고 인간-사물-서비스가 서로 연결하면서 특정 기능을 수행하는 데 필요한 **서비스 및 인터페이스** 기술로 구분할 수 있다.

센서는 대상으로부터 물리, 화학, 생물학적 속성값을 측정하여 사용자나 시스템에서 사용할 수 있도록 저장하거나 전달하는 기능을 제공한다. 온도, 습도, 열, 가스량, 조도, 위치, 움직임 감지 등 다양한 속성값을 측정할 수 있는 센서가 활용되고 있다. 최근에는 데이터를 수집하는 단순 측정 장치로서의 센서보다 고수준 서비스에 적합하도록 내부적으로 다양한 기능을 수행할 수 있는 센서에 대한 요구가 증가하고 있다. 따라서 센서 내에 프로세서를 내장하여, 스스로 판단하고 정보를 처리할 수 있는 스마트센서(Smart Sensors)가 등장하고 있다. 대부분 센서는 내부 배터리를 이용하므로 동작하는 전력 소모가 적은 저전력 관련 기술 역시 필수적이다. 센서 스스로 에너지를 생산하는 **에너지 하비스팅**(Energy Harvesting) 관련 연구도 활발하게 이루어지고 있다. 센싱된 정보가 더욱 다양한 응용에서 활용될 수 있도록 표준화된 인터페이스 및 정보 처리 기술도 요구된다.

유무선 통신 및 네트워크 인프라 기술로는 근거리 통신, Wi-Fi, 4G/LTE/**해상무선통신** (LTE based Maritime Wireless Communication, LTE-M)/5G 등이 대표적이다. 2030년 상용화를 목표로 연구 개발 중인 6G도 주목받고 있다. 기기 모두가 인터넷 연결을 기반으로 데이터를 주고받는 IP 방식의 프로토콜과 달리, IP를 사용하지 않는 기기 간 통신은 USB, 블루투스, 지그비, RFID, NFC 등의 통신 방식을 사용한다. 센서들은 주로 자체 내장 배터리를 사용하므로, 상대적으로 전력 소모가 높은 IP 기반의 네트워킹보다는 전력 소모가 낮은 지그비 통신 등을 이용하여 센싱한 데이터를 싱크 노드(Sink Node)에 전송한다. 그리고 싱크 노드를 통해 인터넷과 연결된다.

사람, 사물, 서비스가 주요 구성 요소인 사물 인터넷에서 사람과 사물, 사물과 사물, 사물과 서비스, 서비스와 특정 서비스 등 각 요소 간 원활하게 상호 작용해야 시너지 효과를 높일 수 있다. 그리고 각 사물 인터넷 구성 요소 간 연결 방법 및 형태를 가시적으로 보여주는 것은 **서비스 인터페이스** 기술을 통해 가능하다. 이것은 사물 인터넷의 주요 구성 요소인 사람 · 사물 · 서비스를 통해 특정 기능을 수행하는 응용 서비스와 연동하는 역할을 한다. 즉, 단순한 네트워크 인터페이스 개념이라기보다 사물 인터넷망을 통해 저장, 처리 및 변환, 검색 등 다양한 서비스를 제공할 수 있는 인터페이스 역할을 한다.

이를 위해 오픈 웹 아키텍처인 REST가 널리 사용되고 있다. REST는 웹 프로토콜을 활용하여 자원 중심으로 네트워크 또는 아키텍처를 구성하는 개념이다. 웹 페이지, 이미지, 콘텐츠 등 웹에 있는 이름을 가진 모든 것은 본질적으로 자원이며, 인터넷 주소(URL) 또는 인터넷 식별자(URI)를 이용하여 지정할 수 있다. 이러한 자원은 상태를 가지며, 시간이 지나면서 자원의 상태는 바뀔 수 있다. REST(Representational State Transfer)는 자원의 상태를 표현하는 것이라는 뜻으로 명명되었다. 메시지에 의존하는 것이 아니라, 인터넷 식별자로 부여된 자원에 의존하기 때문에 시스템 간 느슨한 결합이 가능하고 이로 인해 확장성과 배포가 쉬워진다. 또한 프로토콜을 기반으로 동작하므로, 네트워크 스위치 장비, 방화벽, 프락시 서버 등에서 수정 없이 전달할 수 있고, 거의 모든 운영 체제에서 지원할 수 있다([그림 4-11] 참조).

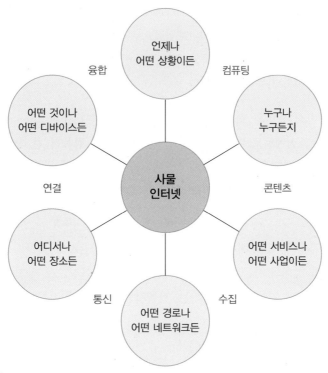

융합

언제나
어떤 상황이든

컴퓨팅

어떤 것이나
어떤 디바이스든

누구나
누구든지

사물
인터넷

연결

콘텐츠

어디서나
어떤 장소든

어떤 서비스나
어떤 사업이든

통신

어떤 경로나
어떤 네트워크든

수집

출처: CERO-IoT 재구성

[그림 4-11] 인터넷 인프라의 직접 연결에 중점을 둔 사물 인터넷

4.2.2 사물 인터넷, 빅 데이터, 인공 지능, 클라우드와 엣지 컴퓨팅

사물 통신이 기기 중심, 하드웨어 중심의 접근이었다면 사물 인터넷은 솔루션 중심, 서비스 지향적인 접근이라 할 수 있다. 사물 인터넷 환경의 수많은 센서 네트워크에서 지속적으로 발생하는 데이터는 방대한 양의 정형/비정형 데이터이다. 이런 센싱 데이터 중 대다수는 의미 없는 내용일 수 있지만, 그러한 데이터조차 다양한 분석 방법으로 패턴, 연관 관계 등을 추출하여 의미 있는 정보로 가공해 다양한 서비스에 활용할 수 있다. 이를 위해 대용량의 저장 장치와 분석을 위한 고성능의 컴퓨팅 처리 능력이 필요하다. 따라서 사물 인터넷과 **클라우드 컴퓨팅**(Cloud Computing) 및 **엣지 컴퓨팅**(Edge Computing) 기술을 접목하려는 연구도 활발하게 진행되고 있다.

다수의 센서로부터 수집된 **빅 데이터**에 대한 분석 및 가공의 필요성이 증가함에 따라, 수많은 데이터를 학습하고 해당 데이터가 의미하는 바를 스스로 해독하여 목적에 맞는 최적의 답안을 찾아내는 인공 지능의 **딥 러닝**(Deep Learning) 기술의 필요성도 증가하고 있다. 즉, 딥 러닝 기술을 활용하여 주어진 상황을 자체적으로 분석하고, 그에 대한 최적의 처리를 가능하게 할 수 있다. 대상 및 주변에 대한 분석을 통해 긴급 상황 처리, 고객 맞춤형 서비스(조명이나 온도 등 제어)도 가능해질 수 있다.

인공 지능은 서비스 측면의 혁신뿐만 아니라 사람과의 인터페이스(Interface) 또는 상호 작용(Interaction) 측면에서도 혁신을 만들고 있다. **인간과 컴퓨터 간 상호 작용**(Human-Computer Interaction, HCI)은 키보드, 마우스, 터치를 거쳐 발전해 왔으며, 그 외에도 음성, 동작, 이미지 등 다양한 대안이 사용되고 있다. 그중에서 특히 음성이 여러 분야에서 활용되고 있다.

이처럼 모든 사물이 수집된 데이터를 기반으로 스스로 학습하고 최적의 행동을 하는 지능을 갖는 진화한 형태의 사물 인터넷 환경, 즉 '사물지능 환경'으로 발전하고 있다. 더 나아가 인간이 수행하던 기능을 자동화하는 '자율지능 환경'으로 진화하고 있다([그림 4-12] 참조).

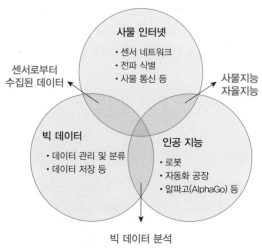

출처: 소프트웨어정책연구소

[그림 4-12] 빅 데이터 · 인공 지능과의 상호 연관성

자율지능 환경에서는 인공 지능 엔진이 클라우드가 아닌 엣지 장치나 단말기에 위치하는 **엣지 컴퓨팅과 온디바이스 AI**(On-Device Artificial Intelligence) 기술도 중요하다. **엣지 컴퓨팅**은 인공 지능 소프트웨어를 갖춘 프로세서를 통해 데이터를 소스와 최대한 가까운 곳에서

수집하고 처리하는 개념이며, **온디바이스 AI**는 스마트폰이나 자동차 등과 같이 계산력이 여유로운 디바이스상에서 처리하는 개념이다. 초소형 기계 학습인 TinyML(Tiny Machine Learning)[1]을 일반 스마트디바이스에 탑재하기도 한다. 온디바이스 AI가 적용된 디바이스는 수집된 데이터를 실시간으로 활용하며, 자율적으로 상황 인지 및 의사 결정하거나, 중앙 제어 없이 디바이스들을 자율적으로 연결할 수 있다.

엣지 컴퓨팅과 클라우드 컴퓨팅의 구조를 비교해 볼 때, 엣지 컴퓨팅은 기기, 네트워크, 엣지, 클라우드 4계층으로 구성되며, 클라우드 컴퓨팅은 기기, 네트워크, 클라우드 3개의 계층으로 구성된다([그림 4-13] 참조). 이러한 구조로 인해 클라우드 컴퓨팅에서는 기기가 클라우드에 정보를 요청해서 처리하기까지 100ms 이상이 걸리지만, 엣지 컴퓨팅에서는 기기, 엣지, 클라우드에 분산 처리가 가능하며, 엣지에서 직접 처리되는 경우 10ms 미만이 걸린다.

따라서 엣지 컴퓨팅에서는 실시간 서비스가 가능하여 즉각적으로 상호 작용하는 부가 가치 서비스(Value Added Service, VAS)를 제공할 수 있다. 대용량 데이터 트래픽이 발생할 경우, 엣지에서 데이터 분석 및 처리 후 클라우드에 정제된 데이터만 보낼 수 있다. 실시간이므로 사용자 디바이스와 엣지 서버 간의 집중적인 처리를 통해 급증하는 데이터 트래픽의 분산 처리를 할 수 있다.

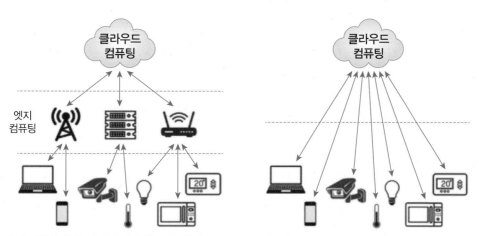

출처: 김학용, "지능형 사물 인터넷(AIoT) 개요", 2021. 6. 27. 재구성

[그림 4-13] 엣지 컴퓨팅과 클라우드 컴퓨팅 구조

---

1) TinyML(Tiny Machine Learning): 딥 러닝과 내장형 시스템의 결합으로 작은 기기에 음성 인식, 제스처 감지 등의 기능을 수행한다.

엣지 컴퓨팅 장치가 어디에 위치하느냐에 따라 엣지 컴퓨팅과 **포그 컴퓨팅**(Fog Computing)으로 구분하기도 한다. 엣지 컴퓨팅은 단말기 또는 서버를 활용하고 포그 컴퓨팅은 네트워크 아키텍처의 로컬 영역 네트워크(LAN)를 활용한다. 포그 컴퓨팅은 엣지 컴퓨팅과 유사하지만, 엣지 컴퓨팅이 네트워크의 말단에서 데이터를 처리하는 반면, 포그 컴퓨팅은 장치의 로컬 영역 네트워크에서 데이터를 처리한다. 포그 컴퓨팅은 엣지 컴퓨팅과 비교해 더 많은 데이터를 처리할 수 있지만, 네트워크 내에서 물리적으로 연결된 기기들에 국한되는 한계가 존재한다.

4.3 사물 인터넷의 특징

사물 인터넷은 다양한 사물을 연결하여 데이터를 수집하고 가공하여 가치를 높이는 기술이다. 이를 위해 여러 다양한 세부 기술들이 필요하며, 이러한 이종 기술을 유기적으로 결합하기 위한 플랫폼의 중요성도 커지고 있다. 이 절에서 사물 인터넷의 기술 및 사업 측면에서 특징을 살펴본다.

사물 인터넷 시스템에서는 실세계 데이터 스트림에 대한 실시간 처리, 시스템의 탄력성과 지속적인 가용성, 사물계 시스템의 인프라 전반에 걸친 보안 등의 문제가 발생할 수 있다. 사물이나 네트워크가 다양해지면서 이들 간의 원활한 상호 운용을 위한 표준 확보나, 스마트센서의 원천 기술 확보도 중요하다. 이외에도 배터리 수명, 저가 단말기 공급, 안정적인 네트워크 커버리지 등도 고려해야 한다.

4.3.1 기술적인 특징

- **사물 인터넷 환경에서는 다양한 종류의 디바이스가 서로 다른 플랫폼에서 서로 다른 프로토콜을 이용하여 통신하며 동작한다.** 사용되는 디바이스가 다양하고, 플랫폼 및 통신 프로토콜이 서로 다른 이종성(Heterogeneity)을 가질 수 있다. 플랫폼이나 프로토콜 등이 다르면 상호 운용성을 저해하며, 해석에 필요한 추가적인 시간과 비용이 발생한다. 또한 이종성으로 인하여 효율적인 보안 서비스 제공이 곤란하다, 즉 모든 디바이스 및 프로토콜을 고려한 보안 정책 구현 및 관리가 어려워진다. 이런 문제들을 해결하기 위해 다양한 연구들이 진행되고 있다. 상호 운용성 문제를 근본적으로 해결하기 위해 표준 제정이

필요한데, 사물 인터넷 표준화와 관련하여 ITU-T SG20, ISO/IEC JTC1/SC 41 등의 국제 표준화 기구와 유럽통신표준협회 등의 지역 표준화 기구, 국제 인터넷 표준화 기구인 IETF(Internet Engineering Task Force)/IRTF(Internet Research Task Force), OCF(Open Connectivity Foundation), oneM2M, IEEE 802, W3C(World Wide Web Consortium), CSA(Connectivity Standards Alliance)와 같은 표준화 기구들이 사물 인터넷 기술이나 보안 관련 표준을 제정하고 있다.

- **일반적으로 사물 인터넷 기기들은 최소 자원(Minimum Resource) 요구 사항을 만족해야 한다.** 사물 인터넷에 적용되는 기술 중 일부는 성능이 충분한 컴퓨팅 환경을 대상으로 설계되었기 때문에 사물 인터넷 환경에 그대로 구현하는 것은 적합하지 않다. 따라서 자원 제약성을 가진 사물 인터넷 기기들은 최소 자원 필요성을 만족해야 한다. 상대적으로 제한된 처리 능력과 저장 공간을 가진 기기 위에서 동작이 가능한 경량화된 기술의 사용이 필요하다. 즉, 사물 인터넷 디바이스의 프로세서, 배터리, 메모리의 성능 문제로 기존의 메커니즘, 서비스들을 사물 인터넷에 직접 적용하기 어렵다.

- **사물 인터넷은 이동할 수 있으므로 네트워크 토폴로지(Topology)가 동적이다.** 사물 인터넷 기기의 낮은 성능과 네트워크 특성에 의해 경우에 따라 연결 상태가 용이하지 못한 경우가 있다. 스마트시티 정도의 규모가 되면 수많은 기기가 수시로 재연결과 인증을 요청하기 때문에 사물 인터넷 환경은 대규모로 구성될수록 유연해야 하며, 확장성을 가져야 한다. 대략 70억 개 이상의 저전력 장거리 통신 접속기기를 고려하면, 사물 인터넷에서 유연성과 확장성은 경량화와 함께 중요한 키워드가 된다.

4.3.2 시장의 특징

- **사물 인터넷은 완전히 새로운 카테고리의 상품이라기보다 기존 상품의 가치를 높이는 경우가 많다.** 이것은 유사한 기능을 하는 기존 상품과 경쟁 관계임을 의미한다. 예를 들어, 스마트냉장고는 기존의 일반적인 냉장고에서 제공할 수 없는 기능을 제공하여 소비자의 선택을 받을 수 있다. 물론 기능 측면에서 상대적으로 우수하더라도 그 차이가 크지 않다면 소비자들은 쓰고 있는 냉장고를 버리고 스마트냉장고를 구매하지 않을 것이다.

- **기존 상품의 가치를 높이는 수단은 데이터의 수집, 전송, 분석 및 활용이다.** 데이터가 가치의 핵심으로 보유한 데이터의 품질이 가치의 크기를 결정한다. 예를 들어, 사물 인터넷을 활용한 스마트농장에서는 농장의 상태 정보를 기반으로 원격으로 농장을 제어할

수 있다. 하지만, 농장에서 수집한 내부 상태 정보, 작물의 생육 정보뿐만 아니라 여러 외부 정보(기상 예측 정보, 시장에서 농산물 가격 정보 등)를 활용하여 품질 좋은 농산물을 생산하여 고가를 받을 수 있는 시기에 출하할 수 있다.

- **하드웨어, 소프트웨어, 네트워크, 보안 등 여러 기술적 요소를 결합한 시스템 상품이다.** 따라서 다양한 요소를 결합하는 통합 역량이 중요하고 복잡성 관리가 사업의 관건이 된다. 과거 유비쿼터스 컴퓨팅에서도 가장 큰 문제 중 하나가 규모에 따라 증가하는 복잡성 관리였다. 여러 이질적인 네트워크가 상호 작용하고, 다수의 사물들이 동작함에 따라 시스템 관리의 복잡도도 기하급수적으로 높아지기 때문에 이를 효과적으로 제어하고 통제하는 기술 개발이 필요하다. 사물 인터넷 서비스 패키지는 ① 모니터링, ② 모니터링 + 제어, ③ 모니터링 + 제어 + 최적화, ④ 모니터링 + 제어 + 최적화 + 자율 운영 4가지로 구분할 수 있다. 부가 가치는 사물 인터넷 서비스 패키지가 많아질수록 증가하지만, 시스템의 복잡도나 보안 위협 등 위험도 비례하여 증가한다. 따라서 복잡도 및 위험 관리가 시장 확대의 전제 조건이 된다. 사물 인터넷의 막대한 시장 잠재력에도 불구하고 복잡도 및 위험 관리가 미흡할 경우 실제 시장 형성은 모니터링이나 간단한 수준의 제어에 그칠 가능성도 있다.

- **사물 인터넷 솔루션을 제공하는 데 필요한 모든 요소를 제품 제조사, 통신 사업자, IT 기업 등 다양한 기업이 나누어 보유하고 있다.** 사물 인터넷 솔루션을 제공하는 데 필요한 모든 요소 기술을 보유하고 있는 기업은 거의 없으므로 가치 사슬을 구성하기 위해 기업 간의 제휴가 필수적이다.

- **플랫폼 주도권 경쟁이 치열하다.** 개인용 컴퓨터 시대에 '윈텔(Windows+Intel)'이라는 단일 플랫폼이 산업을 지배했고, 스마트폰 시대에는 애플과 구글이 플랫폼 시장을 양분하여 스마트폰과 관련 산업을 주도하고 있다. 사물 인터넷 시대에도 플랫폼이 산업을 주도하는 양상이 반복되고 있다. 글로벌 기업 및 벤처 기업들은 하드웨어, 네트워크, 소프트웨어 등 자신의 영역에서 플랫폼을 선점하여 사물 인터넷 생태계를 주도하려 하고 있다. 기업들은 대체로 사물 인터넷 플랫폼을 "응용 소프트웨어 개발과 유통을 위한 인프라"로 정의하고 있으나, 플랫폼은 산업별로 한 개만 존재하는 것이 아니므로 하드웨어, 네트워크, 소프트웨어 등 다양한 계층에서 나타나고 있다.

시장 참여자(예를 들면, 개인, 기업, 정부 등)의 관점에 따라 다소 차이는 있지만, 사물 인터넷 시장에는 특정 단일 제품보다는 여러 기술이 결합된 제품이 주를 이룰 것으로 예상된다. 그리고 이는 기존 제품들의 수명, 교체 주기 등이 달라 단기간에 시장이 형성되기 어려운 구조이다.

기업 간 협업 과정 동안 데이터를 어느 기업이 보유할 것인지, 창출되는 부가 가치의 큰 몫을 어느 기업이 차지할지 등에 대한 갈등도 발생한다. 과거부터 사업을 해오던 기존 제조업체와 신규 진입한 통신 및 IT 기업 간 패권 경쟁이 치열하게 전개될 수 있다.

| 용어 해설 |

- **G3-PLC(G3 Power-Line Communication)**: 스마트그리드 비전을 실현 가능하게 할 잠재적 유비쿼터스 전력선 통신(Power Line Communication)으로 산업의 필요에 의해 개발된 협대역 전력선 통신 표준. G3-PLC는 전력선 그리드 상에서 고속, 고 신뢰성, 장거리 통신 기능이 있다.

- **GSM(Global System for Mobile Communications)**: 유럽전기통신표준협회(ETSI)에서 제정한 디지털 셀룰러 이동통신 시스템의 표준 규격

- **HTTP(HyperText Transfer Protocol)**: 인터넷의 월드 와이드 웹(WWW) 서버와 브라우저가 파일 등의 정보를 송수신하는 데 사용하는 클라이언트와 서버 사이의 통신 규약. 주로 하이퍼텍스트 생성 언어(HTML) 문서를 주고받는 데 사용된다.

- **OCF(Open Connectivity Foundation)**: 디바이스 및 소프트웨어 분야의 글로벌 기업들이 디바이스의 통신을 아우를 수 있는 통신체계를 정립하기 위해 결성한 사물 인터넷(IoT) 분야 국제 사실 표준화 단체. OCF는 사물 인터넷 기기의 제조사, 소프트웨어 등에 관계없이 상호 연결성을 위한 프로토콜, 운영 환경 등을 정의한다.

- **oneM2M(one Machine-To-Machine)**: 사물 통신 분야 글로벌 표준화 협력체. 원엠투엠(oneM2M)에는 세계 표준화 단체인 한국정보 통신기술협회(TTA), 유럽전기통신협회(ETSI), 미국 통신정보표준협회(ATIS)와 통신산업협회(TIA), 중국통신표준협회(CCSA), 일본 전파산업협회(ARIB)가 중심이 되고 이에 속한 수많은 기업과 연구 기관, 대학 등이 참여하고 있다.

- **REST(Representational State Transfer)**: 확장성 생성 언어(XML) 파일로 된 웹 페이지를 읽어서 원하는 정보를 수집하는 기능. 웹 페이지를 만드는 사람은 주기적으로 내용을 개정하고 사용자는 그 페이지의 인터넷 주소(URL)만 알면 웹 브라우저로 읽어서 정보를 얻을 수 있다.

- **RSS(Rich Site Summary)**: 뉴스나 블로그 사이트에서 주로 사용하는 콘텐츠 표현 방식이다. 웹 사이트 관리자는 RSS 형식으로 웹 사이트 내용을 보여 준다. RSS 관련 프로그램(혹은 서비스)을 이용하여 자동 수집이 가능하기 때문에 사용자는 각각의 사이트 방문 없이 최신 정보들만 골라 한 자리에서 볼 수 있다.

- **UID(Unique Identifier)**: 모든 사물의 고유한 인식체계를 위해 부여한 고유한 번호

- **USB(Universal Serial Bus)**: 범용 직렬 버스. 주변 기기 접속 인터페이스 규격으로 키보드, 마우스, 프린터, 모뎀, 스피커 등의 주변 기기를 컴퓨터에 접속하기 위한 인터페이스의 표준화를 목적으로 한다.

- **계전기(Relay)**: 전압, 전류, 전력, 주파수 등의 전기 신호를 비롯하여 온도, 빛 등 여러 가

지 입력 신호에 따라서 전기 회로를 열거나 닫거나 하는 구실을 하는 기기

- **대시7(DASH7)**: 능동 RFID을 활성화하려고 DASH7 얼라이언스에서 제정한 초저전력 무선 데이터 전송 기술. 433MHz 대역에서 전송 규격을 정의하는 국제 표준인 ISO/IEC 18000-7이 지니고 있는 운영의 한계를 극복하려고 새롭게 만든 무선 데이터 기술이다. 연 단위의 배터리 수명을 보장하고 최대 전송 거리는 2km이며, 전송 속도는 200kbps이다. 또한 전자 기기 간에 간결하면서도 가볍고 안정적인 통신을 제공하는 기술이다.

- **마이크로 제어 장치(Microcontroller Unit, MCU)**: 기기 등의 조작이나 프로세스를 제어하는 역할을 수행하는 집적 회로(IC). 1985년에 미국 모토롤라 사가 세계 최초로 전기적 소거 및 프로그램 가능 읽기용 기억 장치(EEPROM)를 내장한 마이크로 제어 장치(MCU)의 양산에 성공하였다.

- **매시업(Mashup)**: 웹에서 제공하는 정보 및 서비스를 이용하여 새로운 소프트웨어나 서비스, 데이터베이스 등을 만드는 기술로 다수의 정보원이 제공하는 콘텐츠를 조합하여 하나의 서비스로 제공하는 웹 사이트 또는 응용 프로그래밍을 말한다. 구글 지도에 부동산 매물 정보를 결합한 구글의 하우징맵스(HousingMaps)가 대표적이다.

- **미터버스(Meter-bus, M-bus)**: 전기, 가스, 수도 등의 원격 검침을 위한 스마트미터링(Smart Metering) 또는 AMI(Advanced Metering Infrastructure)에 사용되는 프로토콜. WM-bus는 유럽 표준(EN 13757-2, 3)에 정의되어 있다.

- **부호 분할 다중 접속(Code Division Multiple Access, CDMA)**: 디지털 이동통신 방식의 일종으로 스펙트럼 확산 기술을 채택한 방식. 미국 퀄컴사에서 제안한 북미의 디지털 셀룰러 자동차/휴대 전화의 표준 방식이다. 대역폭 1.25MHz의 부호 분할 다중 접속(CDMA) 방식을 제안하였는데, 이것을 1993년 7월 미국 전자공업협회(EIA)의 자율 표준 IS-95로 제정하였다.

- **서보(Servo)**: 서보 메커니즘을 적용했다는 의미이며, 시스템에서 해당 기기를 시스템이 요구하는 특정 위치로 이동하거나, 특정 수치(속도, 토크 등)만큼 가동시킬 때, 피드백이나 에러 정정을 통해 정확하게 제어할 수 있는 구조를 갖추고 있다는 의미이다.

- **셀룰러(Cellular)**: 셀(cell) 구성을 갖는 이동통신망을 통칭한다. 셀이란 하나의 넓은 서비스 지역을 세포 형태로 분할하여 소형 송신 전력 기지국을 설치하는 작은 구역을 가리킨다.

- **스마트미터(Smart Meter, SM)**: 스마트그리드를 구성하는 요소로 일반 가정에도 전기료를 시간 단위로 측정할 수 있게 하는 전력량계. 전력 사용량을 상세하게 측정하고 원격 공급 연결/차단, 전력 품질 모니터링, 원격 검침 및 과금 등의 기능을 수행한다.

- **스마트사회(Smart Society)**: 사람과 사물은 물론 사물과 사물 간에도 소통하면서 지능화된 서비스를 제공하는 환경을 말한다.

- **에너지 하비스팅(Energy Harvesting)**: 자연에 존재하는 에너지를 전기 에너지로 변환하여 사용하는 기술. 바람, 물, 진동, 온도, 태양 광선 등의 자연 에너지를 전기 에너지로 변환하는 것뿐만 아니라 사람이나 교량의 진동, 실내 조명광, 자동차의 폐열, 방송 전파 등과 같이 주변에 버려지는 에너지도 전기 에너지로 변환하여 사용하도록 하는 기술이다. 전자 기기들을 충전할 필요 없이 주변의 에너지를 이용하여 독립적으로 구동할 수 있다.

- **인오션(EnOcean)**: 주로 건물 자동화나 산업, 교통, 물류, 스마트홈 분야의 응용에 적용되는 에너지 하비스팅(Harvesting) 무선 기술이다. 인오션 기술에 기반한 모듈은 마이크로 에너지를 초저전력 전기로 전환하는 기술과 배터리 없이 무선 센서, 스위치, 제어기, 게이트웨이 사이의 무선 통신을 가능하게 하는 기술이 결합되어 있다. 컴팩트한 패키지로 배터리 교환 등 유지·보수가 필요 없을 뿐 아니라 전원 케이블, 통신 케이블도 없기 때문에 공장의 기존 설비에 추가하는 것만으로 사물 인터넷화를 실현할 수 있다.

- **인터넷 식별자(Uniform Resource Identifier, URI)**: 인터넷 서비스를 전제로 한 인터넷상의 정보 자원의 통일된 식별체계. 인터넷에서 서비스 되는 텍스트, 비디오, 음향, 이미지 또는 애니메이션 이미지 등의 식별을 위해 사용된다. 인터넷 식별자의 가장 공통적인 형식은 웹 페이지 주소로서 모든 자원 접근 메커니즘, 자원 소속 컴퓨터, 자원 명칭 등을 이 형식으로 표현한다. 인터넷 식별자의 하위 집합으로는 네트워크상의 위치 식별인 인터넷 주소(URL)과 고유 이름의 식별인 URN(Uniform Resource Names), 그리고 특정 콘텐츠의 저자, 위치, 제목 등의 정보를 표현하는 메타데이터 URC(Uniform Resource Characteristics)가 있다. URL은 콘텐츠와 상관없이 단지 대상물의 위치를 알려주는 데 반해, URN은 유일, 영속, 확장, 그리고 규모성 등을 제공할 수 있는 특정 콘텐츠 전용의 인터넷 ID라고 할 수 있다.

- **인터넷 주소(Uniform Resource Locator, URL)**: 인터넷에서 파일, 뉴스그룹과 같은 각종 자원을 표시하기 위한 표준화된 논리 주소. 사용할 프로토콜(http, ftp 등), 주 컴퓨터의 이름과 주소, 파일이 있는 디렉토리 위치, 파일 이름으로 구성된다. 예를 들어, http://www.snu.ac.kr/index.html 또는 ftp:/tb.ac.kr/pub/public.zip과 같이 표시한다. 여기에서 http와 ftp는 접속할 때 사용할 프로토콜, 뒷부분은 해당 자료가 위치한 컴퓨터의 주소와 디렉토리를 나타낸다. 즉, tb.ac.kr은 컴퓨터의 인터넷 주소가 되고, /pub/public.zip은 파일이 위치한 경로가 된다.

- **일반 패킷 무선 서비스(General Packet Radio Service, GPRS)**: 스웨덴 에릭슨사가 중심이 되어 개발한 세계 최초의 무선 데이터 통신 서비스. 유럽전기통신표준협회(ETSI)가 표준화한 유럽 디지털 이동 전화 방식 GSM(global system for communication)망을 기초로 한 패킷 통신 서비스를 말한다. 동시에 통화가 이루어졌을 때 이론적인 최대 속도는 171.2kbps이지만, GPRS 이용자가 실제 이용할 수 있는 속도는 28.8kbps로 고정 전화망의 속도와 같으며, GSM망에서 패킷 통신을 위한 기술이다. 이 서비스는 이동통신 환

경에서 웹 브라우징 등 각종 인터넷 프로토콜(IP) 기반 서비스와 데이터 통신 서비스를 효과적으로 구현해 준다.

- **저전력 광역 통신망(Low-Power Wide-Area Network, LPWAN)**: 서비스 범위(커버리지)가 10 이상의 광역으로 매우 넓고, 초당 최대 수백 킬로비트(kbps) 이하의 통신 속도를 제공하는 전력 소모가 적은 무선 광역 통신망. 저전력 광역 통신망은 10km 안팎의 거리에서 기지국 당 수백 bps에서 수백 kbps 정도의 통신 속도를 제공하여 사물 인터넷 전용 네트워크로 사용된다. 예를 들어, 수도·가스·전기 검침, 자전거 도난 방지, 자산 관리 등을 위해 넓은 지역에 걸쳐 산재되어 있고 생성되는 데이터의 양이 매우 적으며, 교환되는 빈도가 낮아 배터리 하나로 수년 이상 동작해야 하는 사물 인터넷 기기 및 응용 분야에 매우 적합하다. LPWAN을 실현하기 위한 기술에는 ISM 면허 불필요 대역을 사용하는 로라(LoRaWAN), 시그폭스(SIGFOX) 등과 이동통신 면허 대역을 이용하는 LTE-MTC(LTE Machine-Type Communications), 협대역 사물 인터넷(NB-사물 인터넷) 기술 등이 있다.

- **저전력 단거리 무선망 IPv6(IPv6 over Low Power Wireless Personal Area Network, 6LoWPAN)**: 저전력, 저비용, 적은 대역폭 기반의 장치들을 기존 인터넷에 바로 연결하기 위해 IPv6 주소를 적용하는 단거리 무선망 기술. 인터넷 엔지니어링 태스크 포스(IETF) 내 6LoWPAN 작업 그룹에서 기술 표준 RFC 4944(기본), RFC 6282(헤더 압축), RFC 6775(이웃 탐색 최적화) 등을 제정하였다.

- **초소형 연산 처리 장치(Micro Processing Unit, MPU)**: ① 개인용 컴퓨터(PC)에서 중앙 처리 장치(CPU)와 거의 같은 의미로 사용된다. PC의 CPU는 마이크로프로세서 1개에 약간의 주변 대규모 집적 회로(LSI)를 부가한 회로로서 그 역할을 수행하고 있다. 따라서 PC 분야에서 CPU라고 하면 인텔 i486, 펜티엄, 모토롤라사의 MC 68030 등 마이크로프로세서를 가리키는 경우가 많다. ② 모토롤라사가 자사에서 만든 16비트 마이크로프로세서인 MC 68000을 16비트 MPU, 32비트 마이크로프로세서인 MC 68030을 32비트 MPU 등으로 호칭하듯이 마이크로프로세서와 같은 의미로 사용된다.

- **프록시 서버(Proxy Server)**: 컴퓨터 사용자와 인터넷 사이에서 중개자 역할을 수행하는 서버로서, 보안이나 관리적 차원의 규제, 캐시 서비스 등을 제공하는 서버. 기업의 네트워크를 외부 네트워크로부터 분리시켜 주는 게이트웨이 서버, 기업의 네트워크를 외부의 침입으로부터 보호하는 방화벽 서버 등의 역할을 하거나 그 일부가 된다. 또 프록시 서버에 요청된 내용들은 캐시를 이용하여 저장해 둔다. 이렇게 캐시를 해 둔 후에, 캐시 안에 있는 정보를 요구하는 요청에 대해 원격 서버에 접속하여 데이터를 가져올 필요가 없어 전송 시간을 절약할 수 있으며, 불필요하게 외부와 연결하지 않아도 된다. 또한 외부와의 트래픽을 줄여 네트워크 병목 현상을 방지하는 효과도 얻을 수 있다.

CHAPTER 05

사물 인터넷의 주요 기술

5.1 사물 인터넷 디바이스 / 5.2 사물 인터넷 네트워크 / 5.3. 사물 인터넷 플랫폼
5.4 사물 인터넷 서비스 / 5.5 사물 인터넷 아키텍처 / 5.6 보안 기술
5.7 사물 인터넷 시장의 현황 및 전망

사물 인터넷을 기술적인 관점에서 살펴보면 "각종 사물에 컴퓨터 칩과 통신 기능을 내장하여 인터넷에 연결하는 기술"이라고 정의할 수 있다. 이 정의에 따르면, 사물은 임의의 소형 컴퓨팅 디바이스가 내장될 수 있는 모든 물체를 의미한다. 사물에 내장되는 컴퓨팅 장비에는 센서, 통신 모듈, 데이터 처리 모듈 등이며, 대개 자체 전원으로 구동된다. 사람의 관여 없이 자율직으로 데이터를 수집하여 진달하고, 이렇게 모인 징보를 이용하여 새로운 의미를 갖게 한다.

가트너(Gartner)는 사물 인터넷 실현을 위해 필요한 핵심 기술로 **저전력 네트워킹** 기술, **센싱 데이터 경로 최적화 및 관리** 기술, **저전력 내장형 운영 체제** 기술, 새로운 **전력 공급 및 저장** 기술, **저비용·저전력 프로세서** 기술 등 5개의 요소를 지목하였다([표 5-1] 참조).

[표 5-1] 가트너의 사물 인터넷 핵심 기술

요소 기술	개요
저전력 네트워킹 기술	• 사물의 통신 방식에 따라 단말에서 지원되는 통신 반경, 데이터 전송률, 단말 가격, 소모 전력이 많이 달라진다. • 데이터 전송률은 낮지만, 저전력을 사용하는 지그비, 블루투스 LE, Sub-GHz 방식의 802.11ah 및 지-웨이브(Z-Wave) 방식이 사용되고 있다.
센싱 데이터 경로 최적화 및 관리 기술	• 사물 인터넷 서비스는 수많은 단말로 구성되고, 단말 간 데이터 전송이 빈번하게 발생할 수 있어 단말의 전력 소모가 많아지게 된다. • 이러한 환경에서 저전력 데이터 전송을 위한 데이터의 경로 설정 및 흐름 제어 등의 데이터 전송 효율화 기술이다.
저전력 내장형 운영 체제 기술	• 사물에 장착되는 저비용·저전력 하드웨어 모듈은 상대적으로 저성능, 제한된 자원을 가지게 되며, 이에 따라 데이터 수집 및 전송을 효율적으로 관리해 주는 경량 운영 체제가 필요하게 되었다. • TinyOS, Contiki, NanoQplus 등의 경량 운영 체제가 사용되고 있다.

새로운 전력 공급 및 저장 기술	• 단말들은 직선뿐 아니라 곡선 등 다양한 형태를 가지며, 이를 위한 플렉시블(flexible) 전력 공급 장치와 보다 장기간 사용할 수 있는 고밀도 배터리 기술이 필요하다. • 반영구적인 사용을 위해 전력을 자가 생산하거나 무선 충전하는 기술이 요구된다.
저가격·저전력 프로세서 기술	단말의 빠른 확산을 위해 제품의 가격이 낮아야 큰 저항 없이 소비자의 삶에 스며들 수 있어 대중화에 유리할 수 있다.

출처: ETRI(Gartner 자료 인용), 재구성

특히, 한정된 전원으로 디바이스를 오랫동안 구동시킬 수 있는 저전력 혹은 전원 공급 기술과 시장에 빠르게 확산될 수 있는 저가격의 디바이스 개발 기술은 중요하다.

반면, 닉 웨인라이트(Nick Wainwright)는 사물 인터넷을 센서, 네트워크, 데이터, 서비스의 융합으로 정의한다. 이는 사물에 설치된 센서를 이용하여 새로운 데이터를 수집하고, 네트워크를 통해 사람이나 사물에 데이터를 전송하고, 전송된 데이터를 활용하여 서비스가 가능할 때, 비로소 사물과 사물 간의 연결이 의미 있음을 표현하였다([그림 5-1] 참조).

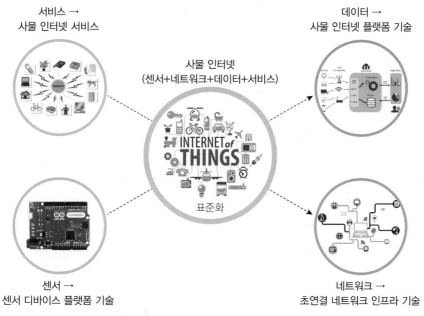

[그림 5-1] 사물 인터넷의 개념 및 핵심 기술 구성

최근 들어 사물 인터넷이 빅 데이터, 인공 지능, 엣지 컴퓨팅 기술 등의 기반 기술과 융합되면서 플랫폼의 중요성이 커지게 되었다. 이를 반영한 ICT R&D 기술로드맵 2025 보고서

에 따르면, 사물 인터넷을 **디바이스**(Device, D), **네트워킹**(Networking, N), **플랫폼**(Platform, P), **서비스**(Service, S)로 분류하고 있다([그림 5-2] 참조).

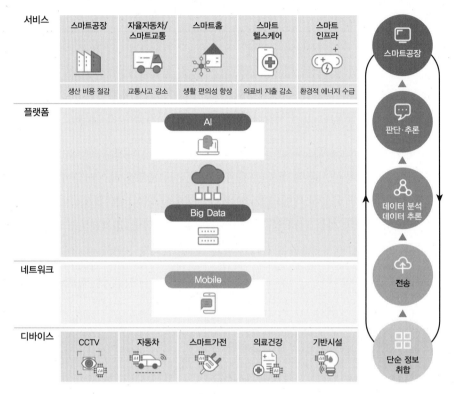

출처: ETRI 재구성

[그림 5-2] 사물 인터넷 중심의 지능 정보 기술 간 융합

사물 인터넷 **디바이스**의 다양한 센서를 이용하여 원격 감지, 위치 및 모션 추적 등을 통해 사물과 주위 환경으로부터 데이터를 획득한다. 획득한 이터는 **네트워크** 계층에서 제공하는 각종 통신 기술을 기반으로 하여 플랫폼 서버로 전달된다. 즉, 네트워크를 통해 사물 인터넷 디바이스뿐만 아니라 인간과 사물, 서비스 등 분산된 환경 요소들이 서로 연결되어 상호 작용을 지원한다. **플랫폼** 서버는 빅 데이터 및 인공 지능 기술을 활용하여 센서로부터 수집한 데이터를 취합, 분류, 분석하여 의미 있는 정보를 생성한다. 이러한 정보는 다양한 형태의 **서비스**에서 활용된다.

사물 인터넷 서비스 기술이 점차 지능화/자율화 단계로 진화함에 따라 디바이스, 네트워크, 플랫폼, 서비스 기술들은 서로 영향을 주고받는 유기적으로 발전하고 있다.

이 장에서는 사물 인터넷의 디바이스, 네트워크, 서비스, 플랫폼 기술을 살펴본다. 사물 인터넷의 기반 기술은 4.2절에서 살펴보았고, 사물 인터넷 서비스는 응용 분야에 따라 세부적인 부분의 차이가 있어 이 장에서 자세히 다루지 않는다. 다만, 5부에서 부가 가치 창출이 큰 스마트자동차와 6부에서는 4차 산업 혁명의 근간이 되는 스마트공장에 대해 자세히 살펴본다.

5.1 사물 인터넷 디바이스

사물 인터넷에서 **센서**는 소리, 빛, 열, 가스, 온도, 습도 등 주변의 물리·화학·생물학적 정보뿐만 아니라 주변 이미지/모션 정보를 감지하여 전기적 신호로 변환하는 장치로, 데이터를 수집하고 이를 처리하여 전달하는 기능을 수행한다([그림 5-3] 참조). 인간으로 비유하면 감각 기관이라고 할 수 있다. 인간의 뇌는 감각 기관이 보내온 데이터, 즉 보고 듣고 냄새 맡고 맛보고 만져보면서 얻은 정보를 처리한다. 수십 종류의 센서가 이와 유사한 일을 인간보다 더 잘하고 있으며, 계속 진화하고 있다. 센서는 단순한 하나의 기능을 수행하기도 하지만, 여러 기능의 센서나 하드웨어 모듈이 하나의 디바이스 내에 포함되어 보다 다양한 기능을 수행할 수도 있다.

예를 들어, 자동차를 타고 가다가 앞차가 급정거하는 경우, 충돌 방지 레이더나 충돌 방지 센서, 카메라 등이 이를 감지한다. 단거리 레이더인 라이더(Laser Radar, LIDAR)나 장거리 극초단파 레이더가 앞차와 뒤차의 움직임을 감지하고, 카메라는 시각적으로 확인하여 위험을 감지한다. 위험이 감지되면 자동차의 제동과 관련된 부품에 신호를 보내 브레이크 패드(Brake Pad)와 디스크 브레이크(Disc Brake) 사이의 간격을 미리 좁혀 놓는 등의 준비를 한다. 이 센서들이 각각의 기능을 올바르게 수행하면, 급정거 시에 앞차와 충돌할 일이 대폭 줄어들게 된다. 여기서 센서와 사물 인터넷에 인공 지능 알고리즘 등이 효율적으로 접목되면 완전한 자율주행 기능을 갖춘 자동차가 된다.

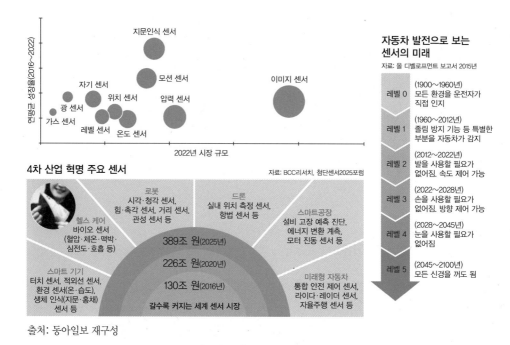

[그림 5-3] 세계 센서 시장

2017 소비자 전자제품 박람회(Consumer Electronics Show, CES)에서 미국 일리노이 대학 (UIUC) 재학생이 만든 앰버 애그리컬쳐(Amber Agriculture) 사가 최고의 신생 기업으로 뽑혔다. 이 회사가 개발한 센서는 곡물을 저장하는 창고에 설치해 온도와 습도를 감지하고, 잘 보관되고 있는지, 출하하기에 적정한지를 평가하는 데이터를 스마트폰으로 보낸다. 따라서 사람이 일일이 창고의 곡물 상태를 확인할 필요가 없다.

미세 전자 기계 시스템 기술, 반도체 SoC 기술, 내장형 소프트웨어 기술의 발전으로 과거보다 지능화된 스마트센서가 널리 활용되고 있다. 스마트센서는 마이크로 센서 기술에 반도체 기술을 결합한 것으로 우수한 데이터 처리 능력, 판단 기능, 메모리, 통신 기능 등을 내장하고 있어 그 활용 범위가 커지고 있다([그림 5-4] 참조).

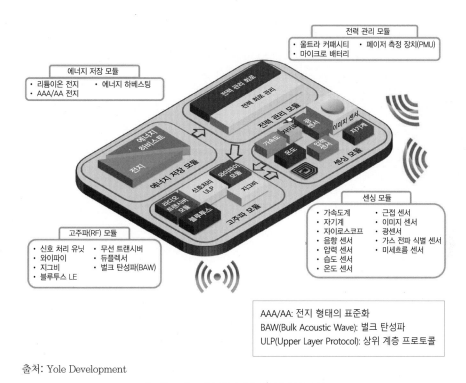

전력 관리 모듈
• 울트라 커패시티   • 페이저 측정 장치(PMU)
• 마이크로 배터리

에너지 저장 모듈
• 리튬이온 전지   • 에너지 하베스팅
• AAA/AA 전지

센싱 모듈
• 가속도계   • 근접 센서
• 자기계   • 이미지 센서
• 자이로스코프   • 광센서
• 음향 센서   • 가스 전파 식별 센서
• 압력 센서   • 미세흐름 센서
• 습도 센서
• 온도 센서

고주파(RF) 모듈
• 신호 처리 유닛   • 무선 트랜시버
• 와이파이   • 듀플렉서
• 지그비   • 벌크 탄성파(BAW)
• 블루투스 LE

AAA/AA: 전지 형태의 표준화
BAW(Bulk Acoustic Wave): 벌크 탄성파
ULP(Upper Layer Protocol): 상위 계층 프로토콜

출처: Yole Development

[그림 5-4] 사물 인터넷 무선 센서의 구성

이처럼 사물 인터넷을 활용한 시스템에는 여러 종류의 센서가 배치되어 활용되고 있다. 예를 들어, 최근 출시되고 있는 냉장고에는 온도/습도 센서, 충격 및 동작 감지 센서, 거리 측정 및 문 여닫기 감지 센서 등 20가지 종류의 센서가 부착되어 있다. 스마트폰에 탑재된 센서의 수도 약 20개에 이르고, 자동차의 경우 약 200개 이상, 스마트홈에는 수백 개의 센서가 설치되어 동작하고 있다. 또한, 착용형 기기에도 센서들을 추가하여 새로운 서비스를 제공할 수 있으며, 의료, 건강, 가전, 공장, 도시, 환경 등 새로운 분야에도 그 목적에 적합한 여러 종류의 센서들이 설치되어 활용되고 있다.

향후에는 빛, 열, 먼지, 압력, 속도, 전자파, 자기, 중력, 위치, 맛, 생체 신호 등을 감지하는 진화된 센서들이 개발되어 활용될 것이다. 이 센서들이 데이터를 수집하면 사물 인터넷은 신경망 도로와 같은 역할로 데이터를 전송하고, 대용량 데이터 처리 장치들은 이 데이터를 효율적으로 저장한 후 분석한다. 인공 지능 알고리즘과 프로그램은 뇌처럼 추론 및 판단한 후 최적의 해결책을 제시한다.

인텔, 휴렛팩커드, 보쉬, 퀄컴 등 다양한 분야의 기업들은 향후 5년 이내에 지구상에 사용되는 센서의 개수가 1조 개를 넘어설 것으로 전망하고 있다. 기술적으로 구현 가능한 센서의 종류는 약 350여 종에 이른다. [표 5-2]는 사물 인터넷 플랫폼 업체인 리벨리움 (Libelium)이 센서의 응용을 12개의 분야로 구분한 것이다.

[표 5-2] 사물 인터넷 서비스 부문별 센서 응용 예

분야	응용 예	구체적 응용	활용 센서
스마트 시티	구조적 건전성 스마트조명	• 빌딩, 다리 등 구조물 상태 모니터링 • 날씨 적응형 가로등 조명	• 균열 검출, 균열 전파, 가속도계, 선형변위 센서 • 광 센서(LDR), 구동기 릴레이
스마트 환경	산불 조사 공기 오염	• 연소가스 및 화재 예방 조건 모니터링 • 공장 CO_2 배출, 차량 오염가스 배출 등 제어	• CO, CO_2, 온도, 습도 센서 • NO_2, SH_2, CO, CO_2, 탄화수소, 메탄 검출 센서
스마트 계측	스마트그리드 저장탱크 관리	• 에너지 소비 모니터링 및 관리 • 저장 탱크의 물, 오일, 가스 감시	• 전류 및 전압 센서 • 레벨 센서(수위 검지기), 초음파 센서(용량 측정)
안전·긴급	주변 접근 제어 폭발·유해가스	• 제한구역 내 침입자 감시 및 접근 제어 • 산업 환경에서 가스 레벨 및 누출 감시	• 적외선, 홀효과(창문 등), RFID·NFC 태그 • O_2, H_2, CH_2, 이소부탄, 에탄올 검출 센서
소매	공급망 제어 제품 관리	• 저장 제품 상태 모니터링 및 제품 이력 추적 • 선반, 창고에서의 제품 회전 제어	• RFID·NFC 태그 • 하중 센서(로드 셀), RFID·NFC 태그
물류	선적물 품질 감시 근접 저장 회피	• 진동, 컨테이너 개방, 저온 유통 등 모니터링 • 인화성 제품을 보관한 컨테이너의 경고 발령	• 빛, 온도, 습도, 충격, 진동 가속도계 센서 • O_2, H_2, CH_4, 이소부탄, 에탄올, RFID·NFC 태그
산업 제어	사물 통신응용 실내 공기품질	• 기계 자가 진단 및 자산 통제 • 화학 공장 내부 독가스 및 산소 수준 감시	• 전압, 진동, 가속도계, 전류 센서 • CO, CO_2, NH_3, NO_2, SH_2, O_3 검출 센서
스마트 농업	그린하우스 와인 품질 제고	• 과일 생산 및 품질 제고를 위한 농작물 생육 환경 제어 • 포도당도 제어를 위한 토양 수분 모니터링	토양 온도, 습도, 잎 습기, 기압, 일사량 센서
스마트 동물 농장	새끼 돌봄 동물 추적	• 생존 및 건강을 위한 새끼 성장 환경 제어 • 개방 목장에서 동물 위치 파악 및 식별	• CH_4, SH_2, NH_3, 온도, 습도 센서 • 수동 태그(RFID, NFC), 능동 태그(Zigbee, WiFi 등)
스마트 홈	에너지·물 사용 원격 제어 가전	• 에너지·물 공급과 소비 모니터링 • 원격으로 가전제품 제어	• 전류 및 전압 센서, 액체유동 센서 • 구동기 릴레이
스마트 의료	의료용 냉장고 환자 모니터링	• 백신, 의약품 저장 냉장고의 상태 제어 • 병원 및 환자 자택에서 환자 상태 모니터링	• 빛, 온도, 습도, 임팩트, 진동, 가속도계 센서 • ECG(심전도), 펄스, 가속도계, 호흡 센서

출처: Libelium(2014) 요약 발췌, 재구성

사물 인터넷 디바이스는 전용 하드웨어 모듈을 이용하여 통신할 수 있고, 주변 상황을 인지하는 센서가 포함되며, 간단한 데이터 처리를 수행하는 프로세서 및 경량 소프트웨어가 포함된다. 디바이스는 프로세서, 통신 모듈, 센서 모듈, 구동기 모듈로 구성되며, 내부 모듈을 활용하여 필요 기능 구현을 용이하게 지원할 수 있도록 **오픈 API**(Open Application Programming Interface, Open API) 형태로 개발되기도 한다.

한걸음 더 나아가, 다양한 종류의 센서 장치가 필요한 사물 인터넷 서비스 개발을 효율적으로 지원할 수 있는 **오픈 소스 하드웨어 플랫폼**(Open Source Hardware Platform, OSHP)에 대한 연구 개발도 이루어지고 있다. 회로도, 명세서, PCB(Printed Circuit Board), 도면 등 설계 문서뿐만 아니라 펌웨어, 운영 체계, 응용 프로그램 등의 구동 소프트웨어까지 무료로 공유, 개방하여 새로운 생태계를 형성하고 있다. 오픈 소스 하드웨어 플랫폼은 센서 장치의 기능을 쉽게 이용하고 센서 내부 모듈에 대한 접근 및 제어를 효율적으로 제공할 수 있

[표 5-3] 대표적인 오픈 소스 하드웨어 플랫폼 사례

사례		기업	주요 특징
아두이노 (Arduino)		아트멜 (Atmel)	• ATMega 계열 저전력 프로세서 이용 • 아두이노 통합 개발 환경 제공, C++ 언어 기반 개발(넓은 사용자) • 윈도, 리눅스, 맥 OS X의 크로스 플랫폼 지원 • http://www.arduino.cc
라즈베리 파이 (Raspberry Pi)		브로드컴 (Broadcom)	• Broadcom BCM2835 Soc, ARM Cortex-A7 0.9Ghz 프로세서 • 이클립스(Eclipse) 같은 기존의 통합 개발 환경 이용 • 리눅스 운영 체제 플랫폼 중심, 파이썬(Python) 언어 기반 개발 • http://www.raspberrypi.org
비글보드 (Beagle Board)		텍사스 인스트루먼트	• ARM Cortex-A8 시리즈 프로세서 이용 • 이클립스 같은 기존의 통합 개발 환경 이용 • 리눅스, 안드로이드 운영 체제(Ardroid OS) 플랫폼 • http://Beagleboard.org
갈릴레오 (Galileo)		인텔	• Intel Quark X1000 프로세서 이용 • 아두이노 통합 개발 환경 호환 지원 • 윈도, 리눅스, 맥 OS X 플랫폼 지원 • http://software.intel.com/en-us/iot/hardware/galileo

출처: www.iitp.kr

는 오픈 API 소프트웨어를 오픈 소스 기반으로 제공하고 있다. 따라서 서비스 개발자들은 오픈 API를 이용하여 자신이 원하는 서비스들을 손쉽게 개발할 수 있을 뿐만 아니라, 센서 장치에 대한 제어도 훨씬 간편하게 이용할 수 있다. [표 5-3]은 주로 활용되고 있는 대표적 인 오픈 소스 하드웨어 플랫폼의 주요 특징을 보여주고 있다.

사물 인터넷 디바이스는 단순한 센싱/구동하는 단순 기능 구현이 목적이었지만, 최근에는 주변 환경을 인지하고 이를 기반으로 최적의 제어를 수행하는 지능형/자율형 디바이스로 발전하고 있다. 이러한 디바이스를 제작하기 위해서는 사물 인터넷이 수집한 데이터를 정 확한 데이터로 변환하고 디바이스가 관련 동작을 수행하도록 지원할 수 있는 개선된 하드 웨어 및 소프트웨어 기술이 요구된다.

하드웨어 측면에서 고정밀/고성능 복합 센서[2], 첨단 센서, 나노 센서, 저전력/경량형 부품 및 반도체, 센싱 및 구동 기술 등이 개발되고 있다. 인공 지능 프로세서나 클라우드에서 학 습한 지능을 디바이스에 쉽게 탑재하기 위한 고성능 지능형 SoC(System on Chip)뿐만 아니 라, 통신·센서 기능 등을 집적화하고 장기간 동작할 수 있는 저전력·초소형, 경량형 SoC 개발도 진행되고 있다. 사물지능, 분산 협업, 태스크 오케스트레이션(Orchestration)[3] 등을 위한 초연결 기술도 개발되고 있다.

소프트웨어 측면에서는 디바이스를 다양한 목적으로 활용하기 위해 디바이스 운영 체제에 대한 연구도 진행되고 있다. 특히 경량화된 디바이스 특성뿐만 아니라 소프트웨어가 소형 화, 경량화되는 추세에 맞춰, 경량 운영 체제 개발도 많은 관심을 받고 있으며, 인공 지능 기술을 접목한 분산 협업 미들웨어도 개발 중이다.

5.2 사물 인터넷 네트워크

사물 인터넷은 사물 간의 연결을 포함하여 기존의 유무선 인터넷보다 확장된 개념이다. 부 호 분할 다중 접속(CDMA), 광대역 부호 분할 다중 접속(Wideband CDMA, W-CDMA), 5G, LTE, 해상무선통신(LTE-M), 와이파이(Wi-Fi) 등의 무선 통신 기술은 고속 무선 인터넷을 가능하게 하지만, 근접 무선 통신(NFC) 기술과 지그비, 블루투스 등의 저전력·저비용 근

---

2) 복합 센서: 센싱 및 통신 기능이 복합적으로 포함된 독립적으로 설치/교체/사용할 수 있도록 설계되어 주로 사물 인터넷에 이용된다.
3) 오케스트레이션(Orchestration): 컴퓨터 시스템과 응용 프로그램, 서비스의 자동화된 설정, 관리, 조정을 의미한다.

거리 무선 통신 기술은 사물 간의 네트워크 인프라 구축을 가능하게 한다. 사물 인터넷은 기존의 유무선 통신 기술과 근거리 무선 통신 기술을 융합하여 네트워크 인프라를 구축한다.

최근에는 LoRa(Long Range), **협대역 사물 인터넷**(Narrow Band-Internet of Things, NB-IoT) 등의 사물 인터넷 전용 통신망도 이용되고 있다. LoRa는 사물 상호 간 통신을 위한 저전력의 장거리 통신(Low Power Wide Area, LPWA) 기술이고, NB-IoT는 데이터 통신에서 협대역을 이용하여 전력 소비가 적은 광역 통신을 지원하는 사물 인터넷 표준 기술이다.

한편 **사물 인터넷 네트워크**(IoT Network) 기술은 보편적인 서비스를 제공하기 위해 활용되는 **공공 네트워크**(인터넷, 5G, LTE 등) 기술과 사용자 중심의 단말 디바이스로 구성되는 **지역 네트워크**(액세스 네트워크) 기술로 구분되기도 한다.

공공 네트워크 기술은 **대규모 사물 인터넷**(massive IoT, mIoT)을 지원하기 위해 5G 기반의 초고속 네트워크 인프라 기술과 더불어 광역 기반의 저전력 네트워킹 기술, 즉 **대규모 사물 통신**(massive Machine-Type Communication, mMTC)이 제공되고 있다. 그리고 디지털 트윈, AVB(Audio Video Bridging) 등 확정적 저지연의 고신뢰 서비스를 위한 가장 **중요한 요소**(critical IoT, cIoT) 기술이 개발되고 있다. **고신뢰·저지연**(Ultra-Reliable and Low-Latency Communications, URLLC) 네트워킹 및 정보 중심 네트워킹 기술 등의 주요 이슈가 존재한다([그림 5-5] 참조).

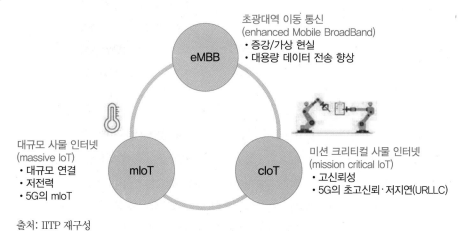

출처: IITP 재구성

[그림 5-5] 사물 인터넷 지원을 위한 네트워크 핵심 요소 기술

지역 네트워크 기술로는 저전력 사물 인터넷 디바이스를 위한 저전력 네트워킹 지원이 핵

심 기술 요소 중 하나이며, 적응 계층 기술과 매체 접속 기술로 구분할 수 있다. NB-IoT, LoRa, SigFox 등 저전력 장거리 무선 통신 기술 위에서 IPv6 패킷을 전송하기 위한 표준 기술을 IETF LPWAN(IPv6 over Low Power Wide-Area Networks) 워킹그룹(WG)에서 개발하였다.

다음은 사물 인터넷 네트워크에서 활용되는 주요 통신 기술이다.

- **저전력 블루투스(Bluetooth Low Energy, BLE)**: 가까운 거리에서 데이터, 음성, 영상 등을 교환할 때 사용하는 무선 기술(2.4 GHz)로 스마트폰, 노트북, PC 주변 장치, 이어폰 등에 널리 이용되고 있다. 저전력의 블루투스 스마트 기술 개발과 함께 사물 인터넷에 적합한 통신 기술로 주목을 받고 있으며, Bluetooth 5.0(24 Mbps, BLE)까지 개발되었다. 선박, 기차, 비행기의 위치를 확인하거나 특정 목적의 신호를 주기적으로 보내는 장치로도 다양하게 활용되고 있다.

- **지그비(ZigBee)**: 지그비는 소형, 저전력 디지털 라디오를 이용해 사설 통신망을 구성하여 통신하기 위한 표준 기술이다. IEEE 802.15.4 PHY 표준을 기반으로 만들어졌다. 지그비 장치는 그물형 망(Mesh Network) 방식을 이용하며, 느린 전송 속도, 긴 배터리 수명과 보안성을 요구하는 분야에서 사용된다. 통신 거리는 10~100m이고, 250kbps의 전송 속도를 가진다. 무선 조명 스위치, 가내 전력량계, 교통 관리 시스템, 기타 근거리 저속 통신에 적합한 응용 및 산업용 장치 등에 활용된다.

- **Wi-Fi 해일로(Wi-Fi HaLow)**: IEEE 802.11ah 기반 제품을 지칭하는 Wi-Fi HaLow™는 1GHz 이하의 주파수 대역에서 작동하여 장거리 저전력 연결을 지원함으로써 Wi-Fi를 확장한다. Wi-Fi 해일로 기술은 사물 인터넷 관련 요구를 만족시켜 산업, 농업, 스마트 빌딩, 스마트시티 등 다양한 환경을 지원할 수 있는 기술이다. 또한, 각종 센서, 착용형 기기 등 저전력 연결이 필요한 응용을 지원하며, 대부분의 사물 인터넷 기술 옵션을 충분히 만족시키는 긴 연결 거리를 지원하고, 벽이나 장애물을 쉽게 통과하여 까다로운 환경에서도 안정적인 연결을 제공한다.

- **지-웨이브(Z-Wave)**: 유럽 중심의 지-웨이브 연합에서 스마트홈 서비스를 위해 개발한 표준이다. 900MHz대 주파수로 10~40kbps의 전송 속도를 갖는 무선 RF 기술로 통신 거리는 30m이며, 양방향 통신을 지원하는 무선 메시 기술을 사용한다. 지그비와 비교해 전력 효율이 우수하다.

- **근접 무선 통신(Near Field Communication, NFC)**: NFC 기술은 RFID 기술 즉, 리더(reader)가 전파를 방사하면 태그(tag)는 수신한 에너지를 이용하여 칩에 저장된 데이터를 리더

로 반환하여 정보를 전달하는 진화한 통신 기술의 형태로 13.56MHz 대의 비접촉식 양방향 근접 통신 기술이다. NFC 통신 기술에는 두 대의 NFC 디바이스가 상호 데이터 송수신이 가능한 P2P 모드, RFID 태그를 인식하기 위한 리더 형태의 리더/라이터(reader/ writer) 모드, 기존의 RFID 카드처럼 동작함으로써 전원 공급이 필요 없는 카드 에뮬레이션 모드가 있다. 이 중 인터넷 기반의 사물 인터넷 저전력 멀티홉 통신을 위해서는 P2P 모드가 활용되며, IETF 6LO(IPv6 over Networks of Resource-constrained Nodes) 워킹그룹에서 개발한 NFC 기반 IPv6(IPv6-over NFC) 적응 계층 기술과 함께 동작한다.

- **대규모 사물 통신**(massive Machine Type Communications, mMTC): 사람이 휴대하는 단말기뿐 아니라 생활 속 모든 종류의 단말 및 디바이스를 네트워크에 연결하여 정보를 생성하고 공유하는 초연결 네트워크 환경을 지원하기 위한 목표로 개발되었다. 수많은 가정용, 산업용, 사물 인터넷 디바이스들이 1km² 면적 안에서 100만 개 이상의 디바이스 간 연결을 지원하고자 한다. 기존 방식보다 전력 소비를 줄이면서 효율적으로 광범위한 면적을 커버하는 통신 환경을 제공한다. 스마트시티와 같은 응용 도메인에서 연결된 장치의 지속적인 확산 또는 지하철, 스포츠 경기장, 축제 행사장 등에서 연결된 사물의 막대한 집중으로 초고밀도 사물 인터넷 디바이스의 연결이 필요할 때 활용된다.

- **LoRa**(Long Range): 저전력 광역 무선 네트워킹을 목적으로 개발한 통신 기술로써, 이론적으로 LoRa 디바이스의 배터리 수명은 10년 이상 활용 가능하다. 저전력 특성과 넓은 커버리지, 간섭에 대한 견고성을 가지는 '처프 확산 스펙트럼(Chirp Spread Spectrum)' 변조 방식을 사용한다. 통신 거리는 도심 지역에서 2~15km, 시야가 확보된 지역에서 30km, 지하는 1~2km, 실내에서 2~3km이다. 대역폭은 125kHz이고, 전송 속도는 낮으며, 대역확산 방식으로 설계되어 있다. 스마트시티, 스마트에너지 분야에서 관제, 계량기와 같이 주기적으로 소량의 데이터 통신을 하기 위해 활용된다.

- **초광대역 통신**(Ultra WideBand, UWB): 초광대역 근거리 구간에서 저전력으로 광대역 주파수를 이용하여 대용량 데이터를 전송하는 무선 기술로 무선 디지털 펄스라고도 알려져 있다. 초광대역 무선 장치는 0.5mW 정도의 저전력으로 10m까지 대용량의 데이터를 전송할 수 있다. 초광대역은 매우 넓은 스펙트럼에 걸쳐 디지털 펄스를 동시에 퍼트리는 특징을 갖고 있다. 일반적인 경우보다 전력을 적게 소모하고 예측 가능한 배경 잡음이 적어서 이론적으로 아무런 간섭 현상이 없는 초광대역 신호 생성도 가능하다.

이외에 기존의 인터넷 통신 패러다임을 정보 중심적으로 재편하려는 **정보 중심 네트워킹** (Information-Centric Networking, ICN)이 나타나고 있다. 통신을 원하는 주체가 통신 대상의 주소 대신, 대상 정보의 식별자를 명시하는 방식이다. 해당 식별자를 통해 어떤 정보를 서비스해야 하는지 네트워크는 별도의 라우팅 규칙을 통해 데이터를 전송한다. 핵심적인 기술 이슈는 식별자와 위치 지정자 설계, 일반 단말뿐만 아니라 망의 전송 장비에도 적용할 프로토콜 스택 및 네트워크 구조/관리, 보안, 신뢰성 그리고 사물 인터넷을 위한 에너지 효율성 등이 있다. 지능형/자율형 사물 인터넷에서 핵심 기술 중 하나로 부각되고 있다.

사물 인터넷 네트워크 기술은 향후 사물 인터넷 디바이스가 수백억 개 이상 동작할 수 있는 폭증 문제로 인해 네트워크 운영 관리가 복잡해지고 비용이 급증할 것으로 전망된다. 즉, 기존 네트워크 내 단말 관리 기술은 불규칙적이고 다변화된 사물 인터넷 단말을 효율적으로 관리하기 어렵다. 이에 대하여 네트워크 지능화 및 자율화를 통해 운영자의 개입을 최소화하면서도 네트워크 자율 구성(Self-provisioning), 자율 설정(Self-configuring), 그리고 장애나 환경 변이에 자율 대응(Self-monitoring, Self-diagnosing, Self-healing)할 수 있는 방향으로 진화하고 있다.

네트워크 지능화는 네트워크 관련 데이터를 학습한 후 상황을 추론하고, 그에 적절한 상태나 동작을 예측하는 능력을 의미한다. **네트워크 자동화(자율화)**는 결정된 상황이나 예측된 값에 따른 정책에 따라서 복잡한 네트워크를 제어 및 운영·관리하는 것을 의미한다. **지능형/자율형 사물 인터넷**은 이러한 네트워크 지능화 및 자동화 기술이 뒷받침되어야 한다. 네트워크 지능화 및 자율화는 인공 지능 기술과의 융합을 통해 발전하고 있다.

또한 **자율형 사물 인터넷 네트워킹** 기술로 발전하기 위해서는 확정적인 **실시간 안정적 고신뢰 무선 통신** 기술과 등시성 기반의 **초저지연, 초고신뢰 자율무선 네트워크** 기술도 요구된다. 자율형 디바이스는 공장 자동화 수준의 고정밀 모듈 간 협업할 수 있도록 실시간으로 안정적이며, 고신뢰할 수 있는 무선 통신 기술이고 자율형 디바이스 간 협업하기 위한 기술이다.

5.3 사물 인터넷 플랫폼

대규모 사물들과 대용량 데이터를 효율적으로 처리할 수 있는 오픈 사물 인터넷 플랫폼을 기반으로 사물 인터넷 시장은 지속적으로 확산되고 있다. 플랫폼이라는 용어는 기차 플랫폼 등 일상생활에서도 많이 사용되지만, 여기서는 사업 환경에서의 플랫폼을 의미한다. 플랫폼은 '다양한 제품이나 서비스를 제공하고 사용하기 위한 토대'이다. 이러한 플랫폼의 개념은 다양한 분야에서 사용되고 있으며, 컴퓨터 분야로 확대하면 플랫폼은 소프트웨어 응용 프로그램들을 실행할 수 있는 기반으로 이해할 수 있다.

사물 인터넷 플랫폼(IoT Platform)은 실세계의 사물들을 언제 어디서나 서로 소통할 수 있도록 네트워크로 상호 연결 및 관리하고, 사물들이 생성하는 데이터를 수집하거나 사물을 제어하는 방법을 제공하며, 다양한 서비스를 개발하고 운영할 수 있도록 지원하는 시스템이다([그림 5-6] 참조). 또한 플랫폼은 특정 서비스에 종속적이지 않으면서도 새로운 지능적인 서비스 개발이 가능하도록 필수적인 기능을 제공한다. 대표적인 사물 인터넷 플랫폼으로 일부 가정에서 인공 지능 스피커를 중심으로 활용되는 '애플 홈킷(HomeKit)'이나 '구글 홈(Home)' 등이 있다.

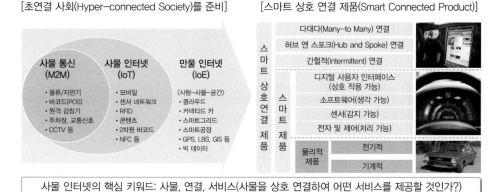

출처: https://www.slideshare.net/ssuser4adfd7/io-t-case-study-integral-modular-62470199 재구성

[그림 5-6] 사물 인터넷과 사물 인터넷 플랫폼

사물 인터넷 플랫폼 구조는 응용 서비스 도메인 분야별로 별도의 플랫폼을 구축하여 서비스를 지원했던 수직적 형태에서 사물과 서비스에 독립적으로 동작할 수 있는 수평적인 형태로 발전하고 있다. 수평적 플랫폼은 다양한 종류의 디바이스를 지원할 수 있으며, 여러 서비스에서 공통된 기능을 제공할 수 있다. 또한 특정 디바이스 및 서비스에 종속적이지 않아서 유지비용이 저렴하며, 공통된 인터페이스를 활용함으로써 서비스 간 융합 및 연계가 용이하다. 사물 인터넷 플랫폼은 다음과 같은 기술을 제공한다([표 5-4] 참조).

[표 5-4] 사물 인터넷 플랫폼이 제공하는 기술

기술 종류	의미
식별 체계 기술	어떤 대상을 유일하게 식별하는 방법을 제공하는 기술(예: 학생/주민/사원 번호/전화번호/국제 표준 도서 번호(ISBN) 등 개별적 식별자, 인터넷 자원 식별자(URL), IP 주소, 객체 식별자(OID) 등)
검색 기술	사용자가 원하는 서비스를 제공받기 위해 관련 정보나 자원 등을 찾고 그 결과를 쉽게 활용할 수 있도록 제공하는 기술(예: 클라이언트-서버 방식, P2P 방식)
장치 관리 기술	디바이스의 초기 설정, 소프트웨어/펌웨어 다운로드, 배터리/메모리/내부 자원 등의 모니터링, 시스템 리부팅, 시스템 로깅 등을 위한 기술(예: OMA(Open Mobile Alliance), DM(Device Management), OMA LWM2M(Lightweight M2M), BBF(Broadband Forum) TR-069, 별도의 장치 관련 프로토콜을 개발하여 사용)
사물 가상화 기술	물리적 환경에 존재하는 다양한 사물의 정보를 플랫폼 또는 디바이스에 표현하기 위해 추상화된 형태로 리소스를 생성하는 기술. 실세계에 존재하는 사물이 지원하는 네트워크, 정보 체계 등과 관계없이 사물 가상화를 통해 가상화 자원을 쉽게 서비스와 연결하거나 매시업 서비스를 구성에 활용
서비스 컴포지션 기술	서비스 지향 구조(Service Oriented Architecture, SOA)에서 다양한 서비스를 연동하기 위한 개념에서 출발했으며, 서비스 지향(ServiceOriented) 또는 서비스 유통(Service Choreography)의 하부 기술
시맨틱 기술	분산 환경에서 자원에 대한 정보와 관계-의미 정보를 기계가 처리할 수 있도록 온톨로지(Ontology) 형태로 표현하고 이를 자동화된 기계가 처리하도록 하는 프레임워크 기술

출처: 사물 인터넷의 이해, 2017

기본적으로 사물 인터넷 플랫폼은 이기종 센서 장치들에 대한 연결 방법, 제어 기능, 통합 관리 기능, 대규모로 수집되는 데이터에 대한 효율적인 수집·저장·관리 기능, 수집된 대용량 데이터를 효율적으로 검색·분석·시각화하는 기능, 웹 등을 이용한 오픈 서비스 제공 등을 수행한다. 각 기능에 대해 살펴보면 다음과 같다.

■ 이기종 센서 장치 관리, 연결 및 제어, 통합 관리 기술

사물 인터넷 시스템에서 대상 지역에 설치된 센서 장치가 정상적으로 동작하도록 관리하는 것은 중요하다. 장치의 등록 및 연결 상태 모니터링, 펌웨어 업데이트 등과 같은 **단말 관리 기술**이 필요하다.

사물 인터넷 시스템을 이루는 장치 간의 통신 및 네트워크 관리 기능은 **연결성 관리 기술**이 주로 담당한다. 이기종 센서 장치들을 효율적으로 연결하기 위한 사물 인터넷 플랫폼의 핵심 기술로, 오픈 소스 디바이스 플랫폼, 초연결 네트워크 인프라 기술, 통신 프로토콜 등이 필요하다. 네트워크 장치는 게이트웨이, 허브 등이 이용되고, 통신 프로토콜은

MQTT(Message Queuing Telemetry Transport), 단순 객체 접근 프로토콜(SOAP), TCP/IP, HTTP 등이 이용된다. 예를 들어, 오픈 공간 정보 컨소시엄은 센서 장치들의 기능을 웹 기반 오픈 API로 제공하기 위해 센서 장치에 내장 가능한 SensorThings API 표준이 제정되었다.

또한 사물 인터넷 서비스 제공을 위해 시스템 내의 모든 소프트웨어와 하드웨어를 통합 관리하는 **사물 인터넷 통합 관리 기술**도 필요하다. 사물 인터넷의 모든 기능 제어 응용 앱, 서비스 제공 애플리케이션 솔루션 등을 활용할 수 있다.

■ 사물 정보 수집 및 저장

센서가 내장된 사물들의 수가 증가할수록 사물들이 생성하는 데이터양도 증가하고, 또한 숫자, 텍스트, 오디오, 이미지, 동영상 등과 같이 데이터 형식도 다양해진다. 사물 인터넷 플랫폼은 대용량이면서 다양한 형식을 가진 센서 데이터를 효율적으로 수집하고 저장하는 방법을 제공한다. 특히, 실시간 처리가 필요한 데이터에 대해 메인 메모리 기반 데이터 저장 관리, 배치 처리가 필요한 데이터에 대해 데이터베이스 기반 데이터 저장 관리 방법 등을 제공한다. 대규모 데이터 처리가 필요한 경우, 클라우드 인프라 기반의 분산 빅 데이터 저장 및 처리 방법을 제공하기도 한다.

■ 사물 정보 검색 · 분석 · 시각화

사물 인터넷 시스템에서 사물들로부터 수집된 대용량 데이터를 분석, 처리하여 지능형 서비스를 제공하기 위해 분석 처리 기술을 활용한다. 주로 빅 데이터, 인공 지능, 기계 학습 등을 활용하며, 효율적인 데이터 분석 연산을 수행하기 위해 클라우드 시스템을 활용한다. 이를 통해 데이터 스트림 처리, 실시간 분석 및 배치 분석을 수행할 수 있다. 사물 인터넷 서비스에 따라서 필터링, 통계, 빅 데이터 분석, 의미 분석 등의 다양한 분석 기법들이 제공된다. 사물 정보 분석 결과를 효율적으로 보여주기 위해 다양한 시각화 기법도 적용되고 있다([그림 5-7] 참조).

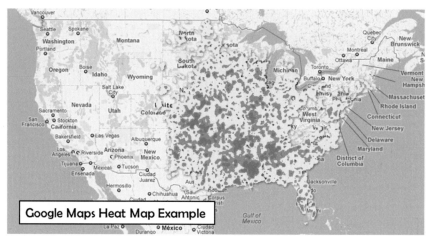

출처: http://www.cartographicperspectives.org/index.php/journal/article/view/cp72-peterson-et-al/479

[그림 5-7] 1950~2010년까지 토네이도 이동을 추적한 히트맵

■ 사물 정보의 오픈 웹 서비스

사물 인터넷 플랫폼은 서비스의 개발을 효율적으로 지원하기 위해 자신이 보유한 기능을 오픈 API를 통해 외부에 지원할 수 있어야 한다. 개발자들은 이러한 오픈 API를 기반으로 사물 인터넷 플랫폼 기능을 활용하거나 외부 시스템과의 매시업 작업 등을 쉽게 할 수 있어 사물 인터넷 서비스를 효율적으로 개발할 수 있다. 예를 들어, SWE(Sensor Web Enablement)는 사물 정보 수집 및 제어와 관련된 웹 서비스 API 표준을 제시하고, 구글 맵에서 제공하는 오픈 API와 매시업되어 활용된다.

이와 같이 사물 인터넷 플랫폼이 수행해야 할 역할을 살펴보았다. 다음 소절에서는 그 중에서 정보 분석 및 판단 기술을 위주로 좀 더 구체적으로 살펴보고, 마지막으로 사물 인터넷 플랫폼에 대한 연구 개발 동향까지 살펴본다.

5.3.1 정보 분석 및 판단 기술

빅 데이터 및 인공 지능 기술을 활용하여 센서를 통해 수집된 정보를 축적해 분석하고 이를 기반으로 지능형 서비스를 제공하는 것은 고도화된 사물 인터넷을 의미한다. 사물 인터넷에서는 엄청난 양(Volume)의 다양한(Variety) 데이터가 빠른 속도(Velocity)로 생성될 수 있으므로 빅 데이터의 역할도 중요하다. 빅 데이터 분석을 통한 고도화된 사물 인터넷은 스스로 상황을 판단하고 자율적으로 후속 작업을 실행한다. 이는 사람도 판단하기 어려울 정도로 정교하고 복잡한 작업을 수행하거나 사람의 개입을 최소화해 결국 인간을 대체하며, 자율적으로 동작하는 것까지 가능케 한다.

이렇게 고도화된 사물 인터넷은 사용자에게 고부가 가치 서비스를 제공하며, 지속적으로 활용 영역을 확대한다.

① 빅 데이터와 인공 지능 및 클라우드 연계

사물 인터넷의 각 디바이스들은 지속적으로 데이터를 수집한 후 정해진 경로를 통해 전송한다([그림 5-8] 참조). 이렇게 사물이 수집한 데이터를 활용하기 위해 최근에는 빅 데이터와 인공 지능 기술을 접목하고 있다.

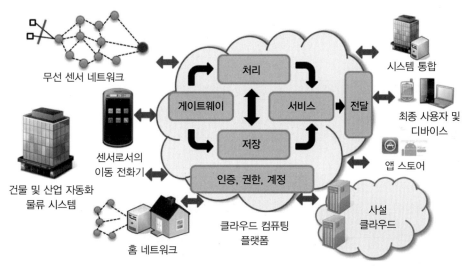

출처: http://www.tkt.cs.tut.fi/research/waps/

[그림 5-8] 사물 인터넷의 데이터 수집과 전달

각종 센서를 통해 수집된 데이터를 디지털화하여 정제, 분석한 후 디지털 세상에 저장하고, 분석한 결과를 실제 세상에 다시 제공한다. 이때 현실 세계와 디지털 세상을 이어주기 위해 클라우드가 중요한 역할을 수행할 수 있다([그림 5-9] 참조). 즉, 수집된 빅 데이터를 정제하고 분석, 진단한 후 서비스하기 위해 이러한 대용량 데이터를 처리할 수 있는 클라우드 환경이 구축되어야 한다. 따라서 사물 인터넷, 클라우드, 빅 데이터, 인공 지능이 각 산업에 미치는 파급 효과가 크게 나타나고 있다.

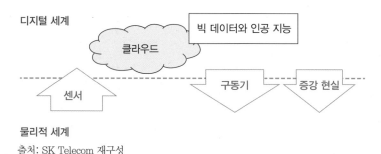

출처: SK Telecom 재구성

[그림 5-9] 사물 인터넷, 클라우드, 빅 데이터와 인공 지능의 연결

사물 인터넷에서 생성되는 데이터의 양은 시간이 갈수록 기하급수적으로 늘어나기 때문에 데이터 센터를 구축해도 감당하기 힘든 경우가 발생할 수 있다. 따라서 센서에서 데이터를 효율적으로 수집하고 부분적으로 처리하는 것뿐만 아니라, 효율적으로 데이터를 전송 및 저장하는 방법도 중요한 요소이다.

② 포그 컴퓨팅(Fog Computing)

사물 인터넷의 확산과 빅 데이터 실시간 처리의 필요성이 증가하면서 클라우드 컴퓨팅보다 더 확대된 역할이 필요하게 되었다. 일반적으로 데이터가 생성된 이후 적절한 시점에 데이터 분석이 이루어지지만, 실시간 분석은 데이터가 생성되는 시점에 분석 및 진단이 이루어져야 하므로 다양한 방법들이 연구되고 있다. 그 중 하나의 기술로 클라우드 컴퓨팅 시스템을 실제 네트워크에 보다 근접한 경계 영역까지 확장하는 새로운 아키텍처로 포그 컴퓨팅이 제시되었다([그림 5-10] 참조).

포그 컴퓨팅은 센서나 디바이스에서 생성된 데이터를 실시간으로 처리할 수 있는 노드를 기지국처럼 네트워크 근처에 배치시킨다. 노드는 실시간 처리에 필요한 처리 능력과 저장 기능이 있어 즉각적인 데이터 분석이 가능하다. 이에 따라 디바이스에서 생성된 데이터를 근거리 통신망을 이용해 포그 노드(Fog Node)에 연결하여 분석하고, 상대적으로 고성능의 계산 처리 능력이 필요한 작업은 클라우드로 보내 처리하게 한다. 이러한 방식은 간단한 데이터 분석을 포그 노드에서 해결하기 때문에 데이터 분석에 필요한 비용과 시간을 절약할 수 있다.

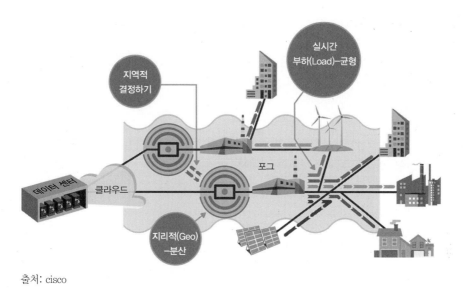

출처: cisco

[그림 5-10] 포그 컴퓨팅의 구성

또한 데이터 분석이 완료된 데이터가 네트워크를 통해 저장되므로 빅 데이터 저장 공간도 줄일 수 있다. 포크 노드가 포함된 시스템 아키텍처를 살펴보면 컴퓨터, 네트워크, 저장 장치, 사용자의 위치를 파악해 주는 엔진이 있고, 그 위에서 응용 프로그램이 구동된다. 이러한 포그 노드는 라우터나 셋톱 박스, 접속 장치 등에 탑재될 수 있다. 전통적인 컴퓨팅 모델과 비교하면 물리적인 디바이스와 데이터 센터, 클라우드 사이에 분산 플랫폼이 있다([그림 5-11] 참조).

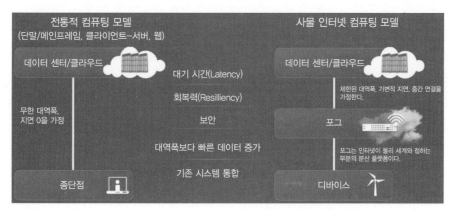

출처: cisco

[그림 5-11] 전통적 컴퓨팅 모델과 포그 컴퓨팅 모델의 비교

5.3.2 사물 인터넷 플랫폼 연구 개발 동향

글로벌 기술 선진국에서는 스마트홈, 스마트시티, 재난·안전, 교통, 제조 등 다양한 분야에서 지능형 서비스를 제공하기 위해 **자율형 사물 인터넷 플랫폼**과 **디지털 지능 트윈 플랫폼** 개발이 진행되고 있다.

자율형 사물 인터넷 플랫폼 기술로 발전하기 위해 **엣지 기반 자율사물 운영 관리 플랫폼**과 **자율사물 협업 지원 및 서비스 플랫폼**이 핵심 기술로 요구된다. 엣지 컴퓨팅 및 클라우드를 기반으로 서비스 목적에 따라 사물의 자율 동작 목표를 설정하고, 자율 사물의 동작 모니터링, 관리 및 제어하는 기술이 필요하다. 그리고 자율 사물 간 협업을 조정하고, 자율 사물 기반의 서비스를 구성하고 제공하는 기술도 필요하다.

사물의 트윈화를 통한 실시간 예측/대응을 위한 **디지털 지능 트윈 플랫폼** 기술에 대한 연구도 활발하게 진행되고 있다. 디지털 트윈은 물리 공간 내의 객체를 가상 공간에서 실시간으로 데이터를 동기화한 후, 모니터링, 공장 등에서 생산 최적화 문제 해결, 가상 제조, 자동화 등의 기능을 제공할 수 있다. 디지털 지능 트윈을 위해서 물리적 사물을 3차원 디지털 사물로 가상화하고 데이터 동기화를 통해 사물의 현상을 실시간 모니터링하는 기술과 센서로 수집한 데이터를 분석·학습·추론을 통해 지능적으로 사물을 관리하고 이상을 예측하고 대응하는 기술이 필요하다.

사물에서 수집한 다양한 데이터를 상호 공유하고 유통하기 위한 IoT 플랫폼 상호 연동 기술의 연구도 추진되고 있다. 세부적으로 살펴보면 이종 IoT 국제 표준 클라우드 연계, 엣지 가상화 기반 IoT 인프라 운영 관리 표준, 이종 표준 적용 다중 응용 도메인 공간의 끊김 없는 서비스 연계 기술이 연구되고 있다. 이종 IoT 국제 표준 클라우드 연계 기술은 IoT 국제 사실 표준(oneM2M, OCF 등) 중 산업에서 폭넓게 쓰이는 이종 표준 간 클라우드 연계 및 동기화를 통해 하나의 플랫폼처럼 동작할 수 있게 하는 기술이다. 엣지 가상화 기반 IoT 인프라 운영 관리 표준 기술은 엣지 중심으로 IoT 국제 사실 표준 간 효율적인 IoT 통합 인프라를 구축하고 운영·관리를 위한 상호 연동 표준 기술이다. 이종 표준 적용 다중 응용 도메인 공간의 끊김 없는 서비스 연계 기술은 스마트홈, 스마트공장 등으로 구성된 대규모 공간에서 각기 다른 표준이 적용된 도메인별 서비스 간 상호 연계를 기반으로 끊김 없는 서비스 제공을 위한 기술이 요구된다.

5.4 사물 인터넷 서비스

사물 인터넷 서비스는 주변 환경을 센싱하고 원격 모니터링 및 제어하는 서비스, 수집된 정보를 분석하여 사전 진단하거나 예측하는 서비스가 주류를 이루고 있다. 초지능, 초연결 환경에서 클라우드, 엣지 컴퓨팅, 인공 지능 등의 ICT 기술과 융합되어 다양한 물리적 또는 가상의 사물들에게 연결성을 제공하고 언제 어디서나 상황에 적합하게 맞는 상호 작용을 할 수 있고, 지능적인 자율 융합 서비스를 제공할 수도 있다.

사물 인터넷 서비스 기술은 초고속 무선 인터넷 서비스가 가능해지면서 로봇, 자동화, 확장 현실, 인공 지능 등과 같은 첨단 기술과 연결되어 최고 품질 및 성능의 매시업 서비스가 출현하고 있다. 제조업, 농업, 교통, 물류 등 서로 다른 다양한 영역과 융합하면서 새로운 서비스가 개발되고 있다. 특히 교통이나 의료 분야처럼 실시간 처리가 중요한 요소가 되는 분야에서는 엣지/포그 컴퓨팅을 함께 고려하여 개발되고 있다. 인간의 일상생활과 관련된 여러 영역을 자동화하고 부족한 것을 대체해 개인 맞춤화, 지능화·일상화 형태로 구현되는 인간 및 환경 중심의 서비스로도 진화하고 있다.

또한 사람과 접촉을 최소화한 비대면(Contactless, Non Contact) 형태의 서비스 역시 주목받고 있다. 확장 현실, 시맨틱 웹 등의 기술과 연계하여 가상 공간에서 실제 공간에서 활동하는 것과 같다고 느낄 수 있는 메타버스(Metaverse) 서비스의 등장이 한 예다. 또한 차별화된 상황 판단 기능과 자율 동작 기능을 탑재한 로봇이 최소한의 사람 개입으로 공공위생, 의료, 물류/배송, 교육 서비스에 적용되고 있다.

5.4.1 사물 인터넷의 주요 서비스 분야

사물 인터넷 서비스는 ICT 기술과 융합되어 크게 개인·기업·공공 분야에서 다양한 서비스가 실생활에 적용되고 있다. 사물 인터넷과 관련된 핵심 기술들, 특히, 오픈 소스 센서 디바이스 플랫폼, 블루투스와 같은 초소형/저비용/저전력 통신, 사물 인터넷 통합 플랫폼 등의 기술 발전으로 인해 기존 RFID 기반 USN에서의 많은 기술적인 문제를 해결할 수 있게 되었다. 또한, 무선 인터넷에 항상 연결이 가능한 스마트폰 기술의 발전 역시 사물 인터넷 서비스 확산의 기폭제가 되었다. 이는 사물 인터넷을 이용하여 수집되고 분석된 정보를 사용자에게 제공할 수 있는 강력하고도 확실한 수단이다.

개인과 관련된 서비스는 주로 개인의 상태 및 주변 환경 정보를 수집한 후 맞춤형 서비스 제공과 관련되어 있다. 좀 더 구체적으로 맞춤형 헬스케어 및 웰니스(Healthcare and Wellness) 서비스, 개인 안전 및 보호 서비스, 스마트홈, 스마트오피스(Smart Office)와 같이 사람을 편리하게 하고 보조하는 서비스에서 활용되고 있다.

기업들은 자동차, 선박, 로봇, 에너지, 건설, 공장, 농업 등과 같은 주력 산업 분야에서 모니터링하고 원격 제어할 수 있는 사물 인터넷 기술을 이용하여 스마트공장, 스마트그리드, 스마트자동차, 스마트농장, 스마트물류 등과 같이 산업 경쟁력을 향상시키는 서비스를 개발하고 있다([그림 5-12] 참조).

정부를 포함한 공공 영역의 경우는 재난 재해 대응, 도시 관리, 교육, 교통, 의료, 복지, 국방, 물류 등의 다양한 공공 부문 서비스에 사물 인터넷 기술을 적용하여 서비스 만족도를 개선하고 있다.

출처: 소프트웨어정책연구소 재구성

[그림 5-12] 사물 인터넷 응용 분야

구체적인 사물 인터넷 기반 서비스를 개인 생활 및 복지, 경제 산업 부분, 공공 안전 분야로 구분하여 살펴보면 다음과 같다([표 5-5] 참조).

[표 5-5] 사물 인터넷 서비스 활용 분야

활용 분야		주요 내용
개인 생활 및 복지	생활	• 가전·기기 원격 제어 서비스, 홈 CCTV 서비스, 스마트도어락 서비스, 인공 지능 서비스(음성 인식 비서) 등 • 전기·가스·수도 등 원격 검침 서비스, 실시간 과금 서비스 등
	관광	관광지 위치 정보 서비스, 관광/문화행사 정보 수집/제공 서비스, IoT 기반 문화유산 관광 안내 서비스 등
	스포츠/레저	운동선수 관리(운동량 체크 등) 서비스, 스포츠 장비 관리 서비스, 경기장 내 위치 정보 서비스 등
	환경	수질 관리, 음식물 쓰레기 관리
	헬스케어	운동량 관리 서비스, 수면 관리 서비스 등
	의료	의약품 및 의료기기 관리 서비스, 환자 상태 모니터링 서비스, 원격 검진 서비스 등
	복지	취약 계층(독거·치매 노인, 여성, 장애인 등) 서비스, 사회복지시설(요양원 등) 서비스, 미아 방지 서비스, 여성 안심 서비스 등
경제 산업	물류/유통	상품 위치 정보 모니터링 서비스, 물류창고 관리 서비스, 조달 관리 서비스, 물류 추적 서비스 등
	소매	지능형 쇼핑 고객 관리 서비스, 실시간 재고 관리 서비스, 운송 추적 서비스, 비콘 기반 O2O 서비스 등
	금융	사물 인터넷 기반 동산 담보 관리 서비스, 비콘 기반 금융 상품 안내 및 고객 서비스
	제조	생산 공정 관리 서비스, 기계 진단 서비스, 공장 자동화 서비스, 제조설비 실시간 모니터링 서비스 등
	자동차	차량 진단 서비스(디지털 운행 기록 장치(Digital Tachograph, DTG), 온보드 진단기(On-Board Diagnostics, OBD)), 커넥티드 카, 무인 자율주행 서비스 등
	교통/인프라	지능형 교통 시스템, 대중교통 운영 정보 관리(버스사령관제 등) 서비스, 스마트주차 서비스, 주차 위치 제공 서비스, 주변 주차장 안내 서비스, 아파트 차량 출입 통제 및 주차 관리 서비스, 철도시설 관리 서비스 등
	항공/우주	비행기 내부 모니터링 서비스, 실시간 항공기 원격 점검 서비스 등
	조선/선박	선박 위치 모니터링, 선박 내부 모니터링, 선박 원격 점검 서비스 등
	에너지	에너지 모니터링 서비스, 건물 에너지 관리 서비스, 전력/전원 모니터링 및 제어 서비스, 신재생 에너지(태양광 등) 관리 서비스 등
	농축산	재배 환경 모니터링 및 관리 서비스, 사육 관리 서비스, 사료 자동 급이 서비스, 농산물 유통 관리 서비스, 생산 이력 관리 서비스, 가축 이력 추적 서비스, 가축 전염병(구제역 등) 관리 서비스 등
	수산	양식장 환경 정보 수집 서비스, 수산물 이력 관리 서비스 등

	재난/ 재해	기상 정보 수집/제공, 재난 재해 감시(홍수, 지진 등) 서비스
공 공 안 전	구조물 관리	구조물 안전 관리 서비스, 공공시설물 제어 서비스, 빌딩 관리 서비스, 출입 통제 서비스, 시설 물 감시 서비스, 도로/교량 상태 모니터링 서비스 등
	국방	훈련병 · 예비군 관리 서비스, 전장 감시 및 부대 방호 서비스, 총기 및 탄약 관리 서비스, 테 러 감지 서비스, 광섬유 군복 등
	산업 안전	유해 화학물 관리, 재해 모니터링, 위험물 감지 · 경보 서비스 등
	교육	스마트스쿨(출결 관리, 교육 기자재 관리 등) 서비스, 스마트 도서관 서비스 등

출처: 2021년 사물인터넷 산업 실태조사 결과, 과학기술정보 통신부와 정보 통신산업진흥원, 2021. 12. 재구성

- **개인 편리를 위한 생활 및 복지 서비스**: 사물 인터넷 기술이 고도화되면서 다양한 개인 맞춤형 서비스가 제공되고 있다. 스마트홈, 스마트시티 등 지능형 정보기기가 네트워크로 연결되어 집, 인간, 도시 주변 환경의 자연스러운 상호 작용을 통하여 인간 중심의 환경친화적 서비스를 제공하고 있다. 각 개인 주변에서 수집한 정보를 기반으로 생활 밀착형 서비스가 제공되고, 이로 인해 편리함이나 안전을 높여줄 수 있다. 예를 들어, 스마트홈의 경우, 스마트폰을 이용한 가전제품에 대한 단순 원격 제어 수준을 넘어, 가전 기구가 스스로 주변 상황을 감지 · 판단한 후 스스로 청소나 세탁을 하고 가스 기구 사용 중 위험 상황을 미리 방지할 수 있다.

  헬스케어의 경우, 착용한 디바이스를 통해 생체 신호를 수집하고 실시간 분석한 후, 적정 운동 제시, 개인 건강 상태 분석, 가족 병력 분석 등 맞춤형 정보 제공이나 복합적인 개인 정보 분석도 가능하며, 이는 개인 맞춤형 평생 주치의 수준으로 발전하고 있다. 이와 같이 개인의 편리를 위한 서비스는 개인에게 편리하고, 쾌적하고, 안전한 생활 밀착형 서비스를 항상 제공하여 최종적으로 삶의 질을 향상시킬 수 있을 것으로 기대된다. 단, 민감한 개인 정보에 해당하는 이동 경로, 병력이나 복약 기록 등에 대한 안전한 활용을 보장하는 보안 이슈도 함께 해결되어야 한다.

- **경제 및 산업의 경쟁력 향상과 효율화 서비스**: 사물 인터넷은 여러 산업의 제품 생산 · 관리 · 품질 · 유통 등의 과정에서 비용 문제나 생산 효율성 제고를 위해 활용도가 커지고 있다. 자동차, 로봇, 제조 공장, 에너지, 물류, 농축수산 등 기존 산업에 ICT 기술이 접목되어 새로운 제품 및 서비스를 첨단화하고 고부가 가치를 창출하고 있다.

  스마트자동차 산업의 경우, 도로와 차량에 다양한 센서를 설치하여 도로 교통 상황이나 운행 중인 자동차의 상태 정보를 기반으로 교통사고 예방 및 최적화된 주행을 지원할 수 있다. 사람의 건강 및 심리 상태를 파악하여 도움을 줄 수 있는 **감성 로봇** 산업, 사물 인

터넷 기반의 실시간 에너지 생산 및 수요 감지, 에너지 공유 및 거래 등을 관리하여 에너지 수요/공급의 효율을 최적화할 수 있는 **스마트그리드** 산업, 대량 물품의 주문 · 생산 · 유통 과정에서 생산성 향상 및 물류 최적화를 달성할 수 있는 **스마트물류/유통** 산업 등도 산업 경쟁력 향상이나 효율성을 높이기 위한 사물 인터넷 활용 서비스에 해당한다.

- **공공 안전 서비스**: 사물 인터넷 기술은 정확한 서비스를 실시간으로 제공함으로써 공공 부문 서비스 만족도에도 큰 영향을 끼치고 있다. 공공 안전/재난 예방, 국방 등 공공의 이익 증대 및 문제 해결, 사회 이슈 대응 등의 서비스를 실현하고 있다.

  다양한 센서 장치를 활용하여 재난 재해, 기상 상황 정보를 광범위하게 감지하고 분석함으로써 정보에 대한 신뢰를 높일 수 있다. 또한, 도시 내의 교통, 주거, 환경, 에너지, 안전, 의료, 복지 서비스 등과 관련된 정보를 수집하고 융합하여 해당 서비스를 효율적으로 제공하는 스마트시티도 활성화되고 있다.

5.5 사물 인터넷 아키텍처

사물 인터넷의 특징은 사물 스스로 데이터를 수집하고 전달하는 것이다. 사물이 네트워크에 연결되어 고부가 서비스가 가능해졌고, 이러한 사물을 사용한 다양한 형태의 서비스가 거의 모든 산업에서 활용되고 있다. 체계적인 사물 인터넷 아키텍처가 구성되면, 효율적인 사물 인터넷 서비스 제공도 가능하다.

사물 인터넷 내의 디바이스들은 일반적으로 게이트웨이를 거쳐 시스템으로 연결된다. 네트워크에 있는 게이트웨이는 경로를 따라 수집된 데이터를 서버나 클라우드로 전송한다. 여기서 수집된 데이터가 저장되고 분석 작업을 거쳐 필요한 정보를 도출한 다음 해당 서비스를 동작시키게 된다. 이 과정에서 다시 게이트웨이를 통해 해당하는 디바이스에 필수적인 데이터나 명령이 전송될 수도 있다. 사용자의 스마트폰이나 전용 단말기를 통해 필수적인 정보를 전송할 수도 있으며, 데이터 분석 과정에서 인공 지능 기술이 접목될 수 있다([그림 5-13] 참조).

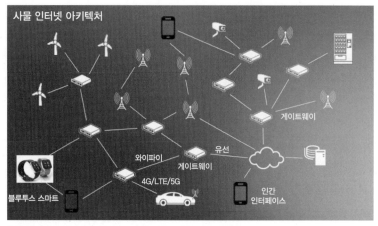

출처: Intel

[그림 5-13] 사물 인터넷 아키텍처 구성도의 예

사물 인터넷 아키텍처는 제공하는 서비스나 플랫폼 등에 따라 그 내부 구조가 다양할 수 있으며, 그에 따라 아키텍처가 갖추어야 할 속성이 다양할 수 있다. 인텔에서는 사물 인터넷 아키텍처 구성도를 제시하고 사물 인터넷 아키텍처의 특징을 5가지로 정의하였으며, 이러한 특징을 고려하여 소프트웨어를 설계하도록 안내하고 있다([표 5-6] 참조).

[표 5-6] 인텔에서 제시하는 사물 인터넷 아키텍처의 특징

구분	내용
확대성(Expansion)	다량의 디바이스 지원
자율성(Autonomy)	사람의 제어가 거의 불필요
탄력성(Resiliency)	장애를 극복하고 기능을 지속적으로 수행
내구성(Durability)	장시간 사용에도 견딜 수 있는 성능
접속성(Connectivity)	사물 간(M2M) 또는 사람과 사물 간의 원활한 통신

5.5.1 사물 인터넷 서비스 아키텍처

사물 인터넷 서비스의 주요 기능은 자원 및 서비스 관리, 수집 데이터의 가공 및 처리, 사물 인터넷 보안 인증 등이 있다. 이러한 서비스는 맞춤형 서비스인 응용 서비스형, 빅 데이터 및 인공 지능 기반으로 데이터 분석 정보를 제공하는 지식정보(Semantics & Knowledge)형, 사물 인터넷과 소프트웨어의 인증, 연동 등을 제공하는 보안인증(Security & Privacy)형

등이 있다. [그림 5-14]는 사물 인터넷 서비스를 개발하고 운용하는 관점에서 바라본 사물 인터넷 서비스 아키텍처의 한 예이다.

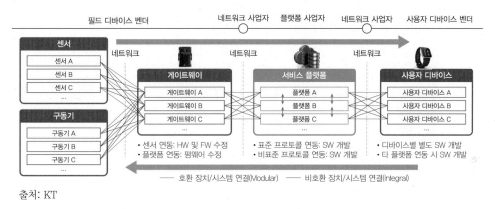

출처: KT

[그림 5-14] 사물 인터넷 서비스 아키텍처

[그림 5-14]를 살펴보면, 센서 등을 통해 수집된 데이터는 게이트웨이를 통해 전달되고, 사용자에게 제공되는 서비스별로 별도의 서비스 플랫폼을 가지게 된다. 사물 인터넷 서비스 플랫폼은 앞 단의 사물 인터넷 구성 요소를 연결하는 역할과 데이터 기반 서비스를 제공하는 역할을 수행하게 된다. 서비스 플랫폼을 표준형으로 구성하면 초기 비용과 노력은 많이 들 수 있지만, 확장이 용이하다. 반면, 사물 인터넷 서비스들을 독립적인 모듈 형태로 제공하도록 구성하면, 사물 인터넷 서비스 아키텍처에 사물 인터넷 서비스를 쉽게 추가할 수 있다.

5.5.2 사물 인터넷 모델의 변화

사물 인터넷 개념이 나오기 이전에도 사물을 활용한 정보 수집은 존재했지만, 필요에 의해 사물이 별도의 네트워크에 연결되었고 수집되는 데이터도 제한적이었다. 미리 정의된 필요한 데이터만 수집하고 수집하는 데이터양도 적으며, 데이터 활용 방식도 한정되었다. 하지만 빅 데이터 기술에 의해 데이터 속에서 사람들이 생각하지 못한 행동 양식이나 가치를 찾아낼 수 있게 되면서 주변 환경에서 다양한 데이터를 수시로 수집할 수 있는 사물 인터넷에 대해 더 관심을 갖게 되었다.

또한 기존에는 각 산업이나 해당 서비스에서 직접적으로 필요한 정보만을 수집하다 보니 소프트웨어의 규모가 크지 않았지만, 다양하고 방대한 양의 정보가 수집되면서 이를 처리하는 소프트웨어의 규모나 기능이 커지고 그에 적합한 아키텍처도 다양해졌다. 즉, 정보를 한곳으로 모았다가 다시 필요한 곳으로 정보를 제공하는 중앙 집중식 클라우드에서 분산 클라우드 형태도 많이 연구되고 있다([그림 5-15] 참조).

출처: 분산형 데이터베이스 기반 비중앙식 사물 인터넷 플랫폼을 이용한 스마트 홈 서비스

[그림 5-15] 사물 인터넷 모델 변화

중앙 집중식 클라우드 컴퓨팅은 실시간 처리를 요구하는 스마트공장, 스마트농장, 자율주행 자동차 등과 같은 다양한 사물 인터넷 서비스 수용에 한계가 있다, 또한 데이터의 전송 및 분석 수요가 기하급수적으로 증가하고 있어 클라우드 서버의 컴퓨팅 과부하 위험이 존재하며, 클라우드 서버로 모든 정보를 전송한다는 점에서 개인 및 중요 정보에 대한 침해성 문제도 발생한다. 이러한 문제점들을 해결하기 위해 데이터가 발생한 현장 또는 근거리에서 실시간으로 데이터 처리가 가능한 **엣지 컴퓨팅** 기술이 대두되었다. 또한 최근 급격히 발전하고 있는 **인공 지능** 기술은 사물 인터넷 환경에서 생성되는 방대한 양의 데이터를 빠르게 분석하고 가공 및 추출하여 학습 및 추론을 통해 최적화된 결론을 얻기 위한 기술로 사물 인터넷과 융합되고 있다.

사물이 인터넷에 연결되어 사물의 상태를 전달하는 연결 중심에서 클라우드 컴퓨팅, 엣지 컴퓨팅, 인공 지능 등의 기술과 융합하여 **지능형, 자율형**으로 점차 발전하고 있다([그림 5-16] 참조). **지능형** 사물 인터넷은 사물이 생성한 데이터를 클라우드로 전송하여 인공 지능 기술을 이용하여 지능적으로 분석 및 진단하고 의사 결정을 한다. **자율형** 사물 인터넷은 인공 지능, 클라우드, 엣지, 사물지능을 활용하여 분산 · 협업지능으로 물리 세계를 제어한다.

엣지 컴퓨팅은 사물 인터넷 디바이스에서 발생하는 데이터를 클라우드로 보내지 않고 데이터가 발생한 현장 혹은 근거리에서 처리하여 데이터 처리 지연시간을 최소화함으로써 실시간으로 제공한다. 사물지능은 사물이 스스로 최적의 의사 결정을 통해 자율적인 대응을 수행하는 사물 지능화 기술이며, 사물이 환경과 사용자의 변화를 인지하고 분석하는 상황 인지 기술, 상황 인지 정보로부터 새로운 정보를 추론하는 상황 추론 및 예측 기술, 최적의 판단과 대응 제어 기술, 의사 결정의 피드백과 대응을 통해 스스로 보정하며 최적화하는 지능 강화 기술 등을 포함한다.

클라우드와 융합한
연결형 사물 인터넷

클라우드와 인공 지능으로
분석 및 진단하고
의사 결정을 하는
지능형 사물 인터넷

클라우드, 인공 지능, 엣지, 사물지능을 활용한
분산 · 협업지능으로 물리 세계를 제어하는
자율형 사물 인터넷

출처: ETRI 재구성

[그림 5-16] 사물 인터넷의 발전 방향에 따른 모델 변화

〈사례 1: KETI의 모비우스〉

사물 인터넷 통합 플랫폼과 관련하여 국내의 경우, 전자부품연구원(KETI)의 **모비우스**(Mobius)와 한국전자통신연구원(ETRI)의 **오픈 시맨틱 USN/사물 인터넷 서비스 플랫폼**(Common Open seMantic USN Service Platform, COMUS)이 발표되었다. 특히 모비우스는 웹 기반의 오픈 API 제공 및 개발자 사이트 지원을 통해 사물 인터넷 서비스 생태계를 활성화시키고 있다.

모비우스는 오픈 사물 인터넷 플랫폼으로서, 일반적인 형태의 디바이스 단말뿐만 아니라 착용형이나 스마트 **앱세서리**(Appcessory) 등 다양한 사물 인터넷 기기를 지원하고, 누구나 자유롭게 사용할 수 있다. 사물 인터넷 기기의 수가 폭발적으로 증가하더라도 플랫폼에 등록된 수많은 기기 중 필요한 대상을 쉽게 찾을 수 있는 기능과 검색된 기기에 맞는 앱을 찾아서 내려받을 수 있는 앱스토어 기능을 제공한다([그림 5-17] 참조).

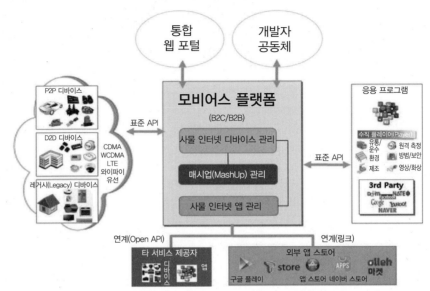

출처: http://www.edaily.co.kr/news/NewsRead.edy?SCD=JE31&newsid=010955266609339400&DCD=A00503&OutLnkChk=Y

[그림 5-17] 오픈 사물 인터넷 플랫폼 모비우스 구성도

모비우스의 구조는 **플래닛 플랫폼**(Planet Platform), **스토어 플랫폼**(Store Platform), **매시업 플랫폼**(Mashup Platform), **디바이스 플랫폼**(Device Platform)으로 구성된다.

오픈 API 기반 검색 서비스인 **플래닛 플랫폼**은 글로벌 환경에서 장치 ID, 이름, 위치, 키워드, 접근 네트워크 주소, 보안 설정 등의 디바이스 프로파일(Device Profile)의 등록 및 검색을 지원한다.

스토어 플랫폼은 사물 인터넷 디바이스에 탑재되는 다양한 앱/웹 응용 프로그램 개발자가 등록 및 업로드할 수 있고, 사용자는 이 플랫폼에서 필요한 응용 프로그램을 다운로드할 수 있다.

매시업은 웹에서 제공하는 정보 및 서비스를 이용하여 새로운 소프트웨어나 서비스, 데이터베이스 등을 만드는 기술이며, **매시업 플랫폼**은 실세계의 디바이스로부터 수집된 데이터를 기반으로 사용자에게 사물 인터넷 정보를 제공한다. 즉, 사물 인터넷 디바이스로부터 주기적으로 데이터를 전달받아 보관하고 사물 인터넷 디바이스 데이터에 관한 시계열 통계 정보 및 관련 있는 사물 인터넷 디바이스 데이터들 사이의 융합을 통해 유용한 정보를 사용자에게 제공할 수 있다([그림 5-18] 참조).

디바이스 플랫폼은 다양한 사물을 사물 인터넷 인프라에 연결시키고 사물 인터넷 서비스 플랫폼들과의 연동을 통해 사물이 사물 인터넷 서비스를 제공할 수 있도록 한다. 디바이스 플랫폼은 사물 인터넷 디바이스, 게이트웨이에 탑재되는 소프트웨어 플랫폼이며, 엔큐브(&Cube)가 있다.

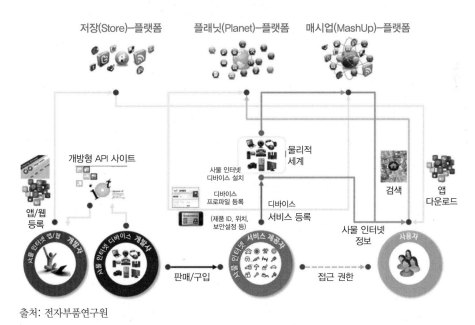

[그림 5-18] 모비어스를 통한 사물 인터넷 서비스 시나리오

국외의 경우, 사물 통신 기반의 오픈 사물 인터넷 플랫폼인 **씽웍스**(ThingWorx)가 있다. 씽웍스는 복잡하고 급변하는 사물 인터넷 환경에서, 기업이 간편하고 신속하게 응용 프로그램을 개발할 수 있도록 지원하는 소프트웨어 플랫폼이다. 오라클(Oracle), 구글, 마이크로소프트, IBM 등의 글로벌 기업들은 사물 정보 기반 지능형 서비스의 오픈 사물 인터넷 플랫폼을 제공하며, 사물 인터넷 관련 글로벌 생태계를 주도하기 위해 경쟁을 벌이고 있다.

〈사례 2: KT에서 제공하는 사물 인터넷 서비스〉

사물 인터넷 서비스의 아키텍처는 표준화 작업이 이루어지고 있다. 표준화되지 않으면 사물 인터넷 서비스와 아키텍처의 확장이나 사용자, 디바이스의 추가가 쉽지 않다. 예를 들면, KT는 비표준 방식의 **완전형**(Integral)과 표준 방식의 **모듈형**(Modular)으로 구분하여 사물 인터넷 아키텍처에 변화를 제시하고 있다([그림 5-19] 참조).

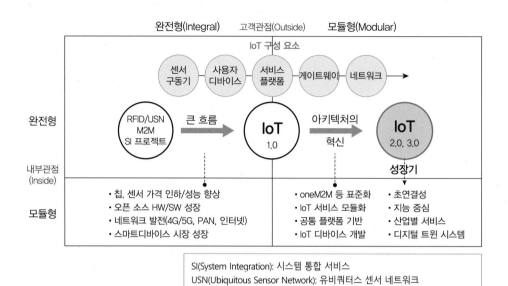

[그림 5-19] KT의 사물 인터넷 아키텍처 변화

초기에는 표준화 영향이 적은 하드웨어 기반의 센서, 디바이스 위주로 사물 인터넷 발전이 이루어졌고 점차 사물 인터넷 서비스 전용 플랫폼 개발, 사물 인터넷 전용 디바이스 개발, 표준화와 모듈화가 적용된 사물 인터넷 서비스가 필요하게 되었다. 표준화된 플랫폼에 따라 사물 인터넷이 구성되면 센서, 디바이스 등의 표준화도 쉽게 이루어진다. KT는 완전형과 모듈형 방식에 따라 사물 인터넷 서비스와 소프트웨어 개발 방식도 [그림 5-20]과 같이 달라진다고 말했다.

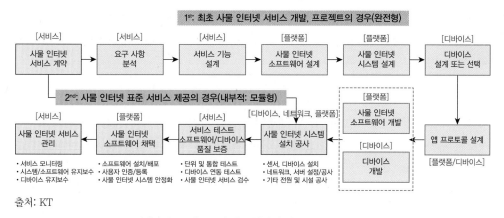

출처: KT

[그림 5-20] KT의 사물 인터넷 서비스 개발 과정

완전형의 경우, 요구 사항에 따라 서비스 기능과 소프트웨어, 시스템을 별개로 설계해야 하고, 이에 따른 플랫폼과 디바이스 등을 고민해야 한다. 반면, 표준이 적용된 모듈형의 경우 표준화된 환경에 맞춰 플랫폼, 소프트웨어, 시스템 등을 개발하기 때문에 그 시간을 대폭 줄일 수 있다. 모듈형으로 발전하기 위해 오픈 소스를 활용하는 것도 한 방법이다.

5.6 보안 기술

사물 인터넷은 ICT 관련 핵심 기술로 간주되고 있다. 특히, 모바일 디바이스나 무선 네트워크 기술의 발전으로 사물 인터넷 디바이스의 활용 폭이 지속적으로 커지고 있고, 빅 데이터 및 인공 지능 기술을 활용하여 다양한 산업에 접목시키려는 노력이 활발하게 이루어지면서 사물 인터넷을 활용하기 위한 여건이 성숙되었다. 하지만 사물 인터넷이 빠른 속도로 대중화됨에 따라 보안 문제에 대해 체계적인 대비책이 있어야 안정적으로 서비스를 제공할 수 있다.

5.6.1 사물 인터넷 보안 위협 수준

모바일 디바이스와 무선 인터넷이 일반화되면서 보안 문제는 지속적으로 증가하고 있다. 여기에 사물까지 네트워크에 연결되어 활용되는 사물 인터넷에서 보안 문제는 서비스의 대중화를 위해 중요하게 고려되어야 한다. 가전제품이나 자동차처럼 사용자가 직접 사용하는 기기부터 가정, 공장과 같은 산업 현장, 공공인프라 내의 기기들까지 사회생활 전반에 걸쳐 보안 위협에 노출된 상황이다.

사물 인터넷 역시 디바이스부터 서비스까지 거의 모든 부분에서 보안 이슈가 발생할 수 있다([그림 5-21] 참조). 디바이스의 경우, 검증되지 않은 부품 등을 통해 비정상적인 동작이나 시스템 내외부의 공격을 받을 수 있고, 펌웨어 해킹으로 비인가 접속 권한을 탈취할 수도 있다. 네트워크의 경우, 정보 패킷 변조, 파밍(pharming), 인터페이스 해킹, 정보 노출, 위변조 등 일반적으로 고려되어야 하는 문제가 발생할 수 있다. 서비스 자체도 보안 공격 대상이 될 수 있으며, 공격받은 장치나 네트워크에 의해 거짓 정보에 의한 공격 역시 고려되어야 한다. 이 경우 서비스 자체에 대한 보안 문제도 있지만, 디바이스나 네트워크 보안 문제로 인해 오염된 정보 서비스를 제공할 수 있어 더 심각한 결과를 초래할 수 있다.

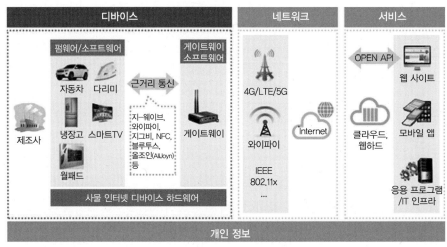

출처: LG CNS 재구성

[그림 5-21] 사물 인터넷 보안 위협 요소들

사물 인터넷 보안을 다른 보안보다 더 심각하게 인식하는 이유는 사람을 통한 제어 없이 디바이스 스스로 자율적으로 구동하기 때문이다. 다른 ICT 서비스는 관리자가 지속적으로 모니터링하면서 서비스에 대한 보안 문제 발생 시 적절하게 대처하지만, 사물 인터넷의 경우 보안 문제가 발생해도 방치되거나 늦게 인식할 여지가 있어서 서비스 전에 체계적인 보안 설계와 보안 점검이 필요하다.

사물 인터넷이 보안에 취약한 또 다른 이유는 무선 네트워크의 구조적인 취약점 때문이다. 사물 인터넷 관련 디바이스의 대부분이 저전력에서 동작하는 저사양 기기이기 때문에 쉽게 해킹될 수 있다. 다양하고 많은 장치가 빈번하게 출시되지만, 표준화나 인증 수단이 이러한 개발 속도를 못 따라가다 보니 뒤늦게 보안 이슈가 발생하기도 한다. 또한 각 산업에서 빠르게 진화하는 ICT 기술과 비교해 보안과 관련된 규제나 기준을 적시에 제시하지 못하고 있다([그림 5-22] 참조).

무선 인터넷의 구조적 취약성

낮은 디바이스 단가

적절한 인증 수단의 부재

보안 규제, 가이드라인 전무

출처: 비주얼라이즈

[그림 5-22] 사물 인터넷이 보안에 취약한 이유

5.6.2 오픈 사물 인터넷 플랫폼

사물 인터넷 플랫폼은 범위가 넓고 다양한 컴포넌트들이 존재하기 때문에 고민해야 할 사항들이 많다. 플랫폼에는 사물 인터넷 서비스를 위한 구성 요소인 서버, 게이트웨이, 디바이스별로 필요한 보안 요소들을 포함해야 한다. 서버, 게이트웨이, 엣지 디바이스는 기기 간 인증이 필요하고 모바일 디바이스는 사용자 인증이 필요하다. 인증이 된 후에 각 계층 간 데이터 이동이 이루어진다. [그림 5-23]은 사물 인터넷 플랫폼에 보안 기능을 추가한 예를 보여주고 있다.

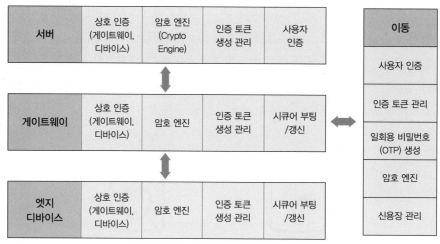

출처: LG CNS

[그림 5-23] 사물 인터넷 보안 플랫폼의 예

통합된 단일 플랫폼이 제공되면, 사물 인터넷 플랫폼 구성을 단순화할 수 있어 보안 문제 해결에 도움이 된다. 오픈 사물 인터넷 플랫폼으로 오픈 소스는 상호 운용성을 기반으로 표준화가 자동으로 이루어지는 장점이 있다. 특히, 새로운 장치나 기술, 서비스가 지속적으로 개발되어 추가되는 사물 인터넷에서 상호 호환성을 확보하기 위해 오픈 소스는 상당히 효과적이다.

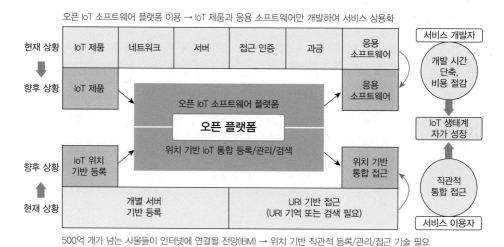

출처: 전자부품연구원

[그림 5-24] 오픈 사물 인터넷 플랫폼의 예

[그림 5-24]의 '현재 상황(As is)'에서 나열된 각 기능을 '향후 상황(To be)'에서 오픈 사물 인터넷 플랫폼으로 구성한 후, '사물 인터넷 제품'을 등록하고 '응용 소프트웨어'만 개발하도록 한다. 즉, 기존에는 '현재 상황'에 언급된 세부 기술들을 모두 고민하고 개발해야 했지만, 오픈 사물 인터넷 플랫폼에서는 '향후 상황'과 같이 필요한 부분만 개발하면 된다.

〈사례: LG에서 제시하는 사물 인터넷의 보안〉

제품이 출시되기 전에 보안 취약점이 해결되지 않는다면 제품뿐만 아니라 그 제품을 이용하는 서비스도 문제가 될 수 있어 출시 전부터 보안에 대한 진단과 점검이 필요하다. LG의 경우, 디바이스, 앱, 게이트웨이, 네트워크, 서비스로 구분하여 영역별로 상세한 보안 확인 목록을 작성하여 보안 취약점 분석을 시행한다([그림 5-25] 참조).

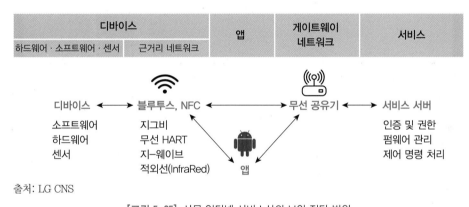

[그림 5-25] 사물 인터넷 서비스상의 보안 진단 범위

그리고 각 서비스에 대하여 사물 인터넷 보안, 스마트폰 앱 보안, 클라이언트/서버 보안, 클라우드 서버 보안으로 분류하고 있다. 클라이언트/서버 보안과 클라우드 서버 보안, 스마트폰 앱 보안의 경우, 기존 ICT에서 제시되는 보안 진단과 유사하게 구성되었고, 사물 인터넷 보안 진단의 경우, 앞에서 언급한 사물 인터넷 특성에 적합하게 진단하도록 구성되었다([그림 5-26] 참조).

사물 인터넷 보안 확인 목록		
사물 인터넷 보안		스마트폰 앱 보안
I. 서비스 영역	1.1. 등록 정보 배포	1. 취약한 서버 설정
	1.2. 등록(Enrolment)	2. 중요 정보 디바이스 내 저장
	1.3. 인증(Authentication)	3. 불충분한 전송 계층 보호
	1.4. 권한 설정(Authorization)	4. 의도치 않은 데이터 유출
	1.5. 구성(Configuration)	5. 취약한 인증 및 인가
II. 네트워크		6. 취약한 암호화
III. 펌웨어 관리		7. 클라이언트 기반 인젝션
IV. 소프트웨어 관리		8. 앱 배포 시 보안 설정 및 권한 설정 미흡
V. 암호화 저장		9. 불충분한 세션 관리
VI. 하드웨어 설계 · 제조		10. 바이너리 보호 부족
클라이언트 · 서버 보안		클라우드 서버 보안
–		–

출처: LG CNS

[그림 5-26] 사물 인터넷 보안 확인 목록

다양한 사물 인터넷 서비스를 출시하기 전에 [그림 5-26]과 같은 진단 점검을 수행하고, 출시 후에도 디바이스에 탑재된 소프트웨어의 취약점이 발견될 때는 펌웨어 업데이트를 통해 제거할 수 있어야 한다. 보안 취약점 해소를 위해 디바이스 자체의 보안성뿐만 아니라 인증, 네트워크 구간 보호, 저장 데이터 보호 등을 확보할 필요가 있다. 이를 위해 암호화, 접근 제어, 키 관리 등이 중요한 요소가 되며, 이러한 요소를 기반으로 점검 기준이 마련될 필요가 있다([그림 5-27] 참조).

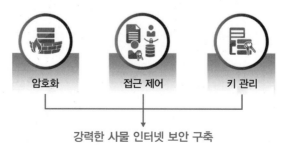

강력한 사물 인터넷 보안 구축

출처: 보메트릭코리아

[그림 5-27] 사물 인터넷 보안 구축을 위한 요소

보안 사고의 경우, 복잡한 보안 구성, 비표준 보안 적용으로 인한 오동작과 해킹, 체계적인 보안 모니터링을 할 수 없는 관리 구조로 인한 경우가 많다. 즉, 보안에서 살펴봐야 할 기밀성, 무결성, 가용성을 무시한 경우가 많다. 따라서 급속하게 증가하는 사물 인터넷 관련 장비와 서비스에 대처하기 위해 체계적인 표준화 개발이 필요하다.

5.7 사물 인터넷 시장의 현황 및 전망

사물 인터넷 기술은 다양한 산업에 적용되어 새로운 부가 가치를 창출하고 있다. 유무선 네트워크, 통신 모듈 및 센서, 스마트 단말 등의 기술 발전 및 보급 확산으로 전 산업 분야는 물론, 일상생활까지 파급되고 있다. 의료, 교통, 제조, 유통, 교육, 가전, 유틸리티 등 다양한 분야에 도입되어 기존의 프로세스와 서비스에 획기적인 변화를 가져오고 있다. 사물 인터넷이 실제 생활영역에 적용되면서 경제적 가치 창출, 효율성 증대, 편의 제공 등이 현실화되고 있다.

또한, 정보기기는 소형화, 저가격화, 기능분화, 다양화, 휴대성, 편의성, 생필품화, 소비재화로 변모하고 있다. 서비스 통합 및 매체통합을 통해 사물 정보를 활용한 확장 현실 서비스 등 지능형 융합 서비스가 제공되고 있다.

스마트홈, 스마트미터, 스마트자동차, 스마트그리드 등으로 사물 인터넷 생태계가 성장함

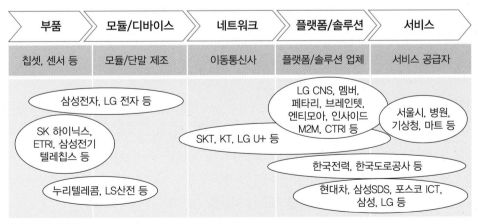

출처: 산업연구원

[그림 5-28] 국내 사물 인터넷 가치사슬별 주요 업체 현황

에 따라 많은 회사가 사물 인터넷에 기반을 둔 플랫폼과 서비스를 활용하고 있다. 사물 인터넷 시장은 단말기기, 이동통신망, 시스템 및 솔루션 사업자, 응용 프로그램 및 서비스 시장으로 구성되어 있으며, 이와 관련된 생태계는 칩 제조업체, 단말 업체, 네트워크 서비스 업체, 플랫폼 및 솔루션 업체 등의 4가지 업체들로 형성되어 있다([그림 5-28] 참조).

사물 인터넷의 기반 기술이 성숙하고 핵심 서비스가 고도화되면서 관련 시장도 빠르게 성장하고 있다. 인공 지능, 스마트홈, 스마트시티, 커넥티드 카 등의 확산은 사물 인터넷 시장의 동반 성장으로 연결되고 있다.

세계 사물 인터넷 시장은 2018년 약 6,005억 달러에서 연평균 약 13.0% 성장해 2025년 약 1조 4,142억 달러의 시장 규모가 형성될 것으로 추정된다. 국내 사물 인터넷 시장 규모는 2018년 약 9조 4,150억 원에서 연평균 22.8%의 성장률을 나타냈으며, 2025년 37조 4,370억 원 규모를 형성할 전망이다([표 5-7] 참조). 기존 사물 인터넷 기기 효용 확대와 인공 지능/기계 학습, 확장 현실 기술 연동으로 사물 인터넷 기반 자동화 요구가 신규 수요를 발생시키고 있다.

[표 5-7] 국내·외 사물 인터넷 시장 전망

(단위: 세계시장은 백만 달러, 국내시장은 십억 원)

구분 (연도)		2018	2019	2020	2021	2022	2023	2024	2025	CAGR
사물 인터넷	세계	600,500	701,900	806,700	906,800	1,006,200	1,107,500	1,251,500	1,414,200	13.0%
	국내	9,415	10,938	13,428	16,484	20,236	24,842	30,496	37,437	22.8%

출처: [세계시장] IDC, Worldwide Internet of Things Forecast Update 2019~2013, 2020 자료의 CAGR 13.0%를 '24~'25년 적용, [국내시장] '17년~'19년 사물 인터넷 산업 실태조사 결과를 근거로 추정. 3개년('17~'19년) CAGR 22.8%를 '20~'25년 적용

사물 인터넷은 인공 지능과 결합하며 그 가치가 상승하고 있다. 사물 간의 연결성 지원 인프라로 주로 활용되는 기존의 사물 인터넷 기술은 각 사물이 스스로 지능을 가지고 인지, 판단, 대응, 학습 등 지능화된 서비스로 발전하고 있기 때문이다. 산업계는 시장 수요에 맞춰 인공 지능과 사물 인터넷이 융합된 다양한 제품과 서비스를 출시하고 있고, 정부에서도 5G/인공 지능/사물 인터넷과 융합된 초연결 지능화 인프라를 구축하고 있다.

활성화가 예상되는 사물 인터넷 서비스 활용 분야는 헬스케어/의료/복지, 자동차/교통/항

공/우주/조선, 스마트홈 등이 있다([그림 5-29] 참조).

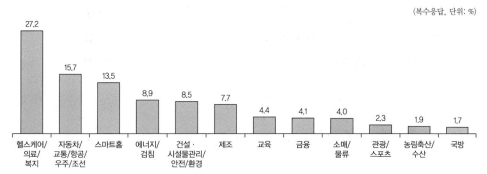

(복수응답, 단위: %)

출처: 2021년 사물 인터넷 산업 실태조사 결과, 과학기술정보 통신부와 정보 통신산업진흥원, 2021. 12.

[그림 5-29] 활성화가 예상되는 사물 인터넷 서비스 활용 분야

사물 인터넷 애널리틱스(Analytics)에 따르면, 전 세계 사물 인터넷 장치는 2025년까지 309억 대로 예상되며, 2021년의 138억 대보다 2배 이상 늘어날 전망이다([그림 5-30] 참조). 사물 인터넷(IoT)의 예로는 스마트홈, 스마트자동차, 스마트공장 등이 있고, 비(非)사물 인터넷(Non-IoT)의 예로는 스마트폰, 노트북, 컴퓨터 등이 있다. 또한 2025년 사물 인터넷 장치는 비사물 인터넷 장치(100억 대)의 3배 수준에 이를 것으로 예상된다.

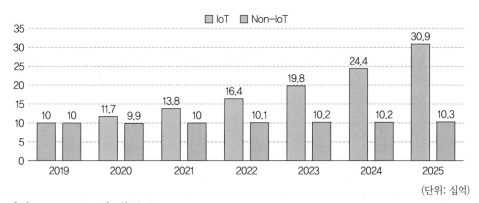

(단위: 십억)

출처: IoT Analytics, 테크월드뉴스.

[그림 5-30] 전 세계 IoT와 Non-IoT 연결 수 전망

이처럼 사물 인터넷 시장 규모는 점차 확대될 전망이며, 성장 가능성이 큰 시장으로 평가받고 있다. 특히, 응용 프로그램 및 서비스 시장이 주목받는 상황이다. 사물 인터넷의 영향을

받는 각종 전자기기 및 사물들 기기의 유형은 [그림 5-31]과 같다.

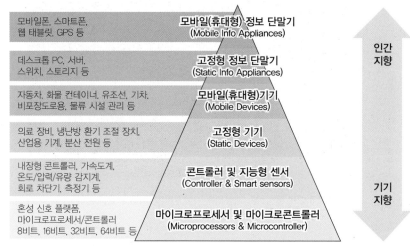

출처: GPS(Global Positioning System): 위성 위치 확인 시스템
      STRACORP 재구성

[그림 5-31] 사물 인터넷 기기의 계층별 구조

| 용어 해설 |

- **AA 전지(AA Battery)**: 더블에이(Double-A) 전지는 휴대용 전자기기에 많이 쓰이는 고체 전지이다. 1947년 ANSI가 AA 전지 형태를 표준화하였다. 미국 외 지역에서는 국제적으로 LR6(알칼리), FR6(리튬), R6(탄소-아연), RX6(니켈-카드뮴) 혹은 미그논(Mignon) 전지로 알려져 있다. 일반적으로 AA 전지는 AAA 전지보다 오래간다.

- **API(Application Programming Interface)**: 응용 프로그램이 컴퓨터 운영 체계나 데이터베이스 관리 시스템(DBMS) 등의 다른 프로그램이나 장치의 기능을 이용하기 위한 작용 수단으로서, 컴퓨터 운영 체계의 기능과 그 기능을 사용하는 방법을 정의한 함수의 집합이다.

- **ECMA 스크립트(ECMAScript)**: 유럽 컴퓨터 제조업자 협회(ECMA) 인터내셔널의 ECMA-262 기술 규격에 정의된 표준화된 스크립트 언어. 웹상에서 널리 쓰이며, 자바스크립트와 J스크립트 모두 ECMA 스크립트와의 호환을 목표로 하면서, ECMA 규격에 포함되지 않는 확장 기능을 제공한다.

- **HDD(Hard Disk Drive)**: 하드 디스크의 위치, 읽기, 쓰기, 저장 등을 제어하는 기계 장치. 회전 속도는 데이터의 입출력 속도를 결정짓는 중요한 요소로서 이것이 높을수록 고급 제품이고 가격도 비싸다. 보통 3,600, 4,500, 5,400, 7,200rpm이다.

- **HTML5(HyperText Markup Language version 5)**: 월드 와이드 웹 컨소시엄(W3C)에서 개발한 웹 표준. HTML5는 하이퍼텍스트 생성 언어(HTML)의 5번째 버전으로 플러그인(plug-in) 같은 것 없이 웹에서 원하는 응용 프로그램을 만들 수 있도록 HTML을 발전시킨 것이다. 액티브 엑스(ActiveX)나 플래시 플러그인을 설치하지 않고 자바 언어와 웹 브라우저만으로 웹 응용 프로그램은 물론 고급 벡터 그래픽 기능까지 구현할 수 있다.

- **MQTT(Message Queuing Telemetry Transport)**: 사물 통신, 사물 인터넷과 같이 대역폭이 제한된 통신 환경에 최적화되어 개발된 푸시 기술(Push Technology) 기반의 경량 메시지 전송 프로토콜. 이 프로토콜은 푸시 기술에서 일반적으로 사용되는 클라이언트/서버 방식 대신 메시지 매개자(Broker)를 통해 송신자가 특정 메시지를 발행(Publish)하고 수신자가 메시지를 구독(Subscribe)하는 방식을 사용한다. 즉, 매개자를 통해 메시지가 송수신된다. 메시지 길이는 가장 작게는 2바이트까지 가능하고, 초당 1,000단위의 메시지 전송이 가능하여 가볍고 빠른 것이 장점이다. 따라서 원격 검침, 원격 의료 등 다양한 분야에 효율적으로 사용될 수 있다.

- **게이트웨이(Gateway)**: 통신 네트워크에서 서로 다른 네트워크들을 연결해 주는 장치를 말한다. 어떤 목적을 달성하기 위해 여러 유형의 네트워크들을 이용할 경우 일반적으로 패킷 교환 네트워크를 경유하여 호출이 행해지는데, 한 네트워크에서 다른 네트워크로 보내지는 메시지나 포맷들은 모든 패킷 교환 네트워크에서 항상 동일한 것은 아니므로,

서로 다른 네트워크들을 연결시켜 주는 게이트웨이가 필요한 것이다.

- **광대역 부호 분할 다중 접속(Wideband Code Division Multiple Access, W-CDMA):** 국제전기통신연합(ITU)이 표준화를 추진하고 있는 국제 이동통신-2000(IMT-2000)을 위해 부호 분할 다중 접속(CDMA) 방식을 광대역화하는 기술. 광대역 부호 분할 다중 접속(W-CDMA) 방식에는 CDMA 방식의 디지털 셀룰러 시스템 표준화 단체인 CDG(CDMA Development Group)가 제안하고 있는 광대역 부호 분할 다중 접속-1(Wideband CDMA One), 일본의 NTT나 KDD 등이 독자적으로 제안하는 방식 등이 있다.

- **그물형 망 또는 메시 네트워크(Mesh Network):** 스스로 네트워크 환경을 인지하고, 통신하는 자가 통제 네트워크로 다른 국을 향하는 모든 호출이 중계에 의하지 않고 직접 접속되는 그물(Mesh) 모양의 네트워크. 무선 그물형 망은 대용량 데이터를 빠르고 안전하게 전달할 수 있어 대형 행사장이나 군 등에서 많이 활용한다.

- **네트워크 프로세서(Network Processor):** 다양한 네트워크 알고리즘이나 프로토콜을 프로그램할 수 있는 구조의 전용화된 프로세서 칩. 기존의 ASIC(Application Specific IC)나 FPGA(Field Programmable Gate Array) 등 하드웨어에 의해 수행되던 고속의 패킷 처리 기능들이 소프트웨어 기반으로 바뀜으로써 단시간 내에 다양한 기능들을 개발할 수 있게 되었으며, 최근 SoC(System on Chip) 기술의 발전으로 최대 10Gbps 이상의 처리율을 갖는 네트워크 프로세서가 개발되고 있다.

- **다중 프로토콜 라벨 스위칭(Multi-Protocol Label Switching, MPLS):** 데이터 패킷에 IP 주소 대신 별도의 라벨을 붙여 스위칭하고 라우팅하는 기술. 패킷이 발생하면 기존 라우터 기반의 백본에서는 라우터가 IP를 보고 패킷을 전달했으나, MPLS 네트워크에서는 2 계층(데이터 링크 계층) 기반의 라벨을 보고 스위칭한다. 즉 소프트웨어 기반 처리에서 하드웨어 기반 처리로 바꾸면서 고속 스위칭이 가능하도록 했다. MPLS는 다양한 프로토콜을 수용하기 때문에 IP망은 물론 ATM, 프레임 릴레이에도 적용할 수 있다.

- **단순 객체 접근 프로토콜(Simple Object Access Protocol, SOAP):** 확장성 생성 언어(XML)와 HTTP 등을 기반으로 하여 다른 컴퓨터에 있는 데이터나 서비스를 호출하기 위한 통신 규약. SOAP에 의한 통신에서는 XML 문서에 봉투(envelope)라고 부르는 부가 정보가 붙은 메시지를 HTTP 등의 프로토콜로 교환한다. 서비스를 이용하는 클라이언트와 서비스를 제공하는 서버 쌍방이 SOAP의 생성/해석 엔진을 가지는 것으로 다른 환경에서 객체 호출을 가능하게 한다.

- **디스크 브레이크(Disc Brake):** 차량 축처럼 샤프트(Shaft)의 회전을 지연시키는 마찰력을 만들기 위해 디스크(회전자)에 한 쌍의 브레이크 패드를 끼워 넣는 캘리퍼스(Calipers)를 사용하는 브레이크의 일종으로 회전 속도를 줄이거나 유지시키기 위해 사용한다.

- **디지털 운행 기록 장치(Digital Tachograph, DTG)**: 차량에 장착되어 운행 중인 차량의 위치, 속도, 엔진 RPM, 브레이크 상태 등의 차량 상태를 1초 단위로 비휘발성 메모리에 기록하고 사고 발생 시 발생 시점 앞뒤 20초간을 0.01초 단위로 차량 상태를 기록하는 장치

- **라우터(Router)**: 네트워크 간의 연결점에서 패킷에 담긴 정보를 분석하여 적절한 통신 경로를 선택하고 전달해 주는 장치. 라우터는 단순히 제2계층 네트워크를 연결해 주는 브리지 기능에 추가하여 제2계층 프로토콜이 서로 다른 네트워크도 인식하고, 가장 효율적인 경로를 선택하며, 흐름을 제어하고, 네트워크 내부에 여러 보조 네트워크를 구성하는 등의 다양한 네트워크 관리 기능을 수행한다.

- **레이저 레이더(Laser Radar, Lidar)**: 전자파로서 레이저광을 이용한 레이더로 '라이더'라고도 한다. 기존의 레이더에 비해 방위 분해능, 거리 분해능 등이 우수하다. 레이저광은 마이크로파에 비해 도플러 효과가 큰 것을 이용하여 미소한 저속도 목표물의 속도를 측정하는 레이저 도플러 레이더와 목표 물체 분자의 라만 시프트(Raman—shift)에 의한 송신광과 다른 파장의 수신광을 검출하여 그 파장, 강도 등으로부터 대기의 성분 분석 등을 동시에 실행하는 레이저 라만 레이더 등이 있다.

- **무선 HART(Wireless Highway Addressable Remote Transducer)**: 스마트 장비 및 제어 또는 모니터링 시스템 간 아날로그 전선을 통한 디지털 정보 전송 및 수신을 위한 글로벌 표준인 HART 프로토콜 기반의 무선 센서 기술. 다양한 회사(vendor)의 상호 운영이 가능하도록 필드 디바이스 네트워크 처리에 필요한 요구 사항을 정의하고 있다.

- **벌크 탄성파(Bulk Acoustic Wave, BAW)**: 탄성체의 기판(Substrate) 전체에 전파되는 음향파. 벌크 탄성파가 전파되는 기판은 황산카드뮴(CDS) 등 압전 반도체(Piezo—Electric Semiconductor)이며, 압전 효과의 결과로서 전기 신호로부터 음향파가 생성된다. 음향파의 전계 벡터(Electric Field Vector)는 반도체의 전도 전자(Conduction Electrons)와 상호 작용하는데, 이 전도 전자는 외부에서 가해지는 직류 전계에 따라 이동 속도(Drift Velocity)를 갖게 된다. 이동 속도가 어떤 충분한 값이 되면 이동 전자의 운동 에너지(Kinetic Energy)는 음향파의 전계와 상호 작용의 결과로 고주파(RF) 에너지로 변환되며, 그 결과로 원래 신호의 증폭이 이루어진다. 신호 처리에 널리 사용되는 음향파 소자 중에서 증폭기 등은 벌크 탄성파의 전파(傳播)를 이용하는 반도체 소자이다.

- **상위 계층 프로토콜(Upper Layer Protocol, ULP)**: 계층화되어 있는 프로토콜 구조에서 상위 계층 간의 통신 기능을 제공하는 프로토콜. OSI 기본 참조 모델의 경우, 상위 계층인 세션 계층, 표현 계층 및 응용 계층에서 응용 프로그램 상호 간에 대화하면서 협동하여 분산 처리를 실현하기 위한 기반이 되는 통신 기능을 제공하는 프로토콜의 집합을 말한다.

- **서비스 지향 구조(Service Oriented Architecture, SOA)**: 기업의 소프트웨어 인프라인 정보 시스템을 공유와 재사용이 가능한 서비스 단위나 컴포넌트 중심으로 구축하는 정

보 기술 구조. 정보를 누구나 이용 가능한 서비스로 간주하고 연동과 통합을 전제로 아키텍처를 구축해 나간다. 대표적인 예로 단순 객체 접근 프로토콜(SOAP) 기반의 웹 서비스에서는 서로 다른 이용자들이 서로 다른 방식으로 서비스와 의사소통을 하면서도 통합 관리되는 서비스들을 사용할 수 있다. SOA는 기존 개념에 이벤트 기반 구조(EDA: Event Driven Architecture)를 더해 비즈니스에서 발생하는 각각의 상황을 실시간으로 처리하는 개념인 SOA 2.0을 도입하고 있다.

- **서비스 품질(Quality Of Service, QoS)**: 통신 서비스에서 사용자가 이용하게 될 서비스의 품질 척도. 측정되는 품질 요소로 처리 능력, 전송 지연, 정확성 및 신뢰성 등 사용자가 받게 될 서비스의 품질과 성능을 기본으로 하며, 사용자와의 이용 계약의 근거가 되기도 한다. 이외에도 통신 서비스의 품질에 관한 척도로는 망 성능(Network Performance, NP)과 체감 품질(Quality of Experience, QoE)이 있다.

- **소비자 전자제품 박람회(Consumer Electronics Show, CES)**: 대중에게 공개가 되지 않으며, 해마다 1월이 되면 네바다 라스베이거스 컨벤션 센터에서에서 열리는 견본 전시이다. 주로 미국의 소비자 기술 협회의 지원을 받으며, 수많은 제품 프리뷰가 쏟아지고 새로운 제품들이 선보인다.

- **시스템 통합 서비스(System Integration, SI)**: 정보 시스템을 고객(의뢰자)과의 계약에 의하여 정보 시스템의 기획에서 시스템의 구축, 운용까지 일괄적으로 제공하는 서비스. 보통 SI 또는 SI 서비스라고 하고, SI 서비스를 제공하는 사업자를 시스템 통합 사업자(system integrator) 또는 SI 벤더(vendor)라고 한다. SI 사업자는 사용자(의뢰자)에게 최적의 정보 시스템의 기획/입안에서 설계와 구축, 운용과 보수에 이르기까지 다양한 서비스를 일괄적으로 제공한다. 응용 프로그램의 개발이나 하드웨어의 선정과 조달도 포함된다. 대규모 시스템의 구축에는 복수의 사업자가 분담하여 서비스를 제공하기도 하고, 응용 소프트웨어의 개발을 소프트웨어 하우스 등에 위탁하거나 하청하기도 한다.

- **앱세서리(Appcessory)**: 컴퓨터 응용 프로그램(Application)과 액세서리(Accessory)를 합쳐 만든 용어. 스마트폰의 이용 편의를 높여주는 제반 응용 프로그램과 액세서리를 가리키는 것으로, 액세서리가 단순한 장식물에 머무르지 않고 스마트폰 내 응용 프로그램의 쓰임새를 넓히거나 기능적으로 보완해 주는 게 특징이다. 스마트폰 응용 프로그래밍과 연결해 특별한 경험과 서비스를 제공해주는 프로그램과 제품군이다. 스마트폰 내 사진을 간단히 인쇄하고, 여러 가전제품용 리모컨을 스마트폰 하나로 대체하였고 다기능 CCTV 등이 잇따라 등장했다. 자동차 문을 여닫거나 정비 상태를 살피는가 하면, 운전자의 음주 정도를 측정하거나 건강까지 점검해 주는 등 날로 쓰임새가 넓어지는 추세다. '스마트시계'나 '구글 안경' 같은 제품도 스마트폰 내의 응용 프로그램과 연계해 소비자의 이용 편의를 높여준다는 측면에서 '앱세서리'로 볼 수 있다.

- **오픈 API(Open Application Programming Interface, Open API)**: 오픈 API를 가능하게 하는 기술로는 단순 객체 접근 프로토콜(Simple Object Access Protocol, SOAP)과

웹 서비스 기술 언어(Web Services Description Language, WSDL) 등의 웹 서비스 기술, JavaScript, XML—원격 절차 호출(Remote Procedure Call, RPC), REST(Representational State Transfer) 같은 기술들이 있다.

- **온톨로지(Ontology):** 공유된 개념화(shared conceptualization)에 대한 정형화되고 명시적인 명세(formal and explicit specification). 온톨로지는 단어와 관계들로 구성된 일종의 사전으로서 생각할 수 있으며, 그 속에는 특정 도메인에 관련된 단어들이 계층적으로 표현되어 있고, 추가적으로 이를 확장할 수 있는 추론 규칙이 포함되어 있어, 웹 기반의 지식 처리나 응용 프로그램 사이의 지식 공유, 재사용 등이 가능하도록 되어 있다. 온톨로지는 시맨틱 웹 응용의 가장 중심적 개념으로서 이를 표현하기 위해 스키마와 구문 구조 등을 정의한 언어가 온톨로지 언어(ontology language)이며, 현재 DSML+OIL, OWL, Ontolingun 등이 있다.

- **온보드 진단기(On-Board Diagnostics, OBD):** 자동차 산업이 사용하는 용어로 차의 상태를 진단하고 결과를 알려주는 장치이다. 최신의 OBD는 표준화된 디지털 통신 포트를 사용하여 표준화된 진단 문제 코드 및 실시간 데이터를 제공한다.

- **웹 애플리케이션 서버(Web Application Server, WAS):** 클라이언트/서버 환경에서 트랜잭션 처리 및 관리, 응용 프로그램 실행 환경을 제공하는 미들웨어 소프트웨어 서버. 웹 서버, 응용 프로그램, 데이터베이스의 3계층 웹 컴퓨팅 환경으로 구축되며, 기존 클라이언트/서버 환경의 애플리케이션 서버와 같은 역할을 한다. 웹 애플리케이션 서버(WAS)의 주요 기능은 응용 프로그램 실행 환경과 데이터베이스 접속 기능을 제공하고, 트랜잭션을 관리하며, 업무를 처리하는 비즈니스 로직을 수행하고, 다른 기종 시스템 간의 응용 프로그램 연동 등을 수행한다.

- **위치 기반 서비스(Location Based Service, LBS):** GPS나 통신망을 활용하여 얻은 위치 정보를 기반으로 여러 가지 응용 프로그램을 제공하는 서비스. 이동통신 기술이 발달함에 따라 스마트폰 같은 모바일 기기 확산과 같이 위치 기반 서비스가 중요한 앱으로 떠오르고 있다. 교통, 물류, 전자상거래, 게임, 광고 등 응용 분야가 매우 넓은 서비스이다.

- **이상 금융 거래 탐지시스템(Fraud Detect System, FDS):** 전자금융거래에 사용되는 단말기 정보·접속 정보·거래 내용 등을 종합적으로 분석하여 의심 거래를 탐지하고 이상 금융 거래를 차단하는 시스템을 의미한다.

- **인터넷 전화(Voice over Internet Protocol, VoIP):** 공중 교환 전화망(PSTN)을 통해 이루어졌던 음성 서비스를 IP 네트워크를 통해 음성을 디지털 패킷의 형태로 전달하는 기술. 기존의 인터넷을 이용하기 때문에 구축 비용과 요금이 저렴하나 사용자 간 회선을 독점으로 보장해주지 않으므로 트래픽이 많아지면 통화 품질이 떨어질 수 있다. VoIP 기술은 인터넷뿐만 아니라 사설 IP 기반망, 공중 교환 전화망(PSTN) 또는 이들의 복합망에서도 연동되어야 하기 때문에 기술 및 프로토콜의 표준화가 중요하다.

- **일회용 비밀번호(One-Time Password, OTP)**: 고정된 비밀번호 대신 무작위로 생성한 비밀번호로 사용자를 인증하는 방법으로 보안을 강화하려고 도입한 시스템이다. 로그인할 때마다 일회성 비밀번호를 생성한다. 동일한 비밀번호가 사용되지 않아 보안을 강화할 수 있다. 주로 전자금융 거래에서 사용된다. 사용자는 '일회용 비밀번호(OTP: One-Time Password)'를 생성하는 하드웨어인 OTP 생성기(OTP Token)를 이용한다.

- **전송 제어 프로토콜(Transmission Control Protocol, TCP)**: OSI 기본 참조 모델을 기준으로 제4계층(전송 계층)에 해당되는 프로토콜. 인터넷 프로토콜(IP)과 함께 TCP/IP를 구성하고 있다. 패킷의 도착 순서대로 배열하거나 오류 수정 등이 행해지므로 전송 제어 프로토콜(TCP)보다 상위층에서 보았을 때는 2대의 컴퓨터가 신뢰성이 높은 전용선으로 연결된 것으로 보인다.

- **지리 정보 시스템(Geographical Information System, GIS)**: 지도 정보 시스템이라고도 하며, 지도에 관한 속성 정보를 컴퓨터를 이용하여 해석하는 시스템. 취급하는 정보는 인구 밀도나 토지 이용 등의 인위적 요소, 기상 조건이나 지질 등의 자연적 환경 요소 등 다양하다. 속성 정보를 가공하여 특정 목적을 위해 해석하고 계획 수립을 지원하며, 도시 계획, 토지 관리, 기업의 판매 전략 계획 등 여러 가지 용도에 활용된다.

- **하둡 분산 파일 시스템(Hadoop Distributed File System, HDFS)**: 하둡 프레임워크를 위해 자바 언어로 작성된 분산 확장 파일 시스템. HDFS는 여러 기계에 대용량 파일들을 나누어 저장하고, 데이터들을 여러 서버에 중복해서 저장함으로써 데이터 안정성을 얻는다. 따라서 여러 개의 하드 디스크에 일부 중복된 데이터를 나누어서 저장하는 RAID(Redundant Array of Independent Disks 혹은 Redundant Array of Inexpensive Disks) 저장 장치를 호스트에 사용하지 않아도 된다.

- **해상무선통신(LTE-M)**: 해상교통안전의 관리를 과학화·고도화하기 위하여 정보 통신 기술을 기반으로 선박에 해상정보를 제공하는 것을 목적으로 LTE-M 방식으로 구축·운영하는 무선 통신망을 말한다.

- **허브(Hub)**: 여러 네트워크 장비들 간의 연결을 제공하는 장비. 허브는 서버와 주변 장비를 포함하는 여러 네트워크 장비들 사이에 통신을 가능하게 한다.

- **히트맵(Heatmap)**: 열을 뜻하는 히트(heat)와 지도를 뜻하는 맵(map)을 결합한 단어로 색상으로 표현할 수 있는 다양한 정보를 일정한 이미지 위에 열 분포 형태의 비주얼한 그래픽으로 출력하는 것이 특징이다. 주로 웹 페이지에서 발생하는 방문자의 클릭을 시각적 리포트로 제공하는 비주얼 분석 서비스다.

사물 인터넷의 발전 방향

6.1 인터넷 패러다임의 전개 방향 / 6.2 초연결, 초융합, 초지능 사회
6.3 연결형, 지능형, 자율형 사물 인터넷

1990년대 중반 인터넷, 2000년대 스마트폰, 그 외 여러 기반 기술들이 개발되면서 언제 어디서나 네트워크에 접속하여 다양한 서비스를 받을 수 있게 되었다. 그리고 여러 산업 간 융합을 통해 새로운 기술이나 서비스 및 산업이 출현하기도 한다.

초기 사물 인터넷은 사물 간의 연결에 초점을 맞추었고, 이후 지능화된 서비스를 제공하는 단계를 거쳐, 공간, 상황, 사물 데이터의 복합 처리를 통해 자율적으로 제어하는 사물 인터넷으로 발전하고 있다.

6.1 인터넷 패러다임의 전개 방향

유무선 네트워크 기반 기술이 향상되고 스마트폰을 비롯한 무선기기를 활용한 다양한 응용이 대중화되면서 인터넷 세상은 살아있는 거대 시스템처럼 자기 진화와 증식이 가속화되었다. 또한, 대부분 사람이 언제, 어디서나 인터넷을 전화처럼 범용으로 사용하는 초연결 사회가 되었다. 웹서핑, 이메일, 소셜 네트워크 서비스, 신용카드, 스마트 교통카드, 전자 출입증 등을 통해 사람들의 일상생활과 관련된 데이터들이 지속적으로 서버에 축적되어 디지털 흔적으로 남게 되는, 말 그대로 유비쿼터스 인터넷 시대가 되었다. 이러한 인터넷 패러다임의 전개 방향을 사물 인터넷의 발전과 함께 연관 지어 살펴보면 [그림 6-1]과 같다.

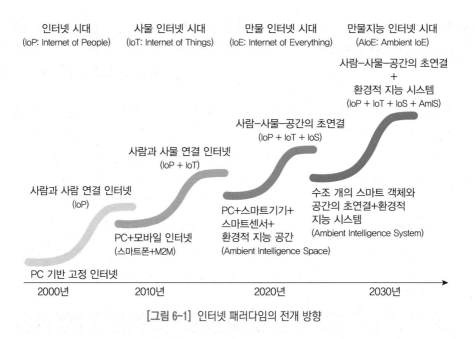

인터넷 시대
(IoP: Internet of People)

사물 인터넷 시대
(IoT: Internet of Things)

만물 인터넷 시대
(IoE: Internet of Everything)

만물지능 인터넷 시대
(AIoE: Ambient IoE)

사람–사물–공간의 초연결
+
환경적 지능 시스템
(IoP + IoT + IoS + AmIS)

사람–사물–공간의 초연결
(IoP + IoT + IoS)

사람과 사물 연결 인터넷
(IoP + IoT)

사람과 사람 연결 인터넷
(IoP)

수조 개의 스마트 객체와
공간의 초연결+환경적
지능 시스템
(Ambient Intelligence System)

PC+스마트기기+
스마트센서+
환경적 지능 공간
(Ambient Intelligence Space)

PC+모바일 인터넷
(스마트폰+M2M)

PC 기반 고정 인터넷

2000년   2010년   2020년   2030년

[그림 6-1] 인터넷 패러다임의 전개 방향

1980년대는 주로 사람과 사람을 연결하기 위해 유선 전화기를 이용하여 난발과 난발을 필요할 때만 연결하였다. 1990년대부터 2000년대 중반까지 인터넷은 PC를 기반으로 사람과 사람 간의 필요한 정보를 전달하는 **사람 간 인터넷**(Internet of People, IoP) 시대였다. 2000년대 중반 이후에는 유무선 광대역 기반 정보 처리 생태계가 형성되며 사람과 정보 간 연결이 가능하게 되었다. 2010년대 모바일 기기나 스마트디바이스 등의 보급으로 사람과 사람 간의 정보뿐만 아니라 사람과 사물, 그리고 사물과 사물 간의 데이터가 인터넷을 통해 연결·처리되는 사물 인터넷 환경으로 확장되기 시작하였다.

2010년대 중반 이후, 사물 통신(M2M)과 인터넷이 연동됨으로써 사람과 사물이 연결되어 데이터 및 정보가 교환되는 사물 인터넷 환경으로 성숙하였고, 클라우드와 빅 데이터 기술이 발전하면서 사물 인터넷 기술의 성숙도도 높아졌다. 사물 인터넷, 빅 데이터, 인공 지능, 디지털 트윈이 선형적 발전을 보이는 동시에 **지리 정보 시스템**(Geographical Information System, GIS)·**위치 기반 서비스**(Location Based Service, LBS)·GPS 등과 같은 지리 공간(G 공간)과 인터넷 간의 연결성이 한층 심화되었다. 그렇게 되면서 생활 공간은 점차 지능이 공기처럼 둘러싸여 환경적 지능 공간(Ambient Intelligence Space)으로 발전하고 있다.

2020년대는 사람–사물–공간이라는 이질적 요소 간의 초연결과 경제 시스템이 시너지 효과를 창출하는 환경적 지능 시스템(Ambient Intelligence System)으로의 이행이 본격화되고 있다. 사람 인터넷, 사물 인터넷, 공간 인터넷이 지능적인 복합 시스템을 형성하게 되고, 만물 인터넷, 빅 데이터, 인공 지능, 디지털 트윈 등이 지수함수적으로 발전하고 있다.

그리고 2030년대는 포스트 스마트 ICT 시대로 사람-사물-공간이 인터넷 생태계로 편입되는 만물 인터넷과 이를 기반으로 국가의 경제 사회 시스템이 초지능화되는 **만물지능 인터넷**(Ambient Internet of Everything, AIoE) 환경으로 발전하게 된다.

6.2 초연결, 초융합, 초지능 사회

캐나다 사회과학자 애나벨 콴 해세(Anabel Quan-Hasse)와 배리 웰맨(Barry Wellman)은 **초연결성**(Hyperconnectivity)이라는 용어를 제시하였다. 초연결성은 컴퓨팅과 통신의 대상이 사람과 사물 사이뿐만 아니라 사물과 공간으로 확대한 네트워킹의 수평적 확장 개념으로 인터넷의 기본 축이 된다. 사람·사물 등 객체 간의 실시간 데이터 공유가 극대화되는 것을 의미한다. 이러한 초연결성은 인터넷과 융합 기술들의 연결을 심화시키는 역할을 한다.

초융합(Hyperconvergence)은 초연결 환경이 조성됨에 따라 데이터 공유를 통해 이전에는 생각할 수 없었던 이종(異種) 기술이나 이종 산업 간 다양한 융합을 통해 새로운 기술 및 산업의 출현을 의미한다. 초연결·초융합에 의한 객체 간 데이터 공유 확대는 지식 기반 서비스 활동을 확장하게 되고, 보다 향상된 서비스 제공을 위해 최적의 의사 결정을 할 수 있는 초지능 기술이 요구된다.

초지능성(Hyperintelligence 또는 Superintelligence)은 인간의 생물적 지능의 한계를 초월하는 것으로 학습이 아니라 주변의 사물들(Things)로부터 폭넓고 깊이 있게 상황을 인식하고 판단하여 최적의 결정을 내릴 수 있는 능력을 의미한다. 즉 최적 의사 결정을 통해 문제를 해결함으로써 더 나은 서비스를 제공하는 역량을 의미한다. 초지능성은 초연결성을 지닌 인터넷과 경제 사회 시스템 간의 상호 작용 관계가 한층 심화되는 네트워킹의 수직적 확장에 비중을 두는 개념이며, 경제 사회 시스템을 구성하는 기본 축이 된다. 이러한 초지능성은 인터넷과 융합 기술 영역 간의 상호 의존성을 증대시키는 역할을 하게 된다.

이와 같은 사람-사물-공간의 초연결성과 초지능성의 확보는 경제 사회 시스템까지 살아 있는 유기체처럼 총체적으로 연동되는 인터넷의 핵심 조건이 된다. 따라서 향후에는 초연결성을 갖는 만물 인터넷 플랫폼과 플랫폼이 끊김 없이 안정되게 연결되고(Inter-Platform), 인프라와 인프라를 접목하여 연동되며(Inter-Infra), 산업과 산업을 연결하여 사람-사물-공간의 초연결성을 품는 경제 사회 시스템으로 구축되어야 한다. 그리고 초연결성으로 상호 소통하는 하부구조 기반에 초지능성이 탑재된 시스템이 정교하게 서로 감응하여 초연결성과 초지능성의 융합이 이루어지면, **만물지능 인터넷**(Ambient Internet of Everything, AIoE) 환경이 구현될 수 있다.

예를 들어, 완전한 초연결성과 초지능성에 기반한 만물 지능 인터넷 환경의 자율교통 시스템이 개발되면, 무인 자동차에 내장된 레이더나 카메라와 같은 기기뿐만 아니라 자율교통 시스템과 상호 작용하여 보행자, 주변 장애물, 교통 신호 등을 실시간에 자율적으로 판단해 주행할 수 있다.

[그림 6-2]는 사람-사물-공간의 초연결축과 인식-판단-처리의 초지능축의 상호 관계를 보여주고 있다. 사람-사물-공간이 **시간축 · 위치축 · 관계축**으로 연결된 만물 인터넷 생태계의 전체 구조에 **인식 · 판단 · 처리**라는 초지능성이 개입되며, 이들 구성 요소가 경제 사회 시스템에 내재되어 안전을 보장하며, 일상생활에 완전하게 파고들고 있다.

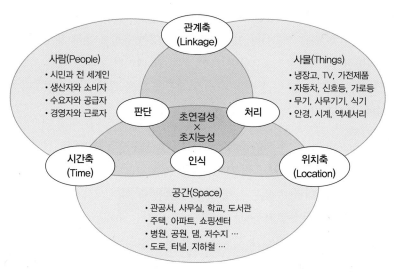

[그림 6-2] 사람-사물-공간의 초연결축과 인식-판단-처리의 초지능축의 상호 관계

만물지능 인터넷은 사람, 사물, 공간이 시간축, 위치축, 관계축에 따라 초연결되어 신체의 신경 시스템처럼 실시간으로 상황을 감지하고, 시스템에 설정된 목표에 따라 반응할 수 있

는 인프라의 인프라이다. NBICT(NT(Nano Technology)·BT(Bio Technology)·IT(Information Technology)·CT(Culture Technology)) 융합 기술에 자동차, 로봇, 3D 프린팅 영역의 제조 기술이 가세하며, 기존 산업과 경제는 초지능성의 탑재 정도에 따라 그 역량이 좌우되고 있다.

만물지능 인터넷을 구성하는 핵심 기술 중 하나는 상황 인식 플랫폼이다. 상황 인식 기술은 현재 나와 주변 사물들이 어떤 상황에 있는지를 시스템이 정확하게 인지하고 최적의 조치를 취하도록 하는 기술이다. 즉 스마트컴퓨터 등 다양한 주변 장치가 곳곳에 설치되어 있어서, 설정된 상황 혹은 예기치 않은 상황이 발생하면 이를 신속하게 인식한 후 최적의 다음 동작을 자동으로 판단하고 수행한다. 여기서 환경이란 사람이 의식하지 않거나 최소한의 개입만 하더라도 기기 스스로 자율적으로 동작하는 환경적 지능 공간을 의미한다.

이러한 환경적 지능 공간과 상황 인식 플랫폼이 완벽하게 구축된 좋은 예가 바로 인간의 신체이다. 인간의 신경계는 무엇을 인식하거나 판단을 내려야 할 때 필요한 정보를 적시에 제공할 수 있으며, 평상시에는 최소한의 생명 유지를 위한 정보 체계만을 가동하여 에너지 소비를 최소화한다. 이러한 인체의 신경망과 같이 동작하도록 하는 디지털 신경 체계가 바로 만물지능 인터넷이다.

6.3 연결형, 지능형, 자율형 사물 인터넷

사물 인터넷은 인공 지능과 결합하여 지능화된 서비스를 자율적으로 제공하는 제반 인프라 및 융복합 기술로 발전하고 있다. **연결형**(connectivity) 사물 인터넷에서 **지능형**(intelligence) 사물 인터넷을 거쳐 **자율형**(autonomy) 사물 인터넷으로 발전하고 있다([그림 6-3] 참조).

연결형, **지능형**, **자율형** 사물 인터넷의 차이점을 비교하면 [표 6-1]과 같다. **연결형** 사물 인터넷은 무선 통신을 통하여 사물 간의 연결에 중점을 두고 지능적인 의사 결정은 인간에 의해 행해진다. 반면 **지능형** 사물 인터넷은 인공 지능, 빅 데이터, 클라우드 컴퓨팅 등의 기술을 적용하여 사물이 수집한 데이터를 분석하여 활용할 수 있게 한다. **자율형** 사물 인터넷은 인공 지능, 사물지능, 엣지 컴퓨팅 등의 기술을 적용하여 사물이 지능을 가지게 되고, 이러한 사물지능을 기반으로 사물 간 협업을 통해 인간의 개입을 최소화한다. 지능형 및 자율형 사물 인터넷은 6.3.1과 6.3.2에서 좀 더 자세히 설명한다.

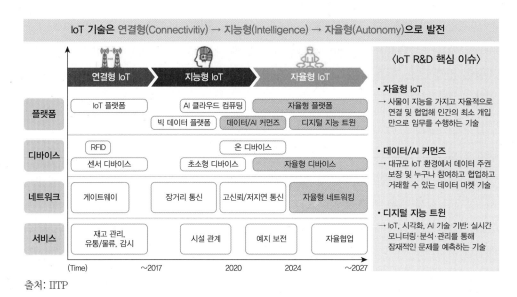

[그림 6-3] 사물 인터넷 기술 발전 전망과 핵심 이슈

[표 6-1] 연결형, 지능형, 자율형 사물 인터넷 비교

분류	연결형	지능형	자율형
적용 기술	무선 통신, 연결 관리	인공 지능, 빅 데이터, 클라우드 컴퓨팅	인공 지능, 사물지능, 엣지 컴퓨팅
결정 주체	인간	인간, 클라우드 지능	인간, 클라우드 지능, 사물(협업)지능
초점	사물의 연결	클라우드 기술 진화, 인공 지능 융합	지능 사물 간 협업, 인간 개입 최소화

출처: 사물 인터넷 기술 동향 및 R&D 투자 방향, 2020, ETRI

사물 인터넷의 발전 과정에서 서비스 중심의 **고신뢰/저지연 사물 인터넷 통신** 기술, **자율형 사물 인터넷**, **데이터/AI 커먼즈(Commons)**, **디지털 트윈** 등은 향후 사물 인터넷의 핵심 기술이 될 전망이다. **데이터/AI 커먼즈**는 대규모 사물 인터넷 환경에서 데이터 주권 보장 및 누구나 참여하고 협업하고 거래할 수 있도록 고신뢰 데이터/AI를 공유 · 유통하는 기술 이고, 디지털 지능 트윈 기술은 사물 인터넷, 시각화, 인공 지능 기술 기반 실시간 모니터 링 · 분석 · 관리를 통해 잠재적인 문제를 예측하는 기술이다. 사물 인터넷 서비스 매시업 기술을 위한 산업 도메인별 표준과 연계를 통해 서비스 도메인에 대한 모델링, 모델 간 매 핑 등 표준화와 연계도 필요하다.

한편 사물 인터넷을 플랫폼(Platform, P), 디바이스(Device, D), 네트워킹(Networking, N), 서비스(Service, S)로 구분하여 기술적인 측면과 서비스 측면에서 발전 방향을 살펴보면 [표 6-2]와 같다.

[표 6-2] 사물 인터넷의 발전 방향

구분		현재(As is)	미래(To be)
기술변화	P	데이터 학습 기반 예측을 수행하는 클라우드 중심의 지능형 사물 인터넷 플랫폼	지능을 가진 사물들을 중재·조정하여 임무를 수행하는 사물 중심의 자율형 사물 인터넷 플랫폼
	D	센서를 이용하여 수집한 데이터를 서버로 전달하는 디바이스	수집한 데이터를 스스로 학습·추론하고 협업하여 임무를 수행하는 자율형 디바이스
	N	단순한 연결 중심의 저전력·장거리 사물 인터넷 네트워크	디바이스 간 자율 연결을 제공하고 다양한 응용 도메인에 최적화된 고신뢰 사물 인터넷 네트워크
	S	단순 모니터링 및 원격 제어 서비스	사람 개입을 최소화한 실시간 자율 대응 서비스
서비스변화	재난	화재·재난 발생 시 소방 인력의 현장 접근 시간 단축	화재·재난 발생 시 현장의 지능 사물들의 자율적 판단에 따른 신속한 대응
	도시	데이터 분석 기반 교통 체증 및 도시 공해 감축, 스마트홈 에너지 모니터링 및 단순 원격 제어	자율형 신호등이 스스로 판단해 도시의 교통 체증 제어, 지능형 홈 에너지 모니터링 및 관제 기반 최적 에너지 사용
	산업	공장 내에서 다양한 센싱 정보 수집 및 매뉴얼 기반의 이벤트 대응	스마트공장 내 기기들이 스스로 문제를 진단하고 협업하여 사전 고장 예측 및 실시간 대응
	공공	드론을 사용하여 미리 설정된 경로로 장애물을 회피하며 비행하는 시설물 촬영	자율 드론과 로봇의 협업을 통한 도심 무단주차 및 각종 사고 등 단속

출처: IITP, 「ICT R&D 기술로드맵 2025」 온라인 공청회-사물 인터넷 분야, 2020. 7. 27, 이정구, 지능형 사물 인터넷 기술개발 동향, 주간기술동향, 2021. 12.

6.3.1 지능형 사물 인터넷

지능형 사물 인터넷(Artificial Intelligence of Things, AIoT)은 효율적인 사물 인터넷 서비스의 운영을 위해 사물 인터넷 인프라와 인공 지능 등이 융합한 기술이다([그림 6-4] 참조). 즉, 인공 지능 기술을 사물 인터넷에 적용한 새로운 응용이다. 인공 지능은 사물 인터넷이 인식 기능을 습득할 수 있도록 지원하고, 사물 인터넷은 인공 지능 알고리즘을 훈련하는 데이터를 제공한다. 산업적으로 두 분야는 시너지 효과를 발휘하여 여러 분야에서 효율적으로 동작하도록 함으로써 실물 경제를 향상시킨다.

지능형 사물 인터넷의 개념은 기술의 발전에 따라 지속적으로 확장되고 있다. 사물 인터넷 융합 포럼에서 **지능형 사물 인터넷**(Artificial Intelligence of Things, AIoT) 기술은 "사물들이 전달하여 수집된 빅 데이터를 클라우드에서 분석·학습·진단하여 지능형 서비스를 제공하는 기술"로 규정하고 있다. 사물이 수집한 데이터를 이용하여 단순한 서비스를 제공하는 수준을 넘어서서, 수집한 데이터에 클라우드 및 인공 지능을 적용하여 서비스 이용자에게 분석 결과 및 최적 의사 결정 정보를 제공하는 것까지 포함한다. 최근에는 고도화된 지능이 탑재된 사물의 등장으로 사물 간 협업을 통한 분석도 가능해지고 있으며, 학습 범위도 넓어지고 있다.

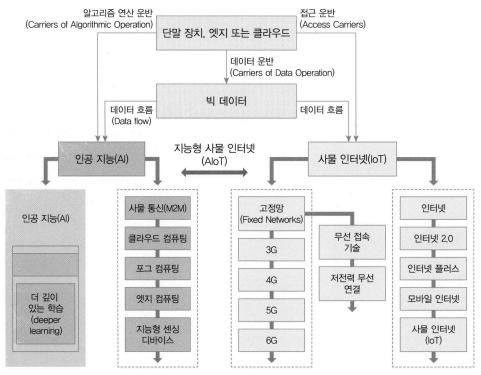

출처: Tuya Smart and Gartner, "2021 Global AI+IoT Developers Ecosystem White Paper," 2021. 재구성

[그림 6-4] 지능형 사물 인터넷 기술 아키텍처

인공 지능 기술은 획득한 데이터를 빠르고 정확하게 분석하고 최적화된 결론을 제공할 수 있으므로 사물 인터넷에서 중요한 역할을 할 수 있다. 즉, 인공 지능은 온도, 압력, 습도, 공기 품질, 진동, 소리와 같은 수집 데이터뿐만 아니라 스마트센서 및 장치가 생성하는 데이터의 패턴을 자동으로 식별하고 이상을 감지하는 기능을 제공한다. 따라서 사물 인터넷 데이터 분석을 위한 기존 비즈니스 인텔리전스 도구와 비교했을 때, 인공 지능이 더 높은 정확도로 더 빠른 예측을 할 수 있다. 또한 음성 인식 및 컴퓨터 비전과 같은 일부 영역에

서는 인공 지능 기술이 사람보다 더 뛰어난 수준으로 데이터로부터 의미 있는 결과를 도출할 수 있다.

지능형 사물 인터넷이 진정한 지능화가 되기 위해서는 단일 장치 지능, 상호 연결된 지능, 능동 지능의 세 가지 발전 단계를 거치게 되며, 현재는 단일 장치 지능에서 상호 연결된 지능으로 발전하고 있다.

지능형 사물 인터넷의 장점은 다음과 같다.

- **위험 관리 강화**: 사물 인터넷과 인공 지능을 결합하는 여러 응용은 자동화를 통해 조직이 다양한 위험을 예측하고 신속히 대응하여 작업자 안전, 재정적 손실 및 사이버 위협 등과 같은 위험을 잘 관리할 수 있도록 지원한다. 특히 여러 현장에서 장비의 고장으로 계획되지 않은 정지 시간이 발생한다면 막대한 손실을 초래할 수 있다. 인공 지능 분석을 토대로 사전에 장비 고장을 예측하여 유지 · 보수함으로써 정지 시간 발생을 줄여 경제적 피해를 줄일 수 있다.
- **운영 효율성 향상**: 사물 인터넷으로부터 생성한 데이터를 빠르고 정확하게 분석함으로써 업무의 효율성을 개선할 수 있는 통찰력을 얻을 수 있다.
- **새롭고 향상된 제품 및 서비스 구현**: 사물 인터넷으로부터 수집한 데이터를 분석한 결과는 이전과 다른 새로운 제품이나 서비스 개발의 기반이 될 수 있다.

6.3.2 자율형 사물 인터넷

사물지능 및 엣지 기반의 **자율형 사물 인터넷**(Autonomous Internet of Things, A-IoT)은 분산 협업 지능을 갖춘 사물과 사물이 서로 협력하면서 자율적으로 동작한다. 이때 사람의 개입을 최소로 하기 위해, 주변 상황에 대한 수집 데이터를 분석하여 스스로 의사 결정을 하고 그에 따라 물리 세계에 적절한 동작을 수행할 수 있어야 한다. 이는 지능형 사물 인터넷에 능동적인 대응 체계를 더한 개념이다. 자율형 사물 인터넷은 예측-계획-전달-실행의 가상 세계에서 실세계로 대응하는 자율화 기술과 실세계와 가상 세계의 지속적인 상호 작용을 완성하는 단계이기 때문에 실시간성이 핵심이 된다.

자율형 사물 인터넷을 가능하게 하는 요소 기술은 인공 지능과 클라우드 컴퓨팅을 포함하여 엣지 컴퓨팅, 사물지능이 있다. 엣지 컴퓨팅은 사물 인터넷 디바이스에서 발생하는 모든 데이터를 클라우드와 같은 중앙 집중식 데이터 센터로 보내서 처리하는 대신 데이터가 발생한 현장 혹은 근거리에서 처리하는 방식으로서, 데이터 처리 지연시간을 최소화함으로써 실시간성을 확보할 수 있다. 사물지능은 사물이 스스로 환경의 변화를 인지하고 합리적 의사 결정을 통해 자율적인 대응을 수행하는 사물 지능화 기술이다. 사물이 환경과 사용자의 변화를 인지하고 분석하는 상황 인지 기술, 상황 인지 정보로부터 새로운 정보를 추론하는 상황 추론 및 예측 기술, 최적의 판단과 대응 제어 기술, 의사 결정의 피드백(feedback)과 대응을 통해 스스로 보정하며 최적화하는 지능 강화 기술 등을 포함한다.

자율형 사물 인터넷의 기술 구성은 센서 및 구동기 등을 포함하는 사물 인터넷 디바이스, 엣지 서버, 클라우드 서버로 이루어진다([그림 6-5] 참조).

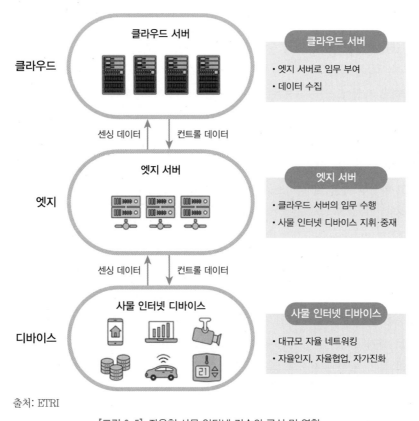

출처: ETRI

[그림 6-5] 자율형 사물 인터넷 기술의 구성 및 역할

일반적으로 사물 인터넷 디바이스에서 발생하는 대용량의 센싱 데이터는 엣지 서버를 거쳐 클라우드 서버에 전달되어 저장 및 처리되고 클라우드에서 발생한 제어(control) 데이터는 엣지 서버를 거쳐 구동기까지 전달되어 처리된다. 하지만 자율형 사물 인터넷에서 데이터 처리 작업은 사물 인터넷 디바이스에서 자체적으로 실행하거나, 클라우드 서버보다 데이터

처리 및 저장 기능이 제한된 엣지 서버에서 원격으로 실행할 수 있다.

자율형 사물 인터넷의 특징은 다음과 같다.

- 동작 과정에서 인간의 개입을 최소화한다.
- 서비스를 자동화함으로써 사람들에 의해 발생할 수 있는 오류의 상황을 줄일 수 있다.
- 사람이 쉽게 접근할 수 없는 영역에서도 자율적인 수행을 가능하게 한다.
- 인간이 서비스 지향 디바이스 그룹을 제어할 수 있도록 허용한다.
- 네트워크 상황이 불안정하더라도 사물 인터넷 내의 로컬 통신은 끊김이 없이 작동한다.
- 의도되지 않은 상황이 발생하더라도 주어진 조건에서 최적의 동작을 수행할 수 있다.

| 용어 해설 |

- **G공간**: G(Geospatial)는 '지리'를 의미하며, G공간은 공간정보의 특정 지점이나 구역의 위치를 이용하여 증강 현실과 같이 컴퓨터와 현실계를 묶어 주는 작업이나 서비스를 가리키는 말이다.

- **초연결 사회(Hyper-connected Society)**: 일상생활에 정보 기술이 깊숙이 들어오면서 모든 사물들이 거미줄처럼 인간과 연결되어 있는 사회. 센서 기술과 데이터 처리 기술의 발달로 많은 데이터가 수집되고 스마트폰 보급으로 개인을 둘러싼 네트워크는 점점 더 촘촘해지고 있다. 초연결 사회 도래는 소셜 네트워킹 서비스, 증강 현실(AR) 같은 서비스로 이어지고 있다. 하지만 사생활 보호와 새로운 윤리, 질서 규범 정립 같은 문제도 함께 늘어나고 있다.

연습문제

| 단답형 |

01 (   )의 보다 일반적인 정의는 인간, 사물, 서비스 세 가지 환경 요소에 대해 인간의 개입 없이 상호 협력적으로 센싱, 네트워킹, 정보 처리 등 지능적인 관계를 형성하는 사물 공간 연결망을 의미한다. 즉, 주변 사물들이 유무선 네트워크로 연결되어 유기적으로 정보를 수집 및 공유하며, 상호 작용하는 지능형/자율형 네트워킹 기술 및 환경을 의미한다.

02 사물 인터넷의 개념은 1999년 (   )이 최초로 제안하였다.

03 유비쿼터스 공간을 구현하기 위한 인프라 컴퓨팅 장치들이 주변 사물에 이식되어 환경이나 사물 그 자체가 지능화되는 것부터, (   )의 개념을 인터넷으로 확장하여 사물은 물론, 현실과 가상 세계의 모든 정보가 언제 어디서나 상호 작용하는 개념으로 진화하였다.

04 사물 인터넷의 마지막 단계로 사물의 자동 수행 능력과 상호 연결성을 이용하여 산업 혁신을 위한 솔루션을 개발하는 시기이다. 즉, 자동차, 교통, 스마트홈, 에너지, 유틸리티, 보안, 금융, 헬스케어, 제조업 등 광범위한 분야에서 서비스가 구현되는 단계는 무엇인가? (   )

05 사물 인터넷과 유사한 용어로 (   )는 센싱, 컴퓨팅, 무선 통신이 가능한 수많은 센서 노드로 구성된 무선 네트워크를 의미한다. 장소에 제약받지 않고 언제 어디서나 컴퓨팅 환경에 접속할 수 있는 유비쿼터스 패러다임이 확대되면서 연구가 활발하게 진행되었다.

06 (   )은 기존 사물 통신 및 사물 인터넷에서 진화한 개념으로 사물뿐만 아니라 사람, 공간, 업무 및 데이터까지 모든 것이 네트워크상에 연결되는 인터넷을 말한다. 즉, 네트워크들의 네트워크라는 개념으로 전화망이나 컴퓨터망 같은 모든 네트워크를 연결한다는 의미가 있다.

07 사물 인터넷이란 각종 사물에 프로세서와 통신 모듈을 내장하여 인터넷에 연결할 수
    있는 기술을 의미하며, 이는 모든 종류의 (   )들이 서로 연결되어 통신할 수
    있음을 의미한다. 여기서 초기의 (   )은 네트워크에 연결된 사용자 단말이나
    다양한 형태의 장치를 의미한다. 임의의 프로세서를 장착한 일종의 내장형 시스템이
    라고 볼 수 있다. 최근 지능형 사물 인터넷이 등장하면서 초기의 물리적 사물뿐만 아
    니라, 디지털 사물 그리고 생물학적 존재를 총칭하는 의미로 확대되고 있다.

08 (   ) 사물 인터넷은 무선 통신을 통하여 사물 간의 연결에 중점을 두고 지능
    적인 의사 결정은 인간에 의해 행해진다. 반면 (   ) 사물 인터넷은 인공 지능,
    빅 데이터, 클라우드 컴퓨팅 등의 기술을 적용하여 클라우드 기반의 지능을 활용한
    다. (   ) 사물 인터넷은 인공 지능, 사물지능, 엣지 컴퓨팅 등의 기술을 적용
    하여 사물이 지능을 가지게 되고, 이러한 사물지능을 기반으로 사물 간 협업을 통해
    인간의 개입을 최소화한다.

09 (   )은 효율적인 사물 인터넷 서비스의 운영을 위해 사물 인터넷 인프라와 인
    공 지능 등을 융합한 기술이다 즉, 인공 지능과 사물 인터넷의 통합과 응용을 의미
    한다.

10 사물지능 및 엣지 기반의 (   )은 사물과 사물이 분산 협업 지능을 기반으로
    상호 소통하여 인간의 최소 개입만으로 임무를 수행할 수 있으며, 공간, 상황, 사물
    데이터의 복합 처리를 통해 스스로 의사 결정을 하고 물리 세계를 자율적으로 제어하
    는 기술을 의미한다.

11 사물 인터넷 (   )의 다양한 센서를 이용하여 원격 감지, 위치 및 모션 추적
    등을 통해 사물과 주위 환경으로부터 데이터를 획득(sensing)한다. 획득한 데이터
    는 (   ) 계층에서 제공하는 각종 통신 기술을 통하여 플랫폼 서버로 전달한
    다. 네트워크를 통해 사물 인터넷 디바이스뿐만 아니라 인간과 사물, 서비스 등 분산
    된 환경 요소들이 서로 연결되어 상호 작용을 지원한다. (   ) 서버는 빅 데이
    터 및 인공 지능 기술을 활용하여 센서로부터 수집한 데이터를 취합, 분류, 분석하여
    의미 있는 정보를 생성한다. 이러한 정보는 다양한 형태의 (   )로 전달된다.

01 사물 인터넷의 발전 방향이나 성숙도 모델에 대해서는 다양한 관점이 있는데, IBM이 사물 인터넷의 발전 단계를 3단계로 구분한 것이 아닌 것은 무엇인가?

① 디바이스 연결 단계(IoT 1.0)　　　　② 인프라 구축 단계(IoT 2.0)
③ 산업별 혁신 솔루션 개발 단계(IoT 3.0)　④ 초연결 구축 단계(IoT 4.0)

02 다음 중 사물 인터넷과 유사한 개념이 아닌 것은 무엇인가?

① 사물 통신　　　　　　　　　② 유비쿼터스 센서 네트워크
③ 사물 웹　　　　　　　　　　④ 소셜 네트워크 서비스

03 다음 중 사물 인터넷에서 사물이란 네트워크에 연결된 사용자 단말이나 다양한 형태의 장치를 의미한다. 여기서 사물을 구성하는 요소가 아닌 것은 무엇인가?

① 센서　　　　　　　　　　　② 통신 모듈
③ 처리기 및 저장 공간　　　　　④ 매시업(Mash-up)

04 다음 중 사물 인터넷의 여러 기술에 대한 비전이 아닌 것은 무엇인가?

① 임베디드 지향적 비전　　　　② 사물 지향적 비전
③ 인터넷 지향적 비전　　　　　④ 의미론 지향적 비전

05 다음 중 사물 인터넷의 기반 기술이 아닌 것은 무엇인가?

① 센싱 기술　　　　　　　　　② 유무선 통신 및 네트워크 인프라 기술
③ 인공 지능 기술　　　　　　　④ 서비스 및 인터페이스 기술

06 다음 중 인터넷 인프라에 직접 연결에 중점을 둔 사물 인터넷의 특성으로 맞지 않는 것은 무엇인가?

① 어떤 응용이나/어떤 소프트웨어든　② 어디서나/어떤 장소든
③ 어떤 경로나/어떤 네트워크든　　　④ 언제나/어떤 상황이든

07 기존의 하드웨어 중심의 접근인 사물 통신이 솔루션 중심의 서비스 지향적 접근인 사물 인터넷과 접목되는 기술이 아닌 것은 무엇인가?

① 빅 데이터　　　　　　　　　② 자동 제어
③ 인공 지능　　　　　　　　　④ 클라우드 컴퓨팅

08 인터넷 패러다임의 전개 방향을 살펴보면 2030년대 이후는 무슨 시대인가?

① 만물지능 인터넷 시대   ② 만물 인터넷 시대

③ 사물 인터넷 시대   ④ 인터넷 시대

09 가트너(Gartner)의 사물 인터넷 실현을 위한 필요 핵심 기술이 아닌 것은 무엇인가?

① 저전력 네트워킹 기술   ② 사물 인터넷 서비스 기술

③ 센싱 데이터 경로 최적화 및 관리   ④ 저전력 내장형 운영 체제 기술

10 닉 웨인라이트(Nick Wainwright)의 사물 인터넷 실현을 위한 필요 핵심 기술이 아 닌 것은 무엇인가?

① 사물 인터넷 서비스 기술   ② 서비스 인터페이스 기술

③ 센서 디바이스 플랫폼 기술   ④ 초연결 네트워크 인프라 기술

11 다음 중 대표적인 오픈 소스 하드웨어 플랫폼이 아닌 것은 무엇인가?

① 아두이노(Arduino)   ② 라즈베리 파이(Raspberry Pi)

③ 갈릴레오(Galileo)   ④ 메자닌(Mezzanine)

12 다음 중 사물 인터넷의 기술적인 측면과 서비스 측면에서 발전 방향을 살펴보기 위한 구분이 아닌 것은?

① 센서(Sensor, S)   ② 디바이스(Device, D)

③ 플랫폼(Platform, P)   ④ 네트워킹(Networking, N)

| 서술형 |

01 사물 인터넷의 기술적 특성과 시장의 특성을 설명하시오.

02 초지능성(Hyperintelligence 또는 Superintelligence)에 대해 설명하시오.

03 사물 인터넷 네트워크의 주요 기술 중 저전력 블루투스(Bluetooth Low Energy, BLE)와 Wi-Fi 해일로(Wi-Fi HaLow)를 간단히 비교·설명하시오.

04 사물 인터넷의 보안 위협에 대해 설명하시오.

05 사물 인터넷의 서비스 확산 방향을 크게 3가지로 구분하여 설명하시오.

사물 인터넷과 확장 현실로 가능한
초연결 메타버스

contents

들어가며

네트워크 기술은 원격에 있는 기기를 연결하여 메시지를 전송할 수 있는 기술이다. 전화를 기반으로 한 음성(아날로그) 통신, 유선으로 연결된 기기 간의 메시지를 주고받을 수 있는 유선 통신, 4G/5G와 같은 무선 통신이 모두 포함된다. 이러한 기술이 상용화되면서 영상 통화나 동영상 콘텐츠 이용 등을 언제 어디서나 즐길 수 있는 데이터 기반 서비스가 대중화될 수 있었다.

이와 함께 **증강 현실(Augmented Reality, AR)**, **가상 현실(Virtual Reality, VR)**, **혼합 현실(Mixed Reality, MR)**을 포괄하는 **확장 현실(eXtended Reality, XR)** 기술의 발달로 현실 세계와 가상의 세계를 생생하게 시각적으로 표현하고, 이미지화된 객체와 상호 작용하는 것도 가능하게 되었다. 실감형 영상이나 음향 등 멀티미디어 관련 기술의 발달로 현장이 아닌 곳에서도 현장감을 충분히 느낄 수 있게 되었다. 또한 빅 데이터, 인공 지능, 보안 기술이나 블록체인, 대체 불가능한 토큰(NFT) 등의 기반 기술은 사회, 경제적으로도 많은 변화를 가져오게 되었다. 이처럼 기반 기술의 발전으로 해당 인프라가 갖추어지고 여러 응용이 지속적으로 개발되어 활용되면서 이로 인해 우리의 일상생활에 큰 영향을 주게 되었다.

사무실이나 학교 같은 가상 공간을 생성하고 나를 대신하는 아바타를 등장시켜 놀이나 체험 활동을 할 수도 있다. 가상 공간의 전시회나 가수의 공연도 전 세계 사람들이 참여하여 즐길 수도 있다. 이처럼 사람들이 원하는 것을 언제 어디서나 자연스럽게 참여할 수 있는 가상 공간을 **메타버스(Metaverse)**라고 한다. 지리적·시간적인 이점뿐만 아니라 경제적인 효과도 뒷받침되면서 메타버스의 활용 가치가 커지고, 이로부터 촉발되는 사회 현상 역시 큰 호응을 얻고 있다.

메타버스를 실현하기 위해서는 가상 세계와 실제 세계를 동기화시킬 수 있어야 하며, 이를 위해 여러 기반 기술이 활용되어야 한다. 사물 인터넷 기술은 물리 세계에 대한 정보의 수집과 상호 작용을 담당함으로써 가상 세계를 확장할 수 있게 한다([그림 1] 참조).

출처: 방송과 미디어 재구성

[그림 1] 사물 인터넷과 연계되는 메타버스

메타버스 분야는 가상 세계와 실제 세계의 동기화를 통해 물리 세계로 확장에 대해 관심이 많은 반면, 사물 인터넷 분야는 물리 세계에 대한 정보의 수집과 상호 작용을 담당하며, 가상 세계와의 연계를 지속적으로 확장해 가고 있다. 이와 같이 확장 현실 기술과 사물 인터넷 기술이 적용되어 물리적 공간과 가상 공간을 연결하는 확장된 메타버스 환경, 즉 **초연결 메타버스**(Hyper-connected Metaverse)가 실현되고 있다. 향후 이러한 초연결 메타버스 환경이 일반화될 경우, 다양하고 새로운 성격의 응용도 가능해질 것으로 예상된다.

이 부에서는 메타버스에 대한 개념과 특징 및 유형을 살펴보고, 초연결 메타버스 환경으로의 전환과 메타버스 미디어 플랫폼을 통해 초연결 메타버스를 구현하는 기술에 대해 살펴보고자 한다. 그리고 메타버스 플랫폼의 근간이 되는 확장 현실 기술의 개념을 가상성의 연속성 개념을 통해 살펴보고, 이러한 관련 기술 및 적용 분야와 혼합 현실 관련 중요 국제 표준화에 대해 살펴본다.

메타버스

7.1 확장되는 메타버스 개념 / 7.2 메타버스의 특징 및 유형
7.3 초연결 메타버스 환경으로 전환 / 7.4 대표적인 메타버스 미디어 플랫폼 구성

메타버스는 기존의 가상 현실보다 진보된 개념으로 지금도 발전하고 있는 개념이며, 웹과 인터넷 등의 가상 세계가 현실 세계에 흡수된 형태를 의미한다. 이때 가상 현실의 몰입감을 높이기 위해 시각적 요소뿐만 아니라 청각, 촉각, 후각 등 인간의 여러 감각 정보로 확장하는 기술까지도 포함한다. MZ 세대를 중심으로 이전의 인터넷이나 모바일 환경 외에 메타버스 플랫폼 기반의 여러 응용을 널리 활용하고 있다. 예를 들면, 온라인 회의, 공연이나 전시회, 콘퍼런스, 게임이나 엔터테인먼트, 온라인 교육 등의 분야에서 이전과 다른 접근 방식으로 사용자층을 넓히고 있으며, 따라서 메타버스 관련 서비스는 계속 확산되고 있다 ([그림 7-1] 참조).

호라이즌 월드(Horizon Worlds)의 회의

디포탈(Depotal)의 공연

크립토복셀(Cryptovoxels)의 전시회

스페셜(Spatial)의 학회

포트나이트(Fortnite)의 게임

하나은행의 온라인 수업

출처: J. Guan, J. Irizawa and A. Morris, "Extended Reality and Internet of Things for Hyper-Connected Metaverse Environments," 2022 IEEE Conference on VRW, 2022, pp. 163-168. 재구성

[그림 7-1] 메타버스에서 활동 사례

메타버스는 인공 지능, 초고속 유무선 네트워크, 디지털 트윈, 확장 현실 등의 첨단 기술을 바탕으로 하는 신산업 분야이다. 그리고 메타버스 플랫폼 간의 경쟁도 치열해지고 있다. 양질의 콘텐츠 개발과 사용자 확보를 위한 차별성 및 기술 경쟁력을 갖추기 위해 글로벌 IT 기업들은 지속적인 투자와 기술 개발을 하고 있다. 예를 들어, 2021년에 페이스북은 메타 플랫폼 주식회사로 자체 브랜드를 변경하였다. 로블록스와 제페토는 메타버스 플랫폼을 활용하여 전 세계에 많은 사용자를 확보하고 있는 대표적인 소셜 플랫폼이다. 엔비디아는 디지털 트윈 3D 연결 시뮬레이션을 사용하여 물리적 공간의 제약 조건 및 세부 사항을 시뮬레이션할 수 있는 옴니버스(Omniverse) 소프트웨어를 개발하였다. 또한 많은 기업들은 네트워크 플랫폼 기반에서 확장된 협업 메타버스 공간을 제공할 수 있는 서비스를 개발하고 있다. 메타버스 내에서는 다양한 형태의 경제 활동이 가능하여 암호 화폐나 소유권, 진품 인증이 가능한 NFT 관련 시장도 함께 성장하고 있다.

이처럼 차별화된 기술을 구현하거나 신기술을 융합한 서비스 제공 등을 통해 다양한 분야로 문화적, 경제적 파급 효과를 얻기 위해 메타버스 영역을 넓혀가고 있다. 메타버스는 다양한 소프트웨어 및 하드웨어 기술로 구성된 산업 생태계로 다양한 비즈니스 모델과 서비스의 융합을 통해 새로운 부가 가치를 창출하고 있다.

7.1 확장되는 메타버스 개념

미래 가속화 연구재단은 초기에 메타버스를 '증강과 시뮬레이션', '외적인 것과 사적인 것'이라는 두 가지 기준에 따라 네 가지 시나리오 – 현실과 가상을 결합한 **증강 현실**(Augmented Reality), 창조된 **가상 세계**(Virtual Worlds), 현실을 복제한 **거울 세계**(Mirror Worlds), 사람의 일상생활을 통해 인생을 기록하는 **일상기록**(Lifelogging) – 로 구분하여 메타버스를 설명하고 있다([그림 7-2] 참조). 이러한 구분법에 따르면 일부 응용들은 여러 시나리오에 해당할 수 있다. 가상 세계 내부에서 거울 세계 지도를 사용하거나, 거울 또는 가상 세계 내부에서 헤드업 디스플레이 증강 현실 시스템을 사용하거나 일상기록도 가능하다.

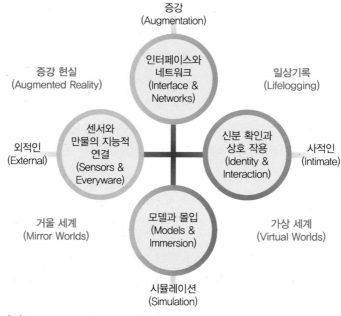

출처: metaverseroadmap.org 재구성

[그림 7-2] 메타버스에 포함된 4개의 시나리오와 결합 관계

하지만 이전과 다른 새로운 응용을 구현하기 위해 신기술이 계속 적용됨에 따라 메타버스의 정의도 확장되고 있다. 메타버스를 여러 가지 관점에서 정의할 수 있지만, **홀로그램**(Hologram), 3차원 영상 모델링 및 렌더링, 컴퓨터 그래픽스, 확장 현실, 영상 처리, 멀티미디어, 디스플레이, 인간과 컴퓨터의 상호 작용(HCI), 컴퓨터 비전 등의 시각화 관련 기술과 인터넷, 웹, 사물 인터넷, 이동통신 등 네트워크 기술, 고속 컴퓨팅, 클라우드 컴퓨팅, 빅데이터, 인공 지능, 보안, 블록체인, 반도체, 센서, 하드웨어 디바이스 등의 다양한 영역의 기반 기술을 수용하여, 사회·경제·문화적인 측면을 고려한 확장된 메타버스 개념으로 정의할 수 있다.

메타버스(Metaverse)란 단어는 본래 '가상, 추상'을 의미하는 **메타**(Meta)와 '현실 세계'를 의미하는 **유니버스**(Universe)의 합성어이다. 메타버스에서는 가상 세계에서 가상의 인물이 가상 사물을 이용하여 다양한 활동을 할 수 있다. 여기서 가상 사물이란 다양한 목적으로 활용되는 이미지(Computer-Generated Imagery, CGI 또는 CG)이다. 아바타를 활용한 가상 세계는 최근에 일반인들이 사용하는 메타버스 개념이며, 미래 가속화 연구재단이 구분한 네 가지 시나리오 중 일상기록에 해당된다.

하지만 이러한 메타버스 개념은 계속 확장되며 발전하고 있다. 차원은 2차원, 3차원 또는 그 이상의 차원으로 확장되고 있다. 행위 공간은 가상 현실 기술로 구현되는 **가상 세계**([그림 7-3] 참조)뿐만 아니라, 증강 현실, 혼합 현실 등을 포함하는 확장 현실 기술로 현실 공간에 실감형 서비스가 구현된 **증강된 세계**([그림 7-4] 참조)까지 확대되고 있다. 행위자도 착용형 기기를 부착한 증강된 사용자, 사용자와 동일한 행위를 수행하는 가상의 아바타, 사용자와 완전히 관련 없는 **에이전트**(Agent) 및 **가상 인플루언서**(Virtual Influencer)를 모두 포함할 수 있다. 이처럼 차원의 개념이 의미가 없어지고, 물리적 현실, 증강 현실, 가상 세계의 경계가 허물어지며, 실제 인간, 증강된 인간, 아바타, 가상 인플루언서 같은 가상 인간 등 행위 주체 유형도 다양해지고 있다. 현실 세계는 증강·가상 세계와 연결되고, 다양한 행위자들이 상호 작용하면서 일상생활이나 업무, 일정한 역할을 수행할 수 있는 세계로 확장되어 발전하고 있다. 이를 메타버스 관점에서 살펴보면, 메타버스 영역을 벗어나 실제 세계와 연결되는 **초연결 메타버스**가 실현되는 것이다.

출처: https://medium.com/cosmoscr/the-virtual-world-of-cosmos-3adecb51410d, https://en.wikipedia.org/wiki/Virtual_world

[그림 7-3] 사이버 공간에 만들어진 가상 세계

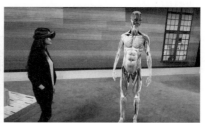

출처: Microsoft, https://www.youtube.com/watch?v=h4M6BTYRlKQ

[그림 7-4] 현실 공간에 실감형 이미지로 채워진 증강된 세계

이를 바탕으로 확장된 메타버스는 현실 세계와 가상 세계가 함께 상호 작용하면서 다양한 가치 활동을 수행할 수 있는 환경이다([그림 7-5] 참조). 이는 현실의 여러 산업(게임/공연, 관

광/여행, 교육/훈련, 쇼핑/관광, 의료, 제조 등)이 가상 공간에 구현되어 상호 작용할 수 있고, 그 결과가 다시 현실 세계에 영향을 미칠 수 있다(예를 들면, 가상 공간에서 디지털 화폐를 사용한 결과로 현실에서도 적절한 경제 활동이 일어날 수 있다). 이 개념에 의하면, 메타버스는 물리적인 현실 세계에 대한 디지털 복제본을 만들어서 서로 연결한다는 의미를 지니고 있다. 따라서 메타버스는 독립된 별개의 공간이 아닌 연계와 공존의 공간이며, 이는 '가상적으로 확장된 현실'과 '물리적으로 영구화된 가상 공간'이라는 이질적인 두 개념이 융합되어 있는 것이다.

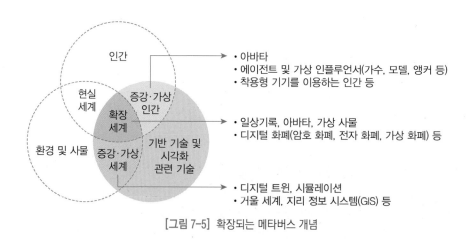

[그림 7-5] 확장되는 메타버스 개념

다음 소절에서 메타버스의 구성원을 구분하고, 현실 세계와 상호 작용 여부에 따라 메타버스의 활용 범위를 살펴보고자 한다.

7.1.1 메타버스의 구성원

컴퓨터 그래픽 기술의 발전으로 사람과 비슷한 사실적인 가상 인물에 대한 묘사가 가능해졌다. 하드웨어 기술이 발전함에 따라, 고가의 그래픽 전용 컴퓨터나 워크스테이션에서만 가능하던 가상 현실 시스템이 VRML(Virtual Reality Modeling Language)을 이용하는 일반 컴퓨터에서도 가능하게 되었다. 인터넷을 기반으로 하는 네트워크 인프라의 발전은 하나의 분산 가상 환경을 여러 사용자들이 공유할 수 있게 되었다.

메타버스에서 활동하는 인간 혹은 행위자는 착용형 기기를 이용한 증강된 사용자, 아바타, 에이전트로 구분할 수 있다. 사용자는 안경, 시계, 의복과 같이 착용하거나 몸에 부착하여 능력을 보완하거나 배가시키는 착용형 기기를 이용하여, 일종의 증강 현실 세계에서 여러 대상과 상호 작용할 수 있다. 아바타는 사용자와 연결되어, 사용자의 의도에 따라 다양한 역할을 수행할 수 있다. 기술이 발전하면, 영화 〈아바타〉처럼 메타버스 세상에서 사용자와 동일하게 동작할 수도 있다. 에이전트는 메타버스라는 가상 공간에 존재하면서 일정한 역할을 수행하는 완전한 가상 인물이다. 여기서 인물이란 반드시 사람일 필요는 없으며, 따라서 작품 속에서 의인화한 동물이나 신화적 존재, 생명이 없는 대상까지 모두 가능하다. 대표적인 가상 인물로는 가상 인플루언서가 있으며, 독특한 개성과 성장 이야기를 무기로 사이버 공간에서 모델, 가수, 앵커 같은 다양한 활동을 한다.

① 아바타

가상 현실을 체험하기 위해서는 특정 스튜디오에 가서 **머리 착용 디스플레이**(Head Mounted Display, HMD)와 같은 장비를 몸에 장착한 후, HMD를 통해서 시각화된 이미지나 영상을 보면서 행동을 취할 수 있다. 하지만 HMD를 착용하여 영상을 볼 때 약간의 어지러움을 느낄 수도 있고, HMD가 없다면 해당 서비스를 받을 수도 없다. 이러한 불편함 없이 좀 더 자유롭게 체험하는 방법이 아바타를 만들어 활동하는 것이다.

아바타는 가상 현실에서 자신의 역할을 대신하는 가상의 인물(캐릭터)을 의미한다([그림 7-6] 참조). 가상 세계에서 자기 자신과 동일한 인물로서 사회적 역할이나 개인의 의도에 따라 행동하려는 가상의 인물을 지칭하며, 실시간으로 실세계에 있는 사용자와 가상 공간에서 동기화하여 동작한다.

출처: Loom.ai

[그림 7-6] 3D 아바타

초기에는 메타버스 속에서 낮은 해상도의 인물이나 이미지를 만들어 사용자의 의도에 따라 이동하거나 적절한 행동을 수행할 수 있었다. 하지만 사용자 표정을 인식하여 표현할 수 있는 3D 아바타 생성 기술의 개발로 다양한 표정 및 동작을 취할 수 있는 개인 캐릭터를 생성할 수 있게 되었다. 일반인들이 웹상에서 로그인하여 자기를 닮은 아바타를 생성하고 가상 세계에서 보고, 듣고, 느끼는 정보를 기록하는 일상기록(Lifelogging)의 활용이 증가하면서 이 서비스 역시 활성화되었다.

아바타는 실제 환경을 모방한 완전한 가상 세계에서 다른 아바타 또는 에이전트와 공존하며, 사회·경제·문화적 활동을 할 수 있다. 현실 세계 모임과 같은 다양한 교류 활동의 공간이 가상 세계로 옮겨가고, 가상 세상에서 이루어진 경제 활동이 현실에서 수익으로 이어질 수 있다. 예를 들어, 가상 통화를 이용하여 물건을 구매하거나 판매하는 경제 활동뿐만 아니라 사회·문화적인 활동을 할 수 있다. 예를 들면, 회사에 출근하거나 학교에 가서 생활하는 것과 같은 사회적 활동을 할 수 있고, 미술관 관람 같은 문화 활동도 할 수 있다. 제페토에서 신상품 의상이나 신발 등을 구매하여 아바타가 착용하기도 하고, 가수의 콘서트나 뮤지션들의 공연에도 참여할 수 있다. 비대면 시대에 자신만의 장소나 집안에서 경험할 수 있는 새로운 시도들이 생겨나며 온라인의 한계로 생각되던 현장성의 결여가 메타버스를 통해 오프라인의 제약에서 벗어난 새로운 시도의 장을 열어주었다.

또한 게더타운(GatherTown)에서 가상의 집을 만들어 생활하고, 가상의 학교에서 입학식을 하거나 직장 동료들과 업무 회의 등을 하며 일할 수 있다. 디센트럴랜드(Decentralland)에서는 마나(MANA)라는 가상 통화를 이용하여 가상 현실 공간에서 일정 구획으로 나누어진 공간, 즉 가상의 땅을 구매하거나 판매할 수 있다. 이렇게 획득한 물건이나 토지 및 기타 자산에 대한 일부 소유권을 가질 수 있다. 유명 가수가 콘서트 공간으로 활용하기 위해 한 구획을 고가에 구입하면, 인근 지역의 가치도 상승하는 등 현실과 유사한 상황이 벌어질 수 있다.

이러한 가상 세계에서 아바타가 경험하는 활동은 실제 현실 세계와 연계되며 사용자의 경험이 된다. 게임과 같은 특정 목적이 아니라 사용자의 일상생활 자체가 목적이기 때문에 가상 세계의 역할이 커진다. 가상 세계에서 겪는 경제적, 사회적 삶의 경험이 점차 증가할수록 가상과 현실의 구분이 옅어질 수 있다.

이러한 아바타는 사용자의 다양한 성격(멀티 페르소나)을 가상 세계로 투영할 뿐만 아니라 현실의 자신으로부터 책임, 의무, 권리를 위임받아 행동하는 대리인이다. 이는 가상 세계가 단순한 가상의 오락 공간이 아닌 일상생활과 경제 활동이 가능한 세계로 가상 세계 속 아바타의 행위는 실제 자신의 행위와 동격으로 인식되며, 아바타에게도 가상 세계의 사회적 의무와 책임이 수반된다.

② 에이전트 및 가상 인플루언서

가상 공간 내에는 아바타 외에도 에이전트가 존재한다. 아바타는 인간에 의해 제어되지만, 에이전트는 컴퓨터 프로그램이나 인공 지능에 의해 제어된다. 아바타는 사용자가 접속해서 직접 조작할 때 행동하지만, 에이전트는 일정한 위치에서 사용자나 아바타와 상대하면서 정해진 일정에 따라 역할을 수행한다. 이론적으로 무한 개의 에이전트를 만들어 각각의 목적에 맞춰 활용할 수 있으며, 인공 지능의 발전으로 인간이 제어하는 아바타보다 더 인간다운 에이전트의 등장도 예측할 수 있다.

최근 광고에 많이 등장하는 로지(Rozy)와 같은 가상 인간은 컴퓨터로 생성된 이미지와 소리를 사용하여 영상과 음성으로 재창조된 인간으로 종종 실제 행위자와 구별되지 않는 경우가 많다([그림 7-7] 참조). 대부분 3D 디자이너에 의해 설계되며, 컴퓨터 그래픽과 모션 캡처 기술을 사용하여 주어진 상황에서 실제 사람과 유사하게 구현된다. 가상 사물이나 가상 환경은 고려 대상이 아니며, 가상 인간 자체에 초점을 맞추어 실제 사람과 같이 독특한 개성과 성장 이야기를 만들고, TV나 웹상에서 가수, 배우, 모델, 앵커, 쇼핑 호스트(home shopping host) 등의 활동을 한다. 현실 세계에서 영향력 있는 사람을 '인플루언서'라고 하는데, 최근에는 가상 인간들도 큰 영향력을 가지게 됨에 따라 '가상 인플루언서'란 용어도 사용되고 있다.

기업도 마케팅 활동에 가상 인플루언서를 적극적으로 활용하고 있으며, 이에 투자되는 마케팅 비용도 매년 큰 폭으로 증가하고 있다. 예를 들어, 로지는 싸이더스 스튜디오 엑스에서 제작한 여행과 운동을 좋아하는 22세 여성으로 설정된 가상 인간이다. 인스타 팔로워가

출처: https://www.youtube.com/watch?v=y8v_UXdBQtw, https://notion.online/lil-miquela/재구성

[그림 7-7] 가상 인플루언서인 로지와 미켈라

4만 명 이상이며, 여러 광고 모델로 활동하고 있다. 미국의 가상 인간 '미켈라(Lil Miquela)'는 팔로워를 약 500만 명 이상 보유하고 있으며, 한 해 벌어들이는 수익이 약 140억 원 정도로 추산된다.

가상 인플루언서의 경우, 연예인을 모델로 기용할 때 발생하는 다양한 관리의 어려움이 원천적으로 차단된다. 광고의 모델은 이미지가 중요한데, 원하는 이미지를 만들기도 쉽고 만들어진 이미지를 유지 및 관리하기도 쉽다. 또한 일정 조율, 광고 모델의 비용 협의 등도 쉽고, 각종 스캔들로 인한 광고 효과 감소도 발생하지도 않는다. 이러한 이유로 우리 사회에서 가상 인플루언서의 역할은 점차 증가할 것으로 보인다.

7.1.2 실제 세계와 상호 작용

인간이나 행위자 중심의 메타버스에서는 여러 인물이 주어진 상황에서 해당 서비스를 이용한다. 즉, 메타버스에서는 각각의 상황에 적합한 환경을 구축하고 개별 활동과 연계될 수 있는 사물을 배치하여 사용자들과 상호 소통한다. 반면 인간이나 행위자 없이 실제 환경이나 사물만으로 구현된 메타버스에서는 가상 세계와 물리적인 실제 세계가 상호 작용할 수 있는지 없는지에 따라 **디지털 트윈**과 **거울 세계**로 구분할 수도 있다.

거울 세계는 현실 세상을 사실적으로 반영한 '확장된 가상 세계(예: Google Earth)[1]'이다. 이는 **지리 정보 시스템**(Geographical Information System, GIS)처럼 현실과 유사한 가상 세상을 구축한 개념이지만, 실제 현실과의 상호 작용이 없다. 이에 반해, 디지털 트윈, 즉 사이버 물리 시스템(Cyber-Physical Systems, CPS)은 '동기화된 사이버 모델'로 사물 인터넷을 이용하여 실제 현실 세계와 가상 세계가 동기화되어 상호 작용할 수 있고 서로 영향을 미칠 수 있다. 최근에는 현실 공간에 홀로그램을 표시하고 손 추적이나 시선 추적을 이용하여 명령을 인식하여 상호 작용하는 기술까지 활용되고 있다.

① 거울 세계

거울 세계는 우리 주변에서 흔히 보이는 세상을 모델링한다. 즉, 거울처럼 현실 세계를 있는 그대로 반영하여 가상 세계로 확장한 개념이다. 현실 세계를 좀 더 정보가 풍부하고 정교한 가상 세계로 만들기 위해 가상 사상(Virtual Mapping), 모델링 및 주석 도구, 지리 공간

---

1) https://earth.google.com

및 센서, 위치 인식 기술 및 기타 일상기록 기술도 필요하다.

거울 세계는 가상으로 만들어진 세계이지만, 현실에 기반을 둔다. 우리가 사는 세상이 그대로 디지털로 변환되어 가상 세계로 구현된 것이다. 거울 세계는 가상 현실 기술을 통해 컴퓨터로 구현된다는 점에서 일반 가상 세계 혹은 가상 환경 공간과 유사하지만, 복제의 대상이 우리가 사는 세상이라는 점에서 일반적인 가상 세계와 구분된다. 즉, 게임이나 가상 현실 기반 플랫폼은 거울 세계에 포함되지 않는다.

대표적인 사례는 카카오나 네이버 지도, 군사 시스템이 될 수 있다. 우리가 사는 공간을 그대로 디지털 형태로 복제해 지도 서비스로 제공하기 때문에 현실 세계를 그대로 반영하며, 각종 주석 도구를 통해 더욱 현실감 있는 정보를 제공한다. 가령, 지도에 교통 통제가 있거나 사고가 있는 곳, 교통 정체 구역을 특정 표시(빨간색)하여 나타냄으로써 정보를 제공하거나, 목적지까지 경로를 제공하는 것은 대표적인 거울 세계의 한 예이다.

구글 어스는 지리 정보 시스템을 이용하여 지구를 사실적으로 표현한 거울 세계의 또 다른 사례이다. 구글 검색 기능을 위성 이미지, 지도, 지형 및 3D 건물 정보에 적용하여 사용자의 눈앞에 전 세계 지역 정보를 제공하는 서비스이다. 자신이 찾고자 하는 지역의 주소를 입력하고 '검색'을 누르면 해당 지역의 3D 그래픽이 펼쳐지며, 필요하면 길 안내 서비스도 받을 수 있다. 특히, 전 세계 지역의 위성 사진을 전부 수집하여 일정 주기로 업데이트하고 시시각각 변하는 현실 세계의 모습을 그대로 반영하고 있다([그림 7-8(a)] 참조).

에픽게임즈(Epic Games)사는 언리얼 엔진 5(Unreal Engine 5)의 핵심 기술인 자동 오픈 월드 스트리밍 기술인 '월드 파티션-계층적 세부 수준(Level of Detail, LOD)'과 절차적 오픈 월드 생성 기술인 '후디니(Houdini)'를 이용하여 3D 가상 공간인 거울 세계를 제작할 수 있다([그림 7-8(b), (c)] 참조).

출처: YouTube, 언리얼 엔진

(a) 구글 어스의 가상 현실   (b) 월드 파티션-계층적 세부 수준   (c) 후디니

[그림 7-8] 대표적인 거울 세계

거울 세계는 현실 세계를 그대로 반영할 뿐만 아니라 증강 기술을 적용하여 보다 다양한 정보를 제공할 수 있는 시스템으로 확장되고 있다. 시간과 장소를 초월하여 언제 어디서나 네트워크로 연결된 컴퓨팅 기술을 의미하는 '스며드는 컴퓨팅(Pervasive Computing)'과 환경이 사용자를 인식하고 사용자가 원하는 서비스를 제공하는 환경적 지능(Ambient Intelligence), 에이전트, 증강 현실 등의 기술이 적용된다. 이러한 기술을 통해 거울 세계는 현실 세계를 더욱 현실적으로 구현한 가상 환경으로 구축함으로써 열린사회를 가능하게 한다.

② 디지털 트윈

물리적인 대상, 혹은 물리적인 대상이 모인 생태계를 실시간 가상 환경으로 반영할 수 있도록 구현하는 기술이 **디지털 트윈**이다. 이 기술은 사물 인터넷을 이용하여 현실 세계와 가상 세계가 동기화되어 상호 영향을 미칠 수 있는 '동기화된 사이버 모델'인 사이버 물리 시스템(CPS)이다. 즉, 디지털 트윈은 현실 세계에 존재하는 사물, 시스템, 환경 등을 가상 공간에 동일하게 구현하여 가치를 제공하는 기술을 의미한다. 여기서 '동일하게 구현한다'라는 의미는 단순하게 형상을 똑같이 만드는 것이 아니라, 그 움직임조차 동일하게 구현한다는 의미이다. 이렇게 만들어진 트윈 모델은 모니터링, 원격 운영, 최적화 등 다양한 방향으로 활용할 수 있다. 예를 들면, 의료 및 제조업 분야에서 가상 시뮬레이션이나 원격 제어를 수행할 수 있다([그림 7-9] 참조).

출처: 지멘스

[그림 7-9] 지멘스의 디지털 트윈

디지털 트윈 개념은 NASA(미항공우주국)에서 처음 발표한 개념이다. NASA는 당시 우주 정거장의 디지털 버전을 지상에서 구현하여 문제 발생 시 실시간으로 이를 진단하는 데에 사용했다. 이후 IT 컨설팅 기업인 가트너가 2017년 기술 동향 발표에서 '수십억 개의 물리적 사물, 혹은 시스템이 동적인 소프트웨어 구현물인 디지털 트윈으로 구현될 것'이라고 예측하면서 디지털 트윈은 본격적으로 주목받기 시작했다.

그러나 디지털 트윈은 완전히 새로운 개념이 아니다. 이미 널리 활용되고 있는 컴퓨터 지원 설계(CAD)나 각종 시뮬레이션 역시 일종의 디지털 트윈이었다. 이후 사물 인터넷의 등장과 컴퓨팅 능력의 고도화, 인공 지능이나 확장 현실 기술 같은 기반 기술과 융합 등 여러 요인에 의해 지속적으로 발전되어 현재 제조 산업을 중심으로 활용 범위가 넓어지고 있다.

디지털 트윈은 거울 세계와 개념적으로 많은 차이가 있다. 거울 세계가 현실을 가상 세계에 구현하는 것에 주안점을 둔 개념이라면, 디지털 트윈의 경우 상대적으로 사물 인터넷 센서를 활용해 현실의 특정 대상이나 생태계를 가상 세계에 구현하고 이러한 데이터를 활용하여 인공 지능을 통해 그 대상의 변화를 예측하고 실시간으로 관리하는 데에 집중하는 개념이다. 즉, 디지털 트윈의 핵심은 실제 현실의 물리적 사물이나 시스템으로부터 데이터를 수집하여 이를 컴퓨터 프로그램으로 분석하고, 이를 이용하여 특정 작업이 미칠 영향을 예측하거나 시뮬레이션하고자 한다. 이러한 디지털 트윈의 발전 과정에서 사물 인터넷의 센서 성능의 향상과 활용 범위의 확산이 중요한 역할을 하였다. 사물 인터넷 기술이 발전함에 따라 디지털 트윈이 표현하는 생태계도 정교해지고 있다.

디지털 트윈 관련 기술은 엔진과 같이 복잡한 장비부터 빌딩, 공장, 도시에 이르는 거대하고 복잡한 대상까지 구현할 수 있는 방향으로 발전하고 있으며, 향후 인간에 대한 디지털 트윈도 구현이 가능할 것으로 예측된다. 디지털 트윈은 센서를 통해 현실의 대상에 대한 정보를 실시간으로 전달받고, 이를 통해 현실의 대상을 실시간으로 시뮬레이션하여 실제 대상물의 향후 성능이나 잠재적인 에러 발생을 예측할 수 있다. 혹은 개발 중인 제품의 프로토타입을 가상 현실에 구현하여 테스트해봄으로써 실제 성능이나 동작 과정을 예측하는 것도 가능하다. 스마트폰이나 태블릿 PC 같은 모바일 장치(mobile device)로 산업 현장 곳곳의 장비를 모니터링하고 제어하는 것도 가능하다. 사용자를 둘러싸고 있는 세상과 상호 작용할 수 있는 완전히 새로운 가상의 환경이 디지털 트윈으로 구현되는 것이다.

7.2 메타버스의 특징 및 유형

7.2.1 메타버스의 특징

아바타가 활동하는 가상 공간의 메타버스는 '일상과 경제 활동'이라는 특징이 잘 나타난다. 하지만 아직도 많은 사람이 메타버스를 모바일 앱 혹은 플랫폼 서비스와 혼동하거나 가상 현실 게임 정도로 인식하는 경향이 있다. 메타버스는 모바일 앱, 플랫폼 서비스, 가상 게임과 같은 기존 플랫폼 서비스와 다르며, 가상 현실 등의 실감형 콘텐츠와도 차별화되는 다음과 같은 특징을 가지고 있다.

- 세계관: 세계관의 사전적 의미는 '자연적 세계 및 인간 세계를 이루는 인생의 의의나 가치에 관한 통일적인 견해'이다. 이는 주로 영화나 문학 작품에서 작품 진행의 배경이 되는 시공간을 의미하는데, 최근에는 '콘텐츠나 작품이 묘사하는 세계 자체나 설정'으로 본다. 메타버스에는 이런 세계관 사상이 있어, 설계자와 참여자들이 메타버스의 시공간을 채워가며 확장해 간다.

  메타버스에 열광적으로 참여하는 주요 이용층이자 디지털 세대인 10대들은 콘텐츠나 서비스를 설계자가 의도한 목적대로만 소비하는 수동적 사용자가 아니다. 즉, 같이 즐기고 경험할 수 있는 환경을 설정하고 그 콘텐츠를 취향대로 소비하고 생산하고 확산하는 능동적 사용자이다. 메타버스 공간도 자신의 가치관에 따라 다양하게 창출하는 것을 선호한다. 놀거리의 집합 '판', 즐기다의 'Play'의 합성어인 **판플레이**를 하는 능동적 사용자이다. 이런 능동적 사용자들은 메타버스에서 나름에 세계관을 형성하고 콘텐츠를 생산하며 공유하고 즐긴다.

- 창작자: 메타버스에서는 누구나 콘텐츠 창작자가 될 수 있다. 메타버스는 2D 또는 3D 환경에서 다양한 콘텐츠로 구성된 세상이며, 그 세계를 누구나 확장할 수 있다. 따라서 참여자가 자발적으로 새로운 세계를 구축할 수 있는 창작자도 될 수 있고 동시에 이에 대한 이용자도 될 수 있다. 예를 들어 게더타운의 경우, 가상 세계를 생성한 후, 자신의 아바타를 이용하여 일상을 기록하거나 경제 활동을 하는 것도 가능하다. 이외에도 게임, 자신만의 블로그, 사진·영상 촬영, 아바타 의상 제작, 실감 콘텐츠 제작 등 다양한 창작물을 생산할 수 있다.

- 디지털 화폐: 메타버스 안에서 생산과 소비를 할 수 있으며, 이 과정에서 디지털 화폐도 통용된다. 현재는 메타버스 안에서만 통용되는 가상 화폐이지만, 머지않아 현실 세계의 화폐나 금, 은과 같은 실물 자산과 교환도 가능할 것으로 예상된다. 로블록스 안에서 통

용되는 디지털 화폐인 로벅스(Robux)는 로블록스 내 통화로 쓰이기도 하고 현실 세계의 화폐로도 전환할 수도 있다([그림 7-10] 참조). 메타버스 서비스가 널리 활성화되고 그 속에서 다양한 경제 활동이 이루어지면 메타버스의 디지털 화폐는 통화로서 그 영향력을 키워나갈 것으로 예상된다.

- 일상의 연장: 메타버스는 일상생활의 연장선으로 볼 수 있다. 다시 말해, 메타버스에서 친구를 만나고, 쇼핑하고, 학교에 가고, 회사에서 회의하는 등의 평범한 일상 속의 활동, 여가 생활, 경제 활동이 일회성 체험에 그치지 않고 지속적인 인생 여정처럼 진행된다. 현실 세계가 자신이 실제 살아온 나날의 축적이라면 메타버스 또한 아바타가 보낸 시간의 축적이 된다. 심지어 현실의 자신과 메타버스의 아바타가 상호 작용한 결과도 일상의 결과로 반영된다.
- 연결: 메타버스는 사람과 사람(아바타)을 연결하고, 서로 다른 메타버스와 메타버스를 연결하고, 현실과 가상을 연결한다. 시공간을 초월해 인류가 쌓은 지식을 공유하고 정보를 나눌 수 있다. 그 결과 새로운 연결의 힘을 토대로 또 다른 세계를 창조하고 확장해 나갈 수 있다.

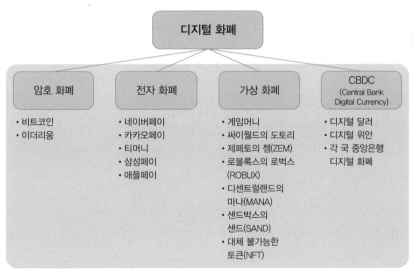

출처: YouTube 재구성

[그림 7-10] 디지털 화폐의 종류

7.2.2 메타버스의 유형

가상 세계와 현실 세계가 융합된 메타버스를 지원하기 위한 다양한 메타버스 플랫폼 서비스가 제공되고 있으며, 그 사용자 수도 증가하고 있다. HTC는 메타버스 플랫폼인 '바이버스(Viverse)'를 공개하였다([그림 7-11] 참조). 바이버스에서 사용자가 아바타로 변신해 사무실에서 근무하고 게임이나 콘서트, 쇼핑 등을 즐길 수 있다. 인게이지(Engage), VR챗(VRchat) 등 다른 회사의 메타버스 플랫폼과 연동되는 개방형으로 개발되었다.

출처: HTC

[그림 7-11] 메타버스 플랫폼 '바이버스'

SK텔레콤은 메타버스 플랫폼인 '이프랜드(ifland)'의 글로벌 버전과 헤드셋 기기 버전을 선보였다. 이프랜드에 블록체인 기반의 NFT, 마켓플레이스 등과 같은 경제 활동을 지원하는 시스템을 갖추어 80개국 이상에 서비스를 제공할 계획이다. LG유플러스는 K팝 확장 현실 플랫폼인 '아이돌 라이브'에 NFT 이용을 활성화하여 동남아시아에 이어 중동 지역과 아프리카까지 수출할 계획이다.

이러한 메타버스 플랫폼을 개발 동기, 접속 목적에 따라 세 가지 유형, 즉 소셜 기반 메타버스, 게임 기반 메타버스, 생활·산업 기반의 메타버스로 분류할 수 있다([표 7-1] 참조).

① 소셜 기반의 메타버스

소셜 미디어(Social Media)가 모임, 쇼핑, 게임 등이 가능한 메타버스로 발전한 형태이다. 대표적으로 제페토, 게더타운, 호라이즌, 위버스(Weverse) 등이 이 유형에 속한다. 게더타운은 줌(Zoom)이나 팀즈(Teams) 같은 온라인 회의 솔루션의 일종이지만, 2D 가상 공간에 아

[표 7-1] 대표적인 메타버스의 유형

유형		주요 기능 및 특징
소셜 기반 메타 버스	제페토 (ZEPETO)	• 얼굴 인식, 증강 현실, 3D 기술을 이용하여 아바타와 가상 세계를 만들어 가상 공간에서 아바타로 소셜(Social) 활동을 할 수 있는 플랫폼 • 다양한 문화, 비즈니스, 일상생활을 할 수 있는 콘텐츠 보유 • 물건 판매, 콘텐츠 가공 및 생산 활동 등 수익 창출 가능 • 글로벌 패션 기업, 국내 연예 기획사들의 투자 및 이들과의 협업
	게더타운 (Gather Town)	• 2D 기술을 이용하여 아바타와 가상 세계를 만들어 가상의 사무실 환경 및 화상 회의 기능을 제공하는 플랫폼 • 현실의 모습을 잘 반영한 화상 회의 시스템, 협업 툴, 멀티미디어 연동 가능 • 메타버스에서 도구를 사용한 회의 진행 가능
	호라이즌 (Horizon)	• 가상의 공간, 가상의 사무실, 가상의 집으로 공간 분류 • 발표, 필기, 책상과 의자 배치 등이 조정 가능한 가상 회의실 및 작업실 • 오큘러스 가상 현실과 연동 가능
게임 기반 메타 버스	로블록스 (Roblox)	• 사용자가 게임을 개발하고 다른 사용자가 만든 게임을 즐길 수 있는 온라인 게임 플랫폼 및 게임 제작 시스템 • 레고처럼 생긴 아바타를 생성해 가상 세계에서 일상생활 가능 • 가상 공간에서 다른 이용자와 함께 테마파크 건설 및 운영, 애완동물 입양, 스쿠버 다이빙, 슈퍼히어로 등의 경험 가능
	마인크래프 트(Minecraft)	• 단순한 블록 기반의 그래픽으로 게임과 자유로운 콘텐츠 생성 가능 • 가상의 세계에서 집을 짓거나 농사를 짓는 등의 생활 가능 • 1인 활동뿐만 아니라 여러 사람과 공동 활동 및 의사소통 가능 • 온라인 홍보, 온라인 투어 같은 기업 홍보 등에 사용
	포트나이트 (Fortnite)	• 에픽게임즈에서 제공하는 서비스로 온라인 게임에서 메타버스로 영역 확대 • 게임 플랫폼 안에서 사용자들이 함께 콘서트나 영화를 관람할 수 있는 파티 모드 제공 • 2020년 방탄소년단은 포트나이트 메인 스테이지에서 'Dynamite'의 뮤직비디오를 전 세계 최초로 공개
생활· 산업 기반 메타 버스	메타버스 협업 플랫폼, 메시(Mesh)	• MS사의 홀로렌즈 증강 현실 기술과 결합한 혼합 현실 협업 플랫폼 • 클라우드 플랫폼 애저(Azure)를 기반으로 구축되어 사용자가 서로 다른 지역에 있어도 같은 방에 있는 것처럼 느끼도록 지원 • 메시를 활용하면 교육, 설계, 디자인, 의료 등 다양한 분야에서 시공간을 초월한 협력 가능
	링피트 어드 벤처(RingFit Adventure)	• 닌텐도 스위치의 피트니스 게임으로 어드벤처 장르와 결합 • 모험하며 홈 트레이닝이 가능하며, 운동이 익숙하지 않은 사람도 체력에 따라 운동 부하 조정이 가능 • 링콘(Ring-Con)과 레그 스트랩(Leg strap) 주변기기가 있음

출처: 이덕우, '메타버스 기술 및 산업 동향', 주간기술동향, 2022., 양수림, 조중호, 김재호, '물리 세계와 가상 세계의 연동, 메타버스 자율트윈 기술 개발 방향', 방송과 미디어 제26권 3호, pp. 216~225, 2021, 7. 재구성

바타를 도입하였다. 예를 들어, 사무실이라는 가상 공간을 만들고 각 참여자들은 각자의 아바타를 생성하고 가상 공간 내 자리를 부여받는다. 아바타는 이동이 가능하며, 다른 아바타에 접근하여 그 사람과 화상 채팅을 할 수 있다. 이러한 방식으로 1대1 화상 채팅은 물론 N대N 화상 채팅도 가능하다([그림 7-12] 참조).

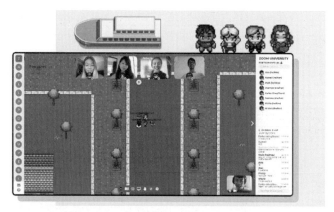

출처: https://smilegate.ai/2020/12/15/gather-town/ 재구성

[그림 7-12] 게더타운의 아바타를 이용한 채팅

② 게임 기반의 메타버스

모바일, 컴퓨터, 콘솔용 게임이 확장하여 탄생한 메타버스이다. 게임을 수행하는 것이 주 목적이지만, 소통 공간을 겸한다. 게임 제작 및 판매, 쇼핑, 공연 등 이용 형태가 계속 발전 중이다. 로블록스, 마인크래프트, 포트나이트 등이 있다.

오픈 월드 롤플레잉(Open World Role-Playing 또는 RolePlaying) 게임인 로블록스는 무료로 플레이할 수 있다. 블록 형태의 세상에서 이용자는 자신의 아바타를 조작하며 여러 가지를 창작하고 이를 다른 이용자와 공유할 수 있다. 기업은 플랫폼만 제공하고 그 안에서 이용자가 직접 만든 규칙에 따라 많은 이들이 상호 작용하며, 점점 해당 미니게임이 형성된다. 마치 동네 놀이터에 모인 아이들이 나름의 규칙을 만들어서 놀이를 시작하고 점점 그 놀이를 즐기는 아이들이 많아지는 것과 같은 사례가 수시로 펼쳐지는 셈이다.

사용자가 게임을 제안하고 다른 사용자가 그 게임을 즐길 수 있는 온라인 게임 플랫폼 및 게임 제작 시스템으로 게임뿐만 아니라 아이템 제작도 가능하다. 사용자는 이런 아이템을 로벅스라는 가상 화폐를 통해 구매할 수 있고, 프리미엄 멤버십 사용자는 아이템을 판매할 수도 있다([그림 7-13] 참조).

[그림 7-13] 로블록스의 게임 및 아이템 구매

또한, 최후의 생존자 1인을 가리는 포트나이트 배틀 로얄(Fortnite Battle Royale) 슈팅 게임
은 게임 내에 평화 지대를 두고 이 안에서 이용자가 마음껏 소통할 수 있게 구현되었다. 이
공간에서 이용자들은 적을 쏘고 쫓는 액션을 즐기는 것뿐만 아니라 달리기를 하고 높은 곳
에서 뛰어내리는 다이빙을 할 수도 있다.

③ 생활 · 산업 기반의 메타버스

확장 현실이나 증강 현실 등의 기술이 적용된 디바이스를 이용하여 운동, 교육 및 훈련, 시
뮬레이션 등을 수행하기 위한 목적의 메타버스이며, 레벨 향상 및 그에 따른 보상 시스템과
같은 게임적 요소를 접목하여 활동에 몰입할 수 있도록 한다. MS사의 홀로렌즈 2(HoloLens
2), 닌텐도의 링피트 어드벤처(RingFit Adventure), 탁스의 스마트로라 인도어 사이클링
(Smart Roller Indoor Cycling) 등이 있다([그림 7-14], [그림 7-15] 참조).

홀로렌즈 2는 스마트폰이나 컴퓨터에 연결할 필요 없는 혼합 현실 착용형 홀로그래픽 컴퓨터
다. 혼합 현실은 현실 공간과 단절된 가상 현실 기기와 달리 현실 공간에 가상 정보를 보여주
어 주변과 상호 작용할 수 있다. 또한, 증강 현실처럼 단순히 가상 정보를 현실 공간에 표시하
는 것을 넘어, 현실의 공간과 사물 정보를 파악해 거기에 맞는 3D 홀로그램을 입힌다.

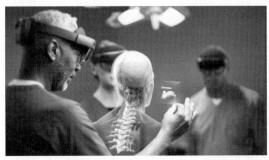

[그림 7-14] MS의 홀로렌즈 2로 구현한 인체

출처: https://namu.wiki

[그림 7-15] 링피트 어드벤처 모드

7.3 초연결 메타버스 환경으로 전환

메타버스를 구현하기 위해서는 인터넷 관련 기술, 증강 및 가상 현실, 초연결, 몰입형, 스마트 인터페이스 등의 기술이 필요하다. 하지만 여전히 메타버스 응용에서는 가상 현실과 현실 세계의 여러 구성 요소와 인터페이스 사이에 연결 끊김 현상이 존재한다.

메타버스 플랫폼 내에서 다양한 가상 활동을 할 수 있지만, 기본적으로 사용자는 현실 세계에서 일상생활도 해야 한다. 이는 메타버스가 현실 세계와 연결되어서 동작하는 응용도 개발되어야 하며, 현실에서 활동과 메타버스 내의 활동 간에 일관성도 유지되어야 함을 의미한다. 사용자는 일반 컴퓨터나 모바일 기기, HMD와 같은 전용 장비를 이용하여 가상 공간의 메타버스 플랫폼에 진입할 수 있다. 하지만 사용자의 현실 세계와 이러한 메타버스가 연결되는 초연결 메타버스 응용을 개발하고자 한다면, 현실 세계와 메타버스 간의 연결 끊김 현상은 해결해야 할 중요한 기술적 과제가 된다. 즉, 메타버스 내의 여러 콘텐츠 관련 기술은 상당한 발전을 이루었지만, 사용자의 현실 세계와 연결할 수 있는 관련 기술 개발은 아직 진행 중이어서 사용자의 몰입감을 떨어뜨릴 수 있다. 따라서 메타버스가 물리적 사물과 연결되어 일관되게 동작할 수 있는 혼합(hybrid) 구성으로 설계될 때, 현실 세계의 사용자 활동이 완전히 지원될 수 있다. 물론 현실 세계와 가상 세계가 완전히 분리될 수도 있으며, 이때 사용자는 그중 하나의 환경을 선택할 수도 있어야 한다.

7.3.1 메타버스의 연결 끊김 문제

현재 메타버스 플랫폼은 사람들이 오랫동안 몰입할 수 있을 만큼 현실 세계와 가상 세계의 연결을 유지하는 데 한계가 있다. 이는 메타버스 서비스 품질을 저하시킬 수 있으므로 메타버스와 물리적 세계의 간격을 최소화할 수 있어야 한다.

사용자가 컴퓨터나 모바일 기기 등을 이용하여 메타버스 세계로 진입하면 현실 세상과 일정한 간격(틈 혹은 갭)이 있을 수 있다([그림 7-16] 참조). 이러한 간격이 존재한다는 것은 현실 세계를 기반으로 한 가상 환경에서 어떤 동작을 했지만, 주변의 물리적 대상으로부터 정보를 얻거나 조작하기가 곤란할 수도 있음을 의미한다. 이를 메타버스의 연결 끊김 문제라고 한다. 초현실 기반 메타버스 응용을 개발하기 위해서는 이러한 연결 끊김 문제가 해결해야 할 중요한 기술적 과제가 된다.

혼합 현실과 사물 인터넷을 사용하여 물리적 공간과 가상 공간을 연결하는 확장된 메타버스 프레임워크를 통해 초연결 스마트 환경을 구현할 수 있다. 사용자는 스마트 환경에서 혼합 현실의 3D 인터페이스(가상 콘텐츠)와 사물 인터넷을 통해 물리적 요소와 상호 작용할 수 있다. 이 상호 작용을 통해 사용자는 몰입형 메타버스 환경과 혼합 현실(사용자가 물리적으로 거주하는 환경을 보거나 감지할 수 있음) 공간 사이에서 전환할 수 있으며, 몰입형 가상 인터페이스를 조작하여 조명 기구 같은 물리적 물체를 제어할 수 있다.

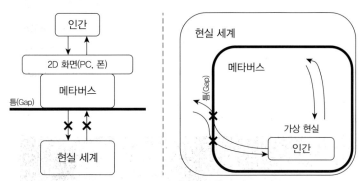

출처: J. Guan, J. Irizawa and A. Morris, "Extended Reality and Internet of Things for Hyper-Connected Metaverse Environments," 2022 IEEE Conference on VRW, 2022. 재구성

[그림 7-16] 메타버스 상호 작용 및 메타버스 연결 끊김 문제

7.3.2 사물 인터넷 및 확장 현실에 의한 초연결 메타버스

사물 인터넷(IoT)과 증강 현실(AR)은 메타버스와 물리적 공간 사이의 연결 끊김 문제를 개선하여 통신하는 데 중요한 역할을 하는 핵심 기술이다. 증강 현실은 컴퓨터 증강 요소를 실제 세계에 보이게 하고 상호 작용할 수 있도록 하는 매체 역할을 하며, 사물 인터넷은 감지와 통신을 할 수 있는 컴퓨팅 장치가 내장된 사물과 네트워킹을 가능하게 한다.

이런 개념은 확장 현실 및 사물 인터넷(XR-IoT)으로 발전하여 사물 인터넷 기반 확장 현실 시스템뿐만 아니라 확장 현실 기반 사물 인터넷 시스템의 조합으로 나타나고 있다. 보다 포괄적인 확장 현실 및 사물 인터넷 시스템은 몰입형, 풍부한 정보, 다중 사용자 및 에이전트 중심의 환경을 기반으로 하는 시스템으로 제시된다.

확장 현실 및 사물 인터넷(XR-IoT) 시스템은 가상 세계의 가상 개체(entities)와 현실 세계의 사물이 연결되어 상호 작용하는 확장된 메타버스가 된다. 확장된 메타버스에서는 가상성의 연속성을 포함한 여러 이론의 조합에 기초하여 메타버스 에이전트의 기준을 잡을 수 있다. 확장된 메타버스의 에이전트(Extended Metaverse Agent) 도메인은 혼합 현실의 구현 수준, 가상 개체와 사물과 확장된 상호 작용 정도, 서비스를 대신 제공하는 에이전시(agency) 수준에 따라 확장될 수 있다([그림 7-17] 참조). 가상 개체와 현실 세계의 사물들을 가상 또는 물리적 공간에 표시하는 방법과 다른 에이전트 객체(agent-objects)에 의해 가상 개체 및 현실 세계의 사물이 사용자와 어떻게 상호 작용하는지를 보여준다. 이러한 확장된 메타버스는 하나 이상의 구현된 가상 객체와 물리적 사물로 구성되며, 각각은 가상 및 물리적 차원에서 어느 정도의 상호 작용할 수 있는 특성과 에이전트 지향적인(agent-oriented) 행동 능력(behavioral capabilities)을 갖는다. 확장된 메타버스의 에이전트는 가상 세계의 에이전트가 실제 세계에 대응되는 사물과 강하게 연결되도록 지원한다. 즉, 메타버스 영역을 벗어나 실제 세계와 연결되는 초연결 메타버스(Hyper-connect Metaverse)가 형성되도록 한다.

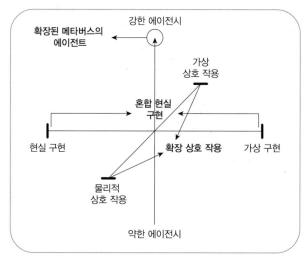

출처: T. Holz, A. G. Campbell, G. M. Ohare, J. W. Stafford, A. Martin, and M. Dragone. Mira-mixed reality agents. International Journal of Human Computer Studies, 2011. 재구성

[그림 7-17] 메타버스 에이전트의 기준

[그림 7-18]은 확장된 메타버스의 에이전트를 설계하고 생성하기 위한 환경을 보여준다. 물리적 세계 영역의 C는 사물 인터넷 지원 장치(임베디드 컴퓨터)를 나타내며, 확장된 메타버스의 에이전트는 혼합 현실 계층에 위치하여 HMD를 착용한 사용자와 메타버스의 가상 객체를 연결한다. 즉 에이전트 제어기(또는 제어기 세트)를 통해 가상 객체의 메타버스를 확장 현실 및 사물 인터넷(XR-IoT) 환경과 통합하는 확장된 메타버스 에이전트의 프레임워크이다.

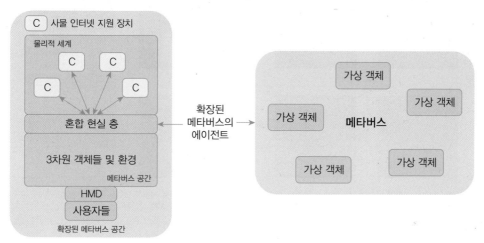

출처: J. Guan, J. Irizawa and A. Morris, "Extended Reality and Internet of Things for Hyper-Connected Metaverse Environments," 2022 IEEE Conference on VRW, 2022. 재구성

[그림 7-18] 메타버스를 XR-IoT 환경과 통합하는 확장된 메타버스 에이전트의 프레임워크

이런 사물 인터넷과 확장 현실 기술의 조합은 인간과 사물, 인간 대 인간 관계 및 교육, 사이버 보안 및 마케팅과 같은 다양한 영역에 대한 미래 응용 프로그램을 개선하기 위한 설계를 가능하게 한다. 이러한 예는 사물 인터넷과 확장 현실 기술이 어떻게 정보를 통합하고 교환하며 적응하고 행동하는지, 그리고 인터페이스 및 몰입형 시각화를 촉진할 수 있는지를 총체적으로 보여준다.

7.3.3 메타버스 확장을 위한 프로토타입 설계 사례

앞에서 설명한 확장된 메타버스 프레임워크에 기반한 **XR-IoT 조명 제어기**(XR-IoT Lamp Controller) 프로젝트를 이용하여 초연결 메타버스에 대해 구체적으로 살펴본다. XR-IoT 조명 제어기는 혼합 현실로 구현된 환경에서 가상 요소로 물리적 사물을 제어하는 방법과 가상 현실(Metaverse environment)과 혼합 현실 공간 간의 전환이 가능한 프로토타입이다([그림 7-19] 참조).

현재 메타버스: 사용자는 현실 세계 (조명) 정보와의 단절로 물리적 사물과 상호 작용할 수 없다.

확장된 메타버스 설계: 확장 현실 스펙트럼을 가지는 (조명) 정보를 가지고 현실과 가상 세계 간 상호 작용할 수 있다.

사용자에게 안 보임

사용자에게 보임

이케아 조명

오르베코 스마트플러그

사용자에게 보임

사용자에게 안 보임

홀로렌즈 2 착용

가상 전구를 가상 조명으로 이동시키면, 물리적 전구를 활성화시키는 동시에 혼합 현실에 보이는 전구도 활성화된다. 반대로 가상 전구를 조명에서 제거하면, 혼합 현실의 전구와 물리적 전구는 모두 비활성화된다.

출처: J. Guan, J. Irizawa and A. Morris, "Extended Reality and Internet of Things for Hyper-Connected Metaverse Environments," 2022 IEEE Conference on VRW, 2022. 재구성

[그림 7-19] XR-IoT 조명 제어기의 설계

여기서 사용되는 스마트조명은 가상 환경과 물리적 환경에서 모두 같은 위치에 구현하여 사용자가 접근할 수 있는 가상 및 물리적 속성을 모두 가진다. 따라서 스마트조명은 혼합 현실에서 공유 객체가 된다. 또한 확장된 메타버스에 완전히 몰입된 경우, 조명 및 전구 제어기 인터페이스를 통해 가상 객체로 물리적 사물의 활성화나 비활성을 조정할 수 있다.

조명을 활성화하기 위한 물리적 전구의 일반적인 온/오프 스위치 명명 규칙은 물리적 동작이나 가상 동작 중 하나를 포함하도록 확장한다. 가상의 파라미터(virtual parameters)에서는 사용자가 (가상 현실과 혼합 현실에서 나타나는 가상 조명의) 가상 전구를 물리적 조명 안팎으로 이동할 때, 가상의 상호 작용을 통해 물리적 환경과 가상 환경 모두에서 동기화되는 액션을 발생시켜 조명이 켜진다. 물리적 파라미터(physical parameters)도 마찬가지로 물리적 환경에서 조명의 스위치로 전구를 제어하면, 가상 환경에서도 조명이 동기화되어 제어된다. 다시 말해, 조명 객체(lamp object)는 가상 공간과 물리적 공간 모두에서 일정한 변수이며, 여

기서 물리적 빛의 온/오프 기능은 가상 환경에서 빛의 기능을 제어하는 데 대응된다. 가상 환경과 실제 환경 모두 양방향 이중 인터페이스 기능으로 접근한다.

이 프로젝트는 물리적인 개체인 이케아 조명, 시뮬레이션된 가상의 개체인 전구 및 환경, 상호 작용 방법, HMD 장치인 홀로렌즈 2, 데이터를 연결하는 프로토콜로 구성된다. 물리적 공간에 있는 이케아 조명은 오르베코 스마트플러그(Orbecco Smart Plug)가 선에 연결되어 있어 스마트라이프 앱에 접속하여 사물 인터넷이 가능한 스마트객체로 변형된다. 컴퓨터로 시뮬레이션된 3D 모델의 개체 및 환경은 유니티3D로 렌더링되고 홀로렌즈 2로 시각화된다.

한편, 홀로렌즈 2는 사용자의 제스처를 포착하기 위해 손 추적(hand tracking)도 한다. 혼합 현실 도구 키트(Mixed Reality Tool Kit)는 프로토타입에서 가상 전구의 이동으로 표시된 가상 요소와의 상호 작용을 명령할 수 있다. IFTTT(If This Then That)[2]는 HTTP Request로 유니티에서 명령할 수 있는 스마트라이프 시스템(Smart Life System)과 웹훅(Webhook)을 직접 연결하는 방법을 제공하기 때문에 프로젝트에서 데이터 통신을 위한 연결 서비스로 고려된다.

이 프로토타입은 가상 명령에서 물리적 명령으로 양방향 데이터 호환성을 제공하여 가상 전구를 일정한 물리적 조명 안팎으로 이동시켜 조명을 활성화한다. 가상 현실과 혼합 현실 환경 간의 전환이 가능하므로 사용자는 물리적 공간을 볼 수 있다.

7.4 대표적인 메타버스 미디어 플랫폼 구성

대중 매체(mass media)는 신문, 잡지, 영화, 텔레비전 등과 같이 많은 사람에게 대량으로 정보와 사상을 전달한다. 여기서 매체(media)는 어떤 작용을 한 쪽에서 다른 쪽으로 전달하는 역할을 하며, 신문, TV, 책, 영화관의 스크린, 스마트폰, 태블릿 PC, 인터넷 등이 자주 접하는 매체이다.

최근에 현실 세계의 아날로그 정보가 디지털 정보로 변환되면서 디지털 기술을 적극적으로 활용하여 감성적인 플랫폼을 구축하고, 발전된 미디어 기술을 이용하여 다양한 체험을

---

2) IFTTT는 애플릿을 통해 페이스북, 지메일, 인스타그램 등과 같은 타 소프트웨어를 관리할 수 있도록 도와주는 프로그램이다.

통해 소비자가 원하는 만족감을 느끼게 하는 미디어가 등장하게 되었다. 예를 들어, 박물관, 아쿠아리움, 견본 주택 전시, 스포츠 경기를 혼합 현실 미디어 환경으로 제작하여 사람이 직접 현장에 가지 않아도 몰입감 높고 현장감 있는 미디어 콘텐츠를 경험할 수 있게 되었다. 또한 다양한 미디어들이 상호 융합되어 제작자와 이용자의 경계가 무너지며 새로운 미디어 생태계가 만들어지고 있다. 사용자들은 인터넷을 통해 콘텐츠를 생산 및 소비하는 수동적인 방식에서 사용자 주도의 적극적인 방식으로 바뀌게 되었다. 사용자는 누구나 자신이 제작한 콘텐츠를 메타버스 공간에서 발표할 수 있게 되었고 이에 대한 의견을 들을 수 있으며, 콘텐츠의 양도나 매매까지도 할 수 있게 되었다.

이러한 메타버스 공간에서 다양한 체험을 사용자에게 전달하는 역할을 하는 메타버스 미디어 서비스 플랫폼을 개발하기 위해서는 여러 기술이 추가로 필요하다. 사람 및 사물을 실물 그대로 그리는 렌더링 기술, 사실적이고 현실적인 시청각 공간을 만들어 낼 수 있는 확장 현실 기술, 사물 인터넷을 포함하여 현실 세계와 메타버스 간의 정보 교류를 위한 데이터 전달 및 제어 기술 등이 필요하다([그림 7-20] 참조).

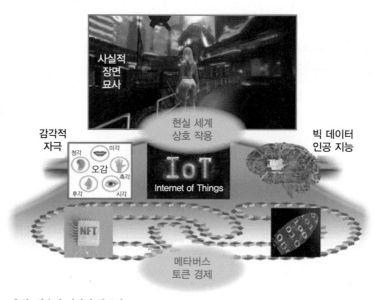

출처: 방송과 미디어 재구성

[그림 7-20] 미디어 서비스를 위한 플랫폼 기술 구성도

메타버스의 몰입감을 높이기 위해 사실적인 시청각 자극의 제공과 함께 메타버스에서 경험하는 후각, 촉각, 미각 등을 현실 세계에 제공할 수 있는 오감 미디어 기술들도 중요한 역

할을 한다. 또한 메타버스에서 생성되는 방대한 양의 데이터를 분석하고, 다양한 솔루션을 제공할 수 있는 빅 데이터 및 인공 지능 기술과의 결합도 필수적이다. 미디어 콘텐츠의 가치 및 저작권과 관련된 해결책의 하나로 블록체인이나 대체 불가능한 토큰(NFT) 등의 기술이 융합되어 메타버스 내에서 경제 활동이 가능하다.

7.4.1 현실 세계와 가상 세계의 상호 운용성 지원 기술

메타버스의 구현을 위해 현실 세계의 정보가 실시간으로 가상 세계에 전달되어야 하고, 가상 세계의 상황이 현실 세계에 전달되어 화면에 보여지거나 물리적인 장치를 구동시킬 수 있어야 한다. 따라서 현실 세계와 가상 세계 사이의 상호 운용성을 제공할 수 있는 아키텍처에 대한 표준화 작업도 필요하다. 또한 사용자 측면에서 가상 세계에 대한 인터페이스는 효과적이면서도 직관적으로 설계되어야 한다.

이와 관련하여 **MPEG-5**(ISO/IEC 23005, Media Context and Control) 표준은 아키텍처, 제어 정보, 감각 정보, 가상 세계 객체 특성, 상호 작용 장치의 형식, 공통 유형 및 공구, 참조 소프트웨어에 대해 규칙을 정의한다. 즉, MPEG-5는 가상 세계의 디지털 콘텐츠와 현실 세계의 센서, 제어 기기 등이 상호 운용될 수 있는 아키텍처를 제공한다. 이 과정에서 해당 정보에 대한 정의, 아바타나 사물의 특성 표현도 지정한다. 또한 현실 세계의 상황 정보(context)를 가상 세계에 전달하기 위한 데이터 형식과 가상 세계에서 현실 세계로 전달하는 정보로 물리적 장치를 제어할 수 있도록 데이터 형식을 정의한다. 또한 몰입형 미디어를 위한 표준화도 진행 중이다.

MPEG-5는 미디어 서비스를 중심으로 한 현실 세계와 가상 세계 간 데이터 형식의 표준화이며, 현실과 가상 세계 사이 세 가지 유형의 미디어 변환을 사용한다([그림 7-21] 참조). 즉, 가상 세계에서 현실 세계로 정보 적응, 현실 세계에서 가상 세계로 정보 적응, 가상 세계 간의 정보 교환을 사용한다.

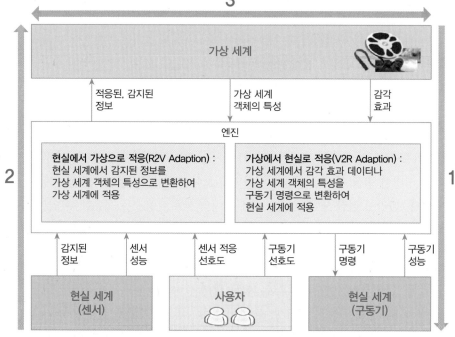

출처: Text of white paper on MPEG-V, ISO/IEC JTC 1/SC 29/WG 11/N14187. 재구성

[그림 7-21] 현실 세계와 가상 세계 사이의 데이터 변환 3가지 시나리오

반면, **미디어 사물 인터넷**(MPEG-IoMT, ISO/IEC 23093)은 현실 세계와 가상 세계의 연결된 사물을 중심으로 자율적인 미디어 서비스를 제공하기 위한 국제 표준이다. 현실 세계의 미디어와 관련된 사물들을 미디어 사물(Media Things)로 정의하고, 미디어 사물을 미디어 센서, 미디어 분석기, 미디어 저장소, 미디어 구동기 등으로 세분화하여 이들 사물 간에 교환하는 데이터와 데이터 교환을 위한 API를 정의한 표준화이다.

MPEG-IoMT 아키텍처는 새로운 IoMT의 확장에 속할 인터페이스, 프로토콜 및 미디어 관련 정보 표현을 제시한다([그림 7-22] 참조). 이외에도 사이버 세계와 물리 세계 간의 디지털 동기화 조정에 관한 표준이 있다. 사이버 물리 시스템, 즉 디지털 트윈을 구현하려는 연구원 및 산업 종사자에게 표준화된 지침을 제공한다. 물리적 개체와의 동기화 및 상호 작용 절차를 제공하기 위해 디지털 개체에 대한 파라미터를 설정하고 디지털 개체와 통신하기 위한 어휘, 요구 사항, 평가 방법, 데이터 형식 및 API를 정의한다.

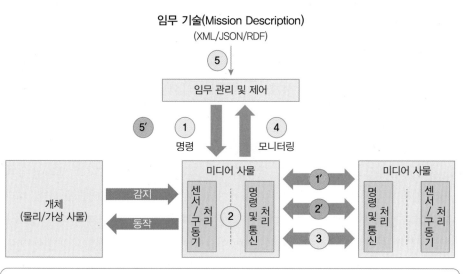

임무 기술(Mission Description)
(XML/JSON/RDF)

- 인터페이스 1: 시스템 관리자와 미디어 사물 간의 사용자 명령(설정 정보)
- 인터페이스 1′: 미디어 사물에 의해 다른 미디어 사물로 전달되는 사용자 명령(설정 정보),
  인터페이스 1의 수정된 형식
- 인터페이스 2: 미디어 사물에 의해 감지된 데이터 및 구동 정보
- 인터페이스 2′: 변환된 인터페이스 2(예: 전송용)
- 인터페이스 3: 미디어 사물의 특성 및 발견
- 인터페이스 4: 미디어 사물의 수행 상태 모니터링 정보
- 인터페이스 5: 사용자가 IoMT 네트워크에 할당한 미션을 표현하는 구조화된 데이터 포맷
  (예: XML/JSON/RDF(Resource Description Framework))
- 인터페이스 5′: 임무의 관리나 제어를 위해 하나 또는 여러 미디어 사물로 전달되는 구조화된 데이터 포맷,
  인터페이스 5의 수정된 형식

출처: Technologies under consideration on MPEG-IoMT, ISO/IEC JTC 1/SC 29/WG 07/N00110, 2021, 재구성

[그림 7-22] MPEG-IoMT 구조

7.4.2 현실 세계의 오감 효과 지원 기술

메타버스 세계에서 경험할 수 있는 시각, 청각 이외의 후각, 촉각 등의 오감 효과를 현실에서도 경험하기 위해서는 감각 효과를 표현할 수 있는 표준이 필요하다. 메타버스 내에서 발생하는 후각이나 촉각 효과는 **감각 효과 메타데이터**(Sensory Effect Metadata, SEM)로 표현되어 현실 세계에 실시간으로 전달되고, 이는 다시 사용자 선호도와 효과를 고려하여 최종 감각 명령으로 변환된다.

감각 정보는 이러한 감각 효과를 표현하기 위해 **감각 효과 기술 언어**(Sensory Effect Description Language, SEDL)를 XML 스키마 기반의 언어로 정의한다. 이 언어로 인간의 감각을 자극하는 빛, 바람, 안개, 진동, 온도, 냄새 등과 같은 감각 효과를 표현할 수 있다.

감각 효과 기술 언어의 문법을 준수, 기술하는 예를 감각 효과 메타데이터(SEM)라 하며, 영화, 음악, 웹 사이트, 게임, 메타버스 등의 모든 멀티미디어 콘텐츠는 이를 통해 콘텐츠 내의 감각 효과를 표현할 수 있다. 감각 효과 메타데이터는 팬, 진동 의자, 향기 발생기, 조명 등과 같은 구동기를 적절한 중개 장치, 즉 미디어 처리 엔진을 통해 조종하여 콘텐츠 내 오감 효과에 대한 현실 세계의 사용자 경험을 높이는 데 사용된다.

[그림 7-23]은 시청각 정보 외에 감각 효과를 제공하는 개념에 대해 설명한다. 메타버스와 같은 가상 공간에서 오감 효과는 실시간으로 감각 효과 메타데이터(SEM)로 변환되어 **미디어 처리 엔진**에 전달될 수 있다. 이때 미디어 처리 엔진은 중재 장치 역할을 하며, 미디어 및 감각 효과 렌더링에 대한 사용자 선호도 기반 동기화된 방식으로 실제 미디어 리소스 및 수반되는 감각 효과를 재생하는 역할을 한다. 아울러 미디어 처리 엔진은 다양한 렌더링 장치의 구동기 성능에 따라 미디어 자원과 감각 효과 메타데이터를 모두 조정할 수 있다.

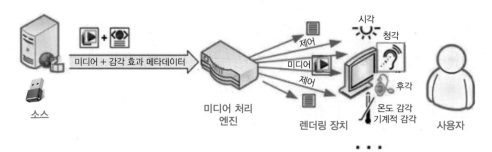

출처: Technologies under consideration on MPEG-IoMT, ISO/IEC JTC 1/SC 29/WG 07/N00110, 2021. 재구성

[그림 7-23] MPEG-5 감각 효과 기술 언어의 개념

[그림 7-24]와 같이 가상 공간의 감각 효과는 구동 명령 및 구동 선호도에 따라 **적응된 감각 효과**로 변환될 수 있다. 예를 들어, 가상 공간 내의 바람, 즉 감각 효과의 세기가 태풍급의 강풍을 표현하더라도 사용자가 가지고 있는 팬의 성능에 따라 팬이 가지고 있는 가장 높은 바람 세기로 표현될 수 있다. 이는 사용자에게 불편함을 초래할 수 있어 사용자는 최대 바람 세기나 바람 지속 시간 등에 제한, 즉 구동 선호도를 둘 수 있다. 미디어 적응 엔진은 이러한 정보를 종합하여 사용자의 구동기 성능과 감각 효과 선호도를 반영한 적응된 감각 효과 명령을 생성하여 현실 세계의 구동기를 제어한다. 여기서 감각 효과 선호도는 빛, 바람, 향기, 진동 등과 같은 특정 감각 효과에 대한 사용자 개인의 선호도를 나타낸다. 예를 들어, 사용자는 진동 의자의 최대 강도를 600Hz로 정할 수 있다.

반면 사용자의 구동 선호도 정보, 사용자의 센서 선호도 정보, 구동기 성능 설명 및 센서 성능 설명을 포함한 제어 정보를 **적응 엔진**에 제공함으로써 감지된 정보와 구동 명령의 미세 조정으로 가상 및 실제 세계를 제어할 수 있다.

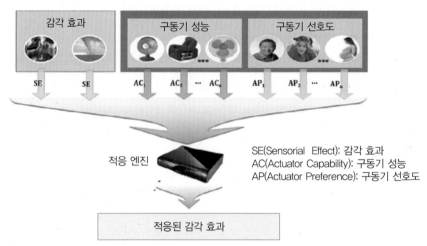

SE(Sensorial Effect): 감각 효과
AC(Actuator Capability): 구동기 성능
AP(Actuator Preference): 구동기 선호도

출처: Text of white paper on MPEG−V, ISO/IEC JTC 1/SC 29/WG 11/N14187 재구성

[그림 7-24] 가상 공간의 감각 효과와 현실 세계의 구동기 성능 및 선호도를 결합하여 생성된 적응된 감각 효과

| 용어 해설 |

- **MZ 세대**: 밀레니얼 세대와 Z세대의 합성어. 1980년대 초~2000년대 초 출생한 밀레니얼 세대와 1990년대 중반~2000년대 초반 출생한 Z세대를 통칭하는 말이다. 디지털 환경에 익숙하고 최신 트렌드와 남과 다른 이색적인 경험을 추구하는 특징을 보인다.

- **가상 인플루언서(Virtual Influencer)**: 인공 지능과 컴퓨터 그래픽을 합쳐 만든 가상의 인물 중 사회적 영향력이 큰 인플루언서를 지칭한다.

- **롤플레잉(Role-playing 또는 Roleplaying)**: 역할을 맡기 위해 무의식적으로 또는 채택된 역할을 수행하기 위해 의식적으로 자신의 행동을 바꾸는 것을 말한다. 옥스퍼드 영어사전은 심리학 분야에서 역할극을 "사회적 역할을 수행하기 위한 행동의 변화"로 정의하고 있다.

- **머리 착용 디스플레이(Head Mounted Display, HMD)**: 머리에 착용하는 형태의 디스플레이 영상장치의 총칭. HMD 장치를 머리에 쓰면 양쪽 눈에 근접한 위치에 소형 디스플레이가 있어 시차를 이용한 3차원(3D) 영상이 투영된다. 그리고 사용자의 움직임을 트래킹하는 자이로 센서, 움직임에 따라 영상을 만드는 렌더링 기능 등으로 3D 공간에 있는 것 같은 가상 현실 또는 증강 현실을 실감할 수 있다. 게임뿐만 아니라 산업, 우주 개발, 원자로, 군사 기관 및 의료 기관 등 다양한 분야에 활용된다.

- **모바일 장치(Mobile Device)**: 사용자가 손으로 들고 다닐 수 있는 핸드헬드(Hand-held) 장치나 신체에 착용하고 다닐 수 있는 착용형 장치 모두를 포함한다. 대표적인 핸드헬드 장치의 예로는 스마트폰 또는 액션캠 등이 있으며, 착용형 장치의 예로는 스마트안경이 있다.

- **소셜(Social)**: 해당 응용 프로그램이나 사이트에 접속하여 자신의 생각 및 여러 가지 정보 따위를 서로 교류하며 맺는 사회적 관계

- **소셜 미디어(Social Media)**: 생각이나 의견 따위를 표현하거나 공유하기 위하여 사용하는 개방화된 온라인상의 콘텐츠

- **쇼핑 호스트(Home Shopping Host) 또는 쇼 호스트(Show host)**: 홈쇼핑 채널에서 생방송 프로그램을 진행하며, 게스트와 파트너를 이뤄 상품의 품질이나 특징을 설명하는 것을 도와주는 사람이다.

- **에이전트(Agent)**: 정해진 일정에 따라 인터넷상에서 정보나 콘텐츠를 수집하고 이용자에게 정보를 제공하는 서비스를 수행하는 프로그램

- **오픈 월드(Open World)**: 비디오 게임에서 플레이어가 자유롭게 목표를 탐색하고 접근할 수 있는 가상 세계를 사용하는 게임 메카닉이다.

- **지리 정보 시스템(Geographical Information System, GIS)**: 지도에 관한 속성 정보를

컴퓨터를 이용해서 해석하는 시스템으로 지도 정보 시스템이라고도 한다. 취급하는 정보는 인구 밀도나 토지 이용 등의 인위적 요소, 기상 조건이나 지질 등의 자연적 환경 요소 등 다양하다. 속성 정보를 가공하여 특정 목적을 위해 해석하고 계획 수립을 지원하는 것을 목적으로 하며, 시설 관리 시스템과는 구별하는 경우도 있다. 지리 정보 시스템은 도시 계획, 토지 관리, 기업의 판매 전략 계획 등 여러 가지 용도에 활용된다.

- **착용형 기기(Wearable Device)**: 착용형 기기는 안경, 시계, 의복과 같이 착용할 수 있는 형태거나 신체에 일부처럼 함께 부착하여 활용할 수 있는 형태의 기기들을 통칭한다. 궁극적으로 사용자 거부감 없이 자연스럽게 착용하여 사용할 수 있으며, 인간의 능력을 보완하거나 배가시키는 것이 목표라 할 수 있다.

- **홀로그램(Hologram)**: 공간상의 빛의 분포를 재현하기 위하여 빛의 진폭(amplitude)과 위상(phase)을 가지고 있는 정보 또는 그 정보를 담은 매체(medium)이다.

영화 〈아이언맨〉에서 주인공 토니 스타크는 홀로그램을 이용하여 여러 정보를 확인하고 복잡한 화면도 손짓 몇 번으로 깔끔하게 정리한다([그림 8-1] 참조). 홀로그램을 이용하여 새로운 화면을 불러오고 특정 정보를 확대하거나 삭제하는 것도 가능하다. 이렇게 내 눈앞에 가상의 이미지가 중첩되서 표현되고, 손 추적이나 시선 추적 등의 기술을 이용하여 명령을 수행하는 기술은 일종의 **확장 현실**(eXtended Reality, XR)이라 할 수 있으며, 인터넷과 모바일 컴퓨팅 이후 새로운 컴퓨팅 영역이다.

출처: 마블스튜디오

[그림 8-1] 〈아이언맨〉의 슈트 제작 과정

2018년 이후 증강 현실, 가상 현실, 혼합 현실을 모두 지원할 수 있는 새로운 형태의 착용형 기기가 등장하면서 확장 현실이란 용어가 나오기 시작하였다. 확장 현실은 우리가 발 딛고 살아가는 '현실'과 완전한 '가상 현실' 사이에 존재할 수 있는 모든 시각 이미지를 통칭하는 용어이다.

안경 형태의 MS사의 홀로렌즈 2(HoloLens 2)나 도코모의 매직 립 1(Magic Leap 1)을 착용하면 현실과 컴퓨터 그래픽이 뒤섞인, 마치 현실에 컴퓨터 그래픽 효과를 적용한 듯한 모습을 볼 수 있다([그림 8-2] 참조). 홀로렌즈 2는 현실 공간과 사물 정보를 파악해 최적화된 3D 홀로그램을 표시한다. 예를 들면, 가상의 제품을 만들어 보여주고, 여러 사용자들과 함께 회의하고, 가상 생명체와 상호 작용할 수 있는 모습을 보여줄 수 있다. 단순한 시각적인 효과뿐만 아니라, 심장 사진을 터치하면 심장 박동을 느끼거나 홀로그램으로 대화 중인 상대와 손을 맞대는 느낌을 받을 수도 있다. 이런 기술이 만들어 내는 세계를 혼합 현실 또는 확장 현실이라 한다. 이를 통해 우리가 살아가는 공간에서 다른 사람과 함께 데이터를 통해 직관적으로 상호 작업을 제공함으로써 PC나 스마트폰과 같은 2D 화면과는 또 다른 사용자 몰입감을 제공할 수 있다.

출처: https://brunch.co.kr/@zagni/275

[그림 8-2] 매직 립 1에 의한 확장 현실

이처럼 최근 개발되고 있는 확장 현실 기술은 단순히 현실 환경에 컴퓨터 그래픽이나 정보를 덧입히는 것을 넘어, 실감 나는 상호 작용을 지원하는 방향으로 발전하고 있다. 홀로그램 표현이나 충실도 높은 홀로그램 3D 모델, 주변의 사물을 사용하여 다른 사람이나 환경과의 다양한 상호 작용 효과를 제공할 수 있게 될 것이다. 확장 현실을 구체화하기 위해서는 컴퓨터 비전, 그래픽 처리, 표시 기술, 입력 시스템, 클라우드 컴퓨팅 등의 발전을 기반으로 한다. 구체적으로 공간 매핑 및 앵커[3] 기반 기술, 손이나 시선 추적 기술, 음성이나 주변 음향 인식 및 분석 기술, 혼합 현실 공간과의 협업 기술 등이 필요하다.

---

3) 공간 앵커(Spatial Anchors): 시스템이 시간이 지남에 따라 추적하는 세계에서 중요한 지점을 나타낸다. 각 앵커에는 고정된 홀로그램이 정확하게 제자리에 유지되도록 다른 앵커 또는 참조 프레임을 기반으로 조정 가능한 좌표계가 있다.

최근에는 사실적인 시각 구현 기술뿐만 아니라 청각, 미각, 후각, 촉각도 현실감 있게 구현하려고 한다. 또한 현실과 닮은 가상의 물리 시스템, 즉 디지털 트윈은 새로운 시대의 핵심 인프라로 자리 잡아 가고 있다.

8.1 확장 현실의 개념

확장 현실은 증강 현실, 가상 현실, 혼합 현실 기술을 활용하여 사용자에게 생생한 몰입감을 제공하고 확장된 현실을 창조하는 초실감형 기술을 의미한다([그림 8-3] 참조). 증강 가상 콘텐츠 생성을 가능하게 하는 하드웨어, 소프트웨어, 인터페이스 등의 기술을 포함하며, 현실과 상호 작용이 가능하도록 초실감을 제공한다. 확장이란 의미의 영어 단어 eXtended에서 X는 현재 또는 미래의 공간 컴퓨팅 기술에 대해 정의되지 않은 변수(X)를 의미하기도 하며, 이는 기술적으로 다양한 가능성을 내포하고 있다.

확장 현실은 현실과 가상 간의 상호 작용이 강화되어 현실 공간에 배치된 가상의 물체를 만져 보는 간접 체험이 가능하다([그림 8-4] 참조). 헤드셋을 쓰지 않아도 360도의 가상 뷰를 체험할 수 있으며, 공간 음향 제공을 통해 실제와 같이 자연스러운 체험을 제공한다. MS사에서 개발한 홀로렌즈 2는 안경 형태이지만, 현실 공간과 사물 정보를 파악해 최적화된 3D 홀로그램을 표시한다.

출처: Microsoft

[그림 8-3] 홀로렌즈 2에 의한 홀로그램

출처: 삼성

[그림 8-4] 확장 현실 기술로 구현한 자동차 프레임

다음 소절에서는 가상성의 연속성이라는 측면에서 확장 현실을 의미를 이해하고 증강 현실, 가상 현실, 혼합 현실을 좀 더 자세하게 살펴본다.

① 가상성의 연속성 개념

가상성의 연속성(Virtuality Continuum)이란 실제 현실 세계와 완전한 가상 세계 사이에서 표현된 가상의 정도를 구분하기 위해 제시된 개념이다. 즉, 이 개념은 현실에 얼마나 많은 가상적인 요소가 포함되어 있는지를 의미하는데, 이는 단계적인 개념이라기보다는 현실과 가상 세계 간 연속적인 속성을 보인다([그림 8-5] 참조).

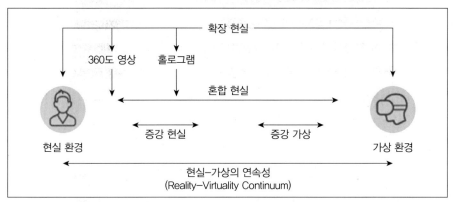

출처: 송원철, 정동훈, "메타버스 해석과 합리적 개념화", 정보화정책, 제28권, 제3호, 2021. 재구성

[그림 8-5] 가상성의 연속성 개념

현실에서 시간과 공간을 인위적으로 바꾸는 것은 불가능하지만, 가상 현실은 시간과 공간 측면에서 현실과 완전히 분리된 새로운 세상을 제공할 수 있다. 사용자의 시야에 완전히 새로운 세상을 보여줌으로써 완전한 몰입형 디지털 환경을 제공한다.

반면 **증강 현실**은 현실의 시간과 공간에 가상의 대상물을 중첩하는 기술이다. 가상의 사물이나 대상을 눈앞에 실제 존재하는 것처럼 보이도록 겹쳐 표현한 것이다.

증강 가상(Augmented Virtuality)은 컴퓨터 그래픽으로 만든 가상 환경에 실제 사람이나 사물을 중첩해서 표현하는 것으로, 사용자에게 보여지는 내용이 현실보다 컴퓨터 그래픽으로 만든 가상 요소의 활용이 상대적으로 더 많은 단계를 의미한다([그림 8-6] 참조). 가상 현실에 카메라 등으로 찍은 실제 이미지를 추가하여 실시간으로 상호 작용할 수 있다. 예를 들면, 가상의 교실에 실제 선생님이 수업을 진행하는 경우가 이에 해당한다. 이처럼 가상 환경에 현실의 실제 대상을 표현하는 증강 가상을 혼합 현실이라고도 한다. 대표적인 증강 가상 기술은 영상 합성 기술인 **크로마-키**(chroma-key) 기법이 있다. **혼합 현실**은 증강 현실과 증강 가상을 모두 포함한 개념이다.

확장 현실(XR)은 현실과 가상 현실 사이의 모든 경우를 포함한다. 증강 현실, 가상 현실, 혼합 현실 기술을 활용하여 사용자에게 경험과 몰입감을 제공하고 확장된 현실을 창조하는 초실감형 기술을 의미한다.

출처: https://lithub.com/the-gospel-of-neo-how-the-matrix-paved-the-way-for-the-marvel-universe

[그림 8-6] 증강 가상의 사례, 매트릭스의 네오

이처럼 확장 현실은 360도로 촬영하여 재현한 동영상까지 활용하여 표현할 수 있다. 생생한 느낌과 몰입감을 증가시키는 환경일수록 높은 단계의 확장 현실이라고 할 수 있다. 특히 확장 현실은 공간의 의미보다는 감각의 극대화가 더 중요하다. 확장 현실은 현실에서부터 가상 현실까지 어느 곳에서나 존재하는 것으로, 현실보다 더 현실 같은 경험을 제공할 수 있도록 감각을 극대화시키고자 한다. 확장된 현실에 등장하는 가상 또는 증강 정보는 실제 현실에 물리적으로 존재하는 정보와 다르지 않으며, 자연스럽게 우리와 함께하는 것으로 인식된다.

② 증강 및 가상 현실

증강 및 가상 현실 모두 실제로 존재하지 않는 환경이나 상황을 컴퓨터 등으로 구현한 후 인간의 감각을 이용하여 체험하게 하는 기술이다. **가상 현실**은 실제로 존재하지 않는 완전히 허구적 환경이나 상황을 가능하게 하는 기술이다. 즉, 실제로 얻기 힘들거나 혹은 아예 얻을 수 없는 경험이나 환경 등을 제공해 인체의 오감을 자극함으로써 실제와 같이 체험하게 하는 기술이다. 사용자를 가상 세계에 완전히 몰입시켜야 하므로 눈을 현실로부터 완전히 차단한다. 이러한 이유로 HMD(Head Mounted Display)의 역할이 중요하다.

반면, **증강 현실**은 단말 소프트웨어 등을 활용해 현실에 가상의 정보를 추가한 '실재와 허구가 혼합된' 환경을 구현하는 기술이다. 특정 장소에 도달하면 스마트폰으로 가상의 게임 캐릭터인 포켓몬을 잡을 수 있는 포켓몬 고 게임은 증강 현실의 대표적인 예이다([그림 8-7] 참조). 가상 환경의 한 예이지만, 현실 세계에 가상의 대상물(virtual object)을 나타낸다는 점에서 가상 현실과 차이가 있다.

출처: Niantic, http://www.sisajournal-e.com/news/articleView.html?idxno=181836

[그림 8-7] 포켓몬 고 이미지

[표 8-1] 증강 현실과 가상 현실의 개념

	실제 현실	증강 현실	가상 현실
개념	현실	현실의 상황에 가상의 정보를 추가	현실·허구의 상황을 100% 가상으로 구현
현실과 가상의 비율	현실	가상 현실	가상
예시	일상	포켓몬 고	가상의 군사 훈련
장점		현실감 높음	몰입도 높음
활용 분야		유통이나 서비스 산업, 게임 등의 분야에서 활용	교육 및 훈련, 1인칭 시점의 게임, 영화 같은 엔터테인먼트 등의 분야에서 활용

출처: 국내외 AR·VR 산업 현황 및 시사점, 현대경제연구원, 2017 재구성

넓은 의미의 가상 현실은 증강 현실을 포함하기도 하지만, 증강 현실은 현실에 가상 정보를 추가하는 형태임에 비해 가상 현실은 현실의 물리적 공간과 관련성이 필수적이지 않다는 점에서 다르게 구분된다([표 8-1] 참조).

기술의 발달은 가상 세계를 단지 보는 것에 그치지 않고 가상 현실 속에 구현된 것들과 상호 작용을 가능하게 만든다. 가상 현실 내에서 사용자와 상호 작용이 가능하고 그 과정에서 사용자가 새로운 경험을 할 수 있으므로, 의도한 대로만 보여주는 시뮬레이션과 구분된다. 가상 현실에서 사용자는 현실과 단절되어 가상 세계에 '몰입'하지만, 증강 현실은 실제 현실 속에서 사용자를 '보조'하는 차이가 있다([그림 8-8] 참조). 따라서 가상 현실은 집중이 필요한 교육 훈련 등에, 증강 현실 기술은 현실 개체 간 상호 작용이 필요한 유통이나 서비스 산업 등에 주로 활용된다.

출처: https://news.samsungdisplay.com/29173/

[그림 8-8] 다른 세계에 와 있는 듯한 가상 현실과 현실에 컴퓨터 그래픽을 덧입힌 듯한 증강 현실

③ 혼합 현실과 360도 영상

혼합 현실은 현실과 가상 환경 사이에 존재하는 모든 것을 의미한다. 즉, 증강 현실과 증강 가상을 모두 포함한 개념으로서, 현실에 존재하는 물리적인 사물과 가상의 대상물이 상호 융합하여 작용하는 환경을 말한다([그림 8-9] 참조). 따라서 증강 현실 역시 혼합 현실의 한 부류이다. 혼합 현실은 현실 세계와 가상의 대상물이 함께 존재하는 것을 의미한다. 여기서 가상의 대상물이 많다 또는 적다는 기준은 주관적이기 때문에 증강된 현실의 수준을 절대적 단위로 나누는 것은 곤란하다.

출처: microsoft

[그림 8-9] 혼합 현실 사례 – 홀로그램

360도 동영상이란 한 대 또는 몇 대의 동영상 카메라를 이용하여 360도 전방위를 촬영한 영상을 의미한다. 카메라 한 대로 전면부만 촬영하는 일반적인 영상과 달리, 360도 동영상은 주변 360도 모두를 촬영한 영상이다([그림 8-10] 참조). 가상의 대상물로 구성된 동영상이 아닌 현실을 360도로 재현한 동영상이며, 새로운 영상 정보 전달 방식이지만, 가상 현실은 아니다. 하지만 360도 동영상에 가상의 대상물을 표현한다면 더 실감 나는 혼합 현실을 경험할 수 있다.

이처럼 혼합 현실은 가상 현실이나 증강 현실이 표현하는 대상보다 더 생생한 현실감을 줄

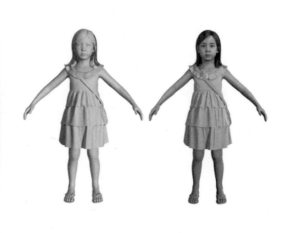

출처: MBC

[그림 8-10] 160대 카메라로 360도 촬영하여 3D 모델 제작

수 있도록 미디어 콘텐츠 영역으로도 확장하고 있다. 단순히 현실과 가상을 혼합하는 것이 아니라 현실과 가상을 구분하기 어려울 정도로 자연스럽게 혼합하는 것이다. 이는 시각, 청각은 물론 후각, 촉각까지 지원하는 것이 가능하도록 한다.

8.2 확장 현실의 적용 분야

ICT 기술 및 관련된 하드웨어의 성능 향상으로 인하여 현실과 구분이 안 되는 실감형 콘텐츠 구현이 가능해지고, 이로 인해 다양한 응용이 개발되어 활용되고 있다. 게임이나 영화, 테마파크가 대표적이며, 그 외에도 교육 · 훈련, 의료, 가상 치료, 제조, 국방, 유통, 문화 등 여러 산업 분야와 융합되어 새로운 제품, 서비스, 시장을 창출할 수 있을 것으로 기대되는 기술이다.

확장 현실 기술은 일상생활은 물론 다양한 산업에 적용되어 국내 · 외 경제 사회에 변화를 가져오고 있다. 초기에는 과학 실험이나 군사 훈련 등 일상적으로 체험하기 어려운 환경을 재현하는 용도로 활용되었으나 점차 시공간적 한계를 뛰어넘어 몰입감, 현장감이 극대화된 게임, 공연, 여행, 스포츠 등 체험형 콘텐츠로 발전하며 다양하게 적용되고 있다([표 8-2] 참조).

최근에는 혼합 현실 미디어를 활용한 공연도 활발하다. 혼합 현실을 이용한 공연은 사전에 실제 인물을 다수의 카메라로 360도 촬영하고, 이 데이터를 토대로 3D 영상물을 제작하여 활용한다. 사전 촬영을 통해 몇 명의 가상 인물이라도 만들 수 있고 어떤 동작이라도 구현할 수 있으며, 언제 어디서나 나타나거나 사라지게 하는 것도 가능하다.

건설 및 제조 현장에서 즉각적인 설계 및 도면 수정, 가상 시현 등이 가능해지면서 작업 방식의 효율화도 도모할 수 있다. 극한 상황에 대비하여 안전하고 반복적인 훈련 및 원격 지원, 수술 치료나 군사 훈련 같은 업무 계획 수립도 가능하게 되었다. 우주 탐험, 화학 분자 설계 등 추상적이거나 위험하고 비용이 많이 드는 교육이나 훈련을 대체하고 있다. NASA에서는 예비 우주인들이 MS사의 홀로렌즈를 착용하고 관련 교육을 받을 수 있도록 하여 교육 시간을 단축할 수 있도록 하였다.

또한 교육, 훈련에 필요한 원격 지원 등 구체적인 현장 수요에 대응하여 디자인 시뮬레이션, 비행 시뮬레이션, 의료 분야 수술 시뮬레이션 및 기업 인력 개발 시뮬레이션에 활용할 수 있다. 자택 등 제한된 공간에서 가상 공간을 방문하는 등의 사회 활동을 지원할 수도 있어 사회적 격리감과 우울증 해소에도 도움이 된다. 국내에서 스마트공장과 관련한 ICT 기업들과 운용 기술 개발 기업이 모여 5G 기반 스마트공장 연합을 출범하였고 스마트공장에 적용할 수 있는 확장 현실 융복합 서비스를 개발하고 있다.

확장 현실 기술은 인간과 사물, 아이디어 간 소통 방식을 바꾸고 경제 사회 내 생활 양식을 변화시키고 있다. 확장 현실 공간에서는 음성이나 시각으로 원하는 정보를 불러오거나 상호 작용하는 것도 가능하다. 확장 현실을 통해 각기 다른 장소에 있는 사람이나 사물과 상호 작용이 가능하여 인간의 생활 및 업무 처리 방식도 변화시키고 있다. 이처럼 확장 현실 기반 응용들이 향상된 사물 인터넷 기술과 결합하여 그 응용의 수준이 높아지고 있다.

[표 8-2] 확장 현실의 분야별 활용 방안 및 사례

분야	세부 분야	활용 사례
오락 / 엔터테인먼트	게임/ 공연	• 1인칭 슈팅 게임, 어드벤처 게임, 공포 스릴러 게임 • 사용자의 아바타를 이용하여 대화, 게임 등을 즐길 수 있는 소셜 네트워크 가상 현실 플랫폼 호라이즌 출시 • 가수 등 특정 인물의 고화질 비디오를 만들어 현실 무대 배경에서 구현한 확장 현실 콘텐츠([그림 8-11(a)] 참조)
	영화	영화 제작사 트랜지셔널 폼스(Transitional Forms) 스튜디오는 관객이 애니메이션 캐릭터의 성격을 바꾸거나 새로운 영화 스토리를 만드는 인공 지능을 접목한 상호 작용 가능한 가상 현실 영화 제작
	테마파크	• 프랑스 유비소프트(Ubisoft)는 '래비즈(Rabbids)' 캐릭터와 눈썰매를 탈 수 있는 놀이 시설 'VR Rider' 개발 • 영국 알톤 타워 리조트(Alton Tower Resort)에서 가상 롤러코스터 'Galactia'를 개장
서비스업	광고	• 현대자동차 '아이오닉'의 360도 가상 현실 동영상으로 실제 차량을 보는 듯한 광고 효과를 거둠 • 가방업체 샘소나이트 레드는 '360도 회전쇼룸' 및 화보 촬영 현장을 가상 현실 영상으로 공개
	유통/ 쇼핑	• 가구업체 이케아는 가상 현실 기반 쇼핑 앱 '이케아 가상 현실 경험(IKEA VR Experience)'을 공개하였고 가상 공간에서 다양한 쇼룸과 실내를 디자인해 보는 경험이 가능함([그림 8-11(b)] 참조) • 미국 식스센스는 'vRetail' 서비스를 시작하여 가상 현실 공간을 돌아다니며 실제 쇼핑하는 듯한 경험 제공
	관광/ 여행	• 가상의 우주 공간을 여행하는 '타이탄스 오브 스페이스(Titans of Space)' 앱 • 뉴욕 내 여러 대학 캠퍼스를 둘러볼 수 있는 '유비짓(YouVisit) 오브 뉴욕' 앱 • 확장 현실을 활용한 힐링, e-스포츠, 여행, 문화재 감상 등 콘텐츠 개발

	의료	• 3D 가상 현실 수술 시뮬레이터를 통한 외과 수술의 교육과 훈련에 활용 • 실제 눈으로 볼 수 없는 신체 내부의 장기, 뇌, 뼈 등을 혼합 현실로 구현하여 현실에서 실제 돌려보면서 교육 및 연구에 활용([그림 8-11(c)] 참조) • 국립재활원 연구팀은 뇌졸중 환자를 대상으로 한 임상 연구에서 가상 현실 기반 로봇의 재활 치료
교육 / 미 디 어	교육/ 회의	• 미국 캘리포니아주의 초등학교에서 '지구에서 달까지 거리'를 알려주기보다 가상 현실을 통해 태양계 영상을 보여주고 학생들이 실제로 거리감을 느끼도록 가상 현실 기기를 활용 • 미국의 방산 업체 록히드 마틴은 학생들을 태운 통학 버스가 화성을 탐사하는 가상 현실 공간으로 탈바꿈한 'The Field Trip to Mars' 프로그램을 제작 • 대면 및 비대면 방식의 장점을 모두 구현한 혼합 현실을 활용한 비대면 회의 방식([그림 8-11(d)] 참조)
	시뮬레이션	• 중장비 운전 훈련, 파일럿 육성 및 특수 분야에서 사용 • 혼합 현실 기술을 활용해 안전 장비의 교육 및 작업 공정, 수리 등에 사용
	미디어	• 뉴욕타임즈는 정기 구독자들에게 구글 카드보드용 응용 프로그램 NYTVR에서 가상 현실 르포르타주를 매달 무료로 제공 • BBC 방송은 숲에서 가상 동물을 만나는 경험을 할 수 있는 가상 현실 애니메이션 제작
산 업	자동차	• 자동차 회사는 다양한 기능 시험부터 테스트 드라이브까지 가상 현실 적용 • 메르세데스 벤츠는 작업자가 부품을 손에 들고 조립하는 동작을 취하면 센서가 이를 인식하여 화면 속 아바타가 똑같이 움직이는 가상 조립 기술을 사용 • 렉서스는 Lexus RC F에 오큘러스 리프트를 이용하여 가상 현실 기반 운전 시험 시뮬레이터 공개
	제조업	• 가상 현실 기술을 활용하여 공정, 조립 과정 등을 계획하고 시험하여 효율적인 공정을 설계 • 삼성전자 생활가전 사업부는 가상 현실 기기를 이용하여 신입 사원 조립 공정 실습을 진행
	건축/ 부동산	• 건설 단계 이전이나 건설 중에도 건축가들의 설계 변경이 가능 • 프랑스 부동산 기업 익스플로러임모(Explorimmo)는 오큘러스 리프트나 카드보드를 통해 건축 중인 주택의 가상 방문을 구현 • 일본의 부동산/주택 정보 사업자 홈즈(Homes)는 오큘러스 리프트를 이용해 부동산을 확인할 수 있는 응용 프로그램 '룸 VR'을 출시
	국방	• 확장 현실을 활용한 전투 훈련 프로그램을 제공하는 심센트릭(Simcentric)과 대규모 사격장 없이도 저격 훈련이 가능한 저격수 가상 훈련 시스템 적용 • 확장 현실 기반의 영상 사격 기반 시뮬레이터나 가상 현실 낙하 훈련 시뮬레이터 적용 • 병사들에게 실시간 전장 정보를 전달할 수 있는 전투용 혼합 현실 HMD 기술이 적용된 통합 비주얼 증강 시스템 적용

출처: MBC

(a) 확장 현실을 활용한 가수 공연

출처: IKEA

(b) 이케아 가상 현실 경험

출처: Microsoft

(c) 혼합 현실로 구현한 뇌

출처: Facebook

(d) 혼합 현실을 활용한 비대면 회의

[그림 8-11] 혼합 현실과 확장 현실 사례

8.3 확장 현실 주요 기술의 발전 방향

확장 현실 기술은 사용자가 확장 현실을 체험하고 상호 작용하는 **입출력 인터페이스** 기술과 콘텐츠 제작이나 서비스 제공을 위한 **콘텐츠** 기술로 구분된다. 콘텐츠 관련 기술은 가상 현실 콘텐츠를 좀 더 빠르고 간편하게 개발하기 위한 **개발 엔진**, 가상 현실 콘텐츠를 개발하고 제작하기 위한 **저작 도구**, 가상 현실 콘텐츠를 사용자에게 제공하는 **서비스** 기술로 세분화된다([표 8-3] 참조).

[표 8-3] 확장 현실 관련 주요 기술 특징

기술 분류		기술 설명
입력 인터페이스		• 사용자 동작을 인식하여 사용자 의도를 전달하는 제스처 인식 하드웨어 기술 • 음성으로 사용자의 의도를 전달하는 음성 인식 기술 • BCI(Brain Computer Interaction) 등 생체 신호를 이용하여 사용자의 의도 및 상태를 인식하는 기술 • 몰입감 향상을 위해 주변 환경을 자율적 · 지능적으로 인식하는 상황 인식 기술
출력 인터페이스		• 가상 현실을 표현하고 상호 작용하기 위한 컴퓨터 그래픽스(CG) 기술, HMD, 디스플레이 기술 • 공간 내 이동과 상호 작용에 따른 입체 음향 표현과 음향을 출력하기 위한 하드웨어 기술 • 몰입감 향상을 위한 촉각, 후각 등 감각 요소별 표현 기술 및 감각 유형별 디바이스 기술 • 6자유도 지원 모션 축의 자유로운 움직임을 지원하는 모션 플랫폼 및 모션 하드웨어 기술
콘텐츠	개발 엔진	• 콘텐츠 제작에 자주 활용되는 개발 노하우나 기술, 하드웨어 API 사용법 등을 쉽게 활용할 수 있는 소프트웨어 라이브러리나 모듈의 형태로 구현해 놓은 개발 환경 • 2D 및 3D 콘텐츠를 개발할 수 있는 환경, 즉 저작 도구가 포함된 개발 플랫폼으로 제공 예) 유니티(Unity): 2D 및 3D 비디오 게임의 개발 환경을 제공하는 게임 엔진
	저작 도구	하드웨어와 소프트웨어를 통합하여 가상 현실 환경 구성과 응용 프로그램을 개발하는 도구 기술 예) 유니티 에디터(Unity Editor): 3D 애니메이션과 건축 시각화, 가상 현실 등 상호 작용하는 콘텐츠 제작 도구
	서비스	• 실제 세계의 자연 규칙이 가상의 사물에도 적용되는 물리 시뮬레이션 기술 • 원격지 사용자가 가상에서 콘텐츠를 공유하고 인지할 수 있는 네트워크 기반 기술 • 온라인에서 가상 현실 콘텐츠를 유통하고 서비스하는 플랫폼 기술

출처: ETRI, 가상현실 기술동향, 2016 재구성

혼합 현실 기술은 증강 현실과 가상 현실 기술의 융합 또는 기존의 가상 현실 기술들에 추가적인 경험을 접목하는 기술로 디스플레이 기술이 중요하다. 디스플레이 디바이스에 출력될 콘텐츠 제작 기술과 혼합 현실 시스템, 혼합 현실 모션 플랫폼, 사용자의 올바른 오감 표현을 위한 동작 인식, 가상 사물과 상호 작용하기 위한 기술, 혼합 현실 콘텐츠와 사용자 데이터의 연동을 위한 네트워크 기술 등도 중요하다.

실감 콘텐츠인 혼합 현실 미디어 기술은 장소, 거리, 시간의 한계를 넘어 인간의 신체 능력을 확연히 확장할 수 있는 기술이다. 교육과 훈련은 물론, 공연, 창작, 게임, 지인들과의 커뮤니케이션 등의 활동이 가능한 콘텐츠 위주로 발전하고 있다. 향후 혼합 현실 미디어는 시각적으로 보여주는 것만이 아니라 양방향으로 소통하며 오감을 느낄 수 있는 실감 콘텐츠로 가장 현실과 가까운 상황을 제공할 수 있다. 이런 현실과 가상이 혼합된 환경의 인프라가 조성되면 일상생활에 자연스럽게 스며들어 언제 어디서나 활용할 수 있게 된다. 또한 사용자가 개발에 참여할 수 있는 혼합 현실 플랫폼 개발은 지속적인 실감미디어 발전을 견인할 수 있다.

8.3.1 입출력 인터페이스 기술의 발전 방향

혼합 현실은 단일 기술로 실현되기보다는 CPND(Contents, Platform, Network, Device)에 해당하는 여러 세부 기술들이 결합되어 구현된 생태계형 기술이라는 특징이 있다. 콘텐츠는 가상 현실이나 증강 현실을 응용한 제품이나 서비스에 만들어진 특정 환경이나 상황을 말한다. 가상 현실 콘텐츠 사용자는 특수한 디스플레이 디바이스를 착용한 후 오감을 자극하며 실제와 유사한 체험을 하게 된다. 또한 디바이스를 이용하여 콘텐츠 내에서 조작이나 명령을 내리는 등 가상 현실 속에서 구현된 것들과 상호 작용도 가능하다. 다양한 콘텐츠를 사용자에게 제공할 수 있는 플랫폼과 이를 지원하는 네트워크도 필요하다. 이처럼 증강 및 가상 현실을 이용한 산업은 몰입감과 상호 작용을 제공하는 컴퓨터 그래픽스 기술부터 디스플레이 기술까지 CPND 계층별 다양한 기술 요소를 포함하고 있다([그림 8-12] 참조).

출처: 현대경제연구원 재구성

[그림 8-12] 가상 현실의 CPND 생태계 예시

혼합 현실은 특히 컴퓨터 그래픽스 활용 비중이 높으며, 몰입감을 향상시킬 수 있도록 입체감 있는 표현을 위해 3D 입체 기술의 활용도가 높다. 또한 상호 작용을 위한 영상 기반의 제스처 인식과 하드웨어 센서를 활용한 동작 인식 및 상황 인지 기술 등이 함께 활용된다. 다양한 하드웨어와 호환성이 유지되도록 물리 시뮬레이션 등을 내재한 플랫폼으로 제공되며, 온라인 서비스를 통해 유통된다. 네트워크 기반 기술을 활용하여 지리적 공간 제약을 극복하고 가상 공간 내 다중 사용자는 스마트폰을 통해 참여할 수 있다.

가상 현실에서는 HMD와 같은 착용형 디스플레이와 제스처, 생체 신호 인식을 위한 센서 디바이스 등 하드웨어 기술 의존도가 높다. 또한 가상 현실에서는 현실 영상이 차단되므로 고정된 자세에서 영상을 바라보는 것은 무리가 없지만, 사용자가 이동하거나 가상 사물과 상호 작용을 지원하려면 부수적 요소 기술의 활용이 필요하다. 혼합 현실을 구현하기 위해 다양한 센서로부터 데이터를 수집하고 분석하여 의미 있는 정보를 제공하는 측면에서 사물 인터넷과 기술적으로 겹치는 부분이 많이 있다.

① 출력 기술

혼합 현실의 핵심 기술인 출력 기술은 기본 감각인 시각을 통해 정보 전달을 하기 위한 영상 출력 인터페이스 기술로 발전하고 있다.

현장감과 몰입감은 시각을 통해 효과적으로 향상될 수 있으며, 가상 현실에서 어지러움과 모션 블러(Motion Blur) 현상을 제거하기 위해 해상도 및 성능을 향상시키는 방향으로 기술이 발전하고 있다([표 8-4] 참조). 가상 현실 기술에서 가장 활발하게 연구개발이 이루어지고 있는 분야이며, HMD, **증강 현실 안경**, **프로젝션 맵핑**, **홀로그램** 등의 기술이 개발되고 있다.

[표 8-4] 가상 현실 디스플레이 성능 개선 사례

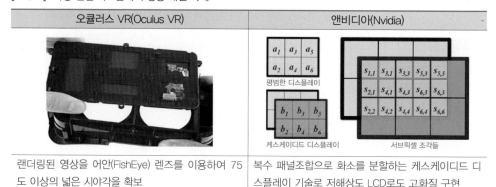

오큘러스 VR(Oculus VR)	앤비디아(Nvidia)
랜더링된 영상을 어안(FishEye) 렌즈를 이용하여 75도 이상의 넓은 시야각을 확보	복수 패널조합으로 화소를 분할하는 케스케이디드 디스플레이 기술로 저해상도 LCD로도 고화질 구현

출처: ETRI, 가상현실의 동향분석, 2016.

HMD는 머리에 착용하는 디스플레이로 넓은 시야각으로 몰입감을 향상시키며, 좌우 양안 시차를 이용하여 입체감을 표현하는 **스테레오스코픽**(Steroscopic 3D) 방식을 주로 사용한다([그림 8-13] 참조). 스테레오스코픽은 좌우에 깊이감을 표현할 수 있는 영상을 투사하여 입체감을 표현하는 방식이다. 증강 현실 안경은 실사와 가상을 결합하는 증강 현실을 목적으로 투명 패널에 편광을 이용하는 방식과 투과형 디스플레이로 구현된다. **프로젝션 맵핑**은 대상물의 표면에 빛으로 이루어진 영상을 투사하여 변화를 줌으로써 현실에 존재하는 대상

이 다른 성격을 가진 것처럼 보이게 하는 기술이다. **홀로그램**은 **홀로그래피**(Holography) 기술로 촬영된 것을 의미하는데, 홀로그래피는 두 개의 레이저 광이 서로 만나 일으키는 빛의 간섭 현상을 이용하여 입체 정보를 기록하고 재생하는 기술이다.

(a) 메타의 오큘러스 퀘스트 2   (b) HTC의 VIVE Cosmos Elite   (c) Pico의 Neo 2   (d) 소니의 PSVR

출처: 방송과 미디어 재구성

[그림 8-13] 고글 형태의 가상 현실용 HMD 장치

몰입형 디스플레이 기술은 사용자가 있는 현실 세계의 실내 공간을 측량한 후, 실제 사물들과 **텍스처 매핑**(texture mapping) 방식으로 증강 현실 HMD 단말이 만들어 내는 3D 사물들을 적절히 배치하여 새로운 가상의 공간을 구현하는 기술이다. 중앙 처리 장치(CPU)와 그래픽스 처리 장치(GPU)가 내장된 HMD 단말을 착용한 후 사용하게 되며, 투영된 스크린은 움직이는 사용자의 머리 방향에 따라 이동 가능하고, 음성 명령을 이용한 제어도 가능하다. 또한, 사용자가 공중에서 손가락을 이용한 클릭이나 방향 이동 등의 사용자 인터페이스 형태의 제어와 3D 공간 내의 사물과 상호 작용도 가능하다.

[표 8-5] 혼합 현실의 두 가지 주요 디바이스 비교

특성	홀로그램 디바이스	몰입형 디바이스
디바이스 예	MS사의 홀로렌즈	삼성 HMD 오디세이 플러스(Odyssey+)
표시	• 시스루 디스플레이(See through display) • 사용자가 헤드셋을 착용하고 있는 동안 실제 환경을 볼 수 있음	• 불투명 디스플레이(Opaque display) • 사용자가 헤드셋을 착용하고 있는 동안 실제 환경을 가림
이동	• 회전 및 변환 모두 완전한 6자유도 운동	• 회전 및 변환 모두 완전한 6자유도 운동

출처: https://docs.microsoft.com/ko-kr/windows/mixed-reality/discover/mixed-reality 재구성

최근에는 혼합 현실 기술이 기존의 증강 현실 기술에 추가적인 경험을 접목시키는 방향으로 개발되고 있다. [표 8-5]에서 혼합 현실 환경을 제공하는 주요 디바이스 두 가지를 비교하고 있다. **홀로그램 디바이스**는 디지털 개체를 실제 세계에 존재하는 것처럼 표시할 수 있고 **몰입형 가상 현실 디바이스**는 실제 세계를 차단하고 완전한 몰입형 디지털 환경으로 바꿔 현실감을 만드는 특징이 있다.

홀로그램 디바이스 제품으로 도코모의 매직 립 1, 구글의 엔터프라이즈 에디션 2 등도 있다([그림 8-14] 참조). **매직 립 1**은 증강 현실 및 가상 현실 등 미래 컴퓨팅 플랫폼에서 콘텐츠를 만들고자 하는 개발자 및 디자이너를 대상으로 출시되었다.

출처: 방송과 미디어 재구성

(a) 매직 립 1   (b) 엔터프라이즈 에디션 2

[그림 8-14] 안경 형태의 승상 현실 상치들

홀로렌즈 2는 증강 현실과 마찬가지로 현실 세계에 가상의 도형이나 정보를 표시하지만, 현재 사용자가 보고 있는 공간과 공간 속의 사물 정보를 파악하여 적합한 가상 3D 홀로그램을 매핑하여 보여준다. 손가락 각각을 활용한 손가락 제스처나 음성 명령으로 가상의 3D 홀로그램을 제어할 수 있다. 홀로렌즈 2에는 CPU와 GPU, 맞춤형 홀로그래픽 프로세서가 탑재되었고, 기본적으로 내장된 센서들을 이용하여 주위 공간 파악과 사용자의 동작 인식이 가능하며, 투명 디스플레이상에 홀로그램과 다양한 정보를 표시할 수 있다. 게임 분야뿐만 아니라 다양한 산업 분야에서 관심을 보이고 있으며, 자동차의 모델별 색상과 옵션을 고객에게 홀로그래픽으로 보여주는 자동차 회사 볼보나 NASA의 가상 화성 탐사 프로젝트 등 이미 다양한 곳에서 홀로렌즈를 활용하고 있다.

인텔은 증강 현실과 가상 현실을 동시에 구동 가능하도록 혼합 현실 기능을 구현한 HMD **프로젝트 얼로이**(Project Alloy)를 발표했다([그림 8-15] 참조). 현실 세계의 사물을 스캔하여 가상 공간 내에 표현함으로써 현실 세계의 주변을 볼 수 없는 가상 현실의 단점과 현실 세계가 투영되어 몰입에 한계가 있는 증강 현실의 단점을 동시에 극복하였다. 또한 단말을 착용한 상태에서도 자유로운 움직임이 가능하다. 제작 시점부터 무선 기능을 탑재하여 유선을 사용하는 대부분의 HMD에 비해 거리의 제약도 없고 MS사의 가상 현실 플랫폼과 호환이 가능하다.

출처: IITP 재구성

(a) 볼보의 홀로렌즈   (b) 인텔의 프로젝트 얼로이

[그림 8-15] 혼합 현실 사례

최근에는 무안경식 3차원 디스플레이, **홀로그래픽 디스플레이**도 상용화되고 있다([그림 8-16] 참조). 이는 빛의 회절 현상에 의하여 공간 내에서 3차원 이미지의 각 점으로 빛을 수렴시켜 안경을 쓰지 않고도 홀로그램을 볼 수 있게 한다.

출처: Aliexpress

[그림 8-16] 21.5″ 홀로큐브(holocube) 3D 홀로그래픽 디스플레이, 3D 홀로그램 쇼케이스

② 음향 기술

시각과 함께 콘텐츠를 인지하는 음향 기술은 기본 감각인 청각을 통해 정보를 전달하는 기술로 시점 이동에 따른 입체 표현과 임장감 및 몰입감을 극대화할 수 있는 3D 실감 음향 기술로 발전하고 있다. 이 기술은 영상 사물의 움직임, 사용자의 움직임 등을 실시간으로

추적하고 예측함으로써 음향에 방향성을 부여하는 음향 기술이다. 3D TV 등 3D 입체 영상 콘텐츠가 대중화됨에 따라 입체감을 표현하는 3D 실감 음향이 주요 기술 요소가 되고 있다.

3D 실감 음향은 크게 헤드폰 방식과 스피커 방식으로 구분된다. 헤드폰 방식은 HMD 기기 일체형이거나 연결하는 방식으로 지원된다. 이 방식은 음향이 출력되는 공간 제어가 가능하여 3D 실감 음향 표현이 용이하다. 스피커 방식은 공간 내 음향 출력을 움직임에 따라 제어하는 기술이며, 기술적으로 어렵지만 헤드폰 방식에 비해 입체감이 좋다. 홀로그램 등 안경 없이 볼 수 있는 무안경 방식의 3D 입체 표현 및 가상 현실 기술로 발전하여 사용자가 아무것도 착용하지 않아도 되면, 스피커 방식의 음향 기술 수요는 더욱 증가할 것으로 보인다.

③ 오감 기술

시각, 청각 외에도 가상 현실 콘텐츠의 실감성과 몰입감 향상을 위한 오감 기술은 촉각 · 후각 · 미각 기관 등 오감을 자극하여 정보를 전달하는 인터페이스 기술이다. 자연스러운 3D 영상을 제공하기 위해 하드웨어 성능을 개선하고, 초점 문제 등 인간의 인지 능력을 향상시키고, 육감까지 느낄 수 있는 차세대 상호 작용 기술이 개발되고 있다.

기존의 **청각** 기술은 음원이 움직이지 않는 청취자 환경을 가정하여 입체감을 표현하였으나 청취자의 움직임을 반영한 상대적 방향과 속도를 표현하기 위한 기술로 발전하고 있다. 기존에 전용 시뮬레이터 장치로 **촉각**을 제공하였으나 범용성이 있는 장갑이나 슈트 같은 착용형 기기로 발전하고 있다. 촉감 등을 포함하는 **햅틱 인터페이스**(Hatic Interface)는 스마트폰의 진동 표현이 대표적 사례이며, 진동 강도와 패턴으로 입체감을 표현하는 수준으로 진화하고 있다. 물체의 접촉을 통한 촉각 이외에도 압축 공기를 이용한 **촉각 기반 인터페이스**(Tactile Based Interface) 개발 등 감각을 확장하는 기술도 등장하고 있다. 예를 들어, 디즈니 연구팀에서 개발한 에어리얼(Aireal)은 인터페이스 장치로부터 사용자의 손이나 얼굴 같은 대상까지의 거리를 계산하여 링 형태의 압축 공기를 분사함으로 촉각을 느끼게 한다.

후각, 미각과 같은 화학적 감각기관은 감각 전달 체계가 복잡하며, 화학적 감각 표현을 위한 원천 기술 개발이 선행되어야 한다. 사용자별로 선호도나 느끼는 정도가 달라 다른 감각에 비해 활용 영역이 제한적이고 발전 속도가 늦어 상용화보다는 실험적인 수준에서 진행되고 있다. 후각과 미각을 콘텐츠의 입출력 인터페이스에 적용하기 위해서는 연구가 필요하다. 공간에서 후각의 전달 제어나 미각의 전달이 어려워 초기 프로토타입은 사용자가 착용하는 인터페이스 형태로 개발되고 있다([표 8-6] 참조).

[표 8-6] 오감을 자극하는 인터페이스 사례

핸즈 옴니(미국 라이스대학)	가상 현실 마스크(FEELREAL 사)
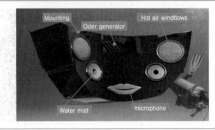	
외부 센서를 통해 사용자의 손가락 위치를 인식하고 손가락 좌표와 가상물체 형태에 따라 손끝의 압력을 조절하여 사용자에게 가상의 촉감 전달	기존의 가상 현실 출력기기와 연동하여 사용자에게 냄새, 바람, 진동, 분무 등을 제공하며, 후각자극(냄새)의 경우 카트리지에서 인공향을 출력하는 방식

출처: ETRI, 가상현실의 동향분석, 2016.

④ 모션 기술

가상 현실 공간에서 적절하게 움직이거나 동작을 취하면서 사실적인 체험을 할 수 있는 모션 기술은 공간과 비용이 최소화된 형태의 모션 플랫폼으로 발전하고 있다. 모션 플랫폼은 탑승 디바이스를 전후좌우로 움직이는 기계공학적인 기술로 움직임에 따라 **3자유도**(3 Degrees Of Freedom, 3DOF), **6자유도**(6 Degrees Of Freedom, 6DOF)로 구분할 수 있다.

가상 현실과 접목하여 뇌를 속이는 실감의 단계에 머물지 않고 실제 모션을 체험할 수 있는 체감 융합형 모션 플랫폼 개발을 위한 연구도 진행되고 있다. 이에 대한 한 예로 넓은 시야각 확보를 위한 광시야각 HMD, 바람 체감, 입체 음향과 함께 가상 현실 영상과 동기화된 모션이 제공되는 가상 현실 융합형 모션 플랫폼이 개발되고 있다([표 8-7] 참조).

[표 8-7] 가상 현실 융합형 모션 플랫폼 사례

가상의 풀플라이어(미국 Full Sail)

출처: ETRI, 가상현실 기술동향, 2016.

⑤ 입력 기술

입력 기술은 가상 현실의 상호 작용을 실현하기 위한 인식 기능이며, 직관적인 인터페이스 활용을 위한 NUI(Natural User Interface) 방식으로 진화하고 있다. 또한 상호 작용 인터페이스는 단일 기능을 이용하는 방식에서 음성, 동작 등 여러 기능을 복합적으로 활용하는 멀티 모달 형태로 진화하고 있다. 기기나 응용의 성격에 따라 기본 입력 방식은 다를 수 있지만, 자연스러움과 편의성을 중심으로 몰입감과 실감성을 향상시키는 기술이 개발되고 있다.

동작 인식 기술은 움직임과 동작을 추적하여 사용자의 의도를 파악하는 것이 핵심 기술 요소이며, 더욱 정밀한 추적을 위해 3D 센싱 기술 등을 활용한다. 3D 센싱은 카메라를 이용하여 몸, 머리, 손, 눈동자 등 추적 부위의 움직임을 인식하고 배경과 사람을 분리한 후 3D 공간 정보를 제공하는 기술이다. 공간에서 움직임을 인지하기 위해 대개 깊이 카메라를 사용하는데, 이 카메라는 **구조광 패턴**, 스테레오 비전, ToF(Time of Flight) 기술을 활용한다.

대표적인 동작 인식 기술 중 **손 추적** 기술의 유형은 일반적으로 **착용형 형태(손목 착용과 장갑 착용)**와 **비착용형 형태(소형 디바이스 유형)**로 분류할 수 있다([그림 8-17] 참조). 착용형 형태는 움직임 감지가 가능한 가속도 센서, 자이로 센서 등을 디바이스 또는 사용자 신체에 직접 부착하고 이를 통해 얻은 데이터를 분석해 동작을 인식한다. 반면, 비착용형 형태는 손이나 몸에 디바이스를 장착하지 않고 적외선 카메라 등을 이용하여 손가락 움직임에 대한 데이터를 얻는다. 착용 방식에 비해 빠른 동작에 대한 정확한 데이터를 얻기 어려우며, 센서 범위 내에서만 동작 인식이 가능하다.

손과 손가락 움직임 기반의 인간과 컴퓨터 상호 작용(HCI)을 위한 데이터 장갑은 직관적이고 직접적인 방법으로 가상의 사물들의 터치 및 조작을 가능하게 하며, 운동 감각 및 촉각 피드백과 연결된 자극을 손에 전달할 수 있다. 다른 손 추적 디바이스와 비교하여 데이터 장갑은 손과 손가락 움직임의 자유도가 매우 높아 세밀한 손동작이 요구되는 재활, 원격 조정, 가상 수술 및 임상, 산업 현장 등의 분야에 유용하게 사용될 수 있는 디바이스이다.

비착용형 방식의 대표적인 디바이스에는 립모션과 MS사의 키넥트가 있으며, 최근에는 스마트폰을 활용한 손 추적 기술이 개발되었다. 키넥트는 손동작뿐만 아니라 전체적인 몸 움직임이나 팔 관절, 다리 관절에 관한 위치 및 회전 데이터를 얻을 수 있는 디바이스인데,

(a) 손목 착용형   (b) 장갑 착용형

(c) 소형 디바이스 유형

출처:

(a) Meta − https://www.roadtovr.com/facebook-acquires-ctrl-labs-develop-wrist-worn-input-device
   Myo − https://www.techrepublic.com/article/myo-armband-makes-smartglasses-hands-free
   HTC VIVE − https://www.gmw3.com/2022/01/htc-vive-unveils-new-hardware-solutions-at-ces2022-including-a-wrist-tracker-charging-case

(b) Caeiro-Rodriguez M, Otero-Gonzalez I, Mikic-Fonte FA, Llamas-Nistal M, "A systematic review of commercial smart gloves: Current status and applications," Sensors, 21(8):2667, 2021

(c) Leap Motion − https://www.ultraleap.com/product/leap-motion-controller
   Microsoft Kinect − https://time.com/2962269/kinect-v2-0-for-windows
   PrimeSense Capri − http://xtionprolive.com/primesense-carmine-1.09
   구글 MediaPipe − MediaPipeHands, https://google.github.io/mediapipe/solutions/hands.html

[그림 8-17] 손 기반 상호 작용 디바이스 유형 분류

키넥트의 동작 인식 센서는 IR 구조광 패턴(Kinect VI)과 ToF(Kinect v2)를 이용하여 공간의 움직임을 인식한다. 립모션(Leap Motion)은 스테레오 비전을 이용하여 공간의 움직임을 인식한다. 사람의 손 마디를 인식하는 립모션은 손을 흔들거나 위아래로 움직이기, 구부리기, 움켜쥐기 등 여러 동작의 인식이 가능하다([그림 8-17(c)] 참조). 립모션 디바이스는 카메라 기반 적외선 센서를 이용하여 손가락의 움직임을 인식한다. 시스템 모니터 앞에 립모션 디바이스를 위치시키고 이 디바이스 위의 일정 공간에서 손가락을 움직이며 상호 작용을 한다.

⑥ 동적 기술

앉아 있는 사용자의 시선에 따른 정보와 360도 콘텐츠를 보여주던 정적인 기술에서 주변 공간을 인식하고 공간 속의 사용자 위치와 움직임, 행동을 반영하는 동적 기술로 발전하고 있다. 즉, 초기 가상 현실은 앉아 있는 고정된 자세에서 머리 움직임의 방향을 추적하여 360도의 영상을 방향에 맞추어 보여주는 수준이었으나, 모션 트래킹 기술과 3D 스캔 기술이 발달함에 따라 실제 공간 안에서 자유로운 이동이 가능하게 되었다. 동작 인식 기술의 발전으로 키보드, 마우스 같은 별도의 입력 기기 없이 가상 환경과 상호 작용이 가능하게 되었다. 3D 공간에 최적화된 **사용자 경험**(User Experience, UX)을 찾기 위해 다양한 실험과 연구가 진행되고 있다([그림 8-18] 참조).

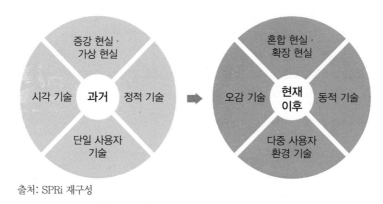

출처: SPRi 재구성

[그림 8-18] 증강 및 가상 현실의 발전 방향

⑦ 다중 사용자 환경 기술

기존 기기는 한 명의 사용자가 이용할 수 있었으나 최근에 복수 사용자가 거리와 상관없이 같은 가상 공간에 있는 것처럼 느끼고 소통할 수 있는 기술로 발전하고 있다. 서로 다른 공간에 있는 사용자의 움직임을 실시간으로 스캔하여 가상 환경으로 보내 여러 사람과 상호 작용하는 체험을 제공할 수 있다. HMD와 같은 별도의 장치 없이 다수의 사용자에게 동일한 가상 환경 경험을 제공하는 상용화된 제품이 판매되고 있다.

8.3.2 메타버스 관련 확장 현실 기술 동향

메타버스 관련 확장 현실 기술은 하드웨어 장치와 소프트웨어 측면으로 나누어 살펴볼 수 있다. 메타버스 플랫폼의 정착을 위해 **하드웨어 장치**의 발전은 확장 현실 기술의 근간이 된다. 가상 현실 HMD, 증강 현실 안경(glasses) 같은 디스플레이 장치나 자연스러운 영상 생성을 위한 모션 캡처 장비 등이 하드웨어 장비에 포함된다.

오큘러스 퀘스트 2 같은 단말은 기존 HMD와 비교할 때, 크기나 무게는 감소하면서 가격은 낮아지고 해상도는 높아지면서 성능은 좋아졌다. 모션 캡처 장비는 정확한 모션 캡처 특성은 강화되면서 제품의 종류는 다양해졌다. 전신 슈트, 핸드 모션, 장갑, 관절 슈트, 인공 지능 엔진과 일반 카메라, 인공 지능 엔진과 키넥트 등의 제품이 출시되었다.

소프트웨어 측면을 살펴보면, 확장 현실 콘텐츠를 개발하기 위한 개별적인 저작 도구 개발보다는 개발 엔진을 사용하여 개발 기간을 단축하는 사례가 증가하고 있다. 대표적인 **개발 엔진**으로는 게임이나 3D 애니메이션 개발에 널리 쓰이고 있는 유니티(Unity), 고품질 콘텐츠를 개발하기 위한 언리얼(Unreal), 웹 기반이나 접근성을 높이고 표준화된 콘텐츠를 개발하기 위한 오픈엑스알(OpenXR) 등이 있다.

이러한 소프트웨어로 개발하는 확장 현실 콘텐츠의 핵심 요소로 아바타와 가상 공간을 들수 있다. 아바타 구현 기술은 사실적으로 표현하는 정도에 따라 세 가지로 구분된다. 사실적인 아바타 기술은 인물의 사진을 이용해서 겉모양을 인공 지능으로 자동 렌더링하고 입모양, 표정을 생성하여 실물에 가깝게 만드는 기술이다. 반사실적인 아바타 기술은 실제 얼굴을 촬영해 나와 닮은 캐릭터로 만드는 기술로 제페토에서 사용되고 있다. 만화 아바타 기술은 얼굴 특징과 만화 특징을 매칭하여 만드는 기술로 네이버 웹툰 등에서 사용되고 있다.

또한 다양한 메타버스 플랫폼을 구축할 수 있는 **서비스**도 진화하고 있다. AvatarSDK. com, 레디 플레이 미, 언리얼 메타휴먼 크리에이터 등은 소프트웨어 개발 키트(SDK)로 플랫폼 기반의 개발을 지원한다. 포톤 엔진/포톤 클라우드/스페이스 허브 등은 음성, 텍스트 채팅, 멀티플레이 등의 소셜 네트워크 가상 현실 플랫폼 구축을 지원한다. 모질라 허브(Mozilla Hubs)는 웹 기반 아바타 멀티플레이 플랫폼 구축을 지원하고, ㈜살린(Salin)의 확장 현실 소셜 SDK는 화상, 음성, 텍스트, 멀티플레이, 아바타, 3D 오디오, CMS(Content Management Systems) 등을 지원한다.

언리얼 엔진의 메타휴먼 크리에이터의 클라우드 스트림을 이용하면, 고품질의 디지털 인간의 메타버스 아바타를 과거에는 몇 주가 걸리던 것을 한 시간 안에 만들 수 있다. 또한 시스템의 부하를 줄이면서도 실제 인간과 유사한 아바타를 제작하기 위해 인공 지능 기술의 다양한 접목이 이루어지고 있다([그림 8-19(a)] 참조). 증강 현실과 가상 현실, 현실 세계가 융합되는 공간 제작 기술이 개발되고 있다.

이외에도 시중에 판매되는 3D 카메라만 연결하면 실시간 디지털 홀로그램, **볼류메트릭 비디오**(Volumetric Video)를 촬영할 수 있는 홀로포트(HoloPort) 기술 등이 사용되고 있다. 볼류메트릭(Volumetric)은 4K 이상의 화질을 구현하는 카메라 100여 대가 역동적 인물의 움직임을 캡처하여 360도 입체 영상으로 만들어 내는 기술로 혼합 현실 콘텐츠 제작에 필수적인 기술이다([그림 8-19(b)] 참조). 일반적으로 배경은 따로 입히기 때문에 크로마-키로 둘러싸인 스튜디오에서 촬영된다. 실사를 기반으로 입체 영상을 만들어 현실성이 뛰어나다. 증강 현실과 가상 현실이 공연, 교육, 의료, 광고, 게임 등 다양한 분야로 영향력을 확대하면서 볼류메트릭 기술의 중요성도 커지고 있다.

출처: Unreal

(a) 언리얼의 메타휴먼 크리에이터

출처: 전자신문

(b) 볼류메트릭으로 구현된 최시원

[그림 8-19] 확장 현실 콘텐츠 개발 관련 사례

일본에서는 가상 현실용 인간형 3D 모델링 파일 포맷인 VRM(ViewRanger Map File) 표준을 이용하여 애니메이션 파일 형식을 사용하고 실제 구현된 아바타를 다른 서비스에 활용하는 사례도 시도되고 있다. 가상 공간은 대부분 컴퓨터 그래픽스 기반으로 제작하지만, 360 카메라를 이용하여 촬영 후 파일로 만든 다음 실사 기반의 3D 공간을 제작하거나, 3D 공간을 실측하여 실사 기반의 3D 공간을 제작하는 기술이 사용된다. 컴퓨터 그래픽 기반과 비교해 비용이 많이 들고 360 카메라를 사용하는 경우 배경이 움직이지 않는다는 단점이 있다. 사람의 실제 동작을 아바타에 적용하기 위해 모션 캡처와 인공 지능 기술이 사용되며, 자연스러운 영상을 만들기 위한 기술이 개발되고 있다.

또한 메타버스 플랫폼의 가상 공간 내에서 상대방과 의사소통을 하기 위해 음성 채팅, 음성/텍스트 채팅, 화상/음성/텍스트 채팅, 화상/음성/텍스트 채팅/제스처 등의 다양한 기술과 서비스가 개발되고 있다. 가상 공간 속에서 상대 아바타와 실시간으로 상호 작용하기 위해 웹 소켓(Web Socket)은 와우자(WOWZA)의 SRT(Secure Reliable Transport), WebRTC(Web Real-Time Communications)를 이용한 화상, 음성, 텍스트 채팅 등 지연시간이 짧고(Low Latency) 고품질의 실시간 스트리밍 기술이 개발되고 있다.

인공 지능 기반의 인식 기술도 활발히 개발되고 있다. 미지의 환경에서 다양한 센서를 이용하여 위치를 추정하고 3차원 환경 지도를 생성하는 **위치 측정 및 동시 지도**(Simultaneous Localization and Mapping, SLAM) 또는 SfM(Structure from Motion) 기술은 기하학적 방법과 딥러닝 기반의 방법을 융합한 혼합 방식으로 개발되고 있다. 또한 얼굴 인식 영상처리 및 분석을 위한 **비전 인공 지능** 기술이 개발되고 있다.

음성을 인식하여 텍스트로 변환하는 시스템인 STT(Speech-to-Text), 텍스트를 인식하여 음성으로 변환하는 시스템인 TTS(Text-to-Speech)도 개발되고 있다. 또한 사람이 말할 때 컴퓨터가 언어를 인식하여 처리하는 **자연어 처리**, 인공 지능 기술과 결합하여 상호 작용하며 음성의 분석/진단을 보조하는 **음성 UI**(Voice User Interface, VUI) 기술 역시 개발되고 있다.

8.3.3 혼합 현실 관련 중요 국제 표준화

혼합 현실에서 몰입형 디스플레이 기술 이외의 혼합 현실의 세부 기술은 다음과 같이 간단히 정리할 수 있다.

- **상호 작용 기술**: 사용자의 시각, 청각, 촉각, 후각, 미각의 오감을 활용하기 위한 하드웨어와 구동 소프트웨어, 사용자와 콘텐츠의 실시간 연동 기술로 구분할 수 있다. 인간의

환경 인지 수단인 오감 능력을 극대화하여 인지 능력을 향상시키고 사용자가 추가적인 인지 능력이라고 할 수 있는 육감을 느끼게 하는 기술이다.

- **콘텐츠 제작 기술:** 컴퓨터 그래픽 엔진 기반의 도구들을 사용하는 합성 영상 기술과 360도 촬영이 가능한 파노라마 카메라나 360도 카메라를 이용하여 실제의 환경을 촬영하여 얻어지는 실사 영상 기술을 이용하여 실시간 컴퓨터 그래픽 영상을 생성하는 기술이다.
- **혼합 현실 시스템 기술:** 물리적인 공간 내에서 증강 현실을 구현하는 기술로 센서를 이용하여 사용자의 동작을 인식하고 6대의 프로캠(ProCam) 광시야각 프로젝터를 이용하여 물리적 공간의 벽, 바닥, 천장 등의 경계면에 컴퓨터 그래픽을 투영하여 가상 공간을 구현한다. 사용자는 혼합 현실 공간 내부에서 증강 현실과 같은 다양한 물리적 상호 작용이 가능하다.
- **혼합 현실 모션 플랫폼 기술:** 사용자의 양안 시차를 이용하여 생성된 3D 영상을 사용할 때 눈의 초점 조절과 폭주 작용의 불일치가 원인이 되어 발생하는 눈의 피로감을 줄이고, 신체 전체로 체감할 수 있는 다양한 효과가 필요한 4D 콘텐츠의 중요한 기술 요소로 3D 영상에서 보조적인 역할이나 고급의 선택 사항으로 사용되고 있다.
- **네트워크 기술:** 혼합 현실 콘텐츠가 사용자들의 오감 만족과 동작 인식 및 상호 작용 데이터를 처리하여 사용자가 콘텐츠에 몰입할 수 있도록 높은 해상도의 실시간 대용량 데이터 전송을 위해서는 광대역 네트워크 기술이 필요하다.

모바일 가상 현실 단말은 위치 추적을 지원하는 기능이 기본으로 탑재되어 증강 현실 이용이 가능한 혼합 현실 단말로 통합되고 있다. 또한 관련 산업계의 발전을 위해 **혼합 증강 현실**(Mixed Augmented Reality, MAR) 기술 관련 국제 표준화가 추진되고 있다.

① 혼합 증강 현실(MAR) 참조 모델 표준(ISO/IEC DIS 18039)

MAR과 관련된 일관되고 편리한 표준을 개발하기 위한 참조 모델을 제공하고 MAR 시스템 설계자, 정보 구조 및 서비스 개발자가 MAR 응용 서비스를 생산하기 위해 요구되는 구성 요소를 다룬다.

일반적으로 MAR 시스템은 현실 세계 상황(context)의 실시간 인식 모듈, 목표 현실 객체와 증강될 대응 가상 객체의 등록 모듈, MAR 장면의 디스플레이 모듈, 사용자 상호 작용의 처리 모듈 등 여러 모듈로 구성된다. [그림 8-20]은 MAR 시스템의 전형적인 구성 요소를 표현하고 있으며, MAR 참조 모델은 사각형 내부에 존재하는 모듈들을 다루고 있다. 둥근

사각형은 MAR 참조 모델에서 핵심 모듈을 나타내며, 점선 사각형 모듈은 요구된 정보 구성체를, 화살표는 데이터 흐름을 표현하고 있다. 현실 세계의 정보를 MAR 시스템으로 받아오는 기능을 갖는 **센서** 모듈은 순수 센싱 정보를 받는 **순수 센서**와 현실 세계 정보를 받는 **현실 세계 캡처기**로 구분한다. **상황 분석기**는 센싱 정보의 특성을 분석하는 모듈로 센싱 정보를 추적하는 **추적기**와 센싱 정보에서 사건을 인식하는 **인식기**로 구성된다.

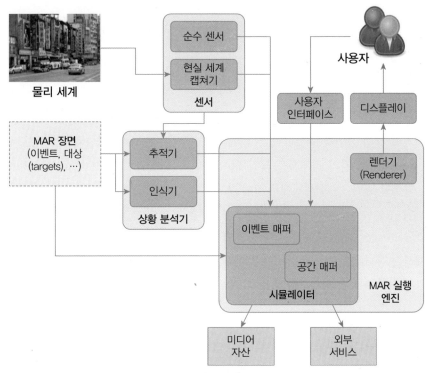

출처: 남현우, "혼합현실 기술과 표준화 동향", 주간기술동향 2019.

[그림 8-20] MAR 참조 모델을 기반으로 한 시스템 구성도

MAR 실행 엔진은 **시뮬레이터**와 **렌더기**로 구성되는데, 시뮬레이터는 사용자와의 상호 작용을 처리하는 **이벤트 매퍼**(event mapper), 가상 객체와 MAR 장면 간의 공간 투영을 처리하는 **공간 매퍼**(spatial mapper)로 구성된다. MAR 참조 모델에서는 이외에도 현실 세계 정보와 증강 객체와의 상호 작용을 처리하는 **사용자 인터페이스** 모듈, 그리고 MAR 장면을 장치에 **디스플레이**하는 모듈 등이 있다.

MAR 시스템은 다음과 같은 핵심 역할을 수행한다.

- 미디어 자산에서 제공된 부가적인 미디어 콘텐츠를 포함하여 MAR 장면에 표현된 콘텐츠를 처리한다.
- 사용자 입력을 처리한다.
- 현실 세계의 입력 역할을 하는 센서에 의해 제공된 상황 정보를 처리한다.
- 음성, 비주얼 햅틱, 기타 명령 같은 최종 결과 표현을 관리한다.
- 부가적인 서비스 및 통신을 관리한다.

이러한 MAR 참조 모델은 다양한 관점에서 응용, 구현될 수 있다. MAR 참조 모델은 산업적(Enterprise), 계산적(Computational), 정보(Information) 관점으로 접근하여 정의하고 있다.

② 혼합 증강 현실 실제 행위자와 실체 표현 모델 표준(ISO/IEC CD 18040)

현실 세계의 실제 행위자인 살아 있는 객체(사람, 동물 등)를 MAR 장면에 표현하고, 다양한 MAR 응용 서비스 간의 객체들을 끊김 없이 교환하고, MAR 장면과 상호 작용하기 위한 기술을 다루고 있다. 현실 세계에서 살아 움직이는 실제 행위자 및 실체가 MAR 장면과 합쳐져 보다 생동감 있는 MAR 응용 서비스를 만들 수 있다. [그림 8-21(a)]는 가상 현실의 DDR(Dance Dance Revolution)과 사람을 혼합한 그림이며, [그림 8-21(b)]는 사람이 가상으로 존재하는 통나무를 피하기 게임을 보여주고 있다. [그림 8-21(c)]는 사람이 평균대에 올라가 균형 잡기 운동을 하는 게임을 보여주고 있다.

출처: IITP

(a) DDR과 사람　　　　　(b) 통나무 피하는 게임　　　　　(c) 평균대 균형 잡기 게임

[그림 8-21] 가상 현실 환경에 혼합된 실제 행위자와 실체의 표현 예

이와 같이 실제 행위자 및 실체를 MAR 환경에 혼합하여 만들 수 있는 다양한 MAR 응용 서비스를 위해 표준화가 진행되고 있다. 일반 카메라나 깊이 카메라를 이용한 실제 행위자

및 실체의 센서로부터 상호 작용을 위한 감지된 정보를 입력받아 공간 매핑이나 MAR 장면과의 상호 작용 관련 처리를 다루고 있다. 실제 행위자 및 실체와 MAR 장면의 혼합 렌더링 등의 항목을 다루고 있다.

③ 혼합 증강 현실을 위한 벤치마킹 표준(ISO/IEC CD 18520)

MAR 환경에 적용 가능한 비전 기반 공간 등록 및 추적 기법들의 벤치마킹을 위한 참조 모델을 제시하고 있다. MAR 시스템을 위한 시스템 성능을 특정하기 위해 다음과 같은 표준 시험 항목을 포함한다. 크게 벤치마킹 과정, 벤치마크 지시자, 시도 집합 요소로 구성된다.

- 추적의 정확성(MARK에서 가장 중요한 성능 인자 중 하나)
- 트랙마크(TrakMark) 작업과의 연계성
- 비전 기반 기하학 등록 과정
- 영상 정보 데이터 집합(카메라 정보, 영상 특정 정보)
- 성능 측정 기준(가상 객체의 투영 오류, 위치 및 자세 오류)
- 전송 지연 및 렌더링 시 프레임 비율

④ 혼합 증강 현실 센서 표현 모델 표준(ISO/IEC CD 18038)

현실 세계와 가상 세계에 존재하는 센서를 표현하기 위한 기술을 다루고 있고, 이 센서들을 미러링된 가상 현실/MAR 단어 사이의 도관으로 연결하는 방법을 기술한다. 특히 이 표준에서는 현실 세계에 존재하는 다양한 종류의 센서, 예를 들어 카메라, 화학 센서, 전자 센서, 환경 센서, 유량 센서, 조도 센서, 내비게이션 센서, 압력 센서 등의 정보를 MAR 환경에서 표현하기 위한 방법을 기술한다([그림 8-22] 참조).

카메라 센서 　 화학 센서 　 전자 센서 　 환경 센서 　 유량 센서 　 조도 센서

내비게이션 센서 　 압력 센서 　 근접 센서 　 음향 센서 　 열감지 센서

출처: IITP 재구성

[그림 8-22] 다양한 센서를 가지고 표현한 MAR 장면

| 용어 해설 |

- **6자유도(6 Degrees Of Freedom, 6DOF)**: 로보틱스나 가상 현실 시스템에서 사용되는 모든 동작 요소. 즉, X(수평), Y(수직), Z(깊이), 피치(pitch), 요(yaw), 롤(roll)을 말하며, 3자유도(3DOF)는 X, Y, Z만을 말한다.

- **NUI(Natural User Interface)**: 사용자의 자연스러운 움직임을 인식하여 서로 주고받는 정보를 제공하는 사용자 인터페이스. 사용자 인터페이스는 사용자와 기기 사이에 서로 작용하는 인터페이스로 초기에는 키보드나 마우스로, 그 뒤 그래픽 기반의 GUI(Graphical User Interface)를 거쳐 멀티 터치, 햅틱, 3D 모션 인식 같은 자기 신체를 활용하는 NUI로 발전하고 있다.

- **ToF(Time of Flight)**: 입체 영상을 제작하려고 촬영하는 장면이나 물체의 길이 정보를 얻는 카메라. 적외선 센서에서 발생한 적외선이 물체에 반사되어 돌아오는 시간을 계산하여 물체의 깊이를 산출한다. 빛은 1초에 약 30만km를 이동하므로 빛이 돌아오는 아주 짧은 시간을 센서로 측정함으로써 거리를 계산한다. 적외선 LED가 적외선 펄스를 발사하고 물체에 반사되어 오는 빛의 도달 시간을 적외선 카메라 센서가 측정한다. 1초에 수십 번 빛을 발사하고 수신하는 것을 반복함으로써 동영상 형태로 거리정보를 촬영할 수 있다. 하나의 이미지로 구성되는 깊이 지도(Depth Map)는 거리정보를 각 픽셀의 밝기 또는 색상으로 표현하여 거리정보를 쉽게 알 수 있게 표현한다.

- **구조광 패턴(Structured Light Pattern)**: 구조화된 광 패턴 방식은 패턴을 가진 빛을 비추어 물체 표면에 맺힌 패턴의 위치를 분석하여 거리를 측정한다. 광 패턴은 직선형 무늬나 점 패턴을 투사하면 물체의 굴곡에 따라 무늬가 굽어져 보이게 된다. 구조화된 광 패턴 방식은 3D 카메라 시스템에 사용된 2개의 카메라 중의 하나를 광 프로젝터로 교체한 구조라 할 수 있다. 적외선 프로젝터로 발사된 빛이 물체 표면에 맺혀서 생긴 패턴의 위치를 알고리즘으로 분석하여 깊이 지도(Depth Map)를 실시간 계산한다.

- **그래픽스 처리 장치(Graphics Processor Unit, GPU)**: 컴퓨터에서 그래픽스 연산 처리를 전담하는 반도체 코어 칩 또는 장치. 컴퓨터에서 영상 정보 처리, 가속화, 신호 전환, 화면 출력 등을 담당한다.

- **내용 관리 시스템(Content Management System, CMS)**: 웹 사이트의 내용을 관리하는 시스템을 말한다. 이 시스템에는 내용 관리 애플리케이션(Content Management Application, CMA)과 내용 배포 애플리케이션(Content Distributed Application, CDA)이 있다. CMA는 HTML 웹 내용의 작성·변경·제거 등의 관리 프로그램이고 CDA는 웹 사이트 현행화를 위한 정보 편집 프로그램이다.

- **렌더링(Rendering)**: 물체의 모양을 그 형이나 위치, 광원 등의 외부 정보를 고려하면서 실감 나는 화상을 표현하는 컴퓨터 도형의 기법. 즉 2D나 3D에서 컴퓨터 그래픽스(CG)

영상 작성 시 최종 단계로 영상을 생성하는 것을 말한다. 2D CG에서 렌더링은 동화상에 대한 화상 처리 공정의 최종 단계로서 처리 완료된 화상을 생성하는 공정을 말한다. 또한 3D CG의 경우에는 컴퓨터 내부에 기록되어 있는 모델 데이터를 디스플레이 장치에 묘화(描畵)될 수 있도록 영상화하는 것을 말한다.

- **립모션(Leap Motion)**: 립모션이란 두 손과 열 손가락의 여러 움직임을 감지하여 그 움직임을 통해 컴퓨터를 제어할 수 있게 도와주는 장치이다.

- **모션 블러(Motion Blur)**: 영상 및 애니메이션 같은 연속 그림들이나 스틸 이미지 속에 비치는 빠르게 움직이는 물체의 뚜렷한 줄무늬이다. 노출이 길거나 움직임이 빠른 까닭에, 아니면 프레임 하나를 촬영하는 동안 영상이 변화할 때 이러한 현상이 나타난다.

- **사용자 경험(User Experience, UX)**: 사용자가 어떤 시스템, 제품 혹은 서비스를 직·간접적으로 이용하면서 느끼고 생각하게 되는 총체적 경험. 단순히 기능이나 절차상의 만족뿐 아니라 전반적으로 지각 가능한 모든 면에서 사용자가 참여, 사용, 관찰하고 상호 교감을 통해서 알 수 있는 가치 있는 경험이다. 긍정적 사용자 경험의 창출은 산업 디자인, 소프트웨어 공학, 마케팅 및 경영학의 주요 과제이며, 이는 사용자의 필요(needs) 만족, 브랜드의 충성도 향상, 시장에서의 성공을 가져다줄 수 있는 주요 사항이다.

- **소프트웨어 개발 키트(Software Development Kit, SDK)**: 응용 프로그램의 개발을 간편하고 쉽게 하기 위해 제공되는 특정 환경이나 플랫폼 기반의 종합 개발 도구

- **스테레오스코픽(Steroscopic)**: 좌우 양안 시점(view)의 데이터를 이용하여 시청자가 입체감을 느끼게 하는 성질을 뜻하는 수식어

- **위치 측정 및 동시 지도화(Simultaneous Localization and Mapping, SLAM)**: 로봇이 임의 공간을 이동하면서 주변을 탐색하고 자신의 위치를 측정하여 동시에 지도를 작성하는 것. 주로 카메라와 레이저 센서를 이용하여 주변 환경과의 거리를 측정한다. 자율 주행 자동차, 무인 항공기(드론), 무인 청소기 등에서 SLAM을 활용할 수 있다.

- **음성 UI(Voice User Interface, VUI)**: 사용자의 음성을 입력으로 하여 사용자의 응답에 반응하는 사용자 인터페이스를 말하며, 기존의 음성 UI는 명령어를 음성으로 해결하는 수준이었으나, 최근의 경우 인공 지능 기술과 결합하여 상호 작용하고 음성 분석/진단을 보조하는 수준까지 도달해 있다.

- **음성 인식(Speech Recognition)**: 사람이 말하는 음성 언어를 컴퓨터가 해석해 그 내용을 문자 데이터로 전환하는 처리를 말한다. STT(Speech-to-Text)라고도 한다. 키보드 대신 문자를 입력하는 방식으로 주목받고 있다. 로봇, 텔레매틱스 등 음성으로 기기 제어, 정보 검색이 필요한 경우에 응용된다.

- **촉각 기반 인터페이스(Tactile Based Interface)**: 손가락의 접촉점을 통한 촉감, 피부의 통각·압각 등 피부 감각과 반력을 통해 전달되는 단순 역감 및 근반력감을 이용한 인

터페이스 기술로서 입력 수단보다는 출력 수단에 초점을 맞추고 있다. 가상의 온스크린 또는 그래픽 기능을 활용한 패널 버튼을 실감 나게 구현함으로써 누르거나 터치할 때 기계식 버튼과 유사한 느낌을 제공한다.

- **컴퓨터 그래픽스(Computer Graphics, CG)**: 컴퓨터를 이용하여 도형이나 화상 등의 그림 데이터를 생성/조작/출력할 수 있도록 하는 데 관련된 방법의 총칭. 컴퓨터의 응용 분야에서 매우 큰 비중을 차지하고 있으며, 문자와 숫자로 표현된 정보를 알기 쉽게 나타내거나 컴퓨터에 의한 설계, 인간과 컴퓨터 사이의 인터페이스, 컴퓨터 미술 등 많은 분야에 이용되고 있다.

- **크로마-키(chroma-key)**: 컬러 텔레비전 방송의 화면 합성 기술. 색조의 차이를 이용하여 어떤 피사체만을 뽑아내어 다른 화면에 끼워 넣는 방법으로 배경이나 인물을 촬영한 뒤 어느 하나를 분리하여 다른 카메라에 옮겨 구성한다. 주로 푸른색 스크린을 이용하여 촬영해 왔으나, 서양의 경우 푸른 눈동자를 가진 배우들의 눈이 분리되는 경우가 많아 초록색 스크린으로 바뀌는 추세이다.

- **키넥트(Kinect)**: 컨트롤러 없이 이용자의 신체를 이용하여 게임과 엔터테인먼트를 경험할 수 있는 엑스박스 360과 연결해서 사용하는 주변기기이다. 센서를 통해 사용자의 동작을 인식하고 마이크 모듈로 음성을 인식한다.

- **텍스처 매핑(texture mapping)**: 컴퓨터 그래픽스 기법의 하나로 표현하고자 하는 이미지나 물체의 사실감을 높이기 위해 그 표면에 원하는 무늬나 색을 입히는 작업. 주로 3차원 입체 모형의 표현에 많이 사용된다.

- **현장감(Presence)**: 스테레오 장치로 음악을 재생했을 때 마치 그곳(녹음한 그 장소)에 있는 듯한 느낌을 받는 것. 넓은 홀의 연주회장 안에서 음을 들을 때 천장이나 벽으로부터 어느 정도의 반사음이 있으면 현장감을 느낄 수 있지만, 지나친 반향음(echo)은 오히려 현장감을 해칠 수 있으므로 실내 음향을 설계할 때는 잔향(발음체의 진동이 그친 후에도 벽이나 천장에 반사되어 남는 음향 시간)을 대체로 1.5~3초 범위 내에서 설계한다.

- **햅틱 인터페이스(Haptic Interface)**: 컴퓨터 등 각종 기기의 사용자에게 촉각 정보를 전달하기 위한 인터페이스 환경을 일컫는다. 햅틱 인터페이스는 제어기, 가상의 환경, 촉각 표현 알고리즘, 햅틱 디바이스 등으로 구성되어 사용자가 촉각 상호 작용을 체험할 수 있도록 제공되는 구조를 의미하나, 좁은 의미로는 '햅틱 디바이스'만을 일컫는 의미로 사용할 수 있다.

- **홀로그래피(Holography)**: 빛의 진폭(amplitude)과 위상(phase)을 획득 또는 생성하여 공간상에 빛의 분포(optical disturbance)를 재현하는 기술 또는 광원의 간섭성을 이용하여 물체광과 참조광의 간섭 패턴을 기록 · 재현하는 기술이다.

- **홀로그래픽 디스플레이(Holographic Display)**: 빛의 회절 현상에 의하여 공간 내에서 3차원 이미지의 각 점으로 빛을 수렴시키는 무안경식 3차원 디스플레이이다.

연습문제

| 단답형 |

01 (　　　　　)는 '가상, 추상'을 의미하는 메타(Meta)와 '현실 세계'를 의미하는 유니버스(Universe)의 합성어이다. 메타버스는 3차원(3D) 가상 세계에서 가상의 인물, 즉 아바타가 가상 사물(Virtual Things)을 이용하여 사회·경제·문화적 활동을 하며 가치를 창출하는 것을 의미한다. 여기서 3차원의 가상 사물이란 3D로 생성된 다양한 목적으로 활용되는 이미지(Computer-Generate Image, CGI 또는 CG)이며, 3D로 구현된 가상 세계는 실제 생활이나 법적으로 인정되는 활동인 직업 활동, 금융, 학습, 문화 생활 등이 구현된 세계를 의미한다.

02 현실 세계는 증강·가상 세계와 연결되어 증강·가상 인간이 상호 작용 및 일상생활과 업무를 수행할 수 있는 세계로 확장되어 발전하고 있다. 이를 메타버스 관점에서 살펴보면 메타버스 영역을 벗어나 실제 세계와 연결되는 (　　　　　)가 실현되는 것이다.

03 (　　　　　) 개념을 정리하면 2차원 이상의 환경에서 구현된 증강 및 가상 세계에서 증강 및 가상의 인간이 현실 세계와 연결되어 상호 작용 및 상호 활동을 할 수 있고 다양한 사회·경제·문화적 활동을 하며 가치를 창출하는 것을 의미한다. 이는 가상 공간의 각 산업(예: 게임/공연, 관광/여행, 교육/훈련, 쇼핑/관광, 의료, 제조 등) 분야에서 현실 세계와 상호 작용할 수도 있고 디지털 화폐 등을 사용하면서 의미 있는 활동을 할 수 있음을 의미한다.

04 (　　　　　)는 가상 현실에서 자신의 역할을 대신하는 가상의 인물(캐릭터)을 의미한다. 가상 세계에서 자기 자신의 대리자로서 사회적 역할이나 개인의 의견, 태도 등을 반영하는 가상의 인물을 지칭하며, 실시간으로 실세계에 있는 사용자와 가상 공간에서 동기화하여 대리하는 3D 인물로 생성된다.

05 (　　　　　)은 컴퓨터로 생성된 이미지와 소리를 사용하여 영상과 음성으로 창조되거나 재창조된 인간으로 종종 실제 행위자와 구별되지 않는 경우가 많다. 대부분 의

도적으로 3D 예술가(Artist)에 의해 설계되어 컴퓨터 그래픽과 동작(Motion) 캡처 기술을 사용하여 실제 상황에서 실제 사람과 유사하게 구현된다.

06 (   )는 말 그대로 거울처럼 물리적인 현실 세계를 있는 그대로 반영 (reflection)하되 정보적으로 확장된 세계를 말한다. 즉, 정보가 강화된 가상 사물 모델 또는 물리적 세계를 복제해 디지털 형태로 표현한 가상 세계이다.

07 물리적인 대상, 혹은 물리적인 대상이 모인 생태계가 실시간으로 반영되도록 가상으로 구현한 (   )은 사물 인터넷을 이용하여 현실 세계와 가상 세계가 동기화되어 상호 영향을 미칠 수 있는 '동기화된 사이버 모델'인 사이버 물리 시스템(Cyber-Physical Systems)이다. 즉, (   )은 현실 세계에 존재하는 사물, 시스템, 환경 등을 가상 공간에 동일하게 구현하여 가치를 제공하는 기술을 의미한다.

08 (   )은 증강 현실, 가상 현실, 혼합 현실 기술을 활용하여 사용자에게 경험과 몰입감을 제공하고 확장된 현실을 창조하는 초실감형 기술을 의미한다. 증강 가상 콘텐츠 생성을 가능하게 하는 하드웨어, 소프트웨어, 인터페이스 등의 기술을 포함하며, 현실과 상호 작용이 가능하도록 초실감을 제공한다.

09 (   )은 단말 소프트웨어 등을 활용해 현실에 가상의 정보를 추가한 '실재와 허구가 혼합된 환경'을 구현하는 기술이다. 특정 장소에 도달하면 스마트폰으로 가상의 게임캐릭터인 포켓몬을 잡을 수 있는 '포켓몬 고' 게임은 증강 현실의 대표적인 예이다.

10 현실과 가상 현실 사이에 존재하는 모든 것이 바로 (   )이며, 따라서 증강 현실은 혼합 현실의 한 부류이다. 혼합 현실은 현실 세계와 가상의 대상물이 함께 존재하는 것을 의미한다. 여기서 가상의 대상물이 많다 또는 적다라는 기준은 주관적이기 때문에 증강된 현실의 수준을 절대적 단위로 나누는 것은 곤란하다.

| 선택형 |

01 다음 중 메타버스에서 활동 사례가 아닌 것은?
① 호라이즌 월드(Horizon Worlds)의 회의　② 하나은행의 온라인 수업
③ 포트나이트(Fortnite)의 게임　　　　　④ 카카오톡의 채팅

02 다음 중 디지털 트윈의 발전 과정에서 중요한 역할을 한 것은?

① 가상 세계의 구현   ② 인공 지능을 통한 예측

③ 수집한 데이터의 프로그램 분석   ④ 센서의 성능 및 활용 범위의 확산

03 다음 중 메타버스의 특징에 해당되지 않는 것은?

① 창작자(Creator)   ② 세계관(Canon)

③ 초연결성(Hyper-Connectivity)   ④ 일상의 연장(Continuity)

04 다음 중 소셜 기반 메타버스에 해당되지 않는 것은?

① 제페토   ② 로블록스

③ 게더타운   ④ 호라이즌

05 다음 중 MS사의 제품으로 스마트폰이나 PC에 연결할 필요 없는 혼합 현실 착용형 홀로그래픽 컴퓨터는?

① 홀로렌즈 2(HoloLens 2)   ② 링피트 어드벤처(RingFit Adventure)

③ 인도어 사이클링(Indoor Cycling)   ④ 매직 립 1(Magic Leap 1)

06 MPEG-5 사양은 현실과 가상 세계 사이의 세 가지 유형의 미디어 변환을 사용한다. 다음 중 포함되지 않는 것은?

① 가상 세계에서 현실 세계로의 정보 적응   ② 증강 세계에서 현실 세계로의 정보 적응

③ 현실 세계에서 가상 세계로의 정보 적응   ④ 가상 세계 간의 정보 교환

07 다음 중 확장 현실에 포함되지 않는 것은?

① 증강 현실   ② 가상 현실

③ 240도 동영상   ④ 혼합 현실

08 가상 현실 및 증강 현실을 이용한 산업은 몰입감과 상호 작용을 제공하는 컴퓨터 그래픽스 기술부터 디스플레이 기술까지 CPND 계층별로 다양한 기술 요소를 포함하고 있다. 여기서 CPND에 해당되지 않는 것은?

① Controller(제어기기)   ② Platform(플랫폼)

③ Network(네트워크)   ④ Device(디바이스)

09 다음은 무엇을 설명한 것인가?

> 컴퓨터 그래픽으로 만든 환경 요소에 실제 사람이나 사물을 중첩해서 표현하는 것으로 디스플레이에 보이는 내용이 현실보다 컴퓨터 그래픽으로 만든 가상 요소의 활용이 상대적으로 더 많은 단계를 의미한다.

① 증강 가상   ② 증강 현실

③ 혼합 현실   ④ 가상 현실

10 다음 중 확장 현실 관련 주요 기술이 아닌 것은?

① 입출력 인터페이스   ② 저작 도구

③ 360도 영상 기술   ④ 콘텐츠 서비스

11 증강 및 가상 현실이 발전한 방향이 아닌 것은?

① 혼합 현실   ② 시각 기술

③ 동적 기술   ④ 다중 사용자 환경 기술

12 다음 중 손동작뿐만 아니라 전체적인 몸 움직임이나 팔 관절, 다리 관절에 관한 위치 및 회전 데이터를 얻을 수 있는 디바이스는 무엇인가?

① 립모션(Leap Motion)   ② 바이브(VIVE)

③ 증강 현실 안경(glasses)   ④ 키넥트(Kinect)

| 서술형 |

01 아바타와 에이전트의 차이점을 간단히 비교·설명하시오.

02 메타버스의 특징에 대해 간략히 설명하시오.

03 메타버스의 유형에 대해 간략히 설명하시오.

04 가상 현실의 오감 기술에 대해 설명하시오.

05 가상 현실의 모션 기술에 대해 설명하시오.

06 가상 현실의 분야별 활용 방안 사례 3가지를 설명하시오.

인공 지능 및 로봇과의 연계 그리고
부품 및 소재의 혁신

contents

들어가며

IT 혁명은 산업 사회의 혁신을 견인해 왔다. 2000년대 후반부터 독일, 미국 등 선진국에서 제조업을 부활시키기 위해 사물 인터넷을 제조 현장의 혁신에 활용하려는 움직임이 구체화되었다. 사물 인터넷 적용 분야를 넓히기 위해 빅 데이터, 인공 지능, 로봇, 클라우드 컴퓨팅 등의 기반 기술과의 연계 전략도 활발해졌다([그림 1] 참조).

> 개념의 유사성: 사물 인터넷의 개념은 인터넷 혁명 초기부터 존재했으며, 유비쿼터스, 사물 통신 등의 개념과 유사. 사물 인터넷 기술을 적용하는 공장 자동화도 산업용 로봇이 도입되고 생산, 물류, 설계 분야의 IT화가 진행됨

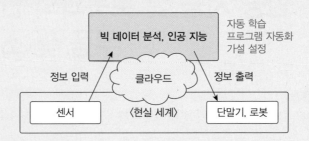

> 사물 인터넷 단계의 의미: 센서 기술의 고도화로 현실 세계의 다양한 정보를 가상 세계에서 분석 가능. 인공 지능이 학습 능력을 확보. 자동으로 프로그램할 수 있어 각종 기기의 컴퓨팅 환경 고도화 가능. 인공 지능이 빅 데이터 분석을 통해 가설 설정 가능(데이터 과학자 일부 대체). 클라우드 컴퓨팅 환경의 속도, 비용적 한계 극복이 과제

출처: LG 경제연구원

[그림 1] IT 혁명의 새로운 단계로서의 사물 인터넷

인공 지능은 실세계의 다양한 상황에 효율적으로 대처할 수 있는 장점이 있다. 클라우드를 비롯하여 대용량 데이터 처리 기술을 보유한 미국은 인공 지능의 기반 기술뿐만 아니라 인공 지능을 사물 인터넷에 적용할 수 있는 기술 개발에도 앞장서고 있다. 일본의 경우, **엣지 컴퓨팅** 기반의 인공 지능 전략을 중시하고 있다. **엣지**(Edge, 단말), **포그**(Fog, 기지국 등), **클라우드**(Data Center) 간의 정보 전달, 인공 지능 판단 등을 분담해 실시간 처리의 성능 향상을 목적으로 출발하였다.

로봇에 강점을 가진 기업은 앞선 로봇 기술을 사물 인터넷에 적용하여 제조업에서 새로운 시장을 개척하고 있다. 예를 들어, 화낙 등의 로봇 기업과 히타치, 닛폰사(NEC) 등의 IT 기업들이 연합하여 개방

화 플랫폼을 만들어 제조 현장에 로봇을 적극 도입하고 있다.

제품 개발, 생산, 물류, 판매 등 기업의 가치 사슬 전반의 사물 인터넷화를 뒷받침하기 위해 가상 공간과 실제 공간을 연결하는 틀을 고도화할 필요성을 인식하고 기업은 확장 현실을 활용한 공장의 효율성 제고에 주력하고 있다. 공장 건설과 제품의 생산 라인 개선에도 확장 현실 기술을 활용하고 있다. 공장의 건설 단계에서 가상의 생산 라인을 구동시킨 후 미비점을 수정하거나 핵심 근로자를 미리 가상 생산 라인에서 훈련시키면서 업무를 개선하는 데 활용하고 있다. 사물 인터넷은 심각하게 대두되는 인력 부족 문제를 해결하는데도 효과를 나타내고 있다.

사물 인터넷은 모든 산업의 형태, 사업 모델을 혁신하고 있으며, 이에 능동적으로 대응할 수 있는 역량을 축적할 필요가 있다. 사물 인터넷을 뒷받침하는 기초 기술을 강화하며, 실질적으로 생산성과 부가 가치를 높이는 방안을 강구할 필요가 있다.

4부에서는 사물 인터넷과 연계될 수 있는 인공 지능, 로봇 기술과 그 활용 사례를 살펴보고 사물 인터넷에 활용되는 부품 및 소재에 대해 살펴보고자 한다.

9.1 인공 지능의 개념

세계 경제 포럼(World Economic Forum)은 제4차 산업 혁명을 현실과 가상의 통합이며, 사물들이 자동적·지능적으로 제어되는 '사이버 물리 시스템(Cyber-Physical Systems)', 즉 디지털 트윈 시대로 정의하였다. 이를 이끄는 핵심적인 기술 중 하나가 바로 인공 지능이다. 2016년 3월 개최된 알파고와 이세돌 기사의 대국은 인공 지능 기술이 어느새 우리에게 성큼 다가와 있음을 실감나게 해주었다. 알파고로 인해 일반인들의 인공 지능 기술의 가능성에 큰 관심을 보이기 시작하였지만, 이미 그 이전부터 인공 지능은 제조, 의료, 교통 등 다양한 산업 분야에서 적용되고 있었다. 산업용 로봇, 도로와 교통 상황 정보를 기반으로 스스로 구동 가능한 자율주행 자동차, 사람의 자연어를 이해하는 번역 등 다양한 분야에 인공 지능이 활용되고 있다.

인공 지능(Artificial Intelligence, AI)은 기계(컴퓨터)가 인간 수준의 인지, 이해, 추론, 학습 등의 사고 능력을 모방할 수 있도록 고안된 것이다. 등장 초기 "지능형 기계(컴퓨터), 특히 지능형 컴퓨터 프로그램을 만드는 과학 및 공학"으로 정의되었다. 그동안 여러 기관이나 연구자들로부터 다양한 개념 정의가 이루어졌으나, 초기의 개념과 크게 달라지지 않았다.

인공 지능은 비교적 역사가 오래되었지만, 최근 들어 다양한 산업 분야에서 활용되면서 더욱 주목받게 되었다. 초기의 인공 지능 기술은 미리 정의된 파라미터를 이용해 특정 문제를 해결하였다. 이러한 정적 지능으로부터 증분(Incremental) 지능으로 발전하면서 인공 지능이 혁신적인 기술로서 재등장하게 되었다. 인간의 학습 방법과 유사한 점진적 학습(Incremental Learning) 방법에 따라, 컴퓨터는 데이터의 학습으로 지식을 생성하고, 새로운 데이터가 추가되면 현재의 지식을 점차 수정·개선한다.

미래에는 모든 영역에서 인간의 능력을 뛰어넘는 인공 지능 시스템인 '강(强) 인공 지능'이 개발될 것으로 예상된다. 인간과 동일하게 범용 분야에서 자율적 사고와 활동을 할 수 있는 인공 지능을 실현할 수 있다. 이에 반해 **약(弱) 인공 지능**은 한정된 분야에서 문제 해결, 추론을 수행하는 소프트웨어를 만드는 데 중점을 둔다. 따라서 일부에서는 강 인공 지능을 갖춘 기계가 인간의 노동력을 완전히 대체하고 더 나아가 기계가 인간을 지배하는 사회가 도래할 가능성을 경고한다. 인공 지능이 놀라운 속도로 발전하고 모든 산업에 걸쳐 영향력이 확대되면서 인공 지능 개발 중단 및 통제에 대한 의견도 존재한다. 스티븐 호킹 박사는 완전한 인공 지능 발전으로 인하여 인류의 종말이 올 수 있다고 경고하기도 했다. 하지만 강 인공 지능의 실현까지 아직 해결하지 못한 난제들이 많이 있고, 인간이 통제 가능한 방법으로 발전해 나갈 것으로 예상된다.

9.2 인공 지능의 주요 기술 및 개발 사례

인공 지능 기술은 컴퓨터 과학의 여러 세부 영역과 연계되어 있다. 인공 지능을 활용하는 기술에 대한 정확한 분류 체계는 아직 없으며, 다만 자료 작성이나 활용 목적에 따라 다양하게 구분하고 있다([표 9-1], [표 9-2] 참조).

이 소절에서는 기존 인공 지능 관련 보고서 및 전문가 의견 등을 토대로 하여 기계 학습, 신경망, 딥 러닝, 퍼지 논리, 서포트 벡터 머신, 인지 컴퓨팅과 같이 6가지 기술로 구분하여 간단히 살펴본다.

[표 9-1] 인공 지능 관련 기술 분류(해외)

기술	내용
인지 컴퓨팅 (Cognitive Computing)	• 컴퓨터가 인간처럼 정보를 습득하고 그 정보를 이용해 의사 결정할 수 있는 모델의 과정을 시뮬레이션하는 기술 – 인지 시스템은 데이터로부터 그 자신만의 추론을 통해 결론을 도출함
기계 학습 (Machine Learning)	• 컴퓨터가 학습할 수 있도록 하는 알고리즘과 기술을 개발하는 분야 – 기계 학습에서의 일반화는 사전 훈련 이후 새롭게 들어온 데이터를 정확히 처리할 수 있는 능력을 뜻함

딥 러닝 (Deep Learning)	• 일반적인 기계 학습 모델보다 더 깊은 신경망 계층 구조를 이용하는 기계 학습 – 문제를 해결하기 위해 스스로 필요한 특징을 찾아 적절하게 표현(feature representation)하는 학습 능력이 뛰어나 사진에서 개체 인식, 기계 번역, 바둑 등의 분야에서 기존의 기계 학습 모델을 뛰어넘는 성능을 보임
예측 API (Predictive Application Programming Interfaces)	• API는 표준화된 입출력 방식을 통해 소프트웨어 모듈에 접근하도록 공식화해줌 – 이런 API에 대한 예측을 통해 프로그래머가 실제 적용해야 할 입출력 방식을 더 빠르게 제안해줄 수 있음
자연어 처리 (Natural Language Processing)	• 컴퓨터가 인간의 언어를 알아들을 수 있게 하여 인간처럼 말하고 쓸 수 있도록 하는 기술 – 다양한 인간의 언어를 가지더라도 의사소통을 가능하게 하는 것도 자연어 처리로 볼 수 있음
이미지 인식 (Image Recognition)	• 사람들이 보고 있는 특정 피사체 사진의 정체를 확인하고자 시도하는 기술 – 사람이 볼 수 없거나 지진계와 같은 파형 등도 이미지 패턴 인식에 포함될 수 있음
음성 인식 (Speech Recognition)	• 사람이 발성한 음성의 의미 내용을 컴퓨터 따위를 사용하여 자동적으로 식별하는 것으로 보다 구체적으로는 음성 파형을 입력하여 단어나 단어열을 식별하고 의미를 추출하는 처리 과정임

[표 9-2] 인공 지능 관련 기술 분류(국내)

기술	내용
패턴 인식 (Pattern Recognition)	• 기계에 의하여 도형 · 문자 · 음성 등을 식별 • 제한된 분야에서 실용화되었고 패턴 인식은 계속 연구되고 있음
자연어 처리 (Natural Language Processing)	• 인간이 실생활에서 사용하는 자연어를 컴퓨터가 인식하고 인식 결과에 따라 적절하게 다음 기능을 수행할 수 있는 기능 • 정보 검색 · 질의 응답 시스템 · 자동 번역 및 통역 등이 포함
자동 제어 (Automatic Control)	제어 대상에 미리 설정한 목표값과 검출된 피드백(feedback) 신호를 비교하여 그 오차를 자동으로 조정하는 제어
인지로봇 공학 (Robotics)	• 로봇에 관한 과학이자 기술학으로 로봇의 설계, 제조, 응용 분야를 다룸 • 인지로봇 공학은 제한된 계산 자원을 사용해 복잡한 환경에서 요구되는 목표를 달성하도록 로봇에게 다양한 인식 능력을 부여하는 기술
컴퓨터 비전 (Computer Vision)	사람이나 동물의 시각 체계 기능을 컴퓨터로 구현하는 연구 분야로 컴퓨터가 실세계 정보를 취득하는 모든 과정을 다룸
자동 추론 (Automated Reasoning)	• 계산기 과학의 한 분야로 추론의 다양한 측면을 이해함으로써 컴퓨터에 의한 완전한 자동 추론을 가능하게 하는 기술 • 인공 지능 연구의 일부로 이론 계산기 과학 및 철학과도 깊은 관계가 있음
사이버네틱스 (Cybernetics)	생물 및 기계를 포함하는 계(系)에서 제어와 통신 문제를 종합적으로 연구하는 학문
지능 엔진 (Intelligent Agent)	• 인공 지능적 기능을 가진 소프트웨어 엔진 • 사용자를 보조하고 반복된 컴퓨터 관련 업무를 인간을 대신하여 실시하는 엔진

① 기계 학습

기계 학습(Machine Learning)이란 경험적 데이터를 통해 컴퓨터 스스로 새로운 지식과 능력을 개발하는 기술을 의미한다([그림 9-1] 참조). 다른 정의에서는 "훈련된 지식을 기반으로 주어진 상황에 유용한 답을 찾고자 하는 일련의 컴퓨터 알고리즘 혹은 기술을 총칭"하며, "주어진 데이터로부터 일반화된 지식을 추출해 내는 것"이 주요 목표이다. 기계 학습은 데이터를 해독하여 예측 모델을 만들며, 그 자신이 바로 학습의 대상이기도 하다. 과학적인 수단으로 예측 모델을 개발 가능하게 하며, 증분 지능으로 급격한 변화를 이끌어낸 주요 기술이다. 컴퓨터는 기계 학습 알고리즘을 통해 방대한 데이터를 학습하여 지능을 습득하고 이를 기반으로 새로운 데이터 및 문제에 대해 스스로 판단하여 예측할 수 있게 된다.

[그림 9-1] 기계 학습 과정 – 학습 및 예측

기계 학습은 주로 **지도 학습**(Supervised Learning), **비지도 학습**(Unsupervised Learning), **강화 학습**(Reinforcement Learning)으로 구분한다.

지도 학습은 입력 데이터에 올바른 출력값을 갖는 정답 라벨(label)을 붙여두고 그 데이터를 컴퓨터가 학습하면서 입력과 출력에 대한 일반적인 규칙이나 모델을 만드는 것을 의미한다 ([그림 9-2] 참조). 예를 들면, 여러 장의 이미지에 '개'라는 라벨을 붙여두고 컴퓨터가 그 이미지를 '개'로 인식할 수 있는 모델을 만드는 학습 방식이다. 그 이후 새로운 이미지가 입력되면 컴퓨터가 스스로 '개'인지를 판단할 수 있다.

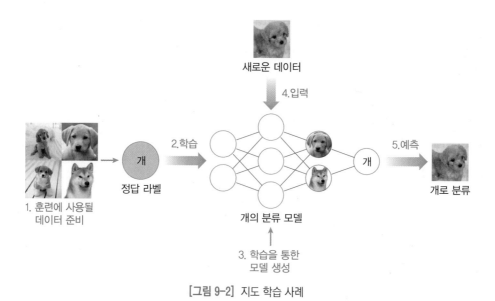

[그림 9-2] 지도 학습 사례

비지도 학습은 정답을 알려주지 않고 학습시키는 방법으로 컴퓨터가 라벨을 붙이지 않은 데이터를 토대로 데이터의 고유한 특성을 파악하여 그룹으로 분류하는 방법으로 학습을 수행하는 방법이다([그림 9-3] 참조).

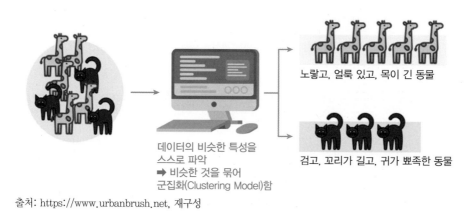

출처: https://www.urbanbrush.net, 재구성

[그림 9-3] 비지도 학습의 사례

강화 학습은 기계 학습의 또 다른 종류로 구분된다. 강화 학습은 어느 환경에서 정의된 에이전트가 현재 상태를 인식하여 최선의 행동이나 행동 순서를 선택하는 방법이다. 입력과 출력이라는 학습 데이터 쌍을 이용하지 않으며, 잘못된 결과에 대해서 명시적인 정정 과정

을 거치지 않으므로 지도 학습과 다르다. 학습 과정에서 성능에 초점을 맞추고 있다.

■ 기계 학습 구현 방법

기계 학습은 사이킷런(Scikit-learn) 라이브러리의 전체적인 모듈의 구성을 이해하고 필요한 모듈을 선택하여 사용할 수 있다. 사이킷런은 무료인 파이썬 기계 학습 라이브러리로 파이썬의 수치용 라이브러리인 넘파이(NumPy)와 과학용 라이브러리인 사이파이(SciPy)와 협력하도록 설계되었다. 다양한 분류(classification), 회귀(regression), 군집(clustering), 변환 등의 알고리즘과 개발을 위한 편리한 프레임워크와 API를 제공한다([그림 9-4] 참조).

풍부한 라이브러리를 간편한 API로 제공하는 사이킷런 라이브러리를 활용하여 기계 학습 모델(알고리즘)을 선택하여 공통적인 학습 과정과 검증 및 평가의 각 단계를 비교적 쉽게 이해할 수 있다. 기계 학습 모델은 의사 결정 트리(Decision Tree), 선형 회귀(Linear Regression), 로지스틱 회귀(Logistic Regression), 서포터 벡터 머신(Support Vector Machines, SVM), 랜덤 포레스트(Random Forests), 그래디언트 부스팅(Gradient Boosting), k-means, DBSCAN 등이 제공된다.

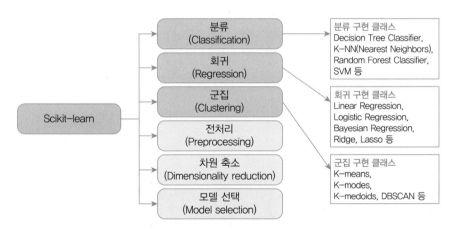

Scikit-learn: 기계 학습에서 훈련용 데이터로 학습하여 모델을 생성하는 함수 fit()와 생성된 모델에 새로운 데이터를 입력하여 예측하는 함수 predict()를 제공

[그림 9-4] 사이킷런 기반의 프레임워크

② 신경망

신경망(Neural Network)은 기계 학습의 일부로 인간의 두뇌 처리 기능을 형상화한 기술이며, 뇌의 뉴런과 비슷하게 인공 뉴런을 배치하고 네트워크로 연결하여 모델링한 것이다. **인공**

신경망(Artificial Neural Network, ANN)이라고도 하며, 다수의 상호 연결된 노드(Node, 인공 뉴런)로 구성된 층으로 이루어진 논리 구조이다([그림 9-5] 참조). 인간이 수많은 정보를 습득하고 구분한 후, 경험 및 지식을 토대로 종합적·추상적 사고를 수행하는 것과 유사한 방식으로 학습하고 문제를 해결하도록 설계되었다.

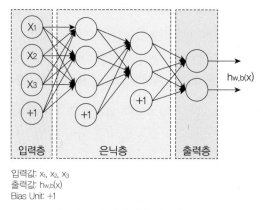

입력값: x_1, x_2, x_3
출력값: $hw,b(x)$
Bias Unit: +1

[그림 9-5] 다층 인공 신경망 구조

신경망은 복잡한 데이터를 사용하거나, 사람의 주관적인 판단이 필요한 부분에 유용하게 사용할 수 있다. 신경망 모델로 학습한 컴퓨터는 어느 정도의 일반화 능력을 보유하여 특정한 답이 정해지지 않은 문제도 해결이 가능하다([그림 9-6] 참조). 기존의 규칙 기반 정보 처리 방식(Rule Based Approach)은 규칙에서 벗어난 문제에 대한 해답을 도출할 수 없지만, 신경망 모델은 학습 결과에 따른 판단이 가능하다.

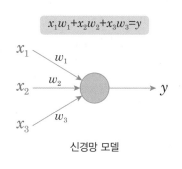

신경망 모델

- 신경망 학습 과정
  1) 훈련용 데이터(입력값 x_1, x_2, x_3와 목표값 t)를 준비한다.
  2) 신경망 모델에 입력값 x_1, x_2, x_3를 주어 출력값 y를 구한다.
  3) 출력값 y와 목표치 t를 비교해서 오차 E를 구한다.
  4) 오차 E가 감소하도록 가중치 w를 조정한다.
  3) 2)~4)의 과정을 반복한다.
- 학습이 완료(가중치 w값이 결정)되면, 신경망 모델이 완성된다.
- 신경망 모델을 완성한 후 예측하기
  – 학습(가중치 w 조정)이 종료되면, 새로운 입력값에 대한 출력값을 예측한다.

[그림 9-6] 신경망 학습 과정 및 예측

예를 들어, IBM의 왓슨은 특정한 답이 없는 물음에 자신이 학습한 정보를 바탕으로 내놓은 결과를 신뢰도와 함께 표시하고, 광범위하고 복잡한 영역에서 결과 도출이 가능해 사람의 의사 결정을 지원하는 역할을 한다. 인공 신경망의 발전으로 계량적 의사 결정과 주가 및 환율 예측, 기업 신용 평가, 재무 및 회계, 경영 전략 지원 역할을 수행할 수 있다. 하지만, 최고 경영자의 비정형적 의사 결정을 대신할 수는 없다.

신경망은 데이터를 학습하여 원하는 근사 함수 추론이 가능하나, 최적화의 어려움 등으로 연구에 한계가 있다. 입력층과 출력층, 그 사이의 은닉층으로 구성되며, 층 수가 높아질수록 더 추상화된 정보 표현이 가능하지만, 구조 복잡성도 크게 증가하게 된다. 또한 수많은 노드의 연결마다 연결 강도를 달리하는 파라미터 값을 할당하는 데 많은 어려움이 있다. 한동안 연구의 암흑기가 존재했으나, 데이터의 전처리 과정을 통해 이러한 문제를 해결할 가능성을 보인 딥 러닝 알고리즘에 의해 다시 주목받게 되었다.

③ 딥 러닝

딥 러닝은 입력과 출력의 데이터만 주어지면 자동으로 특징을 찾아내어 분류까지 수행한다. 이를 엔드 투 엔드(end-to-end) 학습이라고도 부른다. 기존 다층 구조의 인공 신경망 학습의 문제점을 개선하여 데이터 추상화 능력을 획기적으로 향상시킨 기술이다. 여기서 추상화는 다량의 복잡한 데이터 속에서 핵심적인 내용 또는 기능을 요약하는 작업을 의미한다. 단순하게 딥 러닝은 인공 신경망이 적절히 학습할 수 있도록 돕는 새로운 알고리즘으로 설명이 가능하다. 기존 인공 신경망 연구는 지역 최적해(Local Minimum)와 과적합(Overfitting) 문제로 한계가 있었으나 딥 러닝 방식을 통해 극복하였다. 지역 최적해는 문제에 가장 적합한 정답을 찾는 과정에서 부분적인 최적값에 수렴하여 더 이상 학습이 진행되지 못하는 문제이고, 과적합은 주어진 특정 학습 데이터에만 과도하게 최적화되어 있어 일반적인 입력에는 올바르지 못한 결과를 내는 문제이다. 하지만 최근 충분한 학습 데이터 확보가 가능해졌고 대용량 데이터의 고속 처리 기술이 지원됨에 따라 딥 러닝을 활용할 수 있게 되었다.

딥 러닝 도입으로 **이미지 인식, 음성 인식** 등의 패턴 인식 분야에서 문제 해결 성능이 기존 알고리즘에 비해 비약적으로 향상되고 있다([그림 9-7] 참조). 실제 이미지 인식 문제의 경우, 매년 정확도가 개선되어 현재 사람이 인식하는 것보다 더 정확한 수준까지 도달하였다. 음성 인식은 딥 러닝을 통해 오차율이 5% 이하로 성능 개선이 이루어졌으며, 애플 시리(Siri), 삼성 빅스비, 마이크로소프트 코타나(Cortana), 구글 나우(Now), 아마존 알렉사

(Alexa) 등 주요 상업용 음성 인식 시스템에 적용되고 있다.

딥 러닝은 해당 분야 전문가 지식이나 응용 분야의 제한을 적게 받는 장점이 있지만, 학습 데이터의 양과 질은 중요하다. 최적 모델을 설계하는 데 많은 노력을 기울이지 않더라도 데이터를 통해 인식하려는 대상의 자연스러운 특징을 자가 훈련으로 학습이 가능하므로 정확하고 방대한 데이터를 가진 데이터 집합이 직접적으로 성능을 좌우한다.

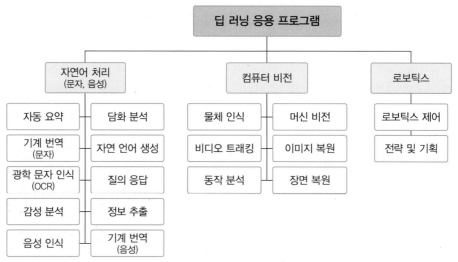

출처: Frost&Sullivan, Future of Artificial Intelligence

[그림 9-7] 분야별 딥 러닝 응용 프로그램

④ 퍼지 논리

퍼지 논리(Fuzzy Logic)는 인간의 언어나 사고가 가진 애매한 정도를 수학적으로 다루고자 하는 논리 체계로서 부정확한 현실 세계를 표현하는 데 효과적이다. 'Fuzzy'는 '분명하지 않은', '애매한'이라는 사전적 의미를 가지며, '0'과 '1', '예' 또는 '아니오'로 명확하게 구분할 수 없는 영역을 고려한다. 퍼지 논리에 기반한 집합의 경우, '얼굴이 예쁘다', '키가 크다' 등 주관적 표현에 대해 특정 조건에 해당한다(1)와 그렇지 않다(0)가 아닌 0~1 사이의 값으로 표현한다. 따라서 일부는 퍼지 논리를 '과학의 주관화'라고 규정하기도 하며, 인간의 주관을 반영할 수 있는 것이 주요 특징이다.

퍼지 논리는 인공 지능 컴퓨팅 시스템에서 논리적 추리 능력을 향상시키며, 전통적 방법으로 시스템 모델링을 할 수 없을 때 선택 가능하다. 퍼지 상태로 볼 수 있는 인간의 추론 방식을 기계가 이해할 수 있도록 함으로써 기계와 인간의 원활한 의사소통 가능성을 제고한다. 퍼지 논리는 공장 자동화, 전문가 시스템, 자연어 처리, 인공 지능 로봇, 퍼지 컴퓨터 등에 응용되고 있으며, 공학 외에 의학, 경영, 정보 처리 등의 분야에서도 자연스러운 방법론으로 인식되고 있다.

⑤ 서포트 벡터 머신

서포트 벡터 머신(Support Vector Machines, SVM)은 서로 다른 계층 자료들 간 간격을 최대화하는 선(평면)을 구하여 데이터 분류를 최적화하기 위한 알고리즘이다. 지도 학습 방법 중 한 종류로서 분류의 정확성 측면에서 뛰어난 성능을 보이며, 선형 분류 및 비선형 분류 모두 가능하다. 데이터를 분류하는 초평면은 여러 개가 있을 수 있으나, 서로 다른 데이터 사이 가장 큰 마진(Margin, 간격)을 가진 초평면, 즉 '최대 마진 초평면(Maximum-Margin Hyperplane)'을 선택한다. 여기서 초평면이란 n차원 공간을 둘로 나누는 n−1차원의 면을 의미한다. 최대 여백 초평면이 데이터 분류의 기준이 되며, 이와 가장 가까운 분류에 속한 샘플이 서포트 벡터이다([그림 9-8] 참조). 비선형 데이터의 경우 주어진 데이터를 고차원 공간으로 변환한 뒤 초평면을 찾는 커널 트릭(Kernel Trick) 기법을 사용한다.

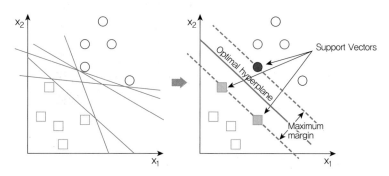

[그림 9-8] 서포트 벡터 머신을 통한 선형 분류

서포트 벡터 머신은 분류뿐만 아니라 회귀 분석에도 좋은 결과를 보여주어 범주나 수치 예측 문제에 활용될 수 있다. 또한 이론적 근거에 기반하여 결과 해석이 용이하고, 실제 응용에 있어서 인공 신경망 수준의 높은 성과를 보이며, 적은 학습 자료만으로 신속하게 분별 학습이 가능한 장점이 있다. 문자 및 문서 인식, 생체 인식, 로봇 비전, 금융 데이터 분석, 뇌 신호 처리 등의 응용 분야에서 활용된다.

⑥ 인지 컴퓨팅

'3세대 컴퓨팅'으로 부르는 **인지 컴퓨팅**(Cognitive Computing)은 학습하고 추론하며, 인간과 자연스럽게 상호 작용하는 시스템을 의미한다. 인지 컴퓨팅은 인공 지능과 거의 유사한 개념으로 사용된다.

많은 비구조적 데이터가 빠르게 생성되는 환경에서 이를 적절히 다룰 컴퓨팅 모델이 필요하게 되었다. 이에 인지 컴퓨팅은 인간 능력을 단순 모방하는 기계 중심적 시스템이 아니라 데이터를 통한 인간과 현실 세계의 이해를 바탕으로 보다 인간 중심적인 문제를 해결할 수 있는 시스템을 구현한 것이다.

정보의 습득, 인지, 학습, 추론 등 인간의 사고 방식을 컴퓨터에 적용시키기 위해 기술 및 생물학적 개념을 함께 고려하고 있다. '컴퓨터 두뇌'를 설계하기 위해 인간의 두뇌가 실제로 어떻게 작동하는지에 대한 연구가 다학제적으로 진행되고 있다. '컴퓨터 두뇌'를 설계하기 위해 IBM은 뇌를 역공학(Reverse-Engineering) 방법으로 분석하여 두뇌와 같은 컴퓨팅 모델을 만들고자 하였고, 현재 원숭이의 뇌를 이용하여 모델링하고 있다. 미국, 유럽 등 선진국은 국가 정책으로 뇌 연구가 활발히 진행 중이며, 우리나라도 관련 프로젝트를 수행하고 있다. 인간이 기계와 대비되는 특징 중 하나인 감정을 인식하고 이에 적절히 반응하는 감정 인식 분야도 인지 컴퓨팅의 주요 분야이다. MS의 '프로젝트 옥스퍼드' 기술팀은 얼굴 표정을 인식하여 행복, 슬픔, 분노, 불쾌, 공포, 무관심 등의 감정을 구분하여 이를 숫자로 나타내는 기술을 개발하였다.

인지 컴퓨팅은 의사 결정이 요구되는 거의 모든 분야에서 빅 데이터에 대한 인간의 해석을 향상시키고 전문 지식을 제공하여 의사 결정에 도움이 된다. 인지 컴퓨팅 기반 분석 서비스가 등장하여 자율 인지 서비스와 같은 고도화된 지능 서비스로 발전하고 있다.

9.2.1 인공 지능의 개발 사례

인공 지능에 관한 연구개발을 가장 활발하게 하는 기업은 IBM과 구글, MS, 애플, 메타 등 글로벌 IT 기업들이다. 이들은 우수한 인공 지능 기술을 보유한 신생 기업을 인수하고 관련 사업 조직을 신설하면서 인공 지능 기술 개발에 주력하고 있다.

IBM의 인공 지능 왓슨은 2011년 미국의 인기 퀴즈쇼 '제퍼디(Jeopardy)'에서 인간 챔피언을 이긴 바 있는데, 이는 왓슨이 인간의 자연어로 된 질문을 상당히 정확하게 이해할 수 있게 되었다는 의미이다. 이후 왓슨은 제조, 의료, 금융, 교육 등 다양한 산업 분야에서 활용되고 있다. 항공기 제조 업체 에어버스는 생산 공정에 왓슨을 투입하여 항공기에 필요한 수억 개 부품의 마모 정도와 교체 주기를 파악하여 정비에 활용하고 있다. 그리고 미국, 일본, 한국 등 여러 국가의 병원에서 암 진단 및 치료법에 왓슨이 활용되고 있으며, 날씨와 미래 기후 변화 예측에도 활용되고 있다. 또한, 왓슨은 인공 지능 로봇의 개발에도 적용되고 있다. IBM은 일본 소프트뱅크와 프랑스 알데바란 로보틱스와 '**페퍼**(Pepper)'를, 호텔 체인 힐튼과 역시 프랑스 알데바란 로보틱스와 '**코니**(Connie)'를 공동 개발하였다. 이 인공 지능 로봇들은 자연어 처리 능력을 갖추고 사람과 자연스럽게 대화할 수 있게 됨에 따라 쇼핑 매장이나 피자 가게, 호텔 등에서 고객을 응대하는 데 활용되고 있다.

구글은 2015년 11월 기계 학습을 위한 오픈 소스 라이브러리인 **텐서플로우**(Tensorflow)를 공개하였으며, 내부적으로 보유하고 있는 데이터를 이용하여 '구글 포토', '랭크브레인', '스마트 답장' 등의 서비스에 적용하고 있다. '구글 포토'는 수많은 사진 자료를 분석하여 고양이, 자동차, 사람 얼굴, 장소 등을 구분할 수 있는 이미지 인식 서비스이며, '랭크브레인'은 구글 검색창에 애매한 키워드나 문장을 입력해도 검색 결과를 보여주는 서비스이다. '**스마트 답장**'은 구글의 메일 인박스가 이메일의 내용을 이해하여 적절하고 짧은 답장을 스스로 만들어주는 서비스이다. 그리고 구글은 2016년에 인공 지능 바둑 프로그램인 알파고를 선보였으며, 이세돌이나 중국의 커제와의 대국에서 승리를 거두었다.

마이크로소프트는 음성을 인식하는 인공 지능 개인 비서 '**코타나**(Cortana)'를 개발하였으며, 스카이프(Skype)에서 실시간 언어 번역, 이미지 내의 물체를 인식하는 화상 인식 기술인 아담 프로젝트를 진행하였다. 애플 역시 음성 인식 개인 비서인 '**시리**(Siri)'를 개발하였다. 시리는 고객의 음성을 인식하여 원하는 상품 정보를 검색해주고, 개인의 일정 관리까지 도와주는 방식으로 발전하고 있다. 메타는 사진에서 사용자 얼굴을 자동으로 파악하여 이름 태그를 달아주는 인공 지능 기술을 선보인데 이어, 사람과 대화를 나누는 인공 지능 프로그램 '**챗봇**(Chatbot)'을 공개하였다. 아마존에서도 사람의 말투와 억양, 문맥을 파악하는 클라우드 기반 음성 인식 인공 지능인 '**알렉사**(Alexa)'를 상용화하였다.

인공 지능 관련 지능 기술은 대규모 데이터 기계 학습을 통해 지속적으로 알고리즘 성능을 강화시키고 있는데, 양질의 인공 지능 데이터와 지식 확보가 산업의 주요 경쟁 원천이 되고 있다. 글로벌 기업들은 AI as a Service(AIaaS) 생태계에 참여하여 데이터를 생성하고 활용하는 것이 구조의 가치 향상에 크게 기여한다고 여긴다. 구글의 iCloud, 아마존 웹 서비스

(Amazon Web Services, AWS), MS의 애저(Azure) 등 많은 ICT 글로벌 기업은 자사 인공 지능 플랫폼을 활용한 제품·서비스 연계 확장 전략을 사용하고 있고, 네트워크 효과와 함께 경쟁 우위를 점하고 있다.

국내에서는 네이버가 2012년부터 네이버랩을 운영하면서 음성 인식 검색 서비스, 사진 분류 서비스를 제공하며, 지식iN에 딥 러닝 기술을 적용하였다. 엔씨소프트는 인공 지능 기반의 게임을 개발하고 다음 카카오는 여행지 추천 서비스 및 즉답 검색 서비스에 인공 지능 기술을 활용하고 있다. 그 외 대학 및 연구소 등에서 인공 지능 연구개발을 진행하고 있다.

국내 인공 지능 시장은 기술별로 보면, 전문가 시스템, 자율 로봇, 지능형 개인 비서 등이 시장을 이끌 것으로 기대된다. 국내 주요 ICT 업체들은 기계 학습, 언어/시각 지능 등 범용적으로 사용 가능한 인공 지능 플랫폼을 출시하고 있다. 미래에 개발 가능한 인공 지능 기술에 대해서 정리하면 [표 9-3]과 같다. 국내·외 인공 지능 산업은 초기 단계이며, 각국에서는 인공 지능 분야의 표준 선점을 위해 치열한 경쟁을 펼치고 있다.

[표 9-3] 미래 인공 지능 기술

인공 지능 기술	설명
사람에 가까운 혹은 넘어서는 인공 지능	• 다양한 분야의 데이터를 종합적으로 인지하는 융합적 모델(예: 시각과 언어의 융합) • 이미지 분류나 음성 인식과 같은 데이터의 단편적인 해석이 아닌 더 의미적이고 포괄적인 추론을 수행. 데이터의 이해를 넘어 생성까지 가능한 모델
해석 가능한 인공 지능	• 기존 블랙박스 인공 지능 모델의 내부 행동 원리를 규명하고 출력에 대한 신뢰도를 추론 • 주어진 데이터의 인식 가능성을 파악하고 인식 결과에 대한 신뢰도를 가늠하는 등의 메타 인지가 가능한 모델. 인과 관계를 학습하고 인지하는 모델
인공 지능의 학습을 돕는 인공 지능	• 학습 과정에서 최적의 신경망 구조와 **하이퍼 파라미터(Hyper Parameter)** 등을 스스로 탐색하고 결정 • 유용한 학습 데이터를 스스로 파악하고 조직하여 학습 속도를 증진하고 성능을 개선
새로운 성질의 미디어 데이터로 인공 지능 적용	• 비디오나 3D 의료 영상 등과 같이 기존 데이터보다 높은 차원을 갖거나, 분자 구조 등과 같이 비정형 구조를 갖는 데이터를 다루기 위한 새로운 신경망 기술 개발 • 기존의 제한된 시계열 혹은 공간 데이터를 넘어선 다양한 실세계 데이터를 다룸
더욱 정교하고 신뢰 가능한 인공 지능	• 실세계 환경의 노이즈(noise) 등에 의해 오염된 입력에 대해서도 강인하게 동작하는 인공 지능 • 제한된 계산 능력을 갖춘 기기에서도 빠르게 동작하는 효율적인 인공 지능

출처: SPRi

9.3 인공 지능의 적용 분야

인공 지능 기술의 발전은 다양한 분야에 큰 영향을 미치고 있으며, 현재 인공 지능 기술이 적용된 많은 사례나 시제품이 출시되고 있다. 전문가들은 인공 지능이 전 산업 분야에 적용되고 있으며, 인간이 할 수 있는 대부분의 영역을 보완 또는 대체할 수 있을 것으로 예측하고 있다. 최적해에 대한 근사값을 찾을 수 있는 휴리스틱 알고리즘을 가지며, 불확실하고 불완전한 비정형 데이터에 대해 탐색형 추론이 필요한 분야에도 적용이 가능하다. 이는 IT 분야를 비롯해 의료, 농업, 에너지, 자동차, 로봇, 기타 서비스 분야 등 거의 모든 산업에 걸쳐서 인공 지능 기술이 이용될 수 있음을 보여주고 있다([표 9-4] 참조).

아직까지 인공 지능은 완전히 새로운 가치나 경험을 제공하는 것보다 좀 더 나은 성능 향상 및 비용 절감을 위해 기존의 시스템을 일부 대체 또는 통합하는 형태로 발전하고 있다. 구글, 메타, IBM, 바이두 등 ICT 혁신 기업 및 다양한 신생 기업들이 인공 지능을 활용한 새로운 플랫폼, 제품, 서비스 등을 활발하게 개발하고 있으며, 일부는 구체적인 시제품 형태로 활용하고 있다.

[표 9-4] 인공 지능 적용 분야 및 관련 내용

적용 산업	적용 분야	내용	해당 기업
IT	SW 분석 솔루션	의료, 보험, 제조 등 다양한 분야	• IBM: Watson • GE: Predix • ETRI: 엑소브레인
의료	인공 지능 기반 의료 서비스	의료 데이터 수집 및 제공, 진단, 신약 개발 등	• Aircure: HIPAA-compliant • IBM: Watson
농업	기상 데이터 활용 상품 개발	위험 분석, 기후 조건 모델링, 기상 변화 관련 위험 회피	Mansanto: Climate Insurance
에너지	실시간 석유 시추 의사 결정	사례 기반 추론 SW 활용, 유전 관리	Verdande Tech: DrillEdge
자동차	무인 자동차	사고, 장애물, 인간 인식 및 차량 제어	TESLA, Audi, GM, 폭스바겐 등 주요 제조사
로봇	제조 및 서비스용 로봇	인간과 협업, 스마트폰 기반 바이오닉스 등	• ABB: FRIDA • KUKA: LWR • Rethink Robotics: Baxter

	유통	옴니채널 플랫폼	다양한 고객 채널의 데이터를 통해 O2O(Online to Offline) 솔루션 제공	Sailthru: Delivers A 360
지식서비스	금융	대출 서비스 플랫폼	신용 평가, 사기 방지, 대출 연체율 감소	• Lending Club • Bloomberg: Trade book • IBM: Watson
	법률	문서 검색 및 분석 서비스	판례, 계약서 등 법률 문서 검토	• Lex Machina: Legal Analytics • Kira: Quick Study
	교육	온라인 교육 서비스	개인 맞춤형 온라인 강좌 및 학위 과정	• Coursera: MOOC • KNEWTON
	부동산	부동산 마케팅 솔루션	부동산 매물 분석 및 예측	SmartZip
	광고	광고 및 미디어 플랫폼	실시간 사용자 기반 광고 매칭	• ROCKET FUEL • DSTILLERY
	통신	지능형 토폴로지 (Topology)	트래픽 데이터 분석 및 주파수 자원 효율적 배분 등	• NEC • Qualcomm

인공 지능 관련 주요 적용 분야로 **게임 및 엔터테인먼트, 자연어 처리, 컴퓨터 비전, 기업용 응용 프로그램, 로보틱스** 등이 주목을 받고 있다.

게임 및 엔터테인먼트 분야는 게임 사용자들이 가상 캐릭터가 실제처럼 행동하는 게임을 선호함에 따라 사용자와 높은 상호 작용이 가능한 인공 지능 게임이 개발되고 있다. 액티비전(Activision)의 인공 지능 기술을 사용한 1인칭 슈팅 게임인 '콜 오브 듀티(Call of Duty)' 시리즈가 유명하며, 캐릭터마다 특수 임무가 부여되어 사용자가 직접 군사 작전에 참여하는 것과 같은 현실감을 느낄 수 있다.

자연어 처리 분야는 인공 지능을 통해 자연어를 분석, 이해, 생성할 수 있게 되었다. 음성 인식, 내용 분석, 음성 기반 사용자 인터페이스, 텍스트 분석, 번역, 정보 검색 등 다양한 방면에서 편리성과 효율성이 증대되고 있다. 애플의 모바일 개인 비서인 시리, 구글의 나우, 마이크로소프트의 코타나가 대표적이며, 사용자의 음성이나 문자 입력을 분석하고 이해한 후 그에 적절한 행동을 수행할 수 있다.

컴퓨터 비전 분야는 이미지/사물/사람 얼굴/문자 인식, 감정 분석, 동작 인식·추적, 이미지 마이닝 등에 활용되며, 특히 증강 현실이나 자율주행차를 가능하게 하는 핵심 기술 분야이다. 구글의 스트리트뷰, 구글 포토 기능은 이미지 인식 알고리즘을 이용하여 인식, 식별, 분류를 수행할 수 있다. 탱고 프로젝트를 통해 컴퓨터 비전 알고리즘 처리 전문 프로세서가 탑재된 3D 스캐닝이 가능한 모바일 디바이스가 개발되었다. 크런치피쉬(Crunchfish)사는 제스처를 통한 모바일 제어 기술인 비접촉식 A3DTM 개발했는데, 이것은 손짓이나 안구의 움직임을 해석하여 사용자가 스크린을 터치하지 않고도 상호 작용이 가능하다.

기업용 응용 프로그램 분야는 의사 결정 보조 시스템, 가상 비서, 지식 관리, 예측 분석, 일기예보, 사이버 보안 솔루션 등과 같은 기업용 지능형 응용 프로그램이 있으며, 인공 지능을 통한 업무 프로세스 향상을 꾀하는 기관들이 지속적으로 관심을 보이고 있다. 딥인스팅트(Deep Instinct)사는 종단점 보안 분야에서 독점적 딥 러닝 알고리즘을 이용하여 사이버 보안 분야에서 두각을 나타내고 있다. 기존의 사후 대응형 보안이 아닌 악의적인 공격을 미리 식별하고 방지할 수 있는 예방적 보안 솔루션을 개발하였다.

로보틱스 분야는 제조, 농업, 의료, 국방 등 다양한 분야에서 활용되고 있으며, 인공 지능에서 가장 중요한 응용 부문 중 하나로 손꼽히고 있다. ABB사는 비캐리어스(Vicarious)의 통합 알고리즘 아키텍처와 로봇 제작 기술을 접목하여 지능형 산업용 로봇을 개발하였다. 산업 로봇에 고급형 동작 제어, 시각 및 자연어 처리 기능 등을 부여하여 한층 향상된 성능을 보여주었다.

9.4 분산형 엣지 컴퓨팅 기반 인공 지능의 강점 추구

사물 인터넷 시대의 센서 네트워크에 기반한 각종 사업을 개발하기 위해 인공 지능이 중요한 역할을 한다. 인공 지능 분야에서 클라우드 컴퓨팅 시장을 선도하고 있는 글로벌 IT 기업들은 효율적인 빅 데이터 분석이 가능하여 대량 데이터를 활용한 학습형 인공 지능에서도 독보적인 위치에 있다. 일본의 경우 이러한 클라우드 컴퓨팅 기반의 빅 데이터를 활용한 인공 지능보다 공장이나 공작 기계 차원에서 전문적인 노하우를 활용하는 방향으로 기술 개발에 노력하고 있다. 이와 관련하여 분산형 엣지 컴퓨팅 기반 인공 지능에 주목하고 있다.

사물 인터넷 시대의 컴퓨팅 환경에서 종단에서 대용량 데이터가 발생하며, 이를 중앙의 클라우드에서 실시간 처리하는 것이 곤란하므로 분산형 컴퓨팅을 보완적으로 활용하고자 한다. 즉, 상당히 많은 단말기나 센서에서 생성된 데이터가 클라우드로 집중될 경우, 각종 지연 문제가 발생하므로 이를 극복할 수 있는 방안이 필요하다.

클라우드 컴퓨팅의 데이터 센터가 물리적으로 떨어져 있는 곳에서 중앙 집중형으로 데이터를 처리하는 것과 반대로, **엣지 컴퓨팅**은 기기와 가까운 네트워크의 '가장자리'에서 컴퓨팅을 지원하는 것으로 각각의 기기에서 개별 데이터를 분석하고 활용하는 기술이다. 종단점에서 센서나 기기에 의해 직접 데이터가 수집되므로 광대역이 필요하지 않고, 응답 속도가 빠른 장점이 있다. 반면, 엣지 컴퓨팅의 그래픽스 처리 장치(GPU)는 클라우드 컴퓨팅의 중앙 처리 장치(CPU)에 비해 상대적으로 연산 능력이 떨어지는 단점이 있다.

사물 인터넷 기기들이 실용화되면서 실시간으로 막대한 양의 데이터를 저장하고 효율적으로 전송하고 처리할 수 있는 능력이 필수적으로 요구된다. 기기로부터 수집된 데이터를 직접 처리하고 분석하며, 그 결과를 활용할 수 있는 엣지 컴퓨팅은 클라우드와 협업이 이루어질 때 효과적이다.

이러한 환경에서 엣지는 산업 데이터를 최적화하는 게이트웨이 역할을 하며, 이를 기반으로 작업과 관련된 조치를 즉시 취할 수 있다. 엣지와 클라우드 컴퓨팅은 많은 양의 데이터를 보다 효율적이고 신속하며 안전하게 분석하고 이를 적용할 수 있기 때문에 모든 사업 분야에서 주목받고 있다.

예를 들어, 자율주행 분야에서 도처에 데이터를 수집하는 센서를 설치한 후 수집된 데이터를 인공 지능 기술로 분석하고 효과적인 판단을 내리기 위해 클라우드 컴퓨팅만으로는 빠른 응답성에 한계가 있다. 클라우드 서버의 처리 능력을 보완하기 위해 클라우드와 연계할 수 있는 방식으로 단말기 근처에서 데이터 처리를 보조할 수 있는 수단이 필요하다. **엣지, 포그, 클라우드** 간에 정보 전달, 인공 지능에 의한 데이터 처리 및 판단 등의 역할을 분담해 실시간으로 처리하여 성능을 향상시킬 필요가 있다. 교차 정보는 엣지, 포그에서 처리하고 고도의 인공 지능 제어가 필요한 사고 방지 학습 경험 등은 클라우드로 전달해 각 영역에서 널리 활용할 수 있도록 처리한다([그림 9-9] 참조).

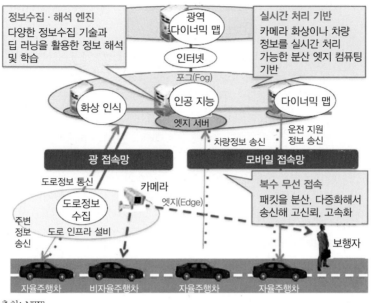

출처: NTT

[그림 9-9] 엣지 컴퓨팅 기반 자율주행 모델

이러한 사물 인터넷 시대의 3층 구조로 이루어진 컴퓨팅 환경에서 엣지와 포그는 중요하다. 일본의 경우, 센서 등 하드웨어의 강점과 결합된 단말 차원의 컴퓨팅이나, 클라우드에서 하향 엣지로 부가 가치의 이동은 이점으로 작용하고 있다. 제조업체를 중심으로 자사가 개발한 인공 지능에 기초한 분산형 인공 지능 구축 사례들이 늘어나고 있으며, 향후 어떠한 개방화 전략으로 아키텍처를 구축할 것인가가 관건이 되고 있다.

예를 들면, 화낙(Fanuc)은 벤처 기업과 협업하여 로봇 등에서 수집한 데이터를 여러 기계로 묶은 엣지 서버에서 분석하는 시스템을 개발하였다. 그리고 딥 러닝을 활용하여 기계의 이상 등을 감지하는 학습 기능을 자동화 기계에 탑재하였다. NTT(Nippon Telegraph and Telephone Corporation)는 딥 러닝을 탑재한 엣지 서버를 5G 기지국에 설치하고 자율주행과 함께 다양한 사물 인터넷 서비스를 개발하고 있다. 엣지 단말기 차원에서 수집 및 처리된 '신호등이 바뀌었다' 등과 같은 도로 상황 정보나 데이터는 단말기 차원에서 처리한다. 그리고 '축구공이 뛰어나온 다음에 애들이 도로에 뛰어나올 수 있다' 등의 중요한 운전 경험이나 노하우에 관한 지식은 클라우드 컴퓨팅 시스템에 전달한다. 5G를 통해 자동차 간, 자동차와 사물 간 고속으로 통신함으로써 엣지, 포그, 클라우드 간의 실시간으로 데이터 전달이 가능하여 데이터의 실시간 분담 처리 설계에 주력하고 있다.

| 용어 해설 |

- **역공학(Reverse Engineering)**: 완성된 제품을 상세하게 분석하여 제품의 기본적인 설계 개념과 적용 기술들을 파악하고 재현하는 것. 설계 개념 → 개발 작업 → 제품화의 통상적인 추진 과정을 거꾸로 수행하는 공학 기법이다. 보통 소프트웨어 제품은 판매 때 소스는 제공하지 않으나 각종 도구를 활용하여 컴파일된 실행 파일과 동작 상태를 정밀 분석하면 그 프로그램의 소스와 설계 개념을 어느 정도는 추적할 수 있다. 이러한 정보를 이용하면 실행 파일을 수정하거나 프로그램의 동작을 변경하는 것이 가능하고, 또 비슷한 동작의 복제 프로그램이나 더욱 기능이 향상된 프로그램도 개발해낼 수가 있다. 대부분의 제품이 이의 금지를 명문화하고 있고 이러한 수법으로 개발한 제품은 지적재산권을 침해할 위험성이 있다.

- **하이퍼 파라미터(Hyper Parameter)**: 기계 학습에서 최적의 훈련 모델을 구현하기 위해 모델에 설정하는 변수로 학습률, 훈련 반복 횟수, 가중치 초기화 등을 결정할 수 있다. 하이퍼 파라미터 튜닝 기법을 적용하여 훈련 모델의 최적값들을 찾을 수 있다.

- **휴리스틱 방법**: 컴퓨터로 어떤 문제를 풀 때 경험적 지식을 이용하여 답을 구하는 방법

로봇의 진화

10.1 로봇과 IT의 결합 / 10.2 로봇 기업의 진화 사례

10.1 로봇과 IT의 결합

각 산업 분야에서 로봇을 도입하고 활용하는 사례가 증가하면서 로봇 산업이 활성화되고 있다. 로봇 산업이 크게 관심을 받게 된 몇 가지 원인을 살펴보면 다음과 같다.

- 글로벌 경제 위기 이후 각국은 지속적인 경제 성장을 위해 제조업의 역할에 주목하게 되었다. 산업의 고부가 가치화, 생산성 향상 등 제조업 경쟁력 제고를 위해 로봇 산업의 발전을 중요하게 인식하게 되었다.
- 후쿠시마 원전 사태와 같은 안전 문제가 빈번하게 발생함에 따라 사람이 접근하기 어려운 현장의 대응이나 복구에 로봇의 역할이 증가하고 있다.
- 저출산, 고령화라는 전 세계적인 경향에 따라 산업 현장의 생산 인력 부족, 노약자 보호를 위해 로봇의 수요가 증가하고 있다.

인건비의 지속적인 상승과 숙련된 노동력의 부족한 상황을 타개하기 위해 로봇은 제조 공장에서 주로 사용되었으며, 자동차 공장은 로봇을 이용하여 자동화를 이룬 대표적인 경우이다. 최근에 로봇 가격의 하락, 로봇의 지능화로 인하여 그 활용 범위가 더 넓어지고 있다.

로봇은 본래 인간의 행동을 모방하는 기계를 의미한다. 사람이 행동하기 위해 오감을 이용하여 주변 상황을 살피고, 그에 따라 두뇌에서 상황을 이해하고 손, 발 등에게 명령을 내린다. 로봇 역시 주변 환경을 인식(Sensing)하고 주어진 상황에 적당한 판단(Thinking)을 한 후 자율적으로 동작(Acting)한다.

로봇은 제조용과 서비스용으로 구분하며, 서비스용 로봇은 다시 전문 서비스용과 개인 서비스용으로 구분한다([표 10-1] 참조).

[표 10-1] 로봇의 분류

구분		역할
제조용 로봇		제조 현장에서 생산, 출하 등의 작업 수행
서비스용 로봇	전문 서비스용	국방, 의료 분야 등에서 다수를 위한 전문 작업 수행
	개인 서비스용	가사, 건강, 교육 등 생활 전반에 걸쳐 개인 활동 지원

출처: 로봇산업의 국내외 동향 및 전망, 2015

전 세계 로봇 시장은 대부분 제조용 로봇이 차지하고 있지만, 헬스케어 산업의 성장으로 인하여 개인 서비스용 로봇도 빠르게 성장하고 있다. 로봇 산업은 로봇 시스템, 시스템 하드웨어, 소프트웨어, 로봇 관련 서비스, 애프터마켓 로봇 하드웨어 등이 포함된다.

이러한 로봇 산업이 이전과 다른 방향으로 발전하고 있다. 인공 지능이나 사물 인터넷, 클라우드 컴퓨팅과 같은 기술이 접목되어 새로운 기능이 가능해지고 있다. 로봇 분야에서 협업 로봇, 커넥티드 로봇, 지능형 로봇이 큰 관심을 받고 있다.

① 협업 로봇

협업 로봇은 산업용 로봇 대신 사람과 협업하여 일할 수 있는 로봇을 의미하며, 이를 **코봇**(Cobot)이라고 부른다. 코봇은 안전 보호망이나 특별한 보호 장치 없이 사람과 함께 산업 현장에서 설비 자동화를 구현하는 로봇이다. 기존 제조 현장에서 사용되는 제조용 로봇은 비싸고 안전망도 필요하며, 이를 구동할 수 있는 전용 프로그램도 필요하다. 다른 목적으로 활용하려면 프로그램을 재설정해야 하는 문제도 있다. 이러한 문제를 해결하기 위해 코봇은 작업자 옆에서 반복적인 작업을 도와주는 기능을 수행한다. 직원이 코봇의 손을 잡고 특정 동작을 반복해 가르친 후 버튼을 몇 개 누르면 코봇이 해당 작업을 반복할 수 있다. 이를 위해 코봇에 카메라를 장착하여 주변을 살피고 팔 관절에 다수의 센서를 장착하여 사람과 부딪치지 않게 한다.

② 커넥티드 로봇

커넥티드 로봇은 로봇과 스마트 디바이스, 사물 인터넷, 클라우드 간 상호 연결 및 융합을 통해 다양한 분야에 활용될 수 있는 로봇이다. 이 로봇은 주로 일상생활에서 활용하기 위해 만들어진다. 따라서 스마트홈이나 사물 인터넷용 다양한 제품과 연동되는 기능을 가지고 있다. 커넥티드 로봇은 카메라, 레이저 센서, 이미지 센서 등을 탑재하여 가정이나 사무실의 여러 생활 가전, 모바일 기기와 연결하여 사용자가 원격으로 기기를 조정할 수 있고, 사람의 생활 패턴을 분석하여 온도 조절, 청소, 조명 제어 등을 수행할 수도 있다. 특히 고령화 시대에 노인 돌봄 서비스와 연계한 기능을 수행할 수 있다. 최근 로봇에 탑재된 프로그램은 앞서 언급한 인공 지능 기술을 적용하여 사람의 언어를 이해하거나 대화할 수 있는 수준으로 높아졌다. 이러한 수준으로 개발된 응용은 사용자의 자연어 명령을 인식하는 명령어 인터페이스로 응대 서비스 로봇에 활용되고 있다([그림 10-1] 참조).

③ 지능형 로봇

지능형 로봇은 인공 지능 기술을 적용하여 사람과 교감할 수 있는 로봇을 의미한다. 이를 위해 외부 환경을 스스로 인식하고 상황을 판단해 자율적으로 동작할 수 있어야 한다. 이러한 로봇은 제조 현장이나 서비스 분야에 모두 활용할 수 있다. 지능형 로봇은 일반적인 로봇 기능 외에 물건을 쥐거나 조작할 수 있는 조작 제어 기술, 자유롭게 이동할 수 있는 자율 이동 기술, 미리 학습한 지식 정보를 기반으로 인식하는 물체 인식 기술, 로봇 스스로 공간 지각 능력을 갖출 수 있는 위치 인식 기술, 인간의 감성을 이해하기 위한 인간 대 로봇 인터페이스(Human Robot Interface, HRI) 기술 등이 필수적이다([그림 10-2] 참조).

출처: 마스터카드

[그림 10-1] 커넥티드 로봇 - 피자헛에 취업한 페퍼

출처: Honda

[그림 10-2] 지능형 로봇 - 아시모

이런 기술들은 제조 현장에서 보던 제조용 로봇과 다른 목적의 로봇을 제작하고 활용하는 데 사용된다. 특히 미래 공상 과학 영화에서 보던 인간과 교감하고 함께 생활할 수 있는 로봇이 될 수 있다. 아직 단순 기능을 주로 수행하지만, 보다 섬세한 동작도 가능하다. 이러한 로봇들은 가사 지원이나 노인 돌봄, 교육/오락, 국방/안전, 해양/환경 등 거의 모든 분야에 활용되고 있다.

특히 지능형 로봇은 이전 제조형 로봇에 비해 그 활용 범위가 커서 성장 가능성이 매우 높다. 로봇은 단순히 몇 개의 반도체 칩으로 구성된 것이 아니며, PC처럼 정적인 환경에서 구동되는 시스템도 아니다. 로봇은 자동차처럼 외부 세계의 다양한 환경에서 동작한다. 로봇의 핵심 부품은 시각 센서, 공간 인식 센서, 위치 센서 등의 센서들, 구동 모터, 모터 드라이브, 감속기, 구동 메커니즘 등 구동기, 운동 제어 SoC(System on Chip), 정보 처리 SoC 등 로봇의 두뇌 역할을 하는 SoC로 분류할 수 있다. 과거에는 주로 센서나 구동기 등 하드웨어 부품의 기능 향상에 많은 연구가 진행되었다. 하지만 로봇 산업은 대개 IT 산업으로 분류된다. 로봇의 3대 기능인 지능, 정보, 제어 중 2개가 IT 기술과 관련되어 있기 때문이다. 로봇은 IT 기술을 융합한 메카트로닉스 기술 산업으로 구분된다.

과거의 로봇은 공장이나 광산 등에서 조립이나 파내기 작업 등에 활용되던 큰 기계 장치가 대부분이었다. 이러한 로봇은 대개 전용 목적으로 활용되었고, 각 제작 회사들은 독자 규격과 사양을 고수하여 호환성이 부족하였다. 이러한 회사들이 발전된 IT 기술을 적극적으로 받아들이기 위해 오픈 플랫폼을 지향하며, 다른 분야의 회사들과 기술 제휴를 통해 다양한 기능을 구현하고 있다. 예를 들면, 제조용 로봇 분야의 세계 1위 기업인 일본 화낙은 시스코(Cisco), 록웰(Rockwell) 등과 제휴하고 일본의 인공 지능 벤처 기업 등과 공동 연구를 하여 오픈 플랫폼을 발표하였다.

이는 제조 현장의 스마트화를 실현하여 QCD(Quality, Cost, Delivery)의 개선, 즉, '생산량은 높게, 비용은 낮게, 납기는 빠르게'라는 목표를 달성하기 위한 것이다. 독일 역시 제조업에서 기존 경쟁 우위를 더욱 확고히 하기 위해 인더스터리 4.0을 추진하고 있다. 이처럼 세계 각국이 제조업 경쟁력 강화를 위해 스마트공장 정책을 추진하고 있고 그 중심에 생산 현장의 스마트한 로봇이 있다.

10.2 로봇 기업의 진화 사례

10.2.1 화낙의 필드(FIELD) 플랫폼

화낙은 세계 제조용 로봇 시장의 1위 기업이다. 과거 제조 현장에서 활용되던 로봇들은 미리 정해진 방식대로 동작하였지만, 최근 로봇은 스스로 효율적으로 동작하도록 개발된다. 이를 위해 화낙은 보유하고 있는 최고 수준의 생산 로봇과 제어 기술에 사물 인터넷, 딥 러닝을 적극 활용하고 있다. 이는 스마트공장이라는 최근 경향을 반영한 것이며, FIELD(FANUC Intelligence Edge Link & Drive system) 플랫폼을 통해 구체화되고 있다([그림 10-3] 참조).

출처: 한국 화낙

[그림 10-3] 화낙의 FIELD 플랫폼

FIELD는 **컴퓨터 수치 제어**(Computer Numerical Control, Computerized Numerical Control, CNC), 공작 기계, 로봇, 센서, 컴퓨터 주변 장치 등과 연동하는 오픈 플랫폼이며, 시스코, 록웰, 프리버드네트워크 등과 협력하여 **로봇 사물 인터넷**(Internet of Robotic Things, IoRT)을 발표하였다. 이 플랫폼은 고급 분석 기능, 미들웨어, 화낙 컴퓨터 수치 제어, 공작 기계 및 로봇을 위한 사물 인터넷 인프라스트럭처 플랫폼으로 이뤄진다. 즉, 공정의 끝과 끝을 모두 연결하고 클라우드를 구성하겠다는 의미다. 이 플랫폼을 활용하면 외부 컴퓨팅 장치를 안전한 방식으로 공장 네트워크에 추가할 수 있다. 여기서 IT 시설의 끝, 외부 네트워크와 연결을 담당하는 역할은 엣지 노드로 구현하였고 방대한 양의 데이터를 발생 지점 근처에서 처리하는 시스코의 포그 컴퓨팅 기술을 적용하였다. 구체적으로 플랫폼 내에서 각 기업의 역할은 다음과 같다.

- 화낙: 컴퓨터 수치 제어, 공작 기계, 로봇, 내장형 센서 제공
- 시스코: 사물 인터넷 플랫폼 소프트웨어 제공
- PN(Preferred Networks inc): 도쿄의 사물 인터넷 기업으로 전반적인 소프트웨어 구성
- 록웰: 자동화 서비스 제공

초기 아이디어 구현 수준에서 최근에는 통신 모듈, 사물 인터넷 등 구체적인 장비나 소프트웨어, 관련 응용 프로그램까지 발표하고 있다. 특히 이 플랫폼은 오픈 소스 및 독점 라이선스 제품으로 구성되어 있어서, 공작 기계나 로봇을 포함한 모든 자동화 장비의 기계 데이터는 오픈 API를 통해 제3의 응용 개발자도 접근할 수 있도록 하였다. 이렇게 로봇이 데이터를 쉽게 이용할 수 있도록 하여 타사도 FIELD 플랫폼에서 실행되는 응용 프로그램을 개발할 때 노력을 크게 줄일 수 있고 다양한 모니터링 도구, 분석 툴, 실시간 처리 기능을 개발할 때 도움이 된다. FIELD 플랫폼의 최종 목표는 생산 가동 중단 시간의 감소, 불량률 감소, 전체 장비 효율성 제고이다. 과거 산업용 로봇은 고비용 구조여서 가격 경쟁력을 갖추는 것이 중요하였다. 그러나 스마트공장이 구체화되면서 로봇의 가격보다 제조 현장에서 로봇이 생성하는 데이터를 얼마나 효율적으로 활용할 수 있는가가 더 중요하게 되었다. 화낙의 플랫폼은 이러한 역할을 효율적으로 수행하여 최종 목표를 달성하고자 한다.

10.2.2 리싱크 로보틱스의 백스터와 소이어

리싱크 로보틱스(Rethink Robotics)는 인간과 협업이 가능한 협업 로봇인 코봇을 생산하는 업체이다. 협업 로봇은 인공 지능 기술의 인지, 학습 기능을 기반으로 사람과 로봇이 함께 같은 공간에서 생산 작업을 할 수 있는 로봇이다. 즉 협업 로봇은 인간의 작업 수행 과정을 보고 딥 러닝을 통하여 인지하고 학습하여 인간과 동일한 작업을 수행할 수 있다.

작업 현장에서 로봇으로 인한 작업자의 안전은 중요한 이슈이다. 폭스바겐은 로봇 팔에 센서를 내장하여 물체와 접촉하는 순간 자동으로 멈추는 로봇팔을 개발하였다. 하지만 아직도 대부분의 작업장에 설치된 로봇은 비싸고 별도의 안전망도 필요하며 전용 프로그램도

있어야 한다. 게다가 또 다른 작업에 투입하려면 다시 프로그래밍해야 하고 재설치 시간도 많이 걸려 다른 작업으로 옮겨가기도 힘들었다. 이에 리싱크 로보틱스는 안전망 없이 작업자 바로 옆에서 반복적이고 지루한 작업을 도와줄 수 있고 협력할 수 있는 로봇, **백스터(Baxter)**와 **소이어(Sawyer)**를 개발하였다([그림 10-4] 참조).

출처: Rethink Robotics
(a) 두 팔을 가진 백스터 로봇

출처: YouTube
(b) 한 팔로 작업하는 소이어 로봇

[그림 10-4] 리싱크 로보틱스의 로봇 제품

백스터는 두 팔을 가지고 작업하는 로봇이고 소이어는 한 팔로 작업하는 로봇이다. 백스터와 소이어의 머리에 카메라가 장착되어 있어 주변을 살필 수 있다. 소이어는 백스터와 달리 기계 관리 작업을 수행하기 용이한 모터와 기어 부품을 장착하고, 손에 광원이 내장된 코그넥스(Cognex) 카메라를 장착하여 보다 정밀한 비전 작업이 가능하다. 따라서 소이어는 차지하는 면적도 작고 고도의 민첩성과 유연성이 필요한 정밀 작업에 적합하다. 소이어와 백스터 모두 작업자가 직접 작업 범위를 가르칠 수 있고, 인테라 소프트웨어 플랫폼을 통한 직관적인 사용자 인터페이스 구현으로 개발도 용이하다.

리싱크 로보틱스는 단일 로봇 제어기기로 모든 것을 연결하기 위한 소프트웨어 플랫폼인 인테라 5(Intera 5)를 발표하였다. 이 플랫폼은 로봇들의 손쉬운 배치를 지원하고 간소화된 자동화 기능을 제공한다. 그래픽 사용자 인터페이스(GUI) 기반으로 로봇을 훈련시키기 편리하고 인테라 스튜디오를 통해 사용자가 로봇 동작의 미세한 부분까지 컴퓨터를 통해 제어할 수 있다. 인테라 5는 스마트공장을 지원하며, 산업 사물 인터넷(IIoT)의 게이트웨이 역할도 수행한다([그림 10-5] 참조).

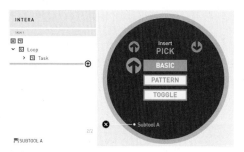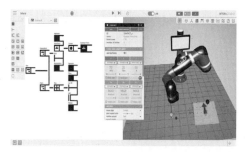

출처: Rethink Robotics

(a) 그래픽스 사용자 인터페이스　　　　　　　　(b) 인테라 스튜디오

[그림 10-5] 인테라 5의 주요 기능

2016년에는 글로벌 연구 및 교육 시장을 위한 고성능 소이어 로봇도 개발하였다. 이는 오픈 소스 로봇 운영 체제(ROS)로 만들어졌고 소프트웨어 개발 도구(SDK)를 장착하여 여러 연구자들이 기계 학습, 인간 대 로봇 상호 작용(HRI), 메카트로닉스와 퍼지, 머신 비전, 생산 기술을 포함하는 영역에서 혁신을 돕고 있다.

• **컴퓨터 수치 제어**(Computer Numerical Control, Computerized Numerical Control, CNC): 선반(旋盤)이나 절삭기 등 공작 기계에 의한 가공을 컴퓨터를 이용하여 제어하는 것. 1940년대에 가공 위치, 방위, 속도 등을 지정하는 수치 정보에 의해 공작 기계를 제어하는 방안이 미국에서 제안되었다. 이것을 기초로 하여 개발된 초기의 수치 제어는 종이테이프에 수치 데이터를 천공하고, 그것을 서보 기구(servo mechanism)에 대한 명령 펄스열로 변환하여 그 명령대로 기계를 작동시키는 것이었다. 이 수치 제어 방식으로 작동하는 공작 기계가 NC 공작 기계(NC machine tool)이다. 그 후 저가격, 소형 컴퓨터의 등장으로 종전에 설계자가 수행하던 수치 정보의 계산과 수치 정보를 명령 펄스로 변환하는 작업을 컴퓨터가 대신하게 되면서 컴퓨터 수치 제어(CNC)라고 부르고, CNC로 작동하는 기계를 컴퓨터 수치 제어 공작 기계라고 부르게 되었다. 현재는 대부분이 마이크로프로세서를 내장한 CNC와 동의어가 되었다. 이것을 초기의 NC와 구별하기 위해 소프트 와이어드(soft-wired) NC라고도 한다. 제어 프로그램을 소프트웨어적으로 자유로이 변경할 수 있으므로 기계의 가공 능력과 유연성을 비약적으로 향상시켰다.

• **인간·로봇 상호 작용**(Human-Robot Interaction, HRI): 작업을 수행하기 위해 인간과 로봇 사이의 사용자 인터페이스(human-robot interface)를 통하여 정보와 동작을 교환하는 것. 음성, 시각, 촉각의 수단을 통해 정보 교환을 한다.

부품 및 소재의 혁신

사물 인터넷 기반 서비스가 원활하게 동작하기 위해 여러 세부 기술들이 함께 발전되어야 한다. 이 장에서는 사물 인터넷에 활용되는 반도체 및 센서 관련 기술 개발에 대하여 간단히 살펴본다.

11.1 사물 인터넷과 반도체

세계 최대 가전 전시회인 소비자 전자제품 박람회(CES)는 첨단 IT 기술 경향을 알 수 있어 주목받는 전시회 중 하나이다. 몇 년 전부터 이 박람회에서 IT 기업을 중심으로 사물 인터넷에 적용할 수 있는 구체적인 기술들이 선보이고 있다. 앞 장에서 살펴본 다양한 세부 기술 요소들이 적용된 부품이나 제품, 서비스가 그 대상이다. 사물 인터넷의 성장 가능성에 발맞추어 반도체업체들도 이 시장에 큰 관심을 보이고 있다.

사물 인터넷은 여러 사물들이 인터넷으로 연결되어 정보를 수집하고 분석한 후 그 결과를 기반으로 다양한 서비스를 제공하는 기술이다. 이 기술은 대개 4가지 기술 요소, 즉, **처리** **(프로세서)**, **기억(저장 장치)**, **인식(센서)**, **전달(통신)**로 구분할 수 있다([그림 11-1] 참조). 각 단말에 부착된 여러 센서들은 대상의 상황 데이터를 수집하고 경우에 따라 내부에서 부분적으로 그 데이터를 처리하기도 한다. 이렇게 수집된 데이터는 통신 인프라를 통해 서버로 전달된 후 여러 목적에 따라 분석 작업이 진행되고 그 결과는 다시 데이터 저장소에 저장된다. 이처럼 각 센서에서 데이터 수집을 담당하는 센싱 모듈, 처리를 담당하는 프로세서, 외부와 연결을 담당하는 통신 모듈, 수집된 데이터를 저장하기 위한 저장 모듈들은 모두 반도체와 관련되어 있다.

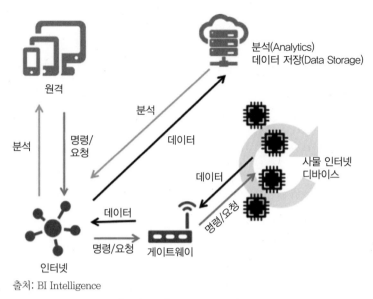

출처: BI Intelligence

[그림 11-1] 사물 인터넷 생태계

분석을 위한 원격 클라우드 서버나 저장 서버, 인터넷, 게이트웨이 등 기존 IT 인프라에서 요구하는 반도체 수요까지는 고려하지 않더라도, 사물 인터넷 시대에 다양한 성격의 반도체 수요가 커지고 있다. 사물 인터넷이 성숙함에 따라 반도체 업계에 미치는 영향은 다음과 같이 정리할 수 있다.

11.1.1 다양한 기능의 반도체 수요 증가

사물 인터넷 관련 서비스는 설치된 센서가 주변의 다양한 환경 데이터를 수집하는 것으로부터 출발한다. 당연히 센서가 중요한 역할을 수행하며, 이 센서는 다수의 반도체를 포함한다. 하지만 사물 인터넷 시대의 반도체는 IT 인프라에서 사용되던 반도체와는 다른 기능적 요구 사항을 가진다.

과거 30여 년 전 메인 프레임 컴퓨터 시대에서 개인용 컴퓨터 시대를 거치면서 고기능의 프로세서, 높은 신뢰성을 가진 반도체에 대한 수요가 주요 부분을 차지하였다. 따라서 소품종 대량 생산이 가능한 프로세서를 개발한 인텔이 오랫동안 시장을 지배하였다. 2010년 이후 모바일 기기에 대한 수요가 폭발적으로 증가하면서 이전 PC 시대보다 상대적으로 저사양, 저전력의 프로세서 수요가 증가하게 되었고, 퀄컴이나 암(ARM) 등이 주목을 받았다.

사물 인터넷에서는 스마트폰에 들어가는 프로세서보다 더 저사양이지만 다양한 기능을 수행할 수 있는 반도체에 대한 수요가 증가하였다. 예를 들면, 20여 종의 냄새를 구별할 수 있는 초소형 후각 센서, 미세한 움직임을 파악하는 동작 인식 센서, 임베디드 패키지 온 패키지(embedded Package on Package, ePOP) 반도체[1] 등은 사물 인터넷에 적용하기 위해 개발된 제품들이며, 당연히 이 시장에 특화된 반도체들이 사용되고 있다.

이러한 경향으로 인하여 사물 인터넷 시장에 진출하려는 기업들은 기존의 반도체 회사들과 다른 성장 전략을 가져야 한다. 전 세계 매출액 기준 상위 업체들은 소량 품종에 대하여 대량 생산 체제를 갖춘 업체들이다([표 11-1] 참조). 즉, 대부분의 업체들은 CPU, 모바일 AP, 메모리를 주요 대상으로 하고 있으며, 이는 반도체 제조에 첨단 공정을 적용하여 비용을 줄임으로써 가격 경쟁력을 가지는 방식이다. 하지만 사물 인터넷에는 다품종 소량 생산이 적합하며, 이는 기존 업체들과 다른 생존 전략을 요구한다. 예를 들면, 사물 인터넷용 반도체 제조에 필요한 경량팹(Minimal Fab)과 초저가 공정 기술을 확보하면, 그 기업은 차별화된 기술력을 기반으로 향후 변화하는 시장에 적극적으로 대처할 수 있다. 이와 함께 적극적인 인수 합병에도 참여할 수 있어 또 다른 대안이 될 수 있다.

[표 11-1] 2021년 세계 반도체업체 매출 순위 (단위: 100만 달러)

2021년 순위	공급업체	2021년 매출	2021년 시장 점유율(%)	2020~2021년 성장률(%)
1	삼성전자	75,950	13.0	31.6
2	인텔	73,100	12.5	0.5
3	SK 하이닉스	36,326	6.2	40.5
4	마이크론 테크놀러지	28,449	4.9	29.1
5	퀄컴	26,856	4.6	52.3
6	브로드컴	18,749	3.2	19.0
7	미디어텍	17,452	3.0	58.8
8	텍사스 인스트루먼트	16,902	2.9	24.1
9	엔비디아	16,256	2.8	52.7
10	AMD	15,893	2.7	64.4
	기타	257,544	44.1	22.9
	총계	583,477	100.0	25.1

출처: Gatner, https://www.edaily.co.kr 재구성

---

1) 모바일 AP(Application Processor), 모바일 D램, 낸드 플래시를 하나로 묶은 착용형 전용 반도체

이러한 변화에 대한 좋은 예가 2015년 네덜란드 NXP 반도체가 미국 프리스케일 반도체를 인수한 경우이다. 프리스케일은 2004년 모토로라에서 분사하여 한때 고기능 반도체를 생산하면서 최첨단 기술을 선도한 기업이었고, NXP 반도체는 2006년 필립스 반도체에서 분사한 이후 세계 3위권의 자동차용 반도체 생산 기업으로 성장하였다. 하지만 프리스케일 반도체는 개인용 컴퓨팅 시대, 모바일 컴퓨팅 시대를 거쳐 사물 인터넷까지 적절하게 대비하지 못하다가 결국 회사가 인수되고 말았다. 두 업체는 기술적으로 겹치는 영역이 적어서 다품종 생산에 유리하였으며, 그 결과 NXP는 차량용 반도체 시장의 1위 기업으로 올라서게 되었다([표 11-2] 참조). 추후 NXP는 다시 퀄컴에 인수되었다.

[표 11-2] NXP와 프리스케일의 주요 사업 영역

NXP	시장	프리스케일
도난 방지, 차량 네트워킹, 엔터테인먼트, 텔레매틱스, ABS, 전송/스로틀 제어, 자동차 조명	자동차	운전자 정보 시스템, 안전 및 섀시, 자동화, 동력 전달 장치 및 엔진 관리, 본체 및 보안, 레이더 및 비전 시스템, 차량 네트워킹
모선 기지국	네트워킹	클라우드 컴퓨팅 및 데이터 센터, 유무선 인프라(기지국), 스몰셀 무선 기지국, 엔터프라이즈 네트워크 및 보안
위성 및 케이블 TV 인프라, 레이더, 전원 공급 장치, 조명, 개인 건강 관리, TV 및 셋톱 박스	산업	빌딩 및 공장 자동화, 모터 제어, 휴대용 의료 기기, 홈 에너지 관리, 스마트그리드, 스마트 미터
휴대폰, 태블릿, 모니터, PC, 가전제품, 슬롯머신, 의료	소비자	휴대폰, 태블릿, 전자 게임, 착용형 기기
보안 ID, 태그 및 인증, 보안 거래	전자 신분증	

다른 예로써 소프트뱅크가 35조 원에 ARM 홀딩스를 인수한 경우이다. 소프트뱅크는 PC가 등장한 1980년대 이후 소프트웨어 유통업체로 출발하여 인터넷과 모바일 기업을 인수하면서 회사가 고속 성장을 하였다. ARM은 세계 1위 반도체 설계회사로 스마트폰용 모바일 AP 시장의 95%, 차량 제어와 같은 사물 인터넷 분야에서도 경쟁력을 갖춘 업체였다. 소프트뱅크는 사물 인터넷의 고속 성장 가능성을 내다보고 기존에 보유한 자사 인터넷 인프라의 경쟁력과 시너지를 고려하여 ARM을 인수하였다. 즉, 사물 인터넷 시대에 스마트폰으로 다양한 기기를 제어하며, 그 외에도 ARM의 칩들이 TV, 자동차, 냉장고 등 다양한 사물에 적용되고, 사물 인터넷 시대를 대비하기에 적절했기 때문이다([그림 11-2] 참조).

이처럼 사물 인터넷 시대는 이전과 달리 다양한 기능의 반도체가 필요하며, 이를 위해 반도체업체들은 다양한 전략을 구사하고 있다.

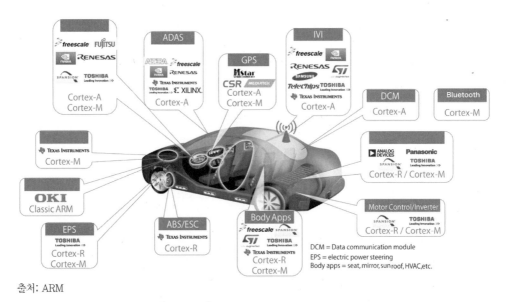

출처: ARM

[그림 11-2] ARM의 자동차용 센서 칩 기술

11.1.2 시스템 온 칩(SoC) 및 저전력 반도체

초기의 센서들은 주변 환경에 대한 데이터를 수집한 후 전달하는 단순 기능만 수행했지만, 최근에는 수집한 데이터를 가공하고 상황에 따라 적절하게 대응할 수 있는 프로세싱 기능도 중요해지고 있다. 이는 센서가 하나 이상의 기능을 수행해야 함을 의미하며, 이에 따라 여러 기능을 하나의 칩으로 집적시키는 **시스템 온 칩**(System on Chips, SoC) 기술력이 중요하게 되었다. 즉, SoC는 하나의 집적회로에 여러 기능을 집적한 전자 시스템 부품을 의미한다. 사물 인터넷 기기의 경우, 대개 기존 센싱 모듈에 통신 모듈이나 프로세싱 모듈까지 하나의 칩에서 구동할 수 있도록 구현하고자 한다. 사물 인터넷 SoC는 대개 다음과 같은 응용에 사용된다.

모바일 기기 / M2M 통신 / 실시간 위치 추적 태그 / 자동 온도 조절기 / 스마트미터기 / 무선 센서 디바이스 / 직렬−WiFi 변환기 / 가정용 자동화 기기 / 헬스케어 장비

전력 사용이 제한적인 사물 인터넷 기기에는 저전력 기술 역시 필수적이다. 특히 사물 인터

넷 기기는 외부 네트워크를 통해 연결되는 통신 기능이 필수적이므로 저전력 통신 기술이 중요하다. 이에 따라 근거리 무선 통신을 위해 주로 사용되던 블루투스 기술에 관심이 집중되었다. 블루투스 4.0은 소비 전력을 대폭 낮춘 Bluetooth Low Energy(BLE) 프로토콜이 포함되었는데, 이는 버튼형 전지 하나만으로도 수년간 구동할 수 있다.

이처럼 BLE 비콘에 사용되는 저전력 블루투스 기술은 사물 인터넷 시대에 더욱 주목받았다. 왜냐하면 하나의 디바이스가 동시에 여러 디바이스에 동일한 데이터를 전송할 수 있고 인터넷상에서 연결된 기기에 모두 접속할 수 있는 IPv6를 이용할 수 있어 사물 인터넷 취지에 부합하는 통신 기술로 간주되기 때문이다. 이에 따라 근거리 무선 통신 전문 기업 노르딕(Nordic)을 비롯하여 퀄컴, ST마이크로, 마이크로칩, NXP, TI 등의 글로벌 반도체 기업들은 통합된 블루투스 SoC를 잇따라 출시하였다.

2016년 5월 전송 거리와 속도를 크게 향상시킨 새로운 블루투스 5.0 버전이 공개되면서 비연결성(Connectionless) 사물 인터넷을 실현하기 위한 블루투스 기술의 확산이 더욱 가속화되고 있다. Bluetooth SIG가 발표한 블루투스 5.0은 이전 버전에 비해 향상된 전송 거리, 전송 속도, 브로드캐스트 메시징 용량을 제공할 수 있다. 또한 집안 전체, 건물 및 야외에서도 사용할 수 있도록 견고하고 신뢰성 높은 사물 인터넷 연결을 제공함으로써 범위 확장과 빠른 데이터 전송으로 응답 성능의 최적화가 가능하다.

저전력 기술에 대한 수요가 증가하면서 반도체 팹리스 시장에서도 ARM이 아닌 밉스(Microprocessor without Interlocked Pipeline Stages, MIPS) 아키텍처가 떠오르고 있다. 가격 경쟁력을 무기로 사물 인터넷 저가형 시스템 온 칩 시장에서 하나의 대안으로 제시되고 있다. 본래 MIPS는 MIPS Technologies에서 개발한 RISC 기반의 명령어 집합 체계이다. 하지만 2000년대 중반 저전력 기술을 기반으로 한 모바일 컴퓨팅 시대에 강자로 군림한 ARM에 밀려 2012년 Imagination Technology에 인수되었다. 저가형 착용형 기기, 센서 등이 폭넓게 사용될 사물 인터넷 시장에서 가격 대비 성능이 중요해짐에 따라 MIPS의 아키텍처도 널리 활용되고 있다.

SoC와는 달리 단말 플랫폼을 제시하는 업체도 있다. 이는 사물 인터넷에서 여러 사물들이 하나의 게이트웨이 역할을 하는 단말과 연결되어 외부 서버와 연동하는 구조에 착안하여 게이트웨이 급 단말을 구현한 것이다([그림 11-3] 참조). 일반적인 사물들은 데이터 수집 기능 위주의 저사양/저전력 기술에 초점을 맞추고 있다. 하지만 이러한 게이트웨이 급 단말은 데이터를 수집하고 처리할 수 있는 고성능의 프로세서와 메모리, 다중 통신 모듈을 탑재하고 있으며, 이를 구동하기 위한 운영 체제도 갖추고 있다.

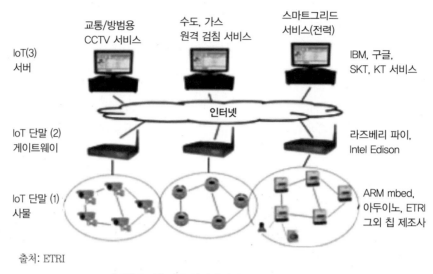

IoT(3)
서버

교통/방범용
CCTV 서비스

수도, 가스
원격 검침 서비스

스마트그리드
서비스(전력)

IBM, 구글,
SKT, KT 서비스

인터넷

IoT 단말 (2)
게이트웨이

라즈베리 파이,
Intel Edison

IoT 단말 (1)
사물

ARM mbed,
아두이노, ETRI
그외 칩 제조사

출처: ETRI

[그림 11-3] 사물 인터넷 서비스에서 단말 계층도

예를 들어, 인텔에서 제안한 착용형 기기용 에디슨 플랫폼은 WiFi, 블루투스 등 통신을 지원하는 SD 카드(Secure Digital Card) 크기의 소형 및 초저전력 지원 개발 플랫폼으로 개인용 컴퓨터나 스마트폰뿐만 아니라 의자, 커피 메이커 등의 제품을 대상으로 개발되었다. 이 하드웨어 플랫폼은 22nm, 400MHz의 듀얼 코어 SoC인 인텔 쿼크 프로세서를 탑재하였고 응용에 따라 메모리는 2GB까지 확장 가능하며, 센서와 같은 경량 단말인 아두이노와 연동 가능하다.

11.1.3 인공 지능 반도체

인공 지능 기술을 효과적으로 구현하기 위해 기계 학습 알고리즘에 최적화된 특수 반도체에 대한 수요가 커지게 되었다. 인공 지능 반도체는 스마트폰, 태블릿, 스마트스피커, 착용형 기기, 로봇, 센서, 기타 사물 인터넷 장치 등 다양한 소비자 기기에 사용될 전망이다. 엔비디아의 신형 칩은 인공 지능, 자율주행차, 메타버스를 지원하며, MIT에서 개발한 모듈식 인공 지능 반도체는 전자 폐기물 감소가 기대된다. 2020년 퀄컴은 인공 지능 반도체를 출시했으며, 구글 역시 인공 지능 반도체를 설계하였다. 현재 엔비디아가 인공 지능 반도체 시장 선두를 달리고 있으며, 그 뒤를 인텔과 그래프코어(GraphCore)가 쫓고 있는 상황이다.

삼성전자, 인텔, 브로드컴, 퀄컴 등 반도체 기업들은 인공 지능 반도체 개발에 막대한 투자를 진행하고 있다.

인공 지능 반도체 기술을 핵심어 중심으로 살펴보면 다음과 같다([표 11-3] 참조).

[표 11-3] 인공 지능 반도체 기술의 핵심어

핵심어	주요 이슈
고대역폭 메모리(HBM)	인공 지능 반도체 수요는 고대역폭 메모리 성장을 주도
심층 신경망(DNN)	심층 신경망 기술을 인공 지능 반도체에 응용
명령어 집합 구조(ISA)	인공 지능 반도체 업계는 오픈 소스 명령어 집합 'RISC-V(리스크파이브)'에 주목
신경망 처리 장치(NPU)	신경망 처리 장치(Neural Processing Unit)는 인공 지능 연산에 유용
양자 컴퓨팅	인공 지능 기술은 양자 컴퓨팅으로 비약적 도약 가능 전망

출처: [GIP] 품목별 ICT 시장동향-AI 반도체, 정보통신산업진흥원, 2022.

고대역폭 메모리(High Bandwidth Memory, HBM)는 2013년 발표된 적층형 메모리 규격으로 고성능 그래픽스 가속기와 네트워크 장치를 결합하기 위해 사용되는 고성능 램(RAM) 인터페이스를 의미한다. 인공 지능 반도체 시장이 성장하면서 고대역폭 메모리 기술이 주류로 자리 잡고 있는 추세이다. 인공 지능 반도체의 경우, 고대역폭 메모리 등 메모리 반도체에 기반한 성능도 지속해서 향상되고 있다. 고대역폭 메모리는 최고급 게임용 그래픽 카드 대부분에 사용되는 GDDR(Graphics Double Data Rate) 메모리 대비 높은 대역폭과 낮은 전력 소비를 제공해 GDDR을 대체하는 용도로 활용되고 있다.

심층 신경망(Deep Neural Network, DNN)은 입력층과 출력층 사이에 여러 개의 은닉층으로 이뤄진 인공 신경망으로 복잡한 비선형 관계들의 모델링이 가능하며, 각 물체가 분석 대상의 기본적 요소들에 대한 계층적 구성으로 표현이 가능하다. 기계 학습의 하위 유형인 심층 신경망은 인공 지능 부문에서 가장 주목하는 기술이다. 대규모 작업을 수행하는 인공 지능 프로세스는 병렬 작업이 적합한데, 심층 신경망은 병렬 계산이 가능하다. 심층 신경망 기술은 인공 지능 학습의 정확성을 높일 수 있으나, 기존 컴퓨팅 인프라로는 수행하기 곤란하여 실용화에 어려움이 있었다. 엔비디아는 대용량 병렬 연산 기능을 가진 GPU 활용으로 심층 신경망 실용 가능성을 향상시켰다. 이와 같은 심층 신경망 응용 기술 발전으로 인해 향후 보다 업그레이드된 인공 지능 반도체가 출현하여 방대한 계산을 감당할 수 있을 것으로 예측된다. 예를 들면, 미국 신생 기업 신티언트(Syntiant)의 'NDP200' 칩 솔루션을 딥 러닝과 반도체 설계에 결합하면 저전력, 고성능 심층 신경망 프로세서를 실행할 수 있다.

명령어 집합 구조(Instruction Set Architecture, ISA)는 소프트웨어와 하드웨어 사이의 약속으로 여러 명령어를 정의하는 것을 의미한다. 마이크로프로세서가 인식해서 실행할 수 있는 기계어 명령어 집합을 의미한다. 구동 중인 시스템에서 수행 가능한 명령어뿐만 아니라, 각 명령어 실행 시 내부 상태 변화도 확인 가능하다. 캘리포니아대학교 버클리에서 2010년부터 개발하고 있는 오픈 소스 명령어 집합 아키텍처 'RISC-V(리스크파이브)'에 많은 반도체 업계가 주목하고 있다. RISC-V는 상업적 장점이 높아, 스마트폰, 임베디드 장치용 프로세서 시장에서 독점적 지위를 가지고 있는 ARM과 경쟁할 수 있을 것으로 기대된다. RISC-V는 ARM 칩과 비교해 유사한 성능을 보이지만, 칩 면적은 30~50% 수준으로 작고 소비 전력도 60%를 감소시킬 수 있다.

신경망 처리 장치(Neural Processing Unit, NPU)는 인간의 뇌처럼 정보를 학습하고 처리하는 프로세서로 자극을 종합적으로 판단해 명령을 내리는 인간의 뇌를 모방해 만든 데이터 처리 장치이다. 주로 심층 신경망을 사용하는 딥 러닝에서 복잡한 행렬 곱셈 연산을 수행한다. 신경망 처리 장치는 CPU, GPU 대비 인공 지능 컴퓨팅 및 인공 지능 응용 구현에 장점이 있다. 데이터 기반 병렬 컴퓨팅 아키텍처로 동영상이나 이미지와 같은 대용량 멀티미디어 데이터 처리에 탁월하다. 신경망 처리 장치는 스마트폰에 가장 활발하게 적용되고 있다. 화웨이는 세계 최초로 스마트폰에 신경망 처리 장치를 적용했다. 삼성 갤럭시의 NPU는 모바일 프로세서에 내장되어 고급 신경망을 활용할 수 있어서 높은 수준의 시각 지능을 제공한다. 신경망 처리 장치는 모바일을 넘어 자율주행차 등 4차 산업 시장에서 활용이 확대될 것으로 기대된다.

양자 컴퓨팅(Quantum Computing)은 원자보다 더 작은 입자의 물리적 특성을 활용해 정교한 병렬 계산을 수행하는 방법이다. 즉, 양자 정보의 최소 단위인 큐비트(Qubit)의 상태를 제어하여 연산이나 양자 알고리즘을 수행한다. 오늘날 컴퓨터 시스템에서 사용되는 단순한 형태의 트랜지스터를 대신하는 것이 특징이다. 양자 컴퓨팅 기술로 기존 기술적 한계에 의해 구현하기 곤란한 여러 문제뿐만 아니라 복잡한 인공 지능 연산을 빠르게 해결할 수 있어 특히 인공 지능 분야에서 비약적 도약이 가능할 것으로 기대된다. 2020년 3월 구글은 양자 기계 학습 라이브러리 'TensorFlow Quantum'을 공개하였다. 범용 양자 컴퓨터는 IBM이 개발을 주도하고 있다.

인공 지능 반도체 선도 기업으로는 **엔비디아, 삼바노바 시스템즈**(SambaNova Systems), **세레브라스 시스템즈**(Cerebras Systems) 등이 있다. **엔비디아**는 데이터 과학 및 고성능 컴퓨팅을 위한 GPU와 API의 설계 기술을 가지고 있으며, 모바일 컴퓨팅 및 자동차 시장을 겨냥한 단일 칩 시스템(SoC)을 생산하고 있다. 또한 인공 지능 반도체 칩 개발을 위해 대규모 투자를 진행하고 있다. 'H100 GPU'는 디지털 트윈, 딥 러닝 추론, 인공 지능 언어 등 전방위적 산업에 사용할 수 있다. **삼바노바 시스템즈**는 고성능, 고정밀의 하드웨어-소프트웨어 인공 지능 통합 시스템을 개발하였다. 데이터 센터에서 엣지에 이르기까지 인공 지능 및 데이터 집약적인 응용 프로그램을 실행할 수 있는 시스템을 대상으로 한다. 'SN10 RDU'는 맞춤형 데이터 흐름 파이프라인을 구축할 수 있는 유연성을 갖추었고 대용량 데이터 처리를 효율적으로 실행할 수 있는 대용량 메모리 데이터 프로세서 칩이다. **세레브라스 시스템즈**는 의료 분야에서 딥 러닝 기반 응용 프로그램 실행을 위한 컴퓨팅 시스템을 구축하였다. 신경 의학 분야 뉴런, 시냅스 연결과 관련된 방대한 데이터를 딥 러닝 기술을 활용해 처리할 수 있도록 지원한다. 인공 지능 반도체 칩 'Cerebras WSE-2'는 전 세계에서 가장 큰 규모의 컴퓨터 칩으로, 해당 칩 클러스터를 통해 현존 인공 지능 모델 대비 100배 더 거대한 인공 지능 모델을 실행할 수 있다.

이외에도 AMD와 엔비디아의 행보가 주목된다. 애플, 구글과 같은 빅테크 기업 또한 인공 지능 개발을 위해 인공 지능 반도체 분야에서의 혁신을 모색하고 있다.

11.2 첨단 소재(Advanced Materials)

4차 산업 혁명 시대에는 다양한 사회 요구를 충족시키기 위해 현재와 전혀 다른 새로운 첨단 소재 개발이 필수이다. 예를 들어, 폭증하는 대용량 데이터를 처리할 수 있도록 초고속, 초저전력, 대용량화를 가능하게 하는 소재, 초고령자 및 만성 질환자에게 대응할 수 있는 생체 적합 소재, 환경 오염을 최소화하는 소재 등이 필요하다. 예를 들어, 테슬라 창업자 일론 머스크가 2018년 11월부터 캘리포니아에서 건설 중인 캡슐형 초고속 열차인 하이퍼 루프(Hyper Loop)는 항공기보다 빠른 시속 1,200km로 운행하는 것을 목표로 하고 있다. 따라서 기존 열차용 소재로는 이를 제작하기 곤란하므로 완전한 신소재를 필요로 한다. 가

법지만 강한 탄소 섬유는 1970년대 일본 도레이(Toray)가 개발하여 항공기, 자동차, 자전거 등에 적용되었으며, 2000년대 중반부터 그 규모가 2년마다 2배씩 성장했다.

바스프(BASF), 바이엘(Bayer) 등 글로벌 화학 기업들은 에너지, 자동차 등 각종 첨단 화학 소재를 개발하고 있다. 한국 석유화학 기업들도 70% 이상 편중된 석유화학에 대한 의존도를 낮추기 위해 친환경 첨단 소재를 개발하고 수출하기 위해 노력하고 있다. 예를 들어, 자율주행 자동차, 스마트시티 등에 꼭 필요한 2차 전지 소재, 화학 소재, 탄소 소재, 티타늄 등의 경량화 소재 등이다.

11.2.1 생체 인식 및 로봇용 소재 개발 강화

기업들은 생체 인식 소재, 로봇 소재 등 사물 인터넷으로 확대되는 소재 수요의 변화의 대응에 주력하고 있다.

의복에 센서를 부착하는 차원을 넘어 고객이 입는 섬유 자체가 센서의 기판 역할을 하여 다양한 사물 인터넷 서비스를 뒷받침하는 사업이 추진되고 있다. 이처럼 다양한 소재 산업을 사물 인터넷 서비스와 연계하는 사업 등이 모색되고 있다.

닛폰사와 속옷 기업인 군제는 은을 코팅한 도전성 섬유로 내의를 만들었다. 내의 전체에 미약한 전류를 흐르게 하여 가슴 부분에 부착한 센서가 자세, 칼로리 섭취량 등을 감지하도록 한다. 이후 그 정보를 스마트폰으로 전송해 전용 앱으로 신체 상태를 확인하고 조언을 받을 수 있다. 섬유 기업인 토요보(Toyobo)는 심장 박동 시의 전기로 심박수를 감지하는 섬유를 개발하고 있다.

기존의 전극이 수술 중에 자주 젖어서 오작동이 빈번하게 발생하는 문제를 해결하기 위해 도레이는 생체를 실시간 모니터링할 수 있는 히토(Hitoe)라는 소재를 개발했다([그림 11-4] 참조). 히토를 활용해 위험한 작업을 하는 근로자의 모니터링, 수술중 환자의 심박수를 감시할 수 있다. 또한, 고령자가 운동 중 돌연사하는 것을 방지하기 위해 스포츠 의료용 시장 개척에도 주력하고 있다. 같은 전도성 고분자를 밀봉해도 일반 섬유는 간격이 커서 생체 신호 파악에 오차가 있고 전도성 고분자가 쉽게 떨어지는 반면, 히토는 세탁해도 고분자가 유지되는 장점을 가진다.

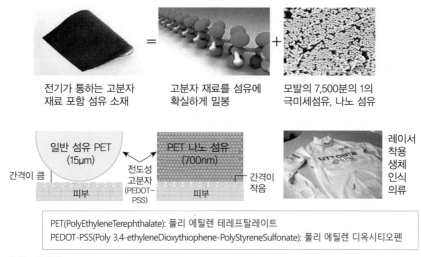

전기가 통하는 고분자
재료 포함 섬유 소재

고분자 재료를 섬유에
확실하게 밀봉

모발의 7,500분의 1의
극미세섬유, 나노 섬유

일반 섬유 PET
(15μm)

PET 나노 섬유
(700nm)

레이서
착용
생체
인식
의류

간격이 큼

피부

전도성
고분자
(PEDOT-
PSS)

간격이
작음

피부

PET(PolyEthyleneTerephthalate): 폴리 에틸렌 테레프탈레이트
PEDOT-PSS(Poly 3,4-ethyleneDioxythiophene-PolyStyreneSulfonate): 폴리 에틸렌 디옥시티오펜

출처: 도레이

[그림 11-4] 도레이의 스마트섬유 히토

로봇의 활동을 늘리는 소재도 개발되고 있다. 사물 인터넷과 연계할 수 있는 로봇 생산이 확산되고 인간 작업자와 함께 일하는 로봇이 확대되는 추세에 맞추어 인간에 대한 물리적인 충격이 적은 로봇용 소재를 개발하고 있다. 미쓰이화학(Mitsui Chemicals, Inc.)은 2016년 로봇 소재 전담 조직을 신설하여, 탄소 섬유 강화 플라스틱(CFRP)과 금속의 일체 성형 기술을 활용한 소재 개발에 나서고 있다. 탄소 섬유 강화 플라스틱은 가볍고 부식이 없으며, 철의 5~10배에 이르는 인장 강도와 안전성을 가지고 있어 강력한 첨단 소재로 자리 잡아가고 있다. 우주 왕복선, 스텔스 등 군수 산업과 우주 항공 분야에서 동체 구조 설계에 사용되거나 민간 분야에서도 사용된다.

또한 미쓰이화학은 생활도로용 개인 전기 자동차용으로 사람이 다치지 않는 소재를 개발하고 있다. 그 외 다수의 기업들이 센서용 소재, 바이오 칩 소재, 대용량 반도체 소재, 3D 프린터용 합성수지 등을 개발하고 있으며, 미쓰비시화학, JSR 등은 의족, 수술 실험용 인공장기 모형용 3D 프린터 소재 등의 개발에 나서고 있다.

11.3 착용형 기기 시장의 급성장

주요 시장 조사업체들은 사물 인터넷 관련 시장을 크게 스마트홈, 스마트자동차, 착용형 기기, 산업용 인터넷, 스마트시티 등으로 구분하고 있다. 스마트시티나 산업용 인터넷이 매출액에서 차지하는 비중이 크지만, 착용형 기기도 높은 성장률을 보이는 분야 중 하나 이다.

1960년대 착용형 기기는 의복이나 액세서리에 전기 신호를 보내거나 계산 등의 단순 기능만 추가된 형태에서 출발하였지만, 기술적 한계로 실험적인 시도로 끝났다. 2000년대 들어 디지털 관련 기술이 급성장하면서 시장에서 소비자의 호응을 얻을 수 있는 착용형 제품들이 다시 소개되기 시작했다. 그 핵심은 연결성, 즉 정보를 주고받는 센싱 기술과 네트워크의 안정성·확장성에 기반을 둔다. 특히 착용형 제품은 신체와 접해 있다는 환경적인 요인에 의해 사용자의 건강과 신체 정보를 수집하는 간단한 형태에서부터 다른 스마트기기와의 연동하여 사용자의 라이프 로그를 수집·분석하는 등 그 스펙트럼이 광범위하다. 이러한 착용형 기기들은 착용 부위에 따라 스마트시계, 리스트 웨어, 스마트반지, 스마트안경, 스마트의류, 스마트스킨 등 다양한 실험적인 방식으로 소개되고 이러한 기기를 활용한 다양한 서비스도 개발되고 있다([표 11-4] 참조).

[표 11-4] 착용형 기기를 활용한 다양한 서비스

착용형 기기	기능	활용 분야
오토다이어터리 (AutoDietary)	음식물 씹는 소리로 먹는 음식의 종류를 알아낼 수 있고 그 음식의 칼로리를 자동으로 계산함	다이어트 및 식단 관리
필 (Feel)	팔찌 안쪽에 있는 네 개의 센서를 통해 체온, 맥박, 피부 전기 반응을 측정하여 사용자의 감정 상태를 객관적으로 평가함	분노 조절 장애, 우울증 등 심리 치료에 도움
모투스 (Motus)	선수의 몸이나 유니폼, 장비 등에 설치된 센서를 통해 축적되고 분석된 데이터를 코치나 스태프 혹은 의사에게 바로 전송할 수 있음	스포츠 선수 몸 상태 관리 등에 사용
스마트스킨 (Smart-Skin)	그래핀 기반의 전자 당뇨 패치. 체온과 땀 분비량을 동시에 측정하고 연동된 착용형 기기를 이용하여 데이터 전송	헬스케어. 특히 당뇨처럼 지속적인 관리가 필요한 환자들이 이 패치를 사용해 위급 상황에 대비할 수 있음

출처: 한국경제매거진 재구성

따라서 착용형 기기는 일반 사물 인터넷용 디바이스와 달리 사람의 신체에 착용하여 주로 인체와 관련된 데이터를 수집하고 분석한 후 이를 활용하는 특징이 있다. 특히 신체의 변화를 측정하는 착용형 기기의 특성상 각각 개인 신체 특성에 맞춰 더 세밀화될 수밖에 없어, 이용자 경험(UX)이 착용형 기기 개발에 필연적인 요소가 되고 있다.

| 용어 해설 |

- **SD 카드 또는 SD 메모리 카드(Secure Digital Memory Card)**: 휴대 전자 기기에서 사용되는 플래시 메모리 카드. SD 메모리 카드는 주로 개인용 정보 단말기(PDA), 휴대 전화, 디지털카메라, 디지털 캠코더, MP3 플레이어, 휴대용 메모리 장치, 스마트폰, USB 메모리 등 휴대 전자 기기에 사용된다. 크기에 따라 표준형, 미니, 마이크로 SD 메모리 카드로 분류된다. 표준형 SD 메모리 카드는 24(W)×32(H)×2.1(D)mm, 무게 약 2g이며, 미니 SD 메모리 카드는 20(W)×21.5(H)×1.4(D)mm, 무게는 대략 1g이다. 그리고 마이크로 SD 메모리 카드는 11(W)×15(H)×0.7(D)밀리미터, 무게는 대략 0.5g이다.

- **스마트시계(Smart Watch)**: 일기, 메시지, 알림, 주식 시세 등 다양한 서비스를 무선을 통하여 검색할 수 있는 팔목 시계. 서비스에 따라 사용자가 데이터를 내려받을 수도 있고 웹 브라우저로 자기의 계정을 설정할 수도 있다.

- **시스템 온 칩(System on Chips, SoC)**: 특정 응용 분야에 사용하기 위한 것으로 단일 칩에 여러 종류 칩으로 구성하여 하나의 시스템을 집적해 놓은 비메모리 집적 회로(IC) 칩. 반도체 제조 공정 미세화로 집적도가 높아져 소형화, 고기능화, 저가화가 가능하다. 시스템 온 칩(SoC)의 기능에 따라 정보를 처리하는 마이크로프로세서(Microprocessor Unit, MPU)와 디지털 신호 처리기(Digital Signal Processor, DSP), 정보를 저장하는 메모리, 아날로그 신호 처리기, 통신을 위한 고주파 회로 및 베이스밴드 칩, 입출력(I/O) 회로 등 다양한 반도체 IP(Intellectual Property)가 집적화된다. 시스템 온 칩(SoC)의 동작을 제어하기 위한 소프트웨어도 시스템 온 칩(SoC)의 구성요소로 포함한다.

- **탄소 섬유 강화 플라스틱(Carbon Fiber Reinforced Plastic, CFRP)**: 탄소 섬유에서 강화된 플라스틱을 의미한다. 아크릴 수지나 석유, 석탄에서 착출된 피치 등의 유기물을 섬유화하고 특수 열처리 공정을 거쳐 만들어지는 미세한 흑연 결정구조를 가진 섬유 모양의 탄소 물질이다.

| 단답형 |

01 사물 인터넷 적용 분야를 넓히기 위해 빅 데이터, (   ), 로봇, (   ) 등 기술과 연계 전략도 활발해졌다.

02 일본의 경우, (   ) 기반의 인공 지능 전략을 중시하고 있다. 엣지(Edge, 단말), 포그(Fog, 기지국 등), 클라우드(Data Center) 사이의 정보 전달, 인공 지능 판단 등을 분담해 실시간 처리의 성능 향상을 목적으로 출발하였다.

03 (   )은 모든 산업의 형태, 사업 모델을 혁신하고 있으며, 이에 능동적으로 대응할 수 있는 역량을 축적할 필요가 있다. (   )을 뒷받침하는 기초 기술을 강화하며, 실질적으로 생산성과 부가 가치를 높이는 방안을 강구할 필요가 있다.

04 (   )은 기계(컴퓨터)가 인간 수준의 인지, 이해, 추론, 학습 등의 사고 능력을 모방할 수 있도록 고안된 것이다. 등장 초기 "지능형 기계(컴퓨터), 특히 지능형 컴퓨터 프로그램을 만드는 과학 및 공학"으로 정의되었다. 그동안 여러 기관이나 연구자들로부터 다양한 개념 정의가 이루어졌으나, 초기의 개념과 크게 달라지지 않았다.

05 "훈련된 지식을 기반으로 주어진 상황에 유용한 답을 찾고자 하는 일련의 컴퓨터 알고리즘 혹은 기술을 총칭"하며, "주어진 데이터로부터 일반화된 지식을 추출해 내는 것"이 주요 목표이다. (   )은 데이터를 해독하여 예측 모델을 만들며, 그 자신이 바로 학습의 대상이기도 하다.

06 (   )은 입력 데이터에 올바른 출력값을 갖는 정답 라벨(label)을 붙여두고 그 데이터를 컴퓨터가 학습하면서 입력과 출력에 대한 일반적인 규칙이나 모델을 만드는 것을 의미한다.

07 (   )은 정답을 알려주지 않고 학습시키는 방법으로, 컴퓨터가 라벨을 붙이지 않은 데이터를 토대로 데이터의 고유한 특성을 파악하여 그룹(Clustering)으로 분류하는 방법으로 학습을 수행하는 방법이다.

08 (　　　　　)은 다수의 상호 연결된 노드(Node, 인공 뉴런)로 구성된 층으로 이루어진 논리 구조이다. 인간이 수많은 정보를 구분하고 습득하며, 경험 및 지식을 토대로 종합적·추상적 사고를 수행하는 것과 유사한 방식으로 학습하고 문제를 해결하도록 설계되었다.

09 (　　　　　)은 인공 지능과 거의 유사한 개념으로 사용된다. 많은 비구조적 데이터가 빠르게 생성되는 환경에서 이를 적절히 다룰 컴퓨팅 모델이 필요하게 되었다. 이에 인지 컴퓨팅은 인간 능력을 단순 모방하는 기계 중심적 시스템이 아니라 데이터를 통한 인간과 현실 세계의 이해를 바탕으로 보다 인간 중심적인 문제를 해결할 수 있는 시스템을 구현한 것이다.

10 구글은 2016년에 인공 지능 바둑 프로그램인 (　　　　　)를 선보였으며, 이세돌이나 중국의 커제와의 대국에서 승리를 거두었다.

11 클라우드 컴퓨팅의 데이터 센터가 물리적으로 떨어져 있는 곳에서 중앙 집중형으로 데이터를 관리하는 것과 반대로 (　　　　)은 기기와 가까운 네트워크의 '가장자리'에서 컴퓨팅을 지원하는 것으로 각각의 기기에서 개별 데이터를 분석하고 활용하는 기술이다. 종단점에서 센서나 기기에 의해 직접 데이터가 수집되므로 광대역이 필요하지 않고 응답 속도가 빠른 장점이 있다.

12 (　　　　)은 산업용 로봇 대신 사람과 협업하여 일할 수 있는 로봇을 의미하며, 이를 코봇(Cobot)이라고도 부른다. 코봇은 안전 보호망이나 특별한 보호 장치 없이 사람과 함께 산업 현장에서 설비 자동화를 구현하는 로봇이다.

13 (　　　　)는 두 팔을 가지고 작업하는 로봇이고 (　　　　)는 한 팔로 작업하는 로봇이다.

14 인공 지능 기술을 지원하기 위해 기계 학습 알고리즘에 최적화된 특수 반도체가 필요하다. (　　　　)는 스마트폰, 태블릿, 스마트스피커, 착용형 기기, 로봇, 센서, 기타 사물 인터넷 장치 등 다양한 소비자 기기에 사용될 전망이다.

01 다음 중 기존 인공 지능 관련 보고서 및 전문가 의견 등을 토대로 한 인공 지능의 6가지 기술에 속하지 않는 것은?

① 엣지 컴퓨팅　　　　　　　　　② 기계 학습

③ 딥 러닝　　　　　　　　　　　④ 신경망

02 "컴퓨터가 인간처럼 정보를 습득하고 그 정보를 이용해 의사 결정할 수 있는 모델의 과정을 시뮬레이션하는 기술"은 무엇인가?

① 인지 컴퓨팅　　　　　　　　　② 기계 학습

③ 딥 러닝　　　　　　　　　　　④ 자연어 처리

03 기계 학습의 일부로 인간의 두뇌 처리 기능을 형상화한 기술이며, 뇌의 뉴런과 비슷하게 인공 뉴런을 배치하고 네트워크로 연결하여 모델링한 것은 무엇인가?

① 강화 학습　　　　　　　　　　② 기계 학습

③ 딥 러닝　　　　　　　　　　　④ 신경망

04 다음 중 기계 학습의 구분에 속하지 않는 것은?

① 강화 학습(Reinforcement Learning)　② 지도 학습(Supervised Learning)

③ 비지도 학습(Unsupervised Learning)　④ 자가 학습(Self Learning)

05 다음 설명에 해당하는 인공 지능 기술은 무엇인가?

> 분류할 데이터 항목 추출 같은 별도의 특징 추출 과정 없이 입력과 출력의 데이터만 주어지면, 자동으로 특징을 찾아내어 분류까지 수행한다. 이를 엔드 투 엔드(end-to-end) 학습이라고도 부른다. 기존 다층 구조의 인공 신경망 학습의 문제점을 개선하여 데이터 추상화 능력을 획기적으로 향상시킨 기술이다.

① 신경망　　　　　　　　　　　② 딥 러닝

③ 퍼지 논리　　　　　　　　　　④ 서포트 벡터 머신

06 다음 중 인공 지능 관련 주요 적용 분야가 아닌 것은?

① 게임 및 엔터테인먼트　　　　　② 컴퓨터 비전

③ 자연어 처리　　　　　　　　　④ 개인용 응용 프로그램

07 다음 중 음성을 인식하는 인공 지능 제품이 아닌 것은?

① 텐서플로우(Tensorflow)　　　　② 코타나(Cortana)

③ 시리(Siri)　　　　④ 알렉사(Alexa)

08 사물 인터넷은 여러 사물들이 인터넷으로 연결되어 정보를 수집하고 분석한 후 그 결과를 기반으로 다양한 서비스를 제공할 수 있도록 하는 기술이다. 이 기술의 4가지 기술 요소가 아닌 것은?

① 처리(프로세서)　　　　② 기억(저장 공간)

③ 전달(통신)　　　　④ 시각화(GPU)

09 초기의 센서들은 주변 환경에 대한 데이터를 수집하고 전달하는 단순 기능만 수행하였지만, 최근에는 수집한 데이터를 가공하고 상황에 따라 적절하게 대응할 수 있는 프로세싱 기능도 중요하다. 이처럼 센서가 하나 이상의 기능을 수행할 수 있도록 여러 기능을 하나의 칩으로 집적시킨 것은 무엇인가?

① 무선 센서 디바이스　　　　② 시스템 온 칩(System on Chips, SoC)

③ M2M 통신　　　　④ 스마트미터기

10 다음 중 인공 지능 반도체 기술의 핵심어가 아닌 것은?

① 고대역폭 메모리(HBM)　　　　② 심층 신경망(DNN)

③ 탄소 섬유　　　　④ 신경망 처리 장치(NPU)

11 우주 왕복선, 스텔스 등 군수 산업과 우주 항공 분야에서 동체 구조 설계에 사용되거나 민간 분야에서도 사용되고 가볍고 부식이 없으며, 철의 5~10배에 이르는 인장 강도와 안전성을 가지고 있는 강력한 첨단 소재는 무엇인가?

① 탄소 섬유 강화 플라스틱　　　　② 히토

③ 탄소 섬유　　　　④ 도전성 섬유

01 인공 지능 기술이 적용 가능한 분야에 대해 설명하시오.

02 인공 지능 관련 주요 적용 분야 중 컴퓨터 비전에 대해 설명하시오.

03 미래에 개발 가능한 인공 지능 기술에 대해 간략히 설명하시오.

04 커넥티드 로봇에 대해 간략히 설명하시오.

05 지능형 로봇에 대해 간략히 설명하시오.

들어가며

19세기 말 마차에서 자동차로 대중적 운송 수단이 변화하였다. 이후 자동차 관련 업체들은 내연 기관의 성능이나 연비 향상 기술, 편의 장치 개선 등에 집중해 왔다. 2000년대 중반까지 자동차 산업은 금속, 기계, 소재, 생산 설비, 자동차 설계 및 판매 등의 분야에 영향을 미치며 발달해 왔다. 단일 제품 산업으로 세계 2,200조 원대 규모의 시장을 형성하며, 한 국가의 중요한 산업이 되었다.

최근 자동차와 IT 간 융합이 가속화되면서 사물 인터넷 기반의 '**스마트자동차**' 시대가 열리고 있다. 스마트폰을 통해 휴대 전화의 혁신을 이끌고 시장에 진입했던 애플처럼 역시 스마트자동차도 새로운 변혁을 맞이하고 있다. 이에 따라 자동차 업계의 화두는 어떤 스마트한 기능들을 탑재할 것인지, 그리고 그에 대하여 어떤 표준이 제정되어야 하는가이다. 한 드라마에서 운전자가 운전 중 버튼 하나를 누른 후 자동차가 스스로 운전하게 만드는 장면이 나온다. 운전자 조종 없이 자동차는 스스로 주행하는데, 이는 스마트자동차의 자율주행 기능 때문에 가능하다([그림 1] 참조).

출처: JW산업블로그

[그림 1] 드라마에 등장한 스마트자동차

자동차 업계에서 패러다임 변화는 2015년 미국 라스베이거스에서 개최된 세계 소비자 전자제품 박람회에서 뚜렷하게 나타났다. 아우디, BMW 등 9개 완성차와 델파이, 보쉬 등 125개 자동차 부품업체들이 참여하여 자동차와 IT가 융합되는 기술을 선보였다. 특히, 운전자 없이 주행할 수 있는 자율주행차가 상대 차량과 정보를 주고받거나, 차량 내에 '**움직이는 사무실**'을 구축하는 등 자동차와 사물 인터넷이 융합되는 것을 볼 수 있다.

각 자동차 제조사는 인포테인먼트, 자율주행, 첨단 운전자 보조 시스템 등 특정 기능을 차량에 접목하고 있으며, 궁극적인 스마트자동차는 이런 모든 기능을 갖춘 형태로 발전하고 있다. 음성 인식 기술도 애플의 시리처럼 대화형 방식으로 발전함에 따라 운전자와 자동차가 보다 자연스럽게 상호 소통이 가능하게 되었다. 자율주행은 첨단 운전자 보조 시스템의 발전을 통해 안정성을 높여가고 있다. 글로벌 자동차 업체들은 자율주행차 개발 계획에 따라 보다 적극적으로 사물 인터넷 기술을 접목하고 있으며, 그에 따라 자동차 산업의 고도화와 새로운 서비스 창출을 경쟁적으로 추진하고 있다. 이러한 자동차-IT 기술 융합의 주요 경향은 연결성, 운전자의 안정성 및 편의성 향상, 친환경, 자율주행, 차량용 앱과 자체 앱스토어, 자동차 운영 체제 기술 등으로 요약할 수 있다. 운전자가 집을 나서기 전 미리 차에 시동을 걸어 놓고 차에 올라타서 "사무실로 가자. 오후 7시에 식당 예약도 해줘!"라고 말만 하면 되는 날이 머지않아 보인다.

5부에서는 이러한 스마트자동차의 개념, 특징, 이슈, 주요 기술 및 서비스에 대해 살펴보고자 한다.

스마트자동차의 개념 및 특징

12.1 스마트자동차의 개념 / 12.2 주요 특징 및 이슈

IT 기술의 발전은 자동차 산업도 기술적으로 한 단계 더 진보하게 만들고 있다. 전기 · 전자 · 정보 통신 분야의 최신 기술들이 접목되면서 향상된 안전과 편의를 제공할 뿐만 아니라 운전자의 조작 없이 스스로 운행하는 스마트자동차가 가능해지고 있다. 스마트자동차는 **지능형 자동차**라고도 하며, 사물 인터넷 기술을 적용하여 운전자의 안전성과 편의성을 모두 높이는 데 역점을 두고 있다.

따라서 자동차 기업들은 유무선 통신 사업자뿐만 아니라 소프트웨어 개발업체들과의 협력을 강화하며, 보다 지능화된 스마트자동차 개발에 집중하고 있다.

12.1 스마트자동차의 개념

스마트자동차(Smart Car)의 사전적 의미는 '첨단 컴퓨터 · 통신 · 측정 기술 등을 이용하여 자동으로 운행할 수 있는 차량'이다. 기계 중심의 자동차에 전기, 전자, 정보 통신, 제어 기술을 적용하여 높은 수준의 안전과 편의 기능을 제공할 수 있는 자동차이다. 즉, 자동차의 내외부 상황을 실시간 인식하여 도로 위의 위험에 대처할 수 있는 안전성과 탑승자의 만족을 극대화시키는 편의 기능을 갖춘 인간 친화적인 자동차이다([그림 12-1] 참조).

차량에서 외부 통신을 기반으로 차량 내 정보를 통합 관리하고 운전자에게 필요한 정보를 제공하거나, 오락, 영화 등 다양한 콘텐츠를 즐길 수 있게 한다. 스마트폰과 같은 모바일 기기와 이동통신 기술을 이용하는 **텔레매틱스**(Telematics)나 **인포테인먼트**(Infotainment)로 필요에 따라 고객의 편의를 높일 수 있다. 지리 정보 데이터베이스에 축적된 경로 정보뿐만

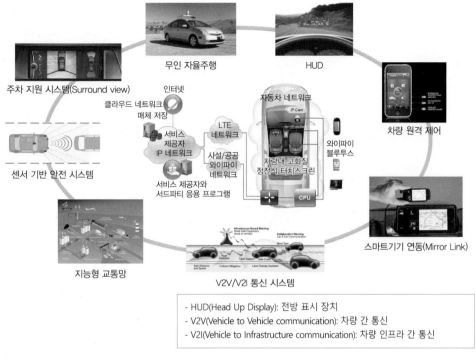

출처: 한국산업기술진흥원(KIAT)

[그림 12-1] 스마트자동차의 정의

아니라 해당 지역의 역사나 특산품, 호텔이나 식당과 같은 주변 정보, 운전자 개인의 성향에 맞춤형 부가 정보도 제공할 수 있다. 또한, 주변 상황을 인지하는 차량용 센서와 **차량·사물 통신**(Vehicle to Everything Communication, V2X) 등을 활용하여 운전자에게 실시간 경로 정보와 교통 상황을 알려줄 수도 있고, 더 나아가 사고 위험을 줄이기 위해 신호등이나 도로 인프라와 상호 통신하면서 능동적인 안전 운전을 지원한다. 자동차 내부 상태 정보나 도로 상황 정보를 사전에 인식하여 차량 결함, 충돌, 돌발 상황과 같은 위협 요소로부터 사고 발생 확률을 줄여 탑승자의 안전을 향상시킬 수 있다([그림 12-2] 참조).

자동차 내에 다양한 센서, 디스플레이 장치, 통신 모듈 등이 추가되면서 자동차는 새로운 IT 플랫폼으로 부상하고 있다. 다양한 콘텐츠를 소비하는 새로운 스마트기기로서 스마트자동차의 역할도 점차 커지고 있다.

계기판
i.MX, 바이브리드(Vybrid),
쿼리바(Qorivva)

인포테인먼트
바이브리드, 쿼리바

클라우드

ADAS, 차체,
전동장치 ECU
쿼리바

운전자와
승객
이동 디바이스

카메라
쿼리바

텔레매틱스
i.MX

OEM 클라우드

V2X
i.MX

V2I 클라우드

뒷좌석 엔터테인먼트
i.MX

오디오 앰프
바이브리드, 쿼리바

- ADAS(Advanced Driver Assistance System): 첨단 운전자 보조 체계
- ECU(Electronic Control Unit): 전자 제어 장치
- V2X(Vehicle to Everything communication): 차량·사물 통신
- OEM(Original Equipment Manufacturer) : 주문자 상표 부착 방식
- V2I(Vehicle to Infrastructure communication): 차량 인프라 간 통신

출처: NXP

[그림 12-2] 스마트자동차 개념도

스마트자동차의 궁극적인 목표는 자율주행이 가능한 무인 자동차이다. 다양한 첨단 기술이 적용된 전장 부품과 소프트웨어는 자율주행을 실현하기 위한 핵심 기술이다. 스마트자동차가 구현되면 다음과 같은 장점이 생긴다.

첫째, 교통 사고의 감소로 피해가 최소화되고 효율적인 주행으로 환경오염을 줄일 수 있다.

둘째, 스마트폰과 차량의 연동으로 자동차 내부의 디스플레이를 통해 이메일, 웹 서핑 등이 가능하여 운전자의 편의가 증진된다.

셋째, 자동차 업체와 IT 업체가 협력하여 스마트자동차 기술을 높은 수준으로 개발할 경우, 자동차와 IT 산업의 경쟁력을 제고시킬 수 있을 뿐만 아니라 새로운 성장 동력의 블루오션을 창출할 수 있다.

12.1.1 스마트자동차와 유사 개념

스마트자동차는 통신을 통한 연결성을 강조한 '**커넥티드 카**'와 운전자의 조작 없이 스스로 주행하는 '**무인 자동차**'의 특성을 모두 갖춘 자동차를 의미한다. 커넥티드 카는 자동차 내부의 각종 기기와 외부의 시스템이 무선 통신을 통해 연결되어 차량 자체를 정보 기기처럼 활용할 수 있는 자동차를 말한다. 이외에도 정보 기술과 자동차 산업이 융합되면서 등장한 다양한 용어를 정리하면 [표 12-1]과 같다.

[표 12-1] 스마트자동차의 유사 용어

용어	개념
전기 자동차 (Electric Vehicle)	전기를 동력으로 하여 움직이는 자동차 (예: 테슬라 Model S, X, 3, Y, BMW i4, 현대자동차 아이오닉 5)
인포테인먼트 시스템 (Infotainment System)	정보(Infomation)와 오락(Entertainment)의 합성어로 정보 전달에 오락성을 가미한 시스템(예: 차량 내 내비게이션, 비디오와 오디오)
커넥티드 카 (Connected Car)	자동차에 통신 기능을 탑재하여 외부 인프라와 연동(예: 클라우드)하고 운행 정보를 주변의 차량(Vehicle to Vehicle communication, V2V) 및 도로 인프라(Vehicle to Infrastructure communication, V2I)와 공유하여 사고 예방 및 안전 운전을 도모하고 편의성을 향상시킨 차(예: 스마트폰과 자동차 연결)
자율주행차 (Self-driving Car, Autonomous Car)	사람이 탑승한 상태에서 사람의 개입(제어) 없이 자동차 스스로 목적지까지 주행할 수 있는 자동차
스마트자동차 (Smart Car)	• 전기 · 전자 · 통신 기술을 융합해 고도의 안전 · 편의를 제공하는 자동차로 통신망에 상시 연결된 커넥티드 카를 의미(협의의 의미) • 커넥티드 카뿐만 아니라 자율주행 자동차의 의미까지 포함(광의의 의미)
무인 자동차 (Unmanned Vehicle, Driverless Car)	사람이 탑승하지 않았거나 운전석에서 운전하지 않은 상태에서 특정 목적을 달성하는 차량

출처: http://www.zamong.co.kr/archives/5905?print=print

자동차는 인포테인먼트 기능 강화, 커넥티드 카, 자율주행의 단계로 발전하고 있다. 2000년대 들어 자동차는 내비게이션, 고급 AVN(Audio Video Navigation) 등을 탑재하여 사용자의 편의를 증진시켜왔다. USB, MP4 등을 통하여 차량 안에서 다양한 엔터테인먼트 서비스를 이용할 수 있게 되었다. 이후 외부와 통신을 연결하여 수시로 정보를 주고받게 되었고, 이러한 네트워크 기능을 활용하여 차간 거리를 자동으로 유지하거나 주변의 다양한 신호나 데이터를 수신하여 안전성을 높이고 있다([그림 12-3] 참조).

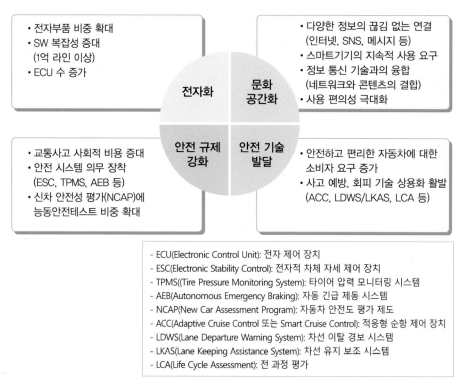

- ECU(Electronic Control Unit): 전자 제어 장치
- ESC(Electronic Stability Control): 전자적 차체 자세 제어 장치
- TPMS((Tire Pressure Monitoring System): 타이어 압력 모니터링 시스템
- AEB(Autonomous Emergency Braking): 자동 긴급 제동 시스템
- NCAP(New Car Assessment Program): 자동차 안전도 평가 제도
- ACC(Adaptive Cruise Control 또는 Smart Cruise Control): 적응형 순항 제어 장치
- LDWS(Lane Departure Warning System): 차선 이탈 경보 시스템
- LKAS(Lane Keeping Assistance System): 차선 유지 보조 시스템
- LCA(Life Cycle Assessment): 전 과정 평가

출처: 한국산업기술평가관리원

[그림 12-3] 스마트자동차 발전 요소

12.1.2 자동차의 자동화 단계

미국의 도로교통안전국(NHTSA)은 스마트자동차의 최종 형태는 운전자 개입 없는 자율주행
이라고 발표했다. 자율주행 자동차에 대한 총 5단계의 지침서는 [표 12-2]와 같다.

[표 12-2] 자동차의 자동화 단계 정의

자동화 단계	정의	개요
레벨 0	비자동화 (No Automation)	• 자율주행 시스템의 작동 없이 오로지 운전자에 의해 통제되는 자동차 • 브레이크, 속도 조절, 조향 등 안전에 민감한 기능을 운전자가 항상 제어하고 교통 모니터링 및 안전 조작도 책임
레벨 1	특정 기능 자동화 (Function-specific Automation)	• 특정 기능을 지원하는 자동화 시스템이 1개 이상 탑재된 자동차로 현재 운행되는 대다수 차량 • 일부 기능을 제외하면, 정상적인 주행 혹은 사고나 충돌 임박 상황에서 자동차 제어권을 운전자가 소유(예: 적응형 순항 제어 장치, 전자적 차체 자세 제어 장치, 자동 긴급 제동 시스템)

레벨 2	조합 기능 자동화 (Combined Function Automation)	• 대부분의 상황에서 운전자가 자동차를 운전하지만, 2개 이상의 자동화 시스템이 탑재되어 차량을 통제하는 수준의 자동차 • 특정 주행 환경에서 2개 이상의 제어 기능이 조화롭게 작동(단, 운전자가 여전히 모니터링 및 안전에 책임을 지고 자동차 제어권을 소유)(예: 적응형 순항 제어 장치 및 차선 중앙 유지(Lane Centering), 핸들 및 페달 미 제어)
레벨 3	제한된 자율주행 (Limited Self-Driving Automation)	• 본격적인 자율주행 시스템을 갖춘 자동차 • 특정 교통 환경에서 자동차가 모든 안전 기능을 제어 • 자동차가 모니터링 권한을 갖되, 운전자 제어가 필요한 경우 경고 신호 제공 • 운전자는 간헐적으로 제어(예: 구글 웨이모, 메르세데스-벤츠 S클래스, 혼다 레전드, 현대자동차 제너시스 G90 등)
레벨 4	완전 자율주행 (Full Self-Driving Automation)	• 완벽한 자율주행이 가능한 차량으로 운전자 없이도 스스로 움직이는 자동차 • 자동차가 모든 안전 기능을 제어하고 상태 모니터링 가능 • 운전자는 목적지나 기능 설정만 함 • 안전 운행에 대한 책임은 자율주행 시스템에 있음

출처: NHTSA 재구성

현재 대부분의 자동차 업체는 레벨 2 단계의 자동화 기능을 제공하고 있으며, 주차 보조, 차선 이탈 방지 시스템 등의 기능을 제공하고 있다. 구글 웨이모는 운전자가 항상 존재한다는 점에서 레벨 3 단계라 할 수 있고, 레벨 4는 자동차 자동화의 궁극적 목표인 완전 자율주행 단계이다. 2023년에 레벨 3의 차량 양산 시스템이 구축되어 본격적으로 생산되고, 2025년에 레벨 4의 자동차도 볼 수 있을 것으로 전망한다.

완전 자율주행하는 스마트자동차의 도입은 운전 미숙, 과속, 음주 운전 등 운전자의 과실에 의해 발생되는 교통사고를 감소시키고 관련 비용을 절감할 수 있다. 운전이 어려운 고령자, 장애인, 면허 미소지자 등에게 차량 이동성을 지원하고, 일반인들에게는 운전 부담을 줄여 운전자 스트레스를 감소시킴으로써 생산성을 향상시킬 수 있다. 이외에도 원활한 교통 흐름을 통한 연료 효율성 향상과 이로 인한 오염 물질 배출을 감소시킬 수 있다.

12.2 주요 특징 및 이슈

12.2.1 특징

스마트자동차에 적용된 기술은 **첨단 운전자 보조 시스템**(ADAS), **자율주행**, **협업 안전 시스템** 등 3개의 **안전** 분야와 **커넥티드 카**와 같은 1개의 **편의** 분야로 구분된다([그림 12-4] 참조).

첨단 운전자 보조 시스템은 차선 이탈 방지 및 경고, 적응형 순항 제어 장치, 자동 긴급 제동 장치 등을 조합하여 운전자가 안전하게 운전할 수 있도록 지원한다. **자율주행** 기술은 차량 센서/제어/판단 알고리즘으로 목적지까지 운전자의 개입 없이 안전하게 이동할 수 있게 한다. **협업 안전 시스템**은 운행 정보를 주변의 차량 및 도로 인프라와 공유하여 사고 예방 및 안전 운전을 도모하는 기술이다. **커넥티드 카**는 차량 내 통신 기능을 활용하여 운행 과정이나 운전자가 필요한 정보를 제공받음으로써 안전과 편의를 향상시키는 기술이다.

스마트자동차는 '**안전**'과 '**편의**' 관련 기술들이 차량 목적에 따라 적용되어 개발되고 있다. 각종 고정밀 센서, 제어 장치 등 차량에 장착되는 전장 부품의 비중이 증가하고 있으며, 제어/구동을 위한 소프트웨어 알고리즘 및 통신 네트워크의 중요성도 증가하고 있다.

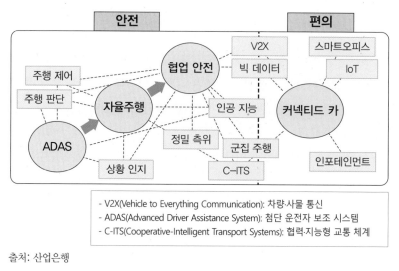

- V2X(Vehicle to Everything Communication): 차량·사물 통신
- ADAS(Advanced Driver Assistance System): 첨단 운전자 보조 시스템
- C-ITS(Cooperative-Intelligent Transport Systems): 협력·지능형 교통 체계

출처: 산업은행

[그림 12-4] 스마트자동차의 기능 분류

융합 산업으로 떠오른 스마트자동차로 인해 영향을 받게 될 내용은 다음과 같다.

① 융합 산업

스마트자동차는 **자동차 부품** 산업의 성장과 함께, **도로 및 통신 인프라, 스마트자동차 활용 서비스, 빅 데이터, 인공 지능 활용** 분야 등의 기술을 이용하여 구현되고 있다([표 12-3] 참조). 자동차 부품 분야에서 첨단 기능의 부품들이 다양하게 확대 적용되고 있으며, 스마트자동차 활용 서비스 분야에서는 자동차 공유, 인포테인먼트 등의 적용이 확대되면서 파급 효과가 커지고 있다. 인공 지능 기술은 스마트자동차에 활용되는 충돌 방지용 레이더 및 유사 시스템 기술, 교통 제어 시스템 관련 기술에 활용되며, 자동차 분야에서 파급 효과는 빅 데이터나 통신 기술에 비해 상당히 높다.

[표 12-3] 분야별 파급 효과

분야	파급 내용	파급 정도		
		상	중	하
자동차 부품	스마트자동차에 장착되는 센서, 제어기 등 전장 부품 산업의 확대	O		
도로 및 통신 인프라	스마트자동차 구축을 위한 도로 및 통신 인프라 산업의 확대		O	
스마트자동차 활용 서비스	자동차 공유, 인포테인먼트 등 스마트자동차 활용 서비스 시장 확대	O		
빅 데이터 활용	보험, 연비 측정 등 차량 운행 관련 빅 데이터 분석 및 활용 시장 확대		O	
인공 지능 활용	스마트자동차에 활용되는 충돌 방지용 레이더 및 유사 시스템, 교통 제어 시스템 관련 인공 지능 활용 시장 확대	O		

출처: 산업은행

스마트자동차로 인해 서로 다른 요소 기술을 가진 사업 주체들이 서로 협업하며 융합 산업으로 변화하는 자동차 산업은 새로운 표준을 만들어가고 있다. 이러한 표준 제정은 각국의 규제나 정책과 직접적으로 연관되어 있어 산·학·연 모두의 노력이 필요하다. 특히, 자동차 외의 IT, 시스템, 부품/소재, 반도체, 소프트웨어 등 다른 산업 분야의 기술 장점들이 스마트자동차에 접목될 수 있도록 개별 주체 간의 협력과 정부의 정책 지원, 지원 기관과의 협력이 필요하다.

글로벌 자동차 업체들은 자동차 내에 사용되는 기능이나 플랫폼 등을 개방하여 응용 프로그램 개발자들에게 협업의 길을 제공하고 있다. 이렇게 함으로써 스마트폰보다 더 큰 가능성이 존재하는 자동차용 프로그램 개발을 위해 필요한 플랫폼을 선점하기 위해 발 빠르게 움직이고 있다. 자동차 시장에서 스마트자동차 기술과 더불어 친환경 차량의 표준 및 비전까지 제시해야 경쟁에서 살아남을 수 있기 때문이다.

② 규제 법안

스마트자동차가 가져올 변화를 사회 시스템이 적절히 반영하지 못하고 있어 스마트자동차의 상용화에 걸림돌이 되고 있다. 예를 들면, 네트워크를 통한 지능형 교통 체계 구현이나 협력주행 등이 구현되기 위해 지리 정보 시스템이 주요 역할을 해야 하지만, 관련 업체의 이해관계나 안보 문제 등의 이유로 해결책이 마련되지 못한 상태이다.

자율주행 자동차가 도심을 주행하며 비전 카메라로 여러 가지 사생활 정보를 취득할 수 있어 보안과 개인 정보 보호 등의 문제를 야기할 수 있다. 자율운행에 대한 허가, 사고에 대한 책임 소재, 관련된 보험 문제 등도 사회적 합의가 필요하다.

예를 들어 자율주행 중인 차량의 사고가 났을 때, '누구에게 책임을 물을 것인가?'라는 문제가 발생한다. 자율 기능을 제공한 제조사의 책임인지, 기능을 사용한 운전자의 책임인지 등과 같은 제도가 마련되어 있어야 한다. 이러한 제도가 있어야 자동차 사고 배상 및 보험 제도와 관련된 논의를 시작할 수 있다. 자동차 사고는 생명을 위협할 수 있는 요인으로 법률 및 제도적 장치가 준비된 이후에 실생활에서 누구나 안심하고 이용할 수 있다.

미국 정부는 구글 무인 자동차의 운행을 위해 법을 개정하거나 별도의 운전면허를 제정하는 등 신기술이 사회에 미치는 영향을 다각도로 분석하고 산업 발전을 위한 기반 정책을 발빠르게 준비하고 있다. 이미 네바다, 플로리다, 캘리포니아주에서 무인 주행에 관한 법령이 제정되었고 정부 주도로 인프라 관련 기술의 공동 개발에 적극적으로 참여하고 있다.

12.2.2 이슈

자동차에 IT 기술을 접목한 스마트자동차가 전시장 중앙을 차지하게 되면서 세계 최대 소비자 전자제품 박람회를 '자동차, 전자제품 전시회'라고 부를 때가 왔다고 말하는 사람도 있다. 2015년 소비자 전자제품 박람회만 보더라도, 일주일 뒤 열리는 북미 국제 오토쇼를 앞두고 각 자동차 제조사가 자사의 '비밀 병기'를 공개하기도 했다. 무인 자동차처럼 꿈같은 이야기도 하나둘 현실화되고 있다. 이런 스마트자동차 시대를 앞두고, 스마트자동차가 해결해 나가야 할 주요 기술적 과제는 다음과 같다. 스마트자동차를 구현하기 위한 자세한 기술적인 내용은 다음 장에서 살펴본다.

① IT 관련 기술적 이슈

■ 자동차 네트워크

운전자의 판단 없이 자동차가 안전하고 편리하게 주행하기 위해 다른 자동차 및 도로 · 교통 인프라와 실시간으로 정보를 주고받는 기능은 필수 요건이 되고 있다. 주행과 안전, 인포테인먼트 등 자동차 기능 대부분을 수행하기 위해 실시간으로 외부와 데이터 송수신이 이루어져야 한다. 당연히 자동차를 중심으로 구성되는 네트워크의 연결 및 제어 기술이 자율주행차의 핵심이 된다([그림 12-5] 참조).

GPS, 4G/5G, 사물 인터넷 등 각종 IT 기술을 기반으로 하는 자동차 네트워크 수준도 빠른 속도로 발전하고 있다. 자동차 네트워크는 차량 간 통신(V2V), 차량과 인프라 간 통신(V2I), **차량과 보행자 간 통신**(Vehicle to Pedestrian communication, V2P) 등 다양한 형태로 구성될 수 있다. 특히, 자율주행차는 특정 네트워크 기술만으로 구현하기 어렵기 때문에 다수의 네트워크 기술을 복합적으로 활용한다.

자율주행차는 실시간으로 네트워크에 접속하여 안전 주행에 필요한 각종 데이터를 내려받아야 하며, 이를 기반으로 각 상황에 적합한 기능을 수행한다. 또한 자율주행차가 운행 중 수집한 대용량 데이터를 내부적으로 처리하기에는 한계가 있어 이를 지원할 수 있는 외부 클라우드 컴퓨팅 시스템과 연결 역시 자동차 네트워크의 중요한 과제이다.

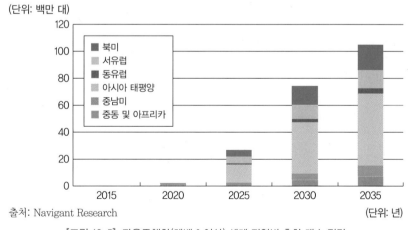

[그림 12-5] 자율주행차(레벨 3 이상) 세계 지역별 출하 대수 전망

■ 고성능 컴퓨팅

자율주행차가 안전하게 주행하기 위해 자동차 내부 및 외부에서 생성되는 수많은 데이터를 빠르게 분석할 수 있어야 한다. 특히, 자율주행차에서 초당 1GB가 넘는 엄청난 데이터가 생성될 것으로 예상된다. 따라서 자율주행차는 대용량 데이터를 분석하고 의사 결정을 수행할 수 있는 컴퓨팅 능력을 요구한다([그림 12-6] 참조).

IBM의 인공 지능 소프트웨어 왓슨이 미국 자동차 기업 로컬모터스(Local Motors)가 만든 자율주행차에 적용되었다. 이처럼 데이터 분석과 의사 결정을 위한 딥 러닝과 같은 인공 지능의 알고리즘을 효과적으로 실행할 수 있는 컴퓨팅 능력 역시 자율주행차의 중요한 이슈가 된다.

이와 함께 여러 기업을 중심으로 자율주행차를 위한 고성능 컴퓨팅 프로세서 개발이 활발하게 이루어지고 있다. 엔비디아는 병렬 연산 처리 기능이 뛰어난 그래픽 프로세서 기술을 활용하여 고성능 컴퓨팅을 수행할 수 있는 컴퓨터 플랫폼 드라이브 PX2를 출시하였다. 인텔은 자동차의 컴퓨팅 기술 확보를 위하여 FPGA(Field Programmable Gate Arrays) 기술을 주도하는 알테라(Altera)와 보안 기업 요기테크(Yogitech) 등 다수 기업을 인수 합병하면서 자동차 산업 입지 강화를 위한 발걸음을 재촉하고 있다. 모바일 시장에서 철수한 텍사스 인스트루먼트 역시 자신토(Jacinto) 프로세서를 기반으로 자율주행차 기술 개발에 적극적으로 나서고 있다.

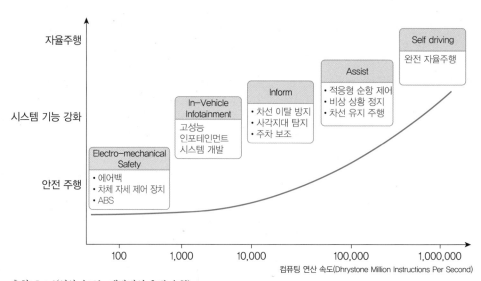

출처: Intel(연산 속도는 대략적인 추정 수치)

[그림 12-6] 자동차 컴퓨팅 성능 진화

■ 보안성 확보

자동차의 IT 의존도가 증가하면서 사이버 보안 위험이 급증할 가능성도 커지고 있다. 과거 기계 부품 위주의 자동차와 달리 전자 장치 및 소프트웨어에 크게 의존하는 스마트자동차는 운영 체제를 갖춘 일종의 IT 플랫폼이며, 네트워크에 연결되어 동작하고 있으므로 당연히 여러 보안 위협에 노출될 수밖에 없다. 특히 소프트웨어를 통해 차량의 각종 기능을 제어하고 있어 외부에서 악의적 공격을 당하면 비정상적인 동작을 하거나 범죄에 악용될 수 있다. 따라서 사이버 보안 역시 스마트자동차의 중요한 과제가 된다.

최신 자동차에는 자동차 성능 고도화에 따라 1억 라인 이상의 프로그램 코드가 포함되는 등 내부 소프트웨어 구조도 한층 복잡하게 구성되고 있다. 이런 이유로 해킹과 악성 코드 삽입 등 악의적인 공격에 취약할 수 있다.

예를 들면, 공격자가 GPS를 통해 스마트자동차의 현재 위치와 목적지, 이동 경로를 파악할 수 있다면 특정 인물에 대한 공격을 준비할 수 있다. 또한, 문을 열고 잠그는 것도 소프트웨어 기반이므로 해커가 운전자를 자동차 안에 가둘 수 있고, 수십 대의 차량에 악성 코드를 심어놓고 원격으로 제어할 수도 있다. 원격 시동 및 자율주행 기능을 이용해 수십 대의 차량을 한 번에 움직이거나, 특정 인물이나 건물을 들이받는 식의 조작도 할 수 있다. 마치 **좀비PC로 분산 서비스 거부**(DDos) 공격을 펼치는 것과 같은 상황이다. 좀비PC를 통한 분산 서비스 거부 공격은 온라인상에서 이루어지지만, 악성 공격을 받은 스마트자동차는 실제 현실 공간에서 동작하므로 인명이나 재산 등에 큰 피해를 줄 수 있다.

특히 보안과 관련된 문제는 평소에 쉽게 드러나지 않더라도 일단 발생하면 그 파급 효과가 매우 크다는 점에서 IT 기술을 기반으로 성장하는 자동차 산업의 큰 위험이 될 수 있다. 따라서 보안은 스마트자동차가 해결해야 할 중요한 과제 중 하나다.

피아트 크라이슬러는 지프 체로키(Jeef Cherokee)가 인포테인먼트 플랫폼 유커넥트(UConnect)를 통해 쉽게 해킹될 수 있다는 사실을 발견하고 무려 140만 대를 리콜하기로 결정하였다. 닛산은 전기 자동차 리프(Leaf)를 제어하는 앱인 닛산 커넥트 전기 자동차가 해킹에 사용될 수 있다는 사실을 발견하고 이를 전면적으로 금지시켰다. 이처럼 사이버 보안의 위험은 빠르게 현실로 다가오고 있다.

② 기타 이슈

■ 센서의 고도화

스마트자동차를 위한 과제 중 하나가 센서 기술의 고도화다. 자율주행 기능은 기본적으로 차량에 있는 센서를 통해 수집한 주변 상황 정보를 기반으로 한다. 센서에 관한 기술이 충분히 발전하지 못하면 위험한 상황에 놓일 수 있다. 예를 들어, 센서가 인식하기 어려운 전방에 낮은 기둥 같은 인식하기 곤란한 장애물을 파악하지 못하거나, 골목길에서 갑자기 튀어나오는 어린이를 빠르게 파악하지 못하면 인명 피해로 이어질 수 있다.

■ 시스템의 안정성

센서 기술뿐만 아니라 시스템 전반적인 안정성도 중요하다. PC나 스마트폰 등의 기기와는 달리, 스마트자동차에서 발생한 시스템적 문제는 인명 피해나 금전적 손실로 이어진다. 자동차용 운영 체제가 다운된다면 달리던 차량이 갑자기 멈출 수 있으며, 이로 인해 뒤따르던 차량과 충돌하거나 위급 상황이 발생할 수 있다. 스마트자동차가 아닌 일반 차량도 전자 제어 장치의 결함으로 급발진이 발생할 수 있는데, 거의 모든 기능을 소프트웨어와 전자 장치에 의존하는 스마트자동차의 경우 시스템의 안정성이 필수적이다.

- **AVN(Audio Video Navigation)**: 고급 멀티미디어 시스템으로써 오디오, 비디오, 내비게이션 기능을 하나의 시스템으로 제공하며, 스마트폰이나 태블릿 등의 스마트기기와 연결하여 보다 다양한 기능들을 차 안에서 수행할 수 있도록 지원한다. WindowCE, Linux(GENIVI), Android 등의 다양한 플랫폼으로 개발된 AVN 시스템이 있다.

- **i.MX**: 프리스케일 세미컨덕터에서 제작하는 ARM 아키텍처 기반의 프로세서이다.

- **MP3(MPEG-1 Layer 3)**: 압축비가 12:1인 오디오 코덱의 한 형태로 일반 웨이브(Wave) 파일에 비해 크기가 10분의 1이면서 CD 수준의 음질(16비트, 44.1kHz)을 구현할 수 있는 오디오 파일 포맷. 엠펙(MPEG) 오디오는 압축비에 따라 1계층(Layer)은 4:1, 2계층은 8:1, 3계층은 12:1로 나누고 있다. MP3는 1993년 MPEG-1 표준의 일부로 제정되었다.

- **분산 서비스 거부(Distributed Denial of Service, DDoS) 공격**: 감염된 대량의 숙주 컴퓨터를 이용해 특정 시스템을 마비시키는 사이버 공격. 공격자는 다양한 방법으로 일반 컴퓨터의 봇(Bot, Robot의 줄인 말로써 데이터를 찾아주는 소프트웨어 도구)을 감염시켜 공격 대상의 시스템에 대량의 패킷이 무차별로 보내지도록 조정하여 공격 대상 시스템의 성능을 저하시키거나 마비되게 만든다.

- **스마트자동차(Smart Car)**: 정보 통신 기술을 이용해 운전자와 보행자의 안전과 편의를 높이는 차로 궁극적으로 '자동 운전'을 추구하며, 운행 효율이 높아 에너지 낭비가 적다. 달리는 자동차의 위치와 차량 간 거리·속도 등을 제대로 측정해 운행 시 연결해야 하므로 기본적으로 차량 간 정밀한 통신 체계가 요구된다. 자동차와 도로 위·주변 여러 시설 간 통신 체계, 즉 종합적인 '지능형 교통 체계(Intelligent Transportation System, ITS)'가 필요하다.

- **자동 긴급 제동 장치(Autonomous Emergency Braking, AEB)**: 레이더, 카메라 센서 등을 이용하여 차량, 보행자 등과 충돌이 임박할 때, 차량을 자동으로 제동시키는 시스템으로 교통사고의 주요 원인인 전방 주시 태만, 운전 부주의로 인한 사고를 경감시킬 수 있는 첨단 안전 시스템이다.

- **자동차 안전도 평가 제도(New Car Assessment Program, NCAP)**: 소비자에게 보다 넓은 선택의 기회를 제공하고 제작사로 하여금 보다 안전한 자동차를 제작하도록 유도하기 위해 충돌 시험 등을 통하여 자동차의 안전도를 평가하고 그 결과를 소비자에게 공개하는 제도이다.

- **장치(Unit)**: 특정한 목적을 가진 기계적, 전기적 장치. 컴퓨터 내에 있거나 컴퓨터에 붙은 물리적 장치의 부분. 특히 컴퓨터에 온라인(on-line)으로 연결된 음극선관(CRT)과 모니터, 단말기, 인쇄기, 디스크, 테이프 등의 주변 기기를 가리킨다.

- **적응형 순항 제어 장치(Adaptive Cruise Control 또는 Smart Cruise Control, ACC)**: 차량 전방에 장착된 레이더를 사용하여 앞차와의 간격을 적절하게 자동 유지하며, 자율적으로 교통 상황에 맞춰 주행하는 시스템이다.

- **전방 표시 장치(Head Up Display, HUD)**: 증강 현실 기술을 통하여 주행에 필요한 정보와 주변 환경 정보를 동시에 보여주는 디스플레이로 최근 자동차 분야에서 운전자의 안전과 편의성을 높여 주기 위한 자동차 전자 장비이다. 차량 주행에 필요한 정보를 대개 자동차 앞 유리에 표시하기 위한 연구가 진행되고 있다. 전방 표시 장치는 운전자가 자동차와 주변 환경과 의사소통을 할 수 있는 차세대 인터페이스 정보 매체로 발전하고 있다.

- **전자 제어 장치(Electronic Control Unit, ECU)**: 자동차의 엔진, 변속기, 조향 장치, 제동 장치, 현가장치 등의 기계 장치를 컴퓨터로 제어하는 장치

- **좀비PC(Zombie Computer)**: 악성코드에 감염된 컴퓨터를 뜻한다. 명령과 제어 (Command & Control, C&C) 서버의 제어를 받아 주로 분산 서비스 거부(DDoS) 공격 등에 이용된다.

- **지능형 자동차(Intelligent Vehicle)**: 정보 기술(IT)을 융합한 최첨단 자동차. 스마트자동차라고도 한다. 자동차 자체의 첨단 시스템 도입은 물론 지능형 교통 시스템과의 연동을 통한 최적의 교통 효율을 제공한다. ACC(Adaptive Cruise Control), 장애물 감지, 충돌 감지 및 경감 장치 등과 같은 안전에 관련된 핵심 기술의 개발로 운전자, 탑승자 및 보행자까지 안전을 극대화하는 기술적 강점을 가지고 있다.

- **차량·보행자 통신(Vehicle to Pedestrian communication, V2P)**: 차량과 개인 즉, 보행자나 자전거 탑승자가 소지한 이동 단말기기 사이의 무선 통신. 예를 들어, 차량이 길을 건너는 보행자의 스마트폰을 인지해 운전자에게 보행자 접근 경보를 보내 사고를 예방할 수 있다. V2P는 차량 간 통신, 차량과 인프라 간 통신과 함께 차량·사물 통신의 주요 기술로 지능형 교통 서비스의 구현 요소이다.

- **차량 인프라 간 통신(Vehicle to Infrastructure communication, V2I)**: 차량과 주변 인프라망이 유무선 통신에 의해 접속되는 단말과 서버 간의 무선 통신. 차량에 인터넷 프로토콜(IP) 기반의 교통 정보 및 안전 운행 정보를 내려 받을 수 있는 서비스를 제공한다.

- **차선 유지 보조 시스템(Lane Keeping Assistance System, LKAS)**: 자동차가 주행 중인 차로를 벗어났을 때 운전자에게 경고를 주고 본래 주행 중이던 차로로 복귀하는 제어 장치이다. 초기의 차선 이탈 경고 장치 기능 위주에서 차선 이탈 복귀 장치 기능으로 확대되었다.

- **첨단 운전자 보조 체계(Advanced Driver Assistance System, ADAS)**: 운전자의 운전에 도움을 주는 시스템이다. 첨단 운전자 보조 시스템의 인간 대 기계 인터페이스는 운

전자의 운전 피로를 감소시키고 안전한 운전을 도와준다.

- **협력 · 지능형 교통 체계(Cooperative Intelligent Transport Systems, C-ITS)**: 차량과 차량, 차량과 인프라 등이 정보를 주고받는 차량 · 사물 통신 기술을 이용하여 서로 협력하는 지능형 교통 체계(ITS). 차세대 지능형 교통 체계는 V2X 기술을 기반으로 하여 도로, 차량, 운전자 간의 관련성이 보다 긴밀해진다. 차량은 주행 중 다른 차량에서 직접 정보를 수신하거나 노변의 기지국이나 CCTV를 통해 주변의 교통 상황, 급정거, 낙하물 등 운행과 관련된 정보를 실시간으로 확인할 수 있다.

스마트자동차의 주요 기술 및 서비스

13.1 스마트자동차의 주요 기술

기존 자동차에 대한 주요 평가 요소는 엔진이나 현가장치(서스펜션) 등 주로 하드웨어적인 요소가 대부분이었다. 이에 반해 스마트자동차가 다양한 센서, 디스플레이, 인터넷이 연결되는 IT 플랫폼으로 진화하면서 안정성과 편의성이 주요 평가 요소가 되었다. 또한 소프트웨어의 갱신만으로 차량의 기능이 바뀌고 성능의 변화를 줄 수 있어 하드웨어보다는 소프트웨어의 중요성이 커지고 있다.

스마트자동차의 주요 안전과 편의 기능으로는 **예방 안전, 사고 회피, 충돌 및 피해 확대 방지**, 이메일, 화상 회의 등의 각종 **편의 장치**가 있다([표 13-1] 참조).

[표 13-1] 스마트자동차에 적용될 주요 안전 및 편의 기능

주요 기능	내용
예방 안전	• 운전자의 눈 깜빡임과 호흡 상태를 감지해 졸음운전이나 음주 운전 시 경보 울림 • 사각지대 감지 카메라는 사이드 미러나 룸미러로 볼 수 없는 영역을 비춰줌 • 적외선 카메라는 야간에 전조등이 미치지 않는 거리에 출현한 장애물을 미리 감지
사고 회피	• 장애물을 감지하지 못했을 때 자동차 스스로 급제동을 걸거나 조향 장치를 조작해 피해 방지 • 운전자 부주의에 의한 차선 이탈로 판단된 경우 경보 울림 • 운전자가 사각지대 장애물을 인식하지 못한 채 차선을 변경할 때 경보 울림
충돌 및 피해 확대 방지	• 사고가 발생할 경우 충격 흡수 차체 구조가 승객 보호 • 모터가 달린 능동형 안전벨트가 작동하고 에어백이 터져 탑승자를 감싸줌 • 인근 경찰서 · 병원 등에 사고 사실 자동 통보, 화재 발생 시 소화액 자동 분사
편의 장치	• 차에서 동영상을 즐기거나 이메일을 주고받고 화상 회의가 가능 • 음성 인식 기술로 내비게이션, 오디오 · 비디오 시스템 등이 음성으로 조작 가능 • 내비게이션은 운전자와 대화를 나누는 수준까지 발달하며, 연료 잔량을 감안한 값싼 주유소나 충전소 안내, 운전자의 입맛을 고려한 맛집 안내 가능 • 스마트 고속도로에서 자동차가 '움직이는 사무실'이나 '움직이는 응접실'이 됨([그림 13-1] 참조)

출처: ETRI 산업분석연구팀, 2011. 12.

출처: 메르세데스벤츠

[그림 13-1] 완전 자율주행 콘셉트 카 'F015'의 내부

13.1 스마트자동차의 주요 기술

스마트자동차 관련 기술은 크게 운전자의 안전성과 편의성을 위한 기술과 조작성과 접근성을 높이는 자율주행 기술로 나눌 수 있다. **안전성** 기술은 차량 결함, 사고 예방 및 회피, 충돌 등 위험 상황으로부터 운전자 및 탑승자를 보호하고 교통사고로 인한 피해를 경감하는 기술이다. **편의성** 기술은 자동차에 흥미를 부여하고 운전자 편의를 극대화하여, 자동차를 가정, 사무실에 이은 제3의 주거 공간으로 활용하는 기술이다. 가장 이슈가 되는 **자율주행** 기술은 차량에 설치된 센서, 카메라 등으로 교통 신호, 차선, 장애물 등에 대한 정보를 수집하고 이를 이용하여 차량에 내장된 컴퓨터가 주변 상황에 맞게 차량을 스스로 운행하는 기술이다.

13.1.1 기술 구성 및 핵심 기술

다양한 통신 기술이 발전함에 따라 자동차-IT가 융합된 **자동차 사물 인터넷**(Internet of Vehicles, Automotive IoT)의 개념이 적용된 커넥티드 카가 등장하였다. 이 자동차는 탑승자에게 필요한 각종 정보를 수집하고 관리하는 디바이스 및 플랫폼, 차 내부에서 외부 네트워크에 접속하는 통신 모듈, 탑승자가 접근할 수 있는 서비스 및 콘텐츠 등으로 구성된다. 커넥티드 카의 연결성은 차량·사물 통신(V2X) 기술에 의해 가능하며, 자율주행, 클라우드 접속, 운전자 상호 작용, 차세대 텔레매틱스 등의 서비스를 가능하게 한다.

센서	네트워크	인프라

센서
- 레이더
- 라이다
- 스테레오 카메라
- 초음파 센서
- 운전자 감시
- GPS/DGPS

네트워크
- 차량 내 통신
  - LIN
  - CAN
  - FlexRay
  - Ethernet
- 차량-외부 통신
  - WAVE
  - CALM
  - ISO TC204 WG17
  - 5G 통신
- 외부-외부 통신
  - 4G/5G 통신
- 네트워크 보안
  - 해킹 방지 보안 모듈
  - 기기 인증, 암호화

인프라
- 실시간 정밀 지도(LDM) 구축
- 차량 위치 보정 장비
- 정보 통합 관제 기술
- 실시간 경고/안내 표지
- V2I 통신용 도로시설

SW/ 통합
- 센서, 제어/구동, 네트워크 통합
- 운행 전략(경로 생성 등) 구축
- 운행 조작(회피/차선 유지 등) 구축
- 운전자 상태 판단 및 제어
- 엔터테인먼트, 스마트비서
- 사용자 맞춤 운전 설정

제어/ HVI
- 조향/구동/제동 액추에이터
- 각종 편의 장치 제어/구동
- 디스플레이 설계 구현
- 각종 조작 컨트롤러 설계

V2V
- 협력주행을 위한 정보 생성
- 차량 간 운행정보 동기화

서비스
- 사용자 맞춤 정보/뉴스
- 주행정보 빅 데이터 분석
- 스마트자동차 활용 서비스 개발 및 서비스별 전용 앱 개발
- 차량 인증 기술

- GPS(Global Positioning System): 위성 위치 확인 시스템
- DGPS(Differential Global Positioning System): 위성 항법 보정 시스템
- HVI(Human-Vehicle Interaction): 인간-차량 상호 작용
- LIN(Local Interconnect Network): 차량 내 전자 장치 제어를 위한 근거리 저속 네트워크
- CAN(Controller Area Network): 계측 제어기 통신망
- WAVE(Wireless Access in Vehicular Environment): 차량의 고속이동 환경에서 무선 통신 기술
- CALM(Continuous Air Interface for Long and Medium Range): 중장거리용 무선 접속 규격
- ISO TC204 WG17 : Nomadic & Mobile Device 표준화 작업 그룹
- LDM(Local Dynamic Map): 실시간 지역 정밀 지도
- V2V(Vehicle to Vehicle communication): 차량 간 통신

출처: 산업은행

[그림 13-2] 스마트자동차 기술 구성도

스마트자동차에 적용된 IT 관련 기술들은 **센서, 소프트웨어 통합, 제어, 네트워크, 인프라, 차량 간 통신(V2V), 서비스** 등 7개 기술 분야로 구분할 수 있다([그림 13-2] 참조). 스마트자동차 구동을 위한 각 부품 배치도는 [그림 13-3]과 같다.

그중에서도 소프트웨어 통합 분야에 해당되는 '**차량용 센서 및 알고리즘**', 인프라 분야의 '**위치 측정 및 정밀 지도 구축**', 차량 인프라 간 통신(V2I)과 차량 간 통신(V2V)을 포함하는 '**차량·사물 통신(V2X)**' 기술은 스마트자동차를 실현 가능하도록 만드는 핵심 기술로 구분할 수 있다. 차량용 센서 및 알고리즘은 차량의 주변 상황을 인식하기 위해 레이더(Radar), 라이다(Lidar), 카메라와 같은 센서나 부품의 설계 및 제작과 신호 처리 알고리즘을 구현하기 위한 기술 등을 포함한다. 측위 및 정밀 지도 구축은 차량의 현재 위치를 파악하기 위해

0.3~1m 이내 고정밀 GPS 제작, 산간 및 도심지 등 주행 환경에 따른 위치 정보 신뢰도 확보, 실시간 지역 정밀 지도(Local Dynamic Map, LDM) 구축에 필요한 각종 인프라 설비와 데이터베이스 구축 기술을 포함한다. 차량·사물 통신은 차량 내외부의 각종 센서 및 인프라, 다른 차량과 통신에 필요한 통신 모듈, 통신 프로토콜, 보안에 대한 설계 제작 및 운용, 네트워크 보안 등의 기술을 포함한다.

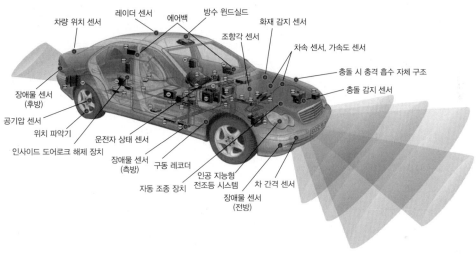

출처: MDS테크놀로지 구성

[그림 13-3] 스마트자동차 구동을 위한 각 부품 배치도

스마트자동차에 적용되는 수많은 기술들은 [표 13-2]와 같이 자동차 안전 기술, 자동차 편의 기술, 융합 기반 기술로 분류할 수도 있다.

[표 13-2] 스마트자동차 기술 분류

중분류	소분류	정의
자동차 안전 기술	센싱 시스템	자동차에 장착된 다양한 환경 인식 센서나 외부와 송수신이 가능한 단말기를 이용하여 자동차의 내외부 상황을 인식하는 기술(레이더, 카메라, 초음파, 차량·사물 통신, 보행자 및 탑승자 인식, 위치, 항법 등)
	액추에이팅 시스템	자동차 승차감을 향상시키고 교통사고 예방/회피/피해 경감을 위하여 자동차의 자세를 제어하는 조향, 제동, 현가 관련 기술(자세 제어 장치, 전동식 파워 스티어링 등)
	수동 안전 시스템	자동차의 사고 발생 이후 탑승자와 보행자의 피해를 경감시키는 시스템 및 에어백 전개를 자동 감지 후 사고 위치를 자동으로 응급 센터에 알려 신속하게 구조 받게 하는 시스템(에어백, 능동형 후드, 액티브 헤드레스트 등)

자동차 안전 기술	운전 보조 시스템	운전자에게 안전 운전에 도움이 되는 정보를 제공하거나 운전자의 자동차 직접 제어에 도움을 주는 기술(전방 표시 장치, 인공 지능 전조등(Adaptive Front Lamp System, AFLS), 타이어 압력 모니터링 시스템, 주차 조향 보조 시스템(Smart Parking Assist System, SPAS), 디지털 클러스터, 차세대 내비게이션 등)
	사고 예방/ 회피 시스템	환경 인식 센서 또는 차량·사물 통신 등을 통해 자동차 주변 상황을 인식하여 운전자에게 위험을 경고하거나 자동차 스스로 제어하여 사고를 예방하거나 회피하는 기술(차간 거리 제어, 자동 긴급 제동, 연쇄 추돌 방지, 사고 회피 등)
	(반)자율주행 시스템	개별 능동 안전 시스템들을 통합하여 제한된 영역에서 자동차 스스로 자율주행이 가능하며, 필요 시 운전자의 직접 제어가 가능한 기술(자동 발렛 파킹, 전용 도로 자율 또는 군집 주행 등)
자동차 편의 기술	인간 대 기계 인터페이스 시스템	탑승자와 자동차 간의 효율적인 인터페이스를 통하여 안전과 편의를 향상시키는 기술(음성 및 제스처 기반의 차량용 인간 대 기계 인터페이스(HMI) 기술, 공조 제어 등)
	자동차 상태 모니터링 시스템	주행 중 자동차의 상태를 진단하여 고장 상황을 감지하고 알려주며, 사고 발생 시 자동 통보, 재현 및 분석을 위한 기반 기술(자동차 블랙박스, 자동차 고장 진단 기술 등)
	탑승자 지원 서비스 기술	외부 통신망과의 연계를 통해 차량 내 운전자 및 동승자의 만족감을 증대시키기 위해 다양한 서비스를 제공하는 기술(긴급 구조 전화(Emergency Call, e-Call), 위치 기반 서비스, 사물 인터넷 등)
	자동차용 무선 통신 기술	고속 주행 중인 자동차와 외부와의 소통을 위한 무선 통신 인터페이스 기술(4G/5G, WAVE 등의 기반 차량과 인프라 간 통신, 사용자 인증 기술 등)
	모바일 오피스 시스템	주행 중에도 이메일 처리, 웹 정보 검색, 홈오토메이션 시스템 제어 등 다양한 업무를 처리할 수 있도록 지원하는 기술(스마트폰 등과 연계를 통한 사업 모델, 시공간 정보 웹 서비스 등)
융합 기반 기술	Eco-ITS (환경 지능형 교통 체계) 연계 시스템	자동차의 외부 인프라 정보와 운전 정보를 이용하여 최적의 운전 조건을 설정하고 연비 절감을 극대화시키는 기술(맵 연계 에너지 관리, 연료 절감 내비게이션 등)
	자동차 전기 전자 아키텍처 기술	자동차 전자 제어 장치와 센서/구동기 등을 포함하는 전장 아키텍처 및 자동차 내부 네트워크(In-Vehicle Network, IVN) 기술(도메인별 DCU(Domain Control Unit), 이더넷 또는 플렉스레이(FlexRay) 기반 자동차 내부 네트워크, 자동차 내부 네트워크, 내부 보안 기술 등)
	자동차용 SoC 기술	자동차의 안전과 편의 기술 개발을 위한 다양한 기능을 가진 칩을 하나로 집적화하는 기술(디지털 무선 주파수용 SoC, 이더넷용 SoC 등)
	자동차용 임베디드 기술	자동차의 안전 및 편의 관련 시스템을 소프트웨어와 하드웨어로 구현하는 시스템의 기반 기술(표준 플랫폼, 소프트웨어 개발 가이드라인, 지원 툴, 검증 기술 등)
	시험 및 표준화 기술	스마트자동차 관련 자동차와 시스템 성능 평가 및 표준화 기술(차량·사물 통신 통신장치 검증 및 인증 기술 등)

출처: Telecommunications Review

이 절에서는 모든 기술 분야에서 빠지지 않는 센서와 안전 기술, 편의 기술을 중심으로 살펴보고 안전 기술 중 이슈가 되는 자율주행 시스템 기술과 인포테인먼트 플랫폼은 별도로 살펴본다. 융합 기반 기술에 대한 설명은 다양한 기술 분야에 대한 이해가 선행되어야 하므로 지면 관계상 생략한다.

13.1.2 자동차 센서

야노경제연구소(Yano Research Institute) 자료에 따르면, 2015년 자동차 1대당 약 200개의 센서가 사용되었는데, 2020년에는 약 300여개로 늘어났으며, 그 개수는 지속적으로 증가하고 있다. 연평균 7% 성장이 예측되는 센서 시장은 스마트자동차 관련 센서가 시장을 견인하고 있다([그림 13-4] 참조). 그 이유를 소비자의 경제력, 기술 발전, 법적인 측면 등에서 살펴볼 수 있다. 소비자의 경제력이 향상되면서 비용이 다소 증가하더라도 자동차의 품질, 신뢰성, 편의성 및 안전성에 대한 요구가 증대되어 왔다. 센서 및 전기 · 전자, 정보 통신, 소프트웨어 기술의 발전으로 고성능 저비용 시스템 개발이 가능해졌다. 환경 오염 방지를 위한 자동차 배기가스 감소, 연료 경제성 제고 및 안전 등에 대한 법적인 규제가 강화되고 있다. 이러한 이유로 자동차에 센서 사용은 지속적으로 증가하고 있다.

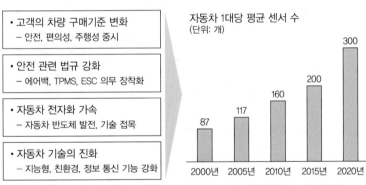

출처: 자동차센서산업현황 및 주요센서, KOITA Tip, KETI 센서현황보고서 재구성

[그림 13-4] 자동차 한 대당 적용된 센서 수

① 스마트자동차 센서

스마트자동차에 적용되는 센서는 **동력 제어, 안전 제어, 편의 제어, 정보 통신 기술 연동** 목적으로 구분할 수 있다([표 13-3] 참조).

[표 13-3] 자동차 세부 시스템별로 적용되는 센서

구분		동력 제어	안전 제어	편의 제어	정보 통신 기술 연동
목적		– 배기가스 정화, – 연비 향상	안전 향상	편의 향상, 쾌적함 향상	편리성 향상
시스템		– 연료 분사 제어 – 공연비 피드백 제어 – 희박 연소(Lean burn) 제어 – 자동 변속기 제어	– 서스펜션 제어 – 브레이크 잠김 방지 시스템(ABS)/전자식 주행 안정 프로그램 – 주행 자세 제어 – 충돌 방지 제어 – 정속 주행 장치 – 에어백 시스템 – 차선 유지 – 타이어 압력 모니터링 시스템	– 냉난방(HVAC) 제어 – 실내 공기 청정 제어 – 자동 조명 제어 – 자동 주차(보조) – 실내 조명 제어 – 졸음 감시 시스템 – 자동 창/선루프	– 차량 인포테인먼트 – 자동차 내비게이션 – 차량 · 사물 통신 – 하이패스 – 인간 대 기계 인터페이스 – 블랙박스
센서	거리		– 레이더 센서 – 스테레오 카메라 센서 – 레이저 센서 – 초음파 센서	– 초음파 센서 – 주차용 장거리 센서	
	가속도 진동	– 진동(Konck) 센서 – 불화(Misfire) 센서	– 에어백 충격 센서 – 사이드 충격 센서 – 3축 가속도 센서		
	각속도		3축 회전 각속도 센서		3축 자이로 센서
	압력	– 엔진 흡기압 센서 – 대기압 센서 – 탱크압 센서 – 배기 압력 센서 – 공기량 센서	– 브레이크압 센서 – 조향압 센서 – 서스펜션압 센서 – 변속기압 센서 – 타이어압 센서	에어컨 센서	
	유량	흡기 공기량 센서		실내 공조 유량 센서	
	위치 회전 속도	– 쓰로틀 위치 센서 (TPS) – 페달 위치 센서 – 차속 센서(VSS) – 엔진 RPM 센서 – 펌프 RPM 센서 – 모터 스피드 센서 – 캠축 각도 센서 – 변속기 속도 센서	– 조향각 센서 – 토크 센서 – 차높이 센서 – 차륜 속도 – 차량 속도	– 조향각 센서 – 바퀴 각도 센서 – 선루프 위치 센서 – 창 위치 센서	3축 지자기 센서
	전류	전류 센서			

센 서	전파			스마트키 안테나	– 라디오 안테나 – GPS – 하이패스 안테나 – 차량·사물 통신 안테나
	광	엔진 점화 시기	– 적외선 카메라 – 전방/후방 카메라	– 레인 센서 – 조도 센서 – 적외선 온도 센서 – 인체 감지 센서 – 실내 감시 카메라 – 탑승자 감지 센서 – 안개 센서	– 하이패스 적외선 송수신 – 블랙박스 카메라 – 제스처 인식 카메라
	온도	– 엔진 냉각수 온도 – 연료 온도 – 흡기 온도 – 배기가스 온도		내외기 온도 센서	

출처: 자동차센서산업현황 및 주요센서, KOITA Tip, http://news.koita.or.kr/rb/?c=4/14&uid=1159

초기에는 자동차 엔진 제어를 위해 센서가 주로 사용되기 시작하였고 차체 제어를 위한 **브레이크 잠김 방지 시스템**(Anti-lock Brake System, ABS), **전자식 주행 안정 프로그램**(Electronic Stability Program, ESP) 등에도 다양한 센서들이 적용되기 시작했다. 이후 에어백과 공조 제어, 조명 제어 등에서 센서를 활용하기 시작하였다. **압력 센서**와 회전 및 위치파악을 위한 **자기 센서**도 많이 사용되고 있으며, 충돌 방지 목적으로 전후방 물체를 인식하기 위한 **초음파 센서, 카메라 비전 센서, 레이더 센서, 레이저 레이더 센서** 등도 사용이 증가하고 있다. 이러한 스마트자동차용 센서는 미세 전자 기계 시스템 기술의 발전을 견인하고 있으며, 특히 압력 센서, **가속도 센서, 각속도 센서** 등은 자동차의 안정성과 편의성 향상에 중요한 역할을 하고 있다. 스마트자동차에 사용되는 주요 센서에 대해 살펴보면 다음과 같다.

• **레이더**(RAdio Detection And Ranging, RADAR): 송신기에서 짧은 시간에 발생시킨 마이크로파 또는 밀리미터파를 날카로운 지향성을 가진 안테나로 목표물에 발사하고 그 반사파를 수신하여 브라운관상에 도형을 그린다. 발사와 수신 간의 시간차를 이용하여 목표물까지의 거리나 그 형태를 판정하는 장치이다. 어두운 밤, 안개 속, 눈이 내릴 때도 주위의 지형이나 장애물을 뚜렷이 관측할 수 있어 안전 확보에 중요한 역할을 한다. 차량

및 도로 시설물 감지에 사용되며, 24GHz의 근거리 레이더와 77~78GHz의 중장거리 레이더가 주로 사용된다. 최근 250m까지 탐지 거리를 확장한 레이더도 사용되고 있다. 크루즈 제어, 전후방 충돌 경보, 충돌 방지 시스템 등에 주로 사용된다.

- **라이더**(LIght Detection And Ranging, LIDAR): 레이저 펄스를 지표면과 지물에 발사하여 반사되어 돌아오는 시간을 측정하여 반사체의 위치 좌표를 측정하는 시스템이다. 반사광의 시간 측정은 클록펄스로 계산하며, 진동수 30MHz이면 5m, 150MHz이면 1m 분해능을 가진다. 자율주행 기술에 필수로 사용되고 있으며, 반경 360도에 대한 정보를 얻을 수 있다.

- **카메라**: 근거리 신호등, 표지판, 보행자, 차선 등을 인식하는 데 유용하며, 차량 내부의 운전자의 상태를 감시하거나 동작을 인식하는 데도 사용된다. 특히 보행자 보호가 중요하므로 보행자 인식에 필수적인 카메라의 활용도가 높아지고 있다.

- **제스처 인식용 3차원 형상 인식 센서**: 광신호를 이용한 3차원 형상 인식 센서로 LED와 거리 인식 픽셀(Pixel)이 적용된 이미지 센서 카메라가 적용되며 소형으로 구현 가능하다. 실내에서 운전자 제스처 인식을 통한 기기 제어, 전방위 충돌 방지 장치, 차선 이탈 방지 및 유지, 탑승자 모니터링 기반 스마트에어백, 주차 지원 등에 활용된다.

- **카메라와 레이저의 복합 근거리 충돌 방지 센서**: 카메라에 레이저 센서를 결합한 근거리 충돌 방지 센서이다. 도심에서 발생하는 추돌 사고의 80% 이상이 50km/h 이하에서 발생하였는데 50% 이상의 운전자가 추돌 시 브레이크를 전혀 밟지 못하였다. 이처럼 카메라만으로 자동 긴급 제동을 하는 데 한계가 있어 이를 보완하기 위해 카메라와 레이저 센서와 결합하여 정확한 사물 분류 및 거리 측정이 가능하다.

- **미세 전자 기계 시스템 6축 모션 센서**: 자이로 센서를 탑재한 자동차 회전 각속도 센서는 미세 전자 기계 시스템 기술의 발전과 스마트폰의 적용에 따른 시장 확대로 3축 가속도와 3축 각속도를 측정할 수 있는 초소형/초박형/저가의 6축 모션 센서로 발전하였다. 이러한 기술을 이용한 **관성 센서**는 에어백 충격 센서뿐만 아니라 자동차의 자세 제어를 위해 브레이크 잠김 방지 시스템, 전자식 주행 안정 프로그램(ESP) 등의 시스템에 필수적으로 적용된다.

13.1.3 자동차 안전 기술

자동차 안전 기술은 자동차가 도로, 기상 여건, 장애물 등의 주변 상황을 인식하면서 자동차를 능동적으로 제어하여 안전도를 높이는 기술을 의미한다. 외부 주행 환경 인식, 주행 상황 판단, 운전자 경보/표시, 차량 제어 단계로 동작한다([그림 13-5] 참조).

안전 기술 작동 영역은 교통사고 발생 전 예방을 위한 **능동적 안전성**과 사고 후 사고 피해를 줄이고 확대를 방지하는 **수동적 안전성**으로 구분된다. 능동적 안전성은 주행 운전 시 운전을 지원하다. 위험 상황이 발생하면 미리 사고를 예방하며, 충돌 직전까지 사고를 회피하도록 지원한다.

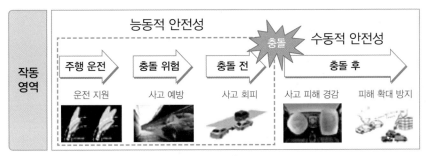

출처: 한국산업기술평가관리원(상생협력 정보공유 포럼)

[그림 13-5] 자동차 안전 기술의 요소

다양한 차량 통신(V2V, V2I, V2N(Vehicle to Nomadic) 등) 기술을 함께 활용한다면 교통사고 확률을 더 감소시킬 수 있다([그림 13-6] 참조). 이는 차량 내에서 수집한 정보뿐만 아니라 외부에서 운행하는 다른 자동차와 도로 인프라가 수집한 정보도 함께 활용할 수 있기 때문이다. 스마트자동차 안전 제품군의 분류는 [표 13-4]와 같다.

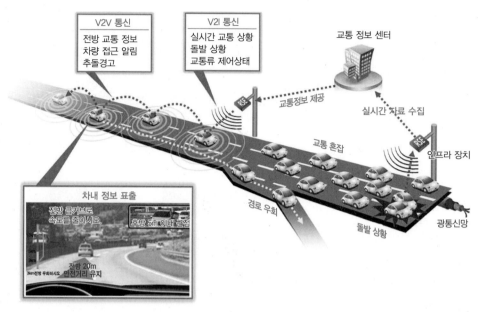

출처:http://biz.chosun.com/site/data/html_dir/2012/01/30/2012013001673.html

[그림 13-6] 차세대 지능형 교통 시스템

[표 13-4] 스마트자동차 안전 제품군 분류

분류	정의	대표적인 스마트 안전 시스템
운전 지원	차량의 일반적인 주행 상황에서 편리한 운전 조작으로 안전 운전을 지원하는 주행 지원 기술	적응형 순항 제어 장치, 차선 유지 보조 시스템(LKAS), 주차 보조 시스템(PAS), 차량용 전방 표시 장치, 인공 지능 전조등 시스템, 야간 시야 시스템(NV), 어라운드뷰 모니터링 시스템(AVM) 등
사고 예방	위험 상황과 운전자 상태를 감지하여 사고 발생 가능성이 있는 경우, 경고하여 사고를 미연에 방지하는 기술	타이어 압력 모니터링 시스템(TPMS), 차선 이탈 경보 시스템(LDWS), 전방 차량 충돌 경고 장치(FVCWS), 사각지대 경고 장치(BSD) 등
사고 회피	차량 상태의 위험 상황과 운전자 상태를 감지하여 사고 발생 가능성이 있는 경우, 사고를 회피시키는 차량 제어 기술	브레이크 잠김 방지 시스템(ABS), 전자적 차체 자세 제어 장치, 차량 자세 제어 장치 등 구동 제어 장치
사고 피해 경감	사고 발생이 불가피한 경우, 사고 피해를 최소화 또는 경감할 수 있는 안전 기술	액티브 헤드레스트, 능동 안전벨트(Pre-safe Seatbelt), 스마트 에어백 등

출처: 기술표준원

이와 같은 스마트자동차의 안전 기술이 올바르게 동작하기 위해 차량 내부 및 주변 상황을 인식할 수 있는 센서 기술이 핵심이다. 이러한 센서와 차량·사물 통신을 이용해 운전자의 안전을 위한 첨단 운전자 보조 시스템 기술이 가능하다.

주요 안전 기술인 센싱 시스템, 액추에이팅 시스템, 수동 안전 시스템, 운전 보조 시스템, 사고 예방/회피 시스템, (반)자율주행 시스템 기술을 보다 구체적으로 살펴보자. 이중 센싱 시스템은 13.1.2절에서 이미 다루었고 자율주행 시스템 기술은 스마트자동차의 중요한 부분이라 13.1.4절에서 별도로 살펴보자.

① 액추에이팅 시스템

자동차의 승차감을 향상시키고 교통사고 예방/회피/피해 경감을 위하여 자동차의 자세를 제어하는 조향, 제동, 현가 관련 기술로, 전동식 파워 스티어링, 차체 자세 제어 장치 등의 기술이 있다.

조향 장치는 자동차의 바퀴가 굴러가는 방향을 조정하는 장치로 스티어링 시스템(Steering System)이라고도 하며, 운전대에서부터 바퀴까지 이어지는 부품들이 조향 장치에 해당된다. [그림 13-7]에서 1. 운전대 2. 조향축 3. 피니언 및 랙 기어 4. 타이 로드(tie rod) 5. 너클 암(knuckle arm) 등의 부품으로 조향 장치가 구성되어 있음을 알 수 있다. 운전자가 운전대를 돌리게 되면 운전대에 연결된 조향축이 회전하게 되고 이 끝에 달린 피니언 기어가 회전하게 된다([그림 13-8] 참조). 피니언 기어는 랙 기어와 톱니가 맞물려 있어 운전대의 회전 운동을 왕복 운동으로 변환하여 좌우로 움직인다. 이러한 랙의 움직임은 타이 로드에 전달되고 다시 너클 암에서 최종적으로 바퀴의 방향을 바꾼다. 자동차에서 축을 중심으로 회전하는 부품은 암, 밀거나 당기는 부품은 로드라고 한다.

출처: http://bravenewblog.tistory.com

[그림 13-7] 조향 장치 구조

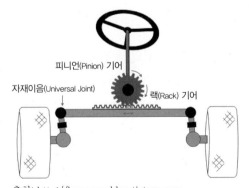

출처: http://bravenewblog.tistory.com

[그림 13-8] 조향 장치의 원리

스마트자동차의 **전동식 파워 스티어링**(Electronic Power Steering, EPS) 시스템은 유압이 아닌 전기 모터의 힘으로 운전대를 돌리는 힘을 보조한다. 운전대 또는 조향축에 설치된 조향각 센서가 회전 각도 센서의 정보와 속도 등의 정보를 바탕으로 차량 제어 장치(ECU)에서 최적의 힘을 계산하여 모터에 명령을 내린다.

전자 제어 현가(Electronic Control Suspension, ECS) 장치는 가변식 현가 시스템으로 차량의 속도 및 상태에 따라 승차감과 코너링을 제어하여 저속에서는 부드럽게, 고속에서는 딱딱하게 만드는 등 진동 흡수의 수준을 조절한다. 노면의 상황과 운전 조건에 따라 차고를 가변적으로 제어해 준다. 즉 비포장도로와 같은 불규칙한 도로를 주행할 때에 차고를 상승시켜 차체를 보호하고, 고속 주행 때에 차고를 낮게 해 공기 저항을 감소시켜 주행 안정성을 확보한다.

전자적 차체 자세 제어 장치(Electronic Stability Control, ESC)는 달리고 있는 자동차의 속도와 회전, 미끄러짐 등을 수십 분의 1초 단위로 계산하여 실제 값과 운전자가 의도한 값을 비교하여 차이가 나는 경우, 브레이크와 엔진 출력 등을 운전자가 의도한 만큼 제어할 수 있도록 개입해 사고를 미연에 방지하는 기술이다. 기존의 수동적 안전장치인 운전자를 보호하는 안전벨트, 에어백 등과 달리 능동적인 안전장치의 범주에 들어가며, 사고를 미연에 예방하는 기술이다. 기존의 단순 브레이크 잠김 방지 시스템(Anti-lock Brake System, ABS)과 마찰력이 적은 노면이나 코너링 시 휠 스핀을 방지하기 위해 구동력을 제어하는 TCS(Traction Control System) 등 모든 전자 장비의 유기적 총 집약 기술이라고 할 수 있다.

② 수동 안전 시스템

자동차 사고 발생 이후, 탑승자와 보행자의 피해를 경감시키거나, 사고 발생을 자동으로 감지하여 사고 위치를 응급 센터에 알려 신속하게 구조할 수 있도록 지원하는 시스템을 의미한다. 해당 기술은 스마트에어백, 능동형 후드, 액티브 헤드레스트 등이 있다.

스마트에어백은 승객의 위치와 안전벨트 착용 여부, 충격 강도에 따라 팽창력을 다르게 하는 에어백으로 사고 발생 순간을 정확히 감지해 운전자를 보호한다. **능동형 후드(충돌 감지) 시스템**은 운행 중 보행자와 충돌 상황에서 보행자의 안전을 위해 구동기가 보닛의 뒷부분을 상승시켜 충돌 흡수 공간을 확보하여 사고 발생 시 보행자의 머리와 엔진 사이의 충돌을 완화시킨다. **액티브 헤드레스트**는 충돌 및 추돌 사고 발생 시, 순간적으로 헤드레스트가 전방 위쪽으로 움직여 승객의 경추를 보호한다([그림 13-9] 참조).

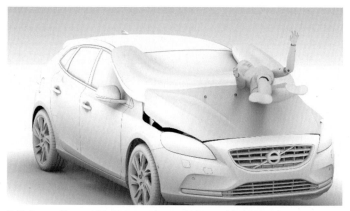

[그림 13-9] 능동형 후드 시스템

③ 첨단 운전자 보조 시스템(ADAS)

운전자의 안전을 도모하는 기술이 **첨단 운전자 보조 시스템**이며, 지능형 운전자 시스템, 첨단 운전자 시스템 등으로 불리기도 한다([그림 13-10] 참조).

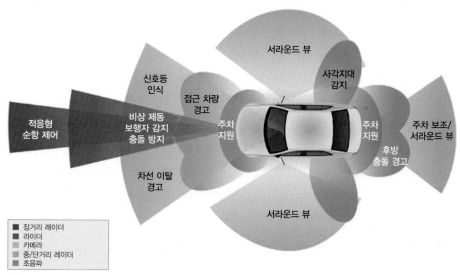

[그림 13-10] 첨단 운전자 보조 시스템

운전 보조 시스템은 운전자에게 안전 운전에 도움이 되는 정보를 제공하거나 운전에 직접 도움을 주는 기술이다. 센서를 이용해 사각지대에 있는 장애물을 파악하여 충돌 위험이 있을 때 이를 알려주고 위급 상황 시 스스로 브레이크를 작동시킨다. 차량 전방에 설치한 적외선 센서를 통해 앞 차와의 거리를 계산하고 일정 수준 이상 가까워지면 경고음이나 진동 등으로 알려준다. 거리가 계속 더 가까워지면 강제로 브레이크를 작동하여 사고를 예방한다. 또한, 카메라를 이용해 시야를 확보하고 차선 이탈 시 이를 감지하여 다양한 방법으로 운전자에게 알려준다. 차량 내부에 있는 카메라는 운전자의 얼굴을 감지해 운전 중 장시간 다른 곳을 바라보거나 눈을 감으면 경고 알람을 울린다. 이외에도 각종 센서와 GPS, 네트워크가 자동차의 눈과 귀 같은 역할을 하면서 안전 운전을 도와줄 수 있다. 이처럼 운전 보조 시스템은 다양한 장치에서 정보를 수집해 사람과 같은 판단을 해야 하기 때문에 통합 관리 소프트웨어 역할도 중요하다.

첨단 운전자 보조 시스템은 전방 표시 장치, 인공 지능 전조등(Adaptive Front Lamp System, AFLS), 타이어 압력 모니터링 시스템, 주차 조향 보조 시스템(Smart Parking Assist System, SPAS), 디지털 클러스터, 차세대 내비게이션 등의 기술을 포함한다.

전방 표시 장치 기술은 앞 유리에 속도, 경로, 위험 요소 정보 등을 표시한다. 차량에 설치된 카메라 및 센서가 전방 상황을 감지하고 장애물이나 사람이 갑자기 나타났을 때, 이 정보를 앞 유리에 표시하거나, 앞 유리 전체를 하나의 디스플레이 기기로 사용하여 목적지까지 최단 경로를 찾을 수 있게 한다. 증강 현실과 결합하여 내비게이션의 화면이 앞 유리 전체에 나타나 창밖으로 보이는 도로에 목적지까지 가는 길이 직접 표시된다.

사각지대 감지(BSD)는 범퍼에 장착되어 있는 레이더 센서를 이용하여 운행 중인 차량의 후방, 좌우 측면 사각지대 공간을 감지하는 데 이용된다. 임의의 다른 차량이 사각지대 내에 들어왔을 때 이를 감지하여 사이드 미러에 경고등을 켜서 운전자에게 알려준다.

운전자 시선추적 시스템은 카메라 영상으로 안구를 인식하여 운전자 시선을 추적한다. 운전자 상태나 요구에 대응하는 정보 제공 및 운전자 인증, 졸음운전을 감지한다.

주차 조향 보조 시스템(SPAS)은 주차 시 차량 외부 센서가 주변 장애물을 감지하면서 자동으로 운전대를 조작해 주고, 운전자는 스피커의 안내 음성에 따른 페달 조작만으로 평행 주차는 물론 직각 주차까지 할 수 있다.

인공 지능 전조등(AFLS)은 도로 상태와 주행 · 기후 조건 등 다양한 상황 정보를 전자 제어 장치가 수집하여 운전대 각도, 차량 속도, 전조등 밝기 등을 조절한다. 이 정보를 받은 자동차 헤드램프는 자동으로 상하, 좌우 회전각도 및 기울기를 조절하고 빛의 형태도 도로 조건에 따라 최적으로 변화시킨다([그림 13-11-(a)] 참조).

야간 시야 시스템(NV)은 야간에 사람이나 야생 동물 등이 나타나면 그 방향으로 조명을 비춰준다. 적외선 기술을 응용하여 어둠 속에서 인간의 시각 능력보다 훨씬 뛰어난 시각 정보를 제공하여 운전자가 위험한 상황을 감지할 수 있도록 함으로써 자동차 안전성을 배가시킨다. 상황에 따라 헤드라이트의 하향 광선보다 3~5배 멀리 있는 대상을 볼 수 있으며, 다가오는 차량의 헤드라이트 불빛보다 더 멀고 넓게 볼 수 있도록 설계된 장치이다. 작동 원리는 그릴 안쪽에 설치된 적외선 카메라가 물체의 열에너지를 감지하여 흑백 영상 이미지로 재현한 후, 대시보드 디스플레이에 투영시키거나 전방 표시 장치 기술을 이용하여 운전석 정면 좌측 유리에 투영시킨다([그림 13-11-(b)] 참조).

출처: 구글

(a) 지능형 전조등

(b) 야간 시야 시스템

[그림 13-11] 안전장치들

④ 사고 예방/회피 시스템

환경 인식 센서나 차량·사물 통신(V2X) 등을 통해 자동차 주변 상황을 인식하여 운전자에게 위험을 경고하거나 자동차 스스로 제어함으로써 사고를 예방하거나 회피하는 기술이다. 차간 거리 제어, 자동 긴급 제동, 연쇄 추돌 방지, 사고 회피 등을 위해 사용된다.

여기서 핵심이 되는 차량·사물 통신 기술은 자동차에 무선 통신 기술이 결합되어 차량 내부의 네트워킹을 형성하고 차량 정보화 환경을 제공하여 운전자에게 안전성과 편리성, 차량의 고부가 기능을 제공하고 교통의 효율성을 증대시킨다. 지능형 교통 시스템 관점에서 인프라 연계 교통정보 통합(Vehicle to X, V2X)을 이용하여 도로 상황 인식 성능을 향상시켜 교통 사고 발생을 감소시킬 수 있다.

차량 중심의 유무선 통신 기술은 **차량 내 디바이스 간 네트워크**(In-Vehicle Network, IVN),

차량 간 통신(V2V), 차량 인프라 간 통신(V2I), 차량 보행자 간 통신(V2P)으로 구분된다([표 13-5] 참조).

[표 13-5] 차량·사물 통신 응용 서비스

구분	기본 서비스
차량 간 통신(V2V) 응용 서비스	긴급 브레이크등 경고, 전방 추돌 경고, 교차로 안전 지원, 사각지대 및 차선 변경 경고, 추월 경고, 제어 불능 경고
차량 인프라 간 통신(V2I) 응용 서비스	교차로 안전 지원, 속도 관리, 차량 합류 지점, 정체, 도로 상태 경고, 실시간 교통 상황, 돌발 상황, 차량 예방 진단, 교통 제어 상태
차량 보행자 간 통신(V2P) 응용 서비스	보행자 충돌 감지 및 예측, 보행자에게 충돌 위험 경고, 운전자에게 안전 경고

출처: ETRI

차량 간 통신(V2V)은 차량, 사람, 센서와 같은 객체 간 애드-혹(Ad-hoc) 망으로 인프라 없이 이동하는 환경에서 패킷 교환망(Packet Switching Network)을 구성하는 방식이며, 차량 인프라 간 통신(V2I)은 통신 인프라와 연결되는 형태의 인터넷 프로토콜(IP) 기반의 패킷 교환 방식으로 정보를 주고받는다.

차량·사물 통신을 위해 사용되는 WAVE(Wireless Access in Vehicular Environment) 기술은 가용 범위가 넓은 광대역 주파수를 사용하기 때문에 이동 중 대용량의 정보를 편리하게 전송할 수 있다. IEEE 802.11a/g 무선 기술을 차량 환경에 맞게 개량한 표준 프로토콜로 주파수 5.9GHz로 시속 180km/h 이상의 고속 주행 환경에서도 차량 간 또는 차량과 인프라 간 패킷 프레임을 0.1초 이내에서 송수신할 수 있다.

차량 간 통신 기반 차량 안전 지원 서비스는 통신 인프라가 구축되지 않은 상태에서도 자동차 사이의 통신을 제공하는 것이 목적이다. 차량과 인프라 간 서비스(V2I)는 차량의 상태나 도로의 상태를 파악하여 차량에 정보를 제공하는 서비스로 차세대 지능형 교통 통신 체계이다([그림 13-12] 참조). 도심지와 고속 도로 구간, 신호등과의 연계를 위한 차량·사물 통신 테스트 베드 사업이 추진되고 있다.

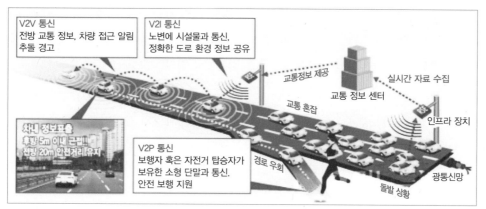

출처: http://news.mt.co.kr/mtview.php?no=2016101209505261809

[그림 13-12] 차량 · 사물 통신(V2X) 기술 개념도

13.1.4 자율주행 시스템 기술

스마트자동차의 자율주행 기술은 운전자의 조작 없이 자동차 스스로 주행 환경을 인식하면서 목표 지점까지 운행함에 따라 운전자의 부주의로 인한 교통사고를 미연에 방지하고 편리한 운전 환경을 제공한다([그림 13-13] 참조). (반)자율주행 시스템은 개별 능동 안전 시스템들을 통합하여 자동차 스스로 자율주행이 가능하다. 자동 발렛 파킹, 전용 도로 자율 또는 군집 주행 등도 일종 자율주행의 기술이다.

출처: YouTube

[그림 13-13] 최첨단 자율주행차

자율주행 자동차는 크게 **센서, 프로세서, 알고리즘, 구동기** 등으로 구성된다. 자율주행은 센서를 통해 차량 주변의 환경에 대한 데이터를 수집한 후, 프로세서가 미리 정의된 알고리즘을 통해 데이터 처리 결과를 해석하여 주행에 관한 의사 결정을 내린 후 구동기를 통해 실행한다([그림 13-14] 참조).

이러한 일련의 과정 중 중요한 것은 센서를 통해 수집된 대량의 데이터를 바탕으로 조향, 속도, 운행에 관한 의사 결정을 내리는 소프트웨어 알고리즘이다. 구글이 다양한 환경에서 무인 자동차를 반복 운행하면서 정보를 수집하는 것도 완벽한 알고리즘을 만들기 위함이다.

출처: 현대자동차

[그림 13-14] 자율주행을 위한 요소 기술

자율주행 기술은 스스로 인식할 수 있는 범위 내에서 수집한 데이터를 기반으로 독자적인 판단을 하지만, 시야 한계선 너머에서 일어나는 도로교통 정보를 사전에 파악하여 이를 활용하는 방향으로 발전하고 있다.

구글은 2009년부터 도요타의 일반 차량을 개조하여 무인 주행 자동차를 개발하고 시범 운행하여 자율주행으로 누적 약 2백만km 이상의 주행 거리를 기록했다. 구글의 무인 자동차는 비디오카메라, 레이저 가이드 매핑, 위치 측정기, 레이더 등을 통해 교통 신호, 차선, 보행자, 장애물 등 모든 방향의 주변 상황을 감지하여 3차원 지도를 구성하고 이를 바탕으로 무인 주행이 가능하도록 설계되었다. 구글은 IT 기업의 장점을 활용하여 자동 운전 알고리즘 및 방대한 데이터를 바탕으로 자율주행 자동차 기술을 선도하고 있다.

아우디는 2015년 소비자 전자제품 박람회 기간 중 자체 자율주행 시스템을 적용한 A7 차량으로 미국 샌프란시스코에서 라스베이거스까지 약 900km의 거리를 운행했다. 테슬라는 2015년 회사 홈페이지를 통해 자율주행 기능을 포함한 소프트웨어 배포를 시작하여 운전자가 오토파일럿(Autopilot) 기능을 활성화하면 자동 차선 변경, 가속 및 감속을 할 수 있다. 현대차도 제네시스 EQ900 차종에 첨단 자율주행 기능을 적용하고 있다. 자동차 업체를 비롯한 글로벌 기업들은 자동차 산업을 선도할 자율주행 시스템 기술 개발에 집중하고 있다.

한편 테슬라 자동차의 경우, 자율주행 중 운전자가 사망한 사고가 발생함에 따라 안전성에 대해 우려의 목소리도 높아지고 있다. 기술 안전성 검사 등을 비롯해 관련 법안 정비 등 자율주행 상용화를 위한 지속적인 노력이 필요하다.

13.1.5 자동차 편의 기술

자동차 전장화의 진전과 모바일 기술의 발달로 자동차가 이동통신, 무선 인터넷, GPS 등 외부 통신 인프라와 연결되어 정보 검색, 내비게이션, 텔레매틱스, 인포테인먼트 등 다양한 서비스를 이용할 수 있는 정보 통신 자동차로 탈바꿈하면서 탑승자의 편의성이 증대되고 있다. 그 중 텔레매틱스와 인포테인먼트는 대표적인 편의 기술이다.

주요 편의 기술은 **인간 대 기계 인터페이스** 기술, **자동차 상태 모니터링**, **자동차용 무선 통신** 기술, **모바일 오피스 시스템** 등으로 분류된다.

인간 대 기계 인터페이스 기술은 운전자와 차량 간의 유기적인 인터페이스 기능을 제공하는 기술이다. 운전 중 차량 내 각종 기기나 ITS/텔레매틱스 단말을 사용하고자 할 때, 손과 눈이 자유롭지 못한 운전 중일 때 **음성 인식**이나 사용자 **동작을 통한 제어** 방식은 안전 운전을 보장해 줄 수 있다. 예를 들어, 사용자가 내비게이션에서 목적지를 찾을 때 음성으로 입력할 수 있게 한다. 동작을 통한 입력 방식은 운전 중 각종 차량의 기능을 작동하는 수고를 덜어주어 운전에 집중할 수 있게 한다.

자동차 상태 모니터링 기술은 주행 중 자동차의 상태를 진단하여 고장 상황을 알려주고, 교통사고가 발생했을 때 사고 통보, 사고 재현 및 분석을 위한 기반 기술이다. 자동차 관리 서비스 회사의 서버가 자동차 주요 부품의 상태를 원격 모니터링하거나, 응급 신호를 자동으로 발신하는 등의 서비스도 제공한다.

자동차용 무선 통신 기술은 고속 주행 중인 자동차에서 외부와 소통하기 위한 무선 통신 인터페이스 기술이다. 통신 기술을 활용하면 스마트폰, 태블릿PC, 스마트시계와 같은 모바일 기기에서 차량을 **원격 제어**할 수 있다. 인포테인먼트 기기와 스마트폰을 USB나 블루투스로 연결하는 **미러링크(MirrorLink)** 같은 기능도 가능하고([그림 13-15] 참조), 자동차에 내장된 4G/5G 통신 기기가 자동차를 와이파이 핫스팟으로 만들어 자동차 안에서 인터넷 서비스도 가능하다. 스마트시계가 주차된 차량의 위치도 알려줄 수 있다.

출처: MDS테크놀로지 홈페이지

[그림 13-15] 미러링크 서비스

모바일 오피스 시스템 기술은 주행 중에도 이메일 처리, 웹 정보 검색, 회사 서버 접속 및 파일 다운로드 등 다양한 업무를 처리할 수 있도록 지원하는 기술이다. 정보 접근성 측면에서 라디오, 음악, 동영상 등의 콘텐츠나 클라우드 서버가 분석한 도로나 지역에 대한 고객 맞춤형 정보도 제공할 수 있다.

13.1.6 인포테인먼트 플랫폼

대다수의 IT 기업들이 자율주행차 시장을 위하여 가장 적극적으로 공략하는 분야가 운전에 필요한 각종 정보와 음악, 비디오 등 멀티미디어 서비스를 제공하는 인포테인먼트 시스템이다. 인포테인먼트 시스템은 초기에는 간단한 경로 안내와 라디오 및 음악 재생 정도만 제공할 수 있는 부품으로 간주되어 큰 주목을 받지 못하였다. 그러나 최근 각종 IT 기술의 적용으로 자동차 내외부 구동 정보 보기, 인터넷 검색, 통화, 터치와 음성 인터페이스 등 뛰어난 성능을 갖추는 추세이다. 우선, 텔레매틱스와 인포테인먼트의 정의 및 서비스는 다음과 같다.

① 텔레매틱스

텔레매틱스는 텔레커뮤니케이션(Telecommunication)과 인포매틱스(Informatics)의 합성어로 유무선 통신으로 자동차 안의 단말기를 통해 자동차와 운전자에게 다양한 종류의 정보 서비스를 제공해 주는 기술이다. 자동차에 위치 측정 시스템(GPS)과 지리 정보 시스템을 장착하여 운전자와 탑승자에게 교통 정보 제공, 응급 상황 대처, 원격 차량 진단, 인터넷 이용 등 각종 모바일 서비스를 제공할 수 있다. 카 오디오, TV 모니터, 내비게이션, 핸즈프리 휴대 전화 기능은 모두 통합되고 음성 인식, 문자 음성 변환(Text-To-Speech, TTS) 등의 기능을 위한 마이크와 스피커, 액정 디스플레이, 키보드, 터치스크린 등의 특별한 입출력 장치가 설치된다. 플래시 메모리나 개인용 디지털 단말기, 노트북 컴퓨터 등을 이용하여 외부와 데이터 전송도 가능하다.

텔레매틱스는 자동차에 내장되거나 스마트폰과 연동되어 인터넷에 접속하여 각종 정보를 주고받거나, 클라우드에 저장한 정보 또는 클라우드가 수집한 개인 맞춤형 정보 제공도 가능하다. 자동차 관리 서비스 회사의 서버가 자동차의 주요 부품의 상태를 원격 모니터링하거나, 교통사고가 발생했을 때 자동으로 응급 신호를 보내는 등의 서비스도 제공한다. 하지만, 인터넷과 클라우드를 통해 정보 연결성과 데이터 접근성으로 개인 정보뿐만 아니라 자동차 제어 시스템에도 접근 가능하여 보안과 안전 측면의 고려도 필요하다.

텔레매틱스 서비스에는 위치 정보를 이용하여 **교통 정보 제공 및 경로 안내 서비스**와 차량 추적 및 주차장 정보를 제공하는 **무선 위치 기반 서비스**, 긴급 구난 정보 전송 및 응급 대응 등을 제공하는 **차량 관리 서비스**가 있다.

■ 교통 정보 제공 및 경로 안내 분야

글로벌 위성 항법 시스템(Global Navigation Satellite System, GNSS)을 이용하여 자동차의 위치 정보나 도심에서 정밀한 지도 정보가 제공된다. 자동차에 장착된 카메라로 촬영한 영상과 지도에 있는 랜드마크나 도로 표지판 영상 정보를 비교하여 위치 오차를 보정하는 기능도 지원한다. 내장된 내비게이션 소프트웨어나 스마트폰의 테더링을 이용하여 경로 안내, 목적지까지의 경로에 대한 실시간 교통 정보, 전방의 사고 발생 정보, 경유지 및 목적지의 기상 정보도 제공한다. 무선 통신 네트워크를 이용한 지도의 부분 갱신(Map Air Update)이나 선호도를 고려한 경로 안내 및 우회 도로 제공 등을 지원한다.

■ 무선 위치 기반 서비스 분야

운전자에게 가까운 주차장 위치, 주차 가능 여부 및 주차 요금, 복잡한 주차장에서 자동차의 위치 정보 등을 제공한다. 여행 일정을 감안한 목적지까지 거리, 주유소 이용 안내 및 요금, 목적지 인근 호텔이나 식당의 위치 정보 등도 제공한다. 응급 사고 발생 시 구조 신호(eCall) 전송이 가능하고, 자동차 공유나 자동차 합승(Car Pool)을 위한 소셜 네트워킹 서비스 등도 지원한다.

■ 차량 관리 서비스 분야

타이어 압력과 같은 자동차 안전 부품의 현재 상태 정보 수집 및 관리, 자동차 원격 시동, 잠금 및 해제 서비스 등을 지원한다. 관리 대상 자동차의 실시간 위치 추적, 종합 관리(Fleet Management)[1] 서비스, 도난 차량의 위치 확인 및 회수 서비스도 가능하다. 자동차의 연비 관리, 운전자의 운전 습관 분석 등을 통한 친환경 운전 지원 기능도 포함된다.

② 차량용 인포테인먼트

차량용 인포테인먼트(IVI)란 자동차 안에 설치하는 여러 정보 기술 기기들이 정보와 재미, 즉 인포테인먼트 서비스를 제공하는 것이다([표 13-6], [그림 13-16] 참조). 예를 들어, 자동차 내비게이션에서 맛집과 같은 정보 제공이나 오락 기능을 제공할 수 있다. 고객의 차량 구매에 인포테인먼트 기능이 중요한 기준이 되고 있으며, 안전 부문과 달리 논란의 소지가 적고 제품 수명 주기가 짧아 교체 수요가 많은 특징이 있다.

---

1) 한 회사 소유의 모든 자동차 관리

교통 정보와 위치 정보를 분석해 내비게이션 서비스를 제공하는 **증강 현실 내비게이션** 서비스와 차량 위치에 따라 주변 정보를 실시간으로 센싱하여 맞춤형 정보를 제공하는 **인포모티브(Informotive)** 서비스도 인포테인먼트 서비스 중 하나이다. 탑재된 태블릿 PC나 스마트폰을 통해 영화, 음악, 게임 등을 이용하는 엔터테인먼트가 가능하고, 교차로 위반 통제, 전자 지불, 원격 자동차 진단 및 자가 수리 등도 가능하다.

[표 13-6] 글로벌 자동차 업체의 인포테인먼트 시스템

업체	인포테인먼트 브랜드	특징
현대차	블루링크 (Bluelink)	• 최신 IT 및 통신 기술을 이용한 원격 제어, 안전 보안, 실시간 길 안내 등을 제공 • 스마트폰이나 인공 지능 스피커를 통한 자동차 제어 가능
기아차	우보 (UVO)	• 연료나 타이어 등의 상태를 확인하는 원격 차량 진단 • 차량 운행 현황, 차량 정비 등의 차량별 정보 확인과 업무 지시 확인 가능
GM	온스타 (OnStar)	• 자동 충돌 응답, 긴급 서비스, 도난 차량 지원, 자동차 진단, 비상 상황 발생 시 자동 대응 기능 제공 • 사고 시 에어백이 전개되면 차량의 센서가 자동으로 운전자에게 경고
포드	싱크3 (Sync3)	• 안드로이드 오토와 애플 카플레이를 지원하여 구글 보이스 서치, 애플 시리 같은 음성 인식 기능과 내비게이션, 음악 재생 등의 각종 앱 서비스를 이용 가능 • 원격 제어, 차량 진단, 차량 위치 가능
BMW	아이드라이브8 (iDrive 8)	• 클라우드 기반 기계 학습, 자율주행 기능, 실시간 교통 및 내비게이션 정보 제공 • 운전자의 패턴을 모니터링하여 학습한 후, 운전자에 맞게 특정 기능을 사용하는 방법 제안
도요타	엔튠3.0 (Entune3.0)	• 멀티미디어 내비게이션 및 텔레매틱스 시스템으로 위성 기반 교통 정보, 날씨, 주식, 스포츠 점수, 연료 가격 정보 제공 • 음성 인식으로 제어, 음악 서비스의 앱을 포함한 기타 앱 제공, 수백 개의 라디오 채널 이용 가능

출처: http://www.ftoday.co.kr, www.bodnara.co.kr, https://en.wikipedia.org 재구성

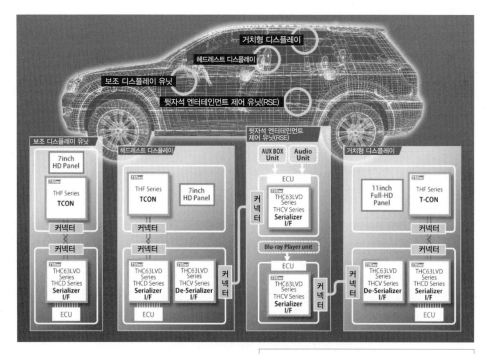

- AUX BOX Unit: 옥스 박스 장치
- Audio Unit: 오디오 장치
- T-CON(Timing Controller): 디스플레이용 반도체
- Serializer: 직렬 변환기
- Deserializer: 직병렬 변환기
- I/F(Interface): 인터페이스
- ECU(Electronic Control Unit): 전자 제어 장치

출처: http://www.thine.co.jp/ko/application/app_details/automotive.html 재구성

[그림 13-16] 자동차 인포테인먼트 시스템의 예

자동차에 다양한 소프트웨어가 설치되고 사용됨에 따라, 애플의 '앱스토어'와 같은 개방형 생태계가 자동차 산업에도 도입되고 있다. 스마트자동차의 핵심 기능인 지능화뿐만 아니라 부가적인 스마트 기능들도 시현되어 새로운 가치 창출이 가능해지고 있다.

특히, 인포테인먼트 시스템의 구성 및 제어를 담당하는 운영 체제와 스마트폰 연동 미들웨어 등이 큰 주목을 받고 있다. 주요 소프트웨어 기업들은 컴퓨터와 스마트폰에서 축적한 기술력을 바탕으로 인포테인먼트 플랫폼을 새로운 성장 동력으로 추진하고 있다. 이들 기업들은 최신 인포테인먼트 플랫폼을 경쟁적으로 출시하고 자동차 기업과 밀접한 협력 관계를 구축하며, 인포테인먼트 시스템의 시장 경향을 주도하고 있는 상황이다.

2014년에 애플은 제네바 모터쇼에서 모바일 운영 체제 iOS와 연동하여 경로 내비게이션, 음악 스트리밍, 음성 인식 서비스 등을 제공할 수 있는 자동차용 인포테인먼트 시스템인 **카플레이**(Carplay)를 출시하였다. 구글은 카플레이와 유사하게 안드로이드 운영 체제와 연동할 수 있는 인포테인먼트 플랫폼 **안드로이드 오토**(Android Auto)를 구글 I/O(Innovation in the Open) 개발자 회의를 통하여 발표하였다. 중국 인터넷 기업들도 인포테인먼트 시스템 시장에 적극적으로 진출하고 있다. 바이두는 인포테인먼트 플랫폼 **카라이프**(CarLife)를 선보였고, 알리바바는 자사가 만든 모바일 운영 체제 윤(Yun)을 탑재한 자동차를 공개하였다 ([표 13-7] 참조). 이 절에서 대표적인 인포테인먼트 플랫폼인 카플레이, 안드로이드 오토에 대해 살펴본다.

[표 13-7] IT 기업의 인포테인먼트 플랫폼 추진 현황

기업	인포테인먼트 플랫폼	주요 특징	주요 제휴 기업
애플	CarPlay	• iOS와 인포테인먼트 시스템 연결 기반 동작 • 음성 명령 인식 서비스(Siri) • 지도 기반 경로 안내 서비스 • 인터넷 검색 및 멀티미디어 감상	GM, 아우디, 닛산, 피아트 크라이슬러, 혼다, 현대차 등
구글	Android Auto	• 안드로이드와 인포테인먼트 시스템 연결 기반 동작 • 음성 명령 인식 서비스(Google Now) • 지도 기반 경로 안내 서비스 • 인터넷 검색 및 멀티미디어 감상	벤츠, BMW, GM, 도요타, 현대차 등
바이두	CarLife+	• iOS, 안드로이드 기반 스마트폰과 인포테인먼트 시스템 연결 기반 동작 • 음성 제어로 목적지 검색, 음악 재생 제어, 전화 걸기 가능 • 음악 서비스, 지도, 뉴스, 인터넷 검색, 멀티미디어 기능 제공	벤츠, 폭스바겐, 현대차 등

출처: LG Business Insight, 2016. 8. 재구성

많은 IT 기업들은 인포테인먼트 시스템이 자율주행차의 가장 중요한 핵심 부품이 될 가능성에 초점을 맞추고 있다. 대부분 기존 인포테인먼트 시스템은 자동차의 주행 및 안전 기능과 큰 관련성이 없었다. 그러나 자율주행차는 스스로 주변 환경 변화를 신속하게 감지하고 필요 동작을 결정하는 능력이 필수적이다. 이를 위해 자동차의 엔진, 바디, 섀시(Chassis) 등 각종 부품의 유기적인 제어가 필요하며, 모든 기능을 중앙 집중적으로 처리할 수 있는 시스템이 필요하다. 따라서 첨단 IT 기술이 집약된 인포테인먼트 시스템이 자동차의 중앙 처리 시스템으로 발전하고 있다.

■ 카플레이(애플)

애플은 'iOS 7 in the Car' 계획을 통해 카플레이 플랫폼을 개발하고, GM, 아우디, 포드, 현대자동차 등 16개 자동차 제조사와 협력하고 있다. 애플은 자동차에 내장되는 정보 단말과 아이폰을 연동하여 익숙한 인터페이스로 정보 단말을 사용하고 네트워크에 접속할 수 있게 만들었다. iOS 7 이후의 운영 체제에서 다양한 블루투스 프로파일과 연결성을 제공하면서, 궁극적으로는 자동차 클라우드 서비스의 플랫폼을 iOS 기반으로 구축하고자 한다.

카플레이는 운전대에 장착된 애플의 iOS 음성 인식 기능인 시리 전용 버튼으로 음성 에이전트를 이용하여 자동차의 정보 단말과 아이폰의 연결 서비스도 제공하고 터치스크린이 장착된 차량에서는 카플레이 지원 기능을 터치로 사용할 수 있다.

차량의 속도계를 인식해 디스플레이에 표시하고 각종 엔터테인먼트 시스템을 조작하며 실내 공기 및 온도 조절 장치 등을 제어한다. 센터 콘솔 디스플레이에는 카플레이의 익숙한 앱 컨트롤 화면이 구현되었고, 대시보드 모니터에는 기온이나 날씨, 시계 등의 위젯을 구성할 수 있다([그림 13-17-(a)] 참조). 그리고 아이폰 상의 콘텐츠를 대시보드로 제어하고 자동차 스피커로 사운드를 재생할 수 있다. 또한, 음성 인식을 이용하여 전방을 주시하면서, 핸즈프리 통화, 음성 메모, 음악 선택, 메시지 송수신, 경로 안내, 이력 정보를 이용한 목적지 예측 등의 서비스를 제공받을 수 있다.

운전석 쪽에는 속도계나 수온계, 거리계나 내비게이션 화면 등이 표시된다. 최근 발표된 카플레이는 차량의 제어에 필요한 정보까지 요구하며, 자동차가 달리기 위해 필요한 모든 정보가 카플레이에 표시된다.

출처: https://www.global-autonews.com, https://kbench.com/?q=node/232856

(a) 애플의 카플레이   (b) 구글의 안드로이드 오토

[그림 13-17] 인포테인먼트 플랫폼 사례

■ 안드로이드 오토(구글)

구글은 모바일 기기에서 안드로이드 운영 체제의 성공 경험을 바탕으로 안드로이드를 자동차 플랫폼으로 확산시키기 위해 개방형 자동차 협회(Open Automotive Alliance, OAA)를 결성하였고, 2014년에 안드로이드 오토(Android Auto)를 공개하였다. 개방형 자동차 협회는 GM, 포드, 혼다, BMW, 아우디, 기아와 현대자동차 등 28개의 자동차 제조사와 델파이, LG, 클라리온, 프리스케일, 엔비디아 등 16개의 기술 회사들이 참여하고 있다.

애플의 카플레이보다 6개월 늦게 시작하였지만, 자동차에 내장되는 플랫폼을 독자적으로 바꾸어 설계할 수 있도록 자유도를 높이고 있어 정품 iOS만을 고수하는 애플과 차별성이 있다. 오픈 플랫폼의 장점과 자동차 특성에 맞춘 플랫폼 개조를 통해 자동차 제조사들의 적극적인 협력과 확산을 도모하고, 스마트폰에서 익숙해진 인터페이스를 자동차 환경에도 적용하여 운전자에게 안전하고 자연스러운 운전 경험을 제공하는 것이 목표이다.

안드로이드 오토는 자동차 내부에 있는 디스플레이 장치에 안드로이드의 실행 환경을 재구성하여 미러링하는 플랫폼이다. 스마트폰, 태블릿 PC 등의 안드로이드 기기를 안드로이드 오토를 지원하는 자동차에 연결하여 사용한다. 음성 명령과 터치 기반의 조작으로 자동차 디스플레이에서도 안드로이드 앱 실행 환경을 제공한다([그림 13-17-(b)] 참조). 유튜브, 멜론, 지니, 플레이스토어 뮤직, TMAP, 카카오 내비, 네이버 지도, 아이나비, 구글 지도 등이 안드로이드 오토 UI를 지원한다. 안드로이드 오토 앱이 3.0으로 업데이트되면서 보안이 강화되어 플레이스토어에 등록된 앱만 연동 가능하다.

안드로이드 공통 플랫폼과 구글의 **서비스형 소프트웨어**(Software as a Service, SaaS)가 개방형 개발 모델의 중심 기반이 된다. 여기에 다른 회사의 서비스형 소프트웨어 앱을 사용할 수 있어 자동차 회사의 전략에 맞는 독자적인 클라우드 서비스 플랫폼을 개발할 수 있다.

구글은 인포테인먼트 플랫폼 추진에 그치지 않고 직접 개발한 자율주행 소프트웨어를 탑재한 자동차를 실험하는 등 자율주행차 상용화에 박차를 가하고 있다.

13.1.7 자동차 운영 체제

자동차에서 소프트웨어의 중요성이 갈수록 커지고 있다. 이전에는 주로 원동기의 힘을 통해 운송 수단으로 활용되었지만, 최근에는 첨단 컴퓨터의 집합체로 변모하고 있기 때문이다.

자동차의 기능이 다양해지고 성능이 고도화되면서 전장 부품도 증가하고, 이를 제어하는 전자 제어 장치(ECU)도 자동차 한 대당 70~100개가 되었다. 자동차 내 수많은 '미니 컴퓨터'가 들어 있는 것과 같다. 하지만 자동차 회사는 자동차 설계에 맞춰 기능별로 묶어 부품을 발주하고 부품사가 기능 구현에 필요한 전자 제어 장치를 별개로 개발하고 있다. 각각의 전자 제어 장치를 구동하는 운용 체계가 모두 다르고, 자동차 회사의 성능 개선을 위한 소프트웨어 업데이트 제공도 힘들다. 이는 기존 자동차의 분산형 전기·전자(Electric/Electron, E/E) 아키텍처의 한계이기도 하다. 이러한 부품들이 상호 효율적으로 동작하려면 이러한 부품들을 통합하려는 노력이 필요하다.

반면, 테슬라는 기존 자동차 회사와 달리 하나의 운영 체제(OS)와 중앙 집중형 전기·전자 아키텍처를 구현하였고, 자체 개발한 칩 기반의 고성능 컴퓨터로 차량 전체를 제어한다. 테슬라는 현재 가장 고도화된 **소프트웨어 정의 자동차**(Software-Defined Vehicle, SDV)를 구현한다. 서비스 센터에 가지 않고도 소프트웨어 업데이트를 받아 자동차의 성능을 개선할 수 있는 **무선 프로그래밍 갱신**(Over The Air, OTA)을 지원한다. 또한 새로운 인포테인먼트 기능 추가뿐 아니라 배터리 효율을 높이거나 자율주행 기술을 고도화하는 것도 가능하다.

소프트웨어 정의 자동차란 소프트웨어를 통해 다양한 기능을 구현하는 차량을 의미한다. 자동차의 가치가 하드웨어 기반의 기능적 도구에서 소프트웨어 중심의 사용자 경험으로 진화한 결과이다. 소프트웨어 정의 차량은 하드웨어 기반 차량에 비해 안전성, 안락감, 편의성과 관련된 다양한 이점을 제공한다. 또한 자율성 향상, 기능 및 안전 관련 소프트웨어 업데이트, 인포테인먼트와 같은 연결 서비스를 위한 소프트웨어 플랫폼을 제공한다.

이와 같은 장점 때문에 다른 자동차 회사도 소프트웨어 정의 자동차 구현을 위한 소프트웨어 역량을 키워 자체 운영 체제를 개발하고 자동차 전기·전자 아키텍처를 재구성하는 데 집중하고 있다. 개별 도메인(센서)들을 통합하여 신호 처리 및 제어하는 시스템인, **도메인 컨트롤 유닛**(Domain Control Unit, DCU)으로 단계적으로 여러 주요 전자 제어 장치 기능(ECU)을 통합하여 제어함으로서 중앙 집중형 전기·전자 아키텍처로 전환할 전망이다.

■ 구글과 애플의 운영 체제

모바일 운영 체제의 강자인 구글이나 애플은 자동차 제조업체들과 협력하여 자동차용 운영 체제를 개발하고 있다. 애플의 전기 자동차인 애플카에 탑재되는 운영 체제는 자율주행 자동차의 모든 기능을 하나의 운영 체제로 제어하는 중앙 집중형 방식으로 개발되고 있다. 여러 전자 제어 장치를 하나의 두뇌 역할을 하는 애플리케이션 프로세서(AP)에서 통합적으로 관리하는 도메인 컨트롤 유닛 방식이다. 중앙 집중형 아키텍처는 강력한 컴퓨팅 파워를 기반으로 복잡한 자율주행 기능을 구현하기 쉽다. 즉, 주행과 관련된 복잡한 연산 처리나 무선 통신 기능, 클라우드 컴퓨팅 같은 정보 기술을 구현하는 데 우수한 성능을 보인다.

구글은 2015년부터 모바일 운영 체제를 활용한 안드로이드 오토 서비스를 통해 자동차의 인포테인먼트 기능을 제공하였다. 최근에는 완전한 오픈 소스 기반 자동차용 운영 체제인 **안드로이드 오토모티브**(Android Automotive OS, AAOS)를 개발하였다. 애플은 자체 OS를 이용하여 독자적인 애플카를 만들고자 하지만, 구글의 안드로이드 오토모티브는 여러 완성차 업체와 협력하여 자동차 전체를 통합 관리하는 운영 체제를 제공하고자 한다. 자동차 회사들은 이를 이용해 사용자 친화적인 자동차용 운영 체제를 만들 수 있고, 구글은 안드로이드 오토모티브를 기반으로 열린 생태계를 추구하고 있다.

■ 업체별 자동차 운영 체제 관련 동향

2022년 말부터 현대차 · 기아 · 제네시스 모든 신차에 자체 개발한 리눅스 기반의 **커넥티드 카 운영 체제**(Connected Car Operation System, ccOS)를 적용한다. 이 운영 체제는 계기판, 전방 표시 장치(HUD), 오디오 · 비디오 · 내비게이션(AVN)을 아우르는 디지털화된 자동차의 내부 운전 공간뿐만 아니라 차량 전반에 걸쳐 적용된다. 인포테인먼트 관련 전장 부품뿐만 아니라 차량 내 모든 전자 제어 장치를 통합 제어하고, 소프트웨어 정의 자동차 구현과 OTA 무선 업데이트를 통한 성능 개선을 목표로 하고 있다.

메르세데스-벤츠(MB.OS), 폭스바겐(vw.OS), 토요타(아린 OS) 등도 운영 체제 내재화를 추진하고 있다([표 13-8] 참조). 전기차 업체 테슬라는 중앙 집중화 시스템을 구현하고 스마트폰처럼 수시 업데이트로 자동차 성능을 지속적으로 개선하고 있다.

한편, 운영 체제 개발에 많은 인적 · 물적 자원이 필요하기 때문에 구글과 협업하려는 업체도 있다. 일부 자체 개발하는 영역도 있으나 구글이 내놓은 차량용 운영 체제 안드로이드 오토모티브 OS를 활용하는 전략이다.

[표 13-8] 업체별 자동차 운영 체제(OS) 관련 동향

구분	업체명	플랫폼	내용
독자 OS 진영	현대차그룹	ccOS	– 2020년 'GV60'에 첫 적용 – 2022년 전 차종에 확대 적용
	폭스바겐	vw.OS	– 2021년 'ID.3'에 첫 적용 이후 확대 – 12주마다 업데이트 지원
	메르세데스-벤츠	MB.OS	– 2024년 첫 적용 차량 출시 – 모든 소프트웨어 내재화 추진 – 2022년까지 소프트웨어 인력 7,000명 채용
	토요타	아린 OS	– 2025년 첫 적용 차량 출시 – 외부 업체에도 OS 공급 계획
구글 OS 연대 진영	르노-닛산-미쓰비시	X	– 2021년 구글 안드로이드 오토모티브 OS 도입
	혼다	X	– 2022년 안드로이드 오토모티브 OS 도입
	포드	X	– 2023년 안드로이드 오토모티브 OS 도입
	볼보	VolvoCars.OS	– 2021년 'XC40 리차지' 안드로이드 오토모티브 OS 최초 적용 – 여러 OS를 통합한 자체 OS 개발. 2022년 출시
	제너럴모터스	얼티파이	– 2023년 차량용 엔드투엔드 소프트웨어 플랫폼 얼티파이 출시 – 구글 안드로이드 오토모티브 OS와 통합
	스텔란티스	STLA 브레인	– 2024년 STLA 브레인 출시 – 2024년까지 소프트웨어 인력 4,500명으로 확대

출처: 각사, 전자신문 재구성

| 용어 해설 |

• **AUTOSAR(AUTomotive Open System Architecture)**: 자동차 제조사와 공급업체 간 전장 소프트웨어의 재사용 및 호환성을 개선하고 자동차 생산비용 절감 및 새로운 전장 기능 개발의 발판을 마련하고자 2003년 6월 BMW, 폭스바겐, 콘티넨탈, 다임러, 보쉬 등 세계적인 주요 자동차 업체들의 공동 참여로 제정된 자동차 전장 소프트웨어 플랫폼 산업 표준

• **CSS(Cascading Style Sheets)**: CSS는 마크업 언어로 작성된 문서를 꾸미기 위해 사용되는 스타일 시트(Style Sheet)이다. 가장 일반적인 응용 방법은 HTML과 XHTML로 된 웹 페이지를 만드는 것이다. 그러나 이 언어는 모든 종류의 XML 문서에도 사용될 수 있다.

• **LIN(Local Interconnect Network)**: 유럽의 자동차 업계가 자동차 내의 각종 전자장치 제어를 위하여 개발한 경제적인 근거리 저속 네트워크. 수백 밀리 초의 시간 간격으로 발생하는 저속 이벤트를 이용하여 각 전자 장치의 스위치 세팅의 변동에 대해 통신하고 스위치의 변환에 즉각 응답하도록 설계되었다. 엔진 관리 등 높은 속도를 요구하는 경우를 제외한 일반 용도로 사용된다.

• **T−Con(Timing Controller)**: LCD 모니터·노트북·TV 등 10인치 이상 대형 LCD 패널에 탑재되어 LCD 구동칩에 전송되는 데이터양을 조절하고 화질을 개선해주는 디스플레이용 반도체. 튜너와 그래픽 카드로부터 영상 정보를 받아 이를 각각의 LCD 구동칩으로 보내고 LCD 구동칩은 이 영상 정보를 받아 LCD 화면으로 내보내는 역할을 수행한다.

• **TCS(Traction Control System)**: 마찰력이 적은 노면이나 코너링 시 휠 스핀을 방지하기 위해 구동력을 제어하는 장치. 브레이크를 이용해 구동력을 제어하는 브레이크 제어 방식과 헛도는 바퀴에 전해지는 힘을 다른 바퀴로 배분하는 자동차 기어(Differential) 제어 방식이 있다.

• **WAVE(Wireless Access in Vehicular Environment)**: 차량이 고속 이동 환경에서 차량 간 또는 차량과 인프라 간 패킷 프레임을 짧은 시간 내에 주고받을 수 있는 무선 통신 기술로 IEEE 802.11 a/g 무선랜 기술을 차량 환경에 맞도록 개량한 통신 기술

• **계측 제어기 통신망(Controller Area Network, CAN)**: 자동차의 각종 계측 제어 장비 간에 디지털 직렬 통신을 제공하기 위한 차량용 네트워크 시스템. 차량 내 전자 부품의 복잡한 전기 배선과 릴레이를 직렬 통신선으로 대체하여 지능화함으로써 복잡성을 줄이고 차량에서의 실시간 요구를 만족시킨다. 또한 전자적 간섭에 의해 일어나는 이상 유무를 진단하고 운전 중 돌발 상황 시 유기적으로 통신할 수 있다. ISO 표준 규격(ISO 11898)으로서 첨단 자동차 전장 시스템에 적용되며, 엔진 관리, 브레이크 잠김 방지 장치(Anti−lock Braking Systems), 공조 장치, 문 잠금 장치, 거울 조정 등의 시스템 통합이 가능하다.

- **관성 센서(Inertial sensor)**: 운동하는 물체의 관성력을 이용하여 가속도, 각속도 등을 측정하는 장치로서 항법 시스템의 주요 구성품이다.

- **능동안전벨트(Pre-safe Seatbelt)**: 사고나 그에 준하는 상황 발생 시 안전벨트를 순간적으로 조여 충격으로 인한 승객의 움직임을 줄이는 안전장치

- **발광 다이오드(Light Emitting Diode, LED)**: 순방향으로 전압을 가했을 때 발광하는 반도체 소자로 LED라고도 불린다. 전계 발광 효과를 이용하며, 수명은 백열등보다 길다.

- **보드 지원 패키지(Borad Support Package, BSP)**: 보드를 사용할 수 있도록 하는 소프트웨어 묶음이다. 통상 부트 로더(Bootloader)와 함께 생성되며, 임베디드 시스템에서 특별한 지원 코드로 실시간 운영 체제를 로드하기 위한 최소한의 장치를 지원하고 하드웨어 보드의 모든 장치를 위한 드라이버를 말한다. 일부 공급자들은 또한 루트 파일 시스템(Root File System), 임베디드 시스템에서 실행하는 프로그램을 만들기 위한 툴 체인(Toolchain) 그리고 장치를 위한 컨피규레이터(Configurator)를 제공한다.

- **브레이크 잠김 방지 시스템(Anti-lock Brake System, ABS)**: 급제동 시 4개 바퀴를 감지하여 잠김을 방지하고 제동거리 단축과 제동 중 조향을 가능하게 만드는 장치

- **사각지대 경고 장치(Lane Change Assistance 또는 Blind Spot Detection, BSD)**: 접근하는 자동차나 사각지대에 위치한 자동차에 대한 정보를 운전자에게 제공하는 장치. 운전 사각지대의 자동차 등을 인지하지 못하고 차선을 변경하는 경우나 근접하는 자동차로 인해 사고 위험이 감지되는 경우 미연에 사고를 방지하기 위한 안전장치이다.

- **어라운드 뷰 모니터링 시스템(Around View Monitoring system, AVM)**: 서라운드 뷰 모니터링 시스템(Surround View Monitoring system, SVM)이라고도 하며, 자동차에 전후좌우 4개의 카메라를 설치한 뒤 이 영상을 합성하여 마치 하늘에서 자동차를 내려다보는 것과 같은 자동차 주변의 360도 모습을 제공하는 최첨단 안전 주행 시스템이다. 운전자는 버드 아이 뷰(Bird's eye view)라고도 불리는 탑뷰(Top view)와 사이드뷰(Side View) 영상을 동시에 볼 수 있다. 카메라는 전방, 후방에 1개씩, 양 사이드 미러에 각각 1개씩 설치되는 게 일반적이다.

- **서비스형 소프트웨어(Software as a Service, SaaS)**: 사용자가 필요로 하는 소프트웨어를 인터넷상에서 이용하는 클라우드 서비스. 서비스형 소프트웨어(SaaS)는 소프트웨어 유통 방식의 근본적인 변화를 설명하는 개념으로 공급업체가 하나의 플랫폼을 이용해 다수의 고객에게 소프트웨어 서비스를 제공하고 사용자는 이용한 만큼 돈을 지불한다. 전통적 소프트웨어 비즈니스 모델과 비교할 때 SaaS의 가장 큰 차이점은 제품 소유의 여부이다. 기존 기업용 소프트웨어는 기업 내부의 서버 등 장비에 저장해 이용한다는 점에서 고객이 소유권을 갖고 있었지만, SaaS는 소프트웨어가 제품이 아닌 서비스, 즉 빌려 쓰는 모델이라는 점에서 기존 라이선스 모델과 확연히 구분된다. SaaS는 기업이 새로운 소프트웨어 기능을 구매하는 데 드는 비용을 대폭 줄여 주며, 일정 기간 동안 사

용량 기반으로 비용을 지급함으로써 인프라 투자와 관리 부담을 피할 수 있게 한다.

- **세계 위성 항법 시스템(Global Navigation Satellite System, GNSS)**: 인공위성을 이용하여 위치를 파악하는 항법 시스템. 위성에서 발신된 전파를 수신기에서 수신하여 위성과 수신기 간의 거리를 구하여 수신기의 위치를 결정한다. GNSS는 미국의 GPS와 러시아의 글로나스(GLONASS), 그리고 유럽의 갈릴레오(Galileo)와 중국의 Compass(북두) 등 모든 위성 항법 시스템을 통칭한다.

- **스마트에어백(Smart Airbag)**: 승객의 위치와 안전벨트 착용 여부, 충격 강도에 따라 팽창력을 다르게 하는 에어백

- **실시간 지역 정밀 지도(Local Dynamic Map, LDM)**: 고정된 지도 정보에 차량 주위의 도로 교통 정보 및 상태 정보가 반영된 지도 데이터베이스

- **스테레오 카메라(Stero Camera)**: 삼각법을 기반으로 거리 정보를 획득할 수 있는 센서로서 영상과 거리 정보를 동시에 제공

- **액티브 헤드레스트(Active Headrests)**: 충돌 및 추돌 사고 발생 시 전방 위쪽으로 순간적으로 움직여 승객의 경추를 보호하는 헤드레스트

- **오디오 장치(Audio Unit, AU)**: 운영 체제 X의 코어 오디오에서 구현되는 애플 컴퓨터에서 개발한 오디오 플러그인 기술 및 규격이다. 오디오 장치는 운영 체제로 하여금 실시간에 가까운 낮은 레이턴시로 오디오 스트림을 생성하거나 주고받으며, 가공할 수 있도록 한다. 따라서 오디오 장치를 이용해 과거에 믹싱 콘솔에 연결해 사용했던 이퀄라이저, 컴프레서, 리미터, 리버브, 딜레이 등의 각종 아웃 보드 이펙터들뿐만 아니라, 미디(MIDI) 규격으로 주고받던 샘플러, 신시사이저 등의 외장 악기들도 가상으로 소프트웨어상의 구현이 가능하다.

- **위성 항법 보정 시스템(Differential Global Positioning System, DGPS)**: GPS 오차 보정 기술. GPS 시스템은 지구에서 멀리 떨어진 위성에서 신호를 수신하기 때문에 오차가 발생한다. 이를 수정하기 위해 지상의 방송국에서 위성에서 수신한 신호로 확인한 위치와 실제 위치와의 차이를 전송하여 오차를 교정하는 기술이다.

- **인간 대 기계 인터페이스(Human Machine Interface, HMI)**: 운용자와 상호 작용을 위한 시스템의 일부. 인터페이스는 사용자가 기계, 장치 및 시스템과의 상호 작용에 의한 수단의 집합으로 사용자가 시스템을 제어하기 위한 입력과 시스템에서 사용자에게 정보를 제공하는 출력 수단을 제공한다.

- **인간-차량 상호 작용(Human-Vehicle Interaction, HVI)**: 안전 운전을 위한 운전자와 차량 간 상호 정보 교환 시스템. 차 안에 모든 정보 기기의 입출력을 제어할 수 있고 운전자와 차의 상태를 실시간으로 파악하면서 운전자의 운전 부하를 최적화해 가장 안전한 방법으로 운전하도록 도와준다.

- **인공 지능 전조등(Adaptive Front Lamp System, AFLS)**: 도로 상태, 주행, 기후 조건 등 운전 상황 변화에 따라 운전자에게 최적의 조명 상태를 자동으로 제공하는 시스템. 예를 들어, 멀리까지 시야를 확보해야 하는 야간 고속 주행 시에는 기존 제품에 비해 빛이 먼 거리까지 도달하고, 좌우 시야를 확보해야 하는 야간 시내 주행 시에는 광폭을 넓히면서도 반대 차선 운전자의 눈부심을 감소시켜 주는 기능을 제공한다.

- **자재이음(Universal joint)**: 두 개의 축이 어느 각도를 이루어 교차할 때, 자유로이 동력을 전달하기 위한 장치

- **전자식 주행 안정 프로그램(Electronic Stability Program, ESP)**: 주행 상황에 맞게 4개의 바퀴에 개별적으로 브레이크를 작동시켜 언더스티어(Under Steer) 및 오버스티어(Over Steer)를 억제하는 장치

- **주차 조향 보조 시스템(Smart Parking Assist System, SPAS)**: 주차 시 차량 외부 센서가 주변 장애물을 감지하고 자동으로 스티어링 휠을 조작해 준다. 운전자는 스피커의 안내 음성에 따른 페달 조작만으로 평행 주차는 물론 직각 주차까지 할 수 있다.

- **중장거리용 무선 접속 규격(Continuous Air Interface for Long and Medium Range, CALM)**: ISO TC204 WG16에서 표준화하고 있는 중장거리용 무선 접속 규격. 지능형 교통 시스템 구현을 위한 자동차 외부 네트워크 기술로 차를 중심으로 차량 간, 차량과 인프라 간, 인프라와 인프라 간 통신을 지원하는 기술이다.

- **직렬 변환기(Serializer)**: 정보 처리 장치의 입출력 장치는 한 문자에 대한 복수 개의 요소를 병렬 신호로 주고받는데 이것을 직렬로 변환하는 기능 또는 장치. 전송 시스템에서 보통 직렬 전송이 사용되므로 단말 장치에는 이 기능이 필요하다.

- **직병렬 변환기(Deserializer)**: 펄스 부호 변조(PCM) 다중화에서 신호 소자의 시퀀스를 해당 디짓(Digit)군으로 변환하는 기기. 모든 디짓은 동시에 나타난다.

- **차량 간 통신(Vehicle to Vehicle communication, V2V)**: 차량 간 무선 통신에 의한 자율적인 형태의 차량 통신 기술. 차량 간 통신을 기반으로 차량 추돌 경고 서비스와 그룹 통신을 제공한다.

- **차량 내 네트워크(In-Vehicle Network, IVN)**: 차량 내 센서나 전자 장치 간 유무선 통신 네트워크. 차량의 바디나 섀시 부분을 연결하고 제어하는 계측 제어기 통신망(CAN), 오디오, 앰프, CD 플레이어 등 멀티미디어 접속을 위한 차량 네트워크 시스템(MOST), 그리고 브레이크나 조향 장치를 연결하고 제어하는 X-by-Wire(Flexray)가 있다.

- **정전식 터치스크린(Capacitive Touchscreen)**: 사람의 몸에서 발생하는 정전기를 감지해 구동하는 터치스크린. 정전 용량 방식의 터치스크린은 내구성이 강하고 반응 시간이 짧고 투과성도 좋으며, 멀티 터치가 가능해 주로 산업용이나 게임기용으로 많이 사용되어 왔으며, 휴대폰에도 사용된다.

- **초음파 센서(Ultrasonic Sensor)**: 초음파의 특성을 이용하거나 초음파를 발생시켜 거리나 두께, 움직임 등을 검출하는 센서. 초음파 용접기, 세척기, 플라스틱 본딩, 가공 등에 이용되는 고음압용과 생산 제어, 비파괴 검사, 침입 검사, 물성 측정, 의료 진단, 지연 선로, 신호 처리 등에 활용되는 저음압용이 있다. 로봇이나 u-센서에서 물체를 지각하고 거리를 측정하는 데 이용되는 초음파 센서로는 음의 발생과 검출을 겸하는 것으로 특정한 결정 구조를 갖는 물질의 압전(Piezoelectricity) 소자와 고전압 펄스를 인가할 경우 정전인력에 의해 진동이 발생하는 정전효과 방식이 있다.

- **테더링(Tethering)**: 인터넷에 연결된 모바일 단말이 중계기 역할을 수행하여 주변 기기에 인터넷 접속 기능을 제공하는 것. 방식에 따라 블루투스, USB 케이블 연결, 무선 랜(WLAN) 방식 등이 있으나, 속도나 편의성을 고려해 무선랜 방식을 주로 사용한다. 테더링은 다른 기기를 거치기 때문에 속도가 느리고 전력 소모가 큰 것이 단점이다.

- **통합제어시스템(Domain Control Unit, DCU)**: 자율주행차의 두뇌로 각종 센서를 통해 수집된 정보를 계산해 각종 결정을 내리는 역할을 한다. 라이다, 레이더, 카메라에서 얻어진 각종 교통 정보를 종합적으로 분석해 차의 주행 방향과 속도, 멈춤·출발 등을 결정한다. 사람이 실제로 판단하는 것과 같이 교차로에 진입했을 때 신호가 노란색으로 바뀌면 주행을 하고 교차로 진입 전이라면 브레이크를 작동시켜 멈추게 하기도 한다.

- **패킷 교환망(Packet Switching Network)**: 정보의 송수신을 패킷 교환 방식으로 실현하는 교환망. 패킷 다중 통신이 가능하여 회선을 유효하게 이용할 수 있다. 또 취급하는 정보는 일반적으로 발생 빈도가 높고 데이터의 길이가 짧으며, 고품질을 요구하는 것(예: 컴퓨터, 단말 간의 대화형 처리나 파일 전송 등을 제외한 컴퓨터 간의 통신 등)에 적당하다.

- **플렉스레이(FlexRay)**: 플렉스레이 컨소시엄이 개발한 자동차 내부 통신 프로토콜. 차에 쓰이는 전장 제어 장치 수가 늘어나 개발한 고용량 네트워크 기술이다. 1~10Mbps 정도의 용량으로 시간이나 이벤트 발생을 지원하고 파워 트레인과 섀시 부분에서 주로 사용된다.

- **확장성 생성 언어(eXtensible Markup Language, XML)**: HTML 기능을 확장할 목적으로 월드 와이드 웹 컨소시엄(WWW Consorsium)에서 표준화한 페이지 기술 언어. HTML에서 사용되는 연결(link) 기능 등을 확장함과 동시에 표준 범용 문서 생성 언어(SGML)를 인터넷용으로 최적화한 것으로 사용자가 태그를 정의할 수 있도록 하여 보이는 화면에 추가하여 구조화된 데이터의 전달도 가능하도록 한 것이 특징이다. 웹 서비스의 기본 언어로 사용되며, 전자화된 문자와 그래픽, 오디오, 비디오 등 멀티미디어 데이터를 교환, 저장하고 응용, 처리할 수 있게 한다.

국내·외 주요 스마트자동차 및 서비스

14.1 자동차–IT 업체의 제휴 / 14.2 해외 주요 스마트자동차와 서비스
14.3 국내 주요 스마트자동차

국내·외 주요 자동차 기업들은 향후 주요 핵심 제품이 될 스마트자동차 관련 기술 개발에 많은 노력을 기울이고 있다. 하지만 이전과 달리 내부 역량만으로 필요한 기술을 모두 개발하는 것은 갈수록 힘들어지고 있다. 특히 자동차 내에 많은 센서들이나 이를 구동하고 활용하는 소프트웨어가 중요해지면서 IT 기업과의 협업이 중요해지고 있다. 이 장에서는 이러한 기술적인 흐름에 대해 살펴보고 주요 자동차 업체에서 개발 중인 스마트자동차와 관련 서비스에 대해 살펴본다.

14.1 자동차–IT 업체의 제휴

기존 자동차 산업은 완성차를 만들기 위해 수많은 기업들로부터 부품을 공급받아 이를 조립한 후 판매하는 구조이다. 자동차 기업들은 특정 모델의 완성차 설계 및 조립, 판매, A/S를 통하여 시장에서 부가 가치를 창출한다. 그러나 자동차 내에 IT 부품이 증가하면서 이전과 다른 양상이 전개되고 있다. 자동차 산업의 효과적인 전략이었던 수직 계열화 및 분업화가 이전만큼 큰 힘을 발휘하기 어렵게 되었다.

스마트자동차가 다양한 IT 기술을 접목할 수 있는 오픈 플랫폼이나 개발 환경을 제공함에 따라 많은 IT 기업들이 자동차 기반 소프트웨어나 서비스 개발에 관심을 가지게 되었다. 한 예로, IT 기업들은 인포테인먼트가 자동차의 주요 제어 시스템이 될 수 있다고 보고 이 분야의 핵심 기술 개발에 참여하고 있다. 이에 따라 소프트웨어 개발 업체들은 모바일 환경을 포함한 여러 컴퓨팅 분야에서 축적한 기술과 전략을 바탕으로 인포테인먼트 플랫폼 확보를

추진하고 있으며, 하드웨어 기업 역시 전용 프로세서나 핵심 모듈, 디바이스 개발에 적극적으로 뛰어들고 있다.

IT 기업들이 적극적인 전략 수립과 추진 실적을 보이자 자동차 기업들도 스마트자동차 상용화를 위하여 개발 역량을 강화하고 있다. 하지만 스마트자동차의 핵심 기술을 자체적으로 개발하기는 쉽지 않은 상황이다. 특히 스마트자동차의 근간을 이루게 될 자동차 내부 네트워크와 고성능 컴퓨팅, 대용량 데이터 처리, 인공 지능, 사이버 보안 등의 분야에 적용되는 IT 기술은 자동차 기업들이 쉽게 따라잡기 어려운 분야로 평가된다.

이에 따라 많은 자동차 기업들은 실리콘밸리에 연구 거점을 마련하고 막대한 투자를 통하여 소프트웨어 개발 인력을 확보하고 M&A 등을 통하여 우수한 기술력 흡수에 나서고 있다. 그리고 전문 개발 역량을 가진 IT 기업과 공동 연구도 진행하고 있다. GM은 스마트자동차 기술을 개발하는 벤처 기업 크루즈 오토메이션(Cruise Automation)을 인수하였고 포드는 클라우드 컴퓨팅 분야 벤처 기업인 피보탈(Pivotal)을 인수하면서 자율주행차 경쟁력 강화에 나서고 있다. BMW 등 고급 자동차 브랜드의 경우는 구글 및 애플과 공동 기술 개발을 추진하는 한편, 자사 고유 시스템을 구축해 차량용 인포테인먼트에서도 브랜드 정체성을 지키려고 한다. 이외에도 여러 자동차 업체들은 IT 업체들과 다양한 분야에서 공동 기술 개발에 나서고 있다([표 14-1] 참조).

[표 14-1] 자동차-IT 업체의 제휴 현황

자동차 업체	IT 업체	자동차-IT 융합 협력 부분
GM	모토롤라	4G/5G 기술이 적용된 텔레매틱스 서비스 온스타 제공
	구글	안드로이드 스마트폰의 활용을 촉진하기 위해 온스타 서비스 제공
	리프트	자율주행차 기반 차량 공유 시스템 공동 개발
포드	아마존	• 포드의 SYNC 플랫폼과 아마존의 사물 인터넷 스피커 Echo 연결을 통한 스마트홈 제어 기능 구현 • 차량 내 아마존의 음성 인식 서비스(Alexa) 적용
벤츠	구글	인터넷 지도 데이터에서 검색과 전송 기능을 S클래스와 C클래스 쿠페에 장착
BMW	구글	내비게이션에 구글 검색 기능을 도입한 커넥티드 드라이브 개발
	인텔	PC, 팩스 등을 내장하여 이동 사무실 기능을 갖춘 자동차 개발
	바이두	• 중국 내 자율주행차 출시를 목표로 기술 공동 개발 • 2015년 고속도로 시범 주행 실시

아우디	엔비디아	그래픽 프로세서 테그라가 들어간 내비게이션에서 구동되는 다양한 멀티미디어 서비스 개발
	화웨이	화웨이 LTE 모듈 기반 네트워크 서비스 기술 개발
폭스바겐	구글	3차원 지도 내비게이션
	애플	상품과 디자인, 자동차와 모바일을 통합한 차량 내 엔터테인먼트 시스템 아이카 (iCar) 개발
도요타	MS	• MS 윈도 클라우드인 애저 플랫폼을 활용하여 텔레매틱스 응용 프로그램 공동 개발 • 멀티미디어 시스템 엔튠(Entune) 공개 • 클라우드 컴퓨팅 및 빅 데이터 기술 연구를 위한 도요타 커넥티드 설립
혼다	구글	구글 어스(Google earth)의 위성 지도 기술을 혼다 내비게이션에 제공
현대 기아차	MS	차세대 오디오 시스템, 차량용 정보 시스템, 내비게이션, 텔레매틱스 개발
	시스코	차량 내부 네트워크 기술 개발 협력
	보다폰 (Vodafone)	유럽 텔레매틱스에서 협력 관계 구축
	KT	와이브로와 4G, 5G 이동통신망 등을 활용한 와이브로차 생산
	삼성전자	현대차에 삼성전자가 개발한 차량용 반도체 적용
	SKT	음성 인식, 원격 제어 등이 가능한 스마트자동차 개발
르노삼성	SKT	모바일 텔레매틱스(Mobile in Vehicle, MIV)를 르노삼성 고급 차종에 접목해 출시

출처: ETRI 산업분석연구팀, 2011, LG Business Insight 2016, 재구성

자동차 기업들도 스마트자동차의 핵심은 기계 장치보다는 IT 기술, 특히 소프트웨어라는 사실을 인지하고 있다. 하지만 스마트자동차 시대에도 자동차의 이동성과 안정성은 여전히 중요한 본질적 요소로 인식되고 있다. 따라서 스마트자동차에 필요한 첨단 운전자 보조 시스템 수준의 고도화 등 IT 기술을 바탕으로 주행의 편의성과 안전성을 더욱 강화하고 다양한 자동차의 부가 기능 개발에도 주력하고 있다.

스마트자동차가 보급되면서 차량에서 제공되는 서비스 역시 고객의 차량 구매에 중요한 기준이 되고 있다. 주요 자동차 업체들의 스마트자동차 관련 서비스 현황을 보면 [표 14-2]와 같다.

[표 14-2] 해외 업계의 스마트자동차 관련 서비스 현황

업체	기술명	내용
GM	4G/5G 텔레매틱스, 온스타(OnStar)	• 모토롤라와 4G/5G 적용 텔레매틱스 온스타 제공 – 차량 도난이 신고되면 GPS를 활용해 온스타 센서가 스스로 엔진 출력을 줄이고 시동이 걸리는 것을 막아줌 – 도난 차량 추적 기능이 있어 경찰에 차량의 정확한 위치, 속도, 이동 방향을 제공 – 스마트폰을 활용해 24시간, 365일 차량 원격 조종, 길 안내 서비스
포드	통신 오락 시스템, 싱크(Sync 4)	• 싱크는 차량 내에서 와이파이 연결을 통해 다양한 앱 이용, 긴급 상황 발생 시 119로 자동 연결하는 기능 구비 – 교통 경보, 길 안내, 날씨, 스포츠, 뉴스, 검색 등 제공 – 운전 중 음성 기반 통화, 이메일 확인, 웹 콘텐츠 이용 – 포드 기능 앱을 탑재하여 당뇨나 알레르기 등 질병 관리 및 건강 상태 점검
	SNS 응용 프로그램	• 미시건 주립대와 자동차 전용 SNS 앱 개발 – 스마트폰 응용 프로그램을 자동차에서 연계 · 운영 가능, 전용 응용 프로그램 운용
BMW	비전 커넥티드 드라이브(Vision Connected Drive)	• 2인승 로드스터(Roadster) 콘셉트 카에 지능형 솔루션을 탑재한 비전 '커넥티드 드라이브' 시연
	미션 컨트롤(Mission Control)	• 2009년 '미니' 탄생 50주년 기념으로 일명 '말하는 자동차' '캠든(CAMDEN)' 출시 – 주행 상태와 주변 환경을 파악한 뒤, 특정 상황에 도움이 되는 1,500개 이상의 정보와 메시지를 운전자에게 음성으로 알려줌
	인포테인먼트 시스템, 아이드라이브(iDrive 8.0)	• 내비게이션 및 오디오의 통합 시스템 기능 – '아이드라이브' 실시간 교통 정보 및 내비게이션 정보 제공
아우디	인포테인먼트 시스템, 멀티미디어 인터페이스(Multimedia Interface, MMI)	• 구글 어스와 연동된 통합 인포테인먼트 시스템 – MMI 센터 콘솔은 다이얼을 돌리거나 눌러서 조작하며, 4개 컨트롤 스위치를 중심으로 오디오, TV, CD 등의 기능 버튼 배치
	미래 연결성	• 휴대 전화와 차량 시스템을 블루투스로 연결해 차량 모니터로 휴대 전화와 차량 정보, 내비게이션과 각종 미디어, 오디오 제어
벤츠	커맨드 시스템(COMAND-APS NTG5.0)	• 애플의 카플레이와 안드로이드 오토 지원 – 라디오, 전화, DVD, CD, MP3, 내비게이션 등 플레이 가능 – 운전자가 운전에 집중할 수 있어 기기 조작 스트레스 감소
	텔레에이드(Teleaid)	• GPS와 연계되어 사고가 발생하면 차량에 장착된 충돌 센서들이 사고 내용을 기록하고 차량 위치와 차량 번호 등을 가까운 서비스 센터로 전달
도요타	차세대 텔레매틱스	• MS와 차세대 텔레매틱스 플랫폼 구축 – 무선 네트워크를 이용해 이메일이나 정보 검색 서비스, 원격 차량 진단, 차량에 장착된 PC로 교통 · 생활 · 긴급구난 등 정보 서비스 이용
	멀티미디어 시스템, 엔튠(Entune 3.0)	• MS와 협력해 개발. 운전자는 음성을 통해 영화표를 사고 식당 예약을 하며, 음악을 들을 수 있는 서비스

출처: ETRI 산업분석연구팀, 2011. 재구성

그중 차량용 텔레매틱스나 인포테인먼트 분야는 기반 기술 개발이 상당히 진척됨에 따라 다양한 서비스를 제공받을 수 있게 되었다. IT 기술 제품과 자동차 산업의 주요한 차이점은 IT 기술은 빠른 기술 개발이 이루어지고 시장도 빠르게 변화하지만, 자동차는 그에 비해 한 번 구매하면 오랜 기간 사용한다는 점이다. 하나의 완성차를 출시하기 위해 3~5년 이상 기술 개발이 진행되지만, 주요 IT 제품들은 1~2년이 지나면 새로운 기술들이 적용된 제품들로 시장 교체가 이루어진다. 따라서 인포테인먼트를 개발하는 업체는 이러한 자동차 산업의 특성을 올바르게 이해하고 접근해야 한다.

스마트자동차는 자동차와 IT라는 글로벌 경제의 대표적 산업이 결합되었다는 측면에서 볼 때 기술 융·복합 추세 및 파급 효과를 조망할 수 있는 척도가 된다. 스마트자동차는 자동차 산업 자체는 물론 운전자의 일상생활과 경제, 문화 등 다방면에 걸쳐 많은 영향을 미칠 수 있기 때문이다.

스마트자동차 기술 수준은 신뢰성을 보장하기에 미흡하기 때문에 IT 및 자동차 기업들은 강점 영역에 주력하며, 부족한 부분을 협력하여 보완하는 전략을 추진하고 있다. 그러나 전기 자동차의 확산, 자동차 산업의 새로운 IT 경향 및 신규 자동차 사업의 등장 등 향후 자동차 시대의 변수에 따라 IT 기업과 자동차 기업의 관계가 새롭게 재편될 수 있다. 이런 변화에 따라 자동차, IT, 콘텐츠, 서비스 관련 기업 등 직접적 연관이 없는 다양한 기업들에도 도전과 기회의 장이 되고 있다.

14.2 해외 주요 스마트자동차와 서비스

14.2.1 구글 자율주행차

2009년부터 구글의 자가운전 자동차(Self-driving Car) 프로젝트에 의해 웨이모(Waymo)란 자율주행 자동차 개발이 진행되고 있다([그림 14-1] 참조). 이 프로젝트는 탑승자를 보다 안전하고 편리하게 목적지까지 이동시키는 목적을 가지고 시작되었다.

출처: https://www.forbes.com/sites/patricklin/2017/04/03/robot-cars-and-fake-ethical-
dilemmas/#1ab9b32813a2

[그림 14-1] 웨이모

웨이모는 크게 구글 지도, 하드웨어 센서, 인공 지능을 활용하여 자율주행을 지원한다. 구글 지도는 GPS를 통해 위치를 파악하여 주행 중 필요한 교통 정보를 얻을 수 있다. 자동차는 대상 지역을 인치 크기의 정밀 도로 지도에 연결시킬 수 있다. 웨이모에 장착된 여러 하드웨어 센서들은 차량 내외부의 여러 데이터를 획득하고 실시간 분석하여 의미 있는 정보를 제공한다. 웨이모에 장착된 주요 센서와 시스템은 [표 14-3]과 같다.

[표 14-3] 웨이모에 탑재된 주요 센서와 시스템

센서	주요 기능
라이더 시스템	차량 천장에서 레이저 펄스를 주사하고 반사 시각을 측정하여 반사 지점의 3차원 정보를 추출하는 센서. 장애물을 탐지하여 자율주행을 지원하는 핵심 장치
비디오카메라	교통 신호나 도로 표지판 인식, 인접 차량이나 보행자, 장애물의 위치 추적 기능
레이더 센서	차량 앞에 표준형 레이더 3개, 뒤에 1개를 배치하여 근거리에 있는 물체의 위치 파악
레이저 스캐너	레이저를 이용해 화상 정보를 광학적으로 인식하고 이를 중앙 컴퓨터에 입력하는 장치
초음파 센서	대개 주차할 때 매우 가까이 있는 도로의 연석이나 다른 자동차, 장애물의 위치를 정확하게 파악
방위 센서	평형감각 기능을 가진 사람의 귀처럼 차량 내부에 위치하여 차량의 움직임을 탐지하거나 균형을 맞추기 위해 사용
중앙 컴퓨터	여러 센서들이 수집한 정보를 받아서 분석한 후 조향, 가속/감속, 브레이크 동작 등의 명령 생성. 관련 소프트웨어는 도로의 여러 규칙이나 돌발 상황을 정확하게 이해해야 함

출처: "A seminar on Google self driving car", R. K. Dash 재구성

웨이모 내부에 위치한 중앙 컴퓨터는 각종 센서들이 실시간으로 수집한 방대한 데이터를 넘겨받아 분석한 후 이를 해석해 의사 결정을 내린다([그림 14-2] 참조). GPS를 통해 현재 위치와 목적지를 끊임없이 비교하면서 원하는 방향으로 핸들을 돌린다. 여기에 레이더 · 카메라 · 레이저 스캐너가 도로의 다양한 정보(주변 차량 · 사물 · 사람 · 신호)를 확보한다. 이 장비들은 사물 탐지/충돌 방지 장치다. 이렇게 수집된 데이터는 구글 컴퓨터가 종합 · 분석해 방향 조작, 가감속, 정지 등 운전에 필요한 최종 의사 결정을 내린다. 즉, 운전 중에 일반적인 상황뿐만 아니라 다양한 돌발 상황도 발생할 수 있는데, 이 사실을 차량 내에 설치된 여러 목적의 센서들이 수집하고 데이터를 분석한 후 자율주행에 필요한 명령을 자동차 부품에 내려 보낸다.

웨이모는 라이더 시스템을 포함하고 있다. 상단에 장착된 거리 측정기는 64개의 빔 레이저로 구성되어 있다. 이 레이저를 통해 무인 자동차는 차의 환경과 관련한 세부적인 3D 지도를 생성한다. 무인 자동차는 이 생성된 지도를 받아들이고 조합하여 고해상도의 세계 지도를 만들어내고 특수한 데이터 모델을 제공해 자동차가 스스로 운전할 수 있도록 한다.

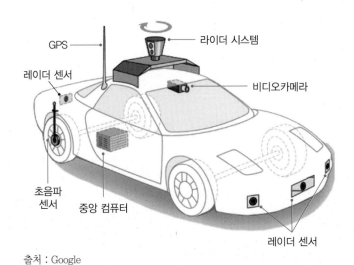

출처 : Google

[그림 14-2] 웨이모의 주요 센서 및 시스템 배치

구글은 2012년 6개 모델의 자동차에 자율주행 기능을 장착한 후 도로에서 실험하기 시작하였다. 이 실험 주행을 위해 미국의 4개 주와 워싱턴 D.C에서 자율주행을 위한 법률을 제정하였다.

또한, 구글은 2014년 스마트폰과 자동차를 융합시켜 탑승자에게 필요한 다양한 정보를 제공하기 위한 안드로이드 오토(Android Auto)를 발표하였다. 외부 인터넷과 연결될 수 있는 스마트폰이 자동차의 디스플레이와 연결됨으로써, 운전과 관련된 정보뿐만 아니라 여러 편의 기능도 제공할 수 있게 되었다([그림 14-3] 참조). 예를 들면, 구글 지도와 연계한 실시간 내비게이션 기능, 사용자의 음성이나 동작을 인식한 편리한 사용자 인터페이스, 음악 재생, 전화 및 문자 서비스 등의 지원이 가능하다. 이를 수행할 때 앞서 언급한 중앙 컴퓨터가 일부 편의를 위한 기능을 수행할 수 있다.

출처: Naver

[그림 14-3] 안드로이드 오토를 장착한 제네시스

14.2.2 BMW

BMW의 인포테인먼트 시스템 '아이드라이브(iDrive 8.0)'는 내비게이션과 전방 표시 장치·계기판·멀티미디어·주행 성능 등 다양한 기능을 통합 제어한다. 운전자는 아이드라이브를 통해 차량 설정과 엔터테인먼트·내비게이션·원격 제어 등 다양한 기능을 하나의 조작 도구로 활성화할 수 있다([그림 14-4] 참조). 운전자는 버튼 하나로 원하는 위젯을 설정할 수 있다. 애플 아이폰 등의 스마트폰과 연동해 이메일 확인, 웹 서핑, 멀티미디어 콘텐츠 재생 등을 지원한다. 이후 안드로이드 오토도 무선으로 지원하기 위한 '스마트폰 통합' 서비스가 개발되어 현재 서비스되고 있다.

출처: AEM

[그림 14-4] BMW의 iDrive 커브드 디스플레이

차량에 장착된 이동통신 장치를 통해 자동차와 운전자, 외부 환경을 연결하는 텔레매틱스 시스템인 **커넥티드 드라이브**(Connected Drive) 기술을 적용하여 다양한 스마트 앱과 서비스 접속을 지원한다. 스마트폰으로 차량 원격 제어가 가능하며, 앱을 통해 외부에서 차량의 상태를 실시간으로 확인할 수 있다([그림 14-5] 참조). 또한 소형화된 착용형 기기를 스마트 자동차와 연결한 서비스도 출시되고 있다. BMW는 갤럭시 기어로 BMW 전기차의 원격 시동, 목적지 정보 전송, 차량 내부 온도 조절, 배터리 잔량 확인, 충전 소요 시간, 차문 개폐 상태 등의 서비스를 제공한다([그림 14-6] 참조).

출처: BMW

[그림 14-5] BMW - 원격 제어

출처: ETRI

[그림 14-6] BMW 착용형 기기

예상치 못한 위급 상황 발생 시 **긴급 전화**(Emergency Call) 서비스로 24시간 콜센터와 원격 으로 연결해 도움을 받을 수도 있다. 주행 중 긴급 상황이 발생하거나 임의의 사고로 에어 백이 펼쳐지는 경우, 차량에 탑재된 가입자 식별 모듈(SIM) 카드를 통해 자동으로 BMW 콜 센터로 연결된다. 콜센터의 사고 전담 직원은 구조 정보를 수신하고 구조대에게 전달하는

등 운전자를 돕기 위한 지원을 한다. 그 외에도 버튼만 누르면 24시간 연중무휴로 BMW 콜센터 담당 직원을 통해 다양한 지원과 원하는 정보를 제공받을 수 있다.

원하는 장소를 찾아 안내하고 도착하도록 도와주는 **컨시어지 서비스**(Concierge Services)도 개발하였다. 차량에 내장된 다양한 장치들이 목적지까지 안전하게 도착할 수 있도록 안내하고, 고속도로에서 자동차는 스스로 운전대와 속도를 조절하는 자율주행이 가능하다. 클라우드를 기반으로 한 실시간 데이터를 활용하여 다른 차량으로부터 위험 상황에 대한 경고를 받고 표시할 수 있으며, 목적지 주변에 주차 공간이 있는지를 미리 확인할 수도 있다.

또한, 다차원적 상호 작용 기술인 'BMW 내추럴 인터랙션(BMW Natural Interaction)'을 도입하였다([그림 14-7] 참조). 차량과 운전자가 마치 사람과 대화하듯 음성, 제스처, 시선 등 여러 방식을 동시에 활용해 차량과 소통하는 기술이다. 차량과 운전자의 자연스러운 커뮤니케이션이 핵심인 이 기술은 고도화된 센서 알고리즘과 분석 기술을 통해 이루어진다.

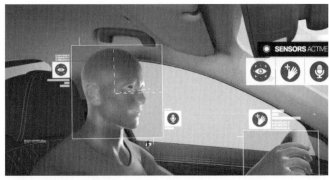

출처: 전자신문

[그림 14-7] BMW 내추럴 인터랙션 기술 – 눈과 손동작, 목소리를 읽어 차량 조작에 반영

제스처 카메라는 적외선 신호를 통해 운전자가 위치한 모든 조작 환경에서 손과 손가락의 움직임을 3차원으로 포착해 손의 방향과 움직임을 정확하게 알아낸다. 특히 운전 중에도 간단한 손동작만으로 전화 수신이나 거부, 오디오 음량 조절 등이 가능하다. 즉, iDrive는 손동작 인식을 포함하여 기본 조작, 터치스크린 패널, 음성 인식 인터페이스로 구성되었다. 지정된 방식으로 손을 움직이면 루프 아래 장착된 카메라를 통해 인식되며, 오디오 볼륨 조절, 에어컨 온도, 전화 기능 등을 조작할 수 있다. 온라인 기반 보이스 컨트롤 시스템으로 자연어를 통해 차량 시스템을 조작할 수 있다.

계기판에 매립된 고해상도 카메라는 머리와 눈의 방향을 인식해 영상을 분석하고 필요한 방향 데이터를 계산한 뒤 차량으로 전달한다. 여기에 음성 명령을 빠르고, 정확하게 해석하기 위해 차량으로 전달된 운전자의 다양한 정보는 인공 지능 기술과 결합시켜 완성도를 높인다. 차 안에서 얻은 데이터를 해석하는 알고리즘은 기계 학습과 다양한 조작 시나리오를 분석한다.

BMW 내추럴 인터랙션 기술은 차량 외부로도 확장된다. 예를 들면, 운전자가 시야에 보이는 식당을 손으로 가리키면, 식당의 영업시간이나 고객 평가 별점, 식사 예약 등 음성 명령을 내릴 수 있다. 차량의 진화된 커넥티비티 기술을 통해 광대한 환경 데이터와 인공 지능이 BMW 내추럴 인터랙션을 통해 구현된다. 이를 통해 디지털 서비스의 연결을 통해 운전자가 커뮤니케이션할 수 있는 범위가 더욱 늘어나게 된다.

운전자의 안전과 연관이 깊은 첨단 운전자 보조 시스템 측면에서도 여러 기술을 선보이고 있다. 넓고 먼 시야 확보와 편안한 주차를 가능하게 하는 **드라이버 어시스턴스 시스템**, 레이더를 이용한 차간 제어가 가능한 스탑앤고(Stop & Go) 기능이 탑재된 **능동형 크루즈 컨트롤**, 자동으로 속도를 조절하는 **활성화 브레이크** 등이 안전 주행을 지원한다. 레이더 센서가 지속적으로 도로 상태를 스캔해 차간 거리를 유지하며 차량의 속도를 제어하는데, 교통 상황이 원활해지면 시스템이 자동으로 가속한다. 반면, 스스로 전방의 상황에 대응하는 **접근 제어 경고 시스템**은 전방의 차량이 급제동을 걸면 시각적으로 경고 신호를 보내고 다시 경고음을 내며, 그래도 운전자가 제동을 걸지 않으면 차량이 자동으로 제동을 걸어 안전 주행을 돕는다. 주변 상황을 정확하게 확인하기 위한 **인텔리전트 비전**은 비전 기술을 적용하여 주행 중에 시야를 쉽게 확보할 수 있다. 가시성이 떨어지는 상황이나 야간 주행 시 멀리까지 가시거리를 확보하여 운전자를 돕는다.

차량에 설치된 **측면 뷰(Side View)**를 통해 사각지대에서 다가오는 차량을 보여주고 프론트 휠 아치(Front Wheel Arch)에 설치된 두 개의 카메라가 반대편에서 오는 차량을 감지한다. 측면 뷰가 감지한 주변 정보는 컨트롤 디스플레이를 통해 확인할 수 있다([그림 14-8] 참조). 또한 **서라운드 뷰(Surround View)**가 주변 약 270° 범위의 시야를 확보해 준다. 주변 상황을 지속적으로 확인할 수 있어 어려운 진입로나 좁은 주차 공간도 안전하게 드나들 수 있다([그림 14-9] 참조). 측면 거울에 장착된 카메라와 후방 주시 카메라로 주변을 확인할 수 있다. 차량 전면의 좌우에 설치된 두 개의 디지털 카메라가 측면 상황을 포착해 컨트롤 디스플레이를 통해 보여주기 때문에, 반대편에서 오는 차량의 상황을 즉시 확인하고 반응할 수 있다.

출처: BMW

[그림 14-8] BMW – 측면 뷰   [그림 14-9] BMW – 서라운드 뷰

자동차 앞 유리창에 주행 정보를 표시해 주는 **전방 표시 장치**는 주행 속도, 충돌 경고, 속도 제한, 컨트롤 메시지 등 중요한 주행 정보를 한눈에 볼 수 있게 한다. 전방의 도로에 시선을 떼지 않고도 주요 주행 정보와 도로 상황을 지속적으로 확인할 수 있어 주행에 집중할 수 있다.

손대지 않고 주차하는 **주차 보조 시스템**은 스마트 안심 주차를 가능하게 한다. 주행 속도 시속 35km 이하, 주차 공간이 1.5m 이상이 되면 초음파 센서가 주차 가능 공간을 알려준다. 주차 공간을 찾은 다음 주차 보조 스위치를 누르면 차량이 스스로 기어를 선택하고 운전대를 조작하며 가속과 감속을 제어한다. 주차 공간을 찾을 때 주차와 관련된 정보를 컨트롤 디스플레이에 표시한다.

원격 발렛 파킹 어시스턴트 시스템은 레이저 스캐너를 통해 얻은 정보를 여러 층의 주차장과 같은 건물 정보를 합산하는 무인 주차를 돕는다. 운전자가 스마트시계를 이용해 원격 발렛 파킹 어시스트를 활성화하면, 시스템이 독립적으로 작동해 단계별로 차량의 움직임을 제어한다. 주차장의 구조적 특징을 먼저 인식하고, 삐딱하게 주차된 차량과 같은 의외의 장애물까지 피해 안정적으로 주차할 수 있다. 주차된 차는 운전자가 스마트시계를 통해 출발 명령을 내리면, 운전자가 주차장에 도착할 때까지의 정확한 시간을 계산해 시동을 미리 걸어둔다.

14.3 국내 주요 스마트자동차

국내 자동차 제조 기업도 여러 IT 기업과 협력해 스마트자동차의 다양한 서비스를 제공하

고 있다([표 14-4] 참조). 현대자동차는 블루링크, 기아차는 우보라는 인포테인먼트 시스템을
자체적으로 개발하여 제공하며, 마이크로소프트는 국내 이동통신사 등과 협력하여 자율주
행 시스템을 개발하여 제공하고 있다.

스마트폰을 활용한 원격 제어나 차량 관리, 자동 주차, 차선 이탈 방지, 능동형 차간 간격
크루즈 시스템 등도 개발하고 있다. 스마트폰 앱을 이용하여 차량의 에어컨이나 히터를 제
어하고, 문의 개폐나 주차 위치 확인도 가능하다. 차량 상태 정보를 제공하고 문제 발생 시
상담원과 직접 연락할 수 있는 기능이 제공된다. 현대차의 경우, 자동차와 스마트홈 연계
로 사물 인터넷의 확장 가능성을 제시하는 '자동차 중심의 스마트라이프 구축'이라는 이동
성 개념을 선보였다. 기아자동차는 전기차 전용 텔레매틱스 '우보 이서비스(UVO eServices)',
주행 편의 기술 등을 전시한 바 있다.

[표 14-4] 국내 업계의 스마트자동차 관련 서비스 현황

업체	기술	내용
현대차	블루링크	• 텔레매틱스 및 인포테인먼트 시스템으로 운전자에게 실시간 날씨 정보, 음성으로 문자 메시지 전송, 내비게이션 연동 등의 편의 기능 제공 – 사고 발생 시 SOS 버튼을 누름으로 사고 처리 및 구난 지원, 차량 도난 경보 시 휴대폰으로 문자 전송, 도난 차량의 위치 추적 등의 안전한 기능 제공 – 스마트폰과 음성 인식으로 원격 시동, 문 개폐, 에어컨/히터 제어 – 스마트폰 또는 NFC 카드 키에 차량을 등록하여 편리한 차량 제어
	스마트 커넥티비티 시스템	• 스마트폰, 태블릿 PC 등과 연동하여 콘텐츠를 활용할 수 있는 편의성 극대화 – 차량 내 구축된 Wi-Fi와 이동통신망을 활용해 날씨 · 뉴스 · 주식 · 주변 정보 제공
	운전자 정보 시스템(DIS)	• 제네시스에 장착된 통합 정보 시스템으로 멀티미디어와 내비게이션, 텔레매틱스, 차량 공조 정보 및 운행 정보 등을 차내 모니터에 표시
기아차	우보(UVO)	• MS와 공동 개발한 차량용 인포테인먼트 시스템으로 음성으로 오디오 및 미디어 기기 작동 – MS가 개발한 음성 인식 제어 엔진이 적용되었고, 다양한 최신 기능이 소프트웨어 형태로 제공되어 추가나 갱신이 쉬움
르노 삼성	모바일 텔레매틱스	• SKT와 공동 개발 – 내비게이션, 원격 제어, 도난 방지, 긴급 구조 통신, 자동차 원격 검침 등의 기능을 제공
	휴대폰 스마트 엔트리 시스템	• 스마트폰으로 자동차를 제어하는 시스템으로 SKT와 공동 개발 – 카메라, MP3, TV 기능이 스마트폰으로 통합되어 자동차 문을 개폐하거나 각종 램프의 전원을 제어할 수 있으며, 좌석의 조정도 가능

출처: ETRI, 전자통신동향분석, https://www.hyundai.com 재구성

삼성전자는 스마트폰과 스마트시계를 통해 차량을 제어하는 부분에 집중하고 있다. 갤럭시 기어를 통해 BMW i3의 제어 기능을 공개한 적이 있으며, 미러링크 시스템을 활용하여 스마트폰과 자동차를 연결시킬 수도 있다. 2018 CES에서 공개된 디지털 콕핏은 갤럭시 S21+와 울트라에 내장된 스마트싱스(Smart Things)를 구글 안드로이드 오토와 연동시키고, 이를 통해 집에 도착하기 전 냉난방 기기를 켜거나, 로봇청소기를 작동시킬 수 있다. **LG전자** 역시 구글의 운영 체제와 소프트웨어 부분의 협력을 기반으로 스마트자동차의 기술 개발을 공동으로 진행하고 있다.

SK텔레콤은 자동차 사물 인터넷 서비스를 선도하기 위해 T-카(Car)를 출시하여 차량의 상태를 항상 모니터링 할 수 있는 서비스를 제공하고 있다. T-카는 차량에 장착된 별도의 모듈과 스마트폰 간의 통신을 통해 원격 시동, 셀프 배터리 충전, 주행 기록 관리, 선루프 원격 제어 등 실시간으로 차량 상태를 체크할 수 있다. 4G/5G 통신 방식을 적용하여 빠른 반응 속도를 보인다. 이 서비스는 현대, 기아 자동차에 설치 가능하며, 향후 그 적용 범위를 확대하기 위해 노력하고 있다.

14.3.1 현대 · 기아차

현대자동차는 착용형 기기와 연동되는 인포테인먼트 및 텔레매틱스 '블루링크(Blue Link 3.x)'를 KT와 연계하여 서비스를 제공한다. 운전자에게 실시간 날씨 정보 제공, 음성으로 문자 메시지 전송, 내비게이션 연동 등의 편의 기능을 제공한다([그림 14-10], [표 14-5] 참조). 운전자는 멀리서도 시동을 걸거나 문을 잠글 수 있고 1.6km 이내에 있는 차의 위치도 손쉽게 찾을 수 있다. 관심 지역 찾기(POI Search) 기능을 통해 자동차에 승차하기 전에 목적지를 내비게이션에 입력할 수도 있다.

출처: https://xero.tistory.com/150

(a) 블루링크

출처:Naver

(b) 블루링크 앱 실행 화면

[그림 14-10] 현대차의 블루링크

차량 전복 사고 발생 시, 차량에 설치된 버튼을 누르면 GPS를 통해 차량의 위치 정보가 소방서 등으로 전송되어 구급차 등이 사고 현장으로 찾아올 수 있다. 삼성전자, LG전자 등은 물론 KT, SK텔레콤 등 이동통신사들과 제휴하여 스마트폰에 저장된 음악, 영화, TV 프로그램 등 멀티미디어 서비스를 차량 내 스마트패드로 이용할 수 있다.

차량에서 내비게이션 또는 음성 인식으로 스마트홈 IoT 기기를 원격 제어할 수 있다. 집에서 인공 지능 스피커를 통해 차량을 원격으로 제어하는 홈투카(Home-to-Car), 집의 스마트홈 IoT 기기를 차 안에서 제어하는 카투홈(Car-to-Home) 기능을 제공한다. 스마트홈 IoT 기기(예: 현대건설 Hi-oT, KT 기가지니 홈 IoT, SKT 스마트홈)와 연동되어 스마트 IoT 조명, 에어컨, 보일러, 가스 차단기 등을 제어할 수 있다.

[표 14-5] 블루링크 주요 서비스

부문	서비스명	서비스
스마트폰 활용	원격 시동·공조	스마트폰으로 차량 시동, 에어컨과 히터 작동·온도 조절
	원격 문 열림·닫힘	거리와 상관없이 스마트폰으로 차량 문 열고 잠그기
	주차 위치 확인	거리 제한 없이 차량 비상등과 경적 울려 위치 확인, 스마트폰 상에 지도로 위치 확인
	목적지 전송	PC나 스마트폰에서 찾은 목적지를 차량 내비게이션에 전송
안전	사고 자동 통보	에어백 터지는 사고 시 상황실에 자동 통보되어 긴급 구조 지원
	SOS 서비스	비상 상황 시 버튼 눌러 상황실에 통보, 경찰·보험사 연계 지원
	도난 추적·경보	도난 차량 위치·주행 경로를 경찰에 실시간 제공, 도난 차량 속도를 줄이거나 시동이 걸리지 않게 하는 기능
차량 관리	차량 진단	엔진 이상, 타이어 공기압 등을 자가 진단하여 상황실에 전송, 애프터서비스와 연계
	소모품 관리	엔진 오일, 점화 플러그 등 소모품 교체 시기 안내
정보	생활 정보	교통 정보, 지역 정보, 스포츠, 뉴스 등 네이버 정보 제공
	무선 인터넷	차 내부를 와이파이 존으로 조성해 스마트폰이나 노트북 사용
지원	상담 지원	상담원이 길 안내 목적지 설정, 교통 정보 제공
	ARS 음성 정보	음성으로 목적지 검색, 전화로 증권·날씨·유머 음성 정보 수신
스마트홈 IoT 기기 지원	홈투카	집에서 인공 지능 스피커를 통해 차량을 원격으로 제어
	카투홈	집의 스마트홈 IoT 기기를 차 안에서 제어

출처: 현대자동차, http://m.bobaedream.co.kr/board/bbs_view/national/377748 재구성

마이크로소프트와 공동 개발한 기아차의 인포테인먼트 시스템 '우보(UVO 3.x)'는 운전자의 음성으로 오디오, 미디어 기기 등을 작동할 수 있다([그림 14-11(a)] 참조). 마이크로소프트가 개발한 음성 인식 제어 엔진이 적용되었고 다양한 최신 기능들이 소프트웨어 형태로 제공되어 쉽게 추가나 갱신이 가능하다. 우보가 업그레이드되면서 발레 모드와 모바일 페이 결제 서비스 기아 페이(Kia Pay)가 추가되었다. 발레 모드는 우보를 사용하고 있으면, 다른 설정 없이 디스플레이에서 터치하면 바로 사용할 수 있다. 기아페이의 경우, 스마트폰에 기아페이 앱을 설치, 설정한 후 차량 등록을 하면 사용할 수 있다.

기아차의 우보 앱의 경우, 원격 제어와 차량 관리 등이 가능하다([그림 14-11(b)] 참조). 공조 설정 화면에서 차량 내부 온도와 시동 유지 시간, 공조 옵션을 설정할 수 있다. 최신 버전의 내비게이션 소프트웨어와 지도가 무선으로 업데이트 가능하다. 업데이트 가능한 최신 버전의 소프트웨어가 있을 경우 차량 시동을 켤 때 무선으로 업데이트가 진행된다. 또한, 삼성전자의 갤럭시 탭으로 차량 정보 보기가 가능하다. 차량 정보 수집 칩을 운전석 하단 온보드-진단기(OBD) 단자에 연결하면, 태블릿 PC에서 엔진, 변속기, 냉각수 등 차량 상태를 블루투스 통신으로 전달받아 진단할 수 있다.

출처: https://uvo.kia.com 재구성

(a) 셀토스의 우보

출처: https://raycat.net/5147 재구성

(b) 우보 앱 실행화면

[그림 14-11] 기아차의 우보

현대 · 기아차가 추구하는 자율주행 기술의 핵심은 단기적으로는 **고속도로 주행 지원 시스템**(Highway Driving Assist, HDA), 중장기적으로는 **혼잡 구간 주행 지원 시스템**(Traffic Driving Assist, TJA)이다. 고속 도로 주행 지원 시스템은 '차간 거리 유지'와 '차선 유지 제어'가 핵심 기능이며, 에쿠스에 탑재하고 있다. 혼잡 구간 주행 지원 시스템은 차량 정체 상황과 끼어

들기 상황 등 교통 상황이 복잡한 도심 구간에서 사고 방지를 위한 기술이다. 이러한 기술과 다른 기술을 통합하여 자율주행차 상용화를 추진하고 있다.

현대 · 기아차는 최근 '안전한 차'가 전 세계 자동차 업계의 화두임을 고려하여, 위험 요소를 사전에 감지하고 사고를 예방할 수 있는 '지능형 안전 차량'의 개발에도 노력하고 있다. 예를 들면, 운전자의 건강 상태나 생체 정보 등을 감지해 차량을 제어하는 기술을 연구하고 있다.

| 용어 해설 |

· **거리 측정기(Ranger Finder)**: 계기에서 한 점 또는 한 물체까지의 거리를 재는 기구. 수동형과 능동형이 있는데, 수동형 측정기는 물체를 동시에 볼 때 생기는 시차를 이용하여 물체까지의 거리를 측정하는 것으로, 카메라와 측량에 주로 사용되는 일치식과 움직이는 물체의 거리 측정에 유용하여 사격 거리를 측정하는 데 사용되는 입체식이 있다. 능동형은 레이저 측정기가 있다.

· **모바일 텔레매틱스(Mobile in Vehicle, MIV)**: 휴대전화를 이용하여 자동차를 원격 제어할 수 있는 모바일 텔레매틱스 서비스

· **온보드 진단기(On-Board Diagnostics, OBD)**: 자동차 산업에서 사용되는 용어로서 스스로 진단하고 그 결과를 리포트하는 장치를 말한다. 최근에 생산되는 자동차에는 여러 가지 계측과 제어를 위한 센서를 탑재하고 있으며, 이러한 장치들은 ECU(Electronic Control Unit)에 의하여 제어되고 있다. ECU의 원래 개발 목적은 점화 시기와 연료 분사, 가변 밸브 타이밍, 공회전, 한계값 설정 등 엔진의 핵심 기능을 정밀하게 제어하는 것이었으나 차량과 컴퓨터 성능의 발전과 함께 자동변속기 제어를 비롯해 구동계통, 제동계통, 조향계통 등 차량의 모든 부분을 제어하는 역할까지 하고 있다. 이러한 전자적인 진단 시스템은 발전을 거듭하였으며, 최근 OBD-II(On-Board Diagnostic version II)라는 표준화된 진단 시스템으로 정착되었다.

· **운전자 정보 시스템(Driver Information System, DIS)**: 차량용 네트워크 기술을 집약한 것으로 내비게이션, DVD 플레이어 등 멀티미디어 기기와 윈도, 좌석, 문 등 차량 전자 제어 장치를 하나의 시스템으로 통합하여 운전에 필요한 모든 정보를 모니터를 통해 파악하고 제어할 수 있게 해 주는 시스템. 라디오, TV, DVD 및 공조 장치, 운전대, 타이어 공기압 경보 장치(TPMS) 등 차량에서 전자 기술을 이용하는 모든 것들의 정보를 모니터에 보여 주고, 운전자가 터치만으로 모든 것을 조절할 수 있도록 해준다.

| 단답형 |

01 운전자 없이 주행할 수 있는 자율주행차가 상대 차량과 정보를 주고받거나, 차량 내에 (   )을 구축하는 등 자동차와 사물 인터넷이 융합되는 것을 볼 수 있었다.

02 (   )의 사전적 의미는 '첨단 컴퓨터·통신·측정 기술 등을 이용하여 자동으로 운행할 수 있는 차량'이다. 기계 중심의 자동차에 전기, 전자, 정보 통신, 제어 기술을 적용하여 높은 수준의 안전과 편의 기능을 제공할 수 있는 자동차이다. 즉, 자동차의 내외부 상황을 실시간 인식하여 도로 위의 위험에 대처할 수 있는 안전성과 탑승자의 만족을 극대화시키는 편의 기능을 갖춘 인간 친화적인 자동차이다.

03 스마트자동차는 통신을 통한 연결성을 강조한 (   )와 운전자의 조작 없이 스스로 주행하는 (   )의 특성을 모두 갖춘 자동차를 의미한다.

04 스마트자동차의 안전 기술 중 하나로 (   )은 차선 이탈 방지 및 경고, 적응형 순항 제어 장치, 자동 긴급 제동 장치 등을 조합하여 운전자가 안전하게 운전할 수 있도록 지원한다.

05 (   ) 기술은 차량 결함, 사고 예방 및 회피, 충돌 등 위험 상황으로부터 운전자 및 탑승자를 보호하고 교통사고로 인한 피해를 경감하는 기술이다.

06 (   ) 기술은 자동차에 흥미를 부여하고 운전자 편의를 극대화하여, 자동차를 가정, 사무실에 이은 제3의 주거 공간으로 활용하는 기술이다.

07 가장 이슈가 되는 (   ) 기술은 차량에 설치된 센서, 카메라 등으로 교통 신호, 차선, 장애물 등에 대한 정보를 수집하고 이를 이용하여 차량에 내장된 컴퓨터가 주변 상황에 맞게 차량을 스스로 운행하는 기술이다.

08 안전 기술 작동 영역은 교통사고 발생 전 예방을 위한 (　　　　)과 사고 후 사고 피해를 줄이고 확대를 방지하는 (　　　　)으로 구분된다.

09 2009년부터 구글의 자가운전 자동차(Self-driving Car) 프로젝트에 의해 (　　　　)란 자율주행 자동차 개발이 진행되고 있다.

10 (　　　　)가 주변 약 270° 범위의 시야를 확보해 준다. 주변 상황을 지속적으로 확인할 수 있어 어려운 진입로나 좁은 주차 공간도 안전하게 드나들 수 있다.

| 선택형 |

01 차량 내부의 네트워크와 외부 통신을 기반으로 차량 내 정보를 통합 관리하고 운전자에게 필요한 정보를 제공하거나, 오락, 정보 등 다양한 콘텐츠를 즐길 수 있게 해주는 기술이 아닌 것은?

① 텔레매틱스　　　　　　　② 인포테인먼트
③ 차량·사물 통신　　　　　④ 오디오 앰프

02 다음 중 '사람이 탑승한 상태에서 사람의 개입(제어) 없이 자동차 스스로 목적지까지 주행할 수 있는 자동차'는 무엇의 개념인가?

① 커넥티드 카　　　　　　　② 자율주행차
③ 무인 자동차　　　　　　　④ 스마트자동차

03 다음의 자동차 자동화 단계 정의에 해당하는 것은?

- 본격적인 자율주행 시스템을 갖춘 자동차
  - 특정 교통 환경에서 자동차가 모든 안전 기능을 제어
  - 자동차가 모니터링 권한을 갖되 운전자 제어가 필요한 경우 경고 신호 제공
  - 운전자는 간헐적으로 제어
  (예: 구글 웨이모, 메르세데스-벤츠 S클래스, 혼다 레전드, 현대자동차 제너시스 G90 등)

① 특정 기능 자동화　　　　② 조합 기능 자동화
③ 제한된 자율주행　　　　　④ 완전 자율주행

04 다음 중 스마트자동차에 적용된 안전 기술 분야가 아닌 것은?

① 커넥티드 카(Connected Car)

② 첨단 운전자 보조 시스템(Advanced Driver Assistance System, ADAS)

③ 자율주행(Autonomous Vehicle)

④ 협업 안전 시스템(Cooperative Safety System)

05 다음 중 스마트자동차의 IT 관련 주요 이슈가 아닌 것은?

① 자동차 네트워크   ② 고성능 컴퓨터

③ 보안성 확보   ④ 편의 장치 확보

06 스마트자동차 기술 분류 중 안전 기술에 해당하지 않는 것은?

① 모바일 오피스 시스템   ② 액추에이팅 시스템

③ 운전 보조 시스템   ④ 사고 예방/회피 시스템

07 스마트자동차 기술 분류 중 편의 기술에 해당하지 않는 것은?

① 인간 대 기계 인터페이스 시스템   ② 자동차 상태 모니터링 시스템

③ (반)자율주행 시스템   ④ 자동차용 무선 통신 기술

08 스마트자동차에 사용되는 주요 센서가 아닌 것은?

① 레이더(RADAR)   ② 습도 센서

③ 제스처 인식용 3차원 형상 인식 센서   ④ 라이더(LIDAR)

09 다음 중 차량 중심의 유무선 통신 기술의 구분에 포함되지 않는 것은?

① 차량 간 통신망(V2V)   ② 차량 인프라 간 통신(V2I)

③ 차량 보행자 간 통신(V2P)   ④ 차량과 디바이스간 통신(V2D)

10 다음 중 글로벌 자동차 업체의 인포테인먼트 시스템이 아닌 것은?

① 아이드라이브(iDrive)   ② 그린링크(Greenlink)

③ 온스타(OnStar)   ④ 엔튠(Entune)

11 다음 중 IT 기업의 인포테인먼트 플랫폼이 아닌 것은?

① 카플레이(CarPlay) ② 안드로이드 오토(Android Auto)

③ 싱크(Sync) ④ 카라이프(CarLife)

| 서술형 |

01 자율주행 중인 차량에 사고가 났을 때, '누구에게 책임을 물을 것인가?' 하는 문제가
발생한다. 이를 해결하기 위해 무엇을 해야 하는가?

02 스마트자동차에 적용될 주요 안전 및 편의 기능에 대해 설명하시오.

03 스마트자동차의 액추에이팅 시스템에 대하여 설명하시오.

04 스마트자동차의 수동안전 시스템에 대하여 설명하시오.

05 스마트자동차의 차량·사물 통신(V2X)에 대하여 설명하시오.

06 스마트자동차의 차량용 인포테인먼트에 대하여 설명하시오.

07 구글과 애플의 차량용 인포테인먼트 플랫폼 전략을 비교·설명하시오.

스마트공장

contents

기존 공장 자동화는 미리 입력된 방식에 따라 생산 시설이 수동적으로 움직였다면, '스마트공장'은 기계끼리 통신하면서 상황 정보를 공유하고 그에 따라 생산 설비가 능동적으로 작업 방식을 결정하고 최적의 공정을 구현하는 것이다([그림 1] 참조). 기존 제조 공장은 생산 과정에서 문제가 발생하더라도 모든 공정을 거친 후, 최종 제품이 나와야 불량 여부를 확인할 수 있는 구조였다. 동일한 불량품이 여러 개 나오더라도 발견하기 어려웠다. 그러나 스마트공장에서 문제를 발견하면, 각 제조 단계마다 부착된 스마트센서가 바로 전 단계 조립 기계에 새로운 공정 지시를 내릴 수 있어 실시간으로 오류를 수정할 수 있다. 이에 따라 비용 절감과 생산성 향상을 가져올 수 있다.

[그림 1] 산업 혁명 역사 속에서 제조 시스템의 진화 과정

이와 같이 ICT 기술로 구현된 스마트공장은 다품종 복합(소량, 대량) 생산이 가능한 유연 생산 체계 구축이 가능하고, 생산성 향상, 에너지 절감, 안전한 생산 환경, 개인 맞춤형 제조, 제조·서비스 융합 등의 실현이 가능하다. 또한, 시시각각 변화하는 **생산 자원(4M1E)**, 즉 **인력(Man)**, **기계(Machine)**, **자재(Material)**, **공정(Method)**, **에너지(Energy)** 또는 **환경(Environment)**의 정보를 실시간으로 현장에서 취합하여, 최고 경영자가 의사 결정을 내리는 데 필수적인 정보를 제공한다([그림 2] 참조). 즉, 현

장의 실시간 정보를 공장 관리자에게 제공할 수 있으며, 이 정보를 기반으로 최고 경영자, 고객, 공장 관리자는 공장 전체의 생산성 향상과 운영의 최적화를 위한 피드백을 제공한다. 이를 바탕으로 IT 융합 생산 정보화 시스템에 기반을 둔 **무대기시간**(Zero Waiting-time), **무재고**(Zero Inventory), **무가동 휴지시간**(Zero Downtime), **무불량**(Zero Defect)으로 하는 **4무(Zero)의 연속 개선**(Continuous Improvement Process, CIP) 관리를 구현할 수 있다.

한 국가의 미래는 생산 요구에 얼마나 적절하게 대응하느냐에 따라 크게 영향 받을 수 있고 그러한 미래 사회의 변화와 수요를 충족할 중요한 핵심 중 하나가 스마트공장이다. 스마트공장은 단순한 제조 혁신이 아니라 사람들의 인식과 산업 체계를 바꿀 수 있는 패러다임으로, 제조업의 고도화를 실현하여 생산성 향상에 기여하며 새로운 미래를 열어가고 있다.

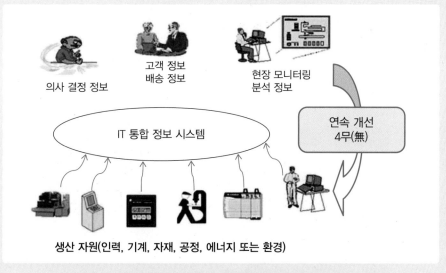

[그림 2] 스마트공장을 위한 생산 IT 융합 모델의 블록 다이어그램

CHAPTER 15

스마트공장의 개념 및 특징

15.1 스마트공장의 개념 / 15.2 주요 특징 및 이슈 / 15.3 스마트공장 구분

사물 인터넷 기술을 이용하여 생산 기기와 생산 제품에 대한 실시간 정보 공유가 가능해짐에 따라 전 생산 과정을 최적화할 수 있는 '스마트공장'이 부각되고 있다. 스마트공장은 제품의 설계, 개발, 제조, 유통, 물류 등 전 생산 과정에 정보 통신 기술을 적용하여 생산성, 품질, 고객 만족도 등을 향상시키는 지능형 공장이다. 직접 공장에 가지 않아도 스마트폰이나 컴퓨터로 현장을 확인하고 제어가 가능하다([그림 15-1] 참조).

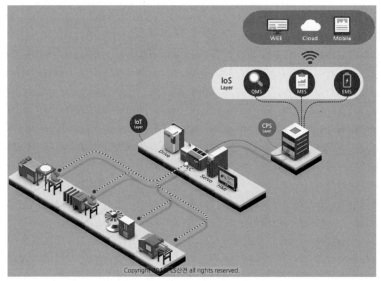

출처: YouTube

[그림 15-1] 스마트공장

스마트공장의 기능 요건은 생산과 관련된 정보를 **감지**하고, 감지된 정보를 기반으로 의사 결정을 하기 위한 **판단**을 하고, 판단한 결과를 생산 현장에 반영하도록 **수행**하는 3단계로

구성된다([그림 15-2] 참조). **감지** 단계에서 생산 환경(생산 장비, 인력 운용 등), 제품 환경(생산 조건, 실적 정보, 재고 현황 등), 시장 환경(고객 요구 사항, 제품 수명 등)과 관련된 정보들을 수집한다. **판단** 단계에서 생산 환경 정보와 생산 전략의 변화를 바탕으로 사전에 분석하고 정의된 기준에 따라 생산 환경 및 전략을 수정한다. **수행** 단계에서 판단 결과를 실시간으로 생산 환경에 적용하기 위해 네트워크를 통한 제어 및 생산 전략 변경을 실행한다.

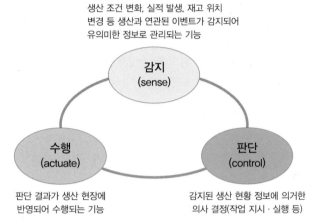

출처: 유연 생산 체계를 구현하는 Smart Factory, Deloitte Anjin Review 재구성

[그림 15-2] 스마트공장의 기능 요건 3가지

스마트공장은 센서, 제어기기 등 다양한 기능의 지능형 디지털 기기로 구성된 스마트장비를 갖추는 것부터 시작한다. 그 다음 공장 전반에 걸쳐 기계 장비, 통신 기기, 화상 기기, 컴퓨터 같은 디지털 기기들이 공장의 전용 네트워크 플랫폼에 연결되어 사물 인터넷이 가능한 스마트한 공장이 구축된다. 이 장비들은 실시간으로 기계의 운전 상태, 사용한 원료, 생산량 등의 데이터를 생성·수집하여 활용할 수 있게 한다. 또한, 사이버 물리 시스템, 공장 에너지 관리 시스템을 기반으로 제조의 모든 단계가 자동화·정보화(디지털화)된다.

그리고 공장의 자산과 전사적 자원 관리, 공급 사슬 관리 같은 시스템이 하나의 네트워크에 연결되고 원격지의 공장과 공급망, 물류 창고, 영업소, 공급업체 및 수요업체까지 일관된 정책에 따라 운영되는 스마트 기업으로 발전하게 된다.

15.1 스마트공장의 개념

스마트공장과 유사한 용어로 **스마트제조**가 있다. 국내에서 스마트공장은 제조가 일어나는 장소라는 의미에 중점을 두고 스마트제조는 제품이 제조되는 행위에 초점을 두고 있다.

스마트공장에 대해서도 **광의의 스마트공장**과 **협의의 스마트공장**의 의미를 혼용해서 사용하고 있지만, 국내에서 이들에 대한 정의가 명확하게 구별되지 않은 상황이다. 일반적으로 **광의의 스마트공장**은 비즈니스 가치 사슬 전반에 최적화가 가능하며, 제품 생산의 유연함과 상호 운용성을 지원하는 자동화된 지능형 설비, 생산, 운영의 통합 및 개방을 통해 고객과 소통하는 공장으로 설명하고 있다. **협의의 스마트공장**은 제품의 기획 · 설계, 생산, 품질, 유지 보수 등 제조 공장에서 생산 프로세스에 대한 정보화와 생산 시스템의 자동화를 실현하는 공장으로 설명하고 있다. 스마트제조는 가치 사슬을 이루는 전체 제조 생태계의 지능화를 아우르는 광의 스마트공장의 개념이고, 그 속에서 제조 공정 및 공장의 효율화 및 지능화를 도모하는 것이 협의의 스마트공장 개념이라 할 수 있다([그림 15-3] 참조).

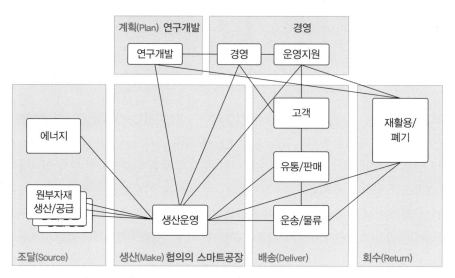

[그림 15-3] 광의의 스마트공장 내의 협의의 스마트공장 개념 모델

다시 말해서 **광의의 스마트공장** 개념인 **스마트제조**는 제조업의 경쟁력 향상과 변화하는 시장 환경에 능동적으로 대응하기 위해 공장 자동화에 ICT 기술을 접목하여 인간의 오류를 최소화한 제조 시스템이다. 즉, 사물 인터넷, 클라우드, 인공 지능 등 ICT 기술을 접목하여 제품 기획/설계, 제조, 물류/유통 3개의 제조 단계 사이에 유기적인 협업을 통해 생산성,

품질, 고객 만족도 등 투입 자원 대비 최대 효율성을 목적으로 하는 제조 시스템이다. 제품 생산의 제조 공정에 국한되지 않고 제품 사용자의 수요를 생산과 연계하여 공장 자동화에 물류를 추가·확장한 개념이다([그림 15-4] 참조).

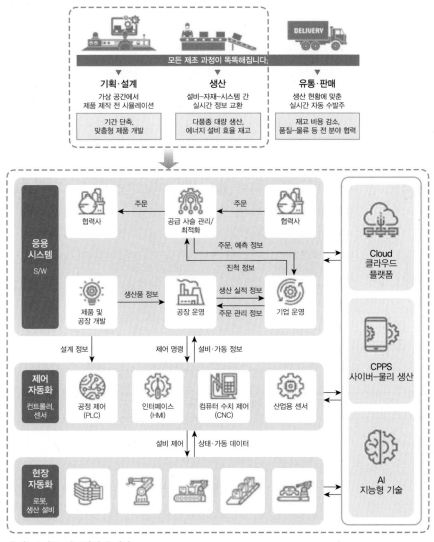

출처: 스마트 제조혁신 추진단

[그림 15-4] 스마트제조 개념도

ICT 기술을 적용하여 제품의 기획, 설계, 생산, 유통, 판매 등 전 과정을 통합함으로써 기간을 단축하거나 맞춤형 제품 개발을 용이하게 하고, 모기업-협력사 간의 실시간 연동을 통하여 품질, 물류 등 전 분야에서 협력과 재고 비용 감소가 가능하다. 또한, 생산성 향상, 에너지 절감, 인간 중심의 작업 환경 구현 및 개인 맞춤형 제조 등 새로운 환경에 능동적으로 대응하는 차세대 공장 구축이 가능하다. **ICT 다이버전스** 산업으로의 변화는 제품군의 다양화, 제품 수명 주기 단축, 시장의 다변화 등 생산 환경 변화를 가져오고 있다.

기술 개발 측면에서 스마트공장 설계/운영/최적화, 기계 학습 및 인공 지능 기반의 지능화된 제조, 디지털 트윈(사이버 물리 시스템), 산업 데이터 분석, 클라우드 컴퓨팅, 산업용 사물 인터넷, 스마트센서 등의 다양한 핵심 요소 기술이 연구 및 개발되고 있다([그림 15-5] 참조).

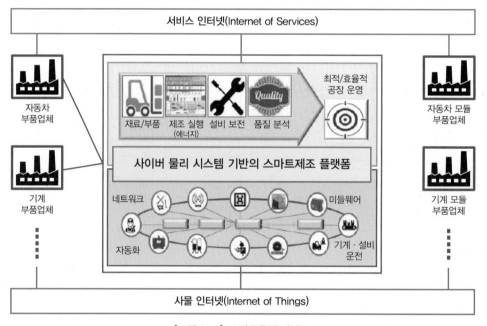

[그림 15-5] 스마트공장 개념도

기술적인 관점에서 스마트제조의 지향점은 **데이터, 네트워크, 인공 지능**을 활용하여 자율적인 제조 시스템을 구축하는 것이다. 산업용 사물 인터넷에 의해 **데이터**가 수집되어 클라우드 또는 엣지 컴퓨팅에서 인공 지능 기술을 활용하여 처리되고, 이는 다시 디지털 트윈 등의 응용 기술에 제공되어 제조 공정의 오류를 최소화하거나 최적의 공정 조건을 확립하는 데 활용된다. 데이터 전송을 위한 **네트워크**는 필드버스, 산업용 이더넷과 같은 유선 네트워크와 Wi-Fi, 블루투스, 로라(LoRa) 등과 같은 무선 네트워크가 활용되고 있으며, 실시간 통신 지원 여부나 공장 규모 대비 통신 범위 등을 고려하여 구체적인 네트워크를 선택해야 한다. 수집된 데이터는 **인공 지능** 기술을 활용하여 제조 공정 내의 품질 검사, 설계, 예지보전 등의 세부 작업에서 활용되어 생산성을 극대화하는 것을 목표로 한다. 4차 산업 혁명 시대에 제조 시스템에서 생산의 주체가 컴퓨터에서 데이터로 전환되고 있다.

15.1.1 제품 생산 과정

기존 공장에서는 소비자의 요구 사항을 분석하고, 이를 기반으로 제품을 기획, 디자인, 설계하고, 부품을 조달하여 생산하고 출하한다. 이 과정에서 고객 관계 관리 시스템, 컴퓨터 지원 설계 제조(CAD/CAM) 시스템, 제품 수명 주기 관리 시스템(PLM), 공급 사슬 관리 시스템(SCM), 전사적 자원 관리 시스템(ERP), 제조 실행 시스템(MES), 유통 관리 시스템(LMS)과 같은 다양한 시스템이 개발되어 활용되고 있다.

스마트공장에서는 이러한 전통적인 과정이 아닌 맞춤형 또는 개인화 제조가 가능한 새로운 과정으로 변화하고 있다. 고객이 요구 사항을 전달하면, 크라우드소싱 방식으로 제품이 기획 및 디자인되고 인터넷에 존재하는 부품 공급자들로부터 부품을 받아 첨단화된 공장에서 제조되어 고객에게 전달된다.

이처럼 스마트공장은 주문을 받아 제품을 기획하고 부품을 조달하여 생산하는 모든 과정을 인터넷을 통해서 진행한다. 이러한 개념은 기존의 고객 관계 관리, 공급망 관리 또는 유통 관리의 개념을 완전히 바꾸어 놓고 있다. 제품의 판매 역시 인터넷상의 쇼핑몰에 올려서 전 세계 고객에게 직접 판매할 수 있다.

고객의 입장에서 생산 과정에 자신의 의견을 제시하여 반영시킬 수 있다. 이는 누구나 자신만의 공장을 가지고서 창의적인 아이디어의 제품을 제작하거나 효율적인 공정을 적용해볼 수 있는 길이 열렸음을 의미한다.

[그림 15-6]은 과학기술정보통신부에서 경제 도시와 연계한 스마트공장을 구체적 사례를 들어 설명한 것이다. 이러한 개념을 스마트제조 공장과 연계하면, 기존의 제품 설계-생산-유통과는 완전히 다른 생산 과정을 제시할 수 있다.

이슈 제기	이슈 분석	SNS 전파	전문가/대중 해결안 수렴	전문가/대중 해결안 분석	가상팀 구성
치매 할머니가 자꾸 집을 나가세요.	이슈 분류: 국민생활-치매 이슈 분석: 유사 요구 사항 없음 정보 검색(웹/특허 등): 하루 빨리 요양원으로 보내 주세요.	대중 참여 유도를 위한 SNS 전파 관심 이슈 투표	신발에 GPS를 다세요.	제안자 검토: 할머니가 주로 슬리퍼를 신고 나가세요.	
			현관문 바닥에 압력 센서를 설치하고 알림을 주세요.	대중 검토: 바닥 위에 센서를 올려 놓으면 센서 이동의 위험이 있고, 바닥 아래 센서를 놓으려면 시멘트를 뜯어야 합니다. 현실적이지 못합니다.	
			로봇청소기에 카메라를 장착하고 얼굴 인식 모듈을 장착하여 할머니가 현관문을 나가시려고 할 때 말을 걸어드리면 어떨까요?	- 괜찮은 방법 같습니다. 얼굴 인식 정확도는 어느 정도일지요? - 최근 알고리즘들은 약 95% 정도까지 인식 가능합니다.	가상팀 구성 요청 (미완료)
			손목시계형 위치 추적 센서를 채워드리면 어떨까요?	- 좋은 방법이네요. 저렴하게 만드는 게 중요한 것 같습니다.	가상팀 구성 요청 → 가상팀 구성 완료

			스마트공장		
콘셉트 디자인	전문가 대중 설계 검토	콘셉트 설계 제안	협업 공학 설계	협업 제작	해결 완료
제품의 콘셉트 디자인 - 외형 디자인 - HW Spec - SW 기능 - 예상 가격 등 	제안자 검토: 치매 할머니에게 하루종일 채워드리려면 방수 기능이 필요할 것 같습니다. 대중 검토: 중앙 관제 센터를 운영하지 않으려면, 위치 추적 결과를 보호자 스마트폰으로 직접 전송해야 합니다.	제품의 콘셉트 디자인 - 외형 설계 - 부품 디자인 - SW 설계 - 시스템 설계 - 예상 가격 등 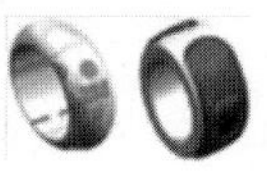	외형 CAD 설계	외형 프로토타입 제작 (3D Printer)	
			HW 부품 설계 - 메인보드 - GPS 수신기 - 통신 모듈 - LCD	필수 HW 부품 조달 필요 HW 부품 제작 HW 부품 단위 시험	
			SW 설계 - mini-OS - GPS - UI	필수 SW 설치 필요 SW 개발 SW 단위 테스트	
			원격 협업 설계 검토 및 재설계	시스템 조립 및 시스템 통합 시테스트	제안자 완제품 전달 검토 결과 전달

출처: ETRI

[그림 15-6] 아이디어에서 시장까지(Idea-To-Market)의 과정 예

15.1.2 구성

일반적으로 공장은 5M, 즉 **인력**(Man), **기계**(Machine), **자재**(Material), **측정**(Measurement), **공정**(Method)으로 구성된다. 스마트공장의 구성에 대해 이전과 같이 생산 최적화, 생산 설비 또는 생산 시스템 등의 생산 공학적 관점이 아닌 ICT 관점으로 살펴보면, **모니터링 및 운전**(Monitoring & Operation)이 추가된다. 그중에서 인력, 기계, 자재와 제품, 모니터와 운전은 스마트공장 도입에 따라 다음과 같이 밀접하게 영향을 받는다.

① 인력

공장의 밸브가 제대로 작동하지 않아 시스템이 과열되는 상황을 가정해 보자. 작업 담당자는 어디에 있던지 스마트폰으로 알람을 받을 수 있고 위치 기반 시스템을 이용하여 해당 위치를 파악하여 빠른 조치를 취할 수 있다.

즉 담당자는 해당 위치에 직접 가지 않더라도 모바일 단말을 이용해 문제가 된 밸브를 RFID나 카메라 등으로 인식하고 증강 현실을 통해 이 밸브와 관련된 정보를 받아 어떤 방식으로 조치해야 할지 알 수 있다. 문제가 있는 부품을 파악하여 부품업체에 수리를 요청하고 담당자는 식당에서 식사를 하던 중 스마트폰을 통해 수리가 끝나 재가동되고 있다는 소식을 받을 수도 있다.

따라서 작업 담당자가 생산 시스템의 한 부품처럼 행동하는 것이 아니라, 일반 회사 관리자와 같은 일을 하게 된다. 이처럼 ICT 기술에 의해 증강된 방식으로 편하고 효과적으로 일하는 작업자를 **증강 작업자**라고 한다([그림 15-7] 참조). 스마트공장은 이와 같은 인간 중심의 특성을 가진다.

[그림 15-7] 스마트 작업자

② 기계

지금까지 공장에서 설비는 특정 일만 하는 자동화 기기로 생각되었다. 따라서 설비 그 자체의 기능이 중요했다. 하지만 스마트공장은 이들 설비 간의 통신에 의한 일 처리가 중요하다. 설비들은 스스로 정보를 파악하고 이를 다른 설비가 알 수 있도록 공유하여 전체 공정이 잘 조화될 수 있게 한다. 사람과 사람 간 매개체를 통해 연결하는 것과 유사하게 기계와 기계 간의 연결 개념이다. 스마트공장은 이와 같이 설비 간의 상호 유기적인 연결과 이로부터 발생되는 지능화가 중요하며, 따라서 이를 **스마트 소셜 기계**라고 한다([그림 15-8] 참조).

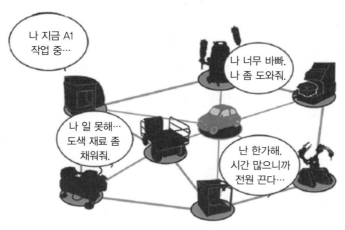

[그림 15-8] 스마트 소셜 기계

③ 자재와 제품

일반 공장에서 자재가 최종 제품이 되기까지 많은 정보가 요구되거나 발생하기도 한다. 이들 정보는 공장의 작업 현장부터 제조 및 판매, 배달까지 여러 부문에서 관리되는데, 그러한 관리 작업 자체가 상당히 복잡할 수 있다.

스마트공장에서는 생산되는 제품이 정보 전달자가 되어 공장 내 여러 요소들과 연결된다. 즉, 제품 내에 제조 과정에 대한 이력이 저장되고, 생산 설비들은 이 정보를 통하여 생산 현장 내 상황을 이해하고, 이를 기반으로 공정이 진행된다.

즉, 스마트공장 내에서 제조되는 제품은 자신을 알리는 ID, 정보를 저장하는 메모리, 이 정보를 주고받을 통신 수단이 장착된다. 이러한 제품을 스마트제품이라고 한다([그림 15-9] 참조).

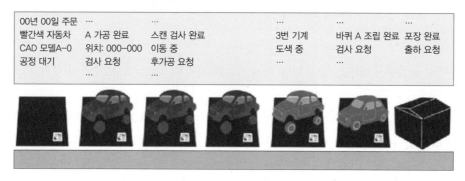

[그림 15-9] 스마트제품

④ 모니터링 및 운전

일반적으로 기존 공장은 관리 대상인 장치(혹은 기계)와 장치를 구동시키는 작업자가 물리적으로 같은 장소에 있는 현장 관리였다. 하지만 스마트공장은 네트워크를 통해 모든 장치에 접근 가능해짐에 따라, 어떤 장소에서도 장치의 상태를 점검하고 작동시킬 수 있다. 작동 오류, 위험 감지와 같이 공장에 예기치 못한 문제가 발생하더라도, 실시간으로 파악하고 원격 접근으로 유지 보수가 가능하며, 분산된 공정의 무인 관리도 가능해져서 비용 절감 효과도 누릴 수 있다. 제품을 주문한 고객 역시 자신의 제품이 어떻게 생산되고 있는지 모니터링하고 직접 생산에 참여할 수 있다.

스마트공장은 이와 같이 인터넷에 연결되어 공장 내 현장과 제조 공정이 투명하게 노출될 수 있어 투명한 공장이라고도 한다([그림 15-10] 참조).

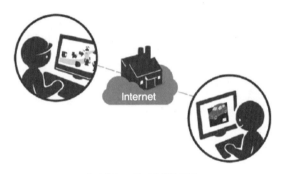

[그림 15-10] 투명한 공장

15.2 주요 특징 및 이슈

15.2.1 특징

지금까지 생산 설비는 중앙 집중화된 시스템의 통제를 받았으나 스마트공장에서는 각 기기가 독립적으로 개별 공정에 적합한 작업을 판단해 실행하게 된다. 산업 현장 내 여러 센서와 기기들이 스스로 데이터를 수집하여 의미 있는 정보로 가공한 후, 이를 바탕으로 생산성을 끌어 올릴 수 있도록 인공 지능이 결합된 생산 시스템으로 진화하고 있다([그림 15-11] 참조).

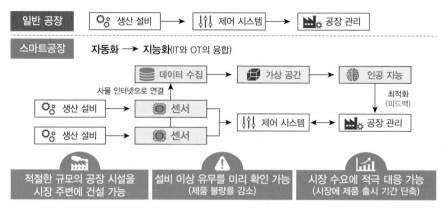

[그림 15-11] 일반 공장과 스마트공장의 비교

이러한 스마트공장의 제조 공정과 기존 공정과의 차이점은 다음과 같다.

첫째, 개별 제조 공정의 모든 제품 및 관련 장치에 바코드, 센서, RFID 등이 탑재되어 어떤 상황에서도 원하는 제품이나 설비에 대한 추적이 가능한 **사물 인터넷 환경**이 구축된다. 이러한 환경에서 수집된 정보는 빅 데이터 분석을 통해 오작동 방지, 최적 작업 스케줄링 할당 등 생산성을 향상시키는 데 활용된다.

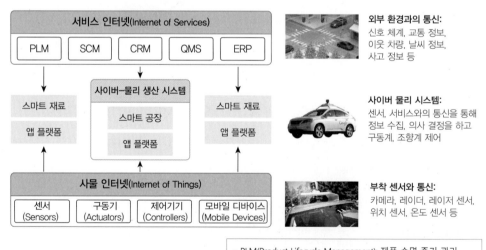

출처: 박형근, DBR, Issue 1, No.166, P.54, 2015. 재구성

[그림 15-12] 사이버 물리 시스템

둘째, 다양한 고객의 요구에 적절하게 대응하기 위해 **사이버 물리 시스템**이 구축된다. 사이버 시스템과 물리 시스템의 통합적 시스템으로 컴퓨팅, 통신 및 제어 기능이 물리 세계의 사물들과 융합된 형태를 말한다. 모든 사물이 서로 연결되어 정보를 교환하는 사물 인터넷에서 컴퓨팅과 물리 세계가 네트워킹을 통해 유기적으로 융합됨으로써 사물이 서로 소통하며 자동적, 지능적으로 제어되는 시스템이다. 이는 스마트공장뿐만 아니라 전력망, 교통 시스템, 공공 기초 시설, 의료 시스템 등 복잡한 핵심 인프라에도 적용될 수 있다([그림 15-12] 참조).

ICT 기반 스마트공장의 특성을 보면, 모바일 디바이스 또는 착용형 디바이스가 적극적으로 활용되어 작업자는 더 이상 산업용 컴퓨터 앞에 앉아 있지 않아도 된다. 생산 기계는 다른 장비들이나 작업자의 단말과 지속적으로 통신하며 능동적으로 일을 하는 **스마트 소셜 기계**가 된다([그림 15-13] 참조).

생산 제품은 해당 **소재/부품** 정보를 제품 내부에 저장하고 있는 스마트제품이 된다. 스마트센서나 3차원 카메라 등의 연관된 세부 기술이 발전함에 따라 생산 제품의 검사나 불량 제품 선별 작업도 이러한 기기들이 담당하게 된다. 생산 방식은 유연 생산 체계를 갖춘 맞춤형으로 전환되고 있다. 그 과정에서 분산 시스템이나 분산 인공 지능과 같은 기술이 중요한 역할을 한다. 이러한 스마트공장의 구성과 관련된 기술로 공장은 폐쇄 공간이 아니라 어디에서든 모니터링과 제어가 가능한 투명한 개방형 공장이 된다([표 15-1] 참조).

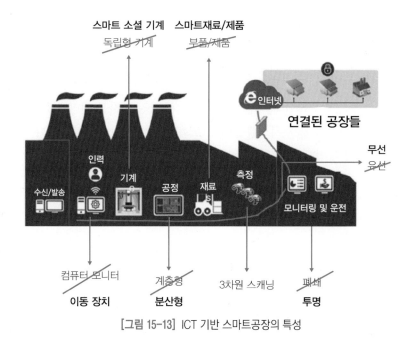

[그림 15-13] ICT 기반 스마트공장의 특성

[표 15-1] 스마트공장 구성의 특성 및 관련 기술

구성요소	특성	관련 ICT 기술
인력	스마트한 작업자 (Smart Operator)	모바일/착용형 디바이스, 증강 현실
기계	스마트 소셜 기계 (Smart Social Machine)	센서 네트워크, 지능형 네트워크
자재	스마트제품 (Smart Product)	자동 ID(AutoID), 스마트메모리
측정	첨단 검사 장비	스마트센서, 3차원 카메라
공정	분산 구조 (Distributed Architecture)	서비스 지향 아키텍처(Service-Oriented Architecture, SOA), 분산 인공 지능
모니터링 및 운전	투명성 (Transparent)	산업용 네트워크, 무선 개인 통신망(WPAN), 인터넷

15.2.2 주요 이슈

스마트공장에도 실시간 점검, 품질 분석 및 예측, 공통 산업 플랫폼 개발, 공장의 운영 최적화, 산업 표준 기술 개발, 산업 현장에 도입 확산 등 해결해야 할 과제가 많이 있다.

대부분의 공장에서 기초 수준의 스마트화가 진행되고 있지만, 제조 전 과정의 디지털화를 통한 지능형 공장을 구현하는 데 아직도 많은 어려움이 있다. 특히 중소 제조 기업의 경우, ICT 활용도 수준이 낮고 스마트공장에 대한 이해도가 낮아 처음부터 높은 수준의 스마트화를 구현하기 어렵다. 보유한 솔루션도 대부분 생산 이력 관리, 재고 파악 등 공장 디지털화의 기초적인 기능에 초점이 맞추어져 있다.

스마트공장을 통해 제조업 분야의 혁신을 이루기 위해 공장의 사물 인터넷화, 최적의 생산 계획과 일정(APS), 사이버 물리 시스템 등의 고도화된 솔루션 보급이 필요하다. 하지만 초기 과도한 도입 비용과 기술적 지원 체계의 미흡으로 스마트공장의 보급이 쉽지 않은 상황이다.

스마트공장의 보급·확산을 위해 필요한 연구개발 분야는 크게 3가지로 나누어 볼 수 있다.

■ 보급형 사이버-물리 생산 시스템을 통한 기업의 최적화된 유연 생산 체제 구축 분야

사이버-물리 생산 시스템(CPPS)은 ICT 기술을 활용하여 물리적인 제조 환경과 가상 환경을 통합하여, 가상 환경에서 제조 과정을 모니터링하고 시뮬레이션을 통한 최적화를 지원

할 수 있는 시스템을 의미한다. 사이버-물리 생산 시스템의 보급은 기업의 생산성을 높이고 유연한 생산 체제 구축을 가능하게 한다. 하지만 아직 보급형 사이버 물리 시스템 솔루션에 대한 기술력 부족으로 인한 낮은 효율성, 과도한 기술 도입 비용 등의 이유로 일부 기업을 제외하고 국내에서 도입 사례를 찾아보기 힘든 상황이다.

사이버-물리 생산 시스템의 세부 핵심 기술은 크게 디지털 동기화, 현황 분석 및 상황 예측, 설비 운영 최적화 기술로 구분할 수 있다([그림 15-14] 참조). 디지털 동기화 기술은 실제 공장의 운영 환경과 가상 환경을 연동하여 공장 상황을 실시간으로 가상 환경에서 모니터링할 수 있는 기술이다. 현황 분석 및 상황 예측 기술은 설비 상태나 관련 실시간 대용량 정보를 통합한 후, 가상 시뮬레이션을 통해 공장의 이상 상황을 인지하고 제품 생산 현황 분석이나 상황 예측을 가능하게 하는 기술이다. 설비 운영 최적화 기술은 설비 이상에 따른 설비 운영 동적 최적화, 기술 설비 이상에 따른 소모품 재고, 유지 보수 스케줄링, 운영 효율 핵심 성능 표시기(KPI) 등의 기술을 포함한다.

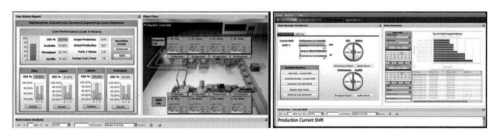

[그림 15-14] 사이버-물리 생산 시스템 솔루션의 예(Rockwell Automation의 VantagePoint EMI)

■ 솔루션-기기 간 상호 호환성 확보 및 연동 기술 개발 분야

솔루션-기기 사이의 통신은 사물 인터넷 환경 구축 및 제조 기술 디지털화를 위한 핵심 요소이다. 하지만 이들 간에 통신 규격이 다른 경우 상호 호환성 확보가 불가능하여 기능을 효율적으로 구현하기 곤란했다. 그리고 이는 디지털 통합 및 공정 혁신에 걸림돌이 되어 왔다. 특히, 기기 간 데이터 통신은 사이버-물리 생산 시스템에서 가상 환경과 실제 공장을 동기화하는 상호 호환성 확보에 중요하다. 따라서 다양한 데이터 형식 및 통신 규격을 가진 사물 인터넷 환경(PLC, 제어기기, 센서 등)에서 상호 호환성 확보는 필수적이다.

상호 호환성 확보의 세부 핵심 기술은 상호 호환성 검증 기술, 제어 장치의 입출력 자동 표준화가 있다([그림 15-15] 참조). 상호 호환성 검증 기술은 공정 설비에 설치된 제어 장치로부터 발생하는 데이터를 통합하고 기기 간 통신이 가능한지 검증하는 기술이다. 제어 장치의 입출력 자동 표준화는 서로 다른 인터페이스 표준을 가진 제어 장치를 표준화하여 솔루션 간, 기기 간, 솔루션-기기 간 데이터의 연동을 용이하게 하는 기술이다.

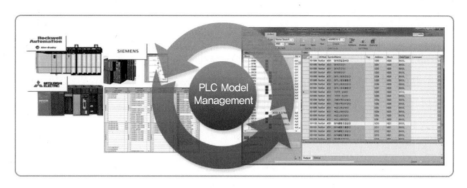

[그림 15-15] 솔루션-기기 간 상호 호환성 확보 솔루션의 예(UDMTEK의 IO Maker)

■ 지능형 기술을 활용한 제조 기업의 생산 고도화 분야

제조 선진국은 지능형 기술을 기존의 제조업 특성에 맞게 적용하여 제조업의 생산성과 유연성을 향상시키고 있다. 기업형 지능형 솔루션의 핵심 기술은 데이터 핸들링, 분석, 시각화 기술이 있다([그림 15-16] 참조). 데이터 핸들링 기술은 생산 설비로부터 제조 데이터 수집 및 저장, 전처리를 용이하게 하는 기술이다. 인공 지능 기반의 분석 기술은 제조 설비 고장 예측, 에너지 사용 분석, 생산 공정 최적화, 최적 작업 스케쥴링 도출 등에 활용된다. 시각화 기술은 비전문가도 쉽게 분석한 데이터 결과를 확인할 수 있도록 지원한다.

[그림 15-16] 지능형 솔루션의 예(BISTel의 eDataLyzer)

15.3 스마트공장 구분

스마트공장은 공장 내의 지능화뿐만 아니라 가치 사슬 전체에 대한 지능화를 목표로 한다. 그러나 한정된 자원에 대한 선택과 집중 측면에서 볼 때, 제품의 기획–설계–생산–유통–물류의 가치 사슬 전체에 대한 수평 통합을 통한 지능화 목표는 현실화하기에 많은 부담이 된다. 따라서 공장 내 생산 운영에 대한 수직 통합적 지능화 목표를 우선적으로 고려하게 된다. 실제 다수의 중소·중견 제조 기업에서 스마트공장화는 공장 내 제반 업무에 대한 생산 정보화 및 사물 인터넷, 증강 현실, 빅 데이터, 인공 지능, 사이버 물리 시스템 등과 같은 기술을 접목하는 지능화로 이루어지고 있다.

제품이 생산되는 제조 공정에 수많은 공작 기계, 제조 라인, 작업자 등이 각자의 역할에 따라 동작하고 구성 요소들 간에 ICT 기술로 연결되어 정보를 교환하며 생산 활동을 지원하고 있다. 제조 공정의 다양한 구성 요소부터 생산 관리, 품질 관리 등 제품 생산과 기획, 영업, 인력 등 경영까지 정보 교환 주체들 간에 표준화된 형태로 정보가 교환된다. 전사적 자원 관리, 제조 실행 시스템, 제품 수명 주기 관리 시스템 등 여러 생산 지원 시스템들이 ICT 기술을 활용하여 정보를 연계, 통합, 가공함으로써 지능화가 이루어진다.

제조업 분야 기업들의 정보화 및 지능화 수준은 천차만별이다. 여전히 수작업이 정보 처리의 핵심 수단인 기업도 있고, 입력은 수작업이지만 저장, 연계 및 통합은 정보화된 기업도 있다. 정보 생산, 교환, 가공, 활용 등 제반 사항이 정보화된 기업도 있다. [표 15-2]와 같이 스마트공장을 IT 적용과 활용 범위에 따라 4단계의 등급으로 구분할 수 있다. 이러한 분류 기준은 스마트공장 보급 및 확산 시, 스마트공장 전문가나 구축 기업들이 현재 대상 기업의 수준을 진단하거나 단계적인 개선 방향을 제시할 때 활용된다.

스마트공장은 제조 전 과정을 ICT로 통합하여 고객 맞춤형 스마트제품을 생산하는 지능형 공장이기 때문에 공장 무인화를 통한 생산 자동화와 지향점이 다르다. ICT 활용도에 따라 스마트화 수준을 설명하는 스마트공장 수준의 정의는 다음과 같다.

- 기초 수준: 일부 공정 자동화가 가능하며, 생산 실적 정보 자동 집계를 통해 생산 이력관리가 된다.
- 중간 수준 1: IT 기반 생산 관리가 가능하여 설비 정보 자동 집계를 통해 실시간 모니터링 및 품질 분석이 가능하다.
- 중간 수준 2: 모든 공정 설비의 사물 인터넷(PLC, 센서 등)화가 필수이며, IT·SW 기반 실

시간 통합 제어가 가능하다. 따라서 공장 운영 시스템에 의한 설비 자동 제어를 통해 실시간으로 생산 최적화와 분야별 관리 시스템 간 연동이 가능하다.

- **고도화**: 사물 인터넷 기반 맞춤형 유연 생산이 가능하며, 스스로 판단하는 지능형 설비, 시스템을 통한 자율적 공장 운영 등을 통해 전 제조 과정이 통합 운영된다. 여기서 자율적 공장이란 사물 인터넷, 사이버 물리 시스템, 빅 데이터, 인공 지능 등의 최첨단 기술을 활용한 고객 맞춤형 생산 체계를 갖춘 공장을 말한다.

대기업은 대개 **중간 수준 2** 등급 이상의 스마트공장을 구축하고 있으나, 대다수 중소기업들은 **기초 수준** 이하에 머무르고 있다. 수요–공급 기업 간 연계가 강한 업종(자동차, 전자)이

[표 15-2] 스마트공장 수준별 구분

구분	현장 자동화	공장 운영	기업 자원 관리	제품 개발	공급 사슬 관리
고도화 (Smart)	사물 인터넷(IoT)/서비스 인터넷(IoS) 기반의 사이버 물리 시스템화				인터넷 공간상의 비즈니스 사이버 물리 시스템 네트워크 협동
	– 사물 인터넷/서비스 인터넷화 – 다기능 지능화 로봇과 시스템 간의 유무선 통신	– 사물 인터넷/서비스 인터넷(모듈)화 – 빅 데이터, 인공 지능 기반의 진단 및 운영 – 설비 및 시스템의 자율 생산	빅 데이터 기반 설계·개발 가상 시뮬레이션/3D 프린팅		
중간 수준 2 (Second Intermediate)	– PLC 등을 통한 실시간 시스템 연동 – 설비 제어 자동화	– 실시간 공장 자동 제어	공장 운영 통합	기존 정보/기술 정보 생성 및 연결 자동화	다품종 개발 협업
중간 수준 1 (First Intermediate)	– 센서 등을 활용한 설비 관리 – 설비 데이터 자동 집계	– 실시간 생산 정보 수집 및 관리 – 실시간 의사 결정	기능 간 통합	기존 정보/기술 정보 개발 운영	다품종 생산 협업
기초 수준 (Basic)	– 바코드, RFID 등을 활용한 초기 자동화 – 실적 집계 자동화	– 생산 이력 및 불량 관리 – 공정 물류 관리(Point Of Production System, POP)	관리 기능 중심 기능 개별 운용	CAD 사용 프로젝트 관리	단일 모기업 의존
ICT 미적용	수작업	수작업	수작업	수작업	전화와 이메일 협업

출처: "제조업 혁신 3.0 전략"과 "스마트공장 수준 총괄 모델"을 재구성

나 자동화 설비 비중이 높은 연속 공정 업종(철강, 화학) 등은 산업 특성상 지능화 설비 적용 비중이 높지만, 소량 주문자 생산 방식(기계)이나 수작업 중심의 공정 산업(뿌리 산업)은 낮은 수준에 머무르고 있다.

하지만 제조 공장 내에는 다양한 요소들의 기능이나 특성, 지능화 수준들이 다른데, 이러한 구분법은 다음 단계의 진화 목표나 수단을 제시하기에 부족한 단순 모델이란 한계가 있다. 반면 수준 총괄도에서 표시하는 수준별 범위는 너무 넓고 일반 기업 담당자들이 세부 기준의 분야별 경계를 이해하기 어려운 문제가 있다.

따라서 제조 현장의 실정에 맞게 수준에 대한 단계를 세분화할 필요가 있고 분야별 경계에 현장 실무 중심적 기술 용어를 제시하는 진화 모델을 제시하여 수준 총괄도를 바탕으로 보다 현실적인 진화 로드맵을 수립해야 한다.

| 용어 해설 |

- **ICT 다이버전스(Divergence)**: 획기적이고 파급력이 큰 ICT 고유 기술(제품)이 다양한 파생 산업을 창출하고 타 영역의 기술적 기반을 형성하도록 하는 패러다임이다.

- **가치 사슬(Value Chain Model)**: 기업에서 경쟁 전략을 세우기 위해 자신의 경쟁적 지위를 파악하고 이를 향상시킬 수 있는 지점을 찾기 위해 사용하는 모형. 가치 사슬의 각 단계에서 가치를 높이는 활동을 어떻게 수행할 것인지, 비즈니스 과정이 어떻게 개선될 수 있는지를 조사하여야 한다.

- **사이버-물리 생산 시스템(Cyber-Physical Production System, CPPS)**: 물리적인 제조 설비와 가상의 제조 관련 정보 시스템을 완전 통합 운영한 시스템. 제조 설비의 센서 데이터를 바탕으로 제조 현황 및 상태 정보를 획득하여 분석하고 이를 가상의 정보 시스템에서 처리하여 생산 공정을 관리 제어함으로써 유연 생산을 포함한 최적의 제조 공정을 운영할 수 있는 생산 시스템

- **산업용 사물 인터넷(Industrial Internet of Things, IIoT)**: 상호 간에 각기 다양한 접속 프로토콜 방식으로 데이터를 교환할 수 있고 다양한 유형의 응용 프로그램으로 생산성을 향상시키도록 하는 지능적 장치와 센서들의 네트워크이다.

- **생산 시점 관리 시스템/생산 관리 시스템(Point Of Production System, POP)**: CAM 등을 도입하여 작업의 진행, 재고, 품질 관리 등의 정보를 실시간으로 수집, 조정하는 시스템

- **서비스 지향 아키텍처(Service-Oriented Architecture, SOA)**: 기업의 소프트웨어 인프라인 정보 시스템을 공유와 재사용이 가능한 서비스 단위나 컴포넌트 중심으로 구축하는 정보 기술 아키텍처. 정보를 누구나 이용 가능한 서비스로 간주하고 연동과 통합을 전제로 아키텍처를 구축해 나간다. 서비스 지향 아키텍처(SOA)의 대표적인 예인 단순 객체 접근 프로토콜(SOAP) 기반의 웹 서비스에서는 서로 다른 이용자들이 서로 다른 방식으로 서비스와 의사소통을 하면서도 통합 관리되는 서비스들을 사용할 수 있다.

- **유통 관리 시스템(Logistics Management System, LMS)**: LMS는 의사 결정 지원을 통하여 개선된 의사 결정을 내리는 분야로서 제조 설비를 운영하는 데 중요한 구성 요소이다. 공구 활용도, 서비스 가능성 및 주기 시간 등의 제조 성능을 향상시키는 데 그 목적이 있다.

- **정보보호관리체계(Information Security Management System, ISMS)**: 정보의 기밀성 (Confidentiality), 무결성(Integrity), 가용성(Availability)을 실현하기 위한 일련의 정보 보호 활동으로 정보 보호 정책 수립, 정보 보호 관리 체계 범위 설정, 위험 관리, 구현, 사후 관리의 5단계를 거쳐 운영이 되며, ISMS 인증기관 및 심사원에 의해 정보 보호 관리 체계 인증을 받게 된다.

- **제품 수명 주기 관리(Product Lifecycle Management, PLM)**: 제품 수명 전 기간에 걸쳐 설계와 해석, 관리를 위한 솔루션. 제품의 기획 단계에서 개념 설계, 상세 설계, 생산, 서비스에 이르는 전체 수명 주기에 걸친 제품 정보를 관리하고, 이 정보를 고객 및 협력사에 협업 프로세스를 지원하는 제품 중심의 연구 개발 지원 시스템이다. 웹 2.0의 등장과 더불어 제품 수명 주기 관리도 한 단계 더 진보된 방식인 PLM 2.0이 등장해 제품을 만들 때 생명 주기에 고객이 직접 참여할 수 있도록 하고 있다.

- **컴퓨터 지원 설계 제조(Computer-Aided Design And Computer-Aided Manufacturing System, CAD/CAM)**: 컴퓨터를 응용하여 제품의 설계와 제조 과정을 체계화하는 것. 컴퓨터로 제어되는 수치 제어 공작 기계에서 컴퓨터 지원 설계(CAD) 프로그램으로 어떠한 물체를 설계하면 컴퓨터 지원 제조(CAM) 장치가 그 설계대로 재료를 깎아 제품을 만들 수 있다. 3D 프린터의 확산으로 일반 가정에서도 CAD/CAM을 활용하여 제품을 제작할 수 있게 되었다.

- **크라우드소싱(Crowdsourcing)**: 군중(Crowd)과 외부 용역(Outsourcing)의 합성어로 주로 소셜 네트워킹 기법을 이용하여 기업 활동의 전 과정에 소비자 또는 대중이 참여할 수 있도록 일부를 개방하고 참여자의 기여로 생산 단가를 낮추고 부가 가치를 증대시키며, 발생된 수익의 일부를 다시 대중에게 보상하는 새로운 경영 방법이다.

- **품질 경영 시스템(Quality Management System, QMS)**: 이해관계자의 기대 및 요구 사항을 충족하기 위해 품질 목표와 관련하여 결과의 성취에 초점을 맞추는 조직 경영 시스템. 품질에 관하여 조직을 지휘하고 관리한다. 품질 경영 시스템을 규정한 국제 인증 규격으로 ISO 9000 시리즈(ISO 9000 series)가 있다.

스마트공장은 전통 제조 산업에 ICT를 결합함으로써 개발·생산·유통·판매 전 과정의
실시간 데이터가 공유되어 최적화된 생산 운영이 가능한 공장을 의미한다. 이는 다양한 기

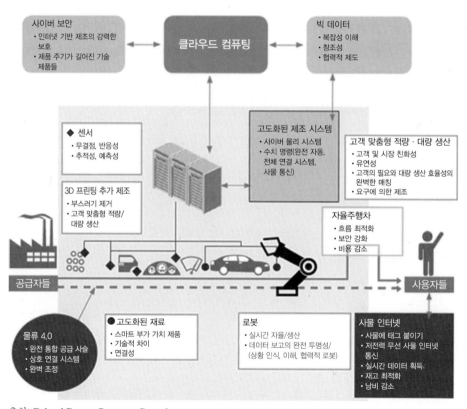

출처: Roland Berger Strategy Consultants

[그림 16-1] 미래의 공장

술들이 효율적으로 융합하여 얻게 되는 결과이다. 관련된 스마트제조 기술에는 사물 인터넷, 사이버 물리 시스템, 스마트센서, 클라우드, 빅 데이터, 인공 지능, 에너지 절감, 3D 프린팅, 가상 현실, 홀로그램 등이 있으며, 각 기술은 제조업에 적용 가능한 수준으로 발전하고 있다([그림 16-1] 참조).

이 장에서는 스마트공장을 구축하기 위한 핵심 기술을 정의하고 주요 세부 기술을 설명한다.

16.1 핵심 기술

앞서 스마트공장은 5M(인력, 기계, 자재 및 제품, 측정 및 공정, 모니터링 및 운전)으로 구성된다고 언급하였다. 이러한 구성 요소를 기반으로 스마트공장을 구동하기 위한 주요 기술적 구성 요소는 [표 16-1]과 같이 **응용 프로그램, 플랫폼, 디바이스**로 구분할 수 있다. 이러한 주요 기술적 구성 요소에 **인공 지능**이나 **보안, 상호 운용성**과 관련된 기능을 추가한 스마트공장의 핵심 기술 구성은 [그림 16-2]와 같다.

[표 16-1] 스마트공장 주요 기술적 구성 요소

분류	정의	응용 분야
응용 프로그램	• 스마트공장 IT 솔루션의 최상위 소프트웨어 시스템으로 플랫폼 상에서 제조 실행 시스템, 전사적 자원 관리, 제품 수명 주기 관리 시스템, 공급 사슬 관리 등 제조 공장 운영과 관련된 다양한 기능을 수행하는 응용 프로그램 • 응용 프로그램은 디바이스에 의해 수집된 데이터를 분석하고 시각화할 수 있는 시스템으로 구성	공정 설계, 제조 실행 분석, 품질 분석, 안전/증강 작업, 유통/배달/고객 대응
플랫폼	• 스마트공장 내 각 생산 설비(디바이스)에서 수집한 정보를 최상위 응용 프로그램에 전달하는 중간 소프트웨어 시스템으로 디바이스 내의 여러 센서에 의해 수집된 데이터를 분석하여 최적화된 정보 제공 • 각종 생산 공정을 제어/관리하며, 상위 응용 프로그램과 연계할 수 있는 시스템으로 구성	생산 빅 데이터 분석, 사이버 물리 시스템 기술, 클라우드 컴퓨팅 기술, 공장사물(Factory-thing) 자원 관리
디바이스	• 스마트공장의 최하위 하드웨어 시스템 • 스마트센서를 통해 위치, 환경 및 주변 상황 정보, 작업자 및 공작물의 위치 정보 등을 감지하고 수집한 데이터를 플랫폼으로 전송할 수 있는 시스템으로 구성	제어기기, 로봇, 센서 등 물리적인 구성 요소

스마트공장과 관련된 응용 프로그램 및 플랫폼은 수평적 · 수직적 통합이, 스마트디바이스는 기기 간의 연결이 주된 이슈로 전 세계적인 시스템 공급업체들을 중심으로 핵심 기술 혁신 및 통합이 이루어지고 있다.

■ 응용 프로그램

스마트공장을 구축하여 그 효과를 극대화하기 위해서는 제조 현장의 각 시스템과 실시간 연계하여 최적 운영을 지원하는 다양한 응용 프로그램들이 필요하다([그림 16-2]의 A0~A7). 제조 실행 시스템, 전사적 자원 관리, 제품 수명 주기 관리, 공급 사슬 관리 등 IT 플랫폼을 기반으로 제조에 직접적으로 관여하거나 공장 내 디바이스로부터 수집된 데이터를 분석하고 정해진 규칙에 따라 판단할 수 있는 기능을 갖추고 있다.

응용 프로그램에서는 수평적 · 수직적 통합이 주요 고려 사항이 된다. 응용 프로그램 공급 기업들은 자사 솔루션의 영향력을 늘리기 위해서 각자의 독립된 플랫폼만을 고려한다. 이에 반해 엔지니어링 소프트웨어 공급 기업들과 비즈니스 솔루션 공급 기업들은 기존에 서비스하던 솔루션의 영역을 넓혀가기 위해 통합하는 추세이다. 따라서 이들과의 효율적인 수평적 · 수직적 통합을 지원하기 위해 여러 대안이 제안되고 있다.

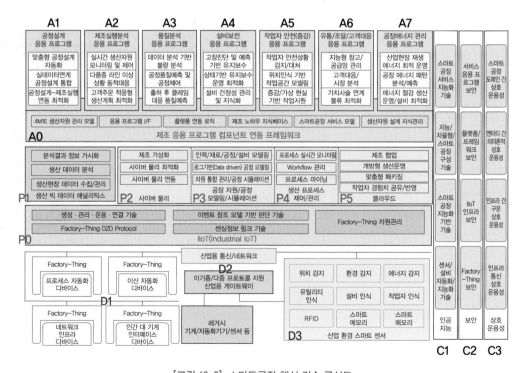

[그림 16-2] 스마트공장 핵심 기술 구성도

■ 플랫폼

플랫폼은 공장 내 각 기계 장비, 제품 생산을 위한 인프라, 공장 내외부에 있는 다른 플랫폼 등과 상호 운영성을 지원하는 목적을 가진다. 플랫폼의 기능을 활용하여 각 장비나 스마트디바이스, 그리고 응용 프로그램들이 유기적으로 연결되어 동작할 수 있다([그림 16-2]의 P0~P5).

즉, 센서 디바이스나 정밀 제어기기를 응용 프로그램과 이어주는 역할로 사물 인터넷, 빅 데이터 플랫폼, 클라우드 플랫폼 등이 해당되며, 디바이스와 응용 프로그램 간의 안전하고 효율적인 데이터 채널을 제공한다. 산업용 제조 디바이스 업체들이 쉽게 접근할 수 있는 **산업용 사물 인터넷**, 빅 데이터와 같은 플랫폼 전문 기업들의 제조업 지원 솔루션 등이 있다. 제조 기술과 ICT가 융합된 형태의 플랫폼 개발이 이루어지고 있다.

■ 디바이스

공장에서 생산하는 제품의 특징이나 요구 사항에 적합한 디바이스 모듈 개발 및 운용 기술이다. 여기에는 다기능 센서, 제어기기, 고신뢰성 유무선 통신 기술, 능동적 제조 관리를 위한 스마트메모리 등이 포함된다([그림 16-2]의 D1~D3). 스마트공장 내에서 예를 들면, 데이터 수집과 그에 따른 동작을 센싱하거나 제어하는 기술이 필요하다. 생산 환경 변화, 제품 및 제고 현황 등 제품 생산과 관련된 정보를 감지하여 응용 프로그램에 전달하고 이를 분석한 결과에 따라 적절한 명령을 제조 현장에서 수행한다.

단순 자동화에서 벗어나 센서를 통해 다양한 기기 상태 정보를 전송하고 기기에서 이를 실시간 피드백을 통해 제조기기에 반영할 수 있는 다양한 스마트디바이스가 개발되고 있다.

■ 인공 지능/보안/상호 운용성

스마트공장의 주요 구성 요소 간 연동 시 데이터/서비스 간의 상호 운용성 보장을 위해 통신/인터페이스/데이터/정보 연동 규격과 데이터/정보에 대한 지능화를 처리하고 인공 지능 기술을 이용하여 고부가 가치를 창출한다. 또한, 외부의 악의적인 공격으로부터 각각의 구성 요소를 보호하고 기기 간 연동 과정에서 안전성을 높이기 위해 보안 기술이 이용된다 ([그림 16-2]의 C1~C3). 산업 현장의 다양한 센서와 기기들이 데이터를 수집하여 취합된 정보, 즉 빅 데이터를 바탕으로 생산성을 최대로 끌어 올릴 수 있는 인공 지능이 결합된 생산 시스템으로 진화하고 있다.

이와 같이 ICT 기술로 구현된 스마트공장은 생산성 향상, 에너지 절감, 인간 중심의 작업 환경, 개인 맞춤형 제조, 제조·서비스 융합 등의 구현을 가능하게 한다. 이러한 스마트공장 가치 사슬과 관련된 주요 업체는 [표 16-2]와 같다.

[표 16-2] 스마트공장 가치 사슬과 관련된 주요 업체

구분	유형	주요 업체
디바이스	설비 센서 구동기	Rockwell, GE, PTC, CDS, Siemens PLM(미국), ABB(스위스), Siemens(독일), Schneider(프랑스), Invensys(영국), SAP(독일), Dessault Systems(프랑스), Mitsubishi(일본)
	통신 모듈 송수신 센서, 단말기	퀄컴, TI, 인피니온, GE, IBM, 브로드컴, 미디어텍, ARM, 삼성, Cinterion, Telit, Sierra, SIMcom, E-divie, Teluar
플랫폼 및 응용 프로그램	SW 플랫폼 솔루션	Microsoft, Google, SAP, jasper, Axeda, Aeris, Pachube, Omnilink, Data Technology Service, Cisco, Siemens, Bosch
	통신 사업	Verizon, Sprint, AT&T, Vodafone, T-mobile, NTT Docomo, SKT
	서비스 사업	Cross Bridge, Numerex, NTT, T-Mobile, KORE 등

출처: 국가기술표준원

다음 소절부터는 디바이스와 관련된 산업용 사물 인터넷, 플랫폼에 대한 사이버 물리 시스템 기술, 보안, 빅 데이터 및 인공 지능 기술에 대하여 좀 더 자세히 살펴본다.

16.2 산업용 사물 인터넷(IIoT)

산업용 사물 인터넷은 4차 산업 혁명으로 인한 패러다임 변화를 구체적으로 살펴볼 수 있는 대표적인 사례이다. 주로 **산업 인터넷**으로 알려져 있으며, 사물 인터넷을 제조업 분야에 적용하기 위해 활용한다. 산업용 사물 인터넷은 센서가 부착된 기계 장비나 로봇이 주변 장비, 기기, 인프라 및 사람과 연결되어 데이터를 주고받으며, 능동적으로 기능을 수행하도록 지원하는 기술이다. 즉, 기계·사람·데이터를 서로 연결시켜 기존 설비나 운영 체계를 최적화하고 지능적 의사 결정을 지원한다. 지능형 센서, 분석 솔루션 및 운용 소프트웨어와 함께 제조 혁신의 원동력이 된다.

최근 제조업에서 산업용 사물 인터넷을 활용함으로써 고객에게 전달하는 가치 및 생산성의

증가, 경쟁력 강화, 작업 상태·환경·안전이 개선되거나 향상되고 있다. 제조업체의 제품, 서비스, 운영 등의 영역에서도 혁신이 가속화되고 있다. 그 외 교통, 인포테인먼트, 의료, 통신, 산업 자동화 분야에 적용하더라도 효율적이고 최적화된 운영 환경 지원이 가능하다.

16.2.1 산업용 사물 인터넷의 활용

2000년대 이후 공장에서 기계나 설비를 제어할 수 있도록 전용 네트워크 구축이 일반화되었다.

공장을 건설하고 설비를 도입하면 일반적으로 20~30년 사용하게 된다. 하지만 2010년대 이후에도 전체 공장에서 사용 중인 생산 설비 중에서 네트워크에 연결된 비율은 5%를 넘지 않았다. 그리고 그 중에서 이더넷으로 구성된 장비 비율은 대략 5% 미만이었다. 대부분의 센서, 모터 구동 장치, 밸브 등의 디바이스와 제어기기가 아날로그 방식으로 구동되었고 산업용 네트워크의 표준화도 대중화되지 못했다.

사용된 네트워크 방식도 **디바이스 네트워킹**(Device Networking 또는 Devicenet), **제어 통신망**(Control Network 또는 ControlNet), **CC Link**(Control & Communication Link), **프로피버스**(Process Field Bus, PROFIBUS), **모드버스**(Modbus) 등의 산업 제어 전용 디지털 네트워크가 주를 이루었다.

그 이후 산업용 이더넷 기술이 발전하면서 산업용 네트워크에서 요구하는 실시간 제어, 안전, 동기화 등의 기능 지원이 가능해졌다. 주요 제조업에서 산업용 이더넷을 공장 네트워크의 표준으로 사용하는 추세이다. 공장 네트워크를 이더넷으로 통합하여 사용할 경우의 장점은 다음과 같다.

- 생산 기계에서 발생하는 대용량 데이터를 공장 정보 시스템이나 기업 정보 시스템으로 실시간 전송이 가능하다.
- 공장의 네트워크 인프라와 기업 내부 정보망을 하나의 전사적 통합 네트워크로 구축하여 관리가 가능하다.
- 이더넷이란 단일 물리적 네트워크에서 다양한 상위 프로토콜의 활용이 가능하다.
- 일반적으로 널리 사용되며, 사용하기 쉽고, 매체 비용이 저렴한 발전된 네트워크이다.

스마트공장을 추진하는 기업들은 서로 다른 방식이었던 공장의 **운영 기술**(OT) 네트워크와 기업 **정보 기술**(IT) 네트워크를 사물 인터넷 기반으로 통합된 기업 인프라로 구축하고 있다 ([그림 16-3], [그림 16-4] 참조).

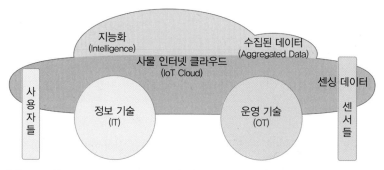

출처: http://www.electronicdesign.com/iot/iot-industrial-way

[그림 16-3] 사물 인터넷 기반의 공장과 기업망의 통합된 형태

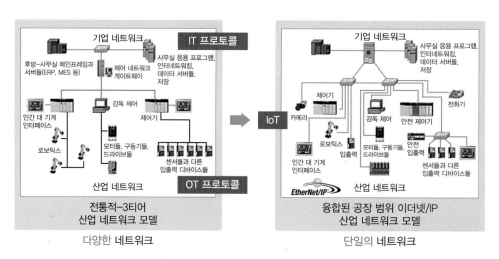

[그림 16-4] 공장 네트워크의 진화 단계

이러한 인프라가 구축된 공장에서는 PLC, 모터 제어기, 센서, 로봇 등을 포함한 각종 산업용 기기와 컴퓨터, 스마트폰, 모바일 기기와 같은 IT 기기들이 연결되고, 여러 종류의 응용프로그램이 표준 인터넷 프로토콜을 통해 쉽고 빠르게 정보를 공유할 수 있다.

대표적인 산업 이더넷 프로토콜인 **EtherNet/IP**는 물리적 계층과 데이터 링크 계층은 표준 이더넷을 사용하고, 네트워크 계층과 전송 계층은 표준 인터넷 프로토콜(IP, TCP/UDP),

상위 계층은 산업 현장의 실시간 제어 기능을 지원하는 **산업 프로토콜**(Common Industrial Protocol, CIP)을 사용한다. 이러한 특징에 따라 산업 이더넷 프로토콜은 공장 내 정보의 수직 통합을 지원할 수 있다([그림 16-5] 참조).

[그림 16-5] 산업용 이더넷으로 Ethernet/IP OSI 참조 모델

16.3 사이버 물리 시스템

사이버 물리 시스템은 공장 내의 생산 설비와 생산 공정 그리고 생산되는 제품 등에 해당하는 실제 세계와 가상 세계의 통합 시스템을 의미한다. 즉, 실제 공장과 거의 동일한 사이버 모델을 구축한 후, 물리 세계와 실시간으로 동기화하면서 다양한 역할을 수행할 수 있는 기술이다.

효율적인 공장 내부 설계 및 운영을 지원하고 공정 이상, 설비 고장 등의 상황 변화를 각종 센서 등으로 감지하여 판단한 후 적절한 대응을 수행한다. 이러한 관점에서 볼 때, 사이버 물리 시스템은 다양한 프로세스 및 정보를 가상으로 연결해 사람, IT 시스템, 제조 과정 및 제품 간 양방향의 정보 교환을 자유롭게 지원하는 시스템이다([그림 16-6] 참조).

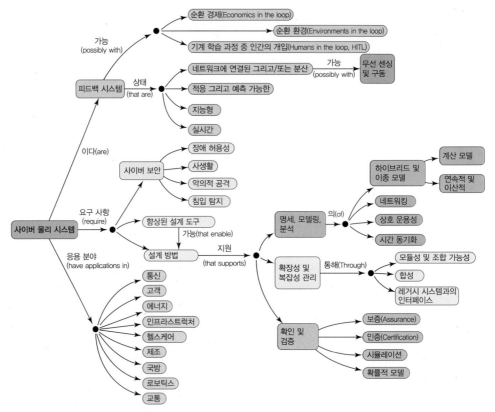

순환 경제(Economics in the loop)

순환 환경(Environments in the loop)

기계 학습 과정 중 인간의 개입(Humans in the loop, HITL)

가능
(possibly with)

피드백 시스템

상태
(that are)

네트워크에 연결된 그리고/또는 분산

가능
(possibly with)

무선 센싱
및 구동

적응 그리고 예측 가능한

지능형

실시간

이다(are)

사이버 보안

장애 허용성

사생활

악의적 공격

침입 탐지

사이버 물리 시스템

요구 사항
(require)

향상된 설계 도구

가능(that enable)

설계 방법

지원
(that supports)

명세, 모델링,
분석

의(of)

하이브리드 및
이종 모델

계산 모델

연속적 및
이산적

네트워킹

상호 운용성

시간 동기화

응용 분야
(have applications in)

확장성 및
복잡성 관리

통해(Through)

모듈성 및 조합 가능성

합성

레거시 시스템과의
인터페이스

통신

고객

에너지

인프라스트럭처

헬스케어

제조

국방

로보틱스

교통

확인 및
검증

보증(Assurance)

인증(Certification)

시뮬레이션

확률적 모델

출처: http://cyberphysicalsystems.org

[그림 16-6] 사이버 물리 시스템 기술 개념도

이전 임베디드 시스템에 비해 사물 인터넷 기술이 결합되면서 보다 발전된 형태가 되었다. 사이버 물리 시스템에서 수집된 대용량 빅 데이터는 분석 작업을 거쳐 실제 제조 공정이나 의사 결정 과정에 활용되어 유연한 제조 공정을 구현하는 데 중요한 역할을 한다.

사물 인터넷이 통신 기술에 기초하여 수많은 사물들을 연동하는 기술이라면, 사이버 물리 시스템은 가상 공간에서 여러 정보를 기반으로 내려진 명령이 네트워크를 통해 실제 물리적 시스템에 전달되어 제어할 수 있는 기술이다. 물리 세계의 다양한 센서를 통해 감지된 데이터가 사이버 세계의 컴퓨터에 전달된 후, 분석·처리를 거쳐 다시 물리 시스템을 제어함으로써 새로운 기능과 특성을 가능하게 한다([그림 16-7] 참조). 인터넷이 인간이 타인들과 소통하는 방식을 변화시켰듯이, 사이버 물리 시스템은 인간이 물리 세계의 사물들과 소통하는 방식을 근본적으로 혁신하고 있다.

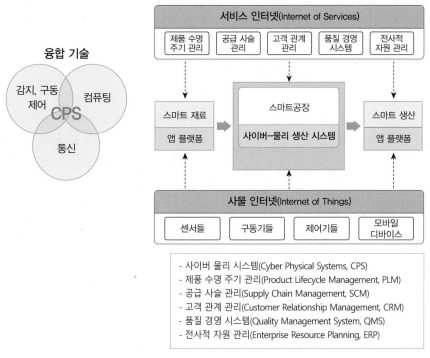

[그림 16-7] 스마트공장 구축을 위한 사이버 물리 시스템 개념도

16.3.1 스마트공장 설계/운영을 위한 사이버 물리 시스템

스마트공장의 사이버 물리 시스템은 지능화된 '상황 인지', '판단(의사 결정)', '수행'을 통하여 제조 현장의 설비 간 네트워크에서부터 설계, 운영에 관련된 최적화된 의사 결정까지 지원한다. 특히, 사이버 물리 시스템을 공장에 적용하기 위해 제조 현장의 물리적 세계와 동기화된 사이버 모델, 즉 **디지털 트윈(Digital Twin)**이 구축되어 활용된다([그림 16-8] 참조).

출처: ICT Spot Issue(2020-14호) 재구성

(a) GE의 항공기 엔진, 디지털 트윈   (b) 지멘스의 디지털 트윈

[그림 16-8] GE와 지멘스의 디지털 트윈 적용 사례

사이버 물리 시스템 기반의 스마트공장 설계/운영 개념은 [그림 16-9]와 같다. 공장과 사이버 물리 시스템이 표준 플랫폼 상에서 상호 연동되는 것을 보여주고 있으며, 각각의 기능은 다음과 같다.

- **공장**: 제품, 공정, 설비들과 전사적 자원 관리, 제조 실행 시스템 등 여러 운영 시스템들이 산업용 사물 인터넷, 플랫폼 등을 통하여 상호 연계되고 이를 바탕으로 운영 및 관리된다.
- **설계/운영 사이버 물리 시스템**: 제조 관련 데이터 관리 및 분석을 통해 현장과 동기화된 사이버 모델을 구성하여 물리 시스템을 제어함으로써 효율적인 공장 운영을 가능하게 한다. 이 과정에서 지식 관리, 최적화, 시각화 등의 기능이 활용된다.
- **서비스 지향 및 오픈 네트워크 기반 표준 플랫폼**과 제품 수명 주기 관리를 바탕으로 사물 인터넷과 서비스 인터넷 기반 오픈 네트워크로 구성 요소들이 통합되고 상호 연계된다.

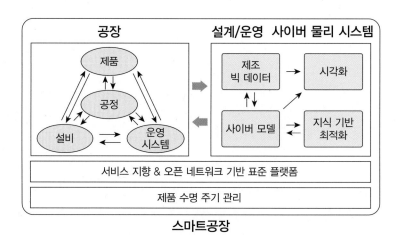

[그림 16-9] 사이버 물리 시스템 기반의 스마트공장 설계/운영

16.4 보안

사물 인터넷을 활용한 기술들이 일상생활에 적용되면서 보다 편리해졌지만, 보안 문제 역시 증가하였다. 스마트공장은 사물 인터넷 기술을 제조 현장에 접목시킨 것으로 제조의 모든 요소가 보안의 주요 고려 대상이 된다. 산업 보안에 대한 접근은 포괄적이고 전체적인 관점에서 접근하는 것이 중요하다. 사람, 프로세스, 기술적인 측면을 고려하고 제조 운영의 무결성과 회사의 중요한 자산을 어떻게 보호할 것인가를 고려해야 한다.

산업 보안은 대개 다층 보안 전략을 기반으로 내외부의 위협으로부터 보호되도록 설계해야한다. 이는 견고한 방호벽이나 보호 기능도 지속적인 공격에 침투당할 수 있다는 가정에서 출발한다. 따라서 다층 보안 전략에 의해 여러 계층에서 보안 기능이 수행되어야 한다([그림 16-10] 참조).

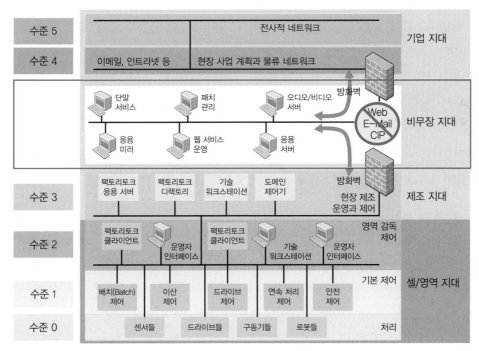

출처: 미국 시스코 & 오크웰오토메이션

[그림 16-10] 보안을 고려한 공장 범위 이더넷/IP 네트워크 설계 및 계획 사례

스마트공장은 네트워크가 중요한 역할을 하기 때문에 네트워크 인프라, 교환되는 데이터 및 정보 자산을 다층 네트워크 보안으로 보호해야 한다. 이에 대한 구현 원칙은 다음과 같다.

- **다층 보안 모델**: 보호 대상을 여러 계층의 보호막 안에 두어 보안 위협을 줄인다.
- **심층 방어**: 각 계층에 여러 방어 기법을 사용하여 시스템 또는 컴포넌트 간의 무결성을 보호한다.
- **개방성**: 다양한 업체의 보안 솔루션을 수용할 수 있어야 한다.
- **유연성**: 정책이나 절차 등에서 고객 요구 사항을 수용할 수 있어야 한다.
- **일관성**: 정부의 지침과 표준을 따른 솔루션을 채택한다.

또한 기업 전반에 다음과 같은 기능을 갖추고 있어 위협 요인을 감지하고 이에 대해 적절히 관리할 수 있어야 한다.

- 디바이스/디지털 기기 내부에서 내장형 응용 프로그램에 악의적인 행위나 공격을 감지하여 기록하는 기능
- 악의적인 접근이나 공격을 탐지하는 네트워크의 접근 제어 기능
- 정보 시스템에 저장된 데이터나 주고받는 데이터에 대해 악의적 접근, 편집, 사용을 방지하는 기능
- 접근 제어 및 정책 관리, 즉 어떤 응용 프로그램 또는 어떤 디바이스로 누가, 언제, 어디서, 무엇을 했는지를 관리하는 기능

16.4.1 스마트공장에 적용된 보안 기술

공장은 자산의 가치가 크기 때문에 한 번의 악의적 공격에도 전체 기능이 마비될 수 있고

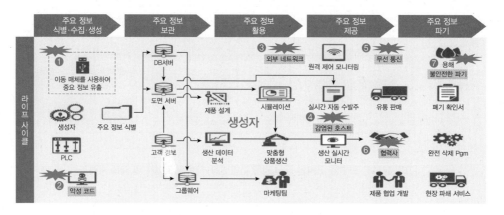

구분	내용
①	공장 제어 시스템에 USB 등 외부 매체를 통해 중요 정보 유출
②	시스템 패치 등 관리 부실에 의한 산업 장비의 악성 코드 감염
③	외부 네트워크를 통한 정보 유출
④	외부에서 원격으로 호스트 장비를 악용해 정보 유출
⑤	무선 통신의 약점을 이용해 스니핑 등을 통해 정보 유출
⑥	협력 업체 직원이나 악의적인 내부자에 의한 정보 유출
⑦	불완전한 폐기에 의한 자료 유출

출처: KISA

[그림 16-11] 스마트공장 중요 정보 유출/위협 시나리오

크게는 국가적 손실을 초래할 수 있다. 스마트공장에서 중요한 정보를 유출하거나 위협적인 경우는 크게 [그림 16-11]과 같은 7가지 시나리오를 통해 살펴볼 수 있다.

특히, 스마트공장에서 사물 인터넷으로 인한 보안 위협을 살펴보면, 네트워크 계층에서 서비스 거부(DoS) 공격, 정보 유출, 명령어 변조 등이 발생할 수 있고 게이트웨이 구간에 비인가자의 원격 제어나 데이터 엿보기도 가능하다. 정보 시스템에서 데이터 보안 문제나 응용 프로그램의 **보안 코딩** 미흡으로 제품 공정 진행, 안전, 유통, 조달 오류 등이 발생할 수 있다([그림 16-12] 참조).

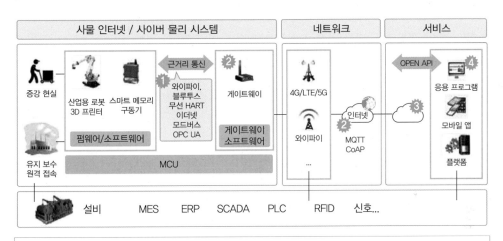

- 무선 HART(Wireless Highway Addressable Remote Transducer): HART 프로토콜 기반의 무선 센서 네트워킹 기술
- OPC UA(Open Platform Communication Unified Architecture): 산업 자동화용 사물 인터넷을 위한 국제 표준
- MCU(Microcontroller 또는 Micro Controller Unit): 마이크로 제어 장치
- MQTT(Message Queuing Telemetry Transport): 사물 인터넷과 같이 대역폭이 제한된 통신 환경에서 푸시 기술 기반 경량 메시지 전송 프로토콜
- CoAP(Constrained Application Protocol): 사물 인터넷과 같이 대역폭이 제한된 통신 환경에 최적화하여 개발된 레스트 (REST) 기반의 경량 메시지 전송 프로토콜
- Open API(Open Application Program Interface): 오픈 API
- MES(Manufacturing Execution System): 제조 실행 시스템
- ERP(Enterprise Resource Planning): 전사적 자원 관리
- SCADA(Supervisory Control And Data Acquisition): 중앙 제어 시스템
- PLC(Programmable Logic Controller): 공정 제어

[그림 16-12] 스마트공장의 보안 위협

우선, 기존 IT 정보 시스템에서 사용해 온 보안 기술을 활용할 수 있다. 내부 시스템과 외부망의 분리 및 보안 기능이 강화된 방화벽 활용을 통해 데이터의 유출을 방지하고, 응용 프로그램 보안이나 **망 접근 제어**(Network Access Control, NAC), 침입 탐지 시스템 등의 보안 기술을 고려할 수 있다. 기술 영역 외에도 관리적, 물리적 보안이 필요하며, 정보보호관리

체계(ISMS) 인증을 받는 것도 좋은 대안이 될 수 있다.

스마트공장의 경우, 사물 인터넷에 특화된 추가적인 보안 기술을 적용해야 한다. 사물 인터넷 보안 진단을 통해 현황 분석을 하고 대응을 하면, 새로운 위협 구간을 탐지할 수 있다. 회사 내부용으로 개발한 전용 방식이나 보안 플랫폼 구매 방식 중 효율적인 방식을 선택할 수 있다. 사물 인터넷 보안 플랫폼은 기기 간 상호 인증, 암호 모듈, **크리덴셜**(Credentials) 관리, 사용자 인증, 보안 부팅, 보안 펌웨어 갱신 기능이 제공된다.

미국국립표준기술연구소(NIST)에서 무선 센서 네트워크용 암호 표준화로 제시한 128, 196, 256비트 고급 암호화 표준(AES)도 활용될 수 있다. 사물 인터넷 분야는 전기전자기술자협회(IEEE)가 주도하는 표준 방식이 주로 사용되고 있다. 센서 정보 전달 목적과 비동기적 요청/응답 설계 구조인 코앱(CoAP)은 저전력을 지향하는 국제 표준 프로토콜로 제시되고 있다.

16.5 빅 데이터 역할

빅 데이터는 생성 주기가 짧고, 문자 및 영상 등 다양한 형식의 정형/비정형 데이터를 의미하며, 더 나아가 이러한 데이터를 분석하여 가치를 추출하는 기술까지 포함한 개념으로 사용된다.

스마트공장의 핵심 구성 요소인 사물 인터넷과 사이버 물리 시스템은 모두 빅 데이터의 생산, 수집 및 활용과 밀접한 관계를 맺고 있다. 사물 인터넷은 스마트공장에서 일어나는 모든 업무와 관련된 데이터를 수집하고 기록하는 데 활용되며, 사이버 물리 시스템은 이렇게 수집된 데이터를 이용하여 가상으로 여러 경우의 수를 고려한 최적의 대안을 찾기 위해 활용된다. 스마트공장이 성공적으로 구축되고 운영되기 위해 수집된 빅 데이터를 어떻게 분석하고 활용할 것인가는 중요한 이슈가 된다([그림 16-13] 참조).

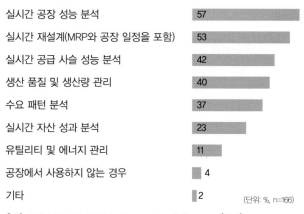

실시간 공장 성능 분석 57
실시간 재설계(MRP와 공장 일정을 포함) 53
실시간 공급 사슬 성능 분석 42
생산 품질 및 생산량 관리 40
수요 패턴 분석 37
실시간 자산 성과 분석 23
유틸리티 및 에너지 관리 11
공장에서 사용하지 않는 경우 4
기타 2

(단위: %, n=166)

출처: SCM World-MESA, International Survey 재구성

[그림 16-13] 공장에서 빅 데이터 분석의 활용 사례

어떤 데이터를 어떤 방식으로 저장할 것인가를 결정하는 단계부터, 얻어진 데이터 내에서 의미 있는 정보를 찾아내는 전 과정에서 다양한 지원 소프트웨어와 분석 방법들이 지속적으로 개발되어 적용되고 있다. 기계 학습은 빅 데이터를 응용하고자 하는 기관들에 유용한 도구로써 그 활용 가치가 커지고 있다. 대용량 데이터를 저장하고 처리할 수 있는 아파치 하둡(Apache Hadoop)이나 클러스터 컴퓨팅 프레임워크인 아파치 스파크(Apache Spark)는 공개 소프트웨어로 그 활용 범위가 다양해지고 있다.

널리 통용되는 정의는 아니지만, 일반적으로 3V로 정의되는 빅 데이터의 특징은 **방대함**(Volume), **다양성**(Variety), **실시간성**(Velocity)이다. 그 외에도 **정확성**(Veracity), **가치**(Value)와 같은 새로운 특성도 추가되고 있다. 스마트공장에서 생성되고 처리되는 빅 데이터 역시 이러한 특징을 보이고 있다.

첫째, 스마트공장의 모든 설비와 제품에 부착된 센서들로부터 수집되는 데이터는 엄청난 양이 된다(**방대함**). 둘째, 스마트공장의 공정 운영 과정에서 센싱 데이터, 이미지, 오디오, 동영상 등의 다양한 데이터가 수집된다(**다양성**). 셋째, 스마트공장이 가동되고 있는 시점에 실시간으로 데이터 분석이 이루어져야 한다(**실시간성**). 넷째, 수집된 데이터가 정확한 것인지, 분석할 만한 가치가 있는지 등을 살펴야 한다(**정확성**). 마지막으로 이렇게 분석된 데이터를 바탕으로 공장 운영 및 의사 결정 과정에 사용되어 생산성 향상, 품질 제고, 원가 절감, 매출 증대 등의 가치를 실현한다(**가치**). [표 16-3]은 스마트공장에서 빅 데이터 분석을 통해 얻을 수 있는 효과를 분야별로 구분하여 설명한다.

[표 16-3] 스마트공장에서 빅 데이터 분석을 통해 얻을 수 있는 분야별 효과

생산성	• 설비 디지털화, 데이터 집계 자동화, 공정 물류 관리를 통한 사무 업무 생산성 향상 • 공정 물류 체계의 유연화와 설비 자동 제어로 작업 생산성 향상 • 공장 내 데이터의 실시간 분석 및 계획 수립을 통한 종합 생산성 향상
품질	물리적 불량 관리, 이력 추적, 품질 통제, 상관 관계 분석 및 원인 추적, 불량품 예방 설계를 통한 품질 향상
원가	로트(LoT) 단위 원가 분석, 개별 원가 집계, 원가 통제, 원가 발생 원인 및 통제를 통한 원가 절감
매출	과학적 실시간 운영 계획을 통한 고객 납기 신뢰도 향상, 품질 신뢰도 향상, 공장 실시간 분석 및 계획 수립을 통한 주문 맞춤 생산, 대량 맞춤형 자동화를 통한 생산 능력 향상 등 매출 신장

출처: 전자신문

16.6 인공 지능의 역할

스마트제조에서 인공 지능의 주요한 역할은 산업용 사물 인터넷에서 수집된 데이터를 기반으로 공장 내부의 정확한 상태를 파악하고 엣지 혹은 클라우드에서 저장된 데이터를 분석하여 이상 유무를 진단하거나 예측하여 생산 공정에서 적절한 조치를 취하도록 하는 것이다([표 16-4], [그림 16-14] 참조).

[표 16-4] 스마트제조에서 인공 지능의 역할

구분	활용 내용
예지 보전	제조 과정의 기계 이상 유무를 선제적으로 판단하여 생산량 감소를 미연에 방지
제조 품질 점검	공정 중인 생산물의 불량을 점검하여 불량률을 낮춤
빠른 설계	부품의 디지털 전환으로 새로운 부품 설계에 적용성을 높임
외부 요인 영향 감소	공정 요소별 외부 환경 요인을 고려하여 공정 조절
데이터 활용성	과거의 데이터 분석을 현재의 공정에 적용하여 생산성 향상
공급 사슬망 간 통신	완성품에 필요한 원자재의 물량을 수요에 따라 선제적으로 조정
부산물 절감	최적화된 공정으로 원자재를 최대로 활용해서 부산물을 줄임
데이터 통합 관리	각 생산 라인에서 수집된 데이터를 통해 전 공정에 대한 최적화
고객 서비스	사용자의 패턴을 인식하여 선제적으로 서비스
사후 지원	완성품에 대한 실시간 모니터링을 통해 고객들에게 이상 유무를 전달

출처: medium.com

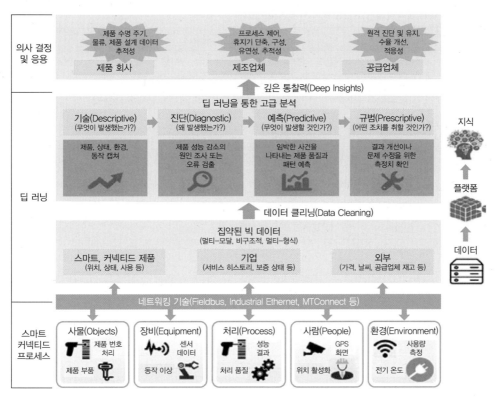

출처: Deep learning for Smart Manufacturing(Jornal of Manufacturing Systems, J.Wang, 2017.

[그림 16-14] 스마트제조에서 인공 지능의 적용 구조

여러 산업 현장에서 제품의 품질 향상을 위하여 공격적으로 인공 지능 기술이 도입되고 있다([표 16-5] 참조). GE는 프레딕스(Predix) 플랫폼에 인공 지능을 적용하여 터빈 블레이드의 폐기 혹은 수리 여부 판단하는 데 활용하고 있다. GM은 자동차 조립 공정의 7,000개 로봇에 영상 카메라를 탑재하여 72여 개의 결함을 발견하여 공장 정지를 사전에 방지하고 있다. 탈레스(Thales)는 열차 내 부품의 수천 개 센서를 통해 과거 및 현재의 상태를 분석하여 교체될 부품과 잠재된 문제를 예측하여 돌발 운행 정지를 사전에 예방한다. BMW는 자동차 최종 검수 과정에서 출고되는 차량의 하자 판별 업무에 인공 지능을 활용한다.

[표 16-5] 산업 분야의 회사별 인공 지능 적용 사례

산업 분야	적용 분야	활용 내용	회사
교통	품질 검사	생산품의 영상 분석으로 결함 및 치수 편차를 실시간 평가	BMW Group
	지능형 관리	• 조립 로봇에 탑재된 카메라를 통해 조립 결함을 감지 • 과거 및 현재 부품의 결함 분석으로 잠재된 문제를 사전 방지 (예지 보전)	GM Thales SA
	설계	신차 디자인에 활용	Nissan
소비재	품질 향상	다양한 맥주의 풍미를 감지하여 새로운 맥주 개발	Calsberg
	품질 검사	부품 이미지를 통해 결함 감지	Cannon
	신제품 개발	소비자 상품 선택 데이터를 수집 및 분석하여 원하는 레시피 개발	Kellogg
반도체 및 통신	품질 검사	웨이퍼 표면의 영상 분석으로 공정 개선	Micron
	실시간 공정 최적화	실시간 영상 분석으로 근로자의 실수를 파악하여 사후 조치	Nokia
항공 및 국방	지능형 관리	후처리 기계가 실패할 경우, 이에 대한 원인 분석에 활용	Airbus
	품질 검사	지상 정비 요원들은 가상 현실을 활용하여 항공기 부품 결함을 감지	Boeing
	실시간 공정 최적화	항공기 자원 관리를 통해 조립 공정의 생산성 향상	Bombardier + Aurora

출처: Capgemini Research Institute

| 용어 해설 |

- **CC Link(Control & Communication Link):** CC-Link는 제어 데이터와 정보 데이터 모두를 동시에 처리할 수 있는 산업용 오픈 네트워크로 10Mbps의 전송 속도를 가지며, 1,200m의 전송 거리에 최대 64개의 장치 지원이 가능하다. 제조 생산 산업의 기계, 셀, 내부 또는 공정 제어용 프로그램에서 주로 사용되지만, 설비 관리, 공정 제어와 건물 자동화에서도 사용된다.

- **OPC UA(Open Platform Communication Unified Architecture):** OPC UA는 주요 제어 시스템 제조사들로 구성된 OPC 파운데이션(OPC Foundation)에 의해 개발된 산업 자동화용 사물 인터넷을 위한 국제 표준. 데이터 수집 및 제어를 위해 산업 장비와 시스템의 통신에 초점이 맞추어져 있다. 여러 제조사들의 제어기기를 포함하는 기계들이 단일 시스템으로서 용이하게 조화될 수 있음을 보장한다.

- **로트(LoT):** 제조 단위로 동일한 조건 아래에서 만들어진 균일한 특성 및 품질을 갖는 제품군으로 1회에 생산되는 특정수의 제품의 단위. 제품의 품질을 관리하려고 동일 원료·동일 공정에서 생산되는 그룹을 표시하는 번호. 최소 제조/생산 또는 발주 단위로 사용되며, 생산 제품의 특성, 제품의 크기, 품질, 용기의 크기 등에 따라 필요한 로트 크기를 설정하여 관리한다.

- **디지털 전환(Digital Transformation, DX):** 디지털 기술을 사회 전반에 적용하여 전통적인 사회 구조를 혁신시키는 것. 일반적으로 기업에서 사물 인터넷, 클라우드 컴퓨팅, 인공 지능, 빅 데이터 솔루션 등 정보 통신 기술을 플랫폼으로 구축·활용하여 기존의 전통적인 운영 방식과 서비스 등을 혁신하는 것을 의미한다. IBM 기업가치연구소의 보고서(2011)는 "기업이 디지털과 물리적인 요소들을 통합하여 비즈니스 모델을 변화시키고 산업에 새로운 방향을 정립하는 전략"이라고 정의하고 있다. 디지털 전환을 위해서는 아날로그 형태를 디지털 형태로 변환하는 '전산화(digitization)' 단계와 산업에 정보 통신 기술을 활용하는 '디지털화(digitalization)' 단계를 거쳐야 한다. 디지털 전환을 추진한 사례로 제너럴 일렉트릭(GE)의 산업 인터넷용 소프트웨어 플랫폼 프레딕스(Predix™), 모바일 앱으로 매장 주문과 결제를 할 수 있는 스타벅스의 '사이렌오더 서비스' 등이 있다. 성공적인 디지털 전환을 통해 제4차 산업 혁명이 실현된다.

- **망 접근 제어(Network Access Control, NAC):** 내부 망에 접속하는 단말의 보안성을 강제화할 수 있는 망 보안 시스템. 허가되지 않거나 웜·바이러스 등 악성 코드에 감염된 PC나 노트북, 모바일 단말기 등이 내부 망에 접속되는 것을 원천적으로 차단해 시스템 전체를 보호하는 솔루션이라 할 수 있다. 주요 기능으로는 인증, 시스템 동작의 감시, 망 권한 통제, 위협 모니터링 및 탐지, NAC 정책 관리 등이 있다.

- **모드버스(Modbus):** 마스터/슬레이브 기반 프로토콜. 시리얼 통신에서 마스터로 설정된 장비만이 슬레이브로 정보를 요청할 수 있는 반면, 이더넷 통신에서는 네트워크상의 어

떤 노드도 정보를 요청할 수 있다. 요청 정보는 읽기와 쓰기 모두 가능하다.

- **보안 코딩(Secure Coding)**: 안전한 소프트웨어 개발을 위해 소스 코드 등에 존재할 수 있는 잠재적인 보안 취약점을 제거하고 보안을 고려하여 기능을 설계 및 구현하는 등 소프트웨어 개발 과정에서 지켜야 할 일련의 보안 활동이다.

- **운영 기술(Operational Technology, OT)**: 시스템 기반 계통을 운영하는 데 있어서 기본이 되는 보호, 최적화, 진단 등의 기술들. OT는 운영에 필요한 기술들을 기기, 통신, 응용 프로그램들을 이용하여 기본 목적을 달성하는 데 활용하는 형태이다.

- **장애 허용성(Fault Tolerance, Resilience)**: 정전이나 하드웨어의 장애 등이 발생하여 정상적으로 작동할 수 없는 상황이 발생하였을 때, 데이터가 분실되거나 진행 중인 작업이 훼손되는 사태가 일어나지 않도록 컴퓨터나 경우에 따라서는 운영 체계가 대응하는 능력. 장애 허용성을 갖도록 하는 것은 축전지에 의한 전원 공급, 예비로 설치되어 있는 하드웨어(Redundant Hardware), 운영 체계 내에 마련되어 있는 대책 등이다.

- **장치 네트워킹(Device Networking 또는 Devicenet)**: 센서, 기구, 기계, 의료 장치, 식당 기구, 판매 시점 관리(Point of Sale, POS) 단말기 등 각종 장치(디바이스)를 이더넷 랜(LAN)을 이용해 내부 망으로 구성하는 것. 전용 케이블을 사용하지 않고 직렬 기반의 장치로 통신이 가능하다. 장치 네트워킹 구조에서는 각 장치들이 상호 작용을 하며, 장치 네트워킹 자체는 각 장치의 동작 여부를 확인하기 위한 감시에도 사용된다.

- **제어 통신망(Control Network 또는 ControlNet)**: 특정 목적을 위해 환경의 감시, 인지, 제어의 종합적인 기능을 가진 노드 형태의 통신망. 제어 통신망의 노드 간 통신은 동등 계층(peer-to-peer) 혹은 주종 관계(master-slave) 통신인데, 노드 하나에 3개의 프로세서가 있어서 2개는 네트워크 내의 데이터 이동을 전담하고 1개는 해당 노드와 관련한 특정 프로그램을 수행한다. 홈 응용 네트워크와 같이 생활 주변의 자동차, 냉장고, 교통 신호 제어, 시내 가로등 시스템, 공장 등에서 활용되고, 마이크로 전자 기기 시스템의 제어기 역할(smart matter라고 부름), IPv6에서 장비의 원격 제어 기능에도 활용된다.

- **중앙 제어 시스템(Supervisory Control And Data Acquisition, SCADA)**: 일반적으로 산업 제어 시스템(Industrial Control Systems, ICS), 즉 산업 공정/기반 시설/설비를 바탕으로 한 작업 공정을 감시하고 제어하는 컴퓨터 시스템. 원격지에 설치된 단말에서 데이터를 수집하고 중앙 감시 센터에 전송하여 현장 상황을 온라인으로 감시 · 제어한다. 발전, 송배전 시설, 석유 화학 플랜트, 제철 공정 시설, 공장 자동화 시설 같은 여러 종류의 원격지 시설 장치를 중앙 집중식으로 감시 · 제어하는 시스템이다.

- **코앱(Constrained Application Protocol, CoAP)**: 사물 통신, 사물 인터넷과 같은 대역폭이 제한된 통신 환경에 최적화하여 개발된 레스트(REST: REpresentational State Transfer) 기반의 경량 메시지 전송 프로토콜. 코앱은 센서 노드나 제어 노드처럼 메모리 용량, 컴퓨팅 성능, 배터리 등의 자원 제약이 있는 소형 장치에서 사용되는 경량

의 레스트(REST) 아키텍처를 기반으로 한다. 레스트 아키텍처는 자원 검색(Resource Discovery), 멀티캐스트(Multicast), 비동기 처리 요청 및 응답 등의 기능을 지원한다. 그리고 메시지 크기가 작으며, 기존의 HTTP 웹 프로토콜과도 쉽게 변환 및 연동될 수 있다.

- **크리덴셜(Credentials)**: 정보 시스템의 특정 응용에서 사용하는 암호화된 개인 정보 (Personal Information), 한 개인이 사용하는 공개 키 암호 알고리즘을 위한 공개키/개인 키 쌍, 공인 인증기관이 발행하는 공개키 인증서(Certificate), 신뢰하는 루트 인증기관(예: KISA 최상위 인증기관) 관련 정보, 패스워드, 인가 정보 등을 포함하는 암호학적 정보의 총합이다. 데스크톱 컴퓨터, 노트북 컴퓨터, 휴대폰 등의 특정 디바이스의 특정 응용에서 사용하던 크리덴셜들을 다른 디바이스로 이동하려는 요구가 증가함에 따라 RSA사에서 제정한 PKCS(Public-Key Cryptography Standard) 표준에 기초하여 IETF(Internet Task Force engineering) 보안 영역의 SACRED(Securely Available CREDdentials) 작업반에서 크리덴셜 이동성 지원 기술의 표준화를 진행하고 있다.

- **프로피버스(PRocess FIeld BUS, PROFIBUS)**: 자동화 기술 분야에서 필드버스 (Fieldbus) 통신의 표준으로 1989년 독일 교육 연구부가 처음 추진한 후 지멘스에서 사용되었다. 산업용 이더넷의 프로피넷(PROFINET) 표준과 혼동해서는 안 되며, 프로피버스는 IEC 61158의 일부로 공개되었다.

국내 · 외 주요 업체 사례

17.1 해외 업체 / 17.2 국내 업체

전 세계 제조 강국이나 기업들은 제조업의 생산성 고도화나 글로벌 경쟁력 강화를 위한 대안 중 하나로 스마트공장을 적극 도입하여 추진해오고 있다([표 17-1]). 기업들로부터 조사한 결과 스마트공장으로 전환한 경우, 27.6% 불량률 감소, 29.2% 제조원가 절감, 19.0% 납기 단축 등의 효과를 얻었다고 한다. 국가별 제조업의 특성, 기술 · 사업의 강점 역량, 기업 간 구조의 차이 등으로 주요 국가들의 스마트공장 전략의 방향성은 조금씩 다르다.

[표 17-1] 주요국의 제조업 혁신 정책 및 주요 추진 과제

국가	내용
독일	인더스트리 4.0('12~) • 국가 10대 미래 전략의 일환으로 민 · 관 · 학 연계를 통한 제조업의 혁신 추진 • 제조업과 ICT 융합을 통한 스마트공장 구축, 첨단 기술 클러스터 개발
미국	미국 재건설(Remaking America)('09~) • 제조업 발전 국가협의체 '첨단 제조 파트너십(Advanced Manufacturing Partnership, AMP)' 발족 • 3D 프린팅 등 첨단 제조 기술 혁신, 산업용 로봇 활성화 추진
한국	제조업 혁신 3.0('14~) 및 스마트공장 확산 추진 계획('15.4~) • 융합형 신제조업 창출, 제조 혁신 기반의 고도화 • '20년까지 중소 · 중견기업을 대상으로 1만 개의 스마트공장 시스템 보급

출처: 산업통상자원부, 현대경제연구원, 산업은행

국내의 경우, 정부가 민관 합동으로 '4차산업혁명전략위원회'를 만들고 2025년까지 5G와 인공 지능을 결합한 최첨단 스마트공장을 1,000개 구축하겠다고 발표하였다([그림 17-1] 참조). 5G와 인공 지능이 결합한 스마트공장은 단순한 공장 자동화를 넘어 생산 과정에서 축적된 데이터를 플랫폼을 통해 활용할 수 있는 첨단 공장이다. 이러한 공장이 늘어나면 스마트공장 관련 로봇, 자동화 장비, 센서와 같은 하드웨어와 제조 실행 시스템 등 소프트웨어는 물론 통신망, 클라우드 서비스를 결합한 산업이 활성화될 수 있다.

국내 시장 규모는 2020년에는 12.4조 원, 2025년까지는 21.9조 원이 예상되며, 연간 12.1%의 높은 성장률로 성장할 것으로 예상된다.

스마트공장 구축 관련 주요 기업

대기업 계열 SI	삼성SDS(미라콤아이앤씨), 포스코ICT, CJ올리브네트웍스
통신사	SKT, KT, LG유플러스
클라우드	마이크로소프트, 네이버
자동화 로봇기업	LS일렉트릭, 현대로보틱스
중소기업	텔스타홈멜, 티라유텍, 진코퍼레이션
외국계 기업	지멘스, 슈나이더일렉트릭

출처: 매일경제

정부 지원 5G + AI 스마트공장
(단위=개)
*자료: 중소벤처기업부

[그림 17-1] 국내 스마트공장 구축 계획

전 세계 스마트제조의 시장 규모는 2020년 2,100억 달러에서 2025년 3,800억 달러 규모의 시장이 형성될 전망이다([그림 17-2] 참조). 스마트제조의 핵심은 데이터에 의한 제조로써 기반 기술로는 산업용 사물 인터넷, 디지털 트윈, 클라우드/엣지, 인공 지능, 산업 보안 등이 있다.

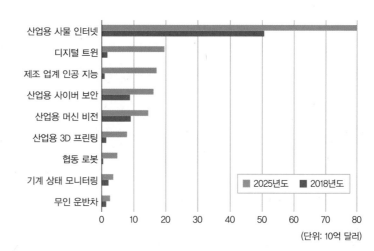

출처: Market and Market

(a) 전 세계 시장 전망   (b) 스마트제조 기반 산업별 시장 규모

[그림 17-2] 전 세계 스마트제조의 시장 규모

2025년의 시장 규모를 좀 더 자세히 살펴보면, 산업용 사물 인터넷(IIoT)은 스마트제조의 출발점으로 데이터 추출을 위해 산업 설비의 모든 곳에 센서의 장착이 필요하며, 따라서 스마트제조 기반 기술 분야 중 가장 큰 시장으로 800억 달러 시장이 형성될 전망이다.

디지털 트윈은 스마트제조 활용의 최종 단계로써, 산업 제조 설계 및 공정 전방의 가상 모델링 등이 필수적이며, 막대한 자원 투입이 필요한 분야로 190억 달러 이상의 시장이 형성될 전망이다. 디지털 트윈은 제조 공정의 실시간 모니터링 혹은 설계 단계에서의 사전 시뮬레이션 등의 기능을 제공할 수 있어서 자동차 및 수송 산업, 에너지, 항공 및 국방, 통신, 유통 분야가 전체 시장의 65% 이상을 점유할 것으로 예상된다.

인공 지능 기술의 성숙과 함께 제조 분야에 본격적인 인공 지능의 도입이 예상됨에 따라 170억 달러의 시장이 형성되고, 운영 기술 보안(산업 보안)은 160억 달러의 시장이 형성될 것으로 예상된다.

다음 절에서 성공적으로 스마트공장으로 전환한 국내·외 기업의 사례를 살펴보자.

17.1 해외 업체

독일의 주력 제조업은 자동차(18.5%), 기계 장비 및 부품(15.2%), 화학(9.8%) 분야이며, 기계 설계/제조 기술이 강하고 기계 운용과 관련된 산업 소프트웨어, 엔지니어링 기술력은 세계 최고 수준이다. 그러나 일반적인 ICT 기술력은 다소 취약한 것으로 평가되고 있다.

이에 제조업에 스마트공장을 도입해 일차적으로 산업 생태계 전반의 생산성을 제고하고 산업 입지 경쟁력을 극대화하려고 노력하고 있다. 장기적으로 모든 공장들을 연결해 독일 전체를 거대한 네트워크형 스마트공장 산업 단지로 전환하고 스마트공장 기술을 글로벌 표준으로 확립하고자 한다. 스마트공장 간 디지털 데이터를 실시간으로 집계, 공유하여 운영 효율성 제고, 공정 최적화, 수요 변동에 따른 유연한 생산 대응도 가능하다. 이와 같이 스마트공장을 이용하여 산업 전반을 개선하고 향후 전 세계의 공장이라는 위상을 차지하고자 한다.

독일 외에도 스마트공장을 운영하는 기업은 다수가 있으며, 그중 대표적인 기업은 지멘스, 아디다스, 노빌리아, 월풀, HP, 히로텍, 오카도 등이 있다([표 17-2] 참조).

[표 17-2] 대표적인 스마트공장

기업	내용
지멘스	• 자동화(자동화율 75% 달성) 설비와 시스템 간 실시간 연동 체계 구현 • 다품종 · 고수율 달성(0.001% 불량률), 약 30%의 에너지 절감 • 제품 수명 주기 전반에 걸쳐 최신 소프트웨어, 강력한 자동화 기술 및 서비스를 모두 한 곳에서 제공
아디다스	• 정부 지원 및 산학 협력에 기반하여 제조 혁신 과제를 추진 • 산업용 로봇 적용 등으로 생산 자동화, 소비자 맞춤형 신발 생산 체계 구축
노빌리아 (Nobilia)	• 개인별 맞춤 사양, 인건비 부담 해소를 위해 생산 자동화 추진 • 생산성 극대화로 직원 1인당 생산액 5억 원 수준(인텔과 유사)
월풀 (Whirlpool)	• 공장들이 매립지로 보내는 폐기물을 없애는 목표 추진 • 모든 시설에서 분석 플랫폼을 사용하여 전기, 물 등의 사용량과 발생하는 폐기물의 양을 체크하고 사용자도 웹 기반 대시보드를 통해 사용 가능
HP	• 싱가포르에 스마트제조 애플리케이션과 연구용 6,000평방피트의 공장 개설 • 장기적으로 스마트제조 분야에 진출 계획
히로텍 (Hirotec)	• 연간 매출이 10억 달러가 넘는 글로벌 자동차 부품업체 • 공장 바닥에 서버와 함께 IoT와 클라우드 기반 기술 혼합 • 기계 학습으로 시스템 고장을 예측하고 예방
오카도 (Ocado)	• 영국에서 가장 큰 온라인 식료품 배달 회사 • 생산물을 고를 수 있는 로봇 팔, 포장하고 상자를 옮기는 로봇 등 고도로 자동화된 창고 운영 • 고객에게 물건을 배달하기 위해 자율주행차 부분에도 투자

출처: 산업은행, https://internetofbusiness.com/success-stories-five-companies-smart-factories-can-learn 재구성

17.1.1 지멘스의 암베르크 공장

지멘스는 디지털 엔터프라이즈를 통해서 제품 생산이나 고객 업무에서 디지털 전환을 목표로 하고 있다. 지멘스의 최첨단 공장인 EWA(Electronics Works Amberg)에서 최첨단 제조 기술을 사용하여 산업 자동화 장비를 구축하였고 이를 통해 상당 부분 디지털화를 이루었다. EWA는 독일 남동부의 소도시에 위치한 암베르크(Amberg)에 시스템 제어기기를 생산하는 축구장 1.5배 규모의 공장이다. 이 공장은 '세계 최고의 지능형 공장'으로 불리며, 인더스트리 4.0과 스마트공장의 테스트베드 역할을 한다([그림 17-3] 참조).

출처: 지멘스

(a) 생산 공장   (b) 생산 공장의 내부 모습

[그림 17-3] 지멘스의 EWA 암베르크 공장

암베르그 공장에서는 하루 350개의 생산 전환과 약 1,200여 종에 달하는 제품이 한 달에 백만 개 이상 생산되고, 연간 1,700만 개의 SIMATIC[1] 구성 제품들도 생산된다. 하루에 약 5,000만 개의 개별 공정이 수행되고 제품 데이터를 평가 및 최적화한다. 제품의 개발 및 제조 기획을 관장하는 가상 생산 시스템은 제품 수명 주기 관리 등을 활용하여 여러 센서나 장비를 제어하고 생산 관리 시스템 등과 연동하여 공장 생산 시스템을 통합 운영하고 있다.

이처럼 다양한 제품의 생산 라인을 가동할 때 발생할 수 있는 문제는 제품의 종류가 변경될 때마다 제조 공정이 수정되며, 이 과정에서 상당한 시간이 소요된다는 점이다. 이를 해결하기 위해 암베르크 공장은 모든 제품과 개별 부품까지 바코드나 RFID 등을 부착하여 실시간으로 상태를 파악할 수 있는 사물 인터넷 시스템을 구축하였다. 그 결과 암베르크 공장의 어느 지점에서 어떤 부품이 잘못되었는지를 실시간으로 확인할 수 있도록 하루에 5,000만 건 이상의 데이터가 생성되고 있다. 이 데이터를 통해 제조 공정마다 자동으로 실시간 작업 지시를 내리며, 이로 인해 작업 및 공정 최적화가 가능하고 개별 기계의 가동 스케줄을 자동으로 결정한다. 또한 빅 데이터 분석을 통한 의사 결정 지원 시스템은 동일한 제품을 생산하기 위해 가장 적은 에너지를 사용하는 최적의 공정을 찾아낸다. 또한 인공 지능, 산업용 엣지 컴퓨팅, 클라우드 솔루션과 같은 기술은 이미 유연하고 효율적이며, 안정적인 생산 시퀀스 제어(sequence control)[2]를 가능하게 한다.

이와 같은 최적화로 암베르크 공장은 전 제품의 99.7%를 주문받은 후 24시간 이내 출하가

---

1) SIMATIC: Siemens에서 개발한 일련의 프로그래밍 가능 로직 컨트롤러 및 자동화 시스템
2) 시퀀스 제어(sequence control): 설비 기기 따위에서 기기를 조작할 때 미리 정해진 여러 조건에 따라서 각 단계의 제어 작동을 순차적으로 진행하는 자동 제어 방법. 불연속적인 작업을 행하는 공정 제어 등에 많이 이용된다.

가능하며, 급한 설계 변경에도 유연하게 대처할 수 있다. 1천 개 이상의 다양한 품목의 생산에도 불구하고 제품의 불량률이 0.001%, 즉 '10만 개당 1개' 수준으로 급감하였다. 공정의 75%가 자동화로 진행되며, 이들 기계 설비가 네트워크로 연결되어 있어 직원들의 근무 시간은 1주 평균 35시간으로 줄었지만, 생산성은 최고 수준이다. 또한 동일한 양을 생산하는 데 사용하는 에너지가 기존 공장과 비교해 30% 이상 절감되는 효과를 거두고 있다.

① 클라우드 기반 산업용 사물 인터넷 플랫폼: 마인드스피어(MindSphere)

클라우드 서비스는 디지털 전환 과정에서 주로 정보 기술 기업의 비즈니스 관점에서 활용되었다. 제조업계의 경우, 공장이라는 독립된 네트워크 안에서 유기적으로 데이터만 수집·저장·분석 활용하는 구조로 클라우드 서비스를 이용할 필요성이 적었다. 특히, 회사 외부의 클라우드에 데이터를 업로드하는 것에 대한 부정적인 인식도 있었다.

디지털 전환의 핵심은 데이터의 융합으로 정보 기술(IT) 영역에서 수집된 데이터와 운영 기술(OT) 영역에서 수집된 데이터를 유기적으로 통합하는 기술이 필요하다. 중앙에서 아래로 통합을 추진하는 정보 기술 영역과 아래에서 중앙으로 통합하는 운영 기술 영역에서의 융합이 핵심이다.

지멘스의 마인드스피어(MindSphere)는 기업의 자산인 데이터를 쉽게 업로드하고 관리 및 활용할 수 있는 유기적인 시스템 환경을 제공한다. 특정 산업군에만 특화된 플랫폼이 아닌 범용 플랫폼을 지향하여 다양한 하드웨어 시스템이나 소프트웨어 개발자를 끌어들이고자 한다([그림 17-4] 참조).

출처: IT비즈뉴스

[그림 17-4] 오픈 IoT 운영 시스템인 마인드스피어

마인드스피어는 클라우드 기반의 오픈 IoT 운영 시스템으로 다양한 종류의 센서로부터 실시간으로 데이터를 수집하고 분석한다([그림 17-5] 참조). 이러한 데이터는 전체 가치 사슬에서 제품, 생산 설비 및 제조 프로세스를 최적화하는 데 사용될 수 있다. 우선, 개발 과정과 생산 과정의 양방향 데이터 흐름을 가능하게 하는 폐쇄형 피드백 루프(closed feedback loop) 개념을 기반으로 한다.

마인드스피어는 다양한 종류의 IoT 디바이스와 기업에서 사용 중인 기존 시스템(legacy system)과의 연결을 위하여 다양한 프로토콜을 옵션으로 제공하며, 또한 산업용 응용 프로그램이나 분석 도구, 개발 환경을 제공한다. 즉, 오픈 API를 제공함으로써, 여러 관련 업체들은 생산 장비, 공장, 혹은 그 모두를 포함한 전체 기단에서 데이터를 얻어서 활용하는 응용을 개발할 수 있다.

특히 데이터가 생성되는 필드 영역(생산 현장)과 데이터가 처리되는 클라우드의 간격을 좁힌 **산업용 엣지**(Industrial Edge)를 사용하면 제조 시스템에 직접 디지털화를 이룰 수 있다. 산업용 엣지를 통해 데이터를 처리하는 위치와 방법을 결정할 수 있다. 클라우드의 인텔리전스 및 확장성을 제조 시스템에서 적용할 수 있으며, 제조 영역에서 데이터의 즉각적인 처리와 분석이 가능하다.

또한 개발자의 선호도에 따라 아마존 웹 서비스 혹은 MS의 클라우드 환경에 접속하여 어플리케이션을 개발할 수 있는 **오픈 PaaS 플랫폼** 환경을 제공한다. 이러한 플랫폼 환경을 통하여 현실 세계를 디지털 세상과 연결하고 산업용 어플리케이션과 디지털 서비스를 제공한다. 오픈 PaaS 플랫폼은 파트너 에코시스템을 통하여 파트너들이 산업용 어플리케이션

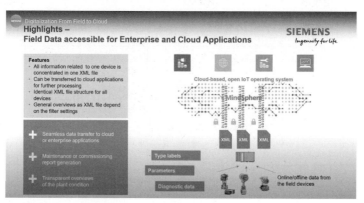

출처: 지멘스

[그림 17-5] 마인드스피어 - 기업 및 클라우드 어플리케이션에서 엑세스 가능한 현장 데이터

을 개발하여 고객에게 제공할 수 있도록 지원한다. 또한 지멘스는 제품, 생산, 성능에 대한 디지털 트윈 기술을 통해 비지니스에 특화된 솔루션들을 제공한다.

■ 산업용 엣지 컴퓨팅 및 인공 지능

암베르크 공장에서는 엣지 컴퓨팅을 사용하여 인쇄 회로 기판(PCB)이 제조되는 생산 라인에서 생성된 데이터를 실시간으로 처리하고 있다([그림 17-6] 참조). 하지만 생산 과정은 충분히 최적화되지 않았다. 인쇄 회로 기판 생산이 끝나고 자동 엑스레이(X-ray) 검사 섹션에서 병목 현상이 발생하기 때문이었다. 이는 공장 생산 라인이나 공정 결함은 아니고 단지 검사 장비의 검사 속도에 관련된 문제였다. 이를 해결하기 위해 검사 장비에 제품을 선별적으로 투입할 수 있는 방법을 찾아야 한다.

이때 인공 지능을 이용한다. 센서에 의해 감지된 데이터는 프로그램 가능 로직 제어기(PLC)와 엣지 디바이스로 구성된 TIA 포털(Totally Integrated Automation Portal)의 설정에 따라 클라우드로 전송된다. 우선 전문가는 생산 프로세스 변수 값을 이용하여 인공 지능 알고리즘을 개발한다. PCB에 전자부품들의 고정 상태를 파악하기 위해 엣지 애플리케이션에서 처리된 데이터를 이용하여 앞서 개발한 인공 지능 알고리즘에 학습시킨다. 이러한 학습 후에 만들어진 인공 지능 모델을 통해서 인쇄 회로 기판 부품들의 연결 부위에 대한 품질을 예측한다. 즉, 공정 끝단에서 검사기에 제품을 투입해야 할지 여부를 확인할 수 있다. 폐쇄형 반복(closed loop)형의 진단 절차를 거쳐 이 데이터는 생산 요소에 바로 반영된다.

출처: 지멘스

[그림 17-6] PCB 생산 공정에서 인공 지능 제어 모델이 불량 판정 수행

■ 조기 경보로 오작동을 예방한다

폐쇄형 반복 기반의 분석과 산업용 엣지 기술은 밀링(milling)[3] 공정에서도 이용된다. SIMATIC 제품의 구성을 위해 수행되는 인쇄 회로 기판의 분할 공정에서 밀링 분진은 때때로 제품의 오작동을 야기하기도 한다. 자동 X-ray 검사기처럼, 지멘스의 전문가들은 오작동 여부를 예측하기 위하여 엣지 컴퓨팅과 인공 지능을 활용한다.

전문가팀들은 계획되지 않은 다운타임(downtime)[4]과 관련하여 두 가지 매개 변수, 즉 밀링 스핀들의 회전 속도와 드라이브에 필요한 전류로 분리한다. 이 데이터는 사전에 학습된 알고리즘이 처리 데이터와 다운타임의 이상 징후 사이에서 있는 상호 관계를 식별하여 다시 생산 과정에 공급하는 엣지 장치로 전달된다.

성능 측정 앱은 마인드스피어의 사용자들에게 결과를 제공한다. 그 결과 공장 운영자는 잠재적인 시스템 고장 발생 12~36시간 전에 상황을 통보받고 그에 따라 대응할 수 있다. 운영 데이터와 이상 징후는 단순히 마인드스피어에 저장될 뿐만 아니라, 점차 더 정밀해지는 결과를 예측할 수 있도록 학습 데이터로 활용된다.

이와 같이 EWA의 일관된 엔드 투 엔드(end-to-end) 디지털 환경은 자동화, 산업용 엣지 및 클라우드 컴퓨팅 간에 필요한 원활한 상호 작용을 보장한다.

■ 디지털 트윈과 실제 검증 개념

디지털 트윈의 도입으로 현재 SIMATIC 제어기 구성 부품의 생산은 8초의 목표 사이클 타임(Cycle Time, CT)[5] 이내에서 이뤄지고 있다. 초기 시뮬레이션은 11초의 사이클 타임이었지만, 11초 시뮬레이션으로 운영되는 실제 장비들은 주요 사용 라인이 아니다. 따라서 이 장비들이 전체 공정에 영향을 끼치는 부정적인 요소를 제거하기 위해 지멘스의 전문가들은 이 모듈들도 생산의 디지털 트윈에서 적절한 구성 요소로 대체하였다. 결국 시뮬레이션에서 목표 사이클 시간이 매끄럽게 달성되어 검증 개념이 확인되었다.

지멘스의 EWA에서는 디지털 트랜스폼에 특화된 SIMATIC S7-1500 컨트롤러[6], 산업용

---

3) 밀링(milling): 회전축에 고정한 커터(cutter)로 공작물을 절삭하는 공작 기계
4) 다운타임(downtime): 어떤 장치나 시스템 따위가 고장이 나거나 장애가 발생하여 작동이 멈춰 있는 시간
5) 사이클 시간(Cycle Time, CT): 공정에서 작업을 수행할 때 1단위의 제품을 생산하는 데 소요되는 시간
6) SIMATIC S7-1500 컨트롤러: 최대 1ns(nanosecond)의 Bit 처리 속도와 384개의 네트워크 커넥션 그리고 128축의 모션 제어가 가능한 다목적의 고성능 컨트롤러. PLC 본연의 임무에 충실하면서도 산업용 사물 인터넷(IIoT) 연결에 최적화되어 다양한 네트워크 연결 방법을 사용할 수 있다.

엣지 등의 하드웨어 및 TIA 포털 등과 같은 소프트웨어 솔루션, 산업 통신, 사이버 보안 및 기타 서비스를 최적으로 조정해 일관된 말단에서 말단까지의 수평 수직 통합을 용이하게 한다. 이는 원활한 생산 시퀀스로 효율적인 생산 시스템을 실현하는 데 기여하며, 대표적인 디지털 전환의 사례가 되고 있다.

17.2 국내 업체

해외 제조업 부흥 경향과 국내 제조업 위기론이 지속되자 2014년 정부는 '제조업 혁신 3.0' 전략을 수립·발표하였다([그림 17-7] 참조). IT·SW 융합으로 융합 신산업을 창출하여 새로운 부가 가치를 만들고 선진국 추격형에서 선도형으로 전환해 우리 제조업만의 경쟁 우위를 확보하기 위한 전략을 제시하였다. 이를 위해 스마트공장 도입은 필수적이라고 판단하여, IT·SW, 사물 인터넷 등과 융합을 통해 생산 전 과정을 지능화·최적화하고 있다.

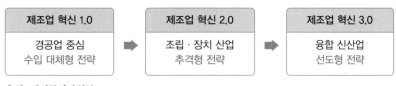

출처: 산업통상자원부

[그림 17-7] 국내 제조업의 혁신 패러다임 변화

그 결과 2020년 말까지 7,139개 스마트공장 전환이 완료되었고 이중 민간 중심 보급이 2,409개이다. 정부는 민관 공동으로 1조 원 규모의 제조 혁신 재원을 조성하고 '스마트공장 추진단'을 구성하여 상대적으로 IT·SW 역량이 부족한 중소·중견기업 제조 현장의 스마트화를 기업 역량에 따라 맞춤형으로 지원하고 있다.

이를 통해 중소·중견기업의 생산성을 높이고 핵심 기반이 되는 SW·센서·솔루션 등을 새로운 산업으로 육성하여 수출의 동력으로 삼고 있다. 우선, 한국형 스마트공장 모델을 개발한 후, 신흥국 등에 수출을 모색하고 있다. 스마트공장을 운영하는 대표적인 국내 기업은 포스코, LG(디스플레이), 삼성(반도체), 현대자동차 등이 있다([그림 17-8] 참조).

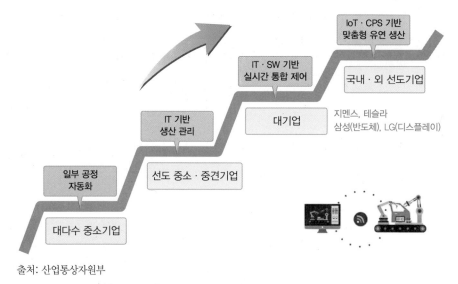

출처: 산업통상자원부

[그림 17-8] 국내 기업의 스마트공장 수준 및 고도화 방향

2020년에는 그동안의 스마트제조 저변 확대 성과를 바탕으로 '양적 보급 중심'에서 '질적 고도화'로 전환하기 위해 '스마트제조 혁신 실행 전략'을 마련하였다. 2021년부터는 인공 지능 데이터 기반의 중소기업 제조 혁신 정책과 함께 질적 고도화를 중점 추진하고 있다. 이를 위한 'K-스마트등대공장'과 인공 지능 제조 플랫폼(Korea AI Manufacturing Platform) 등과 연계하여 보급화에 대한 선도 사례를 확산하고 클라우드 기반의 스마트공장을 활성화 하고 있다([그림 17-9] 참조). '등대공장'은 등대가 어두운 밤에 불을 비춰 길을 안내하는 것처럼, 사물 인터넷, 클라우드 컴퓨팅, 빅 데이터, 인공 지능 등 4차 산업 혁명의 핵심 기술을 활용해 세계 제조업의 미래를 이끌고 있는 공장을 말한다.

중소벤처기업부는 향후 정부 중심의 보급보다는 민간의 자발적 스마트공장 확산을 유인하는 대·중소 상생형 스마트공장의 보급에 역점을 두고 추진할 계획이다.

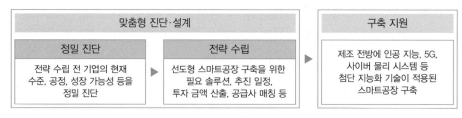

출처: (사)스마트제조혁신협회 재구성

[그림 17-9] K-스마트등대공장의 체계적 지원을 위한 프로세스

17.2.1 포스코의 광양제철소

대표적인 국내의 스마트공장 구현 사례는 포스코의 광양제철소이다([그림 17-10] 참조). 포스코는 2015년 말부터 광양제철소 후판 공장을 시작으로 주요 공장의 스마트공장화를 진행하였다. 포스코의 스마트공장은 제품 생산 현황을 면밀히 분석하여 생산 최적화에 중점을 두고 있으며, 이를 통해 원가를 낮추고 품질 불량을 줄이며 설비 장애도 감소시키고 있다.

출처: https://www.upinews.kr/newsView/upi202105270098

[그림 17-10] 포스코 광양제철소 도금 공장 운전실의 내부 모습

규모의 경제가 적용되는 철강 산업은 높은 전후방 연쇄 효과를 유발하는 국가 기반 산업이지만, 경기에 민감하게 반응하고 제조 원가의 비중이 높은 산업적 특징이 있다. 포스코는 기존 생산 환경에서 소프트웨어 중심의 혁신을 통해 최소의 비용으로 스마트공장을 구축하였다. 이를 위해 설비, 품질, 조업, 안전, 에너지 등의 다섯 가지 분야에 대해 빅 데이터 분석을 통해 문제가 발생하기 전에 예측하고 선제적인 대응을 할 수 있는 시스템을 갖추었다([표 17-3] 참조).

[표 17-3] 포스코 스마트공장의 구현 효과

구분	변경 전	변경 후
설비	고장 대응 정비	품질/생산성 고려 **예지 정비**
품질	평균값으로 품질 판정	설비 상태 고려 **품질 예측**
조업	지시대로 생산	소재/공정 상태 고려 실시간 **최적 생산**
안전	생산 중심 센서 배치	안전을 최우선으로 **센싱 및 통제**
에너지	차별 없이 공평 배분	가격, 효율성 고려 **최적 배분**

출처: 홍승민

보다 구체적으로 품질과 관련하여 제품 생산 공정별로 품질에 영향을 미치는 인자를 도출하고 설비의 개별 상태를 바탕으로 불량 발생 여부를 조기에 탐지할 수 있는 시스템을 구축하였다. 또한 설비 자체의 노후화와 기타 요인들로 인해 설비의 고장 발생 예측을 위해 멀티포인트 센서를 통해 수집된 데이터를 기반으로 예측 모델을 개발하여 비용이 최소화되는 예방 보수 시점에 대한 의사 결정을 지원할 수 있다.

철강 산업의 특성상 공정 과정에서 엄청난 양의 에너지가 필요한데 이러한 에너지에 대한 과거 사용 패턴을 분석하여 최적화된 에너지 원천 및 수량을 결정하여 비용을 감소시킬 수 있다. 생산성 향상뿐만 아니라 작업자의 안전을 확보하는 측면에서 작업자가 필수로 착용하는 헬멧에 카메라, 충격 센서, GPS 등을 장착한 뒤 공장에서 작업 시 작업자의 위치 및 상태를 실시간으로 인식하여 분석하고 잠재적인 위험 요소를 제거하는 시스템을 도입하였다. 마지막으로 사이버 물리 시스템을 기반으로 가상 공장(Virtual Factory)을 구현하여 설비의 구동을 시뮬레이션할 수 있으며, 이때 과거 설비 운전 시 수집된 실제 데이터를 입력하여 정밀한 검증이 되도록 하였다.

이러한 빅 데이터 분석이 적용된 스마트공장 구현을 통해 포스코는 58%의 운전 인력 감소, 27%의 생산성 향상, 21%의 제품 품질 향상, 34%의 에너지 효율 향상, 100% 이상의 환경 개선 효과를 거두었다. 이를 바탕으로 포스코는 단순한 철강 제품 경쟁력을 확보하는 차원을 넘어 산업의 새로운 패러다임을 제시하고 있다.

다음 소절에서 복잡한 제철소의 문제들과 그것을 해결하기 위한 포스코 스마트제철소의 기반 엔진인 **포스프레임**(PosFrame)에 대해 살펴본다.

① 복잡한 제철 공정: 고질적인 문제들

제철소는 쇳물을 만들어 틀에 넣고 굳혀서 압착하고 자르는 단순한 공정이 아니라, 제품 종류, 고객사의 요구 조건 등에 맞게 복잡한 제조 공정을 가지고 있다. 기존에는 그러한 복잡성을 극복하며 24시간 유연하게 제철소가 가동될 수 있도록 숙련된 현장 기술자들에게 의존했다. 그러나 사람마다 노하우가 다르고 만 명이 넘는 작업자들마다의 편차도 있어 제품의 품질도 달라졌다. 제철 공정별 발생하는 '고질적인 문제들'을 살펴보면 다음과 같다([그림 17-11] 참조).

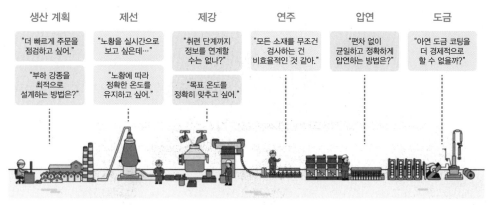

출처: 포스코 재구성

[그림 17-11] 복잡한 제철 공정

- **생산 계획:** 포스코의 수주공정그룹은 판매 담당자들이 주문을 받아 제품이 언제, 어떻게 제조될 수 있는지를 계산한다. 포항제철소에서 생산할지, 광양제철소에서 생산할지를 검토하고 특별 요구 사항이 있어서 시간이 오래 걸리는지를 확인해야 한다. 성분이 특이한 주문인 경우, 다른 주문과 함께 제조되기 어려운지도 체크해야 한다. 이처럼 고려해야 할 변수들이 많고 표준 절차만 10개 이상이 된다. 이 모든 절차가 통과될 때만 제철소에 '출강지시'가 가능하다.

- **제선:** 제선은 속을 알 수 없는 용광로 내부의 상황을 안정적으로 관리하는 것이다. 제선부는 24시간 용광로의 불을 끄지 않으면서 내부의 적정 온도를 유지하고, 연료와 원료를 정확히 투입하고, 부생 가스 발생량을 예측하는 등 작업량이 비교적 많은 공정이다.

- **제강 및 연주:** 제강부는 용광로가 만들어낸 쇳물(용선)의 불순물을 전로[7]로 제거하고 성분을 조정한 후 '강'으로 만들어 틀에 붓고, 슬래브(Slab), 빌렛(Billet), 블룸(Bloom) 같은 반만 처리된 주조품을 만든다. 용선마다 생산 계획에 따른 목표 성분이 다르기 때문에 최적의 합금철을 배합하는 것이 필요하다. 이를 위해 약 4단계의 취련(용선에 고압의 산소를 불어 넣어 불순물을 제거하는 작업)을 거친다. 제강 정련을 마친 쇳물(용강)을 틀에 연속적으로 붓고 냉각시킨 후 절단까지 하기 때문에 정확한 온도와 성분 조절, 버려지는 것이 없도록 가장 경제적인 절단을 계산하는 것도 중요하다.

- **압연:** 옛날에 대장장이들이 철을 단단하게 하기 위해 계속 때리던 것과 같은 과정이다. 제철소에서는 압연 공정을 통해 담금질의 효과를 낸다. 회전하는 롤(Roll) 사이로 소재를

---

7) 전로(轉爐): 철이나 구리 따위를 제련할 때 압착(壓搾) 공기로 연료를 태우는 부분인 노 밑에서 불어 넣고 센 열을 가하여 불순물을 산화시켜 흡수함으로써 순수한 금속을 만드는 용광로

통과시키며 힘을 주어 두께와 폭을 요구 조건에 맞게 강재의 성질을 조정한다. 요구 조건에 맞는 강도, 인성, 크기를 모두 맞추어야 하기 때문에 소재마다 다른 조건의 정밀 제어가 필요하다.

- **도금**: 자동차 강판이나 가전 강판은 철판 위에 아연을 코팅하여 내식성과 가공성 등을 확보한다. 도금을 얼마나 정확하게 코팅하느냐가 기술의 핵심 요소가 된다.

이처럼 복잡한 제철 공정은 많은 조건으로 인해 작업자마다 편차가 발생하고 의사 결정이 달라질 수 있다. 이를 해결하고 스마트공장을 실현하기 위해 포스코는 2000년대에 PI 프로젝트(Process Innovation Project)를 통해 디지털화된 공장을 구축하고, **'포스프레임(PosFrame)'**이라는 포스코의 고유의 철강 스마트공장 플랫폼을 운용 중이다.

② 스마트제철소의 기반 엔진: 포스프레임(PosFrame)

포스코 스마트제철소는 복잡하고 거대한 용광로를 작업자의 노하우와 인공 지능을 결합하여 실시간으로 제어한다. 연속 제조 공정용 스마트공장 플랫폼인 포스프레임을 이용하여 모든 공장의 데이터를 수집하고 정형화한다([그림 17-12] 참조). 포스프레임이 사물 인터넷, 빅 데이터, 인공 지능 등의 기술을 이용해 데이터를 스스로 학습하여 최적의 공정 조건을 제시하고 공장을 제어한다.

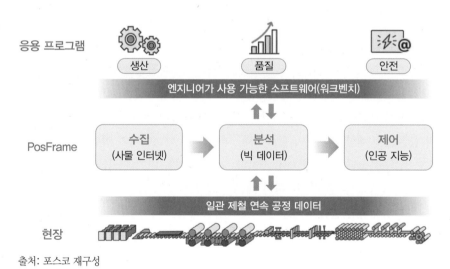

출처: 포스코 재구성

[그림 17-12] 포스코의 스마트공장 플랫폼 – 포스프레임

작업자들의 경험에 의존하는 의사 결정을 최소화함으로써 실수를 줄이고자 하였다. 객관적이고 정확한 데이터가 그동안 작업자들이 발견하지 못했던 문제의 해결 방법을 찾아낸다. 따라서 단순 반복 업무는 기계가 수행하고 작업자들은 제철 노하우를 이용해 고도화 업무에 집중할 수 있다. 그 결과물을 다시 포스프레임에 입력하여 기술과 인간의 시너지를 도모하고 있다.

포스프레임은 생성된 정보를 저장하고 이를 분석하여 자동화 모델까지 개발한다. 포스프레임의 **워크벤치(Workbench)**는 프로그래밍을 모르는 현장 작업자들도 포스프레임에 수집된 데이터를 활용하여 빅 데이터 분석을 할 수 있도록 한다. 워크벤치를 통해 현장 작업자들이 자신의 노하우와 데이터를 결합시켜, 공정 곳곳에 적용할 수 있는 자동화 모델을 개발한다. 작업자들은 포스프레임이 제공하는 데이터를 활용하여 본인 담당의 공정뿐만 아니라 전후 공정의 정보도 분석할 수 있어 기존에 해결하기 어려웠던 문제들에 대한 접근이 쉬워지며, 데이터 기반의 일하는 환경이 조성되고 있다.

포스코는 2017년부터 지속적으로 전 직원을 대상으로 스마트 기술 교육을 실시하여 포스프레임을 통해 전 직원이 빅 데이터 및 인공 지능 전문가처럼 일할 수 있게 했다.

■ 수주 공정: 인공 지능으로 '소LoT' 주문 처리를 12시간에서 1시간으로 단축

제철소 생산 계획을 담당하는 수주공정그룹의 '소LoT' 주문 처리는 시간이 많이 소요되는 업무 중 하나이다. **소LoT**란 강종별로 제철소에서 요구하는 최소 주문량에 미달되어 생산상 제약을 받는 주문을 말한다. 기존에는 주문을 받으면 주문 조건을 파악하고, 이를 '소LoT 기준'과 비교하여 이 주문과 함께 작업할 수 있는 다른 주문이 있는지 일일이 확인했다. 기준은 직원이 수작업으로 만들어 반기마다 갱신했다. 판매 담당자나 수주 담당자가 모든 주문을 일일이 확인하여 소LoT인지 아닌지도 구분해야 했다. 많은 주문 속에 소LoT 주문이 누락되는 경우도 발생했다. 급한 주문이지만 계속 소LoT로 분류되어 출강이 어려울 때는 다른 주문에 합류할 수 있도록 주문 조건을 변경해야 했다. 이러한 과정은 거의 6시간 이상 소요되었으며, 소LoT 처리에 드는 평균 시간은 12시간이었다.

현재는 인공 지능 기술을 이용하여 자동으로 주문의 소LoT 여부를 판단한다. 그간의 데이터를 분석해 소LoT 주문에 영향을 주는 인자 12개를 도출하고, 인공 지능 알고리즘으로 스스로 주문을 판단할 수 있도록 학습하였다. 그 결과 정확도가 97%에 이른다. 또한 소LoT 주문이 다른 주문들과 함께 원가 낭비 없이 최적으로 제작될 수 있도록 설계 크기를 예측하

는 정확도는 99.99%에 달하며, 소요 시간은 12시간에서 1시간으로 단축되었다([그림 17-13] 참조).

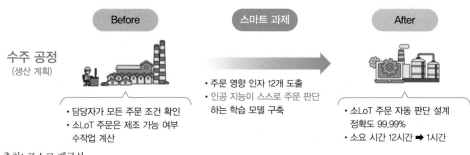

출처: 포스코 재구성

[그림 17-13] 포스코의 수주 공정 – 소LoT 주문 처리

■ 제선: 스마트고로를 사람 대신 데이터로 자동 확인

용광로의 통기성, 연소성, 용선 온도, 출선량 등 모든 것을 어떻게 예측하고 관리할까? 기존에는 모든 것이 수작업으로 이루어졌으나, 현재는 인공 지능 기술을 이용하여 상태를 확인하고 제어까지 한다([그림 17-14] 참조). 쇳물의 온도는 사물 인터넷을 통해 데이터화하고, 고화질 카메라가 연원료의 상태를 알아서 확인한다. 이를 위해 포항제철소 제선부는 용광로 상태를 결정하는 변수를 정의하고 서로 다른 데이터를 정형화하였다. 작업자들의 경험에 따라 다르게 관리해오던 지표들을 하나로 정리하고, 수작업을 스마트공장 기술로 자동화하였다.

제동 제어 시스템을 구축하여 딥 러닝으로 데이터를 학습한 후 예측하고 관리할 수 있도록 하였다. 단순히 현재의 필요 작업을 자동화하는 단계를 넘어, 앞으로의 변수를 예측하고

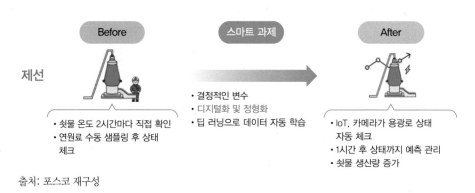

출처: 포스코 재구성

[그림 17-14] 포스코의 제선 – 용광로 상태를 자동 확인

제어하여 최적의 결괏값을 도출해낸다. 오늘 노황이 좋다고 끝이 아니라, 내일의 노황도 최적의 상태가 되도록 스마트고로는 스스로 제어한다.

■ 제강: PTX(Posco sTeelmaking eXpress)

제강은 약 1,650℃의 고온에서 작업이 이루어지기 때문에 실시간으로 온도 측정이 어렵고 성분 제어도 복잡해 작업자의 경험과 노하우가 중요하다. 포항제철소 2제강 공장은 전로부터 연주까지의 타이밍과 온도, 성분을 제어하는 통합 제어 시스템을 개발하였다. 생산 제품별로 12만 5,000개의 공정이 존재하는데, 이를 모두 디지털화 및 정형화하고 **PTX(Posco sTeelmaking eXpress)** 시스템을 개발하였다([그림 17-15] 참조). PTX 시스템을 이용하면 전로부터 연주까지 멈춤과 지연 없이 연속 공정이 가능하고, 주요 공정별로 도착 시간과 온도, 성분을 실시간 확인할 수 있다. PTX는 용선의 온도와 성분, 원료가 달라도 조건에 맞게 인공 지능이 학습하도록 설계되어 있다.

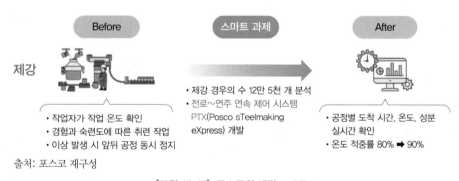

[그림 17-15] 포스코의 제강 - PTX

■ 연주: 표면 품질을 한 번에 예측

소재 품질 관리가 중요한 데, 기존에는 모든 소재들을 매일 검사할 수 없어 함께 출강된 소재들 중 대표 소재를 선정하여 100% 표면 검사를 했다. 대표 소재에서 이상이 감지되면, 해당 소재와 같이 출강된 다른 소재들을 모두 회수하여 검사했다. 이를 개선하기 위해 인공 지능을 적용하였다. 제강, 연주의 방대한 데이터를 수합하여 학습하고 품질 이상에 대한 기준을 만들어 결함을 예측하는 모델을 구축하였다([그림 17-16] 참조). 이 모델을 적용한 결과 시스템이 결함 있는 소재만 선별하고 결함의 발생 이유까지 알려주어 불필요한 검사를 줄일 수 있게 되었다.

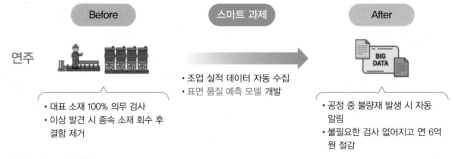

출처: 포스코 재구성

[그림 17-16] 포스코의 연주 – 표면 품질 예측

■ 압연: 후판 평탄도를 스스로 제어

후판 제품은 슬래브를 1차로 가열하여 두 번의 압연을 거친다. 그 후 요구 조건에 따라 TMCP(Thermo-Mechanical Control Process)라는 가속냉각 처리를 한다. TMCP는 강판에 고속의 물을 분사하여 일정 온도까지 급속 냉각시켜 강도를 높이고 용접성을 좋게 만드는 방법이다. 과거에는 후판재의 평탄도를 TMCP 처리 후, 뜨거울 때 한 번(열간평탄도), 이후 전단 과정에서 차가울 때 한 번(냉간평탄도), 총 두 번 수작업으로 분석했다. 열간평탄도와 냉간평탄도의 상관관계를 매번 분석하여 그 결과를 작업자가 일일이 입력하면서 TMCP를 제어하는 것이 시간이 오래 걸리는 작업이었다.

광양제철소 후판 공장은 열간평탄도의 인자와 냉간평탄도의 인자를 데이터화하고 빅 데이터로 분석하여 어떤 조건일 때 최적의 평탄 품질이 나오는지를 학습 모델로 만들었다([그림 17-17] 참조). 현재는 작업자가 인공 지능이 산출해 낸 최적의 작업 조건 값을 모니터링하고 공정에 이상이 없는지 확인한다.

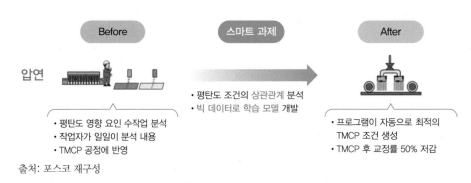

출처: 포스코 재구성

[그림 17-17] 포스코의 압연 – 후판 평탄도 제어

■ 도금: 인공 지능 초정밀 도금 제어

CGL(Continuous Galvanizing Line)은 냉간압연된 코일을 연속으로 열처리하고, 용융아연 욕조(Zinc Pot)에 담가 아연으로 도금한 아연도금강판을 생산하는 공정이다. 욕조에서 꺼낸 후 강판 표면에 응고되기 전의 아연을 에어 나이프(Air knife)[8]가 미세하게 깎아내어 도금량을 제어하는데, 강판 사용 목적에 따라 목표 도금량이 다양하다. 에어 나이프를 거치고 아연이 응고된 후에나 도금량을 측정할 수 있기 때문에 실시간으로 제어 성능을 확보하는 것은 어려웠다.

이를 해결하기 위해 개발된 포스코의 **인공 지능 초정밀 도금 제어** 기술은 딥 러닝을 이용하여 제품의 강종, 두께, 폭, 조업 조건과 목표 도금량을 스스로 학습해 정확히 제어한다([그림 17-18] 참조).

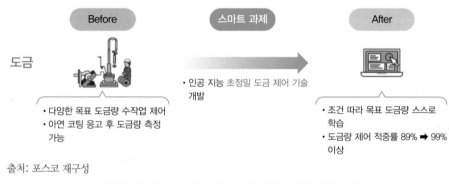

출처: 포스코 재구성

[그림 17-18] 포스코의 도금 – 인공 지능 초정밀 도금 제어

■ 안전도 진보하는 스마트제철소

스마트한 제철소는 작업자의 안전과 환경까지 책임지기 위해 포스코는 스마트CCTV를 개발하여 사용하고 있다. 스마트CCTV는 녹화만 하는 일반 CCTV와 달리, 제철소 현장의 특정 문자, 형상, 움직임 등을 자동으로 감지한다([그림 17-19] 참조). 그리고 수집한 정보에서 이상이 감지되면 관리자에게 알려주는 지능형 CCTV이다. 기존 CCTV가 갖고 있는 문자 인식, 형상 인식 등의 해석 기술에 포스코의 철강 도메인인 조업 상황, 설비 형상 등을 결합시켜 제철소에 최적화된 CCTV로 발전시켰다. 포스코는 2018년부터 광양 3도금, 2제강, 1코크스, 포항 2후판 공장에 스마트CCTV를 적용하기 시작했다.

---

8) 에어 나이프(Air knife): 컨베이어를 타고 이동할 때 제품에서 액체나 부스러기를 날려 버리는 데 사용되는 도구. 일반적으로 제조 시 또는 재귀적 재활용 과정의 첫 번째 단계에 사용되며, 이후 단계에서는 다른 구성 요소로부터 더 가볍거나 작은 입자를 분리하기 위해 사용되며, 제조 후에는 부품 건조 및 컨베이어 세척의 일부로 사용된다.

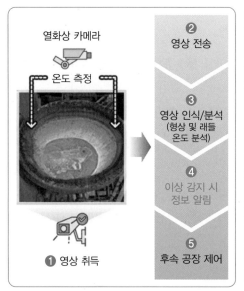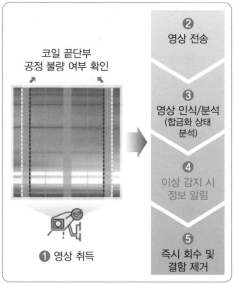

래들(Ladle): 쇳물을 담는 용기
출처: 포스코 재구성

[그림 17-19] 포스코 스마트CCTV

스마트CCTV를 활용하면 작업자가 육안으로 확인하던 조업, 품질, 안전 정보를 시스템이 영상을 자동 인식하고 분석해 알려주기 때문에 작업 대기 시간을 대폭 줄일 수 있고 품질 향상에도 효과적이다. 예를 들면, 제강 공장에서는 전로의 용강 온도를 열화상 카메라가 사람 대신 측정할 수 있다. 도금부에서는 육안으로는 쉽게 구분하기 어려운 코일 제품 끝 단면의 미묘한 색상 차이를 CCTV로 확인해 품질 불량에 대해 조기 대응이 가능하다.

또한, 열화상 등 다중 영상 장치로 화재 위험을 사전에 감지하여 예방할 수도 있다. 제철소 전반에 걸쳐 설비, 품질, 물류, 안전 분야에서 스마트CCTV가 사람보다 더 빨리, 정확하게 정보를 수집하고 문제점을 잡아낼 수 있다.

포스코의 스마트과제를 통한 스마트제철소 구축은 지금도 현재 진행형이다. 기존 기술로는 해결하기 어려웠던 문제를 해결하고, 설비 상태가 예지되고 자동으로 제어되어 생산과 품질, 안전 모두가 확보되는 스마트제철소의 완성을 위한 연구개발은 계속 진행되고 있다.

- **블룸(Bloom)**: 단면이 장방형인 반제품으로 한 변의 길이는 약 130~430mm이다. 주로 중대형 봉형강, 빌렛 등의 압연 소재로 사용한다.

- **빌렛(Billet)**: 단면이 정방형인 반제품으로 한 변의 길이는 약 120~160cm이다. 소형 봉형강, 선재 등의 압연 소재로 사용한다.

- **생산수율**: 1단위의 원재료를 투입하였을 때 어느 정도의 제품이 생산되는가를 나타내는 비율을 의미한다. 예를 들어, 1톤의 동판을 투입하여 10대의 자동차를 생산한다면 생산수율은 10이 되고, 10개의 칩을 투입하여 1개의 컴퓨터를 생산한다면 생산수율은 0.1이 된다.

- **슬래브(Slab)**: 판상형의 반제품으로 연속 주조에 의해 직접 주조하거나 강괴 또는 블룸을 압연하여 제조하며, 후판, 강판 등 판재류의 압연 소재로 사용한다.

연습문제

| 단답형 |

01 (   )은 비즈니스 가치 사슬 전반에 최적화가 가능하며, 유연함과 상호 운용성을 지원하는 자동화 지능형 설비, 생산, 운영의 통합 및 개방을 통해 고객과 소통하는 공장으로 설명하고 있다.

02 (   )은 제품의 기획·설계, 생산, 품질, 유지 보수 등 제조 공장에서 생산 프로세스에 대한 정보화와 생산 시스템의 자동화를 실현하는 공장으로 설명하고 있다.

03 생산성 향상, 에너지 절감, 인간 중심의 작업 환경 구현 및 개인 맞춤형 제조 등 새로운 환경에 능동적으로 대응하는 차세대 공장 구축이 가능하다. (   ) 산업으로의 변화는 제품군의 다양화, 제품 수명 주기 단축, 시장의 다변화 등 생산 환경 변화를 가져오고 있다.

04 스마트공장에서 작업 담당자는 생산 시스템의 한 부품으로 존재하지 않고 일반 회사 관리자와 같은 일을 하게 된다. 이처럼 ICT 기술에 의해 증강된 방식으로 편하고 효과적으로 일하는 작업자를 (   )라고 한다.

05 사람과 사람 간 매개체를 통해 연결하는 것과 유사하게 기계와 기계 간의 연결 개념이다. 스마트공장은 이와 같이 설비 간의 상호 유기적인 연결과 이로부터 발생되는 지능화가 중요하며, 따라서 이를 (   )라고 한다.

06 스마트공장 내에서 제조되는 제품은 자신을 알리는 ID, 정보를 저장하는 메모리, 이 정보를 주고받을 통신 수단이 장착된다. 이러한 제품을 (   )이라 한다.

07 (   )은 센서가 부착된 기계 장비나 로봇이 주변 장비, 기기, 인프라 및 사람과 연결되어 데이터를 주고받으며, 능동적으로 기능을 수행하도록 지원하는 기술이다. 즉, 기계·사람·데이터를 서로 연결시켜 기존 설비나 운영 체계를 최적화하고 지능적 의사 결정을 지원한다. 지능형 센서, 분석 솔루션 및 운용 소프트웨어와 함께 제조 혁신의 원동력이 된다.

08 스마트공장을 추진하는 기업들은 서로 다른 방식이었던 공장의 (　　　) 네트워크와 기업 (　　　) 네트워크를 사물 인터넷 기반으로 통합된 기업 인프라로 구축하고 있다.

09 (　　　)은 공장 내의 생산 설비와 생산 공정, 그리고 생산되는 제품 등에 해당하는 실제 세계와 가상 세계의 통합 시스템을 의미한다. 즉, 실제 공장과 거의 동일한 사이버 모델을 구축한 후, 물리 세계와 실시간으로 동기화하면서 활용하는 기술이다.

10 사이버 물리 시스템을 공장에 적용하기 위해 제조 현장의 물리적 세계와 동기화된 사이버 모델, 즉 (　　　)가 구축되어 활용된다.

11 (　　　)은 기기 간 상호 인증, 암호 모듈, 크리덴셜(Credentials) 관리, 사용자 인증, 보안 부팅, 보안 펌웨어 갱신 기능이 제공된다.

12 (　　　)는 생성 주기가 짧고 문자 및 영상 등 다양한 형식의 정형/비정형 데이터를 의미하며, 더 나아가 이러한 데이터를 분석하여 가치를 추출하는 기술까지 포함한 개념으로 사용된다.

| 선택형 |

01 스마트공장은 시시각각 변화하는 생산 자원(4M1E)의 정보를 실시간으로 현장에서 취합하여 최고 경영자가 의사 결정을 내리는 데 필수적인 정보를 제공한다. 다음 중 생산 자원에 속하지 않는 것은?

① 인력(Man)　　　　　　　　② 기계(Machine)
③ 공정(Method)　　　　　　　④ 마케팅(Marketing)

02 스마트공장은 IT 융합 생산 정보화 시스템에 기반을 둔 4무(Zero)의 연속 개선(Continuous Improvement Process, CIP) 관리를 구현할 수 있다. 다음 중 4무에 속하지 않는 것은?

① 무대기시간(Zero Waiting-time)　　② 무재고(Zero Inventory)
③ 무운영 시간(Zero Operating-time)　④ 무불량(Zero Defect)

03 스마트공장의 기능 요건은 생산과 관련된 것과 감지된 정보를 기반으로 의사 결정을 하기 위한 것, 판단된 결과를 생산 현장에 반영하도록 하는 것의 3단계로 구성된다. 다음 중 이 3단계에 속하지 않는 것은?

① 운영(Operate)　　　　　　　　② 감지(Sense)

③ 판단(Control)　　　　　　　　④ 수행(Actuate)

04 다음 중 스마트공장의 보급·확산을 위해 필요한 연구개발 분야 3가지가 아닌 것은?

① 보급형 사이버–물리 생산 시스템을 통한 기업의 최적화된 유연 생산 체제 구축 분야

② ICT 활용도 수준과 스마트공장의 이해도를 높이기 위한 홍보 분야

③ 솔루션–기기 간 상호 호환성 확보 및 연동 기술 개발 분야

④ 지능형 기술을 활용한 제조 기업의 생산 고도화 분야

05 다음 중 스마트공장 수준별 구분이 아닌 것은?

① 중간 수준 1(First Intermediate)　　② 중간 수준 2(Second Intermediate)

③ 중간 수준 3(Third Intermediate)　　④ 고도화(Smart)

06 다음 중 스마트공장의 주요 기술적 구성 요소가 아닌 것은?

① 응용 프로그램　　　　　　　　② 플랫폼

③ 가상 현실　　　　　　　　　　④ 디바이스

07 스마트공장은 네트워크가 중요한 역할을 하므로 네트워크 인프라, 교환되는 데이터 및 정보 자산을 다층 네트워크 보안으로 보호하도록 해야 한다. 다음 중 이에 대한 구현 원칙이 아닌 것은?

① 다층 보안 모델(Layered Security Model)　② 심층 방어(Defense in Depth)

③ 유연성(Flexibility)　　　　　　　　　④ 관리성(Maintenance)

08 다음 중 일반적인 빅 데이터의 특징이 아닌 것은?

① 방대함(Volume)　　　　　　　② 다양성(Variety)

③ 실시간성(Velocity)　　　　　　④ 균형성(Valance)

09 다음 중 독일의 대표적인 스마트공장은?

① 지멘스　　　　　　　　　　　② 월풀

③ 히로텍　　　　　　　　　　　④ 테슬라

10 다음 중 국내의 대표적인 스마트공장은?

    ① 광양제철소   ② 인텔

    ③ 테슬라   ④ GE

| 서술형 |

01 산업 혁명 역사 속 제조 시스템의 진화 과정 속에서 4차 산업 혁명 시대에 등장한 개념에는 무엇이 있는가?

02 스마트제조의 개념을 설명하시오.

03 스마트공장의 제조 공정과 기존 공정과의 차이점을 2가지 설명하시오.

04 스마트공장의 구성과 그 특성을 설명하시오.

05 공장의 ICT 활용도에 따른 스마트공장의 4가지 수준별 특징을 설명하시오.

06 스마트공장에서 빅 데이터의 특징을 5가지 설명하시오.

2030년 이후, 사물 인터넷에 대한 고찰

contents

차세대 네트워크 기술인 **6세대 이동통신(6G)**은 미래 IT 산업의 패러다임을 바꿀 수 있는 디지털 시대 핵심 기반 기술이다. 교통, 의료, 제조 등 여러 산업 분야에서 디지털 혁신과 기술 선진화에 기여할 것으로 예측된다. 2030년에 상용화를 목표로 주요 기술 선도 국가를 중심으로 6G 선점 경쟁에서 우위를 점하기 위해 활발하게 연구개발되고 있다.

우리나라도 과학기술정보통신부에서 '6세대(6G) 이동통신 시대를 선도하기 위한 미래 이동통신 R&D 추진 전략'을 수립하여 추진하고 있다. 6G 기술은 1Tbps급 전송 속도, 저궤도 위성 통신 기반 10km까지 확대된 통신 커버리지, 인공 지능 기술이 적용된 네트워크, 보안 기술의 내재화 등 5G를 뛰어넘는 기술적 진화를 목표로 하고 있다. 이러한 6G 인프라를 활용하면 실시간 원격 수술, 완전 자율주행차 등 고도화된 융합 서비스의 대중화가 가능할 수 있다([그림 1] 참조). 또한 위성 등을 활용하여 항공기 내에서 초고속 인터넷 서비스를 받거나, 공중·해상·오지에서 자율 비행체 및 플라잉카(flying car), 드론 등에 대한 광대역 통신 서비스 제공이 가능하다.

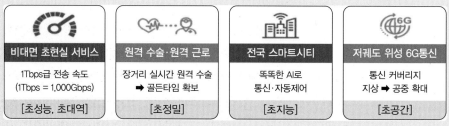

출처: 과학기술정보 통신부

[그림 1] 6G 네트워크에서 고도화된 융합 서비스 사례

인간의 개입을 최소화한 완전 자동 연결 서비스나 사이버 위협에 대한 걱정 없이 안전한 6G 융합 서비스 제공이나, 초실감 확장 현실, 고정밀 모바일 홀로그램, 디지털 복제 등의 서비스도 가능하다. 스마트폰뿐만 아니라 증강 현실 안경, 가상 현실용 헤드셋, 홀로그램 기기 등 다양한 기능을 가진 디바이스가 연결되어 완전히 새로운 경험을 할 수 있고, 집이나 공장 혹은 도시 전체를 3차원 가상 공간에서 똑같이 재현할 수 있을 것으로 전망된다.

7부에서는 이러한 서비스 제공이 가능한 6G 네트워크 인프라를 활용하는 자율형 사물 인터넷의 미래에 대해 살펴보고자 한다.

CHAPTER 18

6G 네트워크에서 자율형 사물 인터넷

18.1 5G 시나리오와 6G 시나리오의 비교 / 18.2 6G 네트워크의 주요 특징
18.3 자율형 사물 인터넷 / 18.4 자율형 사물 인터넷의 새로운 응용

6장에서 사물 인터넷은 자율형 사물 인터넷으로 발전하고 있다고 예상하였다. 자율형 사물 인터넷은 지능을 갖춘 사물들이 상호 작용하면서 상황을 판단하고 그에 따라 적절한 동작을 수행하게 되는데, 이 과정에서 네트워크에 더 큰 영향을 받게 된다. 즉, 자율형 사물 인터넷의 서비스는 기술적으로 향상된 네트워크에 보다 초점이 맞추어져 있다.

6G 기술은 우주-공중-지상-수중 통신, **테라헤르츠**(Terahertz Wave, THz) 통신, 초고신뢰 · 저지연 통신 등의 기능을 지원함으로써 새로운 서비스 및 응용을 가능하게 할 수 있다. 기존 사물 인터넷에 6G 네트워크 인프라를 활용하고 인공 지능, 엣지 컴퓨팅, 양자 통신, 촉각 인터넷 등의 기술을 함께 적용한다면 **자율형 사물 인터넷**(Autonomous Internet of Things)으로 진화할 수 있다.

구체적으로 자율형 사물 인터넷 구현을 위해 사용할 수 있는 주요 기술은 다음과 같다.

- 6G의 가상화 네트워크 슬라이싱(Virtual Network Slicing): 동일한 물리 네트워크 하부 구조에서 가상화된 독립된 논리망의 다중화를 가능하게 하는 기술
- 초저지연 통신을 지원하는 엣지 컴퓨팅
- 초신뢰성 통신을 지원하는 양자 통신
- 섬세하고 정확한 제어를 지원하는 촉각 인터넷

이 장에서는 먼저 현재 활발하게 연구가 진행되고 있는 6G 무선 네트워크 기술과 관련 기술들을 살펴보고 이를 기반으로 자율형 사물 인터넷이 어떻게 새로운 서비스를 구현할 수 있는지를 설명한다.

18.1 5G 시나리오와 6G 시나리오의 비교

2019년 5G 서비스가 시작되었고 곧이어 6G에 대한 선행 연구가 주요 국가를 중심으로 활발하게 진행되기 시작하였다. 2023년에는 ITU-R WP(Working Party) 5D에서 6G 기술에 대한 비전이 수립되고 2028년에는 규격 제정이 이루어질 것으로 예상된다.

5G 네트워크 기술은 **향상된 모바일 광대역**(enhanced Mobile Broadband, eMBB), **대규모 사물 통신**(massive Machine-Type Communications, mMTC), **안정적인 초저지연 통신**(Ultra-Reliable Low-Latency Communications, URLLC) 서비스 같은 특징을 가지고 있다. 반면 6G는 URLLC, 매우 높은 처리량, 위성 기반 고객 서비스, 대규모 자율적인 네트워크와 같이 5G보다 탁월하거나 향상된 기능으로 완전히 새로운 서비스 품질 제공을 목표로 한다. 6G는 일반적인 5G 기반 시나리오(eMBB, URLLC, mMTC)뿐만 아니라, 6G만의 향상된 시나리오가 uMBB(ubiquitous Mobile Broadband), ULBC(Ultra-Reliable Low-Latency Broadband Communication) 및 mULC(massive Ultra-Reliable Low-Latency Communication)라는 이름으로 제안되었다([그림 18-1] 참조).

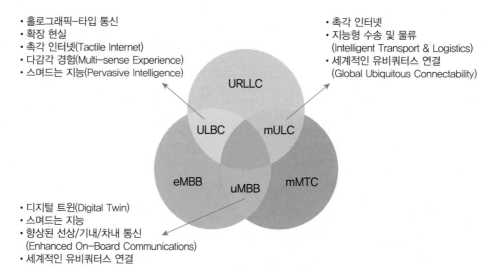

출처: W. Jiang, B. Han, M. A. Habibi and H. D. Schotten, "The Road Towards 6G: A Comprehensive Survey," in IEEE Open Journal of the Communications Society, Vol.2, 2021, pp.334-366. 재구성

[그림 18-1] 5G 시나리오(eMBB, URLLC, mMTC)와 6G 시나리오(uMBB, ULBC, mULC)

6G 기술이 성숙되면 여러 응용에서 요구하는 기술적인 제약 조건을 다수 만족시킬 수 있게 될 것이며, 그에 따라 자율형 사물 인터넷에서도 다양한 서비스가 구현될 것이다. 사물 인

터넷은 각종 사물에 센서와 통신 기능을 내장하여 인터넷에 연결하는 기술을 의미한다. 이에 반해 자율형 사물 인터넷은 기존 사물 인터넷에 인공 지능, 블록체인, 엣지 컴퓨팅, 양자 통신, 촉각 인터넷 등의 기술이 융합을 넘어 퓨전된 기술이라 할 수 있다. 여기서 퓨전(fusion)이란 각각의 기술적 특성을 가진 상태에서 한 점에 수렴하여 구현되는 융합보다 기술 간 밀접도가 한 차원 높은 것을 의미한다. 마치 하나의 기술이 다른 기술에 녹아들어 완전히 새로운 기술이 만들어지는 것과 같다. 예를 들어, 엣지 컴퓨팅에 인공 지능 기술이 퓨전되어 엣지 인텔리전스 기술이 만들어지는 것과 같다. 완벽한 자율형 사물 인터넷 기술을 구현하려면 5G보다 더 향상된 6G에서 가능해질 것으로 예상된다.

18.2 6G 네트워크의 주요 특징

6G 기술은 UN의 '오래갈 발전 목표'라는 사회적 이슈를 실현하기 위한 기술 중 하나이다. 기술적으로 테라헤르츠 수준의 초광대역 접속 기술, 초고처리량, 초저지연, 향상된 신뢰

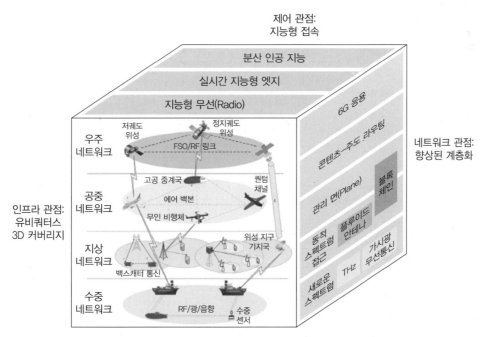

출처: T. Huang, W. Yang, J. Wu, J. Ma, X. Zhang and D. Zhang, "A Survey on Green 6G Network: Architecture and Technologies," in IEEE Access, Vol.7, 2019, pp.175758-175768. 재구성

[그림 18-2] 3차원 관점에서 바라본 6G 아키텍처

성, 인공 지능의 내재화, 공중/수중을 포함한 전 지구 규모의 수직적 서비스 영역 확장 등과 같은 특징을 가진다. 이러한 세부 기술을 구현하기 위해 [그림 18-2]와 같이 6G를 3차원 관점 - 제어 관점(지능형 접속), 인프라 관점(유비쿼터스 3D 커버리지), 네트워크 관점(향상된 계층화) - 으로 구분하여 접근한다.

그리고 [표 18-1]은 5G와 6G의 주요 특징을 비교하고 있다. 네트워크의 물리적인 특성뿐만 아니라 주요 응용도 많은 차이가 있음을 알 수 있다.

[표 18-1] 5G와 6G의 특징 비교

특징	5G NR	6G
최대 전송 속도	20Gbps	~1Tbps
지연	1ms	< 1ms
지역 트래픽 용량	10Mb/s/m^2	1Gb/s/m^2
주파수 대역	Sub 6GHz, mmWave(24~52.6GHz)	• Sub 6GHz, mmWave 대역 • THz 대역(가시광선 대역)
단말 연결 밀도	1M devices/Km^2	10M devices/Km^2
컴퓨팅 기술	포그 컴퓨팅, 클라우드 컴퓨팅	양자 컴퓨팅, 엣지 컴퓨팅
네트워크 타입	SDN(Software-Defined Networking), NFV(Network Functions Virtualization), 슬라이싱	SDN, NFV, 지능형 클라우드, AI 기반 슬라이싱, 기계 학습, 딥 러닝
이동성	500Km/h	> 700Km/h
주요 기술	D2D(Device-to-Device) 통신, Relaying, Ultra-dense Network, Small Cell Access, NOMA(Non-Orthogonal Multiple Access)	가시광선 통신, 양자 통신, 햅틱 기술, Hybrid Access, Adaptive Resource Allocation
주요 응용	사물 인터넷, 스마트시티, 스마트홈, 360° 비디오, UHD 비디오, 증강/가상 현실	만물 인터넷(IoE), 원격 교육, 홀로그래픽 이미지, 햅틱 통신, 원격 로봇 조작(Telerobotics), 텔레드라이브(Teledrive), 증강/가상/확장 현실

출처: A. Dogra, R. K. Jha and S. Jain, "A Survey on Beyond 5G Network With the Advent of 6G: Architecture and Emerging Technologies," in IEEE Access, Vol.9, 2021, pp.67512-67547. 재구성

18.3 자율형 사물 인터넷

자율형 사물 인터넷 역시 기본적으로 데이터를 수집하고 인터넷에 연결되어 통신을 수행할수 있는 사물(혹은 디바이스)들을 기반으로 다양한 서비스를 제공한다. 무선 통신 기술과 스마트디바이스 기술이 발전함에 따라 수백만~수억 개의 물리적 개체들이 인터넷에 연결되고, 또한 사물도 지능화됨에 따라 단순한 규칙 기반 대신 스스로 상황을 판단하여 최적의결정을 내릴 수 있는 자율형 시스템(혹은 지능형 시스템)으로 진화하고 있다. 또한, 지상뿐만아니라 높은 상공이나 바닷속에서도 통신이 가능해짐에 따라 그 환경을 기반으로 동작할수 있는 새로운 응용도 개발될 것으로 예상된다. 이처럼 이전과 다른 새로운 서비스 개발을위해서 무엇보다도 현재의 무선 네트워크보다 더 향상된 기능을 필요로 한다.

5G에서 네트워크 슬라이싱 기술은 네트워크의 소프트웨어화 및 가상화를 가능하게 하는기술 중 하나이다. 이는 하나의 물리적인 네트워크를 여러 개의 가상 네트워크(네트워크 슬라이스)로 분리해 별도로 구성하는 네트워크 아키텍처 기술로서, 각 네트워크 슬라이스는특정 응용이 요청한 다양한 요구 사항들을 충족할 수 있도록 분리된 단대단 네트워크이다. 이렇게 함으로써 서비스 수준 요구(Service Level Agreement, SLA)가 다른 여러 서비스를 효율적으로 처리할 수 있도록 네트워크를 설계할 수 있다. 5G의 네트워크 슬라이싱에 구현된주요 기능은 이동성 관리, 접속 제어, 슬라이스 제어, 정책 관리, 세션 관리, 가입자 관리등이 있다.

6G에서도 잠재적 응용의 다양한 요구 조건들을 수용하기 위해 네트워크를 여러 슬라이스로 나누고 각 슬라이스에 프로토콜과 정책을 적절하게 설정한다. 6G의 가상화 네트워크 슬라이싱 아키텍처는 3개의 계층(지능형 클라우드 슬라이싱, 무선 접속망 슬라이싱, 응용 슬라이싱)으로 구성된다([그림 18-3] 참조).

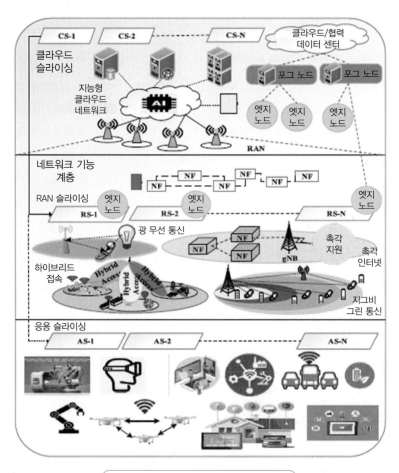

CS(Cloud Slicing): 클라우드 슬라이싱
AI(Artificial Intelligence): 인공 지능
NF(Network Function): 네트워크 기능
RAN(Radio Access Network): 무선 접속망
RS(RAN Slicing): RAN 슬라이싱
gNB(next Generation Node B): 5G 기지국
AP(Application Slicing): 응용 슬라이싱

출처: A. Dogra, R. K. Jha and S. Jain, "A Survey on Beyond 5G Network With the Advent of 6G: Architecture and Emerging Technologies," in IEEE Access, Vol.9, 2021, pp.67512-67547. 재구성

[그림 18-3] 6G 네트워크 아키텍처 기반의 가상화 네트워크 슬라이싱

지능형 클라우드 슬라이싱과 무선 접속망 슬라이싱은 모두 네트워크 동작과 관련되어 있다. 6G에서는 네트워크 슬라이싱 개념을 확장하여 네트워크 가상화와 유연성을 향상시킨다. 인프라 계층의 지능형 클라우드 슬라이싱은 뛰어난 컴퓨팅 성능과 광범위한 스토리지

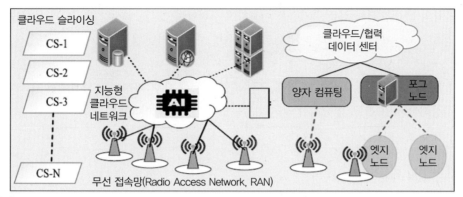

출처: A. Dogra, R. K. Jha and S. Jain, "A Survey on Beyond 5G Network With the Advent of 6G: Architecture and Emerging Technologies," in IEEE Access, Vol.9, 2021, pp.67512-67547. 재구성

[그림 18-4] 지능형 클라우드 슬라이싱 계층

기능을 갖춘 인공 지능 기반 클라우드로 구성된다. 따라서 클라우드 슬라이싱은 하나의 인프라 안에서 네트워크의 다양한 기능이 가능한 솔루션을 제공할 수 있다. 클라우드는 다양한 무선 접속망 인프라를 지원하기 위해 N개의 클라우드 슬라이스로 분할된다([그림 18-4] 참조). 지능형 클라우드의 계산 능력은 엣지 컴퓨팅과 양자 컴퓨팅 기술을 사용하여 향상될 수 있다.

가상화된 네트워크 슬라이싱은 터치 기술(햅틱 통신) 같은 6G 서비스에 대한 플랫폼 역할을 수행하며, 인공 지능이나 딥 러닝 기술을 내재할 수 있고 언제 어디서나 서비스할 수 있는 실시간 접근도 가능하게 한다. 이처럼 응용마다 다양한 요구 조건을 수용하기 위해 가상화된 네트워크 슬라이싱은 유망한 접근 방식이 된다. 현재뿐 아니라 향후 개발될 자율형 사물 인터넷의 여러 응용에서 요구되는 기술 수준이나 서비스 수준이 다양하다. 그중에서 주요한 요구 조건으로 속도(초저지연성), 보안(초고신뢰성), 촉각 기능을 고려할 수 있다.

- 초고신뢰성·초저지연성은 자율주행 자동차나 스마트공장 등에서 요구되는 기반 기술이다. 그러나 단말과 기지국 사이의 무선 액세스 구간에만 국한된 고신뢰, 저지연 무선 통신은 완전한 초고신뢰성·초저지연성을 만족시키기 곤란하다. 따라서 6G에서 엣지 컴퓨팅이 주요한 대안이 될 수 있다.
- 의료 분야나 민감한 개인 정보를 다루는 응용도 기본적으로 범용 네트워크를 기반으로 하므로 보안도 자율형 사물 인터넷의 주요 요구 조건이 된다. 6G는 양자 컴퓨팅과 인공 지능 기술을 활용하여 대안을 제시할 수 있다.

- 사람의 촉각은 햅틱 컴퓨팅 기술을 이용하여 구현할 수 있다. 실시간 움직임과 동시에 처리해야 하는 촉각은 이전과 다른 새로운 자율형 사물 인터넷 응용에서 활용될 수 있다.

각각의 요구 조건을 충족시키기 위해 우선 해당 기능에 대한 가상화된 네트워크 슬라이스를 생성해야 하며, 또한 앞에서 언급한 기능들도 함께 고려해야 한다.

18.3.1 엣지 컴퓨팅

자율형 사물 인터넷 요구 사항에 따라 네트워크의 소프트웨어화 및 가상화를 가능하게 하는 패러다임이 변화하고 있다. 엣지 컴퓨팅을 사용하여 프로그래밍이 가능한 분산형 네트워크를 구현할 수 있다. 즉, 최종 사용자 디바이스로부터 엣지 컴퓨팅 플랫폼, 코어 및 클라우드(데이터 센터) 플랫폼까지의 네트워크를 서로 다른 통신 계층으로 구분하여 이를 엣지 컴퓨팅으로 구현할 수 있다. 이러한 계층들은 단말에서부터 클라우드 센터까지의 긴 물리적인 거리로 인해 발생할 수 있는 문제점을 해결할 수 있으며, 따라서 자율형 사물 인터넷 응용에서 초저지연성 조건을 만족시킬 수 있다.

모바일 엣지 컴퓨팅(Mobile Edge Computing, MEC) 서버[1]는 이동통신 기지국 가까운 곳에 있는 중요한 유형의 엣지 컴퓨팅 플랫폼으로서, 데이터를 수신하면 곧바로 대용량의 데이터를 빠르게 처리하여 초저지연성을 제공할 수 있다. 모바일 엣지 컴퓨팅의 핵심 개념은 서비스를 처리하기 위해 필요한 프로세서나 저장 기능을 모두 중앙 집중식 클라우드에 의존하지 않고, 일부를 데이터가 생성되는 단말이나 최종 사용자 근처의 엣지 네트워크 노드에서 수행하도록 하는 것이다. 모바일 엣지 컴퓨팅은 트래픽을 최적화시켜 6G 네트워크의 URLLC를 달성할 수 있는 핵심 기술로 고려된다. [그림 18-5]는 다양한 차세대 응용을 실현할 수 있게 하는 엣지 컴퓨팅 기술을 보여준다.

---

1) 포그 노드(Fog Node)라 부르기도 한다.

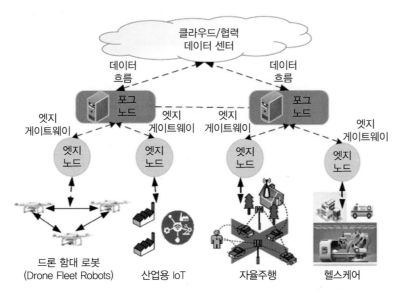

출처: A. Dogra, R. K. Jha and S. Jain, "A Survey on Beyond 5G Network With the Advent of 6G: Architecture and Emerging Technologies," in IEEE Access, Vol.9, 2021, pp.67512-67547. 재구성

[그림 18-5] 다양한 응용을 지원하는 엣지 컴퓨팅

스마트교통, 스마트공장, 스마트시티, 스마트홈, 스마트그리드, 스마트의료를 포함한 여러 자율형 사물 인터넷 응용들이 엣지 컴퓨팅의 혜택을 받을 수 있다. 엣지 컴퓨팅은 홀로그램 텔레포트(Holographic Teleportation), 촉각 인터넷, 확장 현실 같은 실시간 대화형 응용을 가능하게 한다. 엣지 컴퓨팅과 인공 지능 기술을 결합하여 엣지 인텔리전스로 알려진 새로운 통신 패러다임의 전환이 이루어지면, 6G 네트워크에서 필수적인 역할을 할 수 있다.

18.3.2 양자 컴퓨팅

6G는 기존 시스템의 병렬화를 촉진하기 위해 양자 컴퓨팅 시스템으로 대체한다. 양자 컴퓨팅은 다차원·빅 데이터의 병렬 처리를 가능하게 한다. 방대한 양의 훈련 데이터를 처리하는 기계 학습과 인공 지능 알고리즘의 기술을 강화할 수 있다. 또한, 양자의 역학적 현상을 이용한 양자 통신은 강력한 보안 기능을 가진 또 다른 유망한 통신 패러다임이다. 불확실성의 원리와 양자 복제 금지 정리에 기초하여 이루어진 양자 키 기술을 적용하여 양자 통신을 실현하게 된다.

양자 통신과 인공 지능 기술을 결합하면 6G 무선 네트워크의 보안을 더욱 강화할 수 있다.

빅 데이터와 대규모 훈련이 필요한 인공 지능 알고리즘의 효율성과 속도를 상당히 높일 수 있어 양자 통신은 미래의 6G 통신 네트워크에 유용할 수 있다. 예를 들어, 채널 용량을 증가시키고 알려지지 않은 양자 상태, 즉 양자 텔레포트를 전송할 수 있으며, 다수의 고급 통신 프로토콜과 결합하여 안전한 양자 암호를 구현할 수 있다. 이러한 통신의 안정성은 현재의 기술로는 해결하기 곤란한 것으로 간주되고 있다.

다만, 양자 오류 정정은 해결해야 할 주요 기술적 과제로 꼽힌다. 6G 통신 시스템에서 양자 통신을 실질적으로 실현하기 위해 집중적인 연구가 필요하다.

18.3.3 촉각 인터넷

촉각 인터넷(Tactile Internet)은 사람의 촉각(촉감)을 느낄 만큼 정보를 매우 빠른 속도로 전송하는 인터넷 서비스이다. 1ms 이내의 초저지연과 함께 인터넷의 이용 가용성, 신뢰성 그리고 보안 수준이 높은 서비스를 제공하는 인터넷으로 정의된다. 촉각 인터넷 서비스의 높은 기술적인 요구 조건을 만족시키기 위해, 6G에서는 가상화된 네트워크 슬라이싱 기술을 이용하여 그에 대한 플랫폼 역할을 하도록 한다.

촉각 인터넷 기술은 연관된 로봇이나 햅틱 통신 기술과 연계되어야 하며, 추후 기술이 성숙하면 원격 수술, 확장 현실, 자율주행 등의 분야에서 실시간 서비스가 가능해질 것이다. 촉각 인터넷은 네트워크를 이용하여 인간 대 기계, 기계 대 기계 간의 상호 작용을 실시간으로 지원하는 것이 가장 기본적인 기능이다. 이는 멀리 떨어진 지역에서 터치와 같은 입력이 발생하거나 증강 현실에서 물리적 상호 작용이 일어나면, 일정 시간 이내에 적절한 동작이나 효과가 발생할 수 있어야 함을 의미한다. 이 기술이 개발되면 지능형 단말과 인간의 터치 감각을 합쳐 자율형 사물 인터넷 응용을 실시간으로 제어할 수 있게 된다.

기존의 네트워크, 즉 전통적인 시스템에서는 촉각 데이터 전송을 지원하지 못한다. 따라서 촉각 인터넷이 촉각 데이터 전송을 지원하는 플랫폼으로 동작한다. 즉, 네트워크를 통해 감정, 터치, 움직임(동작)과 관련된 데이터를 전송한다. 촉각 네트워크의 핵심 요소인 촉각 인터넷 기반 아키텍처는 [그림 18-6]과 같다. 이러한 촉각 네트워크는 3개의 다른 영역, 즉 네트워크 영역, 마스터 영역, 제어 영역으로 구분된다.

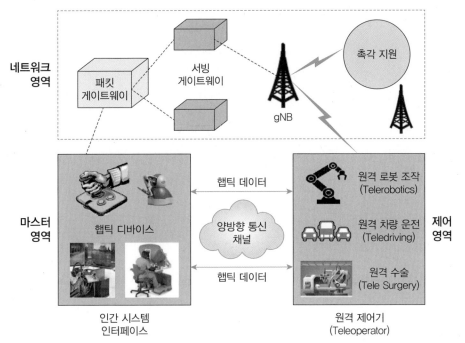

출처: A. Dogra, R. K. Jha and S. Jain, "A Survey on Beyond 5G Network With the Advent of 6G: Architecture and Emerging Technologies," in IEEE Access, Vol.9, 2021, pp.67512-67547. 재구성

[그림 18-6] 촉각 인터넷 기반 아키텍처

제어 영역에서 원격 제어기란 사용자와 물리적으로 멀리 떨어진 지역에 설치된, 원격 제어의 대상이 되는 로봇이나 시스템을 의미한다. 이때 조작자가 직접 명령을 내리는 장치, 즉 입력 장치를 마스터 시스템, 그 명령에 따라 실제 동작하는 기계를 슬레이브 시스템이라고 하며, 이 두 시스템을 통칭하여 마스터-슬레이브 시스템이라고 부른다. 마스터 시스템은 대개 인간이 조작하는 것으로 간주한다.

촉각 인터넷은 새로운 서비스 개발이나 응용 프로그램의 고도화를 이룰 수 있다는 점에서 많은 관심을 받고 있다. 촉각 인터넷은 감각을 다루는 햅틱과 힘을 다루는 비햅틱 통신을 모두 지원할 수 있다. 이것은 자동화와 관련된 많은 응용 분야에 적용될 수 있어서 활발하게 연구가 진행되고 있다.

18.4 자율형 사물 인터넷의 새로운 응용

6G는 자율형 사물 인터넷의 새로운 응용을 구현하기 위한 핵심 기술로 간주된다. 2030년 경에 6G와 함께 다양한 자율형 사물 인터넷 응용이 상용화되어 사회 전반에 폭넓게 활용되면 사회·경제적으로 큰 변화를 가져올 것으로 전망된다.

이 절에서는 다양한 응용 중 스마트의료 분야를 중심으로 6G 기반 자율형 사물 인터넷이 어떻게 연구되고 있는지 그 연구 동향을 살펴보고자 한다. 의료 산업도 이미 사물 인터넷의 주요 응용 대상 중 하나이지만, 기술적인 한계로 인하여 일부 기능은 구현하기 곤란하였다. 하지만 6G의 세부 기술 및 연관된 기술들이 융합한다면 새로운 서비스도 제공할 수 있게 될 것이다.

18.4.1 스마트의료

일부 국가에서는 고령화로 인한 문제점을 해결하기 위해 스마트 원격 헬스케어 시스템이나 자율형 사물 인터넷 기반 원격 의료 시스템 개발에 많은 관심을 가지고 있다. 특히, 스마트 디바이스의 감지 기술 및 통신 기술이 발전함에 따라, 원격지의 환자에 대한 실시간 건강 모니터링 및 자율형 의료 시스템이 가능하게 되었다. 또한, 다양한 기능을 수행할 수 있는 착용형/이식형 디바이스의 종류가 매우 다양해지고 있다. 이러한 디바이스나 해당 센서는 환자의 신체에 착용하거나 인체 내부에 이식할 수 있으며, 무선 신체 영역 네트워크 (Wireless Body Area Network, WBAN)로 연결되어 실시간 신체 상태 정보를 모니터링한 결과에 따라 착용자에 대해 여러 조치를 시행할 수 있다.

① 스마트의료와 관련된 핵심 사항

스마트 헬스케어 시스템은 의사들이 멀리 떨어져 있는 환자의 건강 상태나 질병의 진행 정도를 원격으로 모니터링할 수 있게 한다. 다양한 관련 장비나 센서로부터 수집된 여러 종류의 데이터를 저장·분석해 의사가 환자의 정확한 상태 정보를 손쉽게 접근할 수 있게 한다. 환자와 관련된 많은 양의 실시간 데이터, 즉 빅 데이터를 인공 지능 기술로 분석하여 신뢰도와 정확도를 높이고 실시간으로 현명한 의사 결정을 내리는 데 활용할 수 있다.

5G 및 6G 환경을 기반으로 하여 여러 인공 지능 알고리즘을 적용한 자율형 헬스케어 시스템과 관련된 연구가 활발하게 진행되고 있다. 예를 들면, 초고속 네트워크 환경에서 뇌졸

중 외래환자가 착용한 디바이스로부터 수집된 데이터를 분석하여 과거 건강 기록을 분석하는 시스템도 개발되었다. 또 다른 시스템에서는 질병 진단 및 진행 상황 점검, 물리 의학 및 재활 등의 의학적 결정을 할 때 필요한 데이터를 실시간으로 분석하고 제공하기 위하여 엣지 클라우드 컴퓨팅 시스템을 채택하기도 하였다.

추후 6G 네트워크 기술이 개발되어 안정화된다면, 스마트 헬스케어 시스템이 대중화되어 원격 의료를 기술적으로 용이하게 지원할 수 있을 것이다. 예를 들면, [그림 18-7]과 같이 원격지의 의사가 원격 수술 집도도 가능할 수 있다.

물론 네트워크 통신을 기반으로 한 원격 의료에서는 보안 문제도 고려되어야 한다. 이에 원격지에 설치된 로봇과 데이터 노드 역할을 하는 로봇 시스템에 블록체인이나 양자 암호 기술을 적용하여 의료 행위 관련 데이터나 환자 개인 정보가 안전하게 저장, 관리될 수 있다. 특히, 수술 중 건강 데이터 요청에 대한 자동 인증을 제공하고 건강 데이터 공유를 제어할 수 있는 스마트계약도 채택된다. 향후 6G 네트워크는 현재의 의료 시스템을 발전시켜 더 많은 분산화를 가능하게 하고 보안 및 개인 정보 보호 성능을 개선할 것으로 전망된다. 미래의 6G 네트워크는 보다 조화로운 인간 대 기계 상호 작용과 보다 효율적인 의료 프로세스 달성을 목표로 한다. 최근에는 의료 응용 분야를 다루는 사물 인터넷 기기 및 센서와 관련된 새로운 개념으로 **의료 사물 인터넷**(Internet of Medical Things, IoMT)이 도입되고 있다. IoMT는 다양한 환자로부터 제공되는 의료 데이터 수집과 의료 소프트웨어 응용 프로그램을 다룬다. IoMT는 신속한 의사 결정을 내릴 수 있게 지원하고 위험을 예측하여 자동으로 적절한 조치를 취하기도 한다.

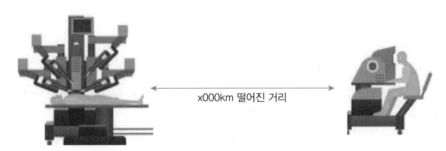

← x000km 떨어진 거리 →

여러 개의 팔을 가진 로봇(Multi-armed Robot)에게
수술받고 있는 병원의 환자

스마트한 표면/콘솔(Surface/Console)을
가진 의사

출처: Robotic Surgery 재구성

[그림 18-7] 원격 수술

② 관련 과제 및 향후 연구 방향

보안 및 개인 정보 보호 문제는 의료 시스템이 직면한 주요 과제로 고려된다. 일반적으로 환자의 건강 정보는 민감한 것으로 주의 깊게 보관해야 하며, 그렇게 하지 않으면 환자의 민감한 개인 정보가 유출되거나 잘못된 치료로 이어질 수 있다. 따라서 신뢰할 수 있고 고급화된 통신 및 네트워킹 기술이 필수적이다. 또한, 미래에 요구될 스마트 헬스케어 시스템에서 **바이오나노 사물 인터넷**(Internet of Bio-Nano Things, IoBNT)의 핵심 기술이 될 분자 통신에 대한 심도 있는 연구도 필요하다. 분자 통신 시스템은 인터넷 및 모바일 네트워크와의 인터페이스가 예상되며, 이와 관련하여 전기 영역과 화학 영역 사이의 인터페이스와 보안 보증 방법은 주요 연구과제이다.

- **대규모 사물 통신(massive Machine Type Communications, mMTC)**: IMT-2020(5G) 이동통신에서 다수의 기기가 서로 연결되어 정보를 주고받는 사물 통신을 일컫는 명칭. 5G 이동통신의 주요 서비스 요건(usage scenario) 중 하나이며, 비교적 저용량의 데이터를 저속으로 주고받는 사물 통신 기기를 대상으로 한다. mMTC 서비스를 위해 ITU-R은 사물 통신 기기의 수(connection density)를 단위 면적(1km²) 당 최대 100만(10^6) 개가량 대규모로 늘리는 것 외에, 기기 비용 절감(예: 10달러 미만), 배터리 수명 대폭 연장(10년), 서비스 범위(coverage) 확장 등을 정의하고 있다. 대규모 사물 통신(mMTC)은 에너지 검침, 헬스/의료, 자동차, 공장 등 사회 전반에 활용될 수 있다.

- **디지털 운행 기록 장치(Digital Tachograph, DTG)**: 차량에 장착되어 운행 중 차량의 위치, 속도, 엔진 RPM, 브레이크 상태 등의 차량 상태를 1초 단위로 비휘발성 메모리에 기록하고 사고 발생 시 발생 시점 앞뒤 20초간의 차량 상태를 0.01초 단위로 기록하는 장치

- **엣지 노드(Edge Node)**: 데이터 발생 지점 부근에 위치하여 부분적으로 서버의 역할을 수행하는 네트워크 장비

- **의료 사물 인터넷(Internet of Medical Things, IoMT)**: 네트워킹 기술을 사용하여 의료 정보 기술 시스템에 연결할 수 있도록 지원하는 의료기기 및 응용 프로그램의 융합

- **초고신뢰 · 저지연 통신(Ultra-Reliable and Low Latency Communications, URLLC)**: 5G 망에서 데이터 전송의 신뢰도가 매우 높고 지연 시간이 매우 짧은 통신. 이동통신 국제 표준 IMT-2020의 사용 시나리오 중 하나이며, 자율주행 자동차, 공장 자동화, 가상 현실 및 증강 현실, 원격 진료 등과 같은 서비스에 필요하다. IMT-2020 표준에서 URLLC의 기술 성능 요건으로 1ms 이하의 지연 시간과 10^{-5}의 데이터 전송 패킷 오류율을 정하고 있다.

- **테라헤르츠파(Terahertz Wave, THz)**: 주파수 범위 0.1~10.0THz에 해당하는 전자기파로서 서브 밀리미터파(Sub-milimeter Wave) 또는 원적외선과 주파수 영역이 유사하거나 중복된다. 테라헤르츠파는 전자파의 투과성과 광파의 직진성을 동시에 가지고 있어 금속 물체에서는 반사하고 플라스틱, 나무 같은 비이온화 물질에서는 투과한다. X-Ray와 대비하여 테라헤르츠파를 T-Ray라 부르며, X-Ray보다 에너지가 낮아 인체에 해를 입히지 않는다. 병리 조직 진단을 비롯하여 숨겨진 폭발물, 마약 탐지 같은 대용량이 필요한 근거리 통신에 활용할 수 있다.

- **향상된 모바일 브로드밴드(enhanced Mobile Broadband, eMBB)**: 5G에서 사용자가 체감하는 대용량 데이터 전송 속도가 기존 모바일 브로드밴드보다 빠른 서비스. ITU-R에서 정한 IMT-2020(5G) 이동통신의 주요 서비스 요건(usage scenario) 중 하나이다. 기존 4세대(LTE)의 모바일 브로드밴드(MBB) 서비스 품질을 향상시켜 데이터 다

운로드의 최고 전송 속도가 10~20기가비트(Gbit/s)이며, 사용자의 체감 전송 속도는 10~100메가비트(Mbit/s)이다. 초고선명(UHD)의 가상 현실, 증강 현실, 360도 동영상, 홀로그램 등 새로운 응용 영역에서 보다 향상된 성능을 제공하여 사용자는 끊김 없는 (seamless) 고품질 서비스를 이용할 수 있다.

연습문제

| 단답형 |

01 6세대 이동통신(6G) 기술은 우주−공중−지상−수중 통신, (　　　　) 통신, 초고신뢰·저지연 통신 등의 기능을 지원함으로써 새로운 서비스 및 응용을 가능하게 할 수 있다.

02 기존 사물 인터넷에 6G 네트워크 인프라를 활용하고 인공 지능, 엣지 컴퓨팅, 양자 통신, 촉각 인터넷 등의 기술을 함께 적용한다면 (　　　　)으로 진화할 수 있다.

03 (　　　　)은 사람의 촉각(촉감)을 느낄 만큼 정보를 매우 빠른 속도로 전송하는 인터넷 서비스이다. 1ms의 초저지연과 함께 인터넷의 이용 가용성, 신뢰성 그리고 보안 수준이 높은 서비스를 제공하는 인터넷으로 정의된다.

04 촉각 인터넷 기술은 연관된 로봇이나 햅틱 통신 기술과 연계되어야 하며, 추후 기술이 성숙하면 (　　　　), 확장 현실, 자율주행 등의 분야에서 실시간 서비스가 가능해질 것이다.

| 선택형 |

01 다음 중 자율형 사물 인터넷 구현을 위해 사용되는 주요 기술이 아닌 것은?
　① 엣지 컴퓨팅　　　　　　　② 양자 통신
　③ 촉각 인터넷　　　　　　　④ 빅 데이터

02 다음 중 5G 네트워크 기술의 특징이 아닌 것은?
　① 향상된 모바일 광대역(enhanced Mobile Broadband, eMBB)
　② 대규모 사물 통신(massive Machine−Type Communications, mMTC)
　③ 안정적인 초저지연 통신(Ultra−Reliable Low−Latency Communications, URLLC)
　④ 유비쿼터스 광대역 이동통신(ubiquitous Mobile Broadband, uMBB)

03 다음 중 6G 네트워크 기술의 특징이 아닌 것은?

① uMBB(ubiquitous Mobile Broadband)
② ULBC(Ultra-Reliable Low-Latency Broadband Communication)
③ uLLC(ultra-Low Latency Connectability)
④ mULC(massive Ultra-Reliable Low-Latency Communication)

| 서술형 |

01 5G 시나리오와 6G 시나리오를 비교·설명하시오.

02 6G의 특징을 3가지 이상 설명하시오.

| 참고문헌 |

1부

[1] 하원규, "제4차 산업혁명의 신지평과 주요국의 접근법", 주간기술동향 통권 1710호, 2015. 8.

[2] 김치현, "특별기고 : 제4차 산업혁명 시대 기업의 신기술 적용 동향과 신시장 창출 대응 방안", 2019. 6.

[3] 김덕연, "지금이라도 4차 산업혁명 대응정책 재정립해야−첫 단추는 4차 산업혁명의 재정의로부터 출발해야", Startup4, 2018. 10.

[4] Schwab Klaus, and Nicholas Davis, "Shaping The Future Of The Fourth Industrial Revolution, Currency", 2018.

[5] 클라우스 슈밥, "제 4차 산업혁명", 메가스터디㈜, 2016.

[6] https://zdnet.co.kr/view/?no=20180226064911

[7] http://www.hellodd.com

[8] 배송 로봇 및 물류 로봇 시장, 연구개발특구진흥재단, 2020. 4.

[9] 이슈분석 184호 최근 자율주행차 산업 동향과 시사점, IITP, 2021. 2.

[10] 매일경제

[11] 투데이코리아

[12] 동아일보

[13] 전자신문

[14] 여성경제신문

[15] 한경

[16] 조선일보

[17] 전자부품 전문 미디어 디일렉

[18] "플랫폼 경제를 넘어 프로토콜 경제로", KB금융지주경영연구소, 2021. 10.

[19] "4차 산업혁명 시대 플랫폼 경제", 연세대학교 경영연구소, 2018. 9.

[20] 이성복, "국내 로보어드바이저 현황과 성과 분석" 연구보고서 21−05, 자본시장연구원, 2021. 12.

[21] 이승훈, 정재훈, "IoT, 경쟁의 핵심을 바꾼다.", LG Business Insight, 2016. 2.

[22] 오윤수, 박현수, 오기환, "제조업의 미래와 ICT의 역할," DIGIECH보고서, KT경제연구소, 2013.

[23] C. Anderson, "The Log Tail," Wired Magazine, 2004.

[24] C. Anderson, 윤태경 옮김, "메이커스," 알에이치코리아, 2013.

[25] 남경우, 이병윤, "혁신형 제조공간, 팹랩(Fab Lab)," KIAT 산업기술정책 브리프, 2014. 1.

[26] 황원식, "사물인터넷(IoT)이 가져올 미래의 산업변화 전망", KIET 산업경제, 2016. 3.

[27] 이근영, "국내외 로보어드바이저(RoboAdvisor) 동향 및 현황 분석", 전자금융과 금융보안, 2016.

[28] https://ko.wikipedia.org

[29] http://www.itfind.or.kr/

[30] http://terms.tta.or.kr

[31] 김현 외 3인, "ICT 기반 스마트공장", 전자통신동향분석 제29권 제5호, 2014. 10.

[32] Dong-A Business Review, 2014.

[33] Cloud-based Manufacturing: Old wine in new bottles? 2013.

[34] 연승준, 한억수, 김수경, "혁신적 ICT R&D 정책 지원을 위한 ICT 다이버전스 패러다임 연구", 한국통신학회 2017년도 동계종합학술발표회, pp.79-80, 2017.

[35] http://klabcamss.blogspot.kr/2014/08/iot-30.html

[36] 박준희 외 9인, "IoT기반 초연결 공간 분산지능 기술", 한국전자통신연구원, 2018.

[37] LG Business Insight, 2016.

[38] 손상혁, "융합의 또 다른 이름, 사이버 물리 시스템", 프런티어, 2016.

[39] Kagerman H, Wahlster W, Helbig J, "Recommendations for implementing the strategic initiative INDUSTRIE 4.0" in Final report of the Idustrie 4.0 Working Group, ACATCH, pp.24, 2013.

[40] 임용재, 오영열, 박태준, 손상혁, "스마트한 신세계로의 초대, 사이버물리시스템", 방송통신 PM Issue Report, 2013.

[41] 복경수, "4차 산업혁명과 빅데이터", 2017.

[42] SCM World-MESA, International Survey.

[43] 안춘모, "빅 데이터 플랫폼 현황 및 이슈 분석", ETRI Insight Report, 2017.

[44] 정병탁, 여무송, "Cognitive Computing I: Multisensory Perceptual Intelligence", 정보과학회지, 2012.

[45] 윤장우, 허재두, "뇌과학과 인공지능 융합 미래 기술 발전 방향 예측", 전자통신동향분석 제33권 제1호, 2018.

[46] 김정태, 정지형, 이승민, "ECOsight 기반의 미래기술전망-기술인문사회 통합적 기술예측", ETRI Insight Report 13-2, pp.172, 2013.

[47] 황영배, 조희영, "자율주행을 위한 인공지능 기술 동향", 한국산업기술평가관리원, 2016.

[48] http://conpaper.tistory.com/42838

[49] 2021년 사물인터넷 산업 실태조사 결과, 과학기술정보통신부와 정보통신산업진흥원, 2021. 12.

[50] 양순옥, "사물 인터넷, 사이버 물리 시스템, 빅 데이터, 인공 지능 등의 기술에 의한 4차 산업혁명의 진행 상황", 정보처리학회지, 2017.

2부

[1] 김주현, "사물인터넷(IoT) 접속기술 동향 및 시사점", 제 28 권 3호 통권 617호, 2016. 2.

[2] 최병삼, 이제영, 이성원, "글로벌 주도권 확보를 위한 IoT 플랫폼 전략", 과학기술정책연구원, 2016. 12.

[3] 이효은 외 11인, "IoT 현황 및 주요 이슈", 정보통신기술진흥센터, 2014. 12.

[4] 김영갑, "IoT 보안 요구사항", 주간기술동향, 2017. 4.

[5] Q. Gou, L. Yan, Y. Liu, Y. Li, "Construction and strategies in IoT security system", Green Computing and Communications(GreenCom), 2013 IEEE and Internet of Things(iThings/iThings / CP S Com), pp.1129-1132, 2013.

[6] S. -R. Oh, Y.-G. Kim, "Security analysis of MQTT and CoAP protocols in the IoT environment", Korea Information Processing Society(KIPS), South Korea, pp.297-299, 2016.

[7] Z.K. Z hang, M.C.Y. Cho, S. Shieh, IEEE Fellow, "Emerging security threats and countermeasures in IoT", ACM Symposium on InformAction, Computer and Communications Security(ASIACCS) Singapore, pp.1-6, 2015.

[8] D. Garcia-Carrillo, R. Marin-Lopez, "Lightweight CoAP-based bootstrapping service for the internet of things", Sensors, Vol.16, pp.358-381, 2016.

[9] S. Sicari, A. Rizzardi, L.A. Grieco, A. Coen-Porishini, "Security, privacy and trust in internet of things: The road ahead", Computer Networks, Vol.76, pp.16-164, 2015.

[10] 이강윤 외 3인, "IoT 3.0과 사물인터넷 플랫폼 기술", 정보처리학회지, Vol.21, No.2, pp.3-13, 2014.

[11] 정광식, 김성석, 양순옥, "유비쿼터스 컴퓨팅 개론", 방송통신대학교 출판부, 2017. 1.

[12] 양순옥, 김성석, 정광식, "IoT으로 발전하는 유비쿼터스 개론", 생능출판사, 2012. 8.

[13] 김민수, "IoT 기술과 미래 서비스 방향에 대한 이해", 주간기술동향, 2015. 8.

[14] http://blog.bizspring.co.kr/474

[15] Gartner, "Forest: The Internet of Things, Worldwide", 2013.

[16] Nick Wainwright, "Innovate 11 Presentation-Internet of Things Panel", 2011. 10.

[17] 황명권, 황미녕, 정한민, "IoT 실현을 위한 플랫폼 및 기술 동향", IITP 주간기술동향, 1665호, 2014. 10.

[18] 고정길, 홍상기, 이병복, 김내수, "스마트 디바이스의 사물인터넷(IoT) 융합 기술 동향", 전자통신동향분석, 제28권 제4호 2013. 8.

[19] 김선태, 정종수, 송준근, 김해용, "IoT 단말 플랫폼 동향 및 생태계 구축", 전자통신동향분석, 제29권 제4호, 2014. 8.

[20] 김재호, "IoT Platforms", KRNet 2014.

[21] 조은경, "IoT 플랫폼 서비스 동향", IITP 주간기술동향, 1680호, 2015. 1.

[22] 정혁, 이대호, "IoT의 진화와 정책적 제언", KISDI Premium Report 14-03, 2014. 4.

[23] 박종현 외 8인, "IoT의 미래", 전자신문사, 2015. 1.

[24] 주대영, 김종기, "초연결시대 사물인터넷(IoT)의 창조적 융합 활성화 방안", KIET Issue Paper. 2014. 1.

[25] 이강원, "교통사고 감소를 위한 첨단안전장치 장착 확대 방안", KART Report.

[26] https://talkit.tv/Event/1199/

[27] SwapnadeepNayak, 한현상, 박현섭, The Internet of Things(IoT 기술개발 동향), KEIT PD Issue Report, Vol.15-6, 2015. 6.

[28] 조철회, 엄봉윤, 이현우, 류원, "IoT 기술, 서비스 그리고 정책", 주간기술동향, 2013. 12.

[29] "IoT 사례 연구 – 아키텍처", 정보통신산업진흥원, 2016. 10.

[30] "IoT 사례 연구 – 보안", 정보통신산업진흥원, 2016. 10.

[31] "IoT 사례 연구 – 빅데이터와 연계", 정보통신산업진흥원, 2016. 10.

[32] http://d2.naver.com/helloworld/694050

[33] 안승구, 전황수, "국내외 사물인터넷(IoT) 정책 추진 방향", R&D InI, 2016.

[34] 이현지, 김광석, "사물인터넷의 국내외 시장 및 정책 동향", 정보통신기술진흥센터, 2015. 5.

[35] 전황수, 권수천, "주요국의 사물인터넷 정책", 2016 한국통신학회 하계종합학술발표회, pp.657-658, 2016.

[36] "사물인터넷(IoT) 관련 유망산업 동향 및 시사점", 현대경제연구원, 2016. 7.

[37] http://www.epnc.co.kr

[38] https://news.kotra.or.kr

[39] http://www.bloter.net/archives/248793

3부

[1] 정동훈, '가상현실에 관한 사용자 관점의 이론과 실제', 정보화정책 제24권 제1호, pp.3-29, 2017.

[2] 한국정보화진흥원, '가상현실(VR : Virtual Reality) 현안과 법적쟁점', 2016. 6.

[3] 현대경제연구원, '국내외 AR · VR 산업 현황 및 시사점', VIP REPORT 17-14호, 2017. 4.

[4] 김아영 외 5인, '가상현실의 국내외 적용 동향', 전자통신동향분석, 31권 4호, 2016. 8.

[5] 전황수 외 2인, '가상현실 동향분석', 전자통신동향분석, 32권 1호, 2017. 2.

[6] 김정호, "Visual SLAM 기술개발 동향", 주간기술동향, 2021.

[7] 정보통신신문, '산업전반 가상현실 파도 출렁', 2016. 3.

[8] 테크월드뉴스

[9] KOTRA, "2016년 가상현실 콘텐츠 현실화된다," 2016. 1.

[10] MBC, "가상현실 기술로 스릴감 2배, VR 롤러코스터 등장," 2016. 7.

[11] 서울경제

[12] 뉴스핌, "에버랜드 VR어드벤처 타보니 생생해요," 2016. 5.

[13] 파이낸셜뉴스, "제품 광고도 '360도 VR 영상' 시대," 2016. 7.

[14] IT World, "가상현실을 실전에 적용한 6가지 산업분야," 2016. 6.

[15] Forbes, "Virtual Reality Will save Retail," 2016. 2.

[16] 아이뉴스, "가상현실 쇼핑의 미래를 꿈꾸다," 2016. 5.

[17] KISTEP, "가상현실 시장 및 재품 동향," 해외정책이슈분석, 2015. 5.

[18] 미주한국일보, "새로운 산업분야-가상현실(VR)," 2016. 12.

[19] KEIT, "미국의 가상현실 산업 현황," 2016. 5.

[20] Fortune, "These Two School Districts Are Teaching Virtual Reality," 2016. 2.

[21] Tech Holic, "화성으로 가는 스쿨버스," 2016. 4.

[22] The Atlantic CityLab, "What If Virtual Reality Can Makes US Better Citizens," 2016. 10.

[23] J. Guan, J. Irizawa and A. Morris, "Extended Reality and Internet of Things for Hyper-Connected Metaverse Environments," 2022 IEEE Conference on Virtual Reality and 3D User Interfaces Abstracts and Workshops (VRW), pp.163-168, 2022.

[24] 연합뉴스, "공군 가상현실 장비로 범죄예방 교육한다," 2016. 6.

[25] IITP, "저널리즘에 활용되기 시작하는 VR기술," 주간기술동향, 1754호, 2016. 7.

[26] https://brunch.co.kr/@zagni/275

[27] Fortune, "Mercedes-Benz Drives Two Virtual Experiences", 2016. 4.

[28] Microsoft(https://docs.microsoft.com/ko-kr/windows/mixed-reality/discover/mixed-reality)

[29] 김애리, "메타버스 공간에서의 손 기반 상호작용에 대한 기술 동향", 주간기술동향, 2022.

[30] 이덕우, "메타버스 기술 및 산업 동향", 주간기술동향, 2022.

[31] 박영섭, "메타버스 기술 동향 및 산업 분야별 적용 사례", 주간기술동향, 2022.

[32] https://www.cadgraphics.co.kr/newsview.php?pages=news&sub=news01&catecode=2&num=69104

[33] 양병석, 임영모, 조태훈, "가상현실/증강현실 기술발전 방향과 시사점", SPRi Issue Report (2016-014호), SPRi 소프트웨어정책연구소, 2017. 1.

[34] 고선영, 정한균, 김종인, 신용태, "메타버스의 개념과 발전 방향", 정보처리학회지, 제28권 제1호, 2021.

[35] 송원철, 정동훈, "메타버스 해석과 합리적 개념화", 정보화정책, 제28권, 제3호, pp.3-22, 2021.

[36] 남현우, "XR 기술과 메타버스 플랫폼 현황", 방송과 미디어, 제26권, 3호, pp.30-40, 2021.

[37] https://metaverseroadmap.org/overview/

[38] 서성은, "메타버스 개발동향과 발전전망 연구", 한국HCI학회, pp.1,450-1,457, 2008. 2.

[39] 한혜원, "메타버스 내 가상세계의 유형 및 발전방향 연구", Journal of Digital Contents Society Vol.9, No.2, pp.317-323, 2008. 6.

[40] 김상균, "메타버스 미디어 플랫폼과 관련 표준화 동향", 방송과 미디어 제26권 3호, pp.41-49, 2021.

[41] 김광집, "메타버스 사례를 통해 알아보는 현실과 가상 세계의 진화", 방송과 미디어 제26권 3호, pp.10-19, 2021.

[42] 이승환, 한상열. "메타버스 비긴즈(BEGINS): 5대 이슈와 전망", 소프트웨어정책연구소.

[43] 정준화, "메타버스(metaverse)의 현황과 향후 과제", 국회입법조사처, 2021. 7.

[44] 류관희, "SC24 MAR 국제표준화 동향", TTA Journal, Vol.174, pp.52-57, 2017.

[45] J.J. Han, S.-K. Kim, Text of white paper on MPEG-V, ISO/IEC JTC 1/SC 29/
WG 11/N14187

[46] S.-K. Kim (eds.), Text of ISO/IEC FDIS 23005-3 4th edition Sensory
Information, ISO/IEC JTC 1/SC 29/WG 11/N17368, ISO/IEC JTC 1 SC 29 WG 11,
2018.

[47] Technologies under consideration on MPEG-IoMT, ISO/IEC JTC 1/SC 29/WG 07/
N00110 (2021)

[48] M. Waltl, C. Timmerer, H. Hellwagner, A Test-Bed for Quality of Multimedia
Experience Evaluation of Sensory Effects, Proceedings of the First International
Workshop on Quality of Multimedia Experience (QoMEX 2009).

[49] 홍일양, 이영우, "포스트 코로나 시대 혼합 현실 미디어의 전망", 한국정보통신학회 논문
지 Vol.25, No.2, pp.240-245, 2021.

[50] 정상권, "혼합 현실 피트니스와 메타버스의 연계", 방송과 미디어, 제26권, 3호, 2021.

[51] 남현우, "혼합현실 기술과 표준화 동향", 주간기술동향, 2019.

[52] 물리적 세계와 디지털 세계의 통합, Digital Twin(https://blog.lgcns.com/1864)

[53] https://smilegate.ai/2020/12/15/gather-town

[54] UPI 뉴스(https://www.upinews.kr)

[55] 양수림, 조중호, 김재호, "물리 세계와 가상 세계의 연동, 메타버스 자율트윈 기술 개발
방향", 방송과 미디어 제26권 3호, pp.216-225, 2021. 7.

[56] 김기수, "3D 애니메이션 제작을 위한 디자이너의 인지적 사고과정 분석", 만화애니메이
션 연구= Cartoon and animation studies no.20, pp.1-14, 2010.

4부

[1] https://en.wikipedia.org

[2] 이지평, "일본 제조업의 IoT 전략", LG경제연구원, 2016. 12.

[3] http://www.gereports.kr/edge-computing-door-iot-data-kingdom/

[4] 안성원, '인공지능 기술개발 및 산업 동향', SW중심사회, pp.18-19, 2016. 3.

[5] '인공지능분야 기술·시장·정책 동향 분석', 한국전자통신연구원, Internal Report 2016-03, 2016. 06.

[6] 석왕헌, 이광희, '인공지능 기술과 산업의 가능성', 한국전자통신연구원, Issue Report 2015-04, 2015. 10.

[7] http://www.gereports.kr/sawyer-the-one-armed-collaborative-robot/

[8] http://www.fajournal.com/news/articleView.html?idxno=4398

[9] http://www.rethinkrobotics.com/intera/

[10] http://www.yonhapnews.co.kr/

[11] http://www.etnews.com/20161012000260

[12] 손가녕, 이은미, "IoT 생태계 확산과 엣지 컴퓨팅의 역할", 정보통신정책연구원, 제 29권 16호 통권 653호, 2017. 9.

[13] How the 'Internet of Things' will impact consumers, businesses, and governments in 2016 and beyond, John Greenough, 2016.

[14] 국제반도체장비재료협회(http://www.semi.org/ko/About)

[15] 인텔 에디슨 플랫폼(http://www.intel.com/content/www/us/en/do-it-yourself/edison.html)

[16] 조영임, 인공지능(Artificial Intelligence) 이슈와 국제 표준화 동향, SPRi, 2021.

[17] GIP '품목별 ICT 시장동향-AI 반도체', 정보통신산업진흥원, 2022.

5부

[1] 전황수, "스마트자동차 기술 및 서비스 동향", 전자통신동향분석 제27권 제1호, 2012. 2.

[2] KT경영연구소

[3] 중앙선데이, "스마트자동차 편의장치", 2011. 4.

[4] 최고, "자동차와 IT의 만남, 스마트자동차", 한국정보화진흥원, 2016. 9.

[5] http://www.nia.or.kr/site/nia_kor/ex/bbs/View.do?cbIdx=25699&bcIdx=17567

[6] 디지털타임스, "최첨단 미래차 꿈이 현실로", 2012. 1.

[7] 경향신문

[8] 중앙일보

[9] 한국자동차산업연구소, "2020년 자동차산업의 미래", p.5, 2009. 3.

[10] 반도체네트워크(https://www.seminet.co.kr)

[11] 박광만, 석왕헌, 이광희, "스마트자동차 센서", The Photonics Journal special Issue 6, 센서산업과 주요 유망센서 시장 및 기술동향, 2016. 9.

[12] 한태만 외 4인, "스마트자동차 적용 첨단 IT기술 및 산업표준 동향", 전자통신동향분석 제29권 제5호, 2014. 10.

[13] https://www.android.com/auto/

[14] http://www.apple.com/kr/ios/carplay/

[15] http://www.genivi.org

[16] http://www.automotivelinux.org

[17] http://auto.danawa.com

[18] http://www.autosar.org

[19] K. Nishikawa, "Closing Keynote 5th AUTOSAR Open Conference", Nov. 2012.

[20] http://blog.renaultsamsungm.com

[21] http://www.carlab.co.kr

[22] https://kseattle.com

[23] http://www.autoelectronics.co.kr

[24] http://global-autonews.com

[25] http://bravenewblog.tistory.com

[26] http://www.ciokorea.com

[27] http://gnsd.co.kr

[28] https://namu.wiki

[29] http://image.mdstec.com

[30] http://www.zamong.co.kr/archives/5905?print=print

[31] http://m.blog.daum.net

[32] KEIT PD 이슈리포트 2013-1-특집호6 스마트카(Smart Car), 2013. 1.

[33] 전황수, "자동차 편의기술 개발 동향", 정보통신산업진흥원, 2012. 10.

[34] 전승우, "자율주행차, IT·자동차 기업의 新 경쟁 시대 연다.", LG Business Insight 2016. 8.

[35] 전황수, "CES 2015를 통해 살펴본 스마트자동차 기술," 주간기술동향, 2015. 2.

[36] 시사경제용어사전, 기획재정부, 2010. 11.

[37] "자동차산업 가치사슬의 재편", 현대경제연구원.

[38] "스마트자동차 기술현황 및 대외 기술경쟁력 분석", 산은조사월보 제730호, 2016. 9.

[39] "스마트자동차 표준화동향", KATS, 2013.

[40] 한태만, "스마트자동차: 기술, 비즈니스 모델, 규제," SK텔레콤 TR, 제25권 제1호, pp.77-89, 2015. 2.

[41] 한태만 외 3인 "스마트차량과 자동차 사물인터넷(IoV) 기술동향 분석", 전자통신동향분석 제30권 제5호, 2015. 10.

[42] 한태만, "자동차-ICT 융합 및 표준화 기술 동향," TTAJ., 제154권, pp.32-37, 2014.

[43] Telefonica Digital, "Connected Car Industry Report 2014," Jun. 2014.

[44] TrendForce, "75% of the World's Cars Will Be Connected by 2020, Reports TrendForce," Apr. 2015.

[45] David Gelles, etc., "Complex Car Software Becomes the Weak Spot Under the Hood", New York Times, Sep. 2015.

[46] GSMA, "Connected Car Forecast: Global Connected Car Market to Grow Threefold Within Five Years," Feb. 2013.

[47] http://h.jungjin.co.kr/community/auto_sys_read.asp?key_id=car_sys&bbs_no=283&page=1&gori=9

[48] Lucas Mearian, "Why Detroit is moving to Silicon Valley", Computerworld, Dec. 2015.

[49] John Griffiths, "Telematics is revolutionizing fleet management", Financial Times, Apr. 2016.

[50] "Autonomous Cars: Self -Driving the New Auto Industry Paradigm", Morgan Stanley, Nov. 2013.

[51] Tim Stevens, "Your next car might run Android N", CNET, May 2016.

[52] Sophie Curtis, "US processor company: The car of the future is the most powerful computer you will ever own", Business Insider, May 2015.

[53] Ingrid Lunden, "IBM's Watson makes a move into self-driving cars with Olli, a minibus from Local Motors", TechCrunch, Jun. 2016.

6부

[1] http://blog.lgcns.com/730

[2] Dong-A Business Review, 2014; Cloud-based Manufacturing: Old wine in new bottles? 2013.

[3] KB 지식 비타민, 국내외 스마트공장 동향, KB금융지주 경영연구소, 2017. 5.

[4] 박장석, "'스마트 공장' 제조업 패러다임 바꾼다", 산업기술평가관리원, 2015. 7.

[5] 이순열, "스마트 공장을 위한 사물인터넷 기술 동향", 전자공학회지, 2016. 6.

[6] 이규택, 이건재, 송병훈, "스마트공장 기술 동향", KEIT PD Isuue Report, 2015. 5.

[7] http://www.irobotnews.com/news/articleView.html?idxno=5534

[8] 이현성 외, "스마트공장 구축을 위한 현장실태 및 요구사항 분석," 한국정밀공학회지, 제 32권 제1호, pp.29-4, 2017. 1.

[9] KS X 9001-1, "스마트공장-제1부: 기본 개념과 구조," 국가표준기술원, 2016. 6.

[10] KS X 9001-2, "스마트공장-제2부: 용어," 국가표준기술원, 2016. 6.

[11] KS X 9001-3, "스마트공장-제3부: 운영관리시스템(진단 평가 모델)," 국가표준기술원, 2016. 6.

[12] 김용운 외, "스마트공장 국제 및 국내표준화 동향," 한국통신학회논문지, 제33권 제 1호, pp.30-6, 2015. 6.

[13] 최동학, "스마트공장 표준화 동향," 월간 계장기술, pp.98-106, 2016. 12.

[14] 이현정, 유상근, 김용운, "스마트공장 기술 및 표준화 동향", 한국전자통신연구연, 2017. 6.

[15] 김용운, 정상진, 유상근, 차석근, "스마트 공장 국제 및 국내 표준화 동향", 정보와 통신, 2016. 1.

[16] "Industry 4.0: The fourth industrial revolution based on smart factories", 독일인 공지능연구소, 2004.

[17] 박형욱, "스마트공장과 연관된 생산제조기술 동향". 한국통신학회지(정보와 통신) 33권 1호, 2016.

[18] 국가기술표준원, 스마트제조프레임워크 결과보고서, 2015, 12

[19] 국가표준기술원, "스마트공장 기술 및 표준화 동향", KATS 기술보고서, 2015. 9.

[20] 한국정보화진흥원, Near & Future, Vol.20, 2015. 9.

[21] 오윤수, 박현수, 오기환, "제조업의 미래와 ICT의 역할," DIGIECH보고서, KT경제연구소, 2013.

[22] H. Kagermann, W. Wahlster, and J. Helblg, "Securing the future of German Manufacturing Industry: Recommendations for implementing the strategic initiative INDUSTRIE 4.0," Apr. 2013.

[23] C. Anderson, "The Log Tail," Wired Magazine, 2004.

[24] "진화하는 제조업 스마트공장", 한국생산기술연구원, 2015.

[25] "독일의 창조경제: Industry 4.0의 내용과 시사점", 현대경제연구원, 2013.

[26] C. Anderson, 윤태경 옮김, "메이커스," 알에이치코리아, 2013.

[27] 남경우, 이병윤, "혁신형 제조공간, 팹랩 (Fab Lab)," KIAT 산업기술정책 브리프, 2014. 1.

[28] D. Dougherty et al., "Impact of the maker movement," Deloitte, 2014.

[29] "스마트공장 업종별 참조모델", 스마트공장추진단, 2016. 10.

[30] 이진성, 송병준, 이광기, 김용국, "스마트 공장 보급·확산사업 현황", KEIT PD Issue Report, 2017. 5.

[31] "스마트공장 지원사업 인지도 및 만족도 조사", 문화체육관광부, 2016. 12.

[32] "2015년도 산업기술수준조사 보고서", 한국산업기술평가원, 2016. 3.

[33] 이규택, 이건재, "스마트공장 R&D 로드맵 소개", KEIT PD Issue Report, 2015. 11.

[34] "스마트제조 R&D 중장기 로드맵", 한국산업기술진흥원, 2015. 12.

[35] 노상도, "스마트공장 사이버물리시스템(CPS) 기술 동향 및 이슈", 전자공학회지, 2016. 6.

[36] "스마트 제조혁신 비전 2025", 산업통상자원부, 2017. 4.

[37] Ronny Seiger, Christine Keller, Florian Niebling, Thomas SchlegelSoftware, "Modeling complex and flexible processes for smart cyber-physical environments", pp.137-148, 2015.

[38] http://www.smart-factory

[39] 인더스트리뉴스(http://www.industrynews.co.kr)

[40] Hyoung Seok Kang, Ju Yeon Lee, Sang Su Choi, Hyun Kim, Jun Hee Park, Ji Yeon Son, Bo Hyun Kim and Sang Do Noh, "Smart Manufacturing: Past Research, Present Findings, and Future Directions", International Journal of Precision Engineering and Manufacturing-Green Technology, Vol.3, No.1, pp.111-128, Jan. 2016

[41] 강형석, 노상도, "스마트제조 주요 기술 연구 동향", IE매거진, 제23권 제1호, pp.24-28, 2016. 3.

[42] 노상도, "스마트공장 설계, 운영을 위한 공장 CPS 기술", 2016 PLM 베스트프랙티스 컨퍼런스, 2016. 5.

[43] Christian Seitz and Christoph Legat, "Embedding Semantic Product Memories in the Web of Things" Iot@work, pp.708-713, 2013.

[44] ICTSpotIssue(2020-14호) 스마트 제조 분야의 최근 D.N.A 동향 (https://www.iitp.kr)

[45] https://internetofbusiness.com/success-stories-five-companies-smart-factories-can-learn/

[46] "진화하는 제조업 스마트공장", 한국생산기술연구원, 2015.

[47] "독일의 창조경제: Industry 4.0의 내용과 시사점", 현대경제연구원, 2013. 5.

[48] http://www.gereports.kr/ge-brilliant-factory/

[49] https://newsroom.posco.com

[50] 홍승민, "철강산업의 스마트팩토리 사례", POSCO ICT 컨설팅 그룹, 2015.

[51] "국내 제조업 고도화 방안으로서 스마트공장의 가능성", 산업은행, 2015.

[52] "사물인터넷과 빅데이터 분석 기반의 스마트공장 구현 사례 및 시사점", 한국정보화진흥원, 2016. 10.

[53] 김용운 외 4인, "스마트공장을 위한 현장 실태와 진화 모델", 계장기술, 2016. 2.

[54] 서혁준, "스마트공장 보안 대응 방안", 계장기술, 2016. 2.

[55] 이규택, " 스마트공장 기술 동향 및 R&D로드맵", 전자공학회지, 2016. 6.

[56] "스마트 공장의 현황 및 시사점", 한국정보산업연합회, 2015. 2.

[57] 차석근, "스마트공장 표준화 동향과 시스템 구조 ", 전자공학회지, 2016. 6.

[58] 김민식, 최주한, "제4차 산업혁명과 Industrial IoT · Industrial Internet의 이해", 동향 제 28 권 12호 통권 626호, 2016. 7.

[59] https://spri.kr/posts/view/21832?code=magazine

[60] Lin, Shi-Wan, Three Main Themes in the Industrial Internet of Things, 1st Edition, Journal of Innovation. Dec. 2015.

[61] IDC, Adapted from Perspective: The Internet of Things Gains Momentum in Manufacturing in 2015.

[62] http://www.adlinktech.com/kr/Internet_of_Things/What-is-Industrial-IoT.php

[63] WEF. Industrial Internet of Things: Unleashing the Potential of Connected Products and Services, 2015.

[64] IIC. Fact Sheet 2015.

[65] IDC. Transforming Manufacturing with the Internet of Things, 2015.

[66] Deloitte Consulting. 사물인터넷을 활용한 제조업의 스마트화, 2015.

[67] http://neoblues.tistory.com/entry/Secure-Simple-Pairing

[68] Sukkeun Cha, "U-Manufacturing model", p15-28, TIS-07-08, 2013.

[69] http://www.certit.kr/?p=508.

[70] https://www.phoenixcontact.com

[71] https://txsi.hometax.go.kr/docs/customer/dictionary/view.jsp?word=&word_id=5457

[72] 임일형 외 3인, "IT/OT Convergence 기반의 Advanced Distribution Management

System의 설계", 전기학회논문지 65권 5호, 2016. 5.

[73] ICT Divergence 현상진단 및 기술개척 모형 개발 연구 제안요청서(RFP), 정보통신기술진흥센터, 2016. 5.

[74] http://www.aaai.org/Library/IAAI/1989/iaai89-016.php

[75] http://www.etnews.com/

[76] https://www.industry.siemens.co.kr

[77] http://www.rockwellautomation.com

[78] https://www.br-automation.com

[79] http://blog.naver.com/PostView.nhn?blogId=cutysio&logNo=40170712944

[80] https://github.com/ros-industrial-consortium/articles/blob/master/ros_with_opc-ua.md

[81] https://www.slideshare.net/NishantAgrawal14/material-resource-planning-68201079

[82] http://cdsl.snu.ac.kr/ko/node/83

[83] http://cyberphysicalsystems.org/

[84] 임용재, 오영렬, 박태준, 손상혁, "스마트한 신세계로의 초대, 사이버물리시스템 : Cyber-Physical Systems (CPS) for the Smart New World", PM Issue Report, 2013.

[85] IT비즈뉴스(ITBizNews)(https://www.itbiznews.com)

[86] "미국의 빅 데이터 산업 육성 정책", 한국산업기술진흥원, 2017. 1.

7부

[1] 4차 산업혁명과 지식서비스, 한국산업기술평가관리원, 2018. 4.

[2] '데이터 고속도로'의 미래, 6세대(6G) 이동통신에 대한 준비 본격 착수, 과학기술정보통신부, 2020. 8.

[3] 송영근, "선도국의 6G R&D 전략 현황", 한국전자통신연구원, 2022.

[4] W. Jiang, B. Han, M. A. Habibi and H. D. Schotten, "The Road Towards 6G: A Comprehensive Survey," in IEEE Open Journal of the Communications Society, Vol.2, pp.334-366, 2021.

[5] A. Dogra, R. K. Jha and S. Jain, "A Survey on Beyond 5G Network With the Advent of 6G: Architecture and Emerging Technologies," in IEEE Access, Vol.9,

pp.67512–67547, 2021.

[6] M. Alsabah et al., "6G Wireless Communications Networks: A Comprehensive Survey," in IEEE Access, Vol.9, pp.148191–148243, 2021.

[7] Y. Mao, C. You, J. Zhang, K. Huang, and K. B. Letaief, "A survey on mobile edge computing: The communication perspective," IEEE Commun. Surveys Tuts., Vol.19, No.4, 4th Quart., p.23222358, 2017.

[8] X. Huang, R. Yu, J. Kang, Y. He, and Y. Zhang, "Exploring mobile edge computing for 5G-enabled software dened vehicular networks," IEEE Wireless Commun., Vol.24, No.6, p.5563, Dec. 2017.

[9] N. Hassan, S. Gillani, E. Ahmed, I. Ibrar, and M. Imran, "The role of edge computing in Internet of Things," IEEE Commun. Mag., Vol.56, No.11, p.110115, Nov. 2018.

[10] E. Peltonen, M. Bennis, M. Capobianco, M. Debbah, A. Ding, F. Gil-Castineira, M. Jurmu, T. Karvonen, M. Kelanti, A. Kliks, T. Leppanen, L. Loven, T. Mikkonen, A. Rao, S. Samarakoon, K. Seppanen, P. Sroka, S. Tarkoma, and T. Yang, "6G white paper on edge intelligence,", arXiv:2004.14850, 2020.

[11] A. Pouttu, F. Burkhardt, C. Patachia, and L. Mendes, "6G white paper on validation and trials for verticals towards 2030's," Univ. Oulu, Oulu, Finland, Tech. Rep. 4, 2020.

[12] J. Park, S. Samarakoon, M. Bennis, and M. Debbah, "Wireless network intelligence at the edge," Proc. IEEE, Vol.107, No.11, p.22042239, Nov. 2019.

[13] Nawaz, S. K. Sharma, S.Wyne, M. N. Patwary, and M. Asaduzzaman, "Quantum machine learning for 6G communication networks: State-of-the-art and vision for the future," IEEE Access, Vol.7, p.4631746350, 2019.

[14] Z. Zhang, Y. Xiao, Z. Ma, M. Xiao, Z. Ding, X. Lei, G. K. Karagiannidis, and P. Fan, "6G wireless networks: Vision, requirements, architecture, and key technologies," IEEE Veh. Technol. Mag., Vol. 4, No.3, p.2841, Sep. 2019.

[15] S. J. Nawaz, S. K. Sharma, S. Wyne, M. N. Patwary, and M. Asaduzzaman, "Quantum machine learning for 6G communication networks: State-of-the-art and vision for the future," IEEE Access, Vol.7, p.4631746350, 2019.

[16] ITU, ITU-T Technology Watch Report (August 2014) – The Tactile Internet, Aug. 2014.

[17] A. A. Ateya, A. Vybornova, R. Kirichek, and A. Koucheryavy, "Multilevel cloud based tactile internet system," in Proc. 19th Int. Conf. Adv. Commun. Technol. (ICACT), p.105110, 2017.

[18] M. Simsek, A. Aijaz, M. Dohler, J. Sachs and G. Fettweis, "5G-Enabled Tactile Internet," in IEEE Journal on Selected Areas in Communications, Vol.34, No.3, pp.460-473, Mar. 2016.

[19] A. Aijaz, M. Dohler, A. H. Aghvami, V. Friderikos and M. Frodigh, "Realizing the Tactile Internet: Haptic Communications over Next Generation 5G Cellular Networks," in IEEE Wireless Communications, Vol.24, No.2, pp.82-89, Apr. 2017.

[20] G. P. Fettweis, "The tactile Internet: Applications and challenges," IEEE Veh. Technol. Mag., Vol.9, No.1, p.6470, Mar. 2014, .

[21] T. Shah, A. Yavari, K. Mitra, S. Saguna, P. P. Jayaraman, F. Rabhi, and R. Ranjan, "Remote health care cyber-physical system: Quality of service(QoS) challenges and opportunities," IET Cyber-Phys. Syst.: Theory Appl., Vol.1, No.1, p.4048, 2016.

[22] D. Kurup, W. Joseph, G. Vermeeren, and L. Martens, "In-body path loss model for homogeneous human tissues," IEEE Trans. Electromagn. Compat., Vol.54, No.3, p.556564, Jun. 2012.

[23] C. Krittanawong, A. J. Rogers, K. W. Johnson, Z. Wang, M. P. Turakhia, J. L. Halperin, and S. M. Narayan, "Integration of novel monitoring devices with machine learning technology for scalable cardiovascular management," Nature Rev. Cardiol., Vol.18, p.7591, Oct. 2020.

[24] M. S. Hadi, A. Q. Lawey, T. E. H. El-Gorashi, and J. M. H. Elmirghani, "Patient-Centric HetNets Powered by Machine Learning and Big Data Analytics for 6G Networks," IEEE Access, Vol.8, pp.85639-85655, 2020.

[25] A. H. Sodhro, N. Zahid, L. Wang, S. Pirbhulal, Y. O. Ouzrout, A. Sekhari, A. V. Lira Neto, A. R. L. De Macedo, and V. H. C. De Albuquerque, "Towards ML-based Energy-Efficient Mechanism for 6G Enabled Industrial Network in Box Systems," IEEE Transactions on Industrial Informatics, p.1-1, 2020.

[26] Y. Siriwardhana, G. Gr, M. Ylianttila, and M. Liyanage, "The role of 5G for digital healthcare against COVID-19 pandemic: Opportunities and challenges,"

ICT Express, p. S2405959520304744, Nov. 2020.

[27] R. Gupta, A. Shukla, and S. Tanwar, "BATS: A Blockchain and AIempowered Drone-assisted Telesurgery System towards 6G," IEEE Transactions on Network Science and Engineering, p.1-1, 2020.

[28] D. C. Nguyen, P. N. Pathirana, M. Ding, and A. Seneviratne, "Blockchain and Edge Computing for Decentralized EMRs Sharing in Federated Healthcare," in Proceedings of the 2020 IEEE Global Communications Conference, Taipei, Taiwan, pp.1-6, Dec. 2020.

[29] 손재범, 정완균, 염영일, "원격제어 시스템", 제어로봇시스템학회지 제2권 제3호. pp.42-60, 1996. 5.

[30] https://www.ajunews.com/view/20211025102055228

[31] 이상신, 송민환, 최원기, 김지형, "지능형 IoT 기술 개발 동향", 주간기술동향, 2021. 11.

[32] "지능형을 넘어 자율형으로 진화하는 사물인터넷", 표준화 동향 2021-1호, ETRI, 2021. 10.

[33] 이정구, "지능형 IoT 기술개발 동향", 주간기술동향, 2021. 12.

[34] 김학용, "지능형 사물인터넷 (AIoT) 개요", 2021. 6.

[35] NVIDIA KOREA, "엣지 컴퓨팅이란?", 2021. 1.

[36] 김귀훈 외, "IoT와 AI를 위한 에지 컴퓨팅 표준화 및 기술 동향", 한국통신학회지(정보와 통신) 34(12), 2017. 11.

[37] ICT R&D 기술로드맵 2025, 정보통신기획평가원(IITP), 2020. 12.

[38] Lim, J., Bok, K., & Yoo, J., Design and Implementation of a Realtime Public Transport Route Guidance System using Big Data Analysis. The Journal of the Korea Contents Association, 19(2), pp.460-468, 2019.

| 찾아보기 |

ㅎ

저자 소개

양순옥

고려대학교 원예과학과 학사, 컴퓨터학과 석사/박사
미국 UTEP Post-doc.
한국전자통신연구원(ETRI) 중소기업협력팀 선임연구원
(현재) 가천대학교 SW중심대학 사업단 초빙교수

주요 연구 분야

센서 네트워크, 유비쿼터스 컴퓨팅, 지능형 빌딩 시스템, 사물 인터넷, 메타버스, 확장 현실, 3D 프린팅, 스마트자동차, 스마트공장 등

저서

《유비쿼터스 컴퓨팅 개론: 유비쿼터스 혁명을 여는 6가지 기술》, 《자율형 시스템으로 진화하는 유비쿼터스 개론》, 《실용적 컴퓨팅 사고와 소프트웨어》 등
Email: soyang9149@gmail.com

김성석

고려대학교 컴퓨터학과 학사/석사/박사
미국 UTEP 교환교수
(현재) 서경대학교 컴퓨터과학과 교수

연구 분야

분산 데이터베이스, 인공 지능, USN, 유비쿼터스 컴퓨팅, 3D 프린팅, 사물 인터넷, 메타버스, 확장 현실, 스마트자동차, 스마트공장 등

저서

《유비쿼터스 컴퓨팅 개론: 유비쿼터스 혁명을 여는 6가지 기술》, 《자율형 시스템으로 진화하는 유비쿼터스 개론》
Email: sskim03@skuniv.ac.kr